2025 특수교사임용시험 대비

김은진
스페듀 기출분석집

김은진 편저

박문각 임용 동영상강의 www.pmg.co.kr

Vol. 4

특수교육공학
행동지원
특수교육평가

박문각

머리말
Preface

많은 수험생이 기출의 중요성에 대해 잘 알고 있지만 구체적으로 어떻게 기출문제를 공부해야 하는지, 또 어느 부분까지 확장하며 보아야 하는지 막막함을 느낍니다. 그래서 단순한 기출 문제집이 아니라 해당 기출문제의 출제 포인트, 오답 분석, 확장 가능한 제시문의 내용까지 친절하게 안내하는 기출 '분석집'이 있었으면 좋겠다고 생각했습니다.

예비 선생님들이 어떻게 하면 기출 '분석'을 효율적으로 할 수 있을지, 많은 고민 끝에 탄생한 본 교재의 특징은 다음과 같습니다.

첫째 2009~2024학년도 유아·초등·중등 특수교육학 기출문제를 빠짐없이 담으려 노력했습니다. 기출문제는 키워드별로 정리해, 이전에 출제되었던 문제의 지문이 다음 기출문제에서 심화·확장되는 것을 순차적으로 볼 수 있도록 했습니다.

둘째 각 문제에 '코넬노트' 양식을 적용해 분석 포인트를 한눈에 파악할 수 있도록 구성했습니다. 이러한 시각화 작업을 통해 자기주도적으로 본 교재를 학습할 수 있도록 정리했습니다.

셋째 학습의 효율성·효과성 증진을 위해 기본이론 교재와 동일한 영역·순서의 4권으로 구성했습니다. 또 기본이론서와 본 교재를 함께 응용할 수 있도록 기본이론서의 해당 내용 페이지를 문제마다 제시했습니다.

넷째 다음 카페 '김은진 특수교육 연구소'에 기출문제 편집본을 게시해, 문제를 풀 때 다양하게 활용할 수 있도록 했습니다. 본 교재는 기출 '분석'에 초점을 둔 교재로, 기출 분석을 처음 하거나, 새로운 관점으로 기출문제를 분석하려는 모든 수험생에게 도움이 될 수 있도록 심화·확장 내용을 표시했습니다.

다섯째 기출문제에서 출제자의 의도 파악이 필요한 부분을 색 밑줄로 표시해 문제를 더 정확히 분석하고, 요구에 맞는 답안을 작성할 수 있도록 안내했습니다.

수험생 시절, 여러 시행착오를 거치면서 찾은 효율적인 '기출 분석 방법'이 최대한 반영된 이번 교재가 여러분의 임용시험 준비에 조금이나마 도움이 되었으면 합니다. 본 교재의 출간에 많은 도움을 주신 이수경 선생님, 이현진 선생님, 파키라 선생님, 최유민 편집자님, 윤옥란 부장님께 감사의 말씀을 전합니다.

저자 김은진

구성 및 특징

Analysis

01 관련 이론

해당 기출문제의 관련 이론을 다룬 기본 이론서(김은진 SPECIAL EDUCATION Vol. 1~4) 페이지를 안내했습니다.

02 핵심 키워드

해당 기출문제의 핵심 키워드를 제시해 관련 문제를 연속적으로 볼 수 있도록 했습니다.

03 구조화 틀

해당 기출문제 속 키워드의 구조화 틀을 제시해 문제가 출제된 맥락을 살펴볼 수 있도록 했습니다.

04 핵심개념

해당 기출문제와 관련된 이론을 요약·정리해 제시했습니다. 출제 근거가 되는 내용뿐만 아니라 심화·확장되는 이론도 추가했습니다.

05 모범답안

해당 기출문제에 대한 모범답안을 예시로 수록했습니다.

참고자료

기본이론 29-33p

키워드

스캐닝(훑기)

구조화 틀

선택기법
- 직접 선택
  - 정의
  - 직접 선택 방법
  - 장단점
  - 활성화 전략
- 간접 선택
  - 정의
  - 장단점
  - 스위치
  - 스캐닝(훑기)

핵심개념

스위치
- 최소한 한 가지 이상의 자발적인 움직임이 가능한 신체 부위가 있다면 적용 가능함
- 어떤 스위치를 사용할 것인지 결정하기 위해서는 다양한 시도를 통해 가장 적은 노력을 들여 효율적으로 표현할 수 있는지 고려하고 피로감이나 고통이 적은 것을 선택함
- **스위치 사용을 위한 운동훈련 4단계**
  ① 인과관계를 개발시키기 위해 사용하는 시간 독립적 스위치
  ② 스위치를 적절한 시간에 사용하는 능력을 개발하는 데 쓰이는 시간 종속적 스위치
  ③ 다중선택 스캐닝 능력을 개발시키기 위한 특정한 윈도우 내의 스위치
  ④ 상징적인 선택 만들기

모범답안

- 인과관계
- 간접 선택은 일반키보드나 마우스로 항목을 직접 선택하는 직접 선택보다 더 많은 단계가 요구되므로 속도가 느리지만, 미세한 근육 움직임만으로도 사용할 수 있다.

2019학년도 중등 B5

24 **다음은 컴퓨터 정보화교육 프로그램에 참여한 학생들의 특성과 교육 내용이다. 〈작성방법〉에 따라 서술하시오. [4점]**

(나) 학생 M

- 특성: 뇌성마비(경직형), 독립이동과 신체의 조절이 어려움(상지 사용과 손의 소근육 운동에 제한)
- 교육 내용
  - 대체입력장치인 스위치를 적용하기 전에 운동훈련을 실시함

〈스위치 적용 전 운동훈련 4단계〉

단계	목표	내용
1	시간 독립적 스위치 훈련	배터리로 작동하는 장난감 등을 이용하여 자극-반응 간의 (㉢)을/를 익힘
2	시간 종속적 스위치 훈련	스위치를 일정 시간 내에 활성화시키는 훈련

⋮

〈스위치 적용 훈련 후〉

- ㉣ 모니터에 훑기(scanning) 방식으로 제시된 항목을 선택하기 위하여 단일 스위치를 사용함

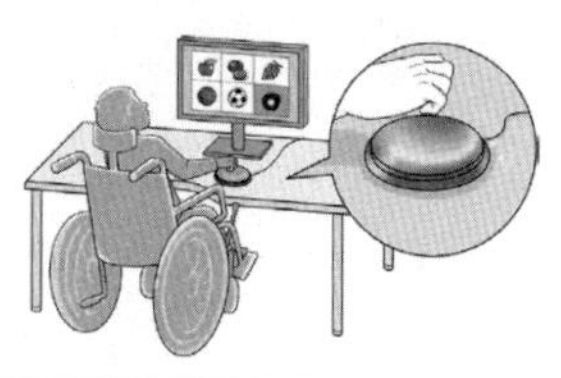

개인이 자신의 신체에 대한 통제가 어려워 직접입력이 가능하지 않을 때는 (상지 사용과 손의 소근육 운동에 제한 등) 간접입력 방법이 고려되어야 함

작성방법

- 괄호 안의 ㉢에 들어갈 내용을 쓸 것
- 밑줄 친 ㉣의 스위치를 활용한 선택 방법의 특징을 서술할 것 (단, 학생 M의 특성을 연계한 설명은 제외하고, 일반 키보드나 마우스의 항목 선택 방법과 비교하여 서술할 것)

※ '일반 키보드나 마우스의 항목 선택 방법'은 직접 선택 방법을 의미하므로, 직접 선택과 비교해 간접 선택이 갖는 특징에 대한 키워드가 필요함

김은진
스페듀 기출분석집
Vol. 4

기본이론 122-125p

연속적 행동지원 체계

SW-PBS의 연속적 행동지원 체계
- 정의 및 특징
- 예방 목표
- 강조점

1차 예방
- 문제행동이 새로 발생하거나 발전하지 않도록 학교의 모든 환경에서 모든 시간대에 전체 교사들이 모든 학생에게 친사회적인 행동을 습득하고 사용할 수 있게끔 공동의 가치나 기대행동을 가르치고 강화하는 보편적 중재를 사용
- 모든 학생에게 적용된다는 점에서 보편적 중재이며, 문제행동이 새로 발생하거나 커지지 않도록 하는 분위기 조성에 주력한다는 점에서 예방적 접근
- 핵심은 학생들이 어떻게 행동해야 할지를 알고 있다고 가정하지 말고 기대행동을 직접 가르쳐야 한다는 것

②

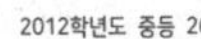
2012학년도 중등 26

04 다음은 수업 중 수업과 관련 없는 질문을 자주하는 학생 A가 통합된 학급에 제시하고자 김 교사가 개발 중인 규칙과 절차의 초안이다. 이에 대한 설명으로 옳은 것만을 〈보기〉에서 있는 대로 고른 것은?

〈우리 반 규칙〉

- 아침 7시 30분까지 등교하여 30분간 독서시간을 갖는다.
- 독서시간에는 떠들지 않는다.
- 수업 시작 전에 준비를 철저히 한다.
- 수업 중에는 선생님 허락을 받고 질문한다(푯말 참조).

〈푯말〉

〈우리 반 '수업 시작 준비' 행동 절차〉

1) 수업 시작 벨이 울리기 전에 교실에 들어온다.
2) 선생님이 들어오시기 전에 학습 준비물을 확인한다.
3) 사물함에서 준비물을 꺼내 제자리에 앉는다.
4) 선생님이 들어오시면 모두가 함께 인사한다.

보기

ㄱ. 연상 자료를 활용하기 위한 행동 절차를 개발하였
ㄴ. 연상 자료는 학급 전체 학생들의 규칙 준수를
하기 위한 것이다.
ㄷ. 모든 규칙이 교사가 학생들에게 기대하는 행동으로 명확하게 진술되어 있다.
ㄹ. 개발 중인 규칙 및 절차 단계 수가 학생들의 발달 단계, 연령, 교사의 요구 등에 부합하는지를 고려하여야 한다.

ㄱ. 연상 자
지도하기 위

대행동을
한 것임

전에 준비를 철저히 한다."에는 기대행동이 명확하게 진술되어 있지 않음

① ㄱ, ㄹ　② ㄴ, ㄹ　③ ㄷ, ㄹ　④ ㄱ, ㄴ, ㄷ　⑤ ㄴ, ㄷ, ㄹ

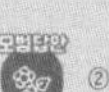
확장하기

학급의 규칙 만들기를 위한 원칙

- 교실 규칙은 새 학년이 시작될 때 개발되어야 하고, 학생과 일 년 내내 주기적으로 논의되어야 한다.
- 필요하면 규칙을 개발하는 데 학생을 참여시킨다.
- 규칙의 행동은 관찰·측정할 수 있어야 한다.
- 규칙은 긍정적인 용어로 진술되어야 한다. 즉, 학생들이 해서는 안 되는 행동보다는 지향해야 하는 행동으로 진술되어야 한다.
- 규칙의 수는 5개를 초과해서는 안 된다. 교사는 학생이 기억하기 쉽고 교사가 강화하기 쉽도록 최소한의 규칙을 만들어야 한다.
- 규칙은 교실 안에 게시되어야 한다. 이는 학생과 교사에게 기억을 상기시키는 역할을 한다.
- 규칙을 지키거나 어긴 결과에 대해 교사의 반응은 명확하고 공정해야 한다.
- 교사는 규칙을 준수하거나 어겼을 때를 대비해서 결과에 대해 일관성 있게 행동해야 한다.
- 필요하면 규칙은 한 학년 내내 검토·수정되어야 한다.

06
분석 포인트

문항·제시문·보기·조건·오답 분석 등 기출문제의 분석 포인트를 제시했습니다. 이를 통해 기출 분석을 처음 하거나, 새로운 관점으로 기출문제를 분석하려는 수험생에게 중요한 길잡이 역할을 할 수 있도록 했습니다.

07
확장하기

해당 기출문제와 관련된 새로운 각론 내용을 추가로 수록해 폭넓은 학습이 가능하도록 구성했습니다.

차 례
Contents

PART 01 특수교육 공학

PART 02 행동지원

특수교육 평가

김은진
스페듀 기출분석집 Vol. 4

PART

01

특수교육공학

CHAPTER 01

보완대체의사소통(AAC)의 이해

01 보완대체의사소통의 정의

- 보완(augmentation)
- 대체(alternation)

02 보완대체의사소통의 목적

- 말과 언어의 발달 촉진
- 상호작용 촉진
- 학습활동 참여도 증진
- 문제행동 감소
- 독립적인 생활 촉진

03 보완대체의사소통 고안 및 적용의 원칙

- 생활연령
- 기능성
- 상호작용 가능성
- 중재 가능성
- 사회적 의미
- 의사소통을 위한 선수 기술
- 1개 이상의 AAC 도구 사용
- 자연스러운 환경에서의 중재
- 아동 자신의 선호도
- 부모-중재자 간 협력 관계
- AAC 체계의 특성

04 보완대체의사소통 지도 원칙

- 최대화의 원칙
- 정상화의 원칙
- 상호 관계성의 원칙
- 기능화의 원칙
- 개별화의 원칙

05 보완대체의사소통 사용자에게 요구되는 능력

- 언어능력
- 조작능력(도구를 다루는 작동능력)
- 사회적 능력
- 전략적 능력(문제상황에 대처하는 능력)

기본이론 11p

AAC 정의

AAC의 이해
- 정의
- 목적
- 고안 · 적용의 10원칙
- 지도 원칙
- AAC 사용자에게 요구되는 능력

보완대체의사소통 체계(AAC)

구어로 자신의 의사를 표현하지 못하는 사람들의 의사소통 권리를 지원해주는 중재방안으로, 의사소통을 촉진시킬 수 있는 다양한 방법과 도움을 비롯한 의사소통 행위와 한 개인에게 유용한 의사소통 도구 및 전략을 포함함

보완대체의사소통 체계(AAC)의 목적
- 말과 언어의 발달 촉진
- 상호작용 촉진
- 학습활동 참여도 증진
- 문제행동 감소
- 독립적인 생활 촉진

보완대체의사소통 체계(AAC)

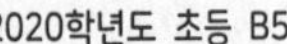
2020학년도 초등 B5

01 **다음은 초임 특수 교사가 관찰한 학생들의 특성과 이에 대한 수석교사의 조언 일부이다. 물음에 답하시오. [5점]**

학생	학생 특성	조언
은지	• 인지 및 언어발달 지체가 심함	
	• 자신의 요구를 나타내려는 듯이 "어-, 어-, 어-", "우와, 우와, 우와"와 같은 소리를 내고, 교사가 이해하기 어려운 몸짓을 사용하기도 함	㉠ 표정, 몸짓, 그림 가리키기, 컴퓨터 등을 포함한 비구어적 수단을 활용하는 지도방법을 통해 언어발달을 도와줄 수 있음

은지는 현재 구어로 자신의 의사를 표현하지 못함

- 상징 : 표정, 몸짓, 그림
- 기법 : 가리키기(지적하기)
- 보조도구 : 컴퓨터

1) ㉠이 무엇인지 쓰시오. [1점]

참고자료

기본이론 11-12p

키워드

AAC 고안 및 적용의 원칙

구조화틀

AAC의 이해
- 정의
- 목적
- 고안 · 적용의 10원칙
- 지도 원칙
- AAC 사용자에게 요구되는 능력

핵심개념

AAC 고안 및 적용의 원칙
- 생활연령 고려
- 학생의 기능성 고려
- 상호작용 기회의 제공
- 제외되는 사람이 없을 것
- 자연스러운 환경
- 부모와 학교의 동반자적 관계 중시
- 사회적 위치를 고려할 것
- 의사소통에 필요한 기술일지라도 특정 AAC 사용 전 습득해야 할 선행조건으로 간주하지 않음
- 의사소통 상대자의 환경에 따라 융통성을 발휘해 AAC 선택
- 사용자가 이미 익숙하고 선호하는 어휘를 우선적으로 고려하며, 새로운 개념을 습득하지 않더라도 AAC를 사용할 수 있어야 함

모범답안

①

2010학년도 초등 20

02 뇌성마비 학생 세희는 말 표현과 비언어적 의사소통에 어려움을 보이고 있다. 특수학교 최 교사는 2008년 개정 특수학교 기본 교육과정 국어과에 기초하여, 보완대체의사소통(Augmentative and Alternative Communication ; AAC) 체계를 적용하고자 한다. 준비 단계에서 고려해야 할 사항으로 가장 적절한 것은?

① AAC 체계 유형의 선택과 어휘 선정은 학생의 선호도를 고려하여 계획한다.

② 기능적 어휘보다는 장기적으로 성취 가능한 목표 어휘를 선정하여 준비한다.

③ 신체 기능보다는 학생의 언어 발달 수준을 고려하여 AAC 체계 한 가지를 준비한다.

④ AAC 제계에 적용하는 상징은 학생의 정신연령을 최우선으로 고려하여 준비한다.

⑤ 타인과의 상호작용 가능성보다는 학생 개인의 의도 표현에 중점을 두어 계획한다.

② AAC를 통한 원활한 의사소통이 목적이므로 기능적 어휘를 선정함

③ AAC 체계는 의사소통 상대자의 환경에 따라 융통성을 발휘해 사용할 수 있도록 다양한 체계를 준비해야 함

④ AAC 체계에 적용하는 상징은 학생의 생활연령을 고려해야 함

⑤ AAC는 다른 사람과의 상호작용 맥락에서 자신의 의도와 생각을 효과적으로 전달하는 것에 중점

참고자료

기본이론 11p

키워드

AAC 정의

구조화 틀

AAC의 이해
- 정의
- 목적
- 고안 · 적용의 10원칙
- 지도 원칙
- AAC 사용자에게 요구되는 능력

핵심개념

모범답안

(제시문만 분석)

2022학년도 중등 A1

03 다음은 장애인의 날에 ○○중학교에서 사용한 장애 이해 교육 자료이다.

장애가 있는 친구와 의사소통을 잘 하려면?
• 대답과 자기 생각을 말로 표현하지 못하는 친구는 어떤 방법으로 표현할까요? – 표정, 몸짓으로 대답하고 표현합니다. – 상징과 그림카드를 눈으로 응시하거나 손으로 가리켜서 대답하고 표현할 수 있습니다. – 음성 출력 도구를 사용하여 대답하고 표현하기도 합니다.

확장하기

AAC 고안 및 적용의 원칙

생활연령	AAC 체계에 포함할 어휘나 문장은 아동의 정신연령보다는 생활연령에 맞는 것으로 선택한다. 아동의 정신연령은 보완대체를 교육하는 방법이나 교재의 선택 과정에서 좀 더 중요하게 고려되어야 할 요소이다.
기능성	AAC 체계의 일차적인 목적은 일상생활에서의 의사소통이다. 아동의 AAC 체계에 포함된 모든 어휘나 문장은 아동의 의사소통 의도(예 물건이나 행동 요구, 주의 끌기, 감정이나 상태 표현하기, 질문하기 등)를 표현할 수 있고 기능적이어야 한다.
상호작용 가능성	의사소통은 일방적인 것이 아니라 상호 간의 교류로 이루어지는 것으로, 아동의 의도를 표현할 뿐 아니라 상대방의 표현에 대해 반응할 수 있어야 한다.
중재 가능성	대체로 AAC 체계를 선택하거나 적용하는 기간에는 여러 가지 지원 프로그램이 제공되지만, 이후 후속 중재 프로그램이 제공되지 않아 AAC 사용이 중단되는 경우가 많다. 그러므로 계속되는 중재가 가능한지를 고려한 지원 프로그램을 제공해야 한다.
사회적 의미	대상자의 사회적 활동에 적절한 AAC 체계의 내용, 운반 방법 및 도움의 형태를 결정해야 한다. 예를 들어, 아동의 사회활동 범위를 관찰해 학교·집·종교기관 등 각 사회활동 장소에서 요구되는 조건들을 고려해야 한다.
의사소통을 위한 선수 기술	의사소통을 하기 위해서 선행되어야 하는 기초적인 선수 기술들이 있다. 그러나 아동에게 AAC 체계를 적용할 때 그러한 선수 기술들이 모두 습득될 때까지 기다릴 수 없는 경우가 많다. 그럴 때는 우선 아동이 가지고 있는 최소한의 의사소통 능력을 분석해 그에 적절한 AAC 체계를 사용하게 하고, 그 후에 그 체계를 사용하면서 좀 더 발전된 의사소통 능력을 길러주는 것이 바람직하다.
1개 이상의 AAC 도구 사용	대체로 아동에게 1개의 AAC 체계를 적용시킨 뒤 그것으로 만족하고 더 이상의 관심을 두지 않는 경우가 많다. 그러나 AAC 도구는 AAC 사용 환경에 따라 달라져야 한다. 예를 들어, 발화기나 컴퓨터의 건전지가 다 닳아 소리를 내지 못하거나, 어두운 곳에서 수화나 의사소통판을 사용하지 못하는 경우가 발생할 수 있다. 그러므로 가능하면 1개 이상의 AAC 도구를 사용하도록 지도하는 것이 중요하다.
자연스러운 환경에서의 중재	AAC 체계는 아동의 실생활에서 사용하지 못하면 아무 의미가 없다. 그러므로 일반화가 어려운 아동에게는 실제 환경 속에서 직접적·간접적 중재가 이루어져야 한다.
아동 자신의 선호도	AAC 체계를 결정하거나 그 내용을 선택하는 과정에서 아동이 좋아하는 것을 선택하도록 배려해야 한다. 적용된 AAC 체계가 아동에게는 그저 학습자료에 불과한 것이 되어서는 안 된다. 아동이 애정을 가지고 기꺼이 사용하도록 하기 위해서는 아동이 그 형태와 내용을 선택하도록 해야 하며, 초기의 선택 과정뿐만 아니라 아동이 체계를 확장해나가는 과정에서도 아동의 의사가 반영되도록 해야 한다.
부모-중재자 간 협력 관계	대체로 AAC를 선택하는 과정에서 부모와 중재자가 협력을 잘 하지만, 그 내용을 삽입하고 프로그래밍하는 과정에서는 부모가 배제되는 경우가 많다. 특히 장애아동의 경우 가정과 학교, 그리고 기타 접촉하는 사회(예 종교기관, 그룹홈 등)에서 유사한 반응이나 강화가 있어야만 AAC 체계를 기능적으로 사용하기 때문에 관련 기관 및 가정에서의 협력 관계가 중요하다.
AAC 체계의 특성	AAC 체계는 아동의 신체적 조건에 따라 적절하게 사용될 수 있어야 하며, 의사소통 대상자에게 쉽게 이해될 수 있어야 한다. 또한 관리 및 유지가 용이하고, 아동의 적응 상태에 맞춰 어휘 및 언어의 범위나 수준을 확장시킬 수 있는 것이 좋다.

참고자료

기본이론 14p

키워드

AAC 사용자에게 요구되는 능력

구조화 틀

AAC의 이해
- 정의
- 목적
- 고안 · 적용의 10원칙
- 지도 원칙
- AAC 사용자에게 요구되는 능력

핵심개념

AAC 사용자에게 요구되는 능력

언어 능력	수용언어 및 표현언어를 구사할 수 있는 능력
조작 능력 (도구를 다루는 작동 능력)	AAC 체계를 정확하고 효율적으로 조작하는 데 필요한 기계적인 기술 구사 능력을 의미
사회적 능력	의사소통 상호작용을 시작 · 유지 · 진전시키고 종료하는 기술로, 핵심능력임
전략적 능력 (문제상황에 대처하는 능력)	AAC 사용자가 AAC 사용과 관련된 기능적 한계를 극복하기 위해 사용하는 보완전략 예 대화를 하다가 내가 원하는 어휘나 표현이 의사소통판에 없는 상황이나, 내가 표현한 AAC 메시지가 상대방에게 이해되지 않는 경우 이러한 문제상황에 대처할 전략을 습득해야 함

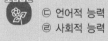

모범답안

㉢ 언어적 능력
㉣ 사회적 능력

2017학년도 초등 A5

04 **(가)는 2011 개정 특수교육 교육과정 중 기본 교육과정 미술과 5~6학년 '소통하고 이해하기' 단원 교수 · 학습 과정안이고, (나)는 자폐성 장애 학생 지혜의 특성을 고려하여 보완 · 대체의사소통 체계(AAC)를 활용한 의사소통 지도계획이다. 물음에 답하시오. [5점]**

(가)

학년	단원	소단원	제재	차시
6	7. 소통하고 이해하기	7.2 생활 속 여러 알림 메시지	1) 우리 주변의 알림 메시지	9/12

교수 · 학습 활동		자료(㉶) 및 유의점(㉷)
활동 1	• 여러 가지 픽토그램 살펴보기 • ㉠ <u>픽토그램</u>이 갖추어야 할 조건 알아보기	㉶ 여러 가지 픽토그램 [A] 예:
활동 2	(㉡)	㉷ 수업 중 활용한 픽토그램을 의사소통 지도에 활용한다.
활동 3	여러 가지 픽토그램을 보고 느낀 소감 말하기	

(나)

지혜의 특성	의사소통 지도 계획
• 시각적 자극을 선호함 • 소근육이 발달되어 있음 • 태블릿 PC의 AAC 애플리케이션을 사용함 • 일상생활과 관련된 어휘를 제한적으로 이해하고 사용할 수 있음 • 질문에 대답은 하지만 자발적으로 의사소통을 시도하지 않음	• 미술시간에 배운 [A]를 ㉢ <u>AAC 어휘목록에 추가하고, [A]로 의사소통 할 수 있다는 것을 지도</u>한다. • [A]를 사용하여 ㉣ <u>대화를 시도하고 대화 주제를 유지</u>할 수 있도록 지도한다. • ㉤ <u>'[A]를 사용한 의사소통하기'를 습득한 후, 습득하기까지 필요했던 회기 수의 50%만큼 연습기회를 추가로 제공</u>하여 [A]의 사용을 유지할 수 있게 한다.

㉢ 미술시간에 필요한 어휘들을 AAC에 추가해 의사소통하는 것 → 언어능력

※ 조작능력보다는 밑줄 친 문장을 포괄할 수 있는 언어능력으로 답안을 작성하는 것이 적절함

3) AAC 사용자가 갖추어야 할 4가지 의사소통 능력 중 (나)의 ㉢과 ㉣을 통해 향상시킬 수 있는 능력은 무엇인지 각각 쓰시오. [2점]

CHAPTER 02

보완대체의사소통(AAC)의 구성요소

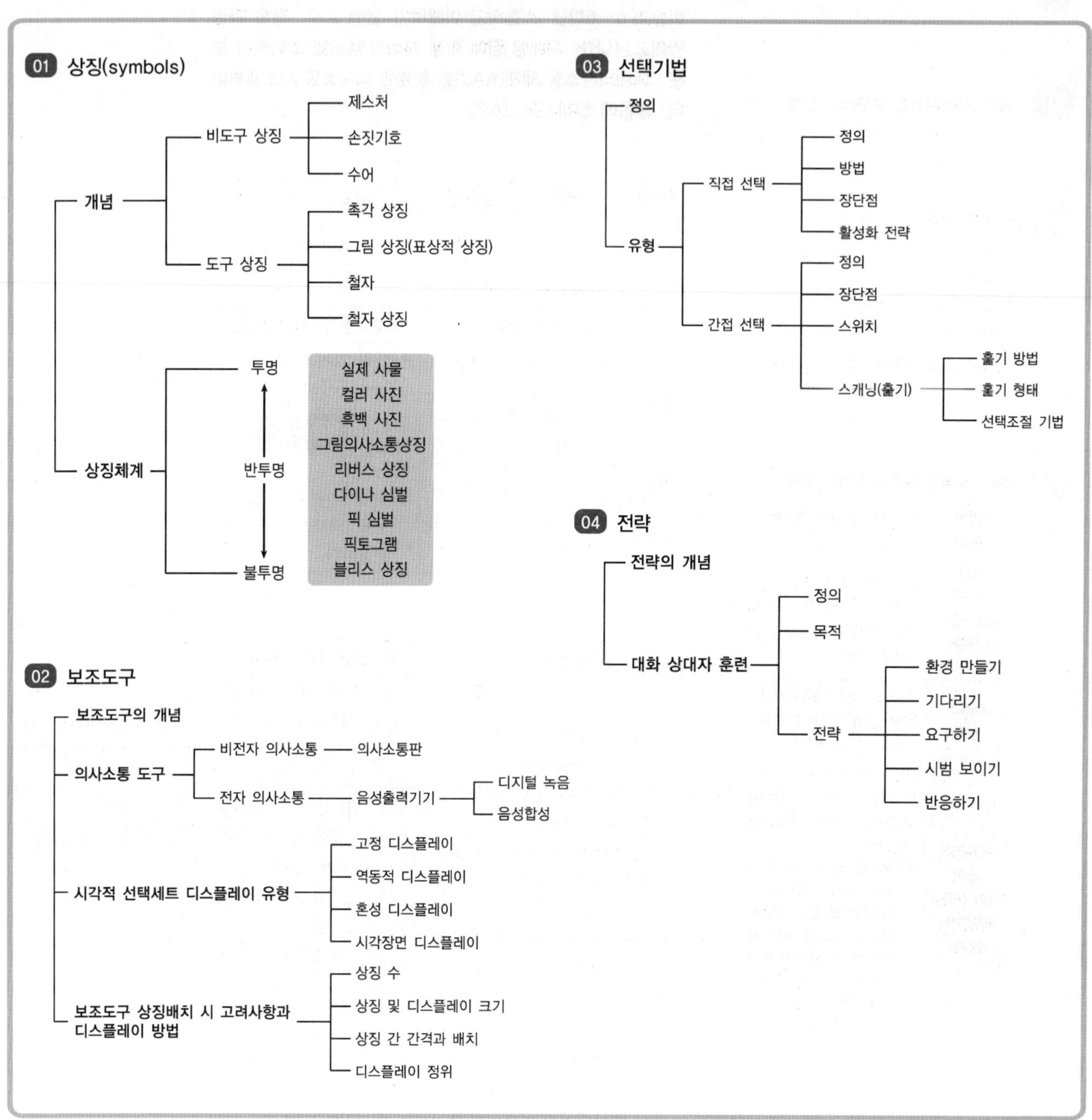

01 상징(symbols)
개념
비도구 상징
제스처
손짓기호
수어
도구 상징
촉각 상징
그림 상징(표상적 상징)
철자
철자 상징
상징체계
투명
반투명
불투명
실제 사물
컬러 사진
흑백 사진
그림의사소통상징
리버스 상징
다이나 심벌
픽 심벌
픽토그램
블리스 상징
02 보조도구
보조도구의 개념
의사소통 도구
비전자 의사소통
의사소통판
전자 의사소통
음성출력기기
디지털 녹음
음성합성
시각적 선택세트 디스플레이 유형
고정 디스플레이
역동적 디스플레이
혼성 디스플레이
시각장면 디스플레이
보조도구 상징배치 시 고려사항과 디스플레이 방법
상징 수
상징 및 디스플레이 크기
상징 간 간격과 배치
디스플레이 정위
03 선택기법
정의
유형
직접 선택
정의
방법
장단점
활성화 전략
간접 선택
정의
장단점
스위치
스캐닝(훑기)
훑기 방법
훑기 형태
선택조절 기법
04 전략
전략의 개념
대화 상대자 훈련
정의
목적
전략
환경 만들기
기다리기
요구하기
시범 보이기
반응하기

참고자료

기본이론 15p

키워드

AAC 구성요소

구조화 틀

AAC 구성요소
- 상징
  - 개념
  - 상징체계(도상성)
- 보조도구
  - 개념
  - 의사소통 도구
  - 디스플레이 유형
  - 상징배치 고려사항
- 기법
  - 직접 선택
  - 간접 선택
- 전략
  - 개념
  - AAC 대화상대자 훈련

핵심개념

AAC 구성요소

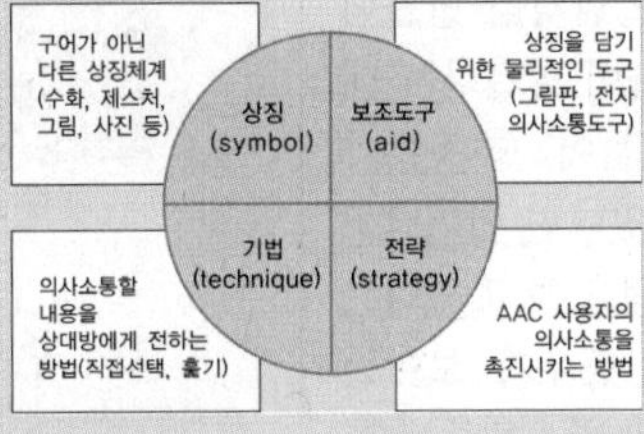

모범답안

상징, 기법, 보조도구, 전략

2016학년도 중등 A10

01 (가)는 학생 A에 대한 정보이고, (나)는 국어과 교수·학습방법 및 평가 계획이다. 〈작성방법〉에 따라 순서대로 쓰시오. [4점]

(가) 학생 A의 정보

- 중도 정신지체와 경도 난청을 가진 중도·중복장애 중학생임
- 기본 교육과정 초등학교 1~2학년군의 학업 수행 수준임
- 음성언어로 의사소통을 하기가 어렵고, 자발적인 발화가 거의 나타나지 않음

AAC는 구어로 자신의 의사를 표현할 수 없는 사람들의 의사소통 권리를 지원해주는 중재방안임

(나) 국어과 교수·학습 방법 및 평가 계획

관련 영역		적용
교수·학습 방법	교수·학습 계획	음성언어를 사용하는 데 어려움이 있는 중도·중복장애 학생이므로 ㉠ 보완·대체의사소통 체계를 활용함
	교수·학습 운용	일반적인 교과학습과 동시에 언어경험접근법과 ㉡ 환경중심 언어중재 등을 상황에 맞게 활용하여 지도함
		㉢
평가 계획		㉣

작성방법

밑줄 친 ㉠의 구성요소 4가지를 쓸 것

참고자료

기본이론 15-19p, 24-33p

키워드

AAC 구성요소 – 상징, 기법

구조화 틀

상징
- 개념
- 상징체계(도상성)

기법
- 직접 선택
- 간접 선택

핵심개념

상징
- 일반적인 구어가 아닌 간단한 수화나 제스처, 그림이나 사진 등과 같은 아이콘
- 유형
  - **도구 상징**: 어떤 형태든 외부기기를 필요로 하는 상징
  - **비도구 상징**: 어떠한 외부기기도 사용하지 않는 상징

	도구적 상징 (도상성 순서)	비도구적 상징
예시	• 실제 사물 • 모형 • 사진(컬러사진/흑백사진) • 선화(PCS, 리버스 블리스 등) • 전통적인 철자법(점자와 모스 부호 등)	• 제스처 • 눈 응시 • 지적하기 • 고개 끄덕이기 • 지화, 수화
장점	사용이 쉽고 전달이 명확함	눈 접촉이 자주 발생함
단점	눈 접촉이 발생하지 않음	사람마다 인식이 다를 수 있음

기법
- 자신의 생각 및 의견을 표현하는 방법
- 유형
  - **직접 선택**: 매개 도구 없이 자신의 신체를 이용한 직접 지적을 통해 생각 및 요구를 표현하는 방법
  - **간접 선택**: 직접 선택하기를 하지 못할 경우, 신체의 한 부위로 매개 도구인 스위치를 눌러 선택하게 하는 간접적인 방법

모범답안

2) 상징 – 미니어처(실물모형)
기법 – 원하는 것을 만져서 표현하기

3) 미니어처(실물모형)는 도구적 상징으로, 특히 도상성이 매우 높은 상징 유형이므로 전달이 명확하다.

2017학년도 유아 A1

02 다음은 중복장애 유아 동우의 어머니가 유아특수교사인 김 교사와 나눈 상담 내용의 일부이다. 물음에 답하시오. [6점]

> 김 교사: 어머니, 가족들이 동우와 의사소통하는 데 어려움이 있다고 하셨지요?
>
> 어 머 니: 네, 동우는 ㉠ 근긴장도가 높아서 팔다리를 모두 움직이기가 어렵고, 몸을 움직이려고 하면 뻗치는 경우가 많잖아요. 그리고 선생님께서 아시는 것처럼 시각장애까지 있어서, 말하는 것은 물론 눈빛으로 표현하는 것도 어려워해요. 가족들은 동우가 뭘 원하는지 알 수가 없어요.
>
> 김 교사: 그래서 이번 개별화교육계획지원팀 회의에서 결정한 바와 같이 동우에게 보완대체의사소통을 사용하려고 해요. 이를테면, 동우에게 ㉡ 우선적으로 필요한 어휘를 미니어처(실물모형)로 제시하고 자신이 원하는 것을 만져서 표현하도록 하면 좋겠어요. ㉢ 미니어처를 사용하면 누구나 동우가 표현하고자 하는 바를 명확하게 알 수 있으니까요.
>
> 어 머 니: 그러면 집에서 동우를 위해 우리 가족이 해야 하는 일은 무엇인가요?
>
> 김 교사: 가족들이 반응적인 의사소통 환경을 만들어 주시면 동우의 의사소통 기술이 발달하는 데 도움이 될 수 있어요. 예를 들어, ㉣ 동우가 장난감 트럭을 앞뒤로 밀고 있다면 어머님도 동우가 밀고 있는 장난감 트럭을 보고 있다는 것을 동우에게 알려주시고, 동우가 보이는 행동에 즉각적으로 의미 있게 반응해주세요.

전략
- 메시지를 가장 효과적이고 효율적으로 전달하는 방법 → AAC 사용자에게 AAC를 지도하는 것뿐만 아니라 AAC 대화상대자 훈련도 포함함
- AAC 대화상대자(가족, 또래, 교사 등)에게 AAC에 참여하는 방법을 지도해야 함
- 주요 전략
  - 상호작용 상황에서 반응을 강요하기보다, 그들이 시도한 화제를 반복하고 그 시도에 즉각적으로 반응해주며 가급적 학생보다 말을 적게 함으로써 학생에게 대화할 기회를 많이 제공하도록 지도함
  - AAC 사용자의 의사소통 시도와 적극적인 상호작용을 촉진하기 위해 의사소통 과정 속에서 시간지연, 도구 사용 모델링, 메시지 확인 등의 전략을 습득시킴

2) ㉡은 보완대체의사소통 체계(구성요소)에 해당하는 설명이다. ㉡에 나타난 구성요소 2가지와 그에 해당하는 예시를 지문에서 찾아 각각 쓰시오. [2점]

3) ㉢에 나타난 보완대체의사소통 체계(구성요소)와 관련된 특성 1가지를 쓰시오. [1점]

참고자료
기본이론 17-19p

키워드
상징체계

구조화틀
상징
- 개념
- 상징체계(도상성)

핵심개념
상징체계

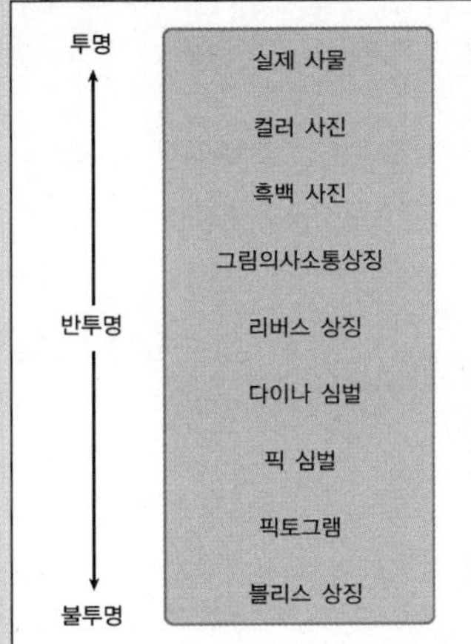

모범답안

④

2011학년도 중등 13

03 다음은 김 교사가 중도(severe) 뇌성마비 중학생 A에게 음성산출도구를 적용하는 보완·대체의사소통 중재 과정이다. 각 과정별 적용의 예로 적절한 것을 고른 것은?

과정	적용의 예
기회장벽 평가	(가) 학생 A가 음성산출도구의 터치스크린을 이용해서 자신이 원하는 상징을 정확하게 지적할 수 있는지 평가하였다.
접근장벽 평가	(나) 학생 A가 휠체어에 앉을 때 랩트레이(lap tray)나 머리 지지대 등이 필요한지 알아보기 위해 자세를 평가하였다.
핵심 어휘 선정	(다) 부모 면담을 통해 학생 A에게 특별한 장소나 사람, 취미와 관련된 어휘를 조사하여 선정하였다.
상징 지도	(라) 음성산출도구의 상징을 지도할 때는 실제 사물 – 실물의 축소 모형 – 컬러 사진 – 흑백 사진 – 선화 상징 순으로 지도하였다.
일상생활에서 음성산출도구 사용 유도	(마) 미술시간에 학생 A의 손이 닿지 않는 곳에 풀과 가위를 두고 기다리는 등 환경 조성 전략을 사용하여, 음성산출도구로 의사소통할 수 있도록 유도하였다.

AAC를 위한 상징 선택은 아동의 운동기술과 언어발달, 인지수준 등을 고려해 구체적인 것에서부터 추상적인 것까지, 쉽고 간단한 것에서부터 복잡하고 어려운 것까지 체계적으로 사용해야 함

① (가), (나), (다)　　② (가), (나), (라)
③ (가), (다), (마)　　④ (나), (라), (마)
⑤ (다), (라), (마)

확장하기

선화 상징(김혜리 외, 2021.)

그림 의사소통 상징(PCS)	• 가장 많이 사용되는 선화 상징체계로, 낱말·구절 및 광범위한 주제를 다룬 개념들을 나타내는 18,000개 이상의 그림으로 구성됨 • 블리스 상징보다 더 투명하고 쉽게 학습이 가능함 • 단, 모든 문화권에서 다른 선화 상징보다 PCS의 도상성이 높다고 단언할 수는 없음
리버스 상징	• 음성언어의 단어를 표상하는 상징으로 구성됨 • 음성언어 단어와 상응관계이며 수화나 블리스 상징보다 사용하기 쉬움
픽토그램 상징	• 전경과 배경 구분의 어려움을 줄이기 위해 고안된 1,500개의 흑백 상징들로 구성됨 • PCS보다는 반투명성이 낮지만, 블리스 상징보다는 반투명성이 높음
블리스 상징	• 국제적인 문어 의사소통을 위한 보조언어로 개발됨. 약 100개 정도의 기본적인 상징으로 구성되며, 단일로 사용하거나 상징을 결합해 표현함 • 다른 선화 상징에 비해 투명성이 낮으며 배우고 기억하기 어려움

참고자료

기본이론 17-19p

키워드

상징체계 – 리버스 상징, 블리스 상징

구조화 틀

상징
- 개념
- 상징체계(도상성)

핵심개념

리버스 상징
- 음성언어의 단어와 상응 관계에 있어 이들을 결합해 문장으로 표현할 때는 음성언어의 통사규칙을 따르므로 고도의 복잡한 문장까지도 표현할 수 있음
- 소리에 기반을 둔 상형문자적 단일체계
- 블리스 상징보다 도상성이 높음

블리스 상징
- 음성에 기초를 두지 않고 의미에 기초를 둔 체계로, 그림보다 조직적이고 글자보다 간편해 읽기 능력이 꼭 필요하지 않음
- 상징 결합원리에 따라 의사소통판에 없는 생각 표현이 가능하고, 의미에 근거한 상징의 조합이 가능함
- 상징의 논리적 결합을 통해 시제 변화와 복수의 표현도 가능함
- 가장 도상성이 낮고 배우기 어려움

모범답안

②

※ 최근 AAC 관련 각론에 따르면 '선화 상징' 안에 리버스 상징과 블리스 상징이 포함됨

2010학년도 중등 28

04 구어로 의사소통이 어려운 자폐성 장애 학생을 위해 교사가 의사소통판을 활용하고자 상징체계를 선택할 때 고려해야 할 점으로 가장 적절한 것은? [1.5점]

① 선화, 리버스 상징과 같은 비도구적 상징체계를 활용한다.
② 리버스 상징은 사진보다 추상적이므로 배우기가 더 어렵다.
③ 선화는 사진보다 사실적이므로 의사소통 초기 단계에서 활용한다.
④ 블리스 상징은 선화보다 구체적이므로 인지능력이 높은 학생에게 적절하다.
⑤ 블리스 상징은 리버스 상징보다 도상성(iconicity)이 낮으므로 배우기가 더 쉽다.

> ① 선화 상징, 리버스 상징 등은 도구적 상징체계에 해당함

> ③ 사진이 더 도상성이 높으므로 적절하지 않음

확장하기

도상성(iconicity)

상징과 상징이 나타나는 것(참조물) 사이의 연상성을 말한다. 이 연상 관계는 시각적 인식에 기초하는 경우가 많으나, 개인의 독특한 연상에 따르기도 한다. 투명한 상징은 표현 대상(참조물)의 모양, 행동 또는 기능이 상징에 잘 표현되어 바로 추측할 수 있는 상징을 말한다. 반대로 불투명한 상징은 상징의 뜻을 알더라도 상징과 참조물의 관계가 인식되지 않는 경우를 말한다. 예를 들어 신발의 컬러 사진은 도상성이 높은 투명한 상징이지만, '신발'이라는 글자는 불투명한 상징이다.

참고자료

기본이론 17-19p

키워드

상징체계 – 리버스 상징, 블리스 상징

구조화 틀

상징
- 개념
- 상징체계(도상성)

핵심개념

리버스 상징
- 음성언어의 단어와 상응 관계에 있어 이들을 결합해 문장으로 표현할 때는 음성언어의 통사규칙을 따르므로 고도의 복잡한 문장까지도 표현할 수 있음
- 소리에 기반을 둔 상형문자적 단일체계
- 블리스 상징보다 도상성이 높음

블리스 상징
- 음성에 기초를 두지 않고 의미에 기초를 둔 체계로, 그림보다 조직적이고 글자보다 간편해 읽기 능력이 꼭 필요하지 않음
- 상징 결합원리에 따라 의사소통판에 없는 생각 표현이 가능하고, 의미에 근거한 상징의 조합이 가능함
- 상징의 논리적 결합을 통해 시제 변화와 복수의 표현도 가능함
- 가장 도상성이 낮고 배우기 어려움

모범답안

②

2011학년도 초등 2

05 영서는 만 6세이고, 경직형 뇌성마비, 중도 정신지체, 말·언어 장애가 있다. 김 교사가 영서를 위해 수립한 보조공학기기 적용 계획으로 적절한 내용을 고른 것은?

보기

ㄱ. 학습 활동을 효과적으로 할 수 있도록 그림 이야기 소프트웨어를 음성출력 기능과 함께 사용하게 한다.
ㄴ. 의사표현을 할 수 있도록 리버스 상징보다 이해하기 쉬운 블리스 상징을 적용한 의사소통판을 사용하게 한다.
ㄷ. 고개를 뒤로 많이 젖히지 않고 물을 마실 수 있도록 빨대나 한쪽 면이 반원형으로 잘린 컵을 사용하게 한다.
ㄹ. 움직이는 장난감 자동차를 가지고 놀 수 있도록 장난감 자동차에 스위치를 연결하고 그 스위치를 휠체어 팔걸이에 설치한다.
ㅁ. 뇌성마비 경직형 아동은 독립보행을 할 수 없으므로 원활한 이동을 할 수 있도록 조기에 스스로 전동휠체어를 사용하게 한다.

> ㄴ. 블리스 상징이 가장 도상성이 낮고 배우기 어려움

① ㄱ, ㄴ
② ㄱ, ㄷ, ㄹ
③ ㄴ, ㄷ, ㄹ
④ ㄴ, ㄹ, ㅁ
⑤ ㄷ, ㄹ, ㅁ

기본이론 17-19p

상징체계

상징
- 개념
- 상징체계(도상성)

상징체계

- **도상성**: 상징을 보고 상징이 나타내는 것을 알 수 있는 정도
  - 실물을 보지 않고도 상징만으로 말하고자 하는 대상이 무엇인지 알 수 있을 때 "투명도/도상성이 높다."라고 표현
  - 상징만으로는 말하고자 하는 대상과 상징 관계를 이해하기 어려울 때 "투명도/도상성이 낮다."라고 표현
  - 상징만 주어졌을 때는 상징과 대상과의 관계를 연결하기 어렵지만 대상의 의미가 제공되면 상징과의 관계가 이해되는 경우 '반투명 상징'이라고 함

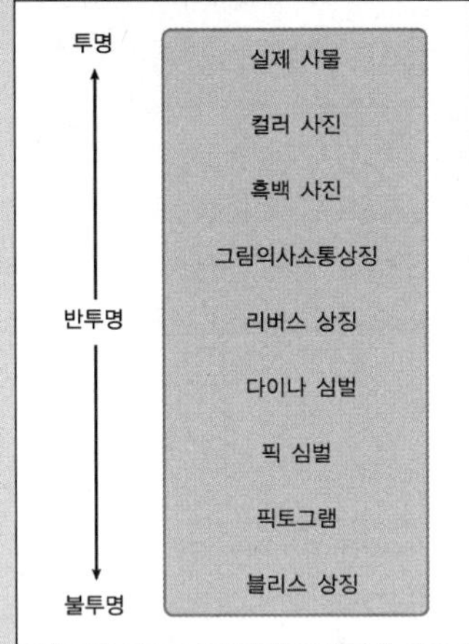

선화보다 도상성이 더 높은 사진을 제공한다.

※ 흑백선화보다 도상성이 높은 시각적 단서는 모두 가능함

2016학년도 초등 A6

06 **다음은 자폐성 장애 학생을 지도하기 위해 작성한 '2011 개정 특수교육 교육과정' 중 기본 교육과정 사회과 1~2학년군 '마음을 나누는 친구' 단원의 교수 · 학습 과정안의 일부이다. 물음에 답하시오. [6점]**

<table>
<tr><td>단원</td><td>마음을 나누는 친구</td><td>제재</td><td>친구의 표정을 보고 마음 알기</td></tr>
<tr><td>단계</td><td>교수 · 학습 활동</td><td colspan="2">자료(자) 및 유의사항(유)</td></tr>
<tr><td rowspan="3">전개</td><td>〈활동 1〉
• 같은 얼굴표정 그림카드끼리 짝짓기
• 같은 얼굴표정 상징카드끼리 짝짓기</td><td colspan="2">[자] 얼굴표정 그림카드
얼굴표정 상징카드</td></tr>
<tr><td>〈활동 2〉
• 같은 얼굴표정 그림카드와 상징카드를 짝짓기
• 학습지 풀기</td><td colspan="2">[자] ㉠ <u>바구니 2개, 학습지 4장</u>
[유] (㉡)
[자] 〈학습 활동 순서〉
책상에 앉기
학습지 준비하기
연필 준비하기
학습지 완성하기
[A]</td></tr>
<tr><td>〈활동 3〉
…(생략)…</td><td colspan="2">[유] ㉢ <u>학생이 학습 활동 순서에 따라 학습지를 완성할 수 있도록 시각적 단서를 제공한다.</u></td></tr>
<tr><td>정리 및 평가</td><td>• 학습 내용 정리하기
• 형성평가: 실제 학교 생활에서 친구의 얼굴을 보며 친구의 마음을 표정으로 표현하기</td><td colspan="2">[유] ㉣ <u>학생의 일상생활 및 학교생활 등 실제 생활 장면과 연계하는 다양한 평가 방법</u>을 활용한다.</td></tr>
</table>

3) 교사는 ㉢을 위해 [A]와 같은 흑백선화를 활용하였다. 학생이 [A]의 〈학습 활동 순서〉에 따라 학습 활동을 스스로 하지 못하자, 교사는 다른 시각적 단서를 제공하고자 한다. 이때 교사가 제공할 수 있는 시각적 단서의 예를 도상성 수준을 고려하여 1가지 쓰시오. [1점]

참고자료

기본이론 19p

키워드

상징체계 – 픽토그램

구조화 틀

상징
- 개념
- 상징체계(도상성)

핵심개념

픽토그램
- '그림(picture)'과 '전보(telegram)'의 합성어로, 국제적인 행사 등에서의 사용을 목적으로 제작된 그림문자
- 의미하는 내용을 상징적으로 시각화하며 사전에 교육을 받지 않고도 모든 사람이 즉각적으로 이해할 수 있도록 만든, 단순하고 의미가 명료한 상징체계
- 흑백 상징으로 구성되어 전경과 배경 구분의 어려움을 줄여줌. 그러나 흔히 사용되는 흰 바탕 위에 검정 그림보다 검정 바탕 위에 흰 그림이 반드시 시각적으로 더 명확한 것은 아니라는 연구결과가 있음
- 그림의사소통상징(PCS)과 리버스 상징보다는 반투명도가 낮지만, 블리스 상징보다는 반투명도가 높음

모범답안

사전에 교육을 받지 않고도 모든 사람이 즉각적으로 이해할 수 있어야 하므로 단순하고 의미가 명료해야 한다.

2017학년도 초등 A5

07 (가)는 2011 개정 특수교육 교육과정 중 기본 교육과정 미술과 5~6학년 '소통하고 이해하기' 단원 교수 · 학습 과정안이고, (나)는 자폐성 장애 학생 지혜의 특성을 고려하여 보완 · 대체의사소통 체계(AAC)를 활용한 의사소통 지도계획이다. 물음에 답하시오. [5점]

(가)

학년	단원	소단원	제재	차시
6	7. 소통하고 이해하기	7.2 생활 속 여러 알림 메시지	1) 우리 주변의 알림 메시지	9/12

	교수 · 학습 활동	자료(㉶) 및 유의점(㋴)
활동 1	• 여러 가지 픽토그램 살펴보기 • ㉠ 픽토그램이 갖추어야 할 조건 알아보기	㉶ 여러 가지 픽토그램 [A] 예: [픽토그램]
활동 2	(㉡)	㋴ 수업 중 활용한 픽토그램을 의사소통 지도에 활용한다.
활동 3	여러 가지 픽토그램을 보고 느낀 소감 말하기	

1) (가)의 ㉠이 의미를 분명하게 전달하기 위해 갖추어야 할 조건 1가지를 쓰시오. [1점]

※ '대비의 어려움' 측면에서 갖추어야 할 조건은 '흑백상징'이 키워드이나, 문제에서는 '의미 전달' 측면에서 갖추어야 할 조건을 물었으므로 '상징적 시각화', '단순하고 명료한 상징체계' 등을 키워드로 작성해야 함

기본이론 19p

상징체계 – 픽토그램

상징
- 개념
- 상징체계(도상성)

픽토그램

- '그림(picture)'과 '전보(telegram)'의 합성어로, 국제적인 행사 등에서의 사용을 목적으로 제작된 그림문자
- 의미하는 내용을 상징적으로 시각화하며 사전에 교육을 받지 않고도 모든 사람이 즉각적으로 이해할 수 있도록 만든, 단순하고 의미가 명료한 상징체계
- 흑백 상징으로 구성되어 전경과 배경 구분의 어려움을 줄여줌. 그러나 흔히 사용되는 흰 바탕 위에 검정 그림보다 검정 바탕 위에 흰 그림이 반드시 시각적으로 더 명확한 것은 아니라는 연구결과가 있음
- 그림의사소통상징(PCS)과 리버스 상징보다는 반투명도가 낮지만, 블리스 상징보다는 반투명도가 높음

상징

2021학년도 초등 B6

08 **(가)는 2015 개정 특수교육 기본 교육과정 미술과 5~6학년군 '이미지로 말해요.' 단원의 수업 활동 아이디어 노트이고, (나)는 수업 중 교사가 자폐성 장애 학생 희주와 나눈 대화이다. 물음에 답하시오. [5점]**

(가) 수업 활동 아이디어 노트

• 성취기준

㉠일상생활 속에 나타난 이미지를 활용하여 표현한다.

• 수업개요

㉡본 수업은 픽토그램 카드를 만들고, 그 결과물을 학생의 사회성 기술 교수를 위한 자료로 활용하고자 한다.

• 픽토그램의 개념

픽토그램은 의미하는 내용을 (㉢)(으)로 시각화하여 사전에 교육을 받지 않고도 모든 사람이 즉각적으로 이해할 수 있어야 하므로 단순하고 의미가 명료해야 한다.

• 수업활동

활동 1	– 픽토그램에서 사용한 모양 이해하기 – 픽토그램에서 사용한 색의 의미 알기
활동 2	픽토그램 카드 만들기
활동 3	픽토그램 카드 활용하기 교환 가치 형성하기 → ㉣자발적 교환하기 → 변별 훈련하기 → 문장으로 만들어 이야기하기 → 단어를 사용하여 질문에 반응하기 → 의견 설명하기 [A]

1) ㉢에 들어갈 단어를 쓰시오. [1점]

참고자료

기본이론 15p, 19p

키워드

상징체계 – 픽토그램

구조화틀

상징

- 개념
- 상징체계(도상성)

핵심개념

픽토그램

- '그림(picture)'과 '전보(telegram)'의 합성어로, 국제적인 행사 등에서의 사용을 목적으로 제작된 그림문자
- 의미하는 내용을 상징적으로 시각화하며 사전에 교육을 받지 않고도 모든 사람이 즉각적으로 이해할 수 있도록 만든, 단순하고 의미가 명료한 상징체계
- 흑백 상징으로 구성되어 전경과 배경 구분의 어려움을 줄여줌. 그러나 흔히 사용되는 흰 바탕 위에 검정 그림보다 검정 바탕 위에 흰 그림이 반드시 시각적으로 더 명확한 것은 아니라는 연구결과가 있음
- 그림의사소통상징(PCS)과 리버스 상징보다는 반투명도가 낮지만, 블리스 상징보다는 반투명도가 높음

모범답안

㉠ 보완대체의사소통
㉡ 픽토그램

2023학년도 중등 B9

09 **(가)는 지체장애 학생 A의 특성이고, (나)는 통합교육 활성화를 위한 보조공학기기 연수 자료의 일부이다. (다)는 통합학급 교사와 특수 교사가 나눈 대화의 일부이다. 〈작성 방법〉에 따라 서술하시오. [4점]**

(가) 학생 A의 특성

- ◦ 뇌병변 장애로 양손과 양발을 사용하지 못함
- ◦ 과제 수행에 적극적임
- ◦ 구어 사용이 어려움
- ◦ 수업 참여 시 인지적 어려움이 없음

(나) 통합교육 활성화를 위한 연수 자료

통합교육 활성화를 위한 보조공학기기 연수
1. 목적 : 통합학급 교사의 보조공학기기 활용
2. 내용
 ◦ (㉠) 체계 : 개인의 의사소통에 사용되는 상징, 보조 도구, 전략, 기법 등을 총체적으로 통합한 의사소통체계
  – 상징 : (㉡)
   • 일상생활에서 볼 수 있음
   • 전경과 배경 구분의 어려움을 줄이기 위해 고안된 흑백 상징
   • 상징 사용의 예

  – 보조도구

…(하략)…

작성방법

(나)의 괄호 안의 ㉠과 ㉡에 해당하는 용어를 순서대로 쓸 것

참고자료

기본이론 17-19p, 34-35p

키워드

AAC 구성요소 – 상징, 전략

구조화틀

상징
- 개념
- 상징체계(도상성)

전략
- 일반적 전략 (AAC 사용자의 의사소통 촉진을 위한)
- AAC 대화상대자 훈련

핵심개념

전략
- 상징, 보조도구, 기법을 통해 의사표현을 원활하게 하기 위한 다양한 방법
  예 의사소통판을 색깔별로 코팅, 단어 예측 프로그램 사용
- AAC 사용자에게 AAC 체계를 가르치는 것도 중요하지만, AAC 사용자와 상호작용할 상대방에게 AAC에 대해 설명하고 협력을 구하는 것도 중요함

AAC 사용자의 의사소통을 촉진하기 위한 일반적인 전략
- 메시지를 전달하는 동안 충분히 기다려줌
- 의사소통의 시작과 끝을 알 수 있도록 명확한 신호를 확립함
- AAC 사용 시도에 즉각적으로 반응하고, 사용자에게 대화 시작의 기회를 많이 줌
- 실제 상황에서 자발적으로 사용하고, 새로운 상황이나 대상으로 일반화하기 위해 자연스러운 환경에서 매일 반복되는 활동에 통합시킴
- AAC를 사용해 아동과 대화를 시작하고 이어갈 때 의도적이고 일관성이 있어야 함
- 간단한 의사소통 요구는 가능하면 효과적으로 말을 할 수 있도록 보조도구를 사용하지 않는 인습적인 방법(예 긍정적 의미로 고개 끄덕이기 등)과, 언제든지 쉽게 접근할 수 있는 단일 스위치 장치(예 로우테크) 등을 제공함

모범답안

㉢ 전략
㉣ 상징

2019학년도 유아 A8

10 **다음은 4세 발달지체 유아 승우의 어머니와 특수학급 민 교사 간 대화의 일부이다. 물음에 답하시오. [5점]**

> 민 교 사: 승우 어머니, 요즘 승우는 어떻게 지내나요?
>
> 승우 어머니: 승우가 말로 의사표현을 하지 못하니 집에서 어려움이 많아요. 간단하게라도 승우가 원하는 것을 알고 상호작용을 할 수 있으면 좋겠는데, 어떻게 해야 할지 모르겠어요. 유치원에서는 승우를 어떻게 지도하시는지요?
>
> 민 교 사: 유치원에서도 ㉠ 승우에게는 아직 의도적인 의사소통 행동이 명확하게 잘 나타나지 않아서, 승우의 행동이 뭔가를 의미한다고 생각하고 반응해주고 있어요. 그리고 ㉡ 승우가 어떤 사물을 관심을 가지고 바라보고 있을 때, 그것을 함께 바라봐주는 반응을 해주고 있어요.
>
> 승우 어머니: 그렇군요. 저는 항상 저 혼자만 일방적으로 말하고 있는 것 같아서 답답했어요.
>
> 민 교 사: 집에서도 승우와 대화할 때 어머니의 역할이 중요해요. 그럴 때는 ㉢ 어머니께서 승우가 의사를 표현할 수 있을 거라는 기대를 가지고 기회를 제공하여, 의사를 표현하는 동안 충분히 기다려주는 것이 필요하지요. 승우에게 필요한 표현을 ㉣ 간단한 몸짓이나 표정, 그림 등으로 나타낼 수 있도록 만들어가면 어떨까요? 예를 들면, ㉤ 간식시간마다 승우가 먼저 간식을 달라는 의미로 손을 내미는 행동을 정해서 자신의 의도를 표현할 수 있도록 하는 것이지요.
>
> 승우 어머니: 아, 그렇군요. 원하는 것을 표현하면 얻을 수 있다는 것도 가르쳐야 하는군요.

AAC는 구어로 자신의 의사를 표현할 수 없는 사람들의 의사소통 권리를 지원해주는 중재방안임

AAC 사용자의 의사소통을 촉진하기 위한 전략 중 '대화 시작의 기회를 제공하기', '충분히 기다려주기' 등이 언급됨 → 전략

- '간단한 몸짓이나 표정' → 비도구 상징
- '그림' → 도구 상징

2) **㉢과 ㉣은 보완대체의사소통(AAC)의 4가지 구성요소 중 무엇에 해당하는지 각각 쓰시오. [2점]**

참고자료

기본이론 24-33p

키워드

AAC 구성요소 – 선택기법

구조화틀

선택기법

- 직접 선택
  - 정의
  - 직접 선택 방법
  - 장단점
  - 활성화 전략
- 간접 선택
  - 정의
  - 장단점
  - 스위치
  - 스캐닝(훑기)

핵심개념

직접 선택

- 사용자가 손·발·다리·팔 등과 같이 스스로 일관성 있게 의도적으로 움직일 수 있는 신체 부분을 사용해 상징을 짚거나 상징이 부착된 기기를 누르는 것
- **방법**
  - **접촉방법**: AAC 사용자가 원하는 상징을 직접 지적하는 것으로, 의사소통판·모바일 앱 등의 상징에 신체를 접촉하거나 압력을 가해 누르는 방법
  - **비접촉방법**: 눈 지적, 눈 추적, 눈 응시, 몸짓, 수화 등 직접 접촉은 하지 않지만 대화상대자가 알아차릴 만큼 정확하게 상징을 가리키는 방법
- **직접 선택에서 요구되는 능력**
  - 원하는 상징을 지적할 수 있는 능력
  - 상징의 활성화가 일어날 정도의 시간 동안 유지할 수 있는 능력

간접 선택

- 직접 선택을 하지 못할 경우 신체의 한 부위로 매개 도구인 스위치를 눌러 선택하게 하는 간접적인 방법
- 보조도구가 훑어주는 대로(스캐닝하는 대로) 사용자가 시각적·청각적으로 추적해가면서 반응하는 형식
- **간접 선택에서 요구되는 능력**
  - 좋은 시각적 추적능력
  - 고도의 집중력, 순서화, 인지적 이해력 등

모범답안

직접 선택, 간접 선택

2014학년도 유아 A1

11 **(가)는 장애 유아의 특성 및 단기목표이고, (나)는 유아특수교사와 유아교사가 응용특수공학센터(Center for Applied Special Technology; CAST)에서 제안한 보편적 학습설계 원리를 적용하여 작성한 병설유치원 통합학급 5세 반 활동계획안의 일부이다. 물음에 답하시오. [5점]**

(가) 장애 유아의 특성 및 단기목표

유아	장애 유형	특성	단기목표
혜지	중도·중복 장애	• 뇌성마비로 인해 왼쪽 하지마비가 심하다. • ㉠ <u>AAC 체계</u>를 사용하여 10개 이내의 어휘로 자신의 생각과 요구 등을 표현한다.	(생략)

1) (가)의 ㉠ AAC 체계의 구성요소 중 기법(선택 기법) 2가지를 쓰시오. [2점]

기본이론 26p

시간 활성화 전략

선택기법

- 직접 선택
  - 정의
  - 직접 선택 방법
  - 장단점
  - 활성화 전략
- 간접 선택
  - 정의
  - 장단점
  - 스위치
  - 스캐닝(훑기)

시간 활성화 전략

- AAC 사용자가 일정한 시간 동안 해당 버튼을 눌러 접촉을 유지함으로써 기기에 반응하도록 활성화시키는 방법
- 선택이 인식되기 위해서는 일정한(설정된) 시간 동안 접촉을 유지해야 하므로 '시간이 설정된 활성화' 전략

예 사용자의 손가락, 헤드 스틱, 광선을 장치의 표면에 일정 시간 유지하지 않고 접촉할 때는 활성화되지 않음

시간 활성화 전략

2016학년도 중등 A7

12 **다음은 김 교사가 중학생 영수(뇌병변, 저시력)의 쓰기 지도를 위해 작성한 계획서이다. 지도 단계 중 2단계에 적용된 직접 선택 기법의 활성화 전략 명칭을 쓰시오. [2점]**

〈컴퓨터를 통한 쓰기 지도 계획〉

○ 목표: 컴퓨터를 이용하여 글 쓰기를 할 수 있다.

○ 영수의 컴퓨터 접근 특성
- 일상생활에서 사용하는 간단한 단어는 말할 수 있음
- 대근육 및 소근육 운동 기능이 떨어져 키보드 또는 마우스를 통한 글자 입력이 어려움
- 근긴장도가 높아 주먹을 쥔 상태에서 트랙볼을 사용함
- 트랙볼을 이용하여 마우스 포인터를 이동시켜 특정 키(key)를 선택함
- 빛에 민감하여 눈의 피로도가 높음

○ 지도 단계

단계	지도 내용	유의점
1단계	• 책상 높낮이 조절, 모니터 높낮이 및 각도 조절 • 컴퓨터 입력 기기 준비: 화상 키보드, 트랙볼	윈도우 프로그램을 기반으로 함
2단계	• 화상 키보드 환경 설정 • 화상 키보드 사용 방식: '가리켜서 입력' 선택 • 가리키기 시간: 2초 마우스 포인터를 특정 키 위에 2초 이상 유지시키면 해당 키의 값이 입력됨	㉠ 영수의 특성을 고려하여 마우스 포인터의 움직임 속도를 조정함 ㉡ 키보드 개별 키의 크기를 확대하기 위해 '숫자 키패드 켜기'를 설정하지 않음 ㉢ '로그온 시 화상 키보드 시작'을 설정하여 컴퓨터 시작 시에 항상 사용할 수 있게 함
3단계	• 화상 키보드 연습 – 트랙볼을 조정하여 마우스 포인터를 특정 키 위에 위치시키기	㉣ 반전 기능을 이용하여 대비 수준을 조정함
4단계	• 글 쓰기 – 기본 자모음 입력하기 – 기능키와 함께 단어 입력하기 – 다양한 기능키를 활용하여 짧은 문장 완성하기	㉤ 간단한 단어 입력을 위해 대체 입력 프로그램인 스크린 리더를 병행하여 사용함

화상 키보드는 직접 선택과 간접 선택이 모두 가능한 대체키보드 유형임

확장하기

화상 키보드 환경 설정

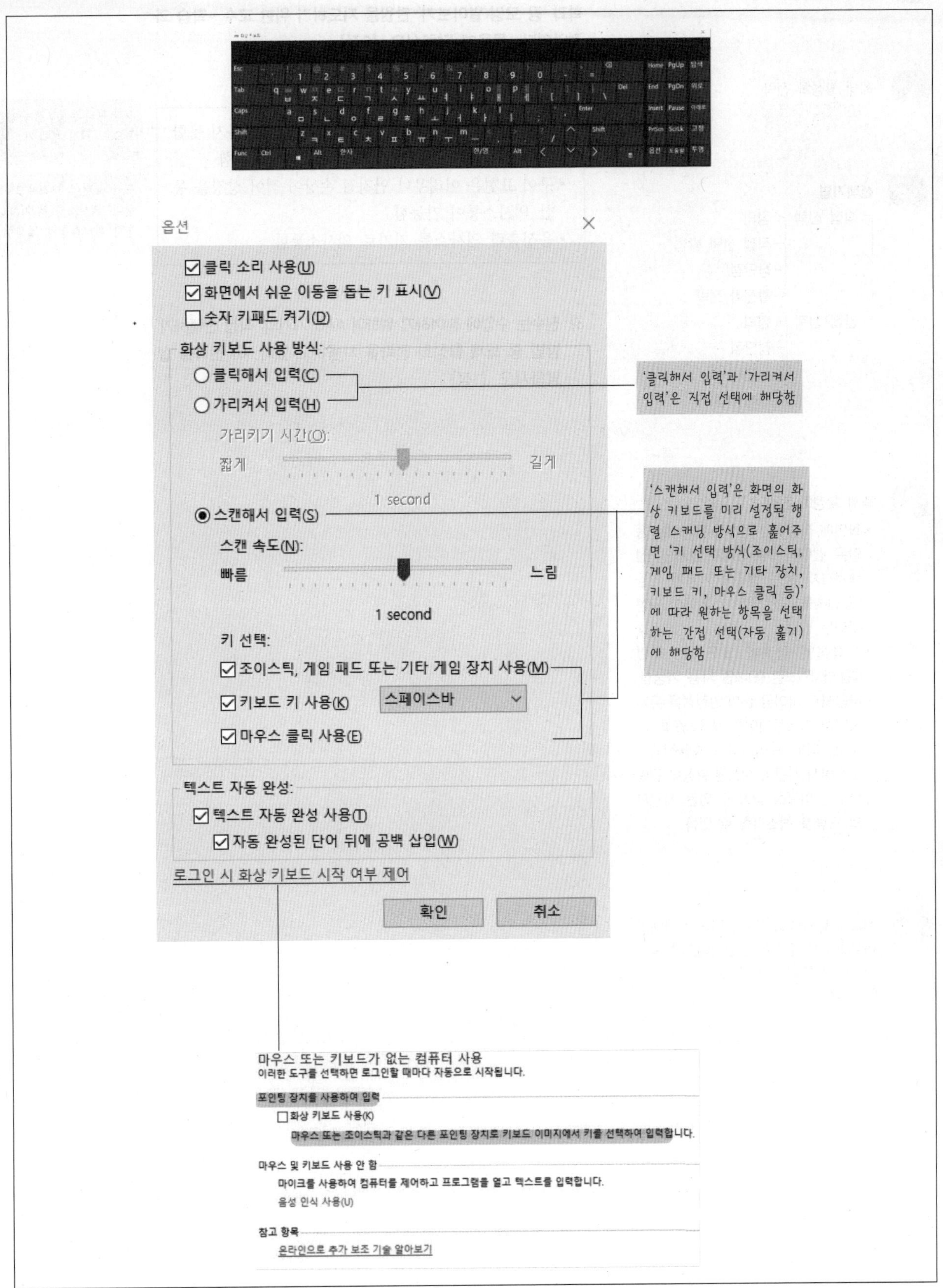
옵션
클릭 소리 사용(U)
화면에서 쉬운 이동을 돕는 키 표시(V)
숫자 키패드 켜기(D)
화상 키보드 사용 방식:
클릭해서 입력(C)
가리켜서 입력(H)
가리키기 시간(O):
짧게
길게
1 second
스캔해서 입력(S)
스캔 속도(N):
빠름
느림
1 second
키 선택:
조이스틱, 게임 패드 또는 기타 게임 장치 사용(M)
키보드 키 사용(K)
스페이스바
마우스 클릭 사용(E)
텍스트 자동 완성:
텍스트 자동 완성 사용(T)
자동 완성된 단어 뒤에 공백 삽입(W)
로그인 시 화상 키보드 시작 여부 제어
확인
취소
'클릭해서 입력'과 '가리켜서 입력'은 직접 선택에 해당함
'스캔해서 입력'은 화면의 화상 키보드를 미리 설정된 행렬 스캐닝 방식으로 훑어주면 '키 선택 방식(조이스틱, 게임 패드 또는 기타 장치, 키보드 키, 마우스 클릭 등)'에 따라 원하는 항목을 선택하는 간접 선택(자동 훑기)에 해당함
마우스 또는 키보드가 없는 컴퓨터 사용
이러한 도구를 선택하면 로그인할 때마다 자동으로 시작됩니다.
포인팅 장치를 사용하여 입력
화상 키보드 사용(K)
마우스 또는 조이스틱과 같은 다른 포인팅 장치로 키보드 이미지에서 키를 선택하여 입력합니다.
마우스 및 키보드 사용 안 함
마이크를 사용하여 컴퓨터를 제어하고 프로그램을 열고 텍스트를 입력합니다.
음성 인식 사용(U)
참고 항목
온라인으로 추가 보조 기술 알아보기

기본이론 26p

해제 활성화 전략

선택기법

- 직접 선택
  - 정의
  - 직접 선택 방법
  - 장단점
  - 활성화 전략
- 간접 선택
  - 정의
  - 장단점
  - 스위치
  - 스캐닝(훑기)

해제 활성화 전략

- 화면에 직접적인 접촉이 유지되는 동안은 선택이 이루어지지 않지만, 선택하고자 하는 항목에 커서가 왔을 때 접촉을 중단하면 그 항목이 활성화되는 방법
- 직접적인 접촉을 요구하는 화면(예 터치스크린 등)에만 사용 가능함
- 사용자로 하여금 손의 안정성을 유지하면서 디스플레이를 사용하도록 해주며, 너무 느리거나 비효율적으로 움직여서 시간이 설정된 활성화 전략으로는 이득을 얻을 수 없는 사용자의 오류를 최소화할 수 있음

접촉을 유지하고 있는 동안에는 선택이 이루어지지 않고 특정 항목에서 접촉을 해제하면 해당 항목이 선택된다.

2014학년도 초등 B4

13 **(가)는 중증 뇌성마비 학생 진수의 특성이고, (나)는 수학과 '공 모양 알아보기' 단원을 지도하기 위한 교수 · 학습 과정안이다. 물음에 답하시오. [6점]**

(가) 진수의 특성

- 손과 팔의 운동조절 능력은 있으나 필기는 하지 못함
- 전동휠체어를 사용하여 스스로 이동이 가능함
- 구어 표현은 어려우나 인지적 손상이 적어 상징을 통한 의사소통이 가능함
- 음성출력 의사소통 기기로 의사소통함

손과 팔의 운동조절능력이 있으므로 '직접 선택'이 가능함

구어 표현이 어려우므로 보완대체의사소통 체계(AAC)를 통한 의사소통이 필요함

3) 진수는 수업에 참여하기 위하여 AAC 기기의 '직접 선택하기' 방법 중 해제 활성화 전략을 사용하고 있다. 이 전략을 설명하시오. [1점]

참고자료

기본이론 26p

키워드

해제 활성화 전략

구조화 틀

선택기법

- 직접 선택
  - 정의
  - 직접 선택 방법
  - 장단점
  - 활성화 전략
- 간접 선택
  - 정의
  - 장단점
  - 스위치
  - 스캐닝(훑기)

핵심개념

해제 활성화 전략

- 화면에 직접적인 접촉이 유지되는 동안은 선택이 이루어지지 않지만, 선택하고자 하는 항목에 커서가 왔을 때 접촉을 중단하면 그 항목이 활성화되는 방법
- 직접적인 접촉을 요구하는 화면(예 터치스크린 등)에만 사용 가능함
- 사용자로 하여금 손의 안정성을 유지하면서 디스플레이를 사용하도록 해주며, 너무 느리거나 비효율적으로 움직여서 시간이 설정된 활성화 전략으로는 이득을 얻을 수 없는 사용자의 오류를 최소화할 수 있음

모범답안

해제 활성화 전략

2020학년도 중등 A7

14 **(가)는 뇌성마비 학생 F의 의사소통 특성이고, (나)는 학생 F의 수업 참여도를 높이기 위해 교사가 작성한 보완대체의사소통기기 활용 계획의 일부이다. 〈작성방법〉에 따라 서술하시오. [4점]**

(가) 학생 F의 의사소통 특성

- 한국 웩슬러 아동용 지능검사 4판(K-WISC-Ⅳ) 결과 : 언어이해 지표점수 75
- 조음에 어려움이 있음
- 태블릿 PC 애플리케이션을 이용하여 수업에 참여함

(나) 보완대체의사소통기기 활용 계획

- 활용 기기 : 태블릿 PC
- 애플리케이션을 활용한 수업 내용
  - ㉠ <u>문장을 어순에 맞게 표현하기</u>
- 어휘 목록
  - 문법 요소, 품사 등 수업 내용에 관련된 어휘 목록 선정
- 어휘 목록의 예 ㉡
  - 나, 너, 우리, 학교, 집, 밥, 과자
  - 을, 를, 이, 가, 에, 에서, 으로
  - 가다, 먹다, 오다, 공부하다
- 어휘 선택 기법 ㉢
  - 화면이나 대체 입력기기를 직접 접촉하거나 누르고 있을 동안에는 선택되지 않음
  - 선택하고자 하는 해당 항목에 커서가 도달했을 때, 접촉하고 있던 것을 떼게 되면 그 항목이 선택됨

작성방법

(나)의 ㉢에 해당하는 어휘 선택 기법을 1가지 쓸 것

'선택 기법'이라고 제시되어 있지만 '직접 선택 활성화 전략'으로 접근해야 함

※ AAC 어휘를 '선택'하는 다양한 기법에 대한 포괄적인 질문으로 해석할 것

기본이론 24-26p

직접 선택

선택기법

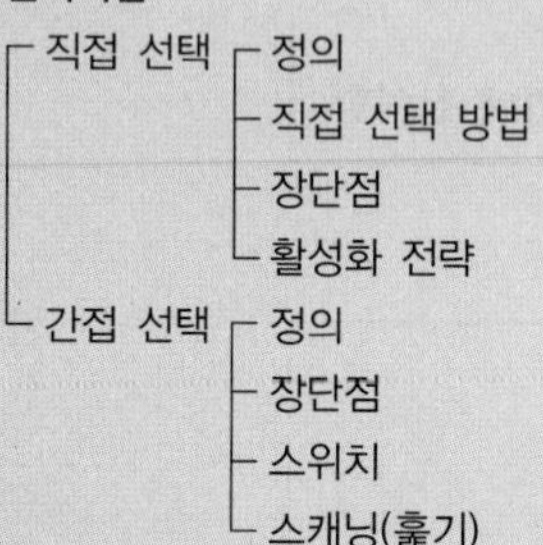

직접 선택

2022학년도 유아 B2

15 **(가)는 통합학급 김 교사와 유아특수교사 박 교사의 놀이 지원내용이고, (나)는 특수교육대상 유아 현우의 보완대체 의사소통(AAC) 사용 평가서의 일부이며, (다)는 두 교사가 실행한 협력교수안의 일부이다. 물음에 답하시오. [5점]**

(나)

보완대체 의사소통(AAC) 사용 평가 항목	평가 결과	
상징	그림 상징에 적합함	
보조도구	의사소통판보다는 5개 내외의 버튼이 있는 음성출력기기가 놀이 참여 지원에 적절함	
기법/기술	(㉡)	
(㉠)	사물영속성 개념이 있으며, 보드게임에 필요한 4~5개의 그림 상징을 이해할 수 있음	
운동능력	한 손가락으로도 버튼을 잘 누를 수 있음	[C]
기타	기다리지 않고 도움 없이 버튼 누르기를 좋아함	[C]

- AAC 사용자 평가 항목 중 운동능력 평가는 직접 선택이나 간접 선택 등을 위한 움직임 범위와 운동조절능력을 평가함. 특히, 운동조절능력은 사회적 수용도가 가장 높은 손부터 평가함
- 현우는 한 손가락으로도 버튼을 잘 누를 수 있으므로 '직접 선택'이 적절함

※ '버튼(스위치)'을 누른다는 것은 매개도구인 스위치를 눌러 선택이 이루어지는 간접 선택 방식이 아니라, 음성출력기기의 상징 버튼을 신체를 이용해 직접 누르는 것을 의미함

2) (나)에서 [C]를 고려하여 ㉡에 해당하는 것을 쓰시오. [2점] — 확장하기 자료 참고

확장하기

보조도구

도구적 상징을 담기 위한 것으로, 비전자 의사소통 도구와 전자 의사소통 도구가 있음

1. 비전자 의사소통 도구
   - 의사소통판이나 의사소통책은 비전자 의사소통 도구에 속함
   - 전자 의사소통 도구보다 저렴하면서도, 대상과 상황에 따라 어휘의 추가 및 삭제가 쉬워 손쉽게 제작할 수 있다는 장점이 있음
   - 경우에 따라 휴대할 수 있도록 명함 크기로도 제작할 수 있으며, 소근육 운동에 어려움이 있는 지체장애 학생이 휠체어 테이블 위에 놓고 사용할 수 있도록 책상 크기로 제작할 수도 있음

2. 전자 의사소통 도구

   ① 디지털 녹음
   - 음성을 디지털로 녹음해서 필요할 때 정확히 재생하는 방식임
   - 사용자의 연령과 성별에 맞게 어떤 음성이든지 쉽게 저장하고 재생할 수 있음
   - 각각의 버튼에 메시지를 녹음한 후 버튼이나 스위치를 누르면 미리 녹음된 음성이 재생되고, 버튼을 누르기 힘든 지체장애 학생의 경우 스위치를 연결해 사용할 수 있음

② 음성합성

- 말로 의사소통할 수 없는 사람들이 의사소통하고자 하는 단어와 문장 등을 입력하면 음성으로 출력되는 방식임
- 문자음성변환(Text-To-Speech ; TTS) 프로그램이 내장되어 텍스트 형태의 문자를 음성합성에 필요한 코드로 전환시켜줌. 이들 프로그램은 단어와 문장을 분석해 음성합성기에 필요한 코드를 번역하고, 이러한 코드가 음성합성기에 모아지면 사용자가 말하려는 단어로 결합되어 출력됨
- 음성합성은 사용자가 입력한 내용을 기계에서 발음 규칙 및 예외적인 발음, 목소리 억양 등과 같은 특정한 언어 규칙에 맞게 바꿔줌. 따라서 사용자는 다른 사람이 미리 녹음해놓은 내용에 한정되지 않고 글자, 단어 또는 다른 상징들을 이용해 내용을 스스로 구성할 수 있음

선택세트

선택세트는 사용자에게 사용 가능한 어휘 선택과 상징체계를 보여주는 보완대체의사소통 기기의 일부로, 모든 메시지·상징 및 부호를 시각적·청각적·촉각적으로 제시해줌

- 시각적 디스플레이: 그림상징 및 부호
- 청각적 디스플레이: 구두로 제공되는 낱말이나 메시지
- 촉각적 디스플레이: 실제 사물, 부분 사물, 질감, 형태, 점자 등을 활용한 촉각적 표상

시각적 디스플레이의 유형

고정 디스플레이	상징이 특정 위치에 고정되어 있어 휴대가 어렵고, 상징 수가 제한적이어서 로우테크놀로지의 의사소통판에 주로 사용됨
역동적 디스플레이	전자적으로 시각적 상징을 제시해주는 컴퓨터 장면 디스플레이로, 선택한 상징을 활성화하면 자동적으로 선택한 상징의 하위 상징으로 화면이 전환됨
혼성 디스플레이	역동적 요소를 지닌 고정 디스플레이로, 역동적 디스플레이보다 더 많은 상징과 화면전환을 할 수 있음
시각적 장면 디스플레이	여러 형태(예 사진·그림·가상세계)로 화면에 제시되는데, 줄과 칸 안에 상징을 배열하는 것이 아니라 도식적으로 화면이 구성됨 예 주제가 '은행 이용하기'라면, 은행 이용과 관련된 모든 상황, 즉 입출금기기 사진, 은행 직원과의 상호작용 장면 사진(활성화시키면 상호작용 시 발생할 수 있는 대화내용 재생)이 한 화면에 나타남 I 시각장면 디스플레이의 장점 • AAC 사용자의 일상생활이나 선호하는 활동 등을 배경으로 디스플레이를 구성하기 때문에 일상생활과 관련성이 높음 • 복잡한 인지처리과정이 필요하지 않기 때문에 인지적 부담을 줄일 수 있음 • 더 빨리, 더 쉽게, 더 정확하게 어휘를 찾을 수 있음

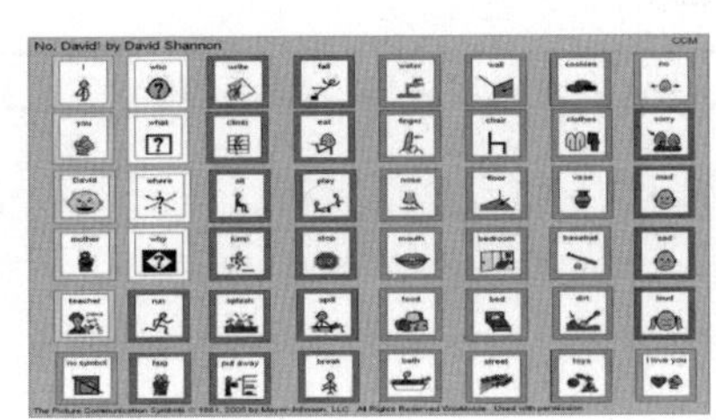

고정 디스플레이

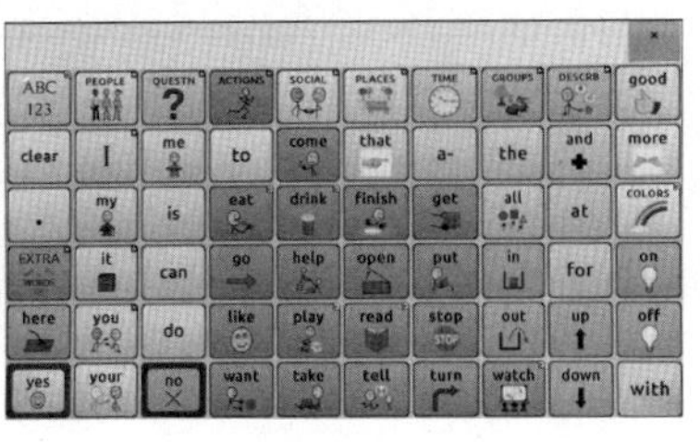

역동적 디스플레이

시각적 장면 디스플레이

보조도구에 상징 배치 시 고려사항과 장애 특성에 따른 디스플레이 방법(김혜리 외, 『지체장애학생 교육의 이론과 실제』, 2021.)

구분	내용
상징 수	• 개인의 필요 및 부호화 전략 사용 여부에 따라 다양하게 구성될 수 있음 • 일반적으로 메시지와 상징 간 일대일 대응이지만, 부호화 전략을 사용할 수 있다면 적은 상징으로도 많은 메시지를 담을 수 있음
상징 및 디스플레이 크기	• 개별 상징 크기는 대부분 시력에 따라 결정됨 • 디스플레이 전체 크기는 시각적 디스플레이의 경우 상징 수 및 크기, 상징 간 거리, 휴대 가능성, AAC 사용자의 신체 능력을 고려해야 함 예 AAC 사용자가 휠체어를 이용한다면 디스플레이가 너무 커서 시야를 방해해서는 안 되고, 손가락 지적이나 머리 또는 눈 추적을 통해 상징을 선택한다면 사용자의 운동 범위에 따라 크기가 조정되어야 함 • 청각적 디스플레이는 그 구조를 이해할 수 있는 사용자의 능력과 기억력에 따라 결정함. 촉각적 디스플레이는 AAC 사용자의 촉각적 재인 능력을 고려해야 함 예 인지나 촉각 능력에 제한이 있는 경우 큰 촉감 상징이나 실제 사물을 사용함
상징 간 간격과 배치	• 주로 시각과 운동 조절능력에 따라 결정됨 • 상징과 상징이 넓은 공간 속에서 넓은 간격으로 떨어져 있을 때 더 잘 변별되기도 하고, 의사소통판의 나머지 부분과 대조되도록 상징을 둘러싼 공간이 색으로 구분되어 있을 때 더 잘 변별되기도 함 • 시야 단절이나 맹점을 지니고 있는 경우 불규칙적인 공간 배치를 필요로 할 수도 있음. 보다 양호한 손으로 접근하기 쉽도록 상징을 배치하며, 운동조절은 잘 하지만 움직임 범위와 근력이 매우 제한적인 경우 상징을 펼쳐놓기보다 좁은 범위에 모아놓는 것이 좋음 • 헤드 스틱을 사용하는 경우 운동 조절능력을 고려해 곡선형으로 배치함. 곡선형은 정사각형이나 직사각형 디스플레이 배치보다 상징 지적 시 요구되는 머리와 목의 전후 움직임 양을 적게 함
디스플레이 정위	• 시각이나 촉각을 이용하는 경우 자세, 시각 및 운동 조절능력에 따라 디스플레이 위치가 결정됨 • 특히 바닥 면과 수평을 이루는 탁자나 휠체어에 부착한 디스플레이는 근력 약화, 떨림, 불수의 움직임이 있는 경우 팔과 손을 지지해줄 수 있음 • 단, 이때 사용자는 직립자세를 유지해야 함. 30~45도 각도 디스플레이는 목 구부림 없이 어느 정도 손과 팔을 지지해주고 안정시켜줌 • 광선이나 광학 포인터를 결합해 사용하는 경우 주로 40~90도로 놓되, 사용자의 시야를 방해하지 않도록 주의해야 하며, 머리 추적이나 눈 추적 전략에 의존하는 경우 주로 90도에 가까운 각도로 제공함

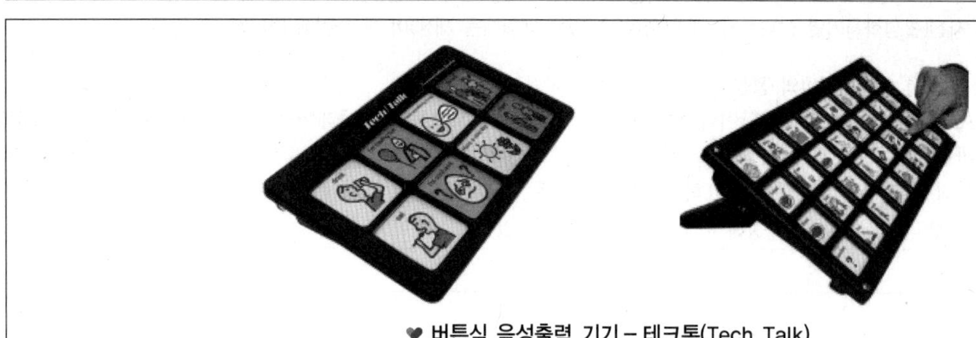

버튼식 음성출력 기기 – 테크톡(Tech Talk)

참고자료

기본이론 26p

키워드

평균(여과) 활성화 전략

구조화틀

선택기법

- 직접 선택
  - 정의
  - 직접 선택 방법
  - 장단점
  - 활성화 전략
- 간접 선택
  - 정의
  - 장단점
  - 스위치
  - 스캐닝(훑기)

핵심개념

평균(여과) 활성화 전략

- 특정 항목에 접촉하거나 누르는 것이 잠깐 동안 이루어지는 경우 그 움직임에 대해 반응하지 않고 무시하지만, 전체 항목 중 각 항목에 포인터가 위치하는 평균 소요시간을 감지해 그 시간 이상 접촉되거나 선택되었을 때 활성화하는 전략
- 상징을 선택할 수 있으나 일정시간 동안 상징을 유지하는 것이 어려울 때 사용함(일반적으로 헤드 포인터를 착용해 선택하는 경우 많이 활용됨). 상징을 선택한 시간의 평균을 구해 가장 오래 지적한 상징을 활성화하고, 간단한 움직임은 무시함

모범답안

여과 활성화 전략은 전체 항목 중 포인터가 가장 오래 접촉되었던 항목을 활성화시키는 방법이다.

2018학년도 초등 A3

16 **(가)는 지체장애 학생 미주와 영수의 특성이고, (나)는 교사가 2011 개정 특수교육 교육과정 중 기본 교육과정 사회과 5~6학년 '우리나라의 명절과 기념일' 단원을 지도하기 위해 개념 학습 모형에 따라 작성한 수업 계획의 일부이다. 물음에 답하시오. [6점]**

(가)

영수	• 독립적인 보행이 어려워 수동 휠체어를 사용함 • 보완·대체의사소통(AAC) 도구를 사용함

(나)

[A]
- 학습 내용 소개
  - ㉡ <u>텔레비전으로 국경일 동영상 시청하기</u>
- (㉢)
  - 자신이 가장 기뻐하고 축하받은 날에 대해 ㉣ <u>이야기 나누기</u>

⇩

[B]
- 개념 제시
  - 국경일 관련 경험에 대해 이야기 나누기
  - 국경일 관련 특별 행사 참여 경험 나누기
  - 국경일 관련 특별 프로그램 시청 경험 나누기
- 개념에 대한 정의 내리기

⇩

- 추가 사례 찾기
  - 삼일절, 제헌절, 광복절, 개천절, 한글날 관련 경험 발표하기
- 속성 분류하기

⋮

3) (나)의 밑줄 친 ㉣에 참여하기 위해 영수는 여과 활성화(filtered activation) 기능이 적용된 보완·대체의사소통(AAC) 도구를 사용하려 한다. 여과 활성화의 작동 원리를 쓰시오. [1점]

기본이론 26p

평균(여과) 활성화 전략

선택기법

- 직접 선택
  - 정의
  - 직접 선택 방법
  - 장단점
  - 활성화 전략
- 간접 선택
  - 정의
  - 장단점
  - 스위치
  - 스캐닝(훑기)

평균(여과) 활성화 전략

- 특정 항목에 접촉하거나 누르는 것이 잠깐 동안 이루어지는 경우 그 움직임에 대해 반응하지 않고 무시하지만, 전체 항목 중 각 항목에 포인터가 위치하는 평균 소요시간을 감지해 그 시간 이상 접촉되거나 선택되었을 때 활성화하는 전략
- 상징을 선택할 수 있으나 일정시간 동안 상징을 유지하는 것이 어려울 때 사용함(일반적으로 헤드 포인터를 착용해 선택하는 경우 많이 활용됨). 상징을 선택한 시간의 평균을 구해 가장 오래 지적한 상징을 활성화하고, 간단한 움직임은 무시함

평균 활성화(여과 활성화) 전략

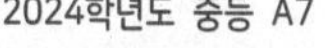
2024학년도 중등 A7

17 **(가)는 지체장애 학생 A와 B의 특성이고, (나)는 교육 실습생과 특수 교사의 대화 중 일부이다. 〈작성 방법〉에 따라 서술하시오. [4점]**

(가) 학생 A와 B의 특성

학생 B	• 경직형 뇌성마비, 비대칭성 긴장성 경반사 • GMFCS 5단계

(나) 교육 실습생과 특수 교사의 대화

교육 실습생: 선생님, 학생 B가 직접 선택 방법으로 태블릿PC의 의사소통 애플리케이션을 사용할 수 있도록 지도하고 싶은데, 어떤 방법이 좋을까요?

특수 교사: 직접 선택을 하는 데에는 다양한 전략이 있습니다. 그중에서 (㉡) 전략을 사용해 보면 어떨까요? 이 전략은 해당 프로그램이 단시간 내에 수집한 정보를 바탕으로 셀이 선택되는 데 필요한 시간을 감지해서, 유효한 시간과 무시해도 되는 시간을 찾아냅니다. 그래서 일정 시간 동안 누르고 있는 셀은 선택되지만, 잠깐 스치듯 누르는 셀은 선택되지 않습니다.

작성방법

(나)의 괄호 안의 ㉡에 해당하는 용어를 쓸 것

참고자료

기본이론 26-30p

키워드

- 훑기 형태
- 선택기법

구조화 틀

선택기법
- 직접 선택
  - 정의
  - 직접 선택 방법
  - 장단점
  - 활성화 전략
- 간접 선택
  - 정의
  - 장단점
  - 스위치
  - 스캐닝(훑기)

핵심개념

훑기 형태

- **원형 훑기**: 시간 간격을 두고 순차적으로 이루어지며, 시곗바늘의 움직임과 같은 방향으로 원형 형태의 시각적 추적이 이루어짐
- **선형 훑기**: 항목이 선택될 때까지 첫째 줄의 항목, 둘째 줄의 항목 그리고 다음 줄의 각 항목으로 커서나 화살표가 이동함. 항목이 특정 순서로 한 번에 하나씩 제시되기 때문에 많은 항목을 포함하는 선택세트에서는 비효율적임
- **집단-항목 훑기(행렬 스캐닝, 가로-세로 스캐닝)**: 선택해야 할 아이콘의 수가 많을 때, 행과 열 단위로 먼저 선택한 후에 선택한 행과 열을 선형 훑기하는 것. 이 방법은 선형 훑기 방법에 비해 빠르게 선택할 수 있다는 장점이 있음

자동 훑기

사전에 설정된 훑기 형태로 커서가 자동적으로 계속 움직이고, 원하는 항목에 도달했을 때 스위치를 눌러 활성화하는 방법

모범답안

②

2009학년도 중등 37

18 보완·대체의사소통기기의 전자 디스플레이에서 원하는 항목을 선택하는 '훑기(scanning)' 방법에 대한 적절한 설명을 〈보기〉에서 고른 것은?

보기

ㄱ. 손이나 도구를 이용하여 항목을 직접 선택하기 어렵거나 선택이 부정확할 때 또는 너무 느릴 때 훑기 방법을 고려한다.

ㄴ. 원형 훑기(circular scanning)는 원의 형태로 제작된 항목들을 기기 자체가 좌우로 하나씩 훑어주며 제시하는 방식이다.

ㄷ. 항목이 순차적으로 자동 제시되고 사용자는 원하는 항목에 커서(cursor)가 머물러 있을 때 스위치를 활성화하여 선택한다.

ㄹ. 선형 훑기(linear scanning)를 하는 화면에서 항목들이 몇 개의 줄로 배열되어 있으며, 한 화면에 많은 항목을 담을 경우에는 비효율적일 수 있다.

ㅁ. 항목을 제시하는 속도와 타이밍은 기기 제작 시 설정되어 있어 조절이 어려우므로 사용자는 운동 반응 및 시각적 추적 능력을 충분히 갖추어야 한다.

① ㄱ, ㄴ, ㄷ ② ㄱ, ㄷ, ㄹ
③ ㄱ, ㄹ, ㅁ ④ ㄴ, ㄷ, ㅁ
⑤ ㄷ, ㄹ, ㅁ

ㄱ. 간접 선택의 정의

ㄴ. 원형 훑기는 시곗바늘의 움직임과 같은 방향으로 원형 형태의 시각적 추적이 이루어짐

ㄷ. 자동 훑기에 해당함

ㄹ. 선형 훑기에 해당함

ㅁ. 훑기의 타이밍과 속도
- 훑기의 형태뿐 아니라 속도와 타이밍도 개인의 신체적·시각적·인지적 능력 등에 따라 개별화되어야 함
- 비전자적 훑기가 사용될 경우, 촉진자는 사용자의 요구에 따라 느리거나 빠르게 의사소통 디스플레이의 항목을 들려주거나 지적해줄 수 있음
- 대부분의 전자 AAC 도구는 개별 사용자의 요구에 맞게 충분한 훑기 속도 옵션을 제공함

참고자료

기본이론 31p

키워드

자동 훑기

구조화 틀

선택기법

- 직접 선택
  - 정의
  - 직접 선택 방법
  - 장단점
  - 활성화 전략
- 간접 선택
  - 정의
  - 장단점
  - 스위치
  - 스캐닝(훑기)

핵심개념

자동 훑기

- 포인터나 커서가 사전에 설정된 원형, 선형, 집단-항목 훑기 형태에 따라 자동적으로 계속 움직임
- 선택을 위해 원하는 집단이나 항목에 포인터를 멈출 수 있도록 스위치를 활성화해야 함. 즉, AAC 기기가 훑기를 계속하다가 사용자가 원하는 상징에 도달했을 때 스위치를 눌러 활성화하는 것
- 스위치를 정확하게 활성화할 수는 있지만 활성화를 유지하거나 스위치 누르기를 멈추는 데 어려움이 있는 학생에게 유용함
- 청각적 스캐닝 방식으로도 제공할 수 있음

  예 사용자가 먹고 싶어 하는 음식 메뉴를 선택할 때까지 촉진자가 음식 이름을 계속 말해주는 경우

모범답안

자동 훑기

2014학년도 중등 A12

19 **다음은 지체장애 특수학교의 교사가 학생 A와 B의 컴퓨터 접근성을 높이기 위해 사용하고 있는 방법을 교육실습생에게 설명하고 있는 장면이다. 괄호 안의 ㉡에 해당하는 말을 쓰시오. [2점]**

> 실 습 생: 학생 B는 일반적인 키보드를 사용하지 못할 것 같은데 선생님께서는 어떻게 도와주고 계세요?
>
> 특수교사: 학생 B에게는 훑기(scanning)를 통해 화상 키보드를 사용하도록 하였어요. 간접 선택 기법인 훑기에는 여러 가지 선택 기법이 있는데, 그중에서 학생 B에게는 스위치를 누르지 않아도 일정 시간 간격으로 커서가 움직이도록 미리 설정해주고, 커서가 원하는 키에 왔을 때 스위치를 눌러 그 키를 선택하게 하는 (㉡) 선택 기법을 사용하게 하고 있어요.
>
> 실 습 생: 네, 잘 알겠습니다.

화상 키보드는 직접 선택과 간접 선택 모두 적용 가능함

PART 01

참고자료

기본이론 31p

키워드

자동 훑기

구조화 틀

선택기법
- 직접 선택
  - 정의
  - 직접 선택 방법
  - 장단점
  - 활성화 전략
- 간접 선택
  - 정의
  - 장단점
  - 스위치
  - 스캐닝(훑기)

핵심개념

훑기를 위한 운동 요소

선택 조절기법을 결정할 때는 운동요소별로 요구되는 근긴장도 및 주의력 등이 각기 다르기 때문에 장애학생의 인지적·신체적 특성을 충분히 고려해야 함

운동요소	커서 조절기법		
	자동적 훑기	반전 훑기	단계적 훑기
기다리기(대기)	높음	중간	낮음
활성화(작동)	높음	낮음	중간
유지하기(누르기)	낮음	높음	낮음
떼놓기(해제)	낮음	높음	중간
피로도	낮음	낮음	높음
감각적·인지적 주의	높음	높음	낮음

모범답안

① 자동 훑기
② 재민이는 신체활동에 대해 쉽게 피로해지지만 주의집중력이 높은 편이다. 따라서 스위치를 정확하게 활성화할 수 있지만 활성화를 유지하거나 스위치 누르기를 멈추는 데 어려움이 있는 재민이에게는 자동 훑기가 적절하다.

2018학년도 유아 A8

20 **다음은 김 교사가 유치원 통합학급에서 재민이의 놀이 활동 참여를 위해 필요한 보조공학 접근을 평가한 내용이다. 물음에 답하시오. [5점]**

- 재민이의 특성
  - 뇌성마비 경직형 사지마비임
  - 신체활동에 대한 피로도가 높은 편임
  - 주의집중력이 높은 편임
  - 발성 및 조음에 어려움이 있으며 놀이 활동에 참여하고자 하나 활동 개시가 어려움
  - 활동 시간에 교사의 보조를 받아 부분 참여가 가능함
  - 코너체어 머리 지지대에서 고개를 좌우로 정위할 수 있으나 자세를 유지하기 어려움
- 환경 특성
  - 자유 놀이 시간에 별도의 교육적, 물리적 수정이 이루어지지 않음
  - 교사 지원 : 교사가 유아들에게 개별 지원을 제공하나 재민이에게만 일대일로 지속적인 지원을 제공하는 데 어려움이 있음
  - 교실 자원 : 다양한 놀잇감이 마련되어 있으나 재민이가 조작할 수 있는 교구는 부족함
  - 태도 및 기대 : 재민이가 독립적으로 놀이 활동에 참여할 수 있기를 희망함
  - 시설 : 특이사항 없음
- 수행 과제 특성
  - 개별화교육계획과의 연계 목표 : 재민이의 사회성, 의사소통 기술 향상
  - 자유 놀이 활동과 연계된 수행 과제 : 또래에게 상호작용 시도하기, 놀이 개시하기
- 도구에 대한 의사결정
  - 노테크(No Tech) 접근 : 놀이 규칙과 참여 방법 수정
  - 보조공학 도구 : 싱글스위치를 이용한 보완대체의사소통 방법 활용
  - 요구 파악 및 활용도 높은 도구 선정 : 코너체어 머리 지지대에 싱글스위치를 부착하고, 8칸 칩톡과 연결하여 훑기 방법 지도
  - 적용을 위한 계획 수립과 실행을 위한 지속적인 자료 수집

자세를 유지하기 어려움 → 역 훑기는 계속적 이동을 위해 스위치의 활성화 상태를 유지하고 있어야 하므로 적절하지 않음

상징
- 보조도구 : 8칸 칩톡, 싱글스위치
- 기법 : 간접 선택(머리)

2) 도구에 대한 의사결정 단계에서 ① 재민이에게 적절한 훑기 선택 조절기법을 쓰고, ② 해당 기법이 적절한 이유를 재민이의 특성에 근거하여 쓰시오. [2점]

기본이론 31p

역 훑기(반전 훑기, 유도된 훑기)

선택기법
- 직접 선택
  - 정의
  - 직접 선택 방법
  - 장단점
  - 활성화 전략
- 간접 선택
  - 정의
  - 장단점
  - 스위치
  - 스캐닝(훑기)

역 훑기
- 스위치를 활성화하면 포인터나 커서가 움직이기 시작하는데, 계속적인 이동을 위해서는 스위치의 활성화 상태를 유지하고 있어야 하며, 선택을 원할 때는 스위치를 비활성화함
- 정확성을 위해 스위치를 누르고 적당한 시간에 놓는 높은 수준의 능력을 필요로 함
- 주로 스위치 활성화에 어려움을 보이지만, 일단 활성화가 이루어지면 이를 유지하고 스위치를 정확하게 해제할 수 있는 사람에게 유용함

스위치를 누르고 있는 동안 미리 설정된 훑기 형태에 따라 커서가 움직이고, 원하는 항목에 도달하면 스위치를 해제해 선택한다.

2021학년도 초등 B4

21 **(가)는 중도중복장애 학생 소영이의 의사소통 특성이고, (나)는 2015 개정 특수교육 기본 교육과정 과학과 3~4학년군에 따른 수업 계획안의 일부이다. 물음에 답하시오. [5점]**

(가) 의사소통 특성

- 도구 : 의사소통기기, 원 버튼 스위치
- 기법 : 보완대체의사소통 선택 기법
- 기능 : 한 손으로 스위치 이용

(나) 수업계획안

성취기준	㉠ 자석에 붙는 물체와 붙지 않는 물체를 구별한다.

⋮

단계	활동
자유탐색	• 자석을 여러 가지 물체에 대어보기 – 깡통, 동전, 못, 연필, 지우개, 클립
탐색결과 발표	• 어떤 물체가 자석에 붙는지 선택하기 – 깡통, 못, 클립 • 어떤 물체가 자석에 붙지 않는지 선택하기 – 동전, 연필, 지우개
교사의 인도에 따른 탐색	㉡ 자석에 붙는 물체와 붙지 않는 물체 선택하기
탐색결과 정리	• 자석에 붙는 물체 정리하기 – 자석에 붙는 것과 붙지 않는 것

※ 유의사항
소영이가 ㉢ 유도적(역) 스캐닝 기법으로 원 버튼 스위치를 사용하도록 지도

2) ㉢의 사용 방법을 쓰시오. [1점]

기본이론 29-33p

스캐닝(훑기)

선택기법
- 직접 선택
  - 정의
  - 직접 선택 방법
  - 장단점
  - 활성화 전략
- 간접 선택
  - 정의
  - 장단점
  - 스위치
  - 스캐닝(훑기)

선형 훑기
- 항목이 선택될 때까지 첫째 줄의 항목, 둘째 줄의 항목 그리고 다음 줄의 각 항목으로 커서나 화살표가 이동함
- 원형 훑기에 비해 요구가 많지만 간단하면서도 배우기가 쉬움. 그러나 항목이 특정 순서로 한 번에 하나씩 제시되기 때문에 많은 항목을 포함하는 선택세트에서는 비효율적임
- 시간 간격을 둔 순차적 훑기 방법으로, 훑기가 시작되면 화면이나 AAC 기기의 버튼/아이콘이 하나씩 시각적으로 반전되거나, 청각적 소리를 내면서 순차적으로 이동함

집단-항목 훑기(행렬 스캐닝)
- 한 번에 한 항목이 활성화되는 대신 한 번에 전체 열이 활성화됨. 원하는 항목이 있는 열에 도착했을 때 사용자는 스위치를 눌러 열을 선택하고, 그 열에 있는 항목이 각각 하나씩 스캐닝되고 원하는 행에 왔을 때 다시 스위치를 눌러 선택하는 방식임
- 많은 항목을 포함하고 있는 선택세트는 효율성을 높이기 위해 보통 행렬 스캐닝 방식을 사용함

① 범주개념이 형성되어 있기 때문이다.
② 많은 항목을 포함하고 있는 선택세트의 효율성을 높일 수 있다.

2019학년도 초등 A3

22 **(가)는 중복장애 학생 경수의 특성이고, (나)는 특수교사가 작성한 2015 개정 기본 교육과정 수학과 5~6학년 수와 연산 영역 교수 · 학습 과정안의 일부이다. 물음에 답하시오. [6점]**

(가) 경수의 특성

- 경직형 사지 마비로 미세소근육 사용이 매우 어려움
- 의도하는 대로 정확하게 응시하거나 일관된 신체 동작으로 반응하기 어려움
- 발성 수준의 발화만 가능하고, 현재 인공와우를 착용하고 있음
- 받아올림이 없는 두 자리 수 + 한 자리 수의 덧셈을 할 수 있음
- 범주 개념이 형성되어 있음
- 주의집중 시간이 짧고, 시각적 피로도가 높음 — 선택기법을 위한 운동요소 고려 → 단계적 훑기가 적절한 이유

(나) 교수 · 학습 과정안

단계	교수 · 학습 활동	자료(㊮) 및 유의점(㊒)
…(중략)…		
익히기와 적용하기	• 덧셈 계산 원리를 다양한 문제에 적용하여 풀기 – 같은 계산식 유형의 문제 풀기 – 문장제 문제 풀기 – 문제 조건을 바꾸어 새로운 문제 만들어보기 – 실생활 문제 상황에 적용해보기 [A]	㊒ 경수의 보완·대체의사소통(AAC) 도구에 수 계열 어휘를 추가한다. ㊒ ⓒ 경수의 AAC 디스플레이 형태를 선형 스캐닝에서 행렬 스캐닝으로 변경한다.

어휘의 항목이 더 많아지므로 선형 훑기보다 행렬 훑기가 필요함

4) ① (나)의 ⓒ과 같이 변경한 이유를 (가)에서 찾아 쓰고, ② 선형 스캐닝에서 행렬 스캐닝으로 변경했을 때의 장점을 1가지 쓰시오. [2점]

확장하기+

집단-항목 훑기(행렬 스캐닝)의 예시

제시문 : D
입력문 :

가	나	다	라
강	물	산	불
1	2	3	4
A	B	C	D

제시문 : D
입력문 :

가	나	다	라
강	물	산	불
1	2	3	4
A	B	C	D

제시문 : D
입력문 :

가	나	다	라
강	물	산	불
1	2	3	4
A	B	C	D

제시문 : D
입력문 : D

가	나	다	라
강	물	산	불
1	2	3	4
A	B	C	D

참고자료

기본이론 31p

키워드

단계적 훑기

구조화틀

선택기법
- 직접 선택
  - 정의
  - 직접 선택 방법
  - 장단점
  - 활성화 전략
- 간접 선택
  - 정의
  - 장단점
  - 스위치
  - 스캐닝(훑기)

핵심개념

단계적 훑기
- 원형, 선형, 집단-항목형 가운데 스캐닝 형태가 결정되면 그 스캐닝 방법으로 한번에 한 단계씩 훑어줌. 즉, AAC 사용자는 각 상징마다 스위치를 작동시킴
- 특정 항목을 선택하기 위해 사용자는 일정 시간 동안 스위치의 활성화를 멈추거나 제시된 항목의 선택을 나타내는 두 번째 스위치를 활성화함
- 스위치를 작동시킬 때마다 상징이 하나씩 훑어지므로 스캐닝을 처음 접하거나, 운동조절 능력에 제한이 있거나 심한 인지장애를 가지고 있는 경우 많이 사용함
- 그러나 AAC 사용자가 계속해서 스위치를 조작해야 하므로 상위 집단이나 항목이 많을수록 피곤할 수 있음

모범답안

스캐닝을 처음 접하기

2024학년도 초등 A2

23 **다음은 특수교육지원센터의 질의응답 게시판에 올라온 보조공학 기기와 관련된 글의 일부이다. 물음에 답하시오.** **[5점]**

> **Q** : 안녕하세요? 우리 아이는 인지 기능은 정상이나 호흡이 거칠고 불규칙해서 다른 사람들이 아이의 말을 알아듣기 어려워 일 년 전부터 보완·대체 의사소통체계(AAC)를 사용하고 있습니다. 그런데 운동장애가 심해져서 다른 방법이 필요할 것 같습니다. 학교와 집에서 사용하기 위해 담임 선생님께서는 ㉣단계적 훑기(step scanning) 기법을 추천하셨습니다. 어떤 방법인지 궁금합니다. [A]
>
> ↳ **A** : 단계적 훑기는 간접 선택 기법의 일종입니다. 담임 선생님께서는 인지 기능이나 운동 기능보다는 (㉤) 때문에 추천하신 것 같습니다. 그 방법이 쉽습니다. 자세한 내용을 설명하기 전에 학생의 신체적 특성과 운동 기능 등 여러 가지 사항을 고려하여 보조공학 사정을 해 보는 것이 좋을 것 같습니다. 보조공학 사정은 생태학적 사정, (㉥)와/과 계속적 사정의 특성이 있습니다.

2) ㉤에 들어갈 ㉣의 사용자 특성을 1가지 쓰시오. [1점]

참고자료

기본이론 29-33p

키워드

스캐닝(훑기)

구조화틀

선택기법

- 직접 선택
  - 정의
  - 직접 선택 방법
  - 장단점
  - 활성화 전략
- 간접 선택
  - 정의
  - 장단점
  - 스위치
  - 스캐닝(훑기)

핵심개념

스위치

- 최소한 한 가지 이상의 자발적인 움직임이 가능한 신체 부위가 있다면 적용 가능함
- 어떤 스위치를 사용할 것인지 결정하기 위해서는 다양한 시도를 통해 가장 적은 노력을 들여 효율적으로 표현할 수 있는지 고려하고 피로감이나 고통이 적은 것을 선택함
- **스위치 사용을 위한 운동훈련 4단계**
  ① 인과관계를 개발시키기 위해 사용하는 시간 독립적 스위치
  ② 스위치를 적절한 시간에 사용하는 능력을 개발하는 데 쓰이는 시간 종속적 스위치
  ③ 다중선택 스캐닝 능력을 개발시키기 위한 특정한 윈도우 내의 스위치
  ④ 상징적인 선택 만들기

모범답안

- 인과관계
- 간접 선택은 일반키보드나 마우스로 항목을 직접 선택하는 직접 선택보다 더 많은 단계가 요구되므로 속도가 느리지만, 미세한 근육 움직임만으로도 사용할 수 있다.

2019학년도 중등 B5

24 다음은 컴퓨터 정보화교육 프로그램에 참여한 학생들의 특성과 교육 내용이다. 〈작성방법〉에 따라 서술하시오. [4점]

(나) 학생 M

- 특성 : 뇌성마비(경직형), 독립이동과 신체의 조절이 어려움(상지 사용과 손의 소근육 운동에 제한)
- 교육 내용
  - 대체입력장치인 스위치를 적용하기 전에 운동훈련을 실시함

〈스위치 적용 전 운동훈련 4단계〉

단계	목표	내용
1	시간 독립적 스위치 훈련	배터리로 작동하는 장난감 등을 이용하여 자극-반응 간의 (㉢)을/를 익힘
2	시간 종속적 스위치 훈련	스위치를 일정 시간 내에 활성화시키는 훈련

⋮

〈스위치 적용 훈련 후〉

- ㉣ 모니터에 훑기(scanning) 방식으로 제시된 항목을 선택하기 위하여 단일 스위치를 사용함

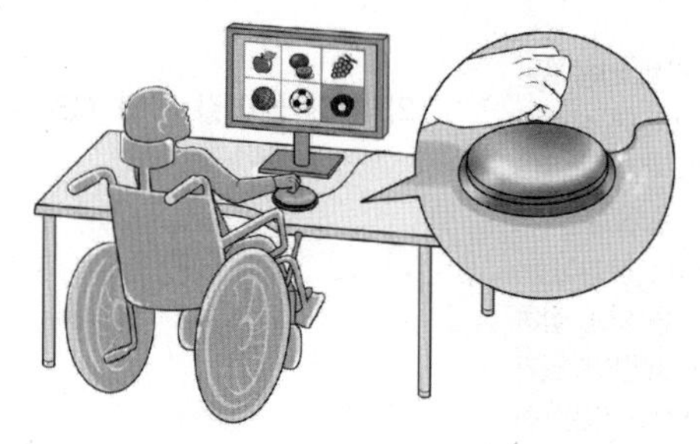

개인이 자신의 신체에 대한 통제가 어려워 직접입력이 가능하지 않을 때는 (상지 사용과 손의 소근육 운동에 제한 등) 간접입력 방법이 고려되어야 함

작성방법

- 괄호 안의 ㉢에 들어갈 내용을 쓸 것
- 밑줄 친 ㉣의 스위치를 활용한 선택 방법의 특징을 서술할 것 (단, 학생 M의 특성을 연계한 설명은 제외하고, 일반 키보드나 마우스의 항목 선택 방법과 비교하여 서술할 것)

※ '일반 키보드나 마우스의 항목 선택 방법'은 직접 선택 방법을 의미하므로, 직접 선택과 비교해 간접 선택이 갖는 특징에 대한 키워드가 필요함

참고자료

기본이론 29p

키워드

청각적 스캐닝

구조화 틀

선택기법
- 직접 선택
  - 정의
  - 직접 선택 방법
  - 장단점
  - 활성화 전략
- 간접 선택
  - 정의
  - 장단점
  - 스위치
  - 스캐닝(훑기)

핵심개념

훑기 방법
- **청각적 스캐닝**: 다른 대화상대자가 의사소통판의 내용을 천천히 말해주면 원하는 항목이 나왔을 때 정해진 신호를 통해 선택하는 방법
- **시각적 스캐닝**: 의사소통 기기에서 불빛이 정해진 순서대로 천천히 이동하면서 학생이 원하는 항목에 불빛이 왔을 때 스위치 누르기, 소리 내기, 손 들기 등으로 선택하는 방법

모범답안

음성출력 의사소통 기기의 상징을 보며 "큰 북"이라고 말하고 잠시 기다린다.

2022학년도 초등 B2

25 **다음 (가)는 초등학교 2학년 혜지의 특성이고, (나)는 혜지의 발에 착용하는 보장구이며, (다)는 혜지의 보완대체의사소통(AAC) 체계이다. 물음에 답하시오. [5점]**

(가) 혜지의 특성

- 뇌성마비 학생이며, 시각적 정보 처리에 어려움이 있어 그림을 명확하게 변별하기 어려움
- 비정상적인 근긴장도로 인해 자세를 자주 바꿔주어야 함
- ㉠ <u>바로 누운 자세에서 긴장성 미로반사가 나타남</u>

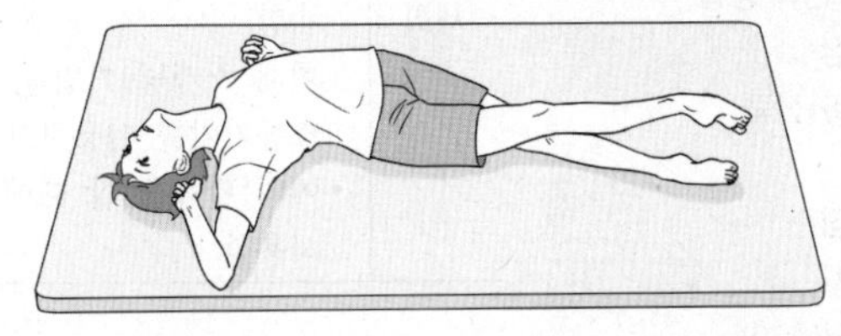

(다) 혜지의 AAC 체계

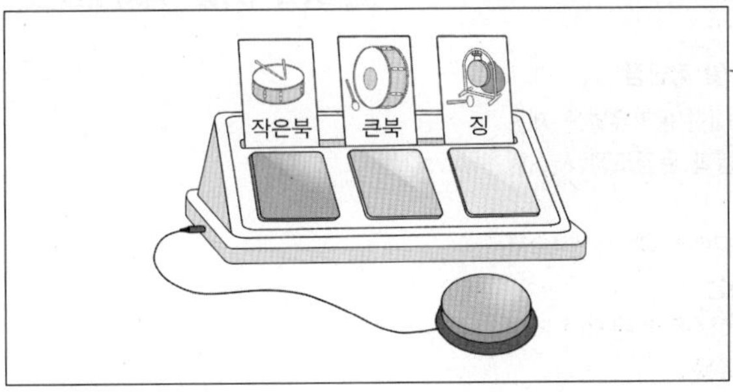

선형 훑기에서는 시간 간격을 두고 청각적 소리를 내면서 순차적으로 이동함

2) **(다)에서 교사는 혜지가 스위치를 눌러 원하는 악기를 선택할 수 있도록 다음의 스캐닝(훑기)을 지원하였다. 교사가 어떻게 해야 하는지 ⓐ에 쓰시오. [1점]**

- 교사는 음성출력 의사소통 기기의 상징을 보며 "작은 북"이라고 말하고 잠시 기다린다.
- 혜지가 반응이 없다.
- 교사는 (　　　　　　ⓐ　　　　　　)

참고자료
기본이론 29-33p

키워드
스캐닝(훑기)

구조화 틀
선택기법
- 직접 선택
  - 정의
  - 직접 선택 방법
  - 장단점
  - 활성화 전략
- 간접 선택
  - 정의
  - 장단점
  - 스위치
  - 스캐닝(훑기)

핵심개념
조이스틱의 기능 및 장단점
- 컴퓨터 사용에 대한 동기유발을 제공
- 의사교환 시스템과 환경조정 시스템 조정 가능
- 신체의 다른 부분(예 관절, 입 등)으로 컴퓨터 조절 가능
- 화면 키보드를 이용하면 문자나 자료를 입력할 수 있음
- 전동 휠체어 조정과 같은 운동기능을 연습할 수 있음

모범답안
조이스틱, 스위치

2023학년도 초등 B6

26 (가)는 건강장애 학생과 지체장애 학생의 특성이고, (나)는 체육 전담교사와 특수교사가 나눈 대화의 일부이다. 물음에 답하시오. [4점]

(가) 학생 특성

학생	특성
세희	• 뇌성마비를 가지고 있음 • 일상생활 중 근긴장의 변화를 자주 보이며, 상지와 몸통이 본인의 의지와 상관없이 움직임 • 대근육 운동기능 분류체계(GMFCS) 5단계에 속함 ┐ • 현재 스캐닝 기법을 이용하여 보완대체의사소통기기를 사용하고 있음 [A] • 야외 활동을 할 때에는 특수 전동 휠체어를 사용함 ┘

1) (가)의 [A]를 고려하여 특수 전동 휠체어를 운행하기 위한 보조공학기기를 1가지 쓰시오. [1점]

참고자료

기본이론 27-28p, 37-38p

키워드

- 스위치
- 신체 기능의 평가

구조화 틀

선택기법

- 직접 선택
- 간접 선택

핵심개념

스위치

- 손으로 스위치를 작동하는 것이 어려울 경우, 투명한 아크릴로 된 휠체어 트레이의 아랫부분에 스위치를 설치하고 무릎을 들어서 스위치를 누르도록 고정해줄 수 있음
- 또는 마운팅 도구를 이용해 머리를 움직여 스위치를 누를 수 있도록 머리 부분에 고정시키거나 팔꿈치 뒷부분에 고정시켜주는 등 학생의 신체적 잔존 기능에 따라 고정해줌

신체 기능의 평가

- 의사소통판이나 AAC 기기를 사용할 경우 상징을 직접 지적하거나 스위치 등의 간접적인 방법을 사용하기 때문에 학생의 신체기능을 알아야 함
  → 이는 매우 다양하므로 개인별로 일관성 있고 정확하게 사용할 수 있는 신체 부위와 선택 가능한 움직임 패턴을 파악해야 함
- **직접 선택하기가 가능한 신체부위를 찾을 때**: '손/손가락 → 팔꿈치 → 얼굴/머리 → 발/다리'의 순으로 자발적으로 움직이는 정도를 평가
- **스위치를 작동할 신체 부위가 어느 부위인지를 평가할 때**: '손가락 → 손 → 머리 → 발 → 다리 → 무릎' 순서로 평가함
- 스캐닝을 위해서는 좋은 시각적 추적 능력과 고도의 집중력, 순서화에 대한 능력이 필요함

모범답안

- 집단-항목 훑기
- 자동 훑기
- 첫째, 연결 막대는 유연성이 좋으므로 사용자가 사용할 수 있는 머리 부분에 고정시켜서 머리를 움직여 스위치를 누를 수 있도록 한다.
  둘째, 막대 끝이 집게나 조임쇠로 되어 있으므로 휠체어나 책상에 고정해 사용할 수 있다.

2022학년도 중등 B3

27 **(가)는 학부모가 특수교사에게 보낸 전자우편 내용이고, (나)는 특수교사의 답신이다. 〈작성방법〉에 따라 서술하시오.** **[4점]**

(가) 학부모가 특수교사에게 보낸 전자우편 내용

> 선생님, 저희 아이는 <u>일반 키보드와 마우스를 사용하기 어려운 뇌병변장애 학생</u>입니다. 현재 버튼형 단일 스위치로 컴퓨터 한글 입력을 연습하고 있습니다. ㉠ <u>먼저 미리 설정된 '한글 자음', '한글 모음', '문장 부호' 등 3개의 셀에서 '한글 자음' 셀을 선택하고, 그다음 여러 자음이 활성화되면 'ㄱ'을 선택하여 입력하는 방식</u>입니다. 그런데 <u>긴장을 많이 하여 스위치를 손으로 누르거나 뗄 때 타이밍을 놓치기 일쑤</u>입니다. 참고로 <u>현재 저희 아이는 머리를 떨지 않고 비교적 수월하게 10° 정도 왼쪽으로 기울일 수 있고, 휠체어에 앉아 무릎을 구부린 채로 스스로 다리를 10cm 정도 들어 올릴 수 있습니다</u>. 컴퓨터를 사용하고 싶은 저희 아이에게 적합한 스캐닝 방법과 스위치를 알려주세요.

일반 키보드와 마우스를 사용하기 어려운 뇌병변장애 → 직접 선택 방법이 아닌 간접 선택 방법으로 '스위치'를 적용함

스위치를 적절한 시간에 사용하는 능력을 개발하기 위해 '시간 종속적 스위치 훈련'이 필요함

- 스캐닝을 위한 스위치 평가는 '손가락 → 손 → 머리 → 발 → 다리 → 무릎' 순서로 평가함
- 학생은 머리와 무릎을 사용할 수 있는데, 그중 사회적 수용도에 근거해 머리를 이용해 스위치를 사용하는 것이 적절함

(나) 특수교사의 답신

> 보내주신 전자우편을 잘 보았습니다. 스캐닝 방법에는 여러 가지가 있습니다. 말씀하신 방법 이외에도 사용자가 스위치를 누르고 있는 동안 커서가 이동하고, 스위치에서 손을 떼면 커서가 멈춰 해당 내용을 선택하는 기법이 있습니다. 또 ㉡ <u>미리 설정한 형태로 커서가 움직이다가 사용자가 스위치를 누르거나 치면 커서가 멈춰서 해당 내용을 선택하는 기법</u>도 있습니다.
>
> 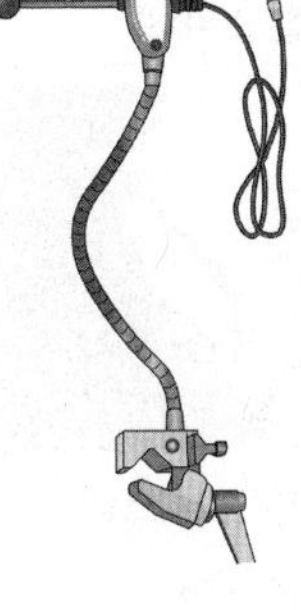
>
> 스캐닝 방식과 학생의 신체 운동 특성을 고려할 때 첨부한 그림의 얼티메이티드 스위치(Ultimated Switch)를 사용하면 좋겠습니다.
>
> ㉢ <u>이 스위치의 연결 막대는 유연성이 좋은 재질로 되어 있고, 막대의 끝을 집게나 조임쇠로 만들었습니다.</u>
>
> …(하략)…

작성방법

- (가)의 밑줄 친 ㉠에 해당하는 스캐닝 형태를 쓸 것
- (나)의 밑줄 친 ㉡에 해당하는 스캐닝 선택 조절기법을 쓸 것
- (나)의 밑줄 친 ㉢의 특성에 따른 장점을 사용자 측면에서 2가지 서술할 것

확장하기

여러 가지 스위치

 Sip and puff 스위치	입김으로 내쉬고 빨아들이는 동작을 통해 클릭과 조이스틱 모드, 키보드 커서 모드를 사용할 수 있도록 제작된 특수입력장치
 리본 스위치	작동 영역 표면을 어떤 방향으로든 구부리거나 눌러주면 작동하는 스위치
 클릭 스위치	운동조절 장애를 가진 사람들이 다른 장치들을 조작하기 쉽도록 만들어진 스위치로, 원하는 장치에 간편하게 연결하여 사용할 수 있고, 마운팅 시스템과 함께 사용하여 위치를 조정함으로써 다양한 신체 부위를 이용하여 작동시킬 수 있음
 각도조절 스위치	사용자가 쉽게 접근할 수 있도록 스위치의 각도를 설정할 수 있음
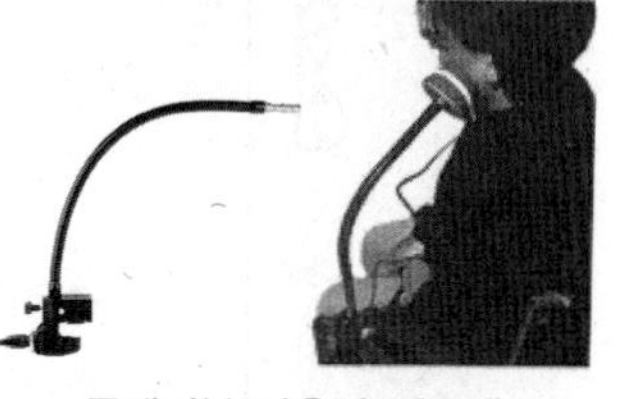 플랙시블 마운팅 시스템	테이블 · 의자 · 침대 또는 다른 표면에 장착하기 위해 클램프(고정장치 또는 조임쇠)를 활용할 수 있고, 거위 목 모양의 구스넥은 유연성이 있어 쉽게 조정할 수 있음
 얼티메이티드 스위치	휠체어나 테이블에 고정시킬 수 있는 클램프가 장착되어 있으며, 유연성이 좋은 재질로 되어 있어 신체 부위 접근성이 좋음
 핀치 스위치	아동의 손에 쥘 수 있을 만큼 작고 간단하면서 민감한 스위치로, 부드러운 압력으로 선택할 수 있음
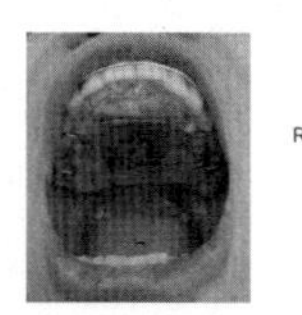 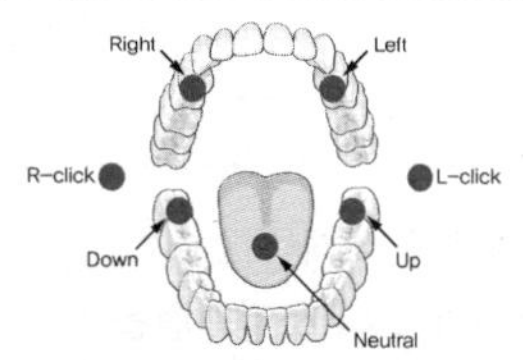 혀 움직임 시스템	조지아 공대 연구진이 개발한 혀 움직임 시스템은 구강수술을 통해 부착한 후 간단한 혀 움직임을 통해 휠체어나 컴퓨터 조작이 가능함

참고자료

기본이론 27-28p, 37-38p

키워드

- 스위치
- 신체 기능의 평가

구조화틀

선택기법
- 직접 선택
- 간접 선택

핵심개념

스위치
- 스위치는 최소한 한 가지 이상의 자발적인 움직임이 가능한 신체부위가 있다면 적용 가능함
- 즉, 스위치는 손, 발, 머리, 눈썹, 호흡 등을 통해 누르기, 당기기, 불기, 빨기, 쥐기 등으로 활성화됨
- 어떤 스위치를 사용할 것인지 결정하기 위해서는 다양한 시도를 통해 가장 적은 노력을 들여 효율적으로 표현할 수 있는지를 고려하고, 피로감이나 고통이 적은 것을 선택함

모범답안

불기 빨기 스위치(sip and puff 스위치)

2024학년도 중등 B4

28 **(가)는 학생 A와 B의 특성이고, (나)는 특수학교 교사 A와 B의 대화이다. 〈작성 방법〉에 따라 서술하시오. [4점]**

(나) 특수 교사 A와 B의 대화

특수 교사 A : 전동 휠체어를 어떻게 움직이나요?
특수 교사 B : 전동 휠체어를 움직이는 데에는 다양한 방식을 적용할 수 있습니다. 예를 들어 조이스틱, 스위치 등을 사용합니다. 몸의 다양한 부분에 스위치를 적용할 수 있는데, 호흡으로 작동하는 (㉠)(이)나 혀로 작동하는 스위치도 있습니다.

작성방법

(나)의 괄호 안의 ㉠에 해당하는 스위치의 유형을 쓸 것

03 CHAPTER

보완대체의사소통(AAC)의 평가

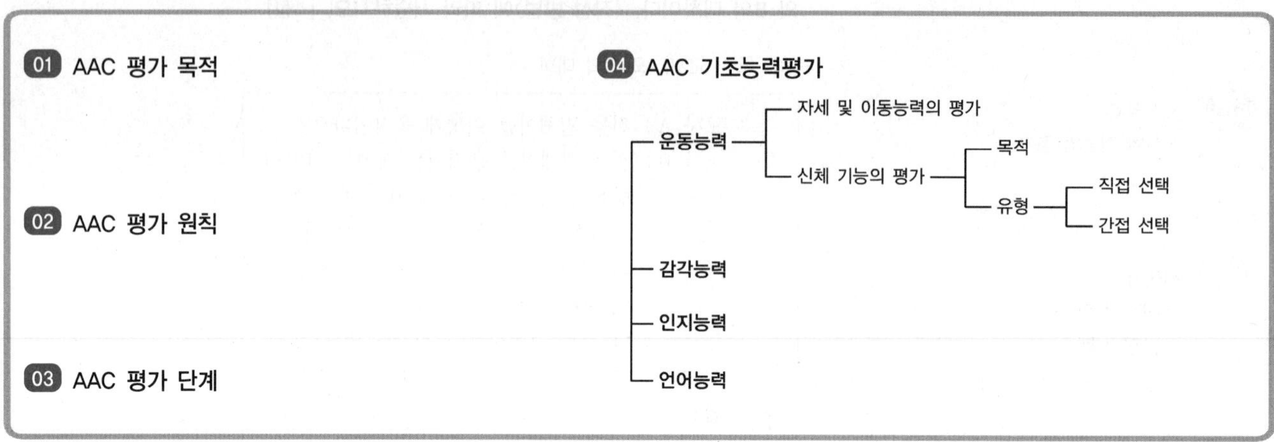

참고자료

기본이론 36–38p

키워드

AAC 기초능력평가

구조화틀

AAC 평가
- 목적
- 평가 원칙
- 평가 단계
- 기초능력평가

핵심개념

모범답안

①

2013학년도 중등 28

01 비대칭 긴장성 경부반사(ATNR)를 보이는 뇌성마비 학생 A와 대칭 긴장성 경부반사(STNR)를 보이는 뇌성마비 학생 B를 위한 교사의 지원방법으로 옳은 것만을 〈보기〉에서 있는 대로 고른 것은?

보기

ㄱ. 학생 A에게 학습 교재를 제공할 때는 교재를 책상 가운데에 놓아주고 양손을 몸의 중앙으로 모을 수 있게 한다.
ㄴ. 학생 A가 휠체어에 앉아 있을 때는 원시적 공동운동 패턴을 극대화시켜서 구축과 변형을 예방하고 천골과 미골에 욕창이 발생하지 않게 한다.
ㄷ. 학생 A가 컴퓨터 작업을 할 때 반사가 활성화되면 고개가 돌아간 방향에 모니터를 놓고, 관절 운동범위(ROM)와 자발적 신체 움직임을 고려하여 스위치의 위치를 정한다.
ㄹ. 학생 B를 휠체어에 앉힐 때에는 골반과 하지 그리고 체간의 위치를 바로 잡은 후, 머리와 목의 위치를 바르게 한다.
ㅁ. 학생 B의 컴퓨터 사용을 위해 직접 선택능력을 평가할 때는 손의 조절, 발과 다리의 조절, 머리 및 구강과 안면의 조절 순으로 한다.

ㅁ. 직접 선택을 위한 신체 기능은 손과 팔 → 머리와 구강 등 안면 → 발과 다리 조절능력 순으로 평가

① ㄱ, ㄹ　② ㄴ, ㄷ
③ ㄱ, ㄷ, ㄹ　④ ㄴ, ㄷ, ㅁ
⑤ ㄴ, ㄹ, ㅁ

확장하기

사용자 평가(김혜리 외, 2021.)

① AAC 사용자의 원활한 의사소통을 위해서는 사용자 평가를 실시함으로써 개인에게 맞는 AAC 체계를 제공해야 한다.

예 안구의 떨림이나 불수의적인 움직임으로 무언가를 일정 시간 동안 주시하기 어렵다면, 상징의 수가 많거나 눈 추적이 요구되는 선형 스캐닝은 어려울 수 있으므로 다른 종류의 AAC 기법을 활용해야 한다. 마찬가지로 비대칭성 긴장성 목반사 또는 대칭성 긴장성 목반사가 있는 경우 원시반사가 유발되지 않도록 AAC 기기를 중앙이나 눈높이에 배치해야 한다.

② AAC 사용자가 어떤 장소에서 어떤 활동을 할 것인지를 알고, 아래 영역에서의 평가를 통해 적합한 AAC 체계를 지원할 필요가 있다.

AAC 사용자 평가 영역

자세와 앉기 능력	원시반사가 유발되지 않도록 AAC 기기를 배치하거나 자세를 잡아주는 등 기능적으로 AAC를 사용할 수 있게 하기 위함이다.
운동능력	직접 선택이나 간접 선택 등을 위한 움직임 범위와 운동조절능력을 평가한다. 특히 운동조절능력은 사회적 수용도가 가장 높은 손부터 평가하며, 지체장애 학생의 경우 하지 움직임에 제한이 많으므로 하지는 나중에 평가한다. • 직접 선택: 손과 팔 → 머리와 구강 등 안면 → 발과 다리 조절능력 순으로 평가한다. • 간접 선택: 손가락 → 손 → 머리 → 팔 → 다리 → 무릎 조절능력 순으로 평가한다.
인지 및 언어능력	다양한 상징체계 중 AAC 사용자에게 사용 가능한 상징을 선택하기 위함이다.
문해능력	읽고 이해하기, 철자 이해하기 등에 대한 평가로 사용 가능한 상징 선택과 관련된다.
감각지각능력	상징 수, 크기, 간격, 배치, 디스플레이 정위 등을 결정하기 위함이다.

최적의 착석 자세 요소(박현주 역, 『보완대체의사소통』, 2017.)

골반, 고관절, 허벅지	• 좌골은 동일한 무게를 감당한다. • 골반은 약간 앞쪽으로 기울이거나 중립적인 자세를 취한다. • 골반은 의자의 뒷모서리 중앙에 닿는다. • 골반이 한쪽으로 돌아가 있지 않다. • 고관절은 90°까지 구부러진다. • 골반을 둘러 45°로 벨트를 사용해 골반을 의자에 고정시킨다. • 두 허벅지 길이가 동일하다. • 두 허벅지는 약간 외전되어 있다.
몸통	• 대칭이다. 측면으로 구부러져 있지 않다. • 등 아래쪽이 약간 구부러져 있다. • 직립 또는 약간 앞쪽으로 기울어져 있다.
어깨, 팔 및 손	• 어깨는 이완되고 중립적인 자세다. • 상박은 약간 앞쪽으로 구부러져 있다. • 팔꿈치는 중간 정도로 구부러진다. • 자세 정렬을 위해 필요한 경우 지지를 할 수 있도록 전박을 트레이 위에 놓을 수 있다. • 전박은 중립적이거나 살짝 아래쪽으로 돌려져 있다. • 손목은 중립적이거나 약간 내밀어져 있다. • 손은 손가락과 엄지를 편 채로 이완되어 있다.
다리, 발, 발목	• 무릎은 90°까지 구부러져 있다. • 발은 무릎 바로 아래 또는 무릎보다 뒤쪽으로 나란히 놓인다. • 발목은 90°까지 구부러져 있다. • 발은 발판에 지탱시킨다. • 발뒤꿈치와 볼이 체중을 견딘다. • 발과 발가락이 앞을 향한다. • 상체가 앞으로 움직일 경우, 발이 무릎 뒤로 움직일 수 있다.
머리와 목	• 머리와 목은 몸의 정중선을 향한다. • 턱은 약간 당겨져 있다.

기본이론 36-39p

AAC 기초능력평가

AAC 평가
- 목적
- 평가 원칙
- 평가 단계
- 기초능력평가

AAC 기초능력평가 - 운동능력

운동능력 평가에는 자세 및 이동능력의 평가, 신체 기능의 평가가 있음

- **자세 및 이동능력의 평가**: AAC 체계를 사용하기 위해서는 안정적이고 바른 자세를 유지하는 것이 필요함. 자세 평가는 휠체어를 사용하거나 일반 의자에 앉은 자세를 먼저 관찰하되, 의자를 이용하여 바른 자세를 취할 수 없다면 보조기기를 이용한 지원 방안을 고려함
- **신체 기능의 평가**: 상징 선택 및 표현에 필요한 운동 능력을 알아보는 것으로, 개인별로 일관성 있고 정확하게 사용할 수 있는 신체 부위와 선택 가능한 움직임 패턴을 파악해야 함

몸의 정중선을 중심으로 한 대칭적인 움직임을 촉진하기 위함이다. (왜냐하면 좋은 자세는 신체의 정렬이 정중선을 중심으로 대칭자세가 되어야 하기 때문이다.)

2024학년도 중등 A7

02 **(가)는 지체장애 학생 A와 B의 특성이고, (나)는 교육 실습생과 특수 교사의 대화 중 일부이다. 〈작성 방법〉에 따라 서술하시오. [4점]**

(가) 학생의 특성

학생 B	• 경직형 뇌성마비, 비대칭성 긴장성 경반사 • GMFCS 5단계

(나) 교육 실습생과 특수 교사의 대화

교육 실습생: 학생 B의 경우는 원시반사가 남아 있는데, 모니터의 위치는 어떻게 하면 좋을까요?

특수 교사: AAC 기기나 모니터를 ㉢ <u>몸의 정중선에 위치하도록 하는 것이 중요</u>합니다.

작성방법

학생 B의 특성을 고려하여 (나)의 밑줄 친 ㉢의 이유를 2가지 서술할 것(단, '원시반사'가 포함된 서술은 제외함)

참고자료

기본이론 36-39p

키워드

AAC 기초능력평가

구조화 틀

AAC 평가
- 목적
- 평가 원칙
- 평가 단계
- 기초능력평가

핵심개념
AAC 기초능력평가

AAC 지도를 위한 평가 영역에는 운동능력(자세 및 이동능력 · 신체기능), 감각능력, 인지능력, 언어능력이 포함됨

- **운동능력**: 자세 및 이동능력 평가, 신체기능평가
- **감각능력**: AAC 기기에 사용할 상징의 유형, 크기, 사용자의 눈으로부터의 거리 등을 결정
- **인지능력**: 인지능력 진단에서는 AAC 적용과 관련된 기본 인지능력으로 사물 영속성, 부분과 전체의 개념 이해, 범주화 능력을 포함. 또한 사물의 기능에 대한 이해 및 사물과 적절한 상징의 대응관계를 파악하는 능력도 중요
- **언어능력**: 학생의 수용어휘 및 기본적인 인지능력을 아는 것은 AAC 체계를 계획하고 결정하는 데 도움

모범답안

운동능력, 감각능력, 인지능력

2014학년도 초등 A6

03 **(가)는 경직형 뇌성마비 학생 주희의 언어 관련 특성이고, (나)는 특수교사와 언어재활사가 협의한 내용이다. 물음에 답하시오. [5점]**

(가) 주희의 언어 관련 특성

- 호흡이 빠르고 얕으며, 들숨 후에 길게 충분히 내쉬는 것이 어려움
- 입술, 혀, 턱의 움직임이 조절되지 않고 성대의 과도한 긴장으로 쥐어짜는 듯 말함
- ㉠ <u>말소리에 비음이 비정상적으로 많이 섞여 있음</u>
- 전반적으로 조음이 어려우며, 특히 /ㅅ/, /ㅈ/, /ㄹ/음의 산출에 어려움이 보임

(나) 협의록

- 날짜: 2013년 3월 13일
- 장소: 특수학급 교실
- 협의 주제: 주희의 언어능력 향상을 위한 지도방안
- 협의 내용:
  ① 호흡과 발성의 지속 시간을 점진적으로 늘릴 수 있도록 지도하기로 함
  ② 비눗방울 불기, 바람개비 불기 등의 놀이 활동을 통해 지도하기로 함
  ③ /ㅅ/, /ㅈ/, /ㄹ/ 발음의 정확성을 높이기 위하여 반복 연습할 기회를 제공하기로 함
  ④ 자연스럽게 편안한 발성을 위하여 바른 자세 지도를 함께 하기로 함
  ⑤ 추후에 주희의 의사소통 문제는 ㉡ <u>언어의 3가지 주요 요소</u>(미국언어 · 청각협회: ASHS)로 나누어 종합적으로 재평가하여, 필요하다면 주희에게 적합한 ㉢ <u>보완대체의사소통(AAC) 체계</u> 적용을 검토하기로 함

4) 주희에게 ㉢을 적용하고자 할 때, '언어 영역'을 제외한 사용자 평가 영역 중 3가지만 쓰시오. [1점]

기본이론 36-39p

AAC 기초능력평가

AAC 평가
- 목적
- 평가 원칙
- 평가 단계
- 기초능력평가

AAC 기초능력평가

AAC 지도를 위한 평가 영역에는 운동능력(자세 및 이동능력 · 신체기능), 감각능력, 인지능력, 언어능력이 포함됨

- **운동능력**: 자세 및 이동능력 평가, 신체기능평가
- **감각능력**: AAC 기기에 사용할 상징의 유형, 크기, 사용자의 눈으로부터의 거리 등을 결정
- **인지능력**: 인지능력 진단에서는 AAC 적용과 관련된 기본 인지능력으로 사물 영속성, 부분과 전체의 개념 이해, 범주화 능력을 포함. 또한 사물의 기능에 대한 이해 및 사물과 적절한 상징의 대응관계를 파악하는 능력도 중요
- **언어능력**: 학생의 수용어휘 및 기본적인 인지능력을 아는 것은 AAC 체계를 계획하고 결정하는 데 도움

인지능력

2022학년도 유아 B2

04 **(가)는 통합학급 김 교사와 유아특수교사 박 교사의 놀이 지원내용이고, (나)는 특수교육대상 유아 현우의 보완대체의사소통(AAC) 사용 평가서의 일부이며, (다)는 두 교사가 실행한 협력교수안의 일부이다. 물음에 답하시오. [5점]**

(나)

보완대체 의사소통(AAC) 사용 평가 항목	평가 결과	
상징	그림 상징에 적합함	
보조도구	의사소통판보다는 5개 내외의 버튼이 있는 음성출력기기가 놀이 참여 지원에 적절함	
기법/기술	(㉡)	
(㉠)	사물영속성 개념이 있으며, 보드게임에 필요한 4~5개의 그림 상징을 이해할 수 있음	
운동 능력	한 손가락으로도 버튼을 잘 누를 수 있음	[C]
기타	기다리지 않고 도움 없이 버튼 누르기를 좋아함	

2) (나)에서 ㉠에 해당하는 평가 항목을 쓰시오. [1점]

04 CHAPTER 보완대체의사소통(AAC)의 평가 모델

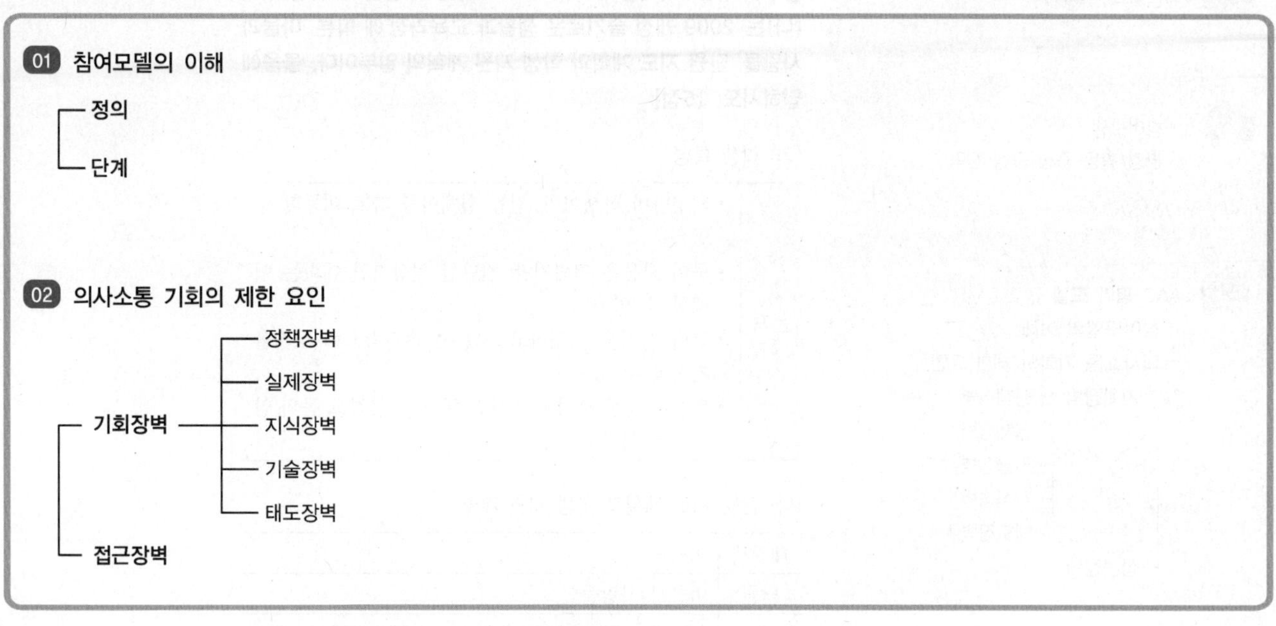

기본이론 40p, 46–47p

- 참여모델
- 환경/활동 중심 구성 전략

AAC 평가 모델
- 참여모델의 이해
- 의사소통 기회의 제한 요인
  - 기회장벽
    - 정책장벽
    - 실제장벽
    - 기술장벽
    - 지식장벽
    - 태도장벽
  - 접근장벽

참여모델

AAC 사용을 위한 평가를 실행하는 과정에서 일반 또래의 기능적 참여 욕구를 기반으로 적합한 중재 절차를 수립하기 위한 진단 모델

참여모델의 단계

의사소통 참여 유형과 요구 평가	• 집, 학교, 지역사회 등 일상생활에서의 활동 목록을 통해 의사소통에 참여하는 유형과 수준, 요구 정도를 관찰해 작성 • 장애학생의 참여 정도는 일반 또래의 참여 유형과 비교해 효과성 분석
기회 제한 요인 평가	AAC를 사용하게 될 학생의 의사소통 기회를 제한하는 요인을 기회장벽과 접근장벽으로 나누어 평가
학생의 구체적인 능력 평가	• 관찰, 인터뷰, 의사소통 행동을 직접 유도해냄으로써 의사소통에 대한 정보를 수집해 현재의 의사소통 능력을 평가 • AAC 교수에 요구되는 구체적인 능력 및 AAC 기기 선정을 위한 고려사항도 평가

참여모델

2015학년도 초등 A6

01 **(가)는 지적장애 특수학교 2학년 학생들의 특성이고, (나)는 '2009 개정 슬기로운 생활과 교육과정'에 따른 '마을과 사람들' 단원 지도 계획과 학생 지원 계획의 일부이다. 물음에 답하시오. [5점]**

(가) 학생 특성

은지	• 뇌성마비 학생이며, 전동 휠체어를 타고 이동할 수 있음 • 구어 사용은 어렵지만, 간단한 일상적인 대화는 이해할 수 있음 • 그림 상징을 이해하고, 오른손 손가락으로 상징을 지적할 수 있음 • 왼손은 항상 주먹이 쥐어진 채 펴지 못하고 몸의 안쪽으로 휘어져 있음

(나) 단원 지도 계획과 학생 지원 계획

대주제	이웃		
단원	마을과 사람들		
차시	차시명	학습 목표 및 활동	학생 지원 계획
8–9	우리 마을 둘러보기	○ 우리 마을의 모습을 조사한다. • 마을 모습 이야기하기 • 조사 계획 세우기 • 마을 조사하기 – 건물, 공공장소 및 시설물 등을 조사하기 – 마을 사람들이 하는 일을 조사하기	○ 은지 • 수업 중 ㉢ <u>스프린트(splint)</u> 착용시키기 • 보완·대체의사소통(AAC) 지원 계획하기 – (㉣)을/를 적용하여 평가하기 – 마을 조사 시 궁금한 내용을 질문할 수 있도록 ㉤ <u>어휘목록</u> 구성하기

4) 다음은 (나)의 ㉣에 대한 설명이다. ㉣에 들어갈 모델의 명칭을 쓰시오. [1점]

> • 보완·대체의사소통과 관련된 의사결정과 중재를 하기 위한 평가 모델임
> • 생활연령이 동일한 일반학생의 생활 패턴과 그에 따른 의사소통 형태를 근거로 보완·대체의사소통 평가를 수행함
> • 자연스러운 환경 내에서 의사소통을 가로막는 기회장벽과 접근장벽을 평가함

기본이론 40-41p

의사소통 기회의 제한 요인

AAC 평가 모델

- 참여모델의 이해
- 의사소통 기회의 제한 요인
  - 기회장벽
    - 정책장벽
    - 실제장벽
    - 기술장벽
    - 지식장벽
    - 태도장벽
  - 접근장벽

기회장벽

AAC 대상자를 제외한 다른 사람에 의해 강제되는 것으로, 단순히 AAC 체계나 중재의 제공만으로 해결할 수 없는 장벽

정책 장벽	AAC 사용자의 상황을 좌우하는 법률이나 규정으로 인한 장벽
실제 장벽	가정·학교·직장에서 이루어지는 일반적인 절차나 관습으로 인한 장벽
기술 장벽	도움을 제공하는 사람들이 AAC 기법이나 전략을 사용하는 기술이 부족해 실제 이행에 어려움이 발생하는 장벽(AAC 중재계획을 책임지는 개인들의 기술 수준을 진단해야 함)
지식 장벽	도움을 제공하는 사람들의 AAC 중재 옵션, 테크놀로지, 교수전략 등 AAC 사용에 대한 정보의 부족
태도 장벽	도움을 제공하는 사람들의 태도와 신념이 참여에 장벽이 되는 경우

접근장벽

- AAC 사용자 능력의 제한(예 이동성의 부족, 인지적 기능 부족, 사물조작과 관리의 어려움 등)이나 의사소통 체계의 제한(예 용량 부족 등)으로 인해 발생하는 장벽
- 개인의 현재 의사소통, 말 사용 또는 말 사용 능력 증가의 잠재성, 환경 조정의 잠재성 등을 모두 평가해야 함

④

2012학년도 중등 4

02 다음은 보완대체의사소통(AAC) 체계의 적용을 방해하는 '장벽(barrier)'에 대한 설명이다. (가)와 (나)에 들어갈 내용으로 알맞은 것은?

> AAC는 구어 사용이 곤란한 특수학교(급) 학생들에게 효과적인 의사소통 체계가 될 수 있음에도 불구하고, 그 적용을 방해하는 여러 가지 장벽이 존재한다. 참여모델(participation model)에 따르면, [(가)]은/는 AAC 도구가 어떤 활동에 필요한 어휘를 저장할 만큼 충분한 용량을 갖고 있지 않을 때 발생할 수 있다. 그리고 지식장벽은 [(나)]이/가 AAC 사용법에 대한 정보가 부족할 때 발생할 수 있다.

	(가)	(나)
①	기술장벽	AAC를 이용하는 학생
②	기술장벽	AAC를 지도하는 교사
③	기회장벽	AAC를 이용하는 학생
④	접근장벽	AAC를 지도하는 교사
⑤	접근장벽	AAC를 이용하는 학생

기본이론 40–41p, 44p

- 의사소통 기회의 제한 요인
- 핵심어휘

AAC 평가 모델
- 참여모델의 이해
- 의사소통 기회의 제한 요인
  - 기회장벽
    - 정책장벽
    - 실제장벽
    - 기술장벽
    - 지식장벽
    - 태도장벽
  - 접근장벽

기회장벽

AAC 대상자를 제외한 다른 사람에 의해 강제되는 것으로, 단순히 AAC 체계나 중재의 제공만으로 해결할 수 없는 장벽

정책 장벽	AAC 사용자의 상황을 좌우하는 법률이나 규정으로 인한 장벽
실제 장벽	가정·학교·직장에서 이루어지는 일반적인 절차나 관습으로 인한 장벽
기술 장벽	도움을 제공하는 사람들이 AAC 기법이나 전략을 사용하는 기술이 부족해 실제 이행에 어려움이 발생하는 장벽(AAC 중재계획을 책임지는 개인들의 기술 수준을 진단해야 함)
지식 장벽	도움을 제공하는 사람들의 AAC 중재 옵션, 테크놀로지, 교수전략 등 AAC 사용에 대한 정보의 부족
태도 장벽	도움을 제공하는 사람들의 태도와 신념이 참여에 장벽이 되는 경우

접근장벽
- AAC 사용자 능력의 제한(예 이동성의 부족, 인지적 기능 부족, 사물조작과 관리의 어려움 등)이나 의사소통 체계의 제한(예 용량 부족 등)으로 인해 발생하는 장벽
- 개인의 현재 의사소통, 말 사용 또는 말 사용 능력 증가의 잠재성, 환경 조정의 잠재성 등을 모두 평가해야 함

④

2011학년도 중등 13

03 **다음은 김 교사가 중도(severe) 뇌성마비 중학생 A에게 음성산출도구를 적용하는 보완·대체의사소통 중재 과정이다. 각 과정별 적용의 예로 적절한 것을 고른 것은?**

과정	적용의 예
기회장벽 평가	(가) 학생 A가 음성산출도구의 터치스크린을 이용해서 자신이 원하는 상징을 정확하게 지적할 수 있는지 평가하였다.
접근장벽 평가	(나) 학생 A가 휠체어에 앉을 때 랩트레이(lap tray)나 머리 지지대 등이 필요한지 알아보기 위해 자세를 평가하였다.
핵심 어휘 선정	(다) 부모 면담을 통해 학생 A에게 특별한 장소나 사람, 취미와 관련된 어휘를 조사하여 선정하였다.
상징 지도	(라) 음성산출도구의 상징을 지도할 때는 실제 사물 – 실물의 축소 모형 – 컬러 사진 – 흑백 사진 – 선화 상징 순으로 지도하였다.
일상생활에서 음성산출도구 사용 유도	(마) 미술시간에 학생 A의 손이 닿지 않는 곳에 풀과 가위를 두고 기다리는 등 환경 조성 전략을 사용하여, 음성산출도구로 의사소통할 수 있도록 유도하였다.

(가), (나) 접근장벽 평가 → 개인의 현재 의사소통, 말 사용 또는 말 사용 능력 증가의 잠재성, 환경 조정의 잠재성을 모두 평가해야 함

① (가), (나), (다)　② (가), (나), (라)
③ (가), (다), (마)　④ (나), (라), (마)
⑤ (다), (라), (마)

참고자료

기본이론 40-41p

키워드

의사소통 기회의 제한 요인

구조화 틀

AAC 평가 모델
- 참여모델의 이해
- 의사소통 기회의 제한 요인
  - 기회장벽
    - 정책장벽
    - 실제장벽
    - 기술장벽
    - 지식장벽
    - 태도장벽
  - 접근장벽

핵심개념

기회장벽

AAC 대상자를 제외한 다른 사람에 의해 강제되는 것으로, 단순히 AAC 체계나 중재의 제공만으로 해결할 수 없는 장벽

정책장벽	AAC 사용자의 상황을 좌우하는 법률이나 규정으로 인한 장벽
실제장벽	가정·학교·직장에서 이루어지는 일반적인 절차나 관습으로 인한 장벽
기술장벽	도움을 제공하는 사람들의 AAC 기법이나 전략을 사용하는 기술이 부족해 실제 이행에 어려움이 발생하는 장벽(AAC 중재계획을 책임지는 개인들의 기술 수준을 진단해야 함)
지식장벽	도움을 제공하는 사람들의 AAC 중재 옵션, 테크놀로지, 교수전략 등 AAC 사용에 대한 정보의 부족
태도장벽	도움을 제공하는 사람들의 태도와 신념이 참여에 장벽이 되는 경우

모범답안

지식장벽, 기술장벽

2018학년도 중등 A12

04 **다음은 특수교사인 김 교사가 보완·대체의사소통(AAC) 기기를 사용하는 학생 J의 부모님께 보낸 전자우편이다. 〈작성방법〉에 따라 서술하시오. [4점]**

> 안녕하세요? Y 교육지원청 특수교육지원센터에서 실시하는 'AAC 기기 활용 워크숍'에 대해 안내문 드립니다.
>
> 이번 워크숍에서는 학생 J가 사용 중인 AAC 기기를 개발한 전문가와 함께 기기에 새로운 상징을 추가해보고, 유형에 따라 상징을 분류하는 방법을 실습합니다. 또한 배터리 문제 발생 시 해결할 수 있는 기기 관리 방법에 대해서도 안내할 예정입니다. ㉠
>
> 저와 학생 J의 담임교사도 이 워크숍에 참여합니다. 부모님께서도 이 워크숍이 AAC 기기 활용과 관리에 많은 도움이 되시기를 바랍니다. 워크숍에 대한 자세한 내용은 첨부한 파일을 참조하십시오.
>
> 감사합니다.
>
> p.s. 다음과 같이 패스트푸드점을 이용하는 상황을 구조화 한 내용으로 의사소통 중재를 시작할 예정입니다. 학생 J가 잘 참여할 수 있도록 격려해주십시오.
>
> 점　원: 안녕하세요?
> 학생 J: [안녕하세요.]
> 점　원: 무엇을 주문하시겠어요?
> 학생 J: [치즈버거] [주세요]
> 점　원: 2,500원입니다.
> 학생 J: (카드를 꺼내며)
> [카드 여기 있어요.]
> 점　원: 예, 맛있게 드십시오.
> 학생 J: [감사합니다.] ㉡
>
> ※ [ ]는 상징을 눌렀을 때 출력된 음성을 의미함
>
> 의사소통판 구성(안)
>
> | 안녕하세요 | 주세요 | 카드 여기 있어요 | 감사합니다 |
> |---|---|---|---|
> | 치즈버거 | 음료수 | 감자튀김 | 아이스크림 |

- 'AAC 기기를 개발한 전문가와 함께 기기에 새로운 상징을 추가하고, 유형에 따라 상징을 분류하는 방법을 실습하는 것' → AAC 기술이나 전략을 사용하는 기술과 관련이 있으므로 '기술장벽'
- '배터리 문제 발생 시 해결할 수 있는 기기 관리 방법' → AAC 사용과 관련된 정보의 부족에 해당하므로 '지식장벽'

환경/활동 중심(패스트푸드점 이용하기) 어휘 목록 구성 전략에 해당함

작성방법

뷰켈만과 미렌다(D. Beukelman & P. Mirenda)의 참여모델에서 언급한 장벽 중 ㉠을 통해 해결할 수 있는 기회장벽 유형을 2가지 적을 것

기본이론 40-41p

의사소통 기회의 제한 요인

AAC 평가 모델
- 참여모델의 이해
- 의사소통 기회의 제한 요인
  - 기회장벽
    - 정책장벽
    - 실제장벽
    - 기술장벽
    - 지식장벽
    - 태도장벽
  - 접근장벽

기회장벽

AAC 대상자를 제외한 다른 사람에 의해 강제되는 것으로, 단순히 AAC 체계나 중재의 제공만으로 해결할 수 없는 장벽

정책 장벽	AAC 사용자의 상황을 좌우하는 법률이나 규정으로 인한 장벽
실제 장벽	가정・학교・직장에서 이루어지는 일반적인 절차나 관습으로 인한 장벽
기술 장벽	도움을 제공하는 사람들의 AAC 기법이나 전략을 사용하는 기술이 부족해 실제 이행에 어려움이 발생하는 장벽(AAC 중재계획을 책임지는 개인들의 기술 수준을 진단해야 함)
지식 장벽	도움을 제공하는 사람들의 AAC 중재 옵션, 테크놀로지, 교수전략 등 AAC 사용에 대한 정보의 부족
태도 장벽	도움을 제공하는 사람들의 태도와 신념이 참여에 장벽이 되는 경우

태도장벽

2023학년도 유아 A8

05 **(가) ~ (다)는 병설유치원 개별화교육지원팀 협의 내용의 일부이다. 물음에 답하시오. [5점]**

(나)

> 임 교사: 민서는 보완대체의사소통(Augmentative and Alternative Communication; AAC) 기기로 자신의 요구를 표현해요. ㉢ <u>친구가 민서를 부르며 펭귄 인형을 가리키면 민서도 펭귄 인형을 보고</u> AAC 기기에서 펭귄을 찾아서 눌러요.
>
> 민서 아버지: 지도해주셔서 감사합니다. ㉣ <u>AAC 기기를 추천받았을 때 민서가 AAC 기기를 사용하면 아예 말을 못하고 친구들과 어울리지 못할까봐 사용을 반대했었지요.</u>
>
> 임 교사: AAC 기기는 연령이나 장애 정도와 상관없이 어떤 방법으로든 의사소통할 수 있다는 가능성에 초점을 둡니다. 민서가 친구들과 긍정적으로 상호작용을 할 수 있게 되어 기쁩니다.
>
> 고 원장: 그리고 민서에게 일관성 있는 의사소통 중재가 필요합니다.

2) **㉣은 보완대체의사소통(AAC) 참여모델의 기회 장벽 중 무엇에 해당하는지 쓰시오. [1점]**

참고자료

기본이론 40-41p

키워드

의사소통 기회의 제한 요인

구조화틀

AAC 평가 모델

- 참여모델의 이해
- 의사소통 기회의 제한 요인
  - 기회장벽
    - 정책장벽
    - 실제장벽
    - 기술장벽
    - 지식장벽
    - 태도장벽
  - 접근장벽

핵심개념

모범답안

1) 민수
  - 접근장벽 측면: AAC 사용자 본인 또는 AAC 기기 자체의 문제
  - 본문 적용: 의사소통 어려움 / 의사소통판도 잘 사용하지 않음
  - 의사소통 지원 방안: AAC 사용 지도 또는 촉진전략교수
  - 기대 효과: 교우관계 개선, 의사소통 능력 신장

2) 비장애학생
  - 태도 장벽: 다른 사람에 의해 강제되는 것
  - 본문 적용: 선뜻 다가가지 못하고 눈치만 봄
  - 지원방안: 대화상대자 훈련, 인식개선 교육
  - 기대 효과: 다양성 이해, 교우관계 개선

2022학년도 초등 교직논술

06 다음은 장애학생의 통합교육을 지원하기 위해 특수학급 김 교사, 통합학급 박 교사와 최 교사가 나눈 대화의 일부이다. 3) 최 교사와 김 교사의 대화 속에 나타난 참여모델을 토대로 민수와 비장애학생들 각각을 위한 의사소통 지원 방안을 2가지씩 쓰고, 그 지원 방안에 대해 기대 효과를 민수와 비장애학생들 각각에 대해 1가지씩 쓰시오.

> …(상략)…
>
> 김 교사: 영지와 민수에게 더 필요한 지원은 없나요?
>
> 최 교사: 민수가 또래 학생들과 의사소통이 어렵고 의사소통판도 잘 사용하지 않아요. 비장애학생도 민수에게 선뜻 다가가지 못하고 서로 눈치만 보네요. 민수와 또래 학생들과 잘 지내면 좋겠어요.
>
> 김 교사: 학급 차원에서 참여모델을 적용해보면 어떨까요? 민수와 또래 학생들 간에 의사소통이 활발해지면 교우 관계도 더 좋아질 거예요. 저와 함께 계획해 보시죠.

05 CHAPTER 보완대체의사소통(AAC) 지도의 실제

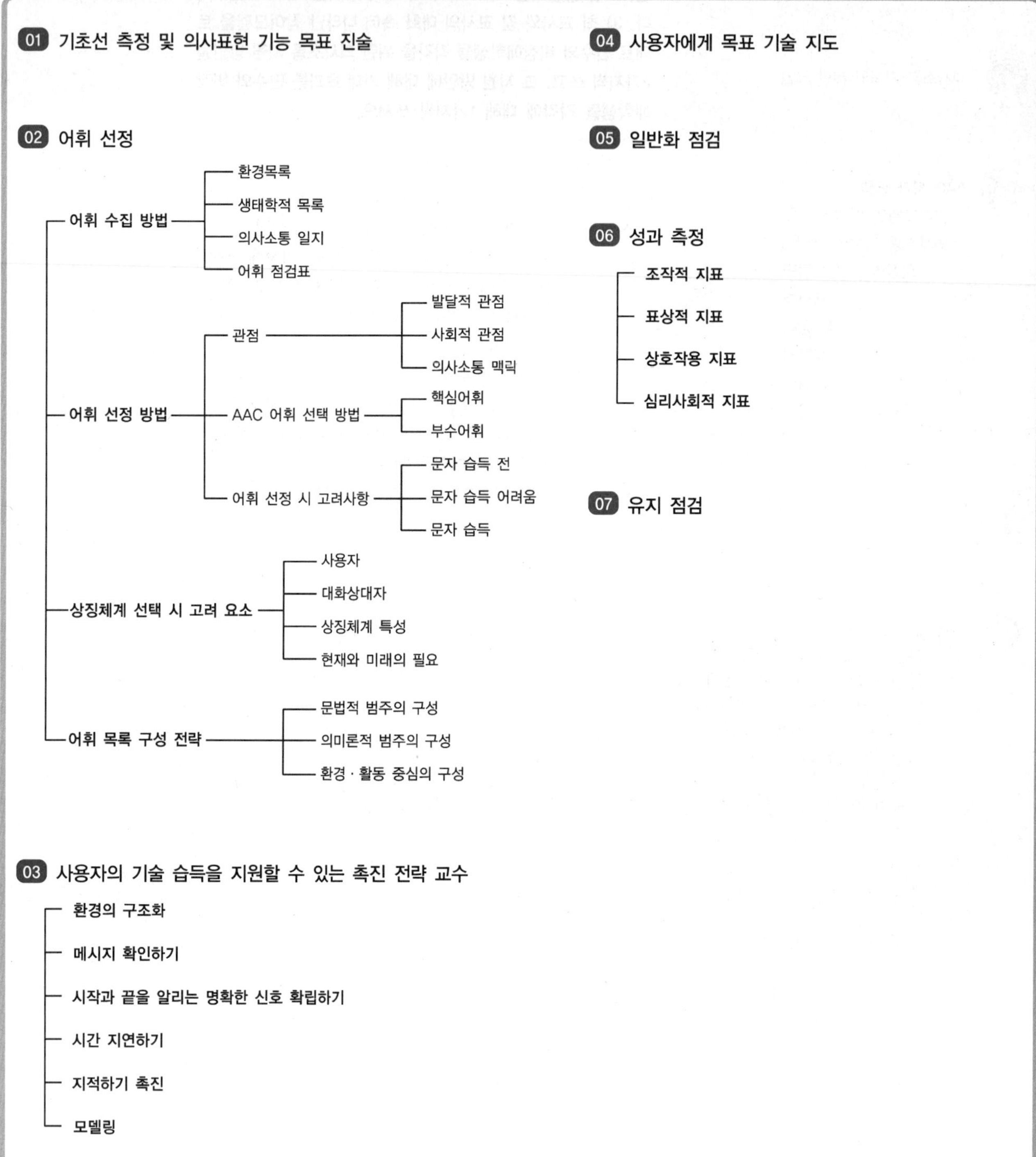
01 기초선 측정 및 의사표현 기능 목표 진술
02 어휘 선정
어휘 수집 방법
환경목록
생태학적 목록
의사소통 일지
어휘 점검표
어휘 선정 방법
관점
발달적 관점
사회적 관점
의사소통 맥락
AAC 어휘 선택 방법
핵심어휘
부수어휘
어휘 선정 시 고려사항
문자 습득 전
문자 습득 어려움
문자 습득
상징체계 선택 시 고려 요소
사용자
대화상대자
상징체계 특성
현재와 미래의 필요
어휘 목록 구성 전략
문법적 범주의 구성
의미론적 범주의 구성
환경 · 활동 중심의 구성
03 사용자의 기술 습득을 지원할 수 있는 촉진 전략 교수
환경의 구조화
메시지 확인하기
시작과 끝을 알리는 명확한 신호 확립하기
시간 지연하기
지적하기 촉진
모델링
04 사용자에게 목표 기술 지도
05 일반화 점검
06 성과 측정
조작적 지표
표상적 지표
상호작용 지표
심리사회적 지표
07 유지 점검

참고자료

기본이론 46–47p

키워드

환경/활동 중심의 구성 전략

구조화 틀

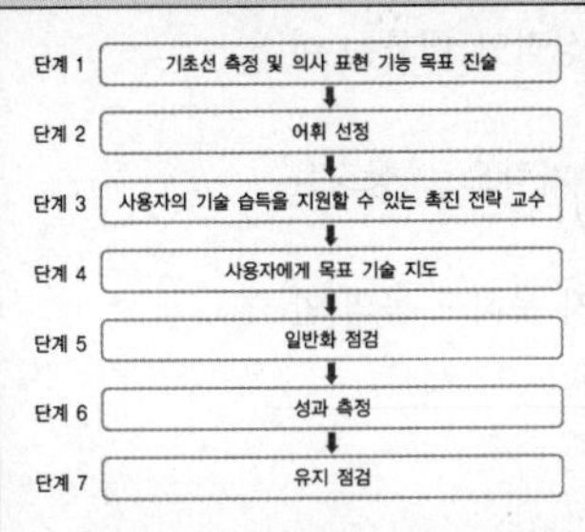

핵심개념

환경/활동 중심의 구성

- 초기 의사소통 방법을 지도하기에 용이한 구성 방법으로, 하나의 환경이나 활동에 필요한 어휘들을 의사소통판에 모아서 구성해주는 방법
- 학생의 활동 참여와 어휘 습득을 증진시킬 수 있음
- 활동 수가 늘어날 경우 모든 의사소통 상황에서 자주 사용되는 핵심 어휘에 대한 의사소통판과 상황·때·장소에 따른 어휘로 구성된 부수 어휘판을 나누어 제시해 지도할 수 있음

모범답안

환경/활동 중심의 구성 전략

학생의 활동 참여와 어휘 습득을 증진시킬 수 있기 때문이다.

2013학년도 추가중등 B5

01 (가)는 A 특수학교(중학교) 1학년인 영미의 특성이고, (나)는 영미를 지도하기 위하여 수립한 보완·대체의사소통(AAC) 지도 계획안의 일부이다. 물음에 답하시오. [5점]

(가) 영미의 특성

- 중도·중복장애를 가지고 있음
- 구어를 사용하여 의사소통하기 어려우며, 글을 읽지 못함

(나) 의사소통 지도 계획안

단계	내용
의사소통 평가	영미의 의사소통 특성과 현재 수행 능력을 평가하여 AAC 체계를 선정함
목표 설정	의사소통 지도의 목표를 수립함
어휘 수집	학교 식당에서 필요한 어휘를 수집함
어휘 구성	㉠ 수집한 어휘들을 학교 식당에서 효율적으로 사용할 수 있도록 조직화하여 의사소통판을 구성함
의사소통 표현하기 기술 교수	• 영미에게 그림 상징을 지적하여 의사를 표현하도록 지도함 • ㉡ 처음에는 시범을 보이지 않고 영미의 관심에 주의를 기울이면서 요구하기, 그림상징을 선택하여 답하기의 순서로 의사표현하기 기술을 지도함. 긍정적 반응에는 강화를 제공하고 오반응이나 무반응에는 올바른 반응을 보여주어 따라 하도록 함 • ㉢ 의사소통 상황에서 영미에게 기대되는 반응이 나타날 때까지 수 초간 어떠한 촉진도 주지 않고, 목표기술을 자발적으로 사용할 수 있도록 기회를 제공함 • ㉣ 대화상대자 훈련을 계획하여 실시함

1) ㉠에서 의사소통판을 제작하기 위하여 사용할 수 있는 어휘 목록 구성 전략을 쓰고, 그 전략이 효과적인 이유를 1가지만 쓰시오. [2점]

기본이론 40p, 46p

- 참여모델
- 환경/활동 중심의 구성 전략

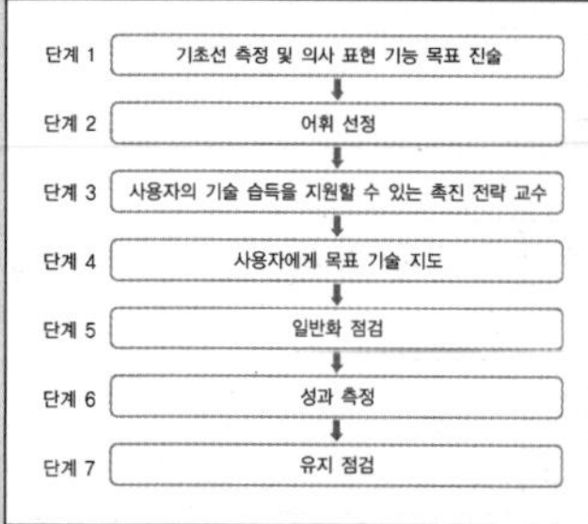

환경/활동 중심의 구성

초기 의사소통 방법을 지도하기에 용이한 구성 방법으로, 하나의 환경이나 활동에 필요한 어휘들을 의사소통판에 모아서 구성해주는 방법

환경/활동 중심의 구성 전략

2015학년도 초등 A6

02 **(가)는 지적장애 특수학교 2학년 학생들의 특성이고, (나)는 '2009 개정 슬기로운 생활과 교육과정'에 따른 '마을과 사람들' 단원 지도 계획과 학생 지원 계획의 일부이다. 물음에 답하시오. [5점]**

(가) 학생 특성

은지	• 뇌성마비 학생이며, 전동 휠체어를 타고 이동할 수 있음 • 구어 사용은 어렵지만, 간단한 일상적인 대화는 이해할 수 있음 • 그림 상징을 이해하고, 오른손 손가락으로 상징을 지적할 수 있음 • 왼손은 항상 주먹이 쥐어진 채 펴지 못하고 몸의 안쪽으로 휘어져 있음

(나) 단원 지도 계획과 학생 지원 계획

대주제	이웃		
단원	마을과 사람들		
차시	차시명	학습 목표 및 활동	학생 지원 계획
8-9	우리 마을 둘러보기	○ 우리 마을의 모습을 조사한다. • 마을 모습 이야기하기 • 조사 계획 세우기 • 마을 조사하기 – 건물, 공공장소 및 시설물 등을 조사하기 – 마을 사람들이 하는 일을 조사하기	○ 은지 • 수업 중 ㉢ 스프린트(splint) 착용시키기 • 보완·대체의사소통(AAC) 지원 계획하기 – (㉣)을/를 적용하여 평가하기 – 마을 조사 시 궁금한 내용을 질문할 수 있도록 ㉤ 어휘 목록 구성하기

5) (나)의 ㉤을 다음과 같이 구성하였다. 어떤 어휘 목록 구성 전략을 사용한 것인지 쓰시오. [1점]

'마을 조사 활동'에 사용될 어휘들을 목록으로 구성하고 있으므로 환경/활동 중심 구성 전략에 해당함

참고자료

기본이론 46-47p

키워드

문법적 범주의 구성

구조화 틀

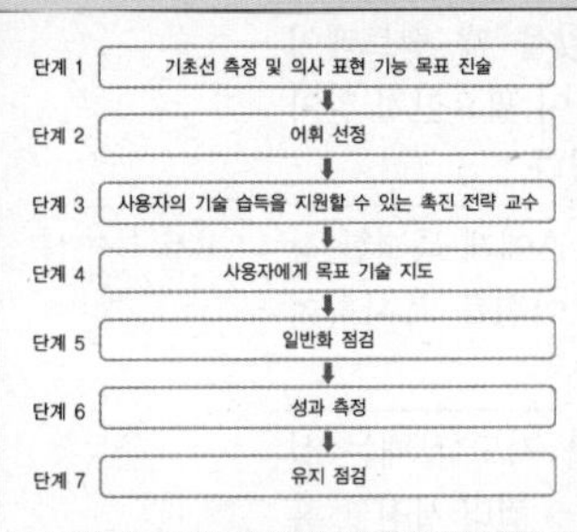

핵심개념

문법적 범주의 구성

- 언어 습득을 촉진하기 위해 구어의 어순대로 배열하는 방법
- 영어는 왼쪽에서 오른쪽으로 사람 → 행위 → 수식어 → 명사 → 부사의 순서로 나열하고, 의사소통판의 위나 아래쪽에 자주 사용되는 글자나 구절을 배열해 왼쪽에서 오른쪽으로 단어를 연결함으로써 문장을 구성하는 방식
- 어휘를 구성할 때 일관성 있는 문법 구조를 갖추면 사용이 용이함

모범답안

㉡ 문법적 범주

㉠ 구어의 어순, 즉 문법 기능에 따라 주어 → 목적어 → 동사 순으로 배열한다.

2020학년도 중등 A7

03 (가)는 뇌성마비 학생 F의 의사소통 특성이고, (나)는 학생 F의 수업 참여도를 높이기 위해 교사가 작성한 보완대체의사소통기기 활용 계획의 일부이다. 〈작성방법〉에 따라 서술하시오. [4점]

(가) 학생 F의 의사소통 특성

- 한국 웩슬러 아동용 지능검사 4판(K-WISC-Ⅳ) 결과 : 언어이해 지표점수 75
- 조음에 어려움이 있음
- 태블릿 PC 애플리케이션을 이용하여 수업에 참여함

(나) 보완대체의사소통기기 활용 계획

- 활용 기기 : 태블릿 PC
- 애플리케이션을 활용한 수업 내용
  - ㉠ <u>문장을 어순에 맞게 표현하기</u>
- 어휘 목록
  - 문법 요소, 품사 등 수업 내용에 관련된 어휘 목록 선정
- 어휘 목록의 예 (㉡)
  - 나, 너, 우리, 학교, 집, 밥, 과자
  - 을, 를, 이, 가, 에, 에서, 으로
  - 가다, 먹다, 오다, 공부하다
- 어휘 선택 기법 (㉢)
  - 화면이나 대체 입력기기를 직접 접촉하거나 누르고 있을 동안에는 선택되지 않음
  - 선택하고자 하는 해당 항목에 커서가 도달했을 때, 접촉하고 있던 것을 떼게 되면 그 항목이 선택됨

작성방법

(나)의 ㉡에 해당하는 어휘 목록 구성 전략을 1가지 쓰고, ㉠의 수업 내용을 고려하여 어휘 목록을 구성할 때, 어휘를 배열하는 방법을 1가지 서술할 것

2011학년도 중등 13

04 **다음은 김 교사가 중도(severe) 뇌성마비 중학생 A에게 음성산출도구를 적용하는 보완 · 대체의사소통 중재 과정이다. 각 과정별 적용의 예로 적절한 것을 고른 것은?**

과정	적용의 예
기회장벽 평가	(가) 학생 A가 음성산출도구의 터치스크린을 이용해서 자신이 원하는 상징을 정확하게 지적할 수 있는지 평가하였다.
접근장벽 평가	(나) 학생 A가 휠체어에 앉을 때 랩트레이(lap tray)나 머리 지지대 등이 필요한지 알아보기 위해 자세를 평가하였다.
핵심 어휘 선정	(다) 부모 면담을 통해 학생 A에게 특별한 장소나 사람, 취미와 관련된 어휘를 조사하여 선정하였다.
상징 지도	(라) 음성산출도구의 상징을 지도할 때는 실제 사물 – 실물의 축소 모형 – 컬러 사진 – 흑백 사진 – 선화 상징 순으로 지도하였다.
일상생활에서 음성산출도구 사용 유도	(마) 미술시간에 학생 A의 손이 닿지 않는 곳에 풀과 가위를 두고 기다리는 등 환경 조성 전략을 사용하여, 음성산출도구로 의사소통할 수 있도록 유도하였다.

(다) 부수어휘

학생의 자발적 의사소통을 지도하기 위한 환경중심 언어중재 전략은 AAC 중재 과정에서는 포괄적으로 '환경의 구조화 전략'으로 분류함

① (가), (나), (다) ② (가), (나), (라)
③ (가), (다), (마) ④ (나), (라), (마)
⑤ (다), (라), (마)

참고자료

기본이론 44p ,49p

키워드

- 핵심어휘
- 환경의 구조화

구조화툴

어휘선정

- 어휘 수집 방법
- 어휘 선정 방법
- 상징체계 선택 시 고려 요소
- 어휘 목록 구성전략

전략

- 개념
- AAC 대화상대자 훈련

핵심개념

핵심어휘

- 여러 사람들에 의해 자주 사용되는 낱말과 메시지
- 핵심어휘 파악을 위해 AAC 체계를 통해 성공적으로 의사소통하는 사람들의 어휘 사용 패턴에 기초한 낱말 목록, 특정인의 어휘 사용 패턴에 기초한 낱말 목록, 유사한 상황에서 일반인이 사용하는 말과 글 수행에 기초한 낱말 목록 등을 활용함

부수어휘

- 개인이 필요로 하는 구체적인 낱말과 메시지
- AAC 사용자 자신 또는 AAC 사용자를 잘 알고 있는 정보제공자들에 의해 추천됨

환경의 구조화

- 의사소통을 지도하기 위한 의사소통 촉진 전략의 우선 과제는 의사표현과 상호작용의 동기를 유발할 수 있도록 환경을 구조화하는 것
- 환경을 조성하는 것은 학생들의 의사표현의 가능성을 자극할 수 있으며, 자연스러운 환경과 유사하기 때문에 일반화와 유지의 효과가 높음
- 적절한 자세 취하기와 AAC 기기의 배치, 의사소통의 동기를 부여할 수 있는 활동 제공하기 등으로 환경을 조정함

모범답안

④

참고자료

기본이론 34p, 49p, 50p

키워드

- 환경의 구조화
- 시간지연
- 대화상대자 훈련

구조화 틀

전략

┌ 개념
└ AAC 대화상대자 훈련

핵심개념

환경의 구조화

- 의사소통을 지도하기 위한 의사소통 촉진 전략의 우선 과제는 의사표현과 상호작용의 동기를 유발할 수 있도록 환경을 구조화하는 것
- 환경을 조성하는 것은 학생들의 의사표현의 가능성을 자극할 수 있으며, 자연스러운 환경과 유사하기 때문에 일반화와 유지의 효과가 높음
- 적절한 자세 취하기와 AAC 기기의 배치, 의사소통의 동기를 부여할 수 있는 활동 제공하기 등으로 환경을 조정함

시간지연

- 학생의 의사표현을 촉진하기 전에 자발적으로 의사표현을 할 수 있도록 일정 시간을 기다려주는 전략
- 학생이 의사소통하기 위한 암시로, 말하는 것 이외의 환경적 자극을 사용하는 방법
- 기대하는 반응이 나타날 때까지 기대지연을 하는 방법은 학생에게 스스로 수행할 기회를 제공하기 때문에 자연적 환경에서 의사소통할 기회를 거의 갖지 못하는 학생에게 유용함
- 기대지연을 했는데 올바른 반응을 하지 못한다면 "이렇게 해봐." 등의 언어적 촉진을 제시하는 것이 효과적임

2013학년도 추가중등 B5

05 (가)는 A 특수학교(중학교) 1학년인 영미의 특성이고, (나)는 영미를 지도하기 위하여 수립한 보완·대체의사소통(AAC) 지도 계획안의 일부이다. 물음에 답하시오. [5점]

(가) 영미의 특성

- 중도·중복장애를 가지고 있음
- 구어를 사용하여 의사소통하기 어려우며, 글을 읽지 못함

(나) 의사소통 지도 계획안

단계	내용
의사소통 평가	영미의 의사소통 특성과 현재 수행 능력을 평가하여 AAC 체계를 선정함
목표 설정	의사소통 지도의 목표를 수립함
어휘 수집	학교 식당에서 필요한 어휘를 수집함
어휘 구성	㉠ 수집한 어휘들을 학교 식당에서 효율적으로 사용할 수 있도록 조직화하여 의사소통판을 구성함
의사소통 표현하기 기술 교수	• 영미에게 그림 상징을 지적하여 의사를 표현하도록 지도함 • ㉡ 처음에는 시범을 보이지 않고 영미의 관심에 주의를 기울이면서 요구하기, 그림상징을 선택하여 답하기의 순서로 의사표현하기 기술을 지도함. 긍정적 반응에는 강화를 제공하고 오반응이나 무반응에는 올바른 반응을 보여 주어 따라 하도록 함 • ㉢ 의사소통 상황에서 영미에게 기대되는 반응이 나타날 때까지 수 초간 어떠한 촉진도 주지 않고, 목표기술을 자발적으로 사용할 수 있도록 기회를 제공함 • ㉣ 대화상대자 훈련을 계획하여 실시함

- 영미의 관심에 주의를 기울이며 의사표현의 가능성을 자극함
- 자발적 의사소통을 위해 환경 조성 기법을 사용하는 환경중심 언어중재에 해당함

2) ㉡과 ㉢에서 의사소통을 촉진하기 위해 사용한 전략을 쓰시오. [2점]

의사소통 촉진 전략 교수
- 환경의 구조화
- 메시지 확인
- 시작과 끝을 알리는 명확한 신호 확립
- 시간지연
- 지적하기 촉진
- 모델

3) ㉣을 실시하는 목적을 1가지만 쓰시오. [1점]

모범답안

2) ㉡ 환경의 구조화
   ㉢ 시간지연

3) AAC 대화상대자 훈련의 목적은 대화상대자가 중도중복장애 학생의 의사소통 발달 원리를 이해하고, 발달을 촉진하기 위한 촉매자로서의 역할을 충분하게 실행할 수 있도록 지원하는 데 있다.

기본이론 50p

메시지 확인하기

사용자의 기술 습득을 지원할 수 있는 촉진 전략 교수

- 환경의 구조화
- 메시지 확인하기
- 시작과 끝을 알리는 명확한 신호 확립하기
- 시간 지연하기
- 지적하기 촉진
- 모델링

메시지 확인하기

- 학생이 시도한 것을 확인해주는 전략
- 의사소통을 할 때 학생이 메시지를 표현하는 동안 대화상대자를 충분히 기다려줌
- 학생이 의사소통 보조기기 혹은 의사소통판의 그림이나 상징을 지적해 표현하면 대화상대자는 학생이 지적한 항목을 크게 말해주는 청각적 피드백을 제공함
- 학생의 의사소통 시도에 긍정적인 반응을 보이고 정확한 문장으로 확인해줘야 함

잘했어요. 양달은 따뜻해요.

2016학년도 초등 B4

06 **(가)는 ○○특수학교 김 교사가 계획한 '2011 개정 특수교육 교육과정' 중 기본 교육과정 과학과 5~6학년군 '온도와 열' 단원의 수업 활동 개요이다. (나)는 은지의 특성이고, (다)는 교사가 은지에게 음성출력 의사소통기기를 사용하도록 지도하는 장면이다. 물음에 답하시오. [5점]**

(다) 음성출력 의사소통기기 사용 지도 장면

김 교사:	㉡(음성출력 의사소통기기와 스위치를 은지의 휠체어용 책상에 배치한다.) 이 모둠에서는 은지가 한번 발표해볼까요? (음성출력 의사소통기기와 은지를 번갈아 보며 잠시 기다린다.)
은 지:	(자신의 음성출력 의사소통기기를 본 후 교사를 바라본다.)
김 교사:	은지야, "양달은 따뜻해요."라고 말해보자. (음성출력 의사소통기기에서 양달 상징에 불빛이 들어왔을 때, 은지의 스위치를 눌러 "양달은 따뜻해요."라는 음성이 산출되도록 한다. 그런 다음 은지가 스위치를 누르는 것을 기다려준다.)
은 지:	(음성출력 의사소통기기에서 양달 상징에 불빛이 들어왔을 때, 스위치를 눌러 "양달은 따뜻해요."라는 음성이 산출되도록 한다.)
김 교사:	(㉢)

- 보조도구: 음성출력 의사소통기기, 스위치
- 기법: 간접 선택
- 스캐닝 방법: 시각적 스캐닝
- 선택 기법: 자동 훑기

4) (다)의 ㉢에서 김 교사가 은지의 음성출력 의사소통기기 사용을 촉진하기 위해 '메시지 확인하기 전략'을 사용하였다. ㉢에 들어갈 교사의 말을 쓰시오. [1점]

CHAPTER 06

특수교육공학

01 특수교육공학의 이해

- 특수교육공학의 정의
- 특수교육공학의 영역
- 특수교육공학의 장점
  - 능력의 신장(A)
  - 매체의 대체(B)
  - 장애의 보상(C)

02 보조공학의 이해

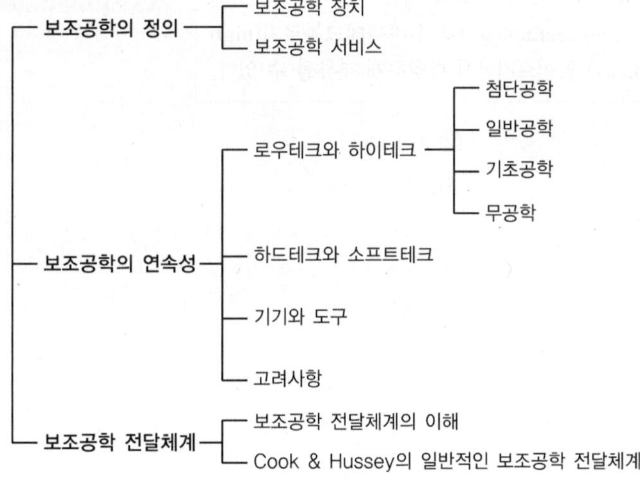

03 보조공학 사정 및 유형

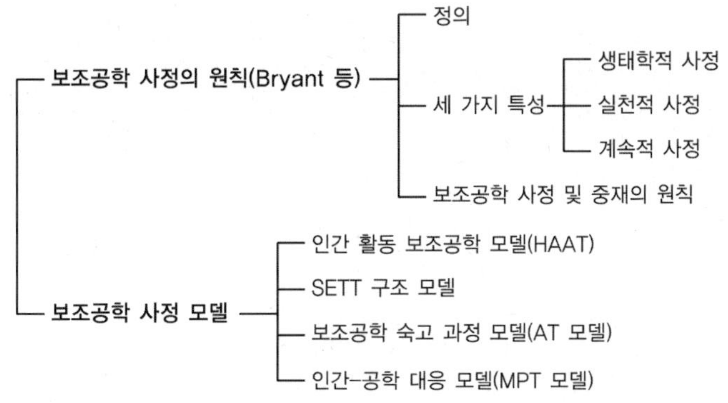

기본이론 56-57p

보조공학의 연속성

보조공학의 이해

- 정의
- 보조공학의 연속성
- 보조공학 전달체계

로우테크와 하이테크

- 보조공학은 적용된 기술력의 정도에 따라 무공학에서 첨단공학에 이르기까지 연속적으로 구성됨
- 복잡한 장치나 고급 테크놀로지를 적용하기 전에 낮은 단계를 우선 고려해야 함

구분	내용
첨단공학(하이테크)	컴퓨터, 상호작용 멀티미디어 시스템 등의 정교한 기기
일반공학(미디움테크)	비디오 기기, 휠체어 등 덜 복잡한 전기 기기 혹은 기계
기초공학(로우테크)	덜 정교화된 기기 혹은 기계
무공학(노테크)	기기 혹은 기계를 포함하지 않음. 체계적인 교수절차의 사용 혹은 물리치료사나 작업치료사와 같은 관련 서비스

하드테크와 소프트테크

- **하드테크**: 형태와 실체가 있어 만지거나 접촉해서 쉽게 알 수 있는 것 예 컴퓨터, 소프트웨어, 마우스 스틱 등
- **소프트테크**: 하드테크와 대비되는 용어로, 의사결정·전략·훈련·서비스 전달 등 인간 영역에 해당하고, 일반적으로 사람이나 문서 자료·컴퓨터를 통해 얻는 것 예 보조공학 서비스

④

2011학년도 중등 22

01 특수교육공학에 관한 설명으로 옳은 것만을 〈보기〉에서 모두 고른 것은?

보기

ㄱ. 장애학생에게 공학을 적용할 때에는 하이테크놀로지(high technology)보다 로우테크놀로지(low technology)를 먼저 고려하는 것이 바람직하다.
ㄴ. 교실에서 휠체어를 탄 장애학생이 지나갈 수 있도록 책상 사이의 간격을 넓혀주는 것은 로우테크놀로지(low technology)의 적용이라고 할 수 있다.
ㄷ. 사람이 제공하는 서비스 영역을 의미하는 소프트테크놀로지(soft technology)가 없이는 하드테크놀로지(hard technology)를 성공적으로 적용할 수 없다.
ㄹ. 특수교육공학은 사용된 과학 기술 정도에 따라 노테크놀로지(no technology)부터 하이테크놀로지(high technology)에 이르기까지 다양하게 분류될 수 있다.

> ㄱ. 기초공학에서 첨단공학으로의 이동은 보조공학기기의 특징이 점차 복잡해지고 사용자에게 요구되는 비용 및 조건이 증가하므로 하이테크놀로지 보다 로우테크놀로지를 먼저 고려해야 함

> ㄴ. 기기 혹은 기계를 포함하지 않는 교수환경 수정이므로 무공학(노테크놀로지)에 해당함

① ㄱ, ㄹ　② ㄴ, ㄷ　③ ㄱ, ㄴ, ㄹ　④ ㄱ, ㄷ, ㄹ　⑤ ㄱ, ㄴ, ㄷ, ㄹ

참고자료

기본이론 57-58p, 59p

키워드

- 보조공학 전달체계
- 생태학적 사정

구조화틀

보조공학의 이해
- 정의
- 보조공학의 연속성
- 보조공학 전달체계

보조공학 사정 및 유형

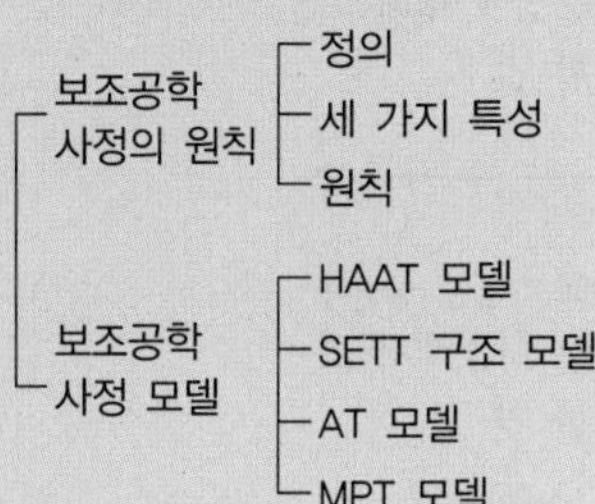

핵심개념

보조공학 사정의 세 가지 특성
- **생태학적 사정**: 보조공학 사정은 인간, 활동, 보조공학, 주변 상황을 체계적으로 고려해야 나중에 보조공학 시스템이 거부되거나 그 사용이 포기되는 경우를 방지할 수 있음
- **실천적 사정**: 보조공학을 사정하고 중재하는 일차적인 목적은 신체적 손상과 결함을 향상시키는 데 있는 것이 아니라, 기능적 수행을 가능하게 하는 데 있음
- **계속적 사정**: 보조공학 사정은 중재 계획의 목표에 비추어 진전 상황을 지속적으로 평가하고 필요한 경우 수정해야 함

Cook & Hussey 보조공학 전달체계
보조공학기기와 서비스를 장애 학생에게 전달하는 전반적인 과정

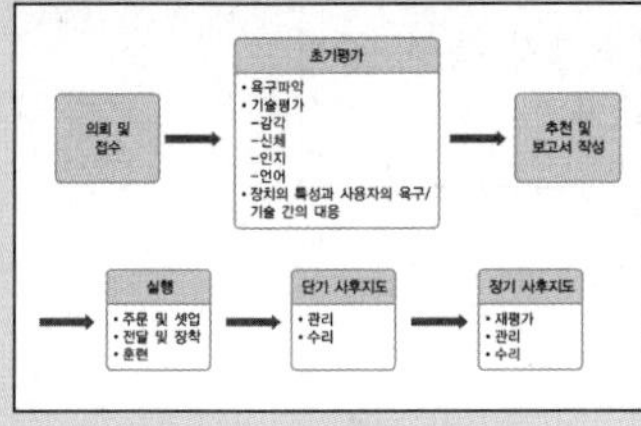

모범답안

④

2012학년도 중등 40

02 다음은 보조공학 서비스 전달 과정이다. 이 전달 과정에 대한 설명으로 옳은 것만을 〈보기〉에서 있는 대로 고른 것은?

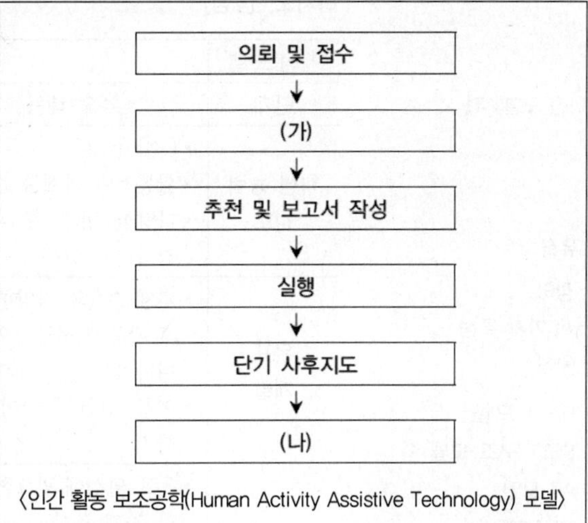

〈인간 활동 보조공학(Human Activity Assistive Technology) 모델〉

보기

ㄱ. 보조공학 활용의 중도 포기를 방지하기 위해서는 인간, 활동, 보조공학, 주변 상황을 체계적으로 고려하는 생태학적 사정이 이루어져야 한다.

ㄴ. 보조공학 활용의 목적은 사용자의 기능적 활동 수행을 가능하도록 하는 것으로, 손의 움직임 곤란으로 타이핑이 어려운 장애학생에게 소근육 운동을 시켜서 타이핑을 할 수 있도록 하는 것은 적절한 보조공학 활용 사례이다.

> ㄴ. 실천적 사정 측면에서의 목적은 신체적 손상을 훈련을 통해 향상시키는 것이 아니라, 기능적 수행임

ㄷ. (가)는 초기 평가 단계로서, 사용자에게 알맞은 보조공학을 제공하기 위해 장치의 특성과 사용자의 요구 및 기술 간의 대응을 해야 한다.

ㄹ. (가) 단계에서는 사용자의 감각, 신체, 인지, 언어 능력을 평가하는데, 공학 장치를 손으로 제어하기 어려운 학생의 경우에 다리보다는 머리나 입을 이용하여 제어가 가능한지를 먼저 고려해야 한다.

> ㄹ. 학생 A의 언어 지원을 위한 AAC 등의 보조공학 장치 사용 평가를 할 때는 사회적 수용도에 따라 '손 → 머리 → 다리' 순으로 신체 기능평가를 함

ㅁ. (나) 단계에서는 보조공학이 장애학생에게 적용된 이후에도 보조공학이 사용자의 요구나 목표의 변화에 부합하는지를 지속적으로 재평가하는 장기적인 사후지도가 이루어져야 한다.

① ㄱ, ㄴ, ㄹ　② ㄱ, ㄷ, ㅁ
③ ㄱ, ㄴ, ㄷ, ㅁ　④ ㄱ, ㄷ, ㄹ, ㅁ
⑤ ㄴ, ㄷ, ㄹ, ㅁ

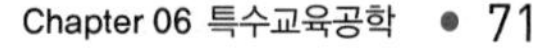

참고자료

기본이론 59p, 62-63p

키워드

- 생태학적 사정
- 보조공학 숙고 과정 모델(AT)

구조화 틀

보조공학 사정 및 유형

- 보조공학 사정의 원칙
  - 정의
  - 세 가지 특성
  - 원칙
- 보조공학 사정 모델
  - HAAT 모델
  - SETT 구조 모델
  - AT 모델
  - MPT 모델

핵심개념

보조공학 숙고 과정 모델(AT)

보조공학을 선택하는 직접적인 과정

검토	학생의 기능적 능력과 학문적 수행에 대해 검토함
개발	연간 목표, 목적 기준을 개발함
조사	목표와 목적을 수행하는 데 필요한 모든 과제들을 조사함
평가	확인된 모든 과제의 난이도를 평가함. 보조공학은 학생이 과제를 독립적으로 수행할 수 없을 때 사용되어야 함
확인	목표·목적을 달성하기 위한 보조공학 지원과 서비스에 관한 결정이 포함됨

모범답안

- ㉠ 보조공학 숙고 과정 모델
- ㉡ 오른쪽 편마비 학생으로, 왼손을 이용하여 휠체어를 사용할 수 있다.
- ㉢ 생태학적 사정

2018학년도 중등 A10

03 **다음은 A중학교에서 학기 초 교직원 연수를 위해 준비한 통합교육 안내자료 중 일부이다. 〈작성방법〉에 따라 서술하시오. [4점]**

사정 모델	(㉠)	
단계	주요 내용	유의점
학생 능력 검토	• (㉡) • 활동적인 과제를 수행함 • 다양한 방과 후 활동에 참가하고 있음	사례사, 관찰, 면담, 진단서 등 다양한 자료를 포함할 것
목표 개발	• 과제 수행과 다양한 방과 후 활동에 적극적으로 참여하기 • 이를 위한 휠체어 선정하기	목표 달성의 실현 가능성에 대해 토론할 것
과제 조사	• 목표 달성에 필요한 다양한 과제 조사 • ㉢ <u>과제 수행, 방과 후 활동과 관련한 구체적인 환경 및 맥락 조사</u>	학교, 가정 등 다양한 장소에서 조사할 것
과제의 난이도 평가	각 과제별 난이도 평가	모든 과제에 대해 평가를 실시함
목표 달성 확인	• 과제 수행과 다양한 방과 후 활동에 적절한 휠체어 선정 ㉣ [휠체어 그림: A, B] • A는 왼쪽 바퀴에, B는 오른쪽 바퀴에 동력이 전달되도록 주행능력 평가	• 팔받침대 높이를 낮게 하여 책상에 대한 접근성을 높임 • 활동 공간에 따라 ㉤ <u>보조바퀴(caster)</u>의 크기를 조정함

왼쪽 바퀴에만 핸드림(손 조절바퀴)을 부착해 A 핸드림은 왼쪽 바퀴에, B 핸드림은 오른쪽 바퀴에 동력이 전달되도록 제작하였으므로, 왼쪽 팔로만 핸드림을 사용하도록 함 → 오른쪽 팔 사용에 어려움이 있음(오른쪽 편마비)

작성방법

- ㉠에 들어갈 보조공학 사정 모델의 명칭을 쓸 것
- ㉡에 들어갈 학생의 신체적 특성을 ㉣에 근거하여 적을 것
- Bryant 등(2003)의 '보조공학 사정의 3가지 특성' 중에서 밑줄 친 ㉢에 해당하는 것을 쓸 것

참고자료

기본이론 61p

키워드

SETT 구조 모델

구조화 틀

보조공학 사정 모델
- 인간 활동 보조공학 모델(HAAT)
- SETT 구조 모델
- 보조공학 숙고 과정 모델(AT)
- 인간-공학 대응 모델(MPT)

핵심개념

SETT 구조 모델

보조공학 사용 여부를 결정하기 전에 체계화된 질문을 이용해 SETT에 관한 구체적인 정보를 먼저 수집함

학생(S)	학생이 해야 할 필요가 있는 것을 먼저 확인한 후, 학생의 능력·선호도·특별한 요구에 대한 정보를 수집함
환경(E)	물리적 환경에 존재하는 것을 찾아 목록으로 작성 → 교수환경 조정, 필요한 교구, 시설, 지원교사, 접근성(물리적 환경·교수적 환경·공학적 환경에의 접근성), 지원 자료
과제(T)	수행해야 할 모든 과제들이 조사되어야 함
도구(T)	① 도구 선정(무공학, 기초공학부터 첨단공학까지 심사숙고함) ② 선택된 공학에 필요한 교수전략을 결정 ③ 사용 기간 동안의 효과성을 어떻게 점검할 것인지에 관한 방법을 결정

모범답안

① SETT 구조 모델
② 접근성
③ 물리적 환경, 교수적 환경, 공학적 환경에의 접근성

2018학년도 유아 A8

04 다음은 김 교사가 유치원 통합학급에서 재민이의 놀이 활동 참여를 위해 필요한 보조공학 접근을 평가한 내용이다. 물음에 답하시오. [5점]

- 재민이의 특성
  - 뇌성마비 경직형 사지마비임
  - 신체활동에 대한 피로도가 높은 편임
  - 주의집중력이 높은 편임
  - 발성 및 조음에 어려움이 있으며 놀이 활동에 참여하고자 하나 활동 개시가 어려움
  - 활동 시간에 교사의 보조를 받아 부분 참여가 가능함
  - 코너체어 머리 지지대에서 고개를 좌우로 정위할 수 있으나 자세를 유지하기 어려움
- 환경 특성
  - 자유 놀이 시간에 별도의 교육적, 물리적 수정이 이루어지지 않음
  - 교사 지원 : 교사가 유아들에게 개별 지원을 제공하나 재민이에게만 일대일로 지속적인 지원을 제공하는 데 어려움이 있음
  - 교실 자원 : 다양한 놀잇감이 마련되어 있으나 재민이가 조작할 수 있는 교구는 부족함
  - 태도 및 기대 : 재민이가 독립적으로 놀이 활동에 참여할 수 있기를 희망함
  - 시설 : 특이사항 없음
- 수행 과제 특성
  - 개별화교육계획과의 연계 목표 : 재민이의 사회성, 의사소통 기술 향상
  - 자유 놀이 활동과 연계된 수행 과제 : 또래에게 상호작용 시도하기, 놀이 개시하기
- 도구에 대한 의사결정
  - 노테크(No Tech) 접근 : 놀이 규칙과 참여 방법 수정
  - 보조공학 도구 : 싱글스위치를 이용한 보완대체의 사소통 방법 활용
  - 요구 파악 및 활용도 높은 도구 선정 : 코너체어 머리 지지대에 싱글스위치를 부착하고, 8칸 칩톡과 연결하여 훑기 방법 지도
  - 적용을 위한 계획 수립과 실행을 위한 지속적인 자료 수집

학생을 지원해주는 사람들에게 도움이 될 만한 지원 자료들도 수집해야 함. 지원 자료는 해당 학생의 태도나 기대치도 포함됨

① 도구 선정 : 무공학, 보조공학 선정
② 교수전략 지도
③ 효과성 평가

1) ① 김 교사가 재민이에게 필요한 지원을 계획하기 위해 사용한 보조공학 평가 모델을 쓰시오. 이 평가 모델에 근거하여 ② 현재 재민이의 '환경 특성'에서 평가해야 할 내용 중 빠진 내용을 쓰고, ③ 관련 하위 내용 3가지를 쓰시오. [3점]

참고자료

기본이론 61p

키워드

- SETT 구조 모델
- 실천적 사정

구조화틀

보조공학 사정 및 유형

- 보조공학 사정의 원칙
  - 정의
  - 세 가지 특성
  - 원칙
- 보조공학 사정 모델
  - HAAT 모델
  - SETT 구조 모델
  - AT 모델
  - MPT 모델

핵심개념

SETT 구조 모델

보조공학 사용 여부를 결정하기 전에 체계화된 질문을 이용해 SETT에 관한 구체적인 정보를 먼저 수집함

학생(S)	학생이 해야 할 필요가 있는 것을 먼저 확인한 후, 학생의 능력·선호도·특별한 요구에 대한 정보를 수집함
환경(E)	물리적 환경에 존재하는 것을 찾아 목록으로 작성 → 교수환경 조정, 필요한 교구, 시설, 지원교사, 접근성(물리적 환경·교수적 환경·공학적 환경에의 접근성), 지원 자료
과제(T)	수행해야 할 모든 과제들이 조사되어야 함
도구(T)	① 도구 선정(무공학, 기초공학부터 첨단공학까지 심사숙고함) ② 선택된 공학에 필요한 교수전략을 결정 ③ 사용 기간 동안의 효과성을 어떻게 점검할 것인지에 관한 방법을 결정

모범답안

① 실천적 사정
② 과제

2024학년도 초등 A2

05 **다음은 특수교육지원센터의 질의응답 게시판에 올라온 보조공학 기기와 관련된 글의 일부이다. 물음에 답하시오.** **[5점]**

> **Q** : 안녕하세요? 우리 아이는 인지 기능은 정상이나 호흡이 거칠고 불규칙해서 다른 사람들이 아이의 말을 알아듣기 어려워 일 년 전부터 보완·대체 의사소통체계(AAC)를 사용하고 있습니다. 그런데 운동장애가 심해져서 다른 방법이 필요할 것 같습니다. 학교와 집에서 사용하기 위해 담임 선생님께서는 ㉣단계적 훑기(step scanning) 기법을 추천하셨습니다. 어떤 방법인지 궁금합니다. [A]
>
> ↳ **A** : 단계적 훑기는 간접 선택 기법의 일종입니다. 담임 선생님께서는 인지 기능이나 운동 기능보다는 (㉤) 때문에 추천하신 것 같습니다. 그 방법이 쉽습니다. 자세한 내용을 설명하기 전에 학생의 신체적 특성과 운동 기능 등 여러 가지 사항을 고려하여 보조공학 사정을 해 보는 것이 좋을 것 같습니다. 보조공학 사정은 생태학적 사정, (㉥)와/과 계속적 사정의 특성이 있습니다.

3) ① ㉥에 들어갈 보조공학 사정의 일반적 특성(D. Bryant & B. Bryant, 2003)을 쓰고, ② 자바라(J. Zabara)의 SETT 구조 모델에 근거하여 [A]에 추가로 고려해야 할 구성 요소를 쓰시오. [2점]

참고자료

기본이론 60-61p

키워드

인간 활동 보조공학 모델(HAAT)

구조화 틀

보조공학 사정 모델
- 인간 활동 보조공학 모델(HAAT)
- SETT 구조 모델
- 보조공학 숙고 과정 모델(AT)
- 인간-공학 대응 모델(MPT)

핵심개념

인간 활동 보조공학 모델(HAAT)

인간	신체적·인지적·정서적 숙련 정도 관련 요소
활동	자기보호, 노동, 학업, 여가 등과 같은 실천적 측면
보조공학	공학적 인터페이스, 수행 결과, 환경적 인터페이스 등의 외재적 가능성
맥락	물리적·사회적·문화적·제도적 요소

모범답안

학생 A는 양손과 양발을 사용하지 못하고 구어 사용에 어려움이 있으므로(인간) 통합학급에서(맥락) 편지쓰기 활동(활동)에 참여하기 위해 헤드마우스(보조공학)를 사용하도록 한다.

2023학년도 중등 B9

06 (가)는 지체장애 학생 A의 특성이고, (나)는 통합교육 활성화를 위한 보조공학기기 연수 자료의 일부이다. (다)는 통합학급 교사와 특수교사가 나눈 대화의 일부이다. 〈작성 방법〉에 따라 서술하시오. [4점]

(가) 학생 A의 특성

- 뇌병변 장애로 양손과 양발을 사용하지 못함
- 과제 수행에 적극적임
- 구어 사용이 어려움
- 수업 참여 시 인지적 어려움이 없음

(다) 통합학급 교사와 특수 교사의 대화

통합학급 교사: 선생님, 보조기기 활용에 대한 연수를 듣고, 우리 반의 학생 A에게 보조공학기기가 필요하다는 걸 알게 되었어요. 하지만 어떻게 접근해야 할지 막막합니다.

특 수 교 사: 보조공학기기를 선택하고 활용하기 이전에 학생의 잔존 능력은 무엇인지, 어떠한 지원이 필요한지 먼저 확인하는 과정이 필요해요.

통합학급 교사: 그럼 어떻게 해야 할까요?

특 수 교 사: 인간활동보조공학(HAAT) 모형을 통해 사정해볼 수 있어요. HAAT 모형은 공학적 지원을 통해 학생의 활동 참여 증진에 주안점을 두고 있습니다.

통합학급 교사: 그럼, 다음 주에 ㉢'편지 쓰기'를 하는데, 학생 A에게 HAAT 모형을 적용할 수 있을까요?

…(중략)…

특 수 교 사: 이러한 과정을 통해서 학생 A의 기능을 평가하여 선택한 보조공학기기는 ㉣헤드마우스입니다.

작성방법

(다)의 밑줄 친 ㉢과 ㉣을 포함하여 학생 A가 달성해야 할 목표를 서술할 것(단, HAAT 모형의 4가지 요소를 모두 제시할 것)

확장하기⁺

Cook & Hussey의 인간 활동 보조공학 모델

<table>
<tr><td>개념</td><td colspan="2">• HAAT 모델은 인간, 활동, 보조공학 그리고 배경의 요소로 구성되어 있고 배경엔 환경과 물리적 상황(예 온도 · 소음 수준 · 조명)뿐만 아니라 사회적 · 문화적 측면도 포함됨
• 각각의 요소는 전체적인 시스템 내에서 독특한 역할을 함. 어떤 시스템을 구체화하는 것은 보통 활동을 수행하려는 인간의 욕구와 희망에 의해 시작됨. 글을 쓴다거나 요리를 하는 활동은 보조공학의 목표를 분명하게 함. 이러한 활동은 일련의 과제를 수행함으로써 성취될 수 있고, 각 활동은 주변 배경 안에서 이루어짐. 활동과 주변 배경이 결합되어 목표를 달성하는 데 요구되는 인간의 기술을 구체화함. 활동 수행기술이 부족한 사람은 보조공학이 사용되고, 보조공학을 활용하기 위해서는 또 다시 기술이 요구됨. 이러한 기술은 그 사람의 개인적인 능력에 맞게 조정되고, 그런 다음 보조공학 시스템에 연계되는데, 결과적으로 보조공학시스템의 기능을 통해 원하는 활동을 달성하게 됨
예 척수손상 장애학생 ○○는 쓰기 과제를 수행하려고 함. 척수손상으로 손을 사용할 수 없지만 말은 분명하게 할 수 있으므로 음성 언어를 문자로 변환시켜주는 음성인식장치로 쓰기 과제를 수행할 수 있음. 그러나 학교나 공공장소에는 여러 사람이 있기 때문에 음성인식에 오류가 생기지 않도록 소음제거 마이크를 사용해야 함. 이러한 상황에서 ○○를 위한 보조공학시스템은 활동(글쓰기), 주변 배경(소음이 많은 공간), 인간 기술(말하는 것), 보조공학(음성인식장치)으로 구성됨</td></tr>
<tr><td rowspan="3">구성 요소</td><td>활동</td><td>• 활동은 무언가를 하는 과정으로, 사람이 행한 기능적 결과로 표현될 수 있으며 보조공학의 궁극적 목적이기도 함
• 활동은 일상생활활동, 일과 생산적인 활동, 놀이 및 여가 활동의 세 가지 수행 영역으로 구분됨
– 일상생활활동: 식사, 옷 입고 벗기, 용변 보기, 개인위생, 이동 등
– 일과 생산적인 활동: 가정관리, 다른 사람 돌보기, 교육활동, 직업 활동 등
– 놀이 및 여가 활동: 놀이 탐구와 연령에 적합한 활동의 놀이 또는 여가 수행 등
• 손으로 물체를 다루는 능력이 제한된 장애인은 간단한 활동을 수행하는 것도 어려울 수 있음. 이때는 과제가 수행되는 방법을 바꾸거나 도구를 사용함으로써 수행상의 어려움을 해결할 수 있음. 보조공학시스템은 이런 요소를 인식하는 것이 중요함. 활동을 구성하는 과제를 분석함으로써 활동을 수행하는 사람이 필요한 능력이나 기술을 가지고 있는지, 또는 보조공학과 같은 대안 접근법이 필요한지를 알 수 있음</td></tr>
<tr><td>인간</td><td>• 보조공학을 적용하고자 할 때에는 무엇을 할 수 있는지(기술), 무엇을 못 하는지(제한), 그리고 무엇을 하고자 하는지(동기)에 대해 알아야 함. 이를 위해서는 인간의 기능에 대한 이해가 선행되어야 함
• 인간의 기능은 크게 감각기능, 정보처리기능, 운동기능으로 나눌 수 있음
• 보조공학은 이러한 인간의 운동기능과 감각기능, 정보처리기능의 장애를 보완하거나 대체하는 역할로 사용될 수 있음</td></tr>
<tr><td>배경</td><td>• 물리적 배경: 온도 · 소리 · 빛과 같이 보조공학이 사용되는 곳에 존재하는 환경적인 상황으로, 이는 보조공학의 활용에도 영향을 미침
예 교실의 조명은 컴퓨터 모니터 같은 디스플레이 사용에 영향을 주고, 음성인식장치나 음성합성장치 역시 주변의 소음에 따라 기능에 영향을 받음
• 사회적 배경: 의사소통하고 움직이고 물체를 조작하는 등의 인간 활동은 사회적 환경 안에서 일어남
예 휠체어가 장애를 상징하는 것처럼 보조공학기기의 사용은 장애인이라는 낙인과 함께 고립감을 줄 수 있음
• 문화적 배경: 돈에 대한 가치관, 가정에서의 역할, 신체적 외모를 중요시하는 정도, 감정을 표현하는 방식, 인간관계에 대한 믿음, 독립성을 중요시하는 정도 등 다양한 요인이 보조공학시스템의 활용에 영향을 미침
• 제도적 배경: 정부지원 서비스, 법률, 정책 규정 같은 경제적 · 법적 · 정책적 요소를 의미함</td></tr>
</table>

07
CHAPTER

지체장애 학생을 위한 컴퓨터 보조공학

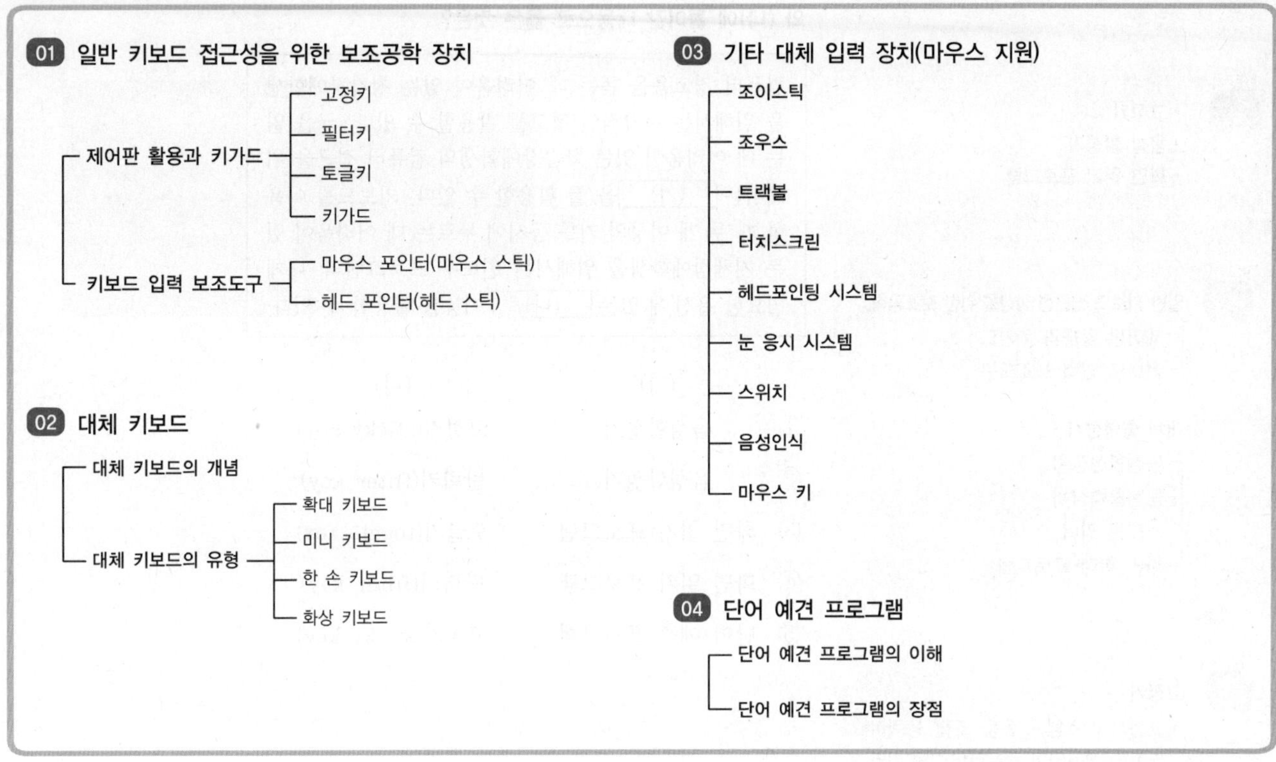

기본이론 67p, 81p

- 고정키
- 음성 합성기
- 화면 읽기 프로그램

일반 키보드 접근성 향상을 위한 보조공학
- 제어판 활용과 키가드
- 키보드 입력 보조도구

대체 출력장치
- 음성합성장치
- 음성출력장치
- 스크린 리더
- 화면 확대 프로그램

고정키
- 고정키 시스템은 운동 조절 능력이 부족한 장애인이 컴퓨터의 명령키와 같은 특수키를 이용할 수 있게 해줌
- 두 개의 키를 동시에 누르기가 힘든 경우 [Shift], [Ctrl], [Alt] 키 등을 눌려 있는 상태로 고정하여 한 손만 사용할 수 있는 장애인이 멀티키 기능을 수행할 수 있게 함

토글키
- [Caps Lock], [Num Lock], [Scroll Lock] 키를 누를 때 청각적 신호를 제공함으로써 컴퓨터에 대한 시각 장애인의 접근성을 향상시킴

화면 읽기 프로그램(스크린 리더)
- 시각장애 학생이 컴퓨터에 저장된 자료나 화면에 제시된 정보를 읽을 수 있도록 돕는 프로그램
- 음성합성장치와 연계해 제어 버튼, 메뉴, 텍스트, 구두점 등 화면의 모든 것을 음성으로 표현해주는 소프트웨어

음성합성장치
문자, 숫자, 구두점 형태의 텍스트 정보를 음성으로 들려주는 기기

필터키

2011학년도 중등 36

01 **다음은 장애학생의 컴퓨터 접근에 대한 설명이다. (가)와 (나)에 들어갈 내용으로 옳은 것은?**

> 컴퓨터 경고음을 듣는 데 어려움이 있는 청각장애학생을 위해서는 시각적인 경고를 활용할 수 있다. 글을 읽는 데 어려움이 있는 학습장애학생의 컴퓨터 접근을 위해서는 ((가))을/를 활용할 수 있다. 키보드를 이용할 때 두 개 이상의 키를 동시에 누르는 데 어려움이 있는 지체장애학생을 위해서는 윈도우 프로그램의 '내게 필요한 옵션'에 있는 ((나)) 기능을 활용할 수 있다.

	(가)	(나)
①	음성합성기	고정키(sticky key)
②	음성합성기	탄력키(filter key)
③	화면 읽기 프로그램	토글키(toggle key)
④	화면 읽기 프로그램	탄력키(filter key)
⑤	단어 예측 프로그램	고정키(sticky key)

기본이론 67p

필터키

일반 키보드 접근성 향상을 위한 보조공학

- 제어판 활용과 키가드
- 키보드 입력 보조도구

핵심개념

필터키

- **탄력키**: 발작 증세를 보이거나 파킨슨병이 있는 사람과 같이 손떨림이 있는 이들이 보다 수월하게 키보드를 조작할 수 있도록 지원함. 프로그램은 빠른 속도로 계속해서 두 번 누르는 것, 즉 일정 시간이 지나기 전에 반복해서 누른 키를 수용하지 않음
- **느린키**: 신중하고 보다 강한 압력에 의해 자판을 누르는 경우에 한해 컴퓨터가 이를 인식하고 실행하도록 함. 자판을 가볍게 누르는 것은 무시하고, 사용자가 의도치 않게 우연히 자판을 친 것으로 가정함

필터키

2014학년도 중등 A12

02 다음은 지체장애 특수학교의 교사가 학생 A와 B의 컴퓨터 접근성을 높이기 위해 사용하고 있는 방법을 교육실습생에게 설명하고 있는 장면이다. 괄호 안의 ㉠에 해당하는 말을 쓰시오. [1점]

> 실 습 생: 선생님, 학생 A가 컴퓨터를 사용할 때 선생님께서 어떤 도움을 주고 계신지 알고 싶어요.
>
> 특수교사: 학생 A는 컴퓨터로 문서 작업을 할 때 어려움이 있어요. 예를 들어, '학습'이라는 단어를 칠 때 'ㅎ'을 한 번 누르고 나서 손을 떼야 하는데 바로 떼기가 어려워요. 그래서 'ㅎ'이 계속 입력되어 화면에 나타나, 지우고 다시 치느라 시간이 오래 걸려요. 이럴 때는 윈도 프로그램(Windows program)의 '내게 필요한 옵션' 중에서 반복된 키 입력을 자동으로 무시하는 (㉠) 기능을 활용하게 하고 있어요.

2021학년도 중등 B6

03 **(가)는 ○○중학교에 재학 중인 지체장애 학생의 특성이고, (나)는 교사가 이를 바탕으로 작성한 지도 계획이다. 〈작성방법〉에 따라 서술하시오. [4점]**

(가) 학생 특성

학생	특성
G	• 중도 뇌성마비 • 앉기 자세 유지가 어려우며 신체 피로도가 높음 • 등을 대고 누운 자세에서 과도한 신전근을 보임 • 배를 대고 엎드린 자세에서 과도한 굴곡근을 보임
H	• 뇌성마비 • 양손 사용이 가능함 • 손 떨림 증상이 있어 키보드로 정확하게 입력하는 것이 어려움

긴장성 미로반사(TLR)는 내이의 전정기관 자극으로 발생 → 머리의 위치에 영향을 받으므로 머리를 중립에 두어야 함

(나) 지도 계획

학생	지도 계획
G	• ㉠ 대안적 자세로 과제에 참여할 수 있도록 지원하기 • ㉡ 헤드 포인팅 시스템을 활용하여 워드프로세서 입력 지도하기 • ㉢ 휠체어 이용 시 휠체어가 뒤로 기울어지지 않도록 주의하기
H	• 키보드 입력 시 키가드를 제공하고, 한 번에 같은 키 값이 여러 번 찍히지 않도록 ㉣ 고정키 시스템 기능 설정하기 • 철자 중 일부를 입력하여 단어 완성하기가 가능한 ㉤ 단어 예측 프로그램 지도하기

㉡ 헤드 포인팅 시스템은 커서의 움직임을 시각적으로 추적할 수 있어야 하고 머리를 움직이는 조절력이 필요하므로 긴장성 미로반사를 가지고 있는 학생 G에게 부적절함

단어 예측 프로그램의 장점

작성방법

(가)를 고려하여 (나)의 밑줄 친 ㉡~㉤ 중 틀린 곳 2가지를 찾아 기호를 쓰고, 그 이유를 각각 서술할 것

기본이론 67p, 73p, 78p

- 필터키
- 단어 예견 프로그램

일반 키보드 접근성 향상을 위한 보조공학
- 제어판 활용과 키가드
- 키보드 입력 보조도구

단어 예견 프로그램

[제어판]-[키보드]

제어판은 컴퓨터의 상태 점검, 프로그램 제거, 언어 추가, 접근성 등을 사용자에 맞게 조정할 수 있도록 해주므로 키보드 조작의 편의를 위해서는 '접근성'을 변경해야 함

- **고정키**: 두 개의 키를 동시에 누르기가 힘든, 한 손만 사용할 수 있는 장애인이 멀티키 기능을 수행할 수 있도록 [Shift], [Ctrl], [Alt] 키 등을 눌려 있는 상태로 고정해줌
- **필터키**: 하나의 키가 여러 번 눌리지 않도록 하는 것으로, 탄력키는 일정 시간이 지나기 전에 반복해서 누른 키를 수용하지 않음. 느린키는 강한 압력에 의해 자판을 누르는 경우만 수용하고 가볍게 누르는 것은 무시함
- **토글키**: [Caps Lock], [Num Lock], [Scroll Lock] 키를 누를 때 청각적 신호를 제공함으로써 컴퓨터에 대한 시각 장애인의 접근성을 향상시킴

헤드 포인팅 시스템

- 학생의 머리에 특수 반사물질을 붙이고, 학생의 머리 움직임에 따라 커서가 이동하므로 커서의 움직임을 시각적으로 추적할 수 있고 머리 조절력이 좋아야 함
- 마우스 클릭은 스위치를 활성화하거나 특정 소프트웨어를 사용해 일정 시간 동안 한 지점에 머물면 실행됨

㉡ 긴장성 미로 반사는 머리의 신전과 굴곡에 따라 신체 근긴장 변화가 생기므로, 머리의 움직임을 요구하는 헤드 포인팅 시스템은 적절하지 않다.

㉣ 한 번에 같은 키 값이 여러 번 찍히지 않도록 하는 것은 필터키이다.

확장하기⁺

컴퓨터 사용을 위한 로우테크

키보드 라벨	확대 문자	시각·지각장애
	고대비 색상	저시력
	점자	점자 읽기
	공백	인지장애, 시각·지각장애, 주의집중장애
선택/포인팅 장치	헤드헬드, 마우스 스틱, 친 스틱, 헤드 스틱	• 상지조절은 가능하나 손가락의 분리운동이 어려운 경우 • 손을 사용할 수 없지만 머리조절능력이 좋은 경우
키가드	아크릴, 금속	• 목표점을 정확히 누르기 위해 보조가 필요한 경우 • 선택/포인팅 장치의 사용 • 손을 지지해줄 필요가 있는 경우
모이스처 가드	투명-장기사용	액체를 엎지르거나 침을 흘리는 경우
	투명-일회용	
	키 라벨이 인쇄된 것	액체를 엎지르거나 침을 흘리는 경우, 시각·지각장애, 저시력

미드테크와 하이테크 대체 마우스

트랙볼	미니 트랙볼	관절운동 범위의 제한은 있지만 소근육운동 조절이 좋은 경우
	표준형 트랙볼	• 관절운동 범위가 큰 경우 • 중등도의 소근육운동 조절능력이 있는 경우 • 대근육운동 조절이 좋은 경우
	대형 트랙볼	• 어린아이 • 소근육운동 조절이 좋지 않은 경우 • 발로 트랙볼을 조작하는 경우
	개조 트랙볼	• 소근육운동 조절이 좋지 않은 경우 • 키가드에 손목지지대가 필요한 경우
조이스틱	게임용 조이스틱의 마우스 전환 소프트웨어	게임용 조이스틱을 조정할 수 있는 경우
	개조 조이스틱	• 스위치로 클릭해야 할 경우 • 키가드가 필요한 경우 • 손이 아닌 다른 부위로 조이스틱을 조작해야 하는 경우
터치스크린	내장 터치스크린	어린아이, 인과관계 학습이 필요한 경우
	부속 터치스크린	직접적·직관적 인터페이스가 필요한 경우
헤드 포인팅 시스템	헤드세트와 반사물질	• 손을 사용할 수 없는 경우 • 마우스 포인터의 움직임을 보고 추적할 수 있는 경우 • 머리조절능력이 좋은 경우
눈 응시 시스템	모니터 부착 카메라와 안경 또는 고글	• 손이나 머리를 사용할 수 없는 경우 • 안구운동을 조절할 수 있는 경우

전자지시기(electronic pointing system ; 정동훈 외, 『지체장애학생의 이해와 교육』, 2016.)

- 헤드 포인팅 시스템: 고가의 하이테크 제품으로, 일반적으로 학생의 머리(이마 · 모자 · 안경테 등에 부착)에 특수 반사물질을 붙이고, 컴퓨터 모니터 상부에 위치한 탐지기의 적외선 또는 광센서로 반사물질의 위치와 움직임을 탐지함 → 학생의 머리 움직임에 따라 커서가 이동하므로 팔다리를 사용하지 못하는 중증 사지마비 지체장애인이 사용할 수 있음(단, 커서의 움직임을 시각적으로 추적할 수 있고 머리조절력이 좋아야 함). 마우스 클릭은 스위치를 활성화하거나 특정 소프트웨어를 사용해 일정 시간 동안 한 지점에 머물면 실행됨. 헤드 포인팅 시스템은 보통 문자입력을 위해 화상 키보드와 함께 사용함
- 눈 응시 시스템(아이 게이즈 시스템): 커서 조정을 위해 안구 움직임을 사용하는 것. 적외선 탐지 카메라를 사용해 학생이 보는 곳을 정한 다음 그 지점에 마우스 포인터를 위치시킴. 클릭은 스위치나 시스템 자체 또는 눈을 깜빡거리는 방법으로 실행함. 확실한 근육 움직임은 없지만 안구의 수의적 조절능력이 좋을 경우 안구운동으로 포인터를 조절함

PART 01

2024학년도 중등 A7

04 **(가)는 지체장애 학생 A와 B의 특성이고, (나)는 교육 실습생과 특수 교사의 대화 중 일부이다. 〈작성 방법〉에 따라 서술하시오. [4점]**

(가) 학생 A와 B의 특성

학생 A	• 경직형 뇌성마비, 목 조절이 어려움 • GMFCS 5단계
학생 B	• 경직형 뇌성마비, 비대칭성 긴장성 경반사 • GMFCS 5단계

(나) 교육 실습생과 특수 교사의 대화

교육 실습생: 선생님, 오늘 ○○수업 참관 시간에 학생 A를 만났는데, 눈이 마주치니 학생 A가 저를 보고 웃었어요. 저도 학생 A와 의사소통을 하고 싶은데 방법이 없었어요. 어떤 기기를 사용할 수 있을까요?

특 수 교 사: 학생 A가 비교적 자유롭게 움직일 수 있는 신체 부분이 눈입니다. 그러면 학생 A의 눈동자의 움직임을 이용하는 기기를 사용할 수 있습니다. 기기에 있는 작은 카메라로 눈동자의 움직임을 찍고 그 방향을 읽어 AAC 기기의 마우스 포인터를 움직이는 겁니다. 선택은 시선이 일정 시간 머물거나 눈을 깜박이는 동작으로 합니다. 컴퓨터와 연결하면 눈동자의 움직임으로 컴퓨터도 사용할 수 있어요. [㉠]

작성방법

(나)의 ㉠의 방식을 사용하는 기기의 명칭을 쓸 것

참고자료

기본이론 73p

키워드

눈 응시 시스템

구조화 틀

기타 대체 입력장치(마우스 지원)
- 조이스틱
- 트랙볼
- 전자지시기
- 터치스크린
- 음성인식

핵심개념

아이 게이즈 시스템
- 마우스 포인터 조정을 위해 안구 움직임을 사용하는 것으로, 적외선 센스티브 비디오 카메라를 사용하여 학생이 보는 곳을 정한 다음 그 지점에 마우스 포인터를 위치시킴 → 안경이나 고글에 아이 트래킹 장치를 설치하기도 하고, 일부 시스템은 컴퓨터 모니터에 장치를 두는 경우도 있음
- 아이 게이즈 시스템에 따라 스위치, 시스템 자체 또는 눈 깜빡거림을 통해 클릭을 시행함

모범답안

눈 응시 시스템 (아이 게이즈 시스템)

확장하기

아이트래커

- 눈 응시 방법은 직접 선택의 한 가지 유형으로서, 원하는 상징을 눈으로 바라보고 응시함으로써 상대방이 알게 하는 것이다. 음성이나 말로 표현하거나 신체장애로 인해 손이나 몸짓으로 표현하는 것이 어렵고, 다른 의사소통 기술을 배우지 못하거나 만성적으로 피곤한 의학적 상태에 있는 학생에게 적용하기 쉬운 방법이다.
- 눈 응시 방법은 단순하게는 투명 아크릴판 앞뒷면에 AAC 상징을 부착하여 마주보는 로우테크 방식의 눈 응시 의사소통판부터, 눈 응시와 부호화 전략이 공학적 요소로 함께 제품화되거나, 아이 트래커를 AAC 기기에 내장 또는 외장으로 부착하여 활용하는 방법이 있다.
- 아이 트래킹 방법은 AAC 기법 중 AAC 사용자의 직접 선택 방법의 하나로, 공학의 발전과 함께 최근 적극적으로 사용되고 있다. 아이 트래킹이란 눈의 초점이 정확히 어디에 있는지를 기기가 감지하여 눈의 움직임만으로 의사소통을 표현할 수 있도록 돕는 기술이다. 아이 트래킹을 하는 기기인 아이 트래커의 사용 방법으로는 신체적 접촉 방법과 비신체적 접촉 방법이 있다.
  - 신체적 접촉 방법에는 일반적으로 안경을 쓰거나 이마에 부착하는 방법이 있다.
  - 비신체적 접촉 방법에는 컴퓨터나 기기에 아이 트래커를 부착하는 방법이 있다.

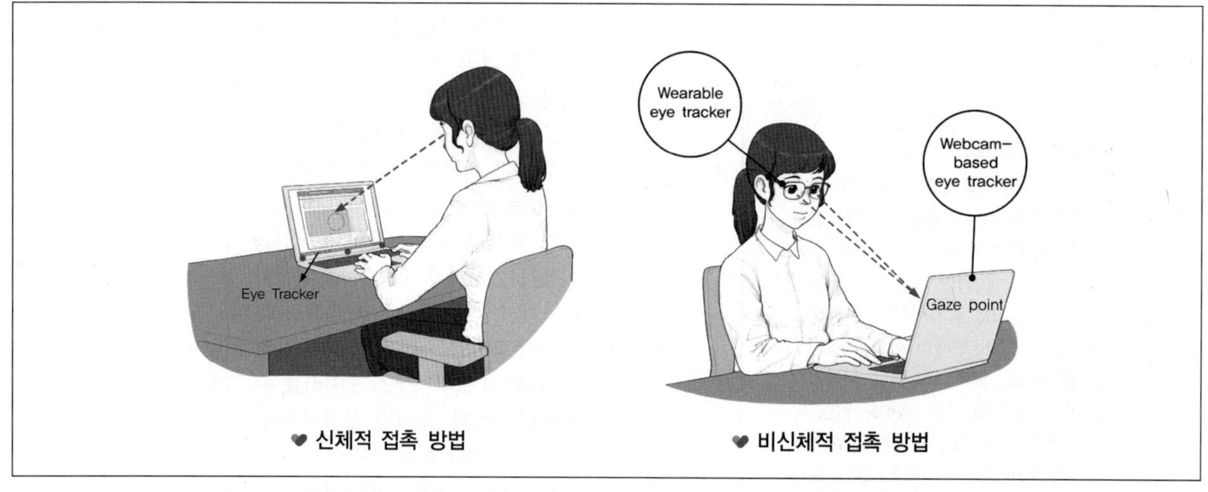

♥ 신체적 접촉 방법 ♥ 비신체적 접촉 방법

참고자료

기본이론 69p

키워드

- 마우스 스틱
- 헤드 스틱

구조화 틀

일반 키보드 접근성 향상을 위한 보조공학
- 제어판 활용과 키가드
- 키보드 입력 보조도구

핵심개념

마우스 스틱(마우스 포인터)
- 입에 물고 키보드 키 입력을 함
- 끝 부분이 고무팁으로 처리되어 키를 누를 때 미끄럼 방지가 됨

헤드 스틱(헤드 포인터)
- 머리에 장착하고 키보드의 키를 입력함
- 끝 부분이 고무팁으로 처리되어 키를 누를 때 미끄럼 방지가 됨
- 팔다리를 사용할 수 없는 중증의 사지마비 지체장애인에게 유용함

모범답안

헤드 스틱 또는 마우스 스틱

2013학년도 추가중등 B1

05 **(가)는 A 특수학교(중학교)에 재학 중인 민수의 특성이고, (나)는 김 교사가 2011 특수교육 교육과정 중 기본 교육과정 국어과 교수 · 학습 방법과 평가에 근거하여 수립한 지도 계획의 일부이다. 물음에 답하시오. [5점]**

(가) 민수의 특성

- 뇌성마비(경직형 사지마비)와 정신지체를 가지고 있음
- 구어 사용이 어려움
- 쓰기 활동을 할 때 신체 경직으로 손이나 팔다리를 사용할 수 없음

3) 김 교사는 민수의 운동기능을 평가한 후, 컴퓨터를 이용하여 글쓰기를 지도하려고 한다. 민수에게 키가드(key guard)가 부착된 일반 키보드를 사용하도록 하기 위해 제공할 수 있는 입력보조도구를 1가지만 쓰시오. [1점]

쓰기 활동 시 손이나 팔다리를 사용할 수 없으므로 일반 키보드 접근성 향상을 위한 입력 보조도구를 제공해야 함

기본이론 67p

필터키

일반 키보드 접근성 향상을 위한 보조공학
- 제어판 활용과 키가드
- 키보드 입력 보조도구

필터키
- **탄력키**: 발작 증세를 보이거나 파킨슨병이 있는 사람과 같이 손떨림이 있는 사람들이 보다 수월하게 키보드를 조작할 수 있도록 지원함. 프로그램은 빠른 속도로 계속해서 두 번 누르는 것, 즉 일정 시간이 지나기 전에 반복해서 누른 키를 수용하지 않음
- **느린키**: 신중하고 보다 강한 압력에 의해 자판을 누르는 경우에 한해 컴퓨터가 이를 인식하고 실행하도록 함. 자판을 가볍게 누르는 것은 무시하고, 사용자가 의도치 않게 우연히 자판을 친 것으로 가정함

① 고정키
② 탄력키는 일정 시간이 지나기 전에 반복해서 누른 키를 수용하지 않는다. 느린키는 자판을 가볍게 누르는 것은 무시하고 강한 압력에 의해 자판을 누르는 경우에 한해 인식하고 실행한다.

2023년도 초등 B1

06 **다음은 원격수업 역량강화 연수 후 ○○교육청 홈페이지에 올라온 질의응답 내용이다. 물음에 답하시오. [6점]**

> [질문] 한 손으로 키보드를 사용하는 학생에게 워드프로세서의 단축키를 활용하여 문서 작성하는 것을 지도하고 싶습니다. 먼저 지도해야 할 사항이 있나요?
>
> ↳[응답] 운영체제의 키보드 기능 설정 방법을 지도해야 합니다. 예를 들면, ㉢ 동시에 2개의 키를 누르기가 어려울 때 하나의 키를 미리 눌러놓은 상태로 만들어놓는 기능을 하는 키가 있습니다.
>
> …(중략)…
>
> 그리고 필터키의 장점은 ㉣ 원하는 자판을 바르게 누를 수 있게 해준다는 것입니다.

2) ① ㉢에 해당하는 것을 쓰고, ② ㉣을 가능하게 하는 세부 기능을 1가지 쓰시오. [2점]

참고자료

기본이론 78p

키워드

단어 예견 프로그램

구조화 틀

단어 예견 프로그램
- 이해
- 장점

핵심개념

단어 예견 프로그램

- 사용자가 화면상에 나타난 단어 목록에서 원하는 단어를 선택해 문장을 완성할 수 있게 하는 프로그램
- **장점**
  - 쓰기 및 입력 시 생산성·정확성 증가 가능
  - 단어 이해 증진을 통해 어휘 사용 기능 증가 가능
  - 불필요한 키보드 사용 및 조작을 줄여 피로감 감소 가능

모범답안

- 쓰기 및 입력 시 생산성과 정확성을 증가시킬 수 있다.
- 단어 이해 증진을 통해 어휘 사용 기능을 증가시킬 수 있다.
- 불필요한 키보드 사용 및 조작을 줄여 피로감을 감소시킬 수 있다.

2017학년도 초등 B2

07 **(가)~(다)는 지체장애 특수학교에서 제작한 '학생 유형별 교육지원 사례 자료집'에 수록된 Q&A의 일부이다. 물음에 답하시오. [5점]**

(가)

Q	불수의 운동형 뇌성마비 학생 A는 노트필기가 어려워 쓰기 대체방법으로 컴퓨터를 이용하고 있는데, 불수의적 움직임으로 인해 어려움이 많습니다. 이러한 어려움을 해결해줄 수 있는 보조공학기기나 프로그램을 알고 싶습니다.
A	학생 A처럼 직접 선택 방식으로 글자를 입력하는 경우에는, 키가드와 버튼형 마우스 같은 컴퓨터 보조기기나 ㉠ 단어 예측 프로그램이 도움이 됩니다.

학생 특성: 불수의 운동형 뇌성마비

컴퓨터 접근성
- 일반 키보드 접근성을 위해 '키가드' 제공
- 마우스 지원: 버튼형 마우스

1) (가)의 ㉠을 사용할 때 학생 A에게 줄 수 있는 이점 1가지를 쓰시오. [1점]

기본이론 78p

단어 예견 프로그램

단어 예견 프로그램
- 이해
- 장점

단어 예견 프로그램
- 사용자가 화면상에 나타난 단어 목록에서 원하는 단어를 선택해 문장을 완성할 수 있게 하는 프로그램
- 장점
  - 쓰기 및 입력 시 생산성·정확성 증가 가능
  - 단어 이해 증진을 통해 어휘 사용 기능 증가 가능
  - 불필요한 키보드 사용 및 조작을 줄여 피로감 감소 가능

입력한 첫 글자로 시작하는 단어의 목록이 나타난다.

2024학년도 초등 A2

08 다음은 특수교육지원센터의 질의응답 게시판에 올라온 보조공학 기기와 관련된 글의 일부이다. 물음에 답하시오. [5점]

> Q : 우리 반 학생은 쓰기 활동에 컴퓨터를 활용하고 있습니다. 그런데 키보드로 자료를 입력할 때 오타가 많아 힘들어합니다. 도와줄 수 있는 방법이 없을까요?
>
> ↳ A : 이 학생의 경우 키가드나 ㉠ <u>단어 예측 프로그램</u>을 사용하면 도움이 될 것 같습니다.

1) 다음은 ㉠에 대한 설명이다. ⓐ에 들어갈 내용을 쓰시오. [1점]

작동 원리

 키보드로 첫 글자를 입력한다.

 ( )

 자신이 원하는 단어를 선택한다.

원하는 문장이 나타난다.

참고자료

기본이론 68p

키워드

키가드

구조화 틀

일반 키보드 접근성 향상을 위한 보조공학
- 제어판 활용과 키가드
- 키보드 입력 보조도구

핵심개념

키가드
- 표준 키보드 위에 놓고 사용하는 것으로, 운동신경장애가 있는 사용자가 다른 키를 건드리지 않고 원하는 키를 찾아 정확하게 입력할 수 있게 돕는 장치
- 마우스 스틱 사용자나 머리에 헤드 스틱을 장착해 키보드를 입력하는 사용자들도 유용하게 사용할 수 있음

모범답안

① 키가드
② 키가드는 다른 키를 건드리지 않고 원하는 키를 정확하게 누를 수 있도록 도와준다.

2021학년도 초등 B1

09 **(가)는 미나의 개별화교육지원팀 회의록이고, (나)는 보호자와 담임 교사의 대화이다. 물음에 답하시오. [5점]**

(가) 개별화교육지원팀 회의록

일시	2020년 ○월 ○일 16:00~17:00
장소	△△학교 열린 회의실
협의 내용 요지	1. 대상 학생의 현재 장애 특성 • 대뇌피질의 손상이 원인 • 근육이 뻣뻣하고 움직임이 둔함 • 양마비가 있음 • 까치발 형태의 첨족 변형과 가위 모양의 다리 [A] • ㉠ 대근육 운동 기능 분류 시스템(Gross Motor Function Classification System ; GMFCS) 4단계 • ㉡ 수동 휠체어 사용 2. 대상 학생의 교육적 요구 파악 • ㉢ 표준 키보드를 사용하여 입력하는 데 어려움이 있음 • 구어 사용을 위한 보완대체의사소통 지원 요청 3. 학기 목표, 교육 내용의 적절성 확인 및 평가 계획 안내 …(중략)…

2) 미나의 장애 특성을 고려하여 ① ㉢을 사용하기 위해 부착하는 보조공학기기의 명칭과, ② 그 기기의 사용 장점을 1가지 쓰시오. [2점]

참고자료

기본이론 68-70p, 72p

키워드

- 확대 키보드
- 키가드
- 헤드/마우스 스틱
- 조이스틱
- 트랙볼

구조화틀

일반 키보드 접근성 향상을 위한 보조공학
- 제어판 활용과 키가드
- 키보드 입력 보조도구

대체 키보드
- 확대 키보드
- 미니 키보드
- 한 손 키보드
- 화상 키보드

기타 대체 입력장치(마우스 지원)
- 조이스틱
- 트랙볼
- 전자지시기
- 터치스크린
- 음성인식

핵심개념

대체 키보드

표준 키보드를 사용함에 있어 불편함이 있는 장애 학생들의 요구사항을 충족시킬 수 있도록 특별히 고안된 키보드

대체 키보드 유형

확대 키보드	• 전체 크기뿐만 아니라 개별 키의 크기도 표준형보다 큼 • 정확한 키 입력을 위해 더 큰 목표 범위가 필요한, 소근육 운동 조절이 어려운 학생에게 도움이 됨 • 사용을 위해서는 모든 키에 접근할 수 있는 충분한 관절 운동 범위가 필요함
미니 키보드	• 표준형보다 훨씬 작은 크기의 키보드 • 표준형 키보드의 모든 키에 접근하기 어렵거나, 관절운동 범위에 제한이 있는 학생에게 유용함 • 관절운동 범위에 제한이 있더라도 정확성이 좋으면 손가락뿐만 아니라 마우스 스틱이나 헤드 스틱 같은 포인팅 장치를 사용할 수 있음

모범답안

① ㉡

② 소근육 운동 조절이 어려운 유아에게는 보다 넓은 목표 범위를 제시하는 확대 키보드가 도움이 된다.

2020학년도 유아 A2

10 **(가)는 5세 뇌성마비 유아 슬기의 특성이고, (나)는 지체장애 유아에 대한 유아특수교사들의 대화이다. 물음에 답하시오. [5점]**

(가)

- 사지를 불규칙하게 뒤틀거나, 팔다리를 움찔거리는 행동을 보임
- 사물에 손을 뻗을 때 손바닥이 바깥쪽으로 틀어지며 의도하지 않는 방향으로 움직임이 일어남
- 정위반응과 평형반응이 결여되어 자세가 불안정함

(나)

…(중략)…

김 교사: 지체장애 유아들은 컴퓨터를 사용할 때 표준형 키보드를 사용할 수 있지만, 장애유형과 정도에 따라 대체 키보드를 사용해야 해요. ㉡ <u>소근육 운동 조절이 어려운 유아는 미니 키보드가 도움이 된다</u>고 하네요.

장 교사: 그리고 ㉢ <u>손가락 조절이 어려워 한 번에 여러 개의 키를 동시에 누르는 유아들에게는 타이핑 정확도를 향상시킬 수 있도록 키가드를 사용</u>하게 해야겠어요.

김 교사: ㉣ <u>손을 떨고 손가락 조절은 잘 안 되지만, 머리나 목의 조절이 가능한 뇌성마비 유아들에게는 헤드 스틱이나 마우스 스틱을 사용</u>하면 좋을 것 같아요.

장 교사: 그렇군요. ㉤ <u>마우스를 조정하기 어려운 유아는 트랙볼, 조이스틱을 활용</u>하도록 해야겠어요.

기타 대체 입력장치(마우스 지원)
- 조이스틱
- 트랙볼
- 전자지시기(전자 포인팅 장치 → 헤드 포인팅 시스템, 아이 게이즈 시스템 등)
- 터치스크린
- 음성인식

3) 보조공학의 관점에서 ① ㉡~㉤ 중 <u>틀린</u> 것을 1가지 찾아 기호를 쓰고, ② 대안을 제시하여 고쳐 쓰시오. [2점]

참고자료

기본이론 70p

키워드

확대 키보드

구조화 틀

대체 키보드
- 확대 키보드
- 미니 키보드
- 한 손 키보드
- 화상 키보드

핵심개념

대체 키보드

표준 키보드를 사용함에 있어 불편함이 있는 장애 학생들의 요구사항을 충족시킬 수 있도록 특별히 고안된 키보드

대체 키보드 유형

확대 키보드	• 전체 크기뿐만 아니라 개별 키의 크기도 표준형보다 큼 • 정확한 키 입력을 위해 더 큰 목표 범위가 필요한, 소근육 운동 조절이 어려운 학생에게 도움이 됨 • 사용을 위해서는 모든 키에 접근할 수 있는 충분한 관절 운동 범위가 필요함
미니 키보드	• 표준형보다 훨씬 작은 크기의 키보드 • 표준형 키보드의 모든 키에 접근하기 어렵거나, 관절운동 범위에 제한이 있는 학생에게 유용함 • 관절운동 범위에 제한이 있더라도 정확성이 좋으면 손가락뿐만 아니라 마우스 스틱이나 헤드 스틱 같은 포인팅 장치를 사용할 수 있음

모범답안

확대 키보드

2020학년도 초등 A2

11 **(가)는 특수교육지원센터의 공학기기 선정을 위한 협의회 자료의 일부이고, (나)는 협의회 회의록 내용의 일부이다. 물음에 답하시오. [6점]**

(가) 협의회 자료

	성명	정운	민아
학생정보	특성	• 불수의 운동형 뇌성마비 • 상지의 불수의 운동이 있어 소근육 운동이 어려움 • 독서활동을 좋아함	• 저시력 • 경직형 뇌성마비 • 상지의 소근육 운동이 다소 어려움 • 확대독서기 이용 시 쉽게 피로하여 소리를 통한 독서를 선호함
특수교육관련서비스	상담 지원	…(생략)…	
	학습보조 기기지원	자동책장넘김장치	㉠ <u>전자도서단말기</u>
	보조공학 기기지원	(㉡)	(㉢)
	(㉣) 지원	동영상 콘텐츠 활용 지원	• 대체 텍스트 제공 • 동영상 콘텐츠 활용 지원

(나) 협의회 회의록

일시	2019년 3월 13일 15:00	장소	회의실

…(중략)…

[A] 자동책장넘김장치

일정 시간 동안 좌·우 지시등이 번갈아 깜빡일 때 기기 하단의 버튼을 눌러 선택하면 페이지가 자동으로 넘겨짐 (예 좌측 지시등이 깜박이는 5초 동안 버튼을 누르면 자동으로 이전 페이지로 넘어감)

[B] 제공 가능한 공학기기

• 키가드 • 트랙볼 • 헤드 포인터 • 확대 키보드
• 조우스 • 조이스틱 • 눈 응시 시스템

• 일반 키보드 접근성 향상을 위한 보조공학기기 → 키가드, 헤드 포인터
• 대체 키보드 → 확대 키보드
• 대체 입력장치(마우스 지원) → 트랙볼, 조우스, 눈 응시 시스템, 조이스틱

2) '한국형 웹 콘텐츠 접근성 지침 2.1.(개정일 2015. 3. 31.) 중 '운용의 용이성'에 근거하여, (가)의 ㉡과 ㉢에 공통으로 들어갈 웹 활용 필수 보조공학기기 1가지를 (나)의 [B]에서 찾아 쓰시오. [1점]

※ '운용의 용이성' 지침 중 웹의 모든 기능은 키보드만으로 사용할 수 있어야 하므로, 웹 활용 '필수' 보조공학기기는 '키보드' 또는 '대체 키보드'로 답안을 작성해야 함

기본이론 68p

키가드

일반 키보드 접근성 향상을 위한 보조공학
- 제어판 활용과 키가드
- 키보드 입력 보조도구

키가드
표준 키보드의 위에 놓고 사용하는 것으로, 운동신경장애가 있는 사용자가 다른 키를 건드리지 않고 원하는 키를 찾아 정확하게 입력할 수 있게 돕는 장치

ⓢ 영지는 상지에 불수의 운동을 보이므로 일반 키보드 사용 시 다른 키를 건드리지 않고 원하는 키를 입력할 수 있는 키가드를 제공하는 것이 효과적이다.

2013학년도 추가초등 A5

12 **(가)는 영지의 특성이며, (나)는 영지의 지원에 관한 특수학급 교사와 통합학급 교사 간 협의 결과이다. 물음에 답하시오. [4점]**

(가) 영지의 특성

- 진전형 뇌성마비로 인해 상지에 불수의 운동이 나타남
- 교정 시력 : 왼쪽 0.1, 오른쪽 FC/50cm
- 인지 수준은 보통이나 조음 명료도가 낮음
- 학습 매체 평가 결과, 묵자를 주요 학습 수단으로 사용하고 있음
- 동 학년 수준의 학업 수행 능력을 보임

(나) 협의록

- 날짜 : 3월 10일
- 장소 : 통합학급 5학년 4반 교실
- 협의 주제 : ㉠<u>보조공학기기 지원</u> 및 평가 방식의 수정
- 협의 결과 :
  1. 인쇄 자료 읽기를 위해 필요한 보조공학기기를 제공하기로 함
  2. 컴퓨터에 자료를 입력할 때 키보드를 활용하나, 오타가 많아서 보조공학기기를 제공하기로 함
  3. ㉡<u>학생 평가 방식의 수정</u>에 대한 협의는 2주 후 실시하기로 함

3) (가)와 (나)를 고려하여 우선적으로 제공해야 할 <u>컴퓨터 활용 보조공학기기</u>를 〈보기〉에서 찾아 기호를 쓰고, 학생과 보조공학기기의 특성에 기초하여 선정한 이유를 쓰시오. [1점]

보기

㉠ 보이스 아이	㉡ 스탠드 확대경
㉢ 옵타콘	㉣ 음성인식장치
㉤ 입체복사기	㉥ 조이스틱
㉦ 키가드	㉧ 트랙볼

- 맹 학생을 위한 보조공학기기 → 보이스 아이, 옵타콘, 입체복사기, 음성인식장치
- 저시력 학생을 위한 보조공학기기 → 스탠드 확대경
- 지체장애 학생을 위한 보조공학기기 → 음성인식장치, 조이스틱, 키가드, 트랙볼

확장하기

장애 유형별 보조공학기기

보이스 아이	• 2차원 바코드 심벌로 저장된 디지털 문자정보를 자연인에 가까운 음성으로 변환해 들려주는 기기로, 이 장치를 사용하기 위해서는 반드시 사전에 제작된 보이스 아이 심벌이 있어야 함 • 보이스 아이 심벌은 가로와 세로 모두 1.5cm 크기의 정사각형 모양으로, 하나의 심벌에는 책 두 페이지 분량의 정보가 저장되어 있음 • 스캔 장치를 보이스 아이 전용 음성출력 하드웨어에 연결해 사용할 수 있고, 컴퓨터에 연결하면 모니터에 글자가 표시되는 동시에 스피커를 통해 음성이 출력되기도 함
옵타콘	• 카메라 렌즈로 읽어들인 문자를 소형 촉지판에 문자 모양 그대로 돌출시켜줌 • 활자를 점자로 바꾸는 것이 아니라, 글자 모양 그대로 양각화해 맹 학생이 일반 묵자를 읽을 수 있도록 해주는 장치
입체복사기	• 점자로 표시하기 어려운 도형이나 그림은 입체복사기를 사용해 촉각자료로 만들 수 있음. 전용 용지인 플랙시 페이퍼에 연필, 차이나 마커 등으로 그림을 그린 후 입체복사기에 통과시키면 그림 부분이 부풀어 올라 촉각으로 만져 확인할 수 있음 • 선 그림은 실제 그림에서 표현하는 부분을 세부적으로 표현하는 데 한계가 있음
음성인식장치	말을 해서 컴퓨터를 작동시키거나 문자를 입력하는 것으로, 음성인식 소프트웨어를 컴퓨터에 설치하면 음성 단어가 컴퓨터 명령 또는 문자로 전환됨
조이스틱	많이 움직이지 않아도 커서를 모니터의 모든 지점까지 쉽게 움직일 수 있으므로 관절운동 범위의 제한이 있는 학생들이 사용하면 좋음
조우스	사지마비 장애인이 입·턱·볼 등으로 조절할 수 있는 마우스로, 조이스틱을 움직이면 마우스 커서가 움직이고, 튜브를 가볍게 불고 빨아서 마우스 버튼을 조작함
트랙볼	• 볼 마우스를 뒤집어 소켓 내에 심어놓은 형태로 되어 있음 • 사용자는 위에 있는 볼을 손가락이나 다른 신체 부위를 사용해 굴려서 커서를 원하는 위치에 놓은 다음, 선택을 위해 볼 위 혹은 좌·우에 배치되어 있는 단추를 누름

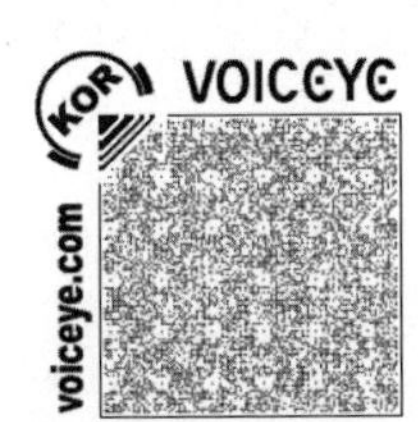

보이스 아이 심벌

입체복사기

조우스

보이스 아이 장치

조이스틱

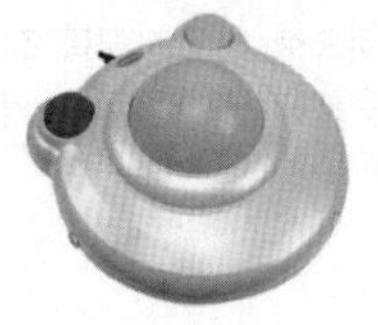
트랙볼

참고자료

기본이론 71-75p

키워드

- 점자정보단말기
- 트랙볼
- 화면 키보드
- 음성 인식 시스템

구조화 틀

대체 키보드
- 확대 키보드
- 미니 키보드
- 한 손 키보드
- 화상 키보드

기타 대체 입력장치(마우스 지원)
- 조이스틱
- 트랙볼
- 전자지시기
- 터치스크린
- 음성인식

핵심개념

점자정보단말기
- 6개의 점자 입력키와 스페이스 키를 활용해 점자를 입력하며, 점자 디스플레이에서 점자 핀을 통해 점자를 구성
- 각각의 셀은 8개의 점자 핀으로 구성되어 있음. 이 중 6개는 점자를 출력하는 용도이고, 나머지 2개는 컴퓨터의 커서 역할을 함

화면 키보드(화상 키보드)
키보드 이미지를 컴퓨터 모니터에 위치시킨 것으로, 마우스 클릭 또는 대체 마우스를 통해 문자를 입력하거나 기능을 선택함

모범답안

⑤

2012학년도 중등 39

13 특수교육공학 장치의 구조나 기능에 대한 설명으로 옳은 것만을 〈보기〉에서 있는 대로 고른 것은?

보기

ㄱ. 점자정보단말기는 6개의 핀이 하나의 셀을 구성하고 있는 점자 디스플레이를 갖추고 있어, 시각장애학생이 커서의 움직임에 따라 점자로 정보를 읽을 수 있다.
ㄴ. 트랙볼(trackball)은 볼마우스를 뒤집어놓은 것과 같은 형태로서, 움직이지 않는 틀 위에 있는 볼을 사용자가 움직일 수 있어 운동능력이 낮은 학생이 제한된 공간에서도 쉽게 사용할 수 있다.
ㄷ. 화면 키보드(on-screen keyboard)는 마우스나 대체 마우스를 이용하여 컴퓨터 화면상의 키보드에 입력할 수 있도록 되어 있으며, 사용자의 요구에 맞게 자판의 크기나 배열을 변형시킬 수 있다.
ㄹ. 음성 인식 시스템(speech recognition system)은 키보드 대신에 사람의 음성으로 컴퓨터 입력이 가능하며, 사용자의 음성 패턴을 인식시키는 시스템 훈련을 통해 인식의 정확성을 높일 수 있다.

- **화자의존 시스템**: 사용하는 사람의 목소리를 인식하기 위한 훈련을 통해 인식의 정확성을 높임
- **화자독립 시스템**: 다른 사람들로부터 다양한 말 패턴 인식을 위한 훈련을 실시함

① ㄱ, ㄴ　　② ㄱ, ㄹ
③ ㄷ, ㄹ　　④ ㄱ, ㄴ, ㄷ
⑤ ㄴ, ㄷ, ㄹ

참고자료

기본이론 71p

키워드

화상 키보드

구조화 틀

대체 키보드

- 확대 키보드
- 미니 키보드
- 한 손 키보드
- 화상 키보드

핵심개념

화면 키보드(화상 키보드)

키보드 이미지를 컴퓨터 모니터에 위치시킨 것으로, 마우스 클릭 또는 대체 마우스를 통해 문자를 입력하거나 기능을 선택함

모범답안

화상 키보드

2023학년도 초등 B1

14 다음은 원격수업 역량강화 연수 후 ○○교육청 홈페이지에 올라온 질의응답 내용이다. 물음에 답하시오. [6점]

> [질문] 저희 반 학생은 머리제어 마우스를 사용하는데요, 표준 키보드 사용이 어려워서 부모님이 대신 로그인을 해주십니다. 혼자서 할 수 있는 방안이 있나요?
>
> ↳[응답] 소프트웨어적으로 해결하는 것이 좋을 것 같아 (㉤)을/를 제안합니다. 컴퓨터 운영체제에도 내장되어 있어 구동도 용이하고, 다른 대체 마우스와도 같이 사용할 수 있습니다.
>
> ↳[질문] 다음 학기에는 조우스와 인체 공학 키보드 활용도 계획하고 있는데요, 이 지원 계획은 어디에 포함해야 하나요?
>
> ↳[응답] 보조공학기기지원은 특수교육 관련서비스 중의 하나로서, (㉥)을/를 작성할 때 포함해야 합니다.

3) ㉤에 들어갈 말을 쓰시오.

기본이론 69-75p, 81p

보조공학기기 복합형

①

2009학년도 중등 36

15 척수 손상으로 사지마비가 된 지체장애학생 A는 현재 수의적인 머리 움직임과 눈동자 움직임만 가능하며, 듣기와 인지능력 및 시력은 정상이나 말은 할 수 없다. A가 사용하기에 적합한 보조공학기기를 〈보기〉에서 고른 것은? [1.5점]

보기

ㄱ. 헤드 포인터(head pointer)
ㄴ. 음성합성장치(speech synthesizer)
ㄷ. 의사소통판(communication board)
ㄹ. 전자지시기기(electronic pointing devices)
ㅁ. 음성인식장치(speech recognition devices)
ㅂ. 폐쇄 회로 텔레비전(CCTV)
ㅅ. 광학문자 인식기(optical character recognition devices)

① ㄱ, ㄴ, ㄷ, ㄹ　② ㄱ, ㄴ, ㄹ, ㅁ
③ ㄱ, ㄷ, ㅂ, ㅅ　④ ㄴ, ㄹ, ㅁ, ㅅ
⑤ ㄷ, ㄹ, ㅁ, ㅂ

- 맹학생을 위한 보조공학기기 → 음성합성장치, 광학문자 인식기(OCR)
- 저시력 학생을 위한 보조공학기기 → 폐쇄 회로 텔레비전(확대독서기, CCTV)
- 지체장애 학생을 위한 보조공학기기 → 헤드 포인터, 전자지시기기, 음성인식장치
- AAC 보조도구 → 의사소통판, 음성합성장치

시각장애 학생을 위한 컴퓨터 보조공학

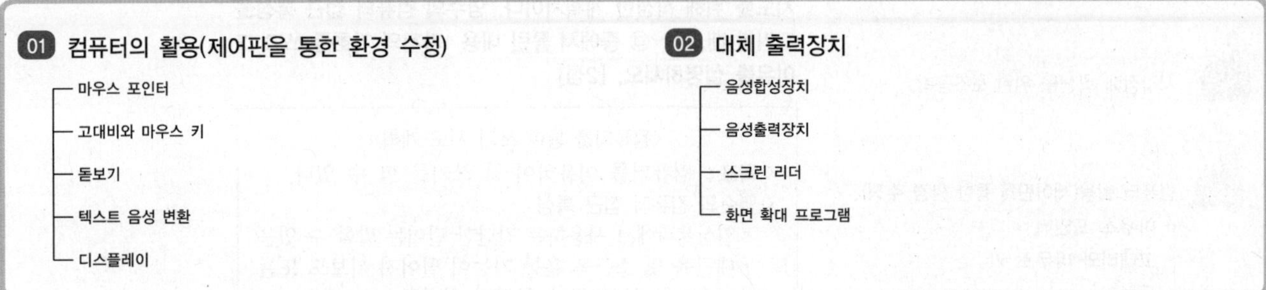

기본이론 79-82p

스탠드 확대경

스탠드 확대경

- 책이나 자료 위에 확대경을 올려놓고 밀면서 사용하는 것으로, 확대경과 물체의 거리가 일정하게 유지되는 장점이 있음 → 수전증이나 상지의 근육 운동 장애가 있는 학생들도 효과적으로 활용할 수 있음
- 초점거리가 고정되어 있기 때문에 초점거리에 대한 이해 없이도 쉽게 사용할 수 있음 → 나이가 어린 학생이나 확대경을 처음 사용하는 학생에게 매우 효과적
- 굴절률이 높은 편이므로 시야가 좁은 학생에게는 부적절함

㉡ 영지는 상지에 불수의 운동을 보이고 저시력 시각장애 학생이므로 자료 위에 올려놓고 밀면서 사용하는 스탠드 확대경이 효과적이다.

2013학년도 추가초등 A5

01 (가)는 영지의 특성이며, (나)는 영지의 지원에 관한 특수학급 교사와 통합학급 교사 간 협의 결과이다. 물음에 답하시오. [4점]

(가) 영지의 특성

- 진전형 뇌성마비로 인해 상지에 불수의 운동이 나타남
- 교정 시력 : 왼쪽 0.1, 오른쪽 FC/50cm
- 인지 수준은 보통이나 조음 명료도가 낮음
- 학습 매체 평가 결과, 묵자를 주요 학습 수단으로 사용하고 있음
- 동 학년 수준의 학업 수행 능력을 보임

(나) 협의록

- 날짜 : 3월 10일
- 장소 : 통합학급 5학년 4반 교실
- 협의 주제 : ㉠<u>보조공학기기 지원</u> 및 평가 방식의 수정
- 협의 결과 :
  1. 인쇄 자료 읽기를 위해 필요한 보조공학기기를 제공하기로 함
  2. 컴퓨터에 자료를 입력할 때 키보드를 활용하나, 오타가 많아서 보조공학기기를 제공하기로 함
  3. ㉡<u>학생 평가 방식의 수정</u>에 대한 협의는 2주 후 실시하기로 함

3) (가)와 (나)를 고려하여 우선적으로 제공해야 할 <u>인쇄 자료 읽기용 보조공학기기</u>를 〈보기〉에서 찾아 기호를 쓰고, 학생과 보조공학기기의 특성에 기초하여 선정한 이유를 쓰시오. [1점]

보기

㉠ 보이스 아이	㉡ 스탠드 확대경
㉢ 옵타콘	㉣ 음성인식장치
㉤ 입체복사기	㉥ 조이스틱
㉦ 키가드	㉧ 트랙볼

- 맹 학생을 위한 보조공학기기 → 보이스 아이, 옵타콘, 입체복사기, 음성인식장치
- 저시력 학생을 위한 보조공학기기 → 스탠드 확대경
- 지체장애 학생을 위한 보조공학기기 → 음성인식장치, 조이스틱, 키가드, 트랙볼

참고자료

기본이론 79-82p

키워드

시각장애 학생을 위한 보조공학

구조화틀

컴퓨터 활용(제어판을 통한 환경 수정)
- 마우스 포인터
- 고대비와 마우스 키
- 돋보기
- 텍스트 음성 변환
- 디스플레이

대체 출력장치
- 음성합성장치
- 음성출력장치
- 스크린 리더
- 화면 확대 프로그램

핵심개념

시각장애 – 제어판을 통한 환경 수정
- **포인터 속도**: 보통보다 속도를 느리게 설정해 시각장애 학생이 쉽게 마우스의 움직임을 추적할 수 있음
- **스크롤 양**: 휠 기능 조절을 통해 휠의 1회 회전 시 스크롤 양을 줄여주면 정보의 추적을 보다 수월하게 해줌
- **고대비**: 읽기 쉽도록 구성된 색상 및 글꼴을 선택
- **커서 옵션**: 커서가 깜빡이는 속도 및 커서의 너비를 변경할 수 있음. 일반적으로 깜빡이는 속도는 평균보다 조금 느리게, 커서의 너비는 넓게 설정해 저시력 학생이 커서를 쉽게 확인할 수 있도록 함
- **마우스 키**: 마우스의 움직임을 확인할 수 없는 시각장애 학생을 위해 마우스의 기능을 키보드가 대신할 수 있게 조정함. 마우스 키는 키보드의 숫자 키보드로 마우스 포인터를 움직이게 함
- **음성**: 텍스트 음성 변환, 즉 음성합성에 적용할 음성, 속도 및 기타 옵션을 조정함
- **디스플레이**: 화면 해상도를 낮춰주면 인터넷을 통해 제시되는 글자와 그래픽을 보다 확대된 상태로 볼 수 있음

모범답안

㉤ 스크린 리더는 화면의 텍스트를 음성으로 변환하는 역할을 하는 출력기기이다.

2016학년도 중등 A7

02 **다음은 김 교사가 중학생 영수(뇌병변, 저시력)의 쓰기 지도를 위해 작성한 계획서이다. 영수의 컴퓨터 접근 특성을 고려할 때, ㉠~㉤ 중에서 틀린 내용 1가지의 기호를 쓰고 그 이유를 설명하시오. [2점]**

〈컴퓨터를 통한 쓰기 지도 계획〉

○ 목표: 컴퓨터를 이용하여 글 쓰기를 할 수 있다.

○ 영수의 컴퓨터 접근 특성
- 일상생활에서 사용하는 간단한 단어는 말할 수 있음
- 대근육 및 소근육 운동 기능이 떨어져 키보드 또는 마우스를 통한 글자 입력이 어려움
- 근긴장도가 높아 주먹을 쥔 상태에서 트랙볼을 사용함
- 트랙볼을 이용하여 마우스 포인터를 이동시켜 특정 키(key)를 선택함
- 빛에 민감하여 눈의 피로도가 높음

○ 지도 단계

단계	지도 내용	유의점
1단계	• 책상 높낮이 조절, 모니터 높낮이 및 각도 조절 • 컴퓨터 입력 기기 준비: 화상 키보드, 트랙볼	윈도우 프로그램을 기반으로 함
2단계	• 화상 키보드 환경 설정 • 화상 키보드 사용 방식: '가리켜서 입력' 선택 • 가리키기 시간: 2초 마우스 포인터를 특정 키 위에 2초 이상 유지시키면 해당 키의 값이 입력됨	㉠ 영수의 특성을 고려하여 마우스 포인터의 움직임 속도를 조정함 ㉡ 키보드 개별 키의 크기를 확대하기 위해 '숫자 키패드 켜기'를 설정하지 않음 ㉢ '로그온 시 화상 키보드 시작'을 설정하여 컴퓨터 시작 시에 항상 사용할 수 있게 함
3단계	• 화상 키보드 연습 – 트랙볼을 조정하여 마우스 포인터를 특정 키 위에 위치시키기	㉣ 반전 기능을 이용하여 대비 수준을 조정함
4단계	• 글 쓰기 – 기본 자모음 입력하기 – 기능키와 함께 단어 입력하기 – 다양한 기능키를 활용하여 짧은 문장 완성하기	㉤ 간단한 단어 입력을 위해 대체 입력 프로그램인 스크린 리더를 병행하여 사용함

참고자료

기본이론 81p

키워드

- 고정키
- 음성합성기

구조화 틀

컴퓨터 활용(제어판을 통한 환경 수정)
- 마우스 포인터
- 고대비와 마우스 키
- 돋보기
- 텍스트 음성 변환
- 디스플레이

대체 출력장치
- 음성합성장치
- 음성출력장치
- 스크린 리더
- 화면 확대 프로그램

핵심개념

화면 읽기 프로그램(스크린 리더)
- 시각장애 학생이 컴퓨터에 저장된 자료나 화면에 제시된 정보를 읽을 수 있도록 돕는 프로그램
- 음성합성장치와 연계해 제어 버튼, 메뉴, 텍스트, 구두점 등 화면의 모든 것을 음성으로 표현해주는 소프트웨어

음성합성장치

문자, 숫자, 구두점 형태의 텍스트 정보를 음성으로 들려주는 기기

모범답안

①

2011학년도 중등 36

03 다음은 장애학생의 컴퓨터 접근에 대한 설명이다. (가)와 (나)에 들어갈 내용으로 옳은 것은?

> 컴퓨터 경고음을 듣는 데 어려움이 있는 청각장애학생을 위해서는 시각적인 경고를 활용할 수 있다. 글을 읽는 데 어려움이 있는 학습장애 학생의 컴퓨터 접근을 위해서는 ((가))을/를 활용할 수 있다. 키보드를 이용할 때 두 개 이상의 키를 동시에 누르는 데 어려움이 있는 지체장애 학생을 위해서는 윈도우 프로그램의 '내게 필요한 옵션'에 있는 ((나)) 기능을 활용할 수 있다.

- [제어판]-[소리]-[소리 탐지]: 시스템 신호음을 시각적으로 표시
- [제어판]-[소리]-[소리 표시]: 프로그램에서 나오는 음성 또는 소리를 화면에 자막으로 표시

글을 읽을 수 없는 학습장애 및 시각장애 학생은 화면을 텍스트로 번역해 소리로 출력해주는 것이 필요함

※ 화면 읽기 프로그램(소프트웨어)과 음성합성기(하드웨어)가 함께 필요함

	(가)	(나)
①	음성합성기	고정키(sticky key)
②	음성합성기	탄력키(filter key)
③	화면 읽기 프로그램	토글키(toggle key)
④	화면 읽기 프로그램	탄력키(filter key)
⑤	단어 예측 프로그램	고정키(sticky key)

기본이론 81p

- 필터키
- 고대비
- 내레이터

컴퓨터 활용(제어판을 통한 환경 수정)
- 마우스 포인터
- 고대비와 마우스 키
- 돋보기
- 텍스트 음성 변환
- 디스플레이

대체 출력장치
- 음성합성장치
- 음성출력장치
- 스크린 리더
- 화면 확대 프로그램

[제어판]-[고대비]

고대비 옵션을 통해 읽기 쉽도록 구성된 색상 및 글꼴을 선택할 수 있음

음성인식

- 상지를 전혀 사용할 수 없거나 제한된 기능을 가지고 있는 장애인들은 음성인식 장치를 통해 모든 입력을 할 수 있음
- **유형**
  - **사용자 의존 시스템**: 사용자는 같은 요소의 여러 샘플을 생산함으로써 컴퓨터가 개인의 음성 또는 목소리 패턴을 배우고 각 발음을 인식하도록 그 시스템을 훈련함
  - **사용자 독립 시스템**: 훈련 없이 다른 개인적인 말의 원형을 인식함. 이 시스템은 수백 명의 사람들이 사용하는 말의 샘플과 다양한 단어의 발음장치가 음운학자에 의해 제공되는 정보를 바탕으로 개발됨

내레이터

- 화면의 모든 텍스트를 소리 내어 읽어줌
- 사용자가 타이핑하는 문자를 소리 내어 읽어줌

ⓒ 키보드를 한 번 눌렀을 때 누르는 시간과 관계없이 한 번만 입력되게 하는 것은 필터키 기능이다.

ⓓ 음성인식은 사용자의 음성적 명령을 인식해 특정 동작을 수행하는 기능이다. 해당 키 값의 소리를 나게 하는 것은 내레이터 기능이다.

2017학년도 중등 B6

04 **(가)는 학생 S의 특성이고, (나)는 사회과 '도시의 위치와 특징' 단원의 전개 계획이다. ㉡~㉤ 중에서 바르지 않은 것 2가지를 찾아 그 이유를 제시하시오. [5점]**

(가) 학생 S의 특성

- 황반변성증으로 교정시력이 0.1이며, 눈부심이 있음
- 묵자와 점자를 병행하여 학습하고, 컴퓨터 사용을 많이 함
- 주의집중력이 좋으나, 지체·중복장애로 인해 상지의 기능적 사용에 어려움이 있고, 빛에 매우 민감하게 반응함
- 키보드를 통한 자료 입력 시 손이 계속 눌려 특정 음운이 연속해서 입력되는 경우가 자주 있음(예 ㄴㄴㄴㄴ나)

(나) '도시의 위치와 특징' 단원 전개 계획

차시	주요 학습 내용	학생 S를 위한 고려사항
1	세계의 여러 도시 위치 확인하기	㉠ <u>손잡이형 확대경(+20D)</u>을 활용하여 지도를 보게 함
2~4	인터넷을 통해 유명하거나 매력적인 도시 찾아보기	• 컴퓨터 환경 설정 수정(윈도우용) – ㉡ <u>고대비 설정을 통해 눈부심을 줄이고 대비 수준을 높임</u> – ㉢ <u>토글키 설정을 통해 키보드를 한 번 눌렀을 때 누르는 시간에 관계없이 한 번만 입력되게 함</u>
5~6	도시별 특징을 찾고 보고서 작성하기	㉣ <u>키보드를 누를 때 해당 키 값의 소리가 나게 '음성인식' 기능을 설정함</u>
7	관련 웹 콘텐츠를 통해 단원 평가하기	• ㉤ <u>색에 관계없이 인식될 수 있는 콘텐츠를 활용함</u> • ㉥ <u>깜빡이거나 번쩍이는 콘텐츠가 없는 사이트를 활용함</u>

확장하기+

내레이터

- 화면의 내용을 설명하는 화면 읽기 프로그램으로, 사용자는 해당 정보를 사용해 장치를 탐색할 수 있음
- 키보드, 터치 및 마우스로 내레이터를 제어할 수 있음

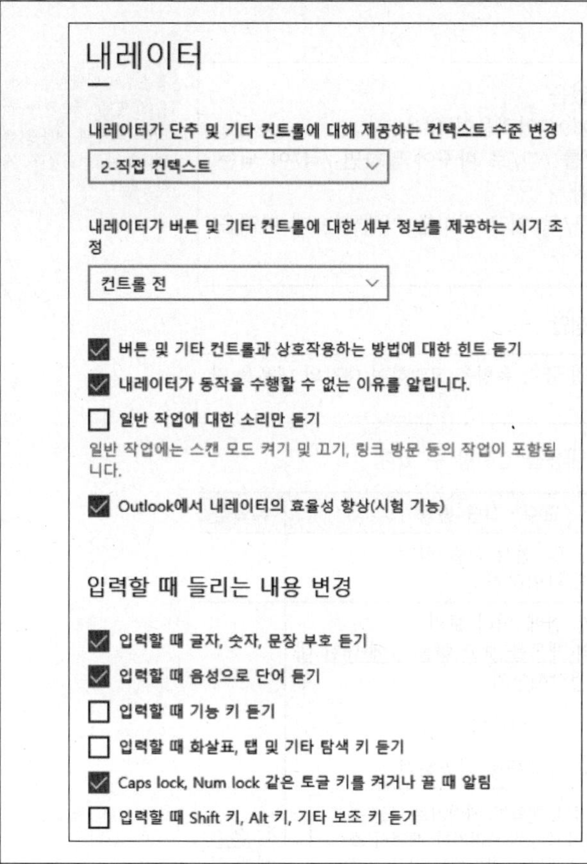

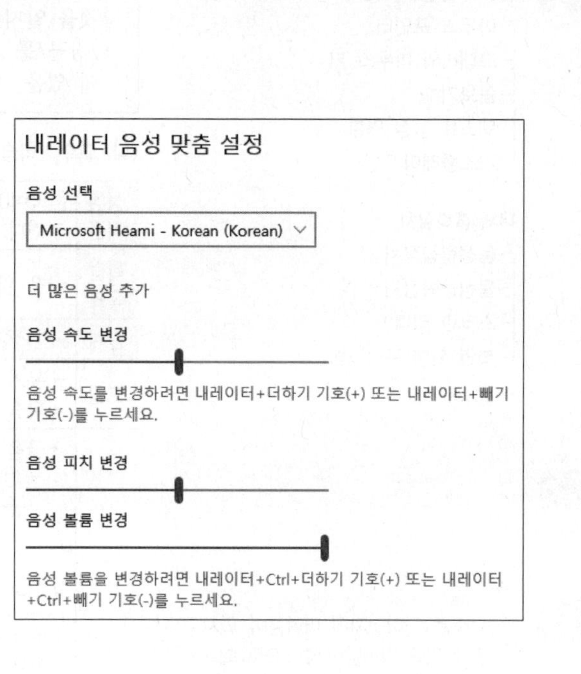

기본이론 81p

화면 읽기 프로그램(스크린 리더)

컴퓨터 활용(제어판을 통한 환경 수정)
- 마우스 포인터
- 고대비와 마우스 키
- 돋보기
- 텍스트 음성 변환
- 디스플레이

대체 출력장치
- 음성합성장치
- 음성출력장치
- 스크린 리더
- 화면 확대 프로그램

ⓑ 은수는 단어인지에 어려움이 있지만 듣기에 어려움이 없으므로 스크린 리더를 통해 글의 내용을 청각적으로 들려주면 글의 내용을 쉽게 이해할 수 있다.

2022학년도 초등 A4

05 **(가)는 학습장애 학생 은수의 특성이고, (나)는 2015 개정 국어과 교육과정 3~4학년군의 '중요한 내용을 적어요.' 단원을 지도하기 위한 교수 학습 과정안의 일부이다. 물음에 답하시오. [5점]**

(가) 은수의 특성

- 시력은 이상 없음
- 듣기 및 말하기에 어려움이 없음
- /북/에서 /ㅂ/를 /ㄱ/로 바꾸어 말하면 /국/이 되는 것을 알지 못함
- /장구/를 /가구/로 읽고 의미를 이해하는 데 어려움이 있음

음운인식과 단어인지에 어려움이 있는 학습장애 학생이므로, 화면의 내용을 소리로 들려주는 보조공학 장치가 필요함

(나) 교수 · 학습 과정안

성취 기준	[4국어02-02] 글의 유형을 고려하여 대강의 내용을 간추린다.	
학습 목표	글을 읽고 내용을 간추릴 수 있다.	
단계	교수 · 학습 활동	유의점
도입	• 동기 유발 및 전시 학습 상기 • 학습 목표 확인하기	
전개	• 글을 읽기 전에 미리 보기 – ㉠ <u>글의 제목을 보고 읽을 글에 대한 내용을 생각해보기</u> …(중략)… • 글을 읽고 중심내용 파악하기 [A] 악기는 타악기, 현악기, 관악기로 나눌 수 있어요. 타악기는 두드리거나 때려서 소리를 내는 악기로 타악기에는 장구나 큰북 등이 있으며, 현악기는 줄을 사용하는 악기로 현악기에는 가야금이나 바이올린 등이 있어요. 그리고 관악기는 입으로 불어서 소리를 내는 악기로 관악기에는 단소나 트럼펫 등이 있어요. • 글의 구조에 대해 알기 – 그래픽 조직자 제시하기 [B] 주제: 악기 / 타악기, 현악기, 관악기 / 세부사항: 장구, 큰북, 가야금, 바이올린, 단소, 트럼펫	㉡ <u>은수에게 컴퓨터를 활용한 대체출력 보조공학 지원하기</u>
정리	• 읽기이해 질문 만들기 – ㉢ <u>문자적(사실적) 이해 질문 만들기</u> • 요약하기	

2) (나)의 ㉡에 해당하는 것 1가지를 다음에서 찾아 기호를 쓰고, 그 이유를 쓰시오. [1점]

ⓐ 대체 키보드	ⓑ 스크린 리더
ⓒ 눈 응시 시스템	ⓓ 전자 철자 점검기
ⓔ 화면 확대 프로그램	ⓕ 자동책장넘김장치

09
CHAPTER

웹 접근성(정보 접근성)

01 웹 접근성의 정의

02 한국형 웹 접근성 지침 2.1의 원칙과 실제
- 원칙 1: 인식의 용이성
- 원칙 2: 운용의 용이성
- 원칙 3: 이해의 용이성
- 원칙 4: 견고성

03 한국형 웹 접근성 지침 2.2의 원칙과 실제

참고자료

기본이론 67-77p

키워드

웹 접근성

구조화 틀

한국형 웹 접근성 지침 2.1의 원칙과 실제
- 인식의 용이성
- 운용의 용이성
- 이해의 용이성
- 견고성

핵심개념

모범답안

④

2010학년도 중등 40

01 **장애학생을 대상으로 웹기반 수업을 하기 위해 웹접근성 지침에 따른 사이트를 구축하고자 한다. 이때 고려해야 할 웹접근성 지침의 내용으로 옳은 것을 〈보기〉에서 모두 고른 것은?**

보기

ㄱ. 웹에서 프레임의 사용은 많아야 한다.
ㄴ. 웹 상의 동영상에는 자막이 있어야 한다.
ㄷ. 웹의 운용이 키보드만으로도 가능해야 한다.
ㄹ. 웹에서 변화하는 문자의 사용은 적어야 한다.
ㅁ. 웹의 정보는 색깔만으로도 구분할 수 있어야 한다.

① ㄱ, ㅁ ② ㄴ, ㄷ
③ ㄱ, ㄴ, ㄹ ④ ㄴ, ㄷ, ㄹ
⑤ ㄴ, ㄷ, ㅁ

확장하기

한국형 웹 접근성 지침 2.1의 원칙과 실제(웹 접근성 연구소, www.wah.or.kr)

1. 원칙 1 : 인식의 용이성(perceivable)

지침(3개)	검사 항목(7개)
1.1. 대체 텍스트 텍스트 아닌 콘텐츠에는 대체 텍스트를 제공해야 함	1.1.1. (적절한 대체 텍스트 제공) 텍스트 아닌 콘텐츠는 그 의미나 용도를 이해할 수 있도록 대체 텍스트를 제공해야 함
1.2. 멀티미디어 대체 콘텐츠 동영상, 음성 등 멀티미디어 콘텐츠를 이해할 수 있도록 대체 콘텐츠를 제공해야 함	1.2.1. (자막 제공) 멀티미디어 콘텐츠에는 자막, 대본 또는 수화를 제공해야 함
1.3. 명료성 콘텐츠는 명확하게 전달되어야 함	1.3.1. (색에 무관한 콘텐츠 인식) 콘텐츠는 색에 관계없이 인식될 수 있어야 함
	1.3.2. (명확한 지시사항 제공) 지시사항은 모양, 크기, 위치, 방향, 색, 소리 등에 관계없이 인식될 수 있어야 함
	1.3.3. (텍스트 콘텐츠의 명도 대비) 텍스트 콘텐츠와 배경 간의 명도 대비는 4.5 : 1 이상이어야 함
	1.3.4. (자동 재생 금지) 자동으로 소리가 재생되지 않아야 함
	1.3.5. (콘텐츠 간의 구분) 이웃한 콘텐츠는 구별될 수 있어야 함

2. 원칙 2 : 운용의 용이성(operable)

지침(4개)	검사 항목(9개)
2.1. 입력장치의 접근성 콘텐츠는 다양한 입력장치로 접근할 수 있어야 함	2.1.1. (키보드 사용 보장) 모든 기능은 키보드만으로도 사용할 수 있어야 함
	2.1.2. (초점 이동) 키보드에 의한 초점은 논리적으로 이동해야 하며, 시각적으로 구별할 수 있어야 함
	2.1.3. (조작 가능) 사용자 입력 및 컨트롤은 조작 가능하도록 제공되어야 함
2.2. 충분한 시간 제공 콘텐츠를 읽고 사용하는 데 충분한 시간을 제공해야 함	2.2.1. (응답시간 조절) 시간제한이 있는 콘텐츠는 응답시간을 조절할 수 있어야 함
	2.2.2. (정지 기능 제공) 자동으로 변경되는 콘텐츠는 움직임을 제어할 수 있어야 함
2.3. 광과민성 발작 예방 광과민성 발작을 일으킬 수 있는 콘텐츠를 제공하지 않아야 함	2.3.1. (깜빡임과 번쩍임 사용 제한) 초당 3~50회의 주기로 깜빡이거나 번쩍이는 콘텐츠를 제공하지 않아야 함
2.4. 쉬운 내비게이션 콘텐츠는 쉽게 내비게이션할 수 있어야 함	2.4.1. (반복 영역 건너뛰기) 콘텐츠의 반복되는 영역은 건너뛸 수 있어야 함
	2.4.2. (제목 제공) 페이지, 프레임, 콘텐츠 블록에는 적절한 제목을 제공해야 함
	2.4.3. (적절한 링크 텍스트) 링크 텍스트는 용도나 목적을 이해할 수 있도록 제공해야 함

3. 원칙 3 : 이해의 용이성(understandable)

지침(4개)	검사 항목(6개)
3.1. 가독성 콘텐츠는 읽고 이해하기 쉬워야 함	3.1.1. (기본 언어 표시) 주로 사용하는 언어를 명시해야 함
3.2. 예측 가능성 콘텐츠의 기능과 실행결과는 예측 가능해야 함	3.2.1. (사용자 요구에 따른 실행) 사용자가 의도하지 않은 기능(새 창, 초점 변화 등)은 실행되지 않아야 함
3.3. 콘텐츠의 논리성 콘텐츠는 논리적으로 구성해야 함	3.3.1. (콘텐츠의 선형화) 콘텐츠는 논리적인 순서로 제공해야 함
	3.3.2. (표의 구성) 표는 이해하기 쉽게 구성해야 함
3.4. 입력 도움 입력 오류를 방지하거나 정정할 수 있어야 함	3.4.1. (레이블 제공) 입력 서식에는 대응하는 레이블을 제공해야 함
	3.4.2. (오류 정정) 입력 오류를 정정할 수 있는 방법을 제공해야 함

4. 원칙 4 : 견고성(robust)

지침(2개)	검사 항목(2개)
4.1. 문법 준수 웹 콘텐츠는 마크업 언어의 문법을 준수해야 한다.	4.1.1. (마크업 오류 방지) 마크업 언어의 요소는 열고 닫음, 중첩 관계 및 속성 선언에 오류가 없어야 한다.
4.2. 웹 애플리케이션 접근성 웹 애플리케이션은 접근성이 있어야 한다.	4.2.1. (웹 애플리케이션 접근성 준수) 콘텐츠에 포함된 웹 애플리케이션은 접근성이 있어야 한다.

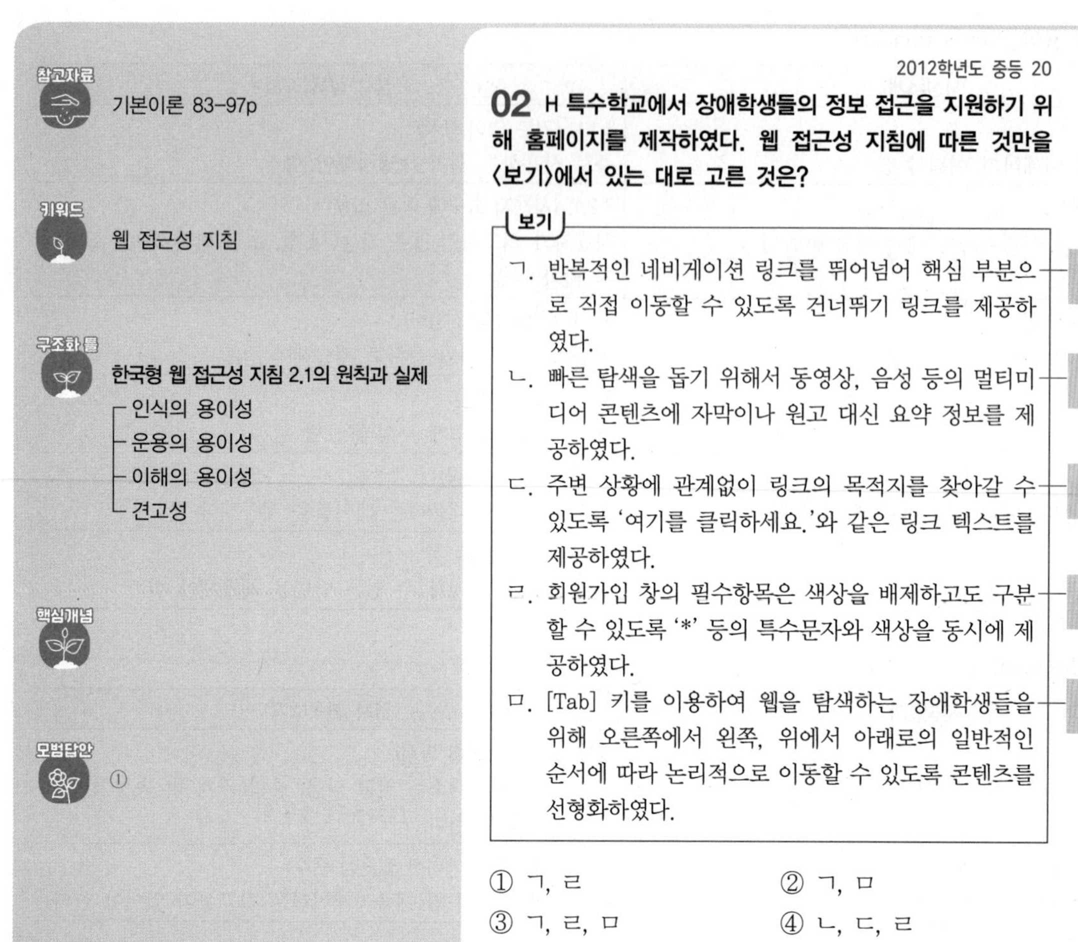

참고자료

기본이론 83-97p

키워드

웹 접근성 지침

구조화 틀

한국형 웹 접근성 지침 2.1의 원칙과 실제

- 인식의 용이성
- 운용의 용이성
- 이해의 용이성
- 견고성

핵심개념

모범답안

①

2012학년도 중등 20

02 H 특수학교에서 장애학생들의 정보 접근을 지원하기 위해 홈페이지를 제작하였다. 웹 접근성 지침에 따른 것만을 〈보기〉에서 있는 대로 고른 것은?

〈보기〉

ㄱ. 반복적인 네비게이션 링크를 뛰어넘어 핵심 부분으로 직접 이동할 수 있도록 건너뛰기 링크를 제공하였다.

ㄴ. 빠른 탐색을 돕기 위해서 동영상, 음성 등의 멀티미디어 콘텐츠에 자막이나 원고 대신 요약 정보를 제공하였다.

ㄷ. 주변 상황에 관계없이 링크의 목적지를 찾아갈 수 있도록 '여기를 클릭하세요.'와 같은 링크 텍스트를 제공하였다.

ㄹ. 회원가입 창의 필수항목은 색상을 배제하고도 구분할 수 있도록 '*' 등의 특수문자와 색상을 동시에 제공하였다.

ㅁ. [Tab] 키를 이용하여 웹을 탐색하는 장애학생들을 위해 오른쪽에서 왼쪽, 위에서 아래로의 일반적인 순서에 따라 논리적으로 이동할 수 있도록 콘텐츠를 선형화하였다.

ㄱ. 운용의 용이성

ㄴ. 인식의 용이성

ㄷ. 운용의 용이성

ㄹ. 인식의 용이성

ㅁ. 이해의 용이성

① ㄱ, ㄹ　　② ㄱ, ㅁ

③ ㄱ, ㄹ, ㅁ　　④ ㄴ, ㄷ, ㄹ

⑤ ㄴ, ㄷ, ㅁ

참고자료

기본이론 83-87p, 92-93p

키워드

- 웹 접근성
- 인식의 용이성
- 이해의 용이성

구조화 틀

웹 접근성의 정의

한국형 웹 접근성 지침 2.1의 원칙과 실제

- 인식의 용이성
- 운용의 용이성
- 이해의 용이성
- 견고성

핵심개념

웹 접근성

웹 콘텐츠에 접근하려는 모든 사람이 어떤 컴퓨터나 운영체제 또는 웹 브라우저를 사용하든지 또는 어떤 환경에 처해 있든지에 구애받지 않고, 웹 사이트에서 제공하는 모든 정보에 접근하고 이용할 수 있도록 보장하는 것

인식의 용이성

사용자가 장애 유무 등에 관계없이 웹 사이트에서 제공하는 모든 콘텐츠를 동등하게 인식할 수 있도록 콘텐츠를 제공하는 것

이해의 용이성

사용자가 장애 유무 등에 관계없이 웹 사이트에서 제공하는 콘텐츠를 이해할 수 있도록 제공하는 것

모범답안

2) 웹 접근성

3) ㉣ 콘텐츠는 색에 무관하게 인식될 수 있어야 한다.
㉤ 사용자가 의도하지 않은 기능(새 창, 초점 변화 등)은 실행되지 않아야 한다.

2016학년도 유아 A3

03 다음은 ○○특수학교의 황 교사와 민 교사의 대화이다. 물음에 답하시오. [5점]

> 민 교사: 우리 반의 현주는 소근육 발달 문제로 마우스 사용이 조금 어려웠는데, 얼마 전에 아버님께서 학교에 있는 것과 같은 터치스크린 PC로 바꾸어주셨대요. 그래서 지금은 집에서도 스스로 유아용 웹사이트에 들어가서 영상을 보거나 간단한 교육용 게임을 하기도 한다는 군요.
>
> 황 교사: 그렇군요. 누구든지 장애에 관계없이 웹사이트를 통해 원하는 서비스를 이용할 수 있도록 (㉢)이/가 보장되어야 한다고 생각해요.
>
> 민 교사: 맞아요. 그러고 보니 이번에 학교 홈페이지를 새롭게 만들고 있는데, ㉣ 홈페이지의 구성을 내용에 따라 다양한 색으로 처리하여 구별할 수 있도록 하면 좋겠어요. 그리고 ㉤ 홈페이지에 접속하면 팝업창이 자동으로 뜨게 하면 좋겠어요.
>
> 황 교사: 아이들이 들어와서 친구들 사진이나 학교 행사 영상 등을 볼 테니까 ㉥ 화면 구성은 가능한 한 간단하게 구성하면 좋겠지요. ㉦ 페이지의 프레임 사용도 가능한 한 제한하면 좋을 것 같고요.

웹 접근성의 정의

2) ㉢에 들어갈 말을 쓰시오. [1점]

3) ㉣~㉦의 내용 중 시각장애 유아의 특성을 고려할 때 정보 인식을 방해하는 내용 2가지를 찾아 그 기호와 이유를 각각 쓰시오. [2점]

기본이론 83-91p

- 인식의 용이성
- 운용의 용이성

한국형 웹 접근성 지침 2.1의 원칙과 실제
- 인식의 용이성
- 운용의 용이성
- 이해의 용이성
- 견고성

운용의 용이성
- 사용자 인터페이스 구성요소는 조작 가능하고 내비게이션할 수 있어야 함
- 사용자가 장애 유무 등에 관계없이 웹 사이트에서 제공하는 모든 기능을 운용할 수 있게 제공하는 것

ⓗ 깜빡이거나 번쩍이는 콘텐츠는 빛에 민감한 S에게 광과민성 발작을 유발할 수 있기 때문에 주의해야 한다.

2017학년도 중등 B6

04 **(가)는 학생 S의 특성이고, (나)는 사회과 '도시의 위치와 특징' 단원의 전개 계획이다. ⓗ의 이유를 서술하시오. [5점]**

(가) 학생 S의 특성

- 황반변성증으로 교정시력이 0.1이며, 눈부심이 있음
- 묵자와 점자를 병행하여 학습하고, 컴퓨터 사용을 많이 함
- 주의집중력이 좋으나, 지체·중복장애로 인해 상지의 기능적 사용에 어려움이 있고, 빛에 매우 민감하게 반응함
- 키보드를 통한 자료 입력 시 손이 계속 눌려 특정 음운이 연속해서 입력되는 경우가 자주 있음(예 ㄴㄴㄴㄴ)

(나) '도시의 위치와 특징' 단원 전개 계획

차시	주요 학습 내용	학생 S를 위한 고려사항
7	관련 웹 콘텐츠를 통해 단원 평가하기	• ⓜ 색에 관계없이 인식될 수 있는 콘텐츠를 활용함 • ⓗ 깜빡이거나 번쩍이는 콘텐츠가 없는 사이트를 활용함

ⓜ 인식의 용이성

기본이론 88-91p

운용의 용이성

한국형 웹 접근성 지침 2.1의 원칙과 실제
- 인식의 용이성
- 운용의 용이성
- 이해의 용이성
- 견고성

운용의 용이성
- 사용자 인터페이스 구성요소는 조작 가능하고 내비게이션할 수 있어야 함
- 사용자가 장애 유무 등에 관계없이 웹 사이트에서 제공하는 모든 기능을 운용할 수 있게 제공하는 것

ⓞ 콘텐츠의 모든 기능은 키보드만으로 사용할 수 있어야 한다.

2020학년도 초등 A2

05 (가)는 특수교육지원센터의 공학기기 선정을 위한 협의회 자료의 일부이고, (나)는 협의회 회의록 내용의 일부이다. 물음에 답하시오. [6점]

(나) 협의회 회의록

일시	2019년 3월 13일 15 : 00	장소	회의실
…(중략)…			
[C] 웹 콘텐츠 제작 시 고려사항 ⓜ 읽거나 사용하는 데 충분한 시간을 제공함 ⓑ 콘텐츠의 깜빡임 사용을 제한하여 광과민성 발작 유발을 예방함 ⓢ 빠르고 편리한 사용을 위하여 반복되는 메뉴를 건너 뛸 수 있게 함 ⓞ 콘텐츠의 모든 기능에 음성 인식으로 접근하여 사용할 수 있도록 함			

2) '한국형 웹 콘텐츠 접근성 지침 2.1'(개정일 2015. 3. 31.) 중 '운용의 용이성'에 근거하여, (나)의 [C]에서 적절하지 <u>않은</u> 것을 찾아 기호를 쓰고 바르게 고쳐 쓰시오. [2점]

기본이론 83-91p

- 인식의 용이성
- 운용의 용이성

한국형 웹 접근성 지침 2.1의 원칙과 실제

- 인식의 용이성
- 운용의 용이성
- 이해의 용이성
- 견고성

- 학생 L은 청지각 변별과 색 변별에 어려움이 있으므로 웹 접근성 지침 중 인식의 용이성을 고려해야 한다.
- 학생 M은 반짝이고 동적인 시각 자극에 민감하고 마우스 사용에 어려움이 있으므로 웹 접근성 지침 중 운용의 용이성을 고려해야 한다.

2021학년도 중등 B10

06 **(가)는 미술과 수업을 위해 작성한 수업 계획의 일부이고, (나)는 컴퓨터 보조수업(Computer Assisted Instruction ; CAI)의 사용자 인터페이스이다. 〈작성방법〉에 따라 서술하시오. [4점]**

(가) 수업 계획

구분		내용
학생 특성	L	• 청지각 변별에 어려움이 있어 동영상 자료 활용 시 자막이 있어야 함 • 색 변별에 어려움이 있어 색상 단서만으로 자료 특성을 구별하기 어려움 • 낯선 장소나 상황에 적응하는 것이 어려움
	M	• 반짝이고 동적인 시각 자극에 민감하여 종종 발작 증세가 나타남 • 마우스 사용이 어려우며 모든 기능을 키보드로 조작함 • 학습한 과제의 일반화에 어려움을 보임
지도 내용		• 현장체험활동 사전 교육 – 미술관 웹사이트 검색하기 – CAI를 이용하여 실제 상황과 유사하게 미술관 관람하기 …(하략)…

작성방법

(가)에서 고려해야 할 웹 접근성 지침상의 원리를 학생 L, M 특성과 관련지어 각각 1가지를 쓸 것(단, '한국형 웹 콘텐츠 접근성 지침 2.1'에 근거할 것)

참고자료

기본이론 83-87p

키워드

인식의 용이성

구조화 틀

한국형 웹 접근성 지침 2.1의 원칙과 실제
- 인식의 용이성
- 운용의 용이성
- 이해의 용이성
- 견고성

핵심개념

모범답안

㉠ 텍스트 아닌 콘텐츠는 그 의미나 용도를 이해할 수 있도록 대체 텍스트를 제공해야 한다.
㉡ 멀티미디어 콘텐츠에는 자막, 대본 또는 수어를 제공해야 한다.

2023학년도 초등 B1

07 **원격수업 역량강화 연수 후 ○○교육청 홈페이지에 올라온 질의응답 내용이다. 물음에 답하시오. [6점]**

질문 ㉠ <u>화면읽기 프로그램을 사용하는 시각장애 학생이 [A]를 활용하고</u>, ㉡ <u>보청기를 착용해도 들을 수 없는 청각장애 학생이 [B]의 내용을 이해</u>하기 위해서는 어떤 지원이 필요한가요?

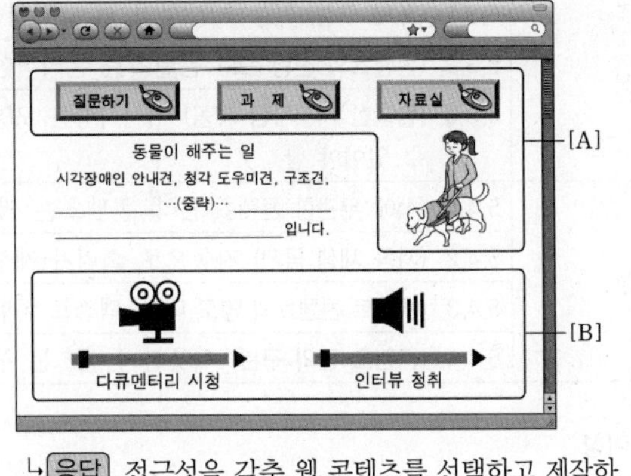

↳ 응답 접근성을 갖춘 웹 콘텐츠를 선택하고 제작하여야 합니다.

1) '한국형 웹 콘텐츠 접근성 지침 2.1'(개정일 2015. 3. 31.)의 '인식의 용이성'에 근거하여, 웹 콘텐츠 선택 및 제작 시 ㉠과 ㉡을 위해 필요한 준수 사항을 각각 1가지씩 쓰시오. (단, '명료성' 지침은 제외할 것) [2점]

확장하기

한국형 웹 접근성 지침 2.2의 원칙과 실제(웹 접근성 연구소, www.wah.or.kr)

1. 원칙 1 : 인식의 용이성

지침(4개)	검사 항목(9개)
5.1. 대체 텍스트	5.1.1. (적절한 대체 텍스트 제공) 텍스트 아닌 콘텐츠는 그 의미나 용도를 인식할 수 있도록 대체 텍스트를 제공해야 함
5.2. 멀티미디어 대체수단	5.2.1. (자막 제공) 멀티미디어 콘텐츠에는 자막, 대본 또는 수어를 제공해야 함
5.3. 적응성	5.3.1. (표의 구성) 표는 이해하기 쉽게 구성해야 함
	5.3.2. (콘텐츠의 선형구조) 콘텐츠는 논리적인 순서로 제공해야 함
	5.3.3. (명확한 지시사항 제공) 지시사항은 모양, 크기, 위치, 방향, 색, 소리 등에 관계없이 인식될 수 있어야 함
5.4. 명료성	5.4.1. (색에 무관한 콘텐츠 인식) 콘텐츠는 색에 관계없이 인식될 수 있어야 함
	5.4.2. (자동 재생 금지) 자동으로 소리가 재생되지 않아야 함
	5.4.3. (텍스트 콘텐츠의 명도 대비) 텍스트 콘텐츠의 배경 간 명도 대비는 4.5 대 1 이상이어야 함
	5.4.4. (콘텐츠 간의 구분) 이웃한 콘텐츠는 구별될 수 있어야 함

2. 원칙 2 : 운용의 용이성

지침(5개)	검사 항목(15개)
6.1. 입력장치 접근성	6.1.1. (키보드 사용 보장) 모든 기능은 키보드만으로도 사용할 수 있어야 함
	6.1.2. (초점 이동과 표시) 키보드에 의한 초점은 논리적으로 이동해야 하며, 시각적으로 구별할 수 있어야 함
	6.1.3. (조작 가능) 사용자 입력 및 콘트롤은 조작 가능하도록 제공되어야 함
	6.1.4. (문자 단축키) 문자 단축키는 오동작으로 인한 오류를 방지하여야 함
6.2. 충분한 시간 제공	6.2.1. (응답시간 조절) 시간제한이 있는 콘텐츠는 응답시간을 조절할 수 있어야 함
	6.2.2. (정지 기능 제공) 자동으로 변경되는 콘텐츠는 움직임을 제어할 수 있어야 함
6.3. 광과민성 발작 예방	6.3.1. (깜빡임과 번쩍임 사용 제한) 초당 3 ~ 50회 주기로 깜빡이거나 번쩍이는 콘텐츠를 제공하지 않아야 함
6.4. 쉬운 내비게이션	6.4.1. (반복 영역 건너뛰기) 콘텐츠의 반복되는 영역은 건너뛸 수 있어야 함
	6.4.2. (제목 제공) 페이지, 프레임, 콘텐츠 블록에는 적절한 제목을 제공해야 함
	6.4.3. (적절한 링크 텍스트) 링크 텍스트는 용도나 목적을 이해할 수 있도록 제공해야 함
	6.4.4. (고정된 참조 위치 정보) 전자출판문서 형식의 웹 페이지는 각 페이지로 이동할 수 있는 기능이 있어야 하고, 서식이나 플랫폼에 상관없이 참조 위치 정보를 일관되게 제공·유지해야 함
6.5. 입력 방식	6.5.1. (단일 포인터 입력 지원) 다중 포인터 또는 경로기반 동작을 통한 입력은 단일 포인터 입력으로도 조작할 수 있어야 함
	6.5.2. (포인터 입력 취소) 단일 포인터 입력으로 실행되는 기능은 취소할 수 있어야 함
	6.5.3. (레이블과 네임) 텍스트 또는 텍스트 이미지가 포함된 레이블이 있는 사용자 인터페이스 구성요소는 네임에 시각적으로 표시되는 해당 텍스트를 포함해야 함
	6.5.4. (동작기반 작동) 동작기반으로 작동하는 기능은 사용자 인터페이스 구성요소로 조작할 수 있고, 동작기반 기능을 비활성화할 수 있어야 함

3. 원칙 3 : 이해의 용이성

지침(3개)	검사 항목(7개)
7.1. 가독성	7.1.1. (기본 언어 표시) 주로 사용하는 언어를 명시해야 함
7.2. 예측 가능성	7.2.1. (사용자 요구에 따른 실행) 사용자가 의도하지 않은 기능(새 창, 초점에 의한 맥락 변화 등)은 실행되지 않아야 함
	7.2.2. (찾기 쉬운 도움 정보) 도움 정보가 제공되는 경우, 각 페이지에서 동일한 상대적인 순서로 접근할 수 있어야 함
7.3. 입력 도움	7.3.1. (오류 정정) 입력 오류를 정정할 수 있는 방법을 제공해야 함
	7.3.2. (레이블 제공) 사용자 입력에 대응하는 레이블을 재공해야 함
	7.3.3. (접근 가능한 인증) 인증 과정은 인지 기능 텍스트에만 의존해서는 안 됨
	7.3.4. (반복 입력 정보) 반복되는 입력 정보는 자동 입력 또는 선택 입력할 수 있어야 함

4. 원칙 4 : 견고성

지침(2개)	검사 항목(2개)
8.1. 문법 준수	8.1.1. (마크업 오류 방지) 마크업 언어의 요소는 열고 닫음, 중첩 관계 및 속성 선언에 오류가 없어야 함
8.2. 웹 애플리케이션 접근성	8.2.1. (웹 애플리케이션 접근성 준수) 콘텐츠가 포함된 웹 애플리케이션은 접근성이 있어야 함

한국형 웹 접근성 지침 2.1과 2.2 비교

KCS.OT-10.0003/R3와 KCS.OT-10.0003/R2 목차 전후 대조표

KCS.OT-10.0003/R3	R2 대조	KCS.OT-10.0003/R2	R3 대조
5. 인식의 용이성		5. 인식의 용이성	
5.1. 대체 텍스트		5.1. 대체 텍스트	
5.1.1. 적절한 대체 텍스트 제공		5.1.1. 적절한 대체 텍스트 제공	
5.2. 멀티미디어 대체 수단		5.2. 멀티미디어 대체 수단	
5.2.1. 자막 제공		5.2.1. 자막 제공	
5.3. 적응성	**신규**		
5.3.1. 표의 구성	7.3.2.		
5.3.2. 콘텐츠의 선형구조	7.3.1.		
5.3.3. 명확한 지시사항 제공	5.3.2.		
5.4. 명료성	5.3.	5.3. 명료성	5.4.
5.4.1. 색에 무관한 콘텐츠 인식	5.3.1.	5.3.1. 색에 무관한 콘텐츠 인식	5.4.1.
5.4.2. 자동 재생 금지	5.3.4.	5.3.2. 명확한 지시 사항 제공	5.3.3.
5.4.3. 텍스트 콘텐츠의 명도 대비	5.3.3.	5.3.3. 텍스트 콘텐츠의 명도 대비	5.4.3.
5.4.4. 콘텐츠 간의 구분	5.3.5.	5.3.4. 자동 재생 금지	5.4.2.
		5.3.5. 콘텐츠 간의 구분	5.4.4.

6. 운용의 용이성		6. 운용의 용이성	
6.1. 입력장치 접근성		6.1. 입력장치 접근성	
6.1.1. 키보드 사용 보장		6.1.1. 키보드 사용 보장	
6.1.2. 초점 이동		6.1.2. 초점 이동	
6.1.3. 조작 가능		6.1.3. 조작 가능	
6.1.4. 문자 단축키	**신규**		
6.2. 충분한 시간 제공		6.2. 충분한 시간 제공	
6.2.1. 응답시간 조절		6.2.1. 응답시간 조절	
6.2.2. 정지 기능 제공		6.2.2. 정지 기능 제공	
6.3. 광과민성 발작 예방		6.3. 광과민성 발작 예방	
6.3.1. 깜빡임과 번쩍임 사용 제한		6.3.1. 깜빡임과 번쩍임 사용 제한	
6.4. 쉬운 내비게이션		6.4. 쉬운 내비게이션	
6.4.1. 반복 영역 건너뛰기		6.4.1. 반복 영역 건너뛰기	
6.4.2. 제목 세공		6.4.2. 제목 제공	
6.4.3. 적절한 링크 텍스트		6.4.3. 적절한 링크 텍스트	
6.4.4. 고정된 참조 위치 정보	**신규**		
6.5. 입력 방식	**신규**		
6.5.1. 단일 포인터 입력 지원	**신규**		
6.5.2. 포인터 입력 취소	**신규**		
6.5.3. 레이블과 네임	**신규**		
6.5.4. 동작기반 작동	**신규**		
7. 이해의 용이성		7. 이해의 용이성	
7.1. 가독성		7.1. 가독성	
7.1.1. 기본 언어 표시		7.1.1. 기본 언어 표시	
7.2. 예측 가능성		7.2. 예측 가능성	
7.2.1. 사용자 요구에 따른 실행		7.2.1. 사용자 요구에 따른 실행	
7.2.2. 찾기 쉬운 정보	**신규**		
		7.3. 콘텐츠의 논리성	삭제
		7.3.1. 콘텐츠의 선형 구조	5.3.2.
		7.3.2. 표의 구성	5.3.1.
7.3. 입력 도움		7.4. 입력 도움	7.3.
7.3.1. 오류 정정		7.4.1. 레이블 제공	7.3.2.
7.3.2. 레이블 제공		7.4.2. 오류 정정	7.3.1.
7.3.3. 접근 가능한 인증	**신규**		
7.3.4. 반복 입력 정보	**신규**		
8. 견고성		8. 견고성	
8.1. 문법 준수		8.1. 문법 준수	
8.1.1. 마크업 오류 방지		8.1.1. 마크업 오류 방지	
8.2.1. 웹 애플리케이션 접근성 준수		8.2.1. 웹 애플리케이션 접근성 준수	

- 원칙 4개
- 지침 14개: 13개 → 14개, 신규 2개, 삭제 1개
- 검사항목 33개: 24개 → 33개, 신규 9개

CHAPTER 10

보편적 학습설계

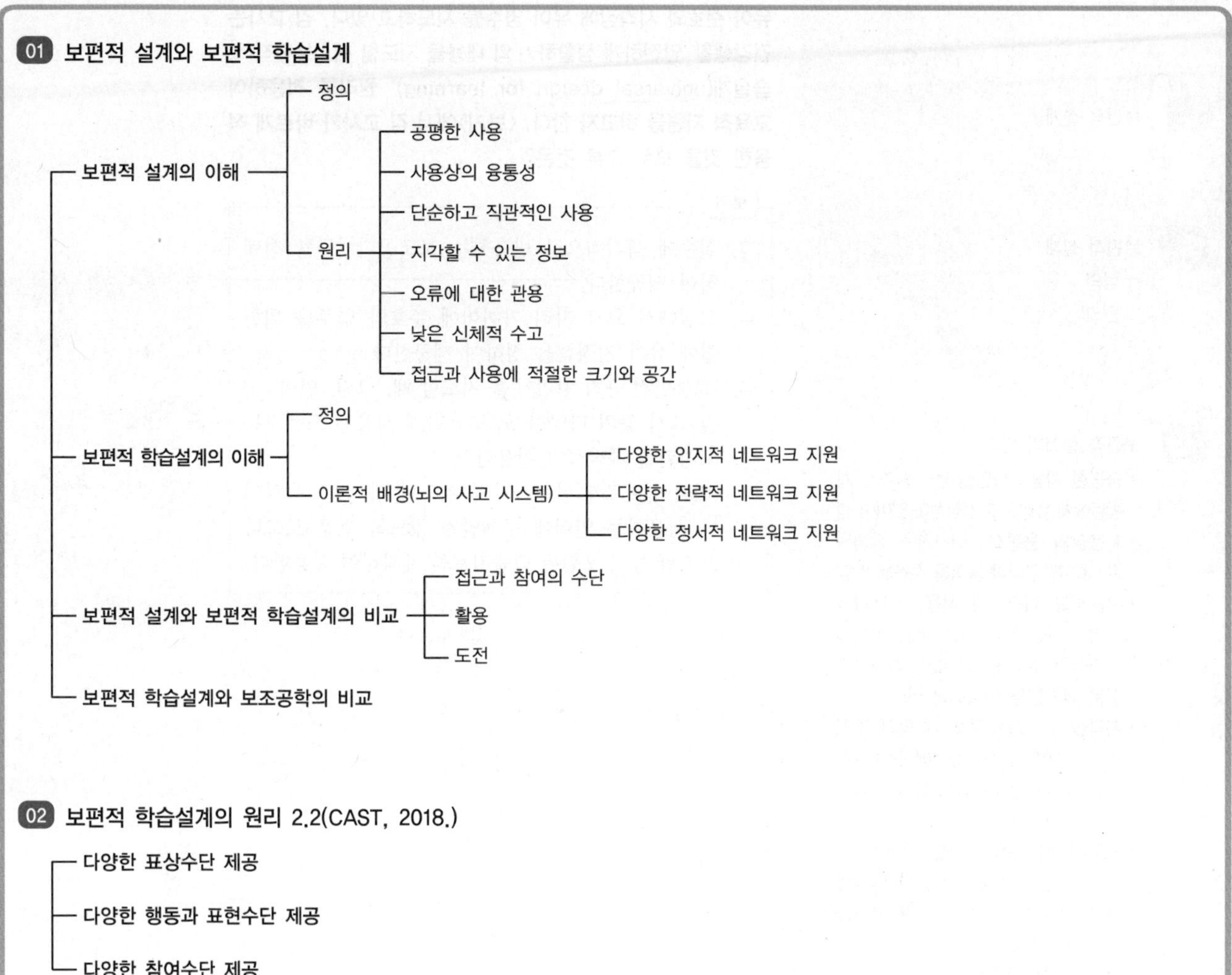

01 보편적 설계와 보편적 학습설계
보편적 설계의 이해
정의
원리
공평한 사용
사용상의 융통성
단순하고 직관적인 사용
지각할 수 있는 정보
오류에 대한 관용
낮은 신체적 수고
접근과 사용에 적절한 크기와 공간
보편적 학습설계의 이해
정의
이론적 배경(뇌의 사고 시스템)
다양한 인지적 네트워크 지원
다양한 전략적 네트워크 지원
다양한 정서적 네트워크 지원
보편적 설계와 보편적 학습설계의 비교
접근과 참여의 수단
활용
도전
보편적 학습설계와 보조공학의 비교
02 보편적 학습설계의 원리 2.2(CAST, 2018.)
다양한 표상수단 제공
다양한 행동과 표현수단 제공
다양한 참여수단 제공

기본이론 98-99p

보편적 설계

보편적 설계
- 정의
- 원리

보편적 설계의 원리

- **공평한 사용**: 다양한 능력을 가진 사람들에게 유용하고 시장성이 있어야 함
- **사용상의 융통성**: 디자인은 광범위한 개인적 성향과 능력을 수용해야 함
- **단순하고 직관적인 사용**: 사용자의 경험, 지식, 언어 기술 또는 현재의 주의집중 수준에 관계없이 이해하기 쉬운 디자인을 이용해야 함
- **지각할 수 있는 정보**: 주의의 조건 또는 사용자의 지각능력에 관계없이 사용자에게 필요한 정보를 효과적으로 전달해야 함
- **오류에 대한 관용**: 우발적이거나 의도하지 않은 행동으로 인해 발생할 수 있는 위험하고 부정적인 결과를 최소화해야 함
- **낮은 신체적 수고**: 효율적이고 편리하게, 최소한의 신체적 노동으로 사용할 수 있어야 함
- **접근과 사용에 적절한 크기와 공간**: 사용자의 신체적 크기, 자세 혹은 이동성에 상관없이 접근, 도달, 작동 그리고 활용할 수 있는 적절한 크기와 공간을 제공해야 함

③

2010학년도 유아 18

01 **통합 유치원의 김 교사는 휠체어를 사용하는 지체장애 유아 준호와 시각장애 유아 영주를 지도하고 있다. 김 교사는 건강생활 '안전하게 생활하기'의 내용을 지도할 때, '보편적 학습설계(universal design for learning)' 원리를 적용하여 교육적 지원을 하고자 한다. 〈보기〉에서 김 교사가 바르게 적용한 것을 모두 고른 것은?**

보기

ㄱ. 실수에 즉각적으로 반응하는 보조공학기구를 선택하여 제공한다. — ㄱ. 오류에 대한 관용

ㄴ. 교실에서 교사 자리 가까이에 준호와 영주를 위한 장애 유아 지정석을 정하여 제공한다. — ㄴ. 공평한 사용

ㄷ. '교통안전 규칙 지키기'를 지도할 때, 그림, 언어, 촉각 표시 등의 다양한 모드가 함께 사용된 도로교통 표지판을 제작하여 활용한다. — ㄷ. 지각할 수 있는 정보

ㄹ. '미디어 바르게 활용하기'를 지도할 때, 지적 능력이나 사용하는 언어에 구애받지 않도록 쉬운 로고나 표지판 등이 포함된 학습자료를 제작하여 활용한다. — ㄹ. 단순하고 직관적인 사용

① ㄱ, ㄴ
② ㄴ, ㄷ
③ ㄷ, ㄹ
④ ㄱ, ㄴ, ㄹ
⑤ ㄱ, ㄷ, ㄹ

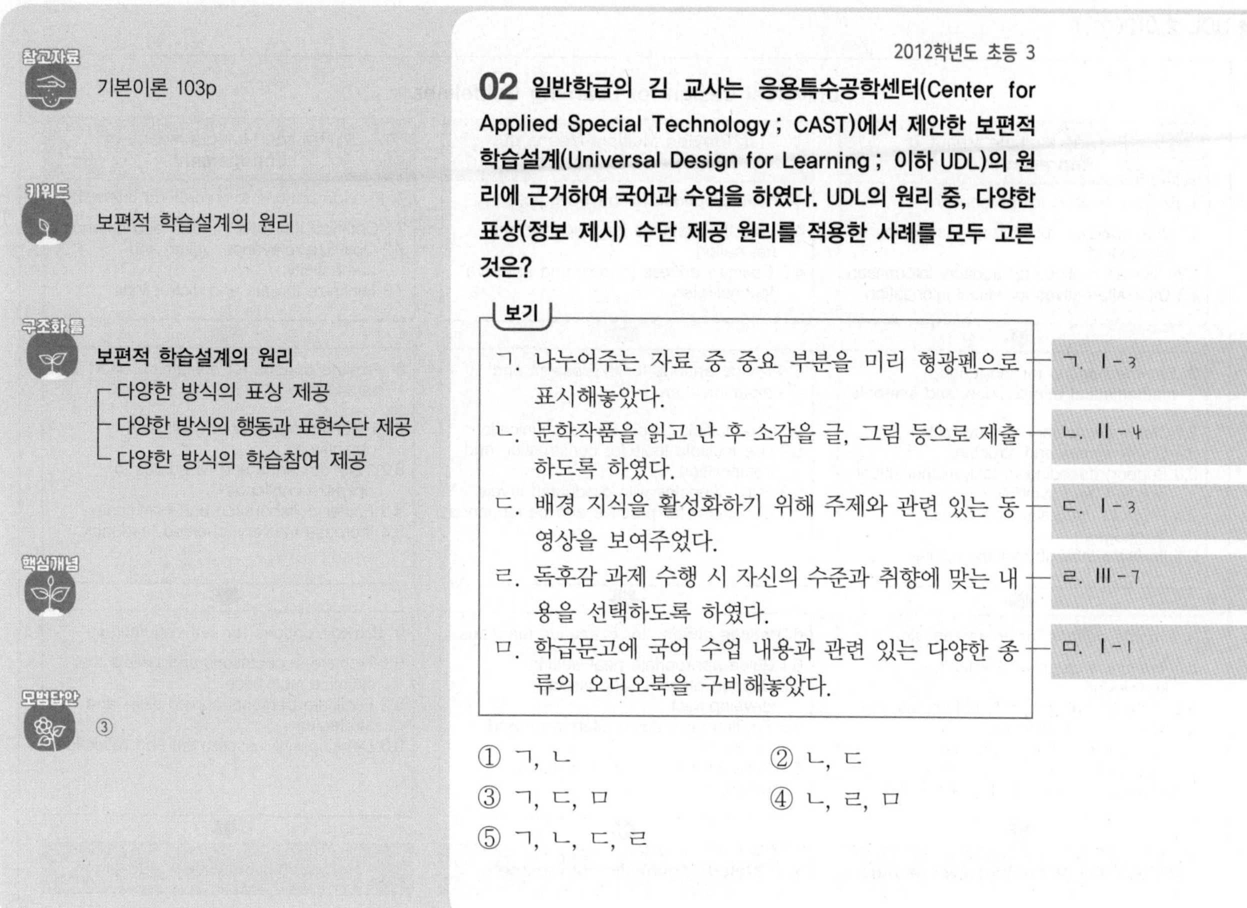

참고자료

기본이론 103p

키워드

보편적 학습설계의 원리

구조화틀

보편적 학습설계의 원리
- 다양한 방식의 표상 제공
- 다양한 방식의 행동과 표현수단 제공
- 다양한 방식의 학습참여 제공

핵심개념

모범답안

③

2012학년도 초등 3

02 일반학급의 김 교사는 응용특수공학센터(Center for Applied Special Technology ; CAST)에서 제안한 보편적 학습설계(Universal Design for Learning ; 이하 UDL)의 원리에 근거하여 국어과 수업을 하였다. UDL의 원리 중, 다양한 표상(정보 제시) 수단 제공 원리를 적용한 사례를 모두 고른 것은?

보기

ㄱ. 나누어주는 자료 중 중요 부분을 미리 형광펜으로 표시해놓았다. — ㄱ. Ⅰ-3

ㄴ. 문학작품을 읽고 난 후 소감을 글, 그림 등으로 제출하도록 하였다. — ㄴ. Ⅱ-4

ㄷ. 배경 지식을 활성화하기 위해 주제와 관련 있는 동영상을 보여주었다. — ㄷ. Ⅰ-3

ㄹ. 독후감 과제 수행 시 자신의 수준과 취향에 맞는 내용을 선택하도록 하였다. — ㄹ. Ⅲ-7

ㅁ. 학급문고에 국어 수업 내용과 관련 있는 다양한 종류의 오디오북을 구비해놓았다. — ㅁ. Ⅰ-1

① ㄱ, ㄴ ② ㄴ, ㄷ

③ ㄱ, ㄷ, ㅁ ④ ㄴ, ㄹ, ㅁ

⑤ ㄱ, ㄴ, ㄷ, ㄹ

확장하기

보편적 학습설계의 원리 2.2(CAST, 2018.)

	인지적 신경망, 학습의 내용	전략적 신경망, 학습의 방법	정서적 신경망, 학습의 이유
	Ⅰ. 다양한 표상수단 제공	Ⅱ. 다양한 행동과 표현수단 제공	Ⅲ. 다양한 참여수단 제공
접근	1. 지각을 위한 선택권 제공 • 정보 제시를 맞춤화하는 방식 제공하기 • 청각 정보의 대안 제공하기 • 시각 정보의 대안 제공하기	4. 신체적 행동의 선택권 제공 • 응답 및 탐색 방식 다양화하기 • 도구, 보조공학에 대한 접근 최적화하기	7. 흥미를 북돋우는 선택권 제공 • 개인의 선택과 자율성 최적화하기 • 관련성, 가치, 진정성 최대화하기 • 위협과 혼란(주의산만) 최소화하기
증강	2. 언어·상징의 선택권 제공 • 어휘와 상징 명확히 하기 • 구문과 구조 명확히 하기 • 텍스트, 수학 표기법, 상징의 해독 지원하기 • 언어에 관계없이 이해 촉진하기 • 멀티미디어로 설명하기	5. 표현과 의사소통의 선택권 제공 • 의사소통을 위해 멀티미디어 사용하기 • 구조와 구성을 위해 다양한 도구 사용하기 • 연습과 수행에 대한 지원을 점차 줄이면서 유창성 구축하기	8. 노력과 일관성의 지속을 돕는 선택권 제공 • 목적과 목표의 중요성 강조하기 • 도전을 최적화하기 위해 요구와 자원을 변경하기 • 협력과 공동체 육성하기 • 숙달 지향적 피드백 증대하기
내면화	3. 이해를 돕는 선택권 제공 • 배경지식을 활성화하거나 보완하기 • 패턴, 중요한 특징, 아이디어, 관계 강조하기 • 정보처리 및 시각화 안내하기 • 전이와 일반화 최대화하기	6. 실행기능을 돕는 선택권 제공 • 적절한 목적 설정 안내하기 • 계획과 전략 개별 지원하기 • 정보 및 자원 관리 촉진하기 • 진보 점검 능력 증진하기	9. 자기조절을 돕는 선택권 제공 • 동기부여를 최적화하는 기대와 신념 정리하기 • 개인적 대처기술과 전략 촉진하기 • 자기평가와 반성 개발하기
	자원 및 지식이 풍부한 학습자	전략적이고 목적 지향적인 학습자	목적이 있고 동기화된 학습자

UDL 2.0(2011.)

Universal Design for Learning Guidelines

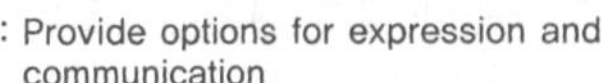

I. Provide Multiple Means of Representation	II. Provide Multiple Means of Action and Expression	III. Provide Multiple Means of Engagement
1: Provide options for perception 1.1 Offer ways of customizing the display of information 1.2 Offer alternatives for auditory information 1.3 Offer alternatives for visual information	4: Provide options for physical action 4.1 Vary the methods for response and navigation 4.2 Optimize access to tools and assistive technologies	7: Provide options for recruiting interest 7.1 Optimize individual choice and autonomy 7.2 Optimize relevance, value, and authenticity 7.3 Minimize threats and distractions
2: Provide options for language, mathematical expressions, and symbols 2.1 Clarify vocabulary and symbols 2.2 Clarify syntax and structure 2.3 Support decoding of text, mathematical notation, and symbols 2.4 Promote understanding across languages 2.5 Illustrate through multiple media	5: Provide options for expression and communication 5.1 Use multiple media for communication 5.2 Use multiple tools for construction and composition 5.3 Build fluencies with graduated levels of support for practice and performance	8: Provide options for sustaining effort and persistence 8.1 Heighten salience of goals and objectives 8.2 Vary demands and resources to optimize challenge 8.3 Foster collaboration and community 8.4 Increase mastery-oriented feedback
3: Provide options for comprehension 3.1 Activate or supply background knowledge 3.2 Highlight patterns, critical features, big ideas, and relationships 3.3 Guide information processing, visualization, and manipulation 3.4 Maximize transfer and generalization	6: Provide options for executive functions 6.1 Guide appropriate goal-setting 6.2 Support planning and strategy development 6.3 Facilitate managing information and resources 6.4 Enhance capacity for monitoring progress	9: Provide options for self-regulation 9.1 Promote expectations and beliefs that optimize motivation 9.2 Facilitate personal coping skills and strategies 9.3 Develop self-assessment and reflection
Resourceful, knowledgeable learners	Strategic, goal-directed learners	Purposeful, motivated learners

UDL 2.2(2018.)

	Provide multiple means of **Engagement** Affective Networks The "WHY" of learning	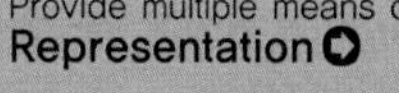 Provide multiple means of **Representation** Recognition Networks The "WHAT" of learning	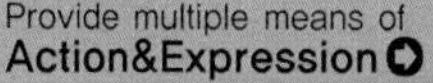 Provide multiple means of **Action&Expression** 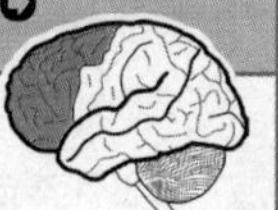 Strategic Networks The "HOW" of learning
Access	Provide options for **Recruiting Interest (7)** • Optimize individual choice and autonomy (7.1) 〉 • Optimize relevance, value, and authenticity (7.2) 〉 • Minimize threats and distractions (7.3) 〉	Provide options for **Perception (1)** • Offer ways of customizing the display of information (1.1) 〉 • Offer alternatives for auditory information (1.2) 〉 • Offer alternatives for visual information (1.2) 〉	Provide options for **Physical Action (4)** • Vary the methods for response and navigation (4.1) 〉 • Optimize access to tools and assistive technologies (4.2) 〉
Build	Provide options for **Sustaining Effort&Persistence (8)** • Heighten salience of goals and objectives (8.1) 〉 • Vary demands and resources to optimize challenge (8.2) 〉 • Foster collaboration and community (8.3) • Increase mastery-oriented feedback (8.4) 〉	Provide options for **Language&Symbols (2)** • Clarify vocabulary and symbols (2.1) 〉 • Clarify syntax and structure (2.2) 〉 • Support decoding of text, mathematical notation, and symbols(2.3) 〉 • Promote understanding across languages (2.4) 〉 • Illustrate through multiple media (2.5) 〉	Provide options for **Expression&Communication (5)** • Use multiple media for communication (5.1) 〉 • Use multiple tools for construction and composition (5.2) 〉 • Build fluencies with graduated levels of support for practice and performance (5.3) 〉
Internalize	Provide options for **Self Regulation (9)** • Promote expectations and beliefs that optimize motivation (9.1) 〉 • Facilitate personal coping skills and strategies (9.2) 〉 • Develop self-assessment and reflection (9.3) 〉	Provide options for **Comprehension (3)** • Activate or supply background knowledge (3.1) 〉 • Highlight patterns, critical features, big ideas, and relationships (3.2) 〉 • Guide information processing and visualization (3.3) 〉 • Maximize transfer and generalization (3.4) 〉	Provide options for **Executive Functions (6)** • Guide appropriate goal-setting (6.1) 〉 • Support planning and strategy development (6.2) 〉 • Facilitate managing information and resources (6.3) 〉 • Enhance capacity for monitoring progress (6.4) 〉

참고자료

기본이론 101p

키워드

보편적 학습설계의 이론적 배경 (뇌의 사고 시스템)

구조화틀

UDL의 이론적 배경(뇌의 사고 시스템)
- 다양한 인지적 네트워크 지원
- 다양한 전략적 네트워크 지원
- 다양한 정서적 네트워크 지원

핵심개념

보편적 학습설계의 이론적 배경

다양한 인지적 네트워크 지원

〈원리 1〉
인지적 학습을 지원하기 위해 다양하고 융통성 있는 표상 방법을 제공함
- 다양한 사례 제공
- 핵심적인 특징 강조
- 다양한 매체와 형태 제공
- 배경맥락 지원

다양한 전략적 네트워크 지원

〈원리 2〉
전략적 학습을 지원하기 위해 다양하고 융통성 있는 행위 및 표현방법을 제공함
- 융통성 있고 고도로 숙련된 수행 모델 제공
- 지원과 함께 연습기회 제공
- 지속적이고 적절한 피드백 제공
- 기능을 시범 보일 수 있는 융통성 있는 기회를 제공

다양한 정서적 네트워크 지원

〈원리 3〉
정서적 학습을 지원하기 위해 다양하고 융통성 있는 참여를 위한 선택권을 제공함
- 내용과 도구에 관한 선택의 여지 제공
- 조절 가능한 도전 수준의 제공
- 보상에 관한 선택의 여지 제공
- 학습 맥락에 관한 선택의 여지 제공

모범답안

②

2011학년도 중등 40

03 다음에 설명하는 보편적 학습설계(universal design for learning)의 원리에 해당하는 것만을 〈보기〉에서 모두 고른 것은? [2.5점]

- 이 원리는 응용특수공학센터(Center for Applied Special Technology)에서 장애학생을 포함한 모든 학생이 교육과정에 접근할 수 있도록 하기 위하여 제안한 세 가지 원리 중의 하나이다.
- 이 원리는 뇌가 어떻게 학습하는지에 관한 뇌 사고 시스템 연구에서 밝혀낸 '전략적 시스템'과 연관되어 있다.
- 이 원리에는 장애학생을 비롯한 모든 학생의 학업 성취도를 측정하고 평가하기 위해서 교육과정 내에 다양한 옵션(options)을 마련하는 것이 포함된다.

보기

ㄱ. 학생 개개인의 인지능력을 고려하여 다양한 옵션의 기억 지원 방법을 제공한다. — ㄱ. I-1

ㄴ. 학생 개개인의 운동능력을 고려하여 다양한 옵션의 신체적 반응 양식을 제공한다. — ㄴ. II-4

ㄷ. 학생의 동기를 최대화하기 위해 다양한 옵션의 도전과 지원 수준을 마련해준다. — ㄷ. III-8

ㄹ. 학생 개개인의 표현 능력을 향상시키기 위해 다양한 옵션의 글쓰기 도구를 제공한다. — ㄹ. II-5

ㅁ. 학생 개개인의 이해를 돕기 위해 배경 지식을 활성화할 수 있는 다양한 옵션을 제공한다. — ㅁ. I-3

① ㄱ, ㅁ　② ㄴ, ㄹ
③ ㄱ, ㄷ, ㅁ　④ ㄱ, ㄹ, ㅁ
⑤ ㄴ, ㄷ, ㄹ

참고자료

기본이론 103p

키워드

보편적 학습설계의 원리

구조화 틀

보편적 학습설계의 원리
- 다양한 방식의 표상 제공
- 다양한 방식의 행동과 표현수단 제공
- 다양한 방식의 학습참여 제공

핵심개념

모범답안

②

2013학년도 중등 18

04 다음은 중학교에서 통합교육을 받고 있는 중도·중복장애 학생 A~E를 위해 교사들이 실행한 수업 사례이다. 각각의 사례에 대한 설명으로 옳은 것만을 〈보기〉에서 있는 대로 고른 것은? [2.5점]

박 교사: 과학시간에 심장의 구조와 생리를 지도하면서 학생 A에게는 의사소통 기술을 지도하였다.
이 교사: '지역의 문화재 알기' 주제로 모둠별 협동학습을 실시하였는데, 학생 B가 속한 모둠은 '문화재 지도 만들기'를 하였다.
김 교사: 사회과 수업목표를 지역사회 공공기관에서 일하는 사람들의 역할 익히기에 두고, 학생 C는 지역사회 공공기관 이름 익히기에 두었다.
정 교사: 체육시간에 농구공 넣기를 평가하기 위해 학생 D의 능력, 노력, 성취 측면을 고려하여 골대의 높이를 낮춰 수행 빈도를 측정하였다.
신 교사: 글을 읽지 못하는 학생 E를 위해 교과서를 텍스트 파일로 변환하고, 화면읽기 프로그램을 실행하여 교과서의 내용을 듣게 하였다.

Ⅰ-Ⅰ 정보제시의 맞춤화

보기

ㄱ. 학생 A에게 설정된 교육목표는 과학 교과 안에서의 교육목표 위계 개념에 기초하여 작성하였다.
ㄴ. 과제를 하는 동안 학생 B와 모둠 구성원 간에 상호의존성이 작용한다.
ㄷ. 학생 C에게는 '중첩교육과정'을 적용한 것이다.
ㄹ. 수업을 계획하는 과정에서 학생 D에게 적절한 성취준거를 설정하여 규준참조평가를 실시한다.
ㅁ. 학생 E에게 적용한 보편적 학습설계 원리는 '다양한 정보제시 수단의 제공'에 해당한다.

① ㄱ, ㄹ ② ㄴ, ㅁ
③ ㄷ, ㄹ ④ ㄱ, ㄴ, ㅁ
⑤ ㄴ, ㄷ, ㅁ

참고자료
기본이론 103p

키워드
보편적 학습설계의 원리

구조화틀
보편적 학습설계의 원리
- 다양한 방식의 표상 제공
- 다양한 방식의 행동과 표현수단 제공
- 다양한 방식의 학습참여 제공

핵심개념

모범답안
다양한 행동과 표현수단 제공의 원리

2013학년도 추가중등 B3

05 다음은 중학교 통합학급에서 참관실습을 하고 있는 A 대학교 특수교육과 2학년 학생의 참관후기와 김 교사의 피드백 일부이다. 물음에 답하시오. [5점]

> 다음 주부터 중간고사다. 은수가 통합학급의 친구들과 똑같이 시험을 볼 수 있을지 걱정이다. 초등학생이라면 간단한 작문 시험이나 받아쓰기 시험 시간에 특수교육 보조원이 옆에서 대신 써줄 수 있을 것 같은데, 은수와 같은 장애학생들에게는 다른 시험 방법을 적용해주면 좋을 것 같다.
>
> ㄴ 또래와 동일한 지필 시험을 보기 어려운 장애학생들을 위해서 시험 보는 방법을 조정해줄 수 있어요. 예를 들면, ㉡ <u>구두로 답하거나 컴퓨터를 사용하여 답하기, 대필자를 통해 답을 쓰게 할 수 있어요.</u> 다만 ㉢ <u>받아쓰기 시험시간에 대필을 해주는 것</u>은 적절하지 않습니다.

II-I
응답 및 탐색 방식 다양화

2) ㉡의 시험 방법 조정의 예는 보편적 학습설계의 3가지 원리 중 어떤 것에 해당되는지 쓰시오. [1점]

참고자료

기본이론 103p

키워드

보편적 학습설계의 원리

구조화 틀

보편적 학습설계의 원리
- 다양한 방식의 표상 제공
- 다양한 방식의 행동과 표현수단 제공
- 다양한 방식의 학습참여 제공

핵심개념

모범답안

- 다양한 행동과 표현수단 제공
- 다양한 참여수단 제공

2014학년도 유아 A1

06 **(가)는 장애 유아의 특성 및 단기목표이고, (나)는 유아특수교사와 유아교사가 응용특수공학센터(Center for Applied Special Technology ; CAST)에서 제안한 보편적 학습설계 원리를 적용하여 작성한 병설유치원 통합학급 5세 반 활동계획안의 일부이다. 물음에 답하시오. [5점]**

(가) 장애 유아의 특성 및 단기목표

유아	장애 유형	특성	단기목표
혜지	중도·중복 장애	• 뇌성마비로 인해 왼쪽 하지마비가 심하다. • ㉠ AAC 체계를 사용하여 10개 이내의 어휘로 자신의 생각과 요구 등을 표현한다.	(생략)
현구	자폐성 장애	• 주로 시각적 단서로 정보를 얻는다. • 선호하는 활동 및 친구에 대해서만 관심을 보이고 빙빙 도는 행동을 자주 한다.	활동에 참여하여 또래와 상호작용하기

(나) 활동계획안

활동명	낙엽이 춤춰요.	활동형태	대집단활동
활동목표	• 낙엽의 다양한 움직임을 알고 신체로 표현한다. • ㉡ 신체표현 활동을 즐기고 적극적으로 참여한다.		
활동자료	움직이는 낙엽의 모습이 담긴 동영상, PPT 자료, 움직임 카드 4장, 낙엽 그림 카드 4장		
활동방법			

- 낙엽의 움직임이 담긴 동영상을 감상한다.
  - 낙엽이 어떻게 움직이고 있나요?
  - 수업내용의 이해를 돕기 위해 낙엽 한 장의 움직임을 강조한 동영상 자료를 제시한다.
- 활동을 소개하고 움직임 그림 카드를 살펴본다.
  - 어떤 그림이 있죠? 어떻게 움직이면 좋을까?
- 움직임 카드에 따라 약속된 움직임을 표현한다. (㉢ 시작)
  - 약속한 움직임대로 낙엽이 움직이는 모습을 표현해 보자.
  - 유아는 카드를 보고, 몸짓 또는 손짓으로 낙엽의 움직임을 나타내거나 낙엽 그림 카드를 가리키거나 든다.

— 누웠습니다.	⌇ 우수수 떨어집니다.	◎ 빙글빙글 돕니다.	﹏ 데굴데굴 굴러갑니다.

- 카드의 수를 늘려가며 움직임을 연결하여 표현한다. ㉢
  - 모둠별로 움직여보자(파랑 모둠: 현구, 노랑 모둠: 혜지 포함).
  - 카드 2장을 보고 연결해서 낙엽처럼 움직여보자.
  - 도는 것을 좋아하는 현구와 친구들이 함께 낙엽이 움직임을 나타낸다.(예 낙엽이 빙글빙글 돌다가 데굴데굴 굴러갑니다.)
- 활동에 대한 생각과 느낌을 말이나 AAC를 사용해서 표현한다. (㉢ 끝)

3) (나)의 활동계획안 ㉢에 적용된 보편적 학습설계 원리 2가지를 쓰시오. [2점]

참고자료

기본이론 103p

키워드

보편적 학습설계의 원리

구조화틀

보편적 학습설계의 원리
- 다양한 방식의 표상 제공
- 다양한 방식의 행동과 표현수단 제공
- 다양한 방식의 학습참여 제공

핵심개념

모범답안

㉣ 다양한 참여수단 제공
㉤ 다양한 행동과 표현수단 제공

2015학년도 초등 B5

07 **(가)는 초등학교 6학년 정신지체 학생 연우가 소속된 통합학급 최 교사와 특수학급 김 교사가 나눈 대화이고, (나)는 최 교사가 작성한 '2009 개정 교육과정' 실과 교수·학습 과정안의 일부이다. 물음에 답하시오. [5점]**

(나) 교수·학습 과정안

학습 목표	• 여러 가지 직업을 조사하여 특성에 따라 분류할 수 있다. • 여러 가지 직업이 있음을 설명할 수 있다.	
단계	㉢ 교수·학습 활동	보편적학습설계(UDL) 지침 적용
도입	(생략)	
전개	〈활동 1〉 전체학습 토의 및 소주제별 모둠 구성 • 전체학급 토의를 통해서 다양한 직업분류 기준 목록 생성 • 직업분류 기준별 모둠을 생성하고 각자 자신의 모둠을 선택하여 참여	• 직업의 종류와 특성을 토의할 때 필수적으로 알아야 할 어휘를 쉽게 설명한 자료를 제공함 • ㉣ 홍미와 선호도에 따라 소주제를 스스로 선택하게 함
	〈활동 2〉 모둠 내 더 작은 소주제 생성과 자료 수집 분담 및 공유 • 분류기준에 따라 조사하고 싶은 직업들을 모둠 토의를 통해 선정 • 1인당 1개의 직업을 맡아서 관련된 자료 수집 • 각자 수집한 자료를 모둠에서 발표하고 공유	• 「인터넷 검색절차지침서」를 컴퓨터 옆에 비치하여 자료 수집에 활용하게 함 • ㉤ 발표를 위해 글로된 자료뿐만 아니라 사진과 그림, 동영상 자료 등 다양한 매체를 이용하게 함
	〈활동 3〉 모둠별 보고서 작성과 전체학급 대상 발표 및 정보 공유 • 모둠별 직업분류 기준에 따른 직업 유형 및 특성에 대한 보고서 작성 • 전체학급을 대상으로 모둠별 발표와 공유	모둠별 발표 시 모둠에서 한 명도 빠짐없이 각자가 할 수 있는 역할을 갖고 협력하여 참여하게 함

4) (나)에서 최 교사가 사용한 ㉣과 ㉤은 응용특수공학센터(CAST)의 보편적 학습설계(UDL)의 원리 중 어떤 원리를 적용한 것인지 각각 쓰시오. [2점]

참고자료
기본이론 103p

키워드
보편적 학습설계의 원리

구조화 틀
보편적 학습설계의 원리
- 다양한 방식의 표상 제공
- 다양한 방식의 행동과 표현수단 제공
- 다양한 방식의 학습참여 제공

핵심개념

모범답안
ⓒ 다양한 행동과 표현수단 제공

구두로 대신 응답하도록 해 평가한다.

2017학년도 중등 A9

08 (가)는 학생 P의 특성이고, (나)는 중학교 1학년 기술·가정과 '건강과 식생활과 식사 구성'을 지도하기 위하여 통합학급 교사와 특수교사가 협의한 내용이다. 특수교육공학응용센터(Center For Applied Special Technology ; CAST)의 보편적 학습설계(UDL)에 근거하여 ⓒ에 적용 가능한 원리를 쓰고, 그 예를 1가지 제시하시오. [4점]

(가) 학생 P의 특성

- 상지의 소근육 운동 기능에 어려움이 있는 지체장애 학생으로 경도 지적장애를 동반함
- 특별한 문제행동은 없으며, 학급 친구들과 원만한 관계를 유지하고 있음

(나) 통합학급 교사와 특수교사의 협의 내용

관련 영역	수업 계획	특수교사의 제안 사항
학습 목표	탄수화물이 우리 몸에서 하는 일을 설명할 수 있다.	본시와 관련된 핵심 단어는 특수학급에서 사전에 학습한다.
교수·학습 방법	• 우리 몸에 필요한 영양소의 종류 및 기능 – ㉠ <u>모둠 활동을 할 때 튜터와 튜티의 역할을 번갈아 가면서 한다.</u> – (㉡)	P에게 튜터의 역할과 절차를 특수교사가 사전에 교육한다.
평가 계획	퀴즈(지필 평가) 실시	㉢ <u>UDL의 원리를 적용하여 P의 지필 평가 참여 방법을 조정한다.</u>

기본이론 103p

보편적 학습설계의 원리

보편적 학습설계의 원리
- 다양한 방식의 표상 제공
- 다양한 방식의 행동과 표현수단 제공
- 다양한 방식의 학습참여 제공

㉡ 원리 II, 다양한 행동과 표현수단 제공
㉢ 원리 III, 다양한 표상수단 제공

2017학년도 유아 B4

09 (가)는 발달지체 유아 준희의 특성이고, (나)는 통합학급 교수활동 계획안의 일부이다. 물음에 답하시오. [6점]

(가)

- 장애명 : 발달지체(언어발달지체, 뇌전증)
- 언어 이해 : 3~4개 단어로 된 간단한 문장을 이해함
- 언어 표현 : 그림 카드 제시하기 또는 지적하기로 자신의 의사를 표현함

(나)

활동명	이럴 땐 싫다고 말해요.		대상 연령	5세
활동 목표	• ㉠ 성폭력 위험 상황에 대처한다. • 기분 좋은 접촉과 기분 나쁜 접촉을 구분하고 표현한다.			
활동 자료	동화 「다정한 손길」			
활동 자료 수정	상황과 주제에 적합한 그림 카드, 수정된 그림동화, 동영상, 사진, PPT 자료 등			
활동 방법				자료 및 유의점
교사 활동	유아 활동			
	일반 유아	장애 유아		
1. 낯선 사람이 내 몸을 만지려 할 때 어떻게 해야 할지 이야기 나눈다. 2. 동화 「다정한 손길」을 들려준다. 3. 동화 내용을 회상하며 여러 가지 유형의 접촉에 대해 이야기 나누고 기분 좋은 접촉과 기분 나쁜 접촉을 구별할 수 있게 한다. 4. 기분 나쁜 접촉이 있을 때 취해야 할 행동에 대해 알려 준다.	(생략)	㉡ 교사의 질문에 그림 카드로 대답한다.		㉢ 준희를 위해 동화 내용을 4장의 장면으로 간략화한 그림동화 자료를 제시한다. ㉣ 준희에게 경련이 일어나면 즉시 적절히 대처한다.

2) (가)를 참고하여 (나)의 ㉡, ㉢에 적용한 '보편적 학습설계' 원리를 각각 쓰시오. [2점]

참고자료

기본이론 103p

키워드

보편적 학습설계의 원리

구조화틀

보편적 학습설계의 원리

- 다양한 방식의 표상 제공
- 다양한 방식의 행동과 표현수단 제공
- 다양한 방식의 학습참여 제공

핵심개념

모범답안

다양한 참여수단 제공

2018학년도 초등 B2

10 (가)는 통합학급 학생의 현재 학습 수준이고, (나)는 (가)를 고려하여 특수교사와 일반교사가 수립한 컴퓨터 보조 수업(CAI) 기반 협력교수 계획의 일부이다. (다)는 곱셈 수업에 사용할 교육용 소프트웨어 제작 시 반영된 고려사항과 교육용 소프트웨어 구현 장면의 예이다. 물음에 답하시오. [4점]

(다)

〈소프트웨어 제작 시 고려 사항〉	
◦ 교수 목적과 학습 목표를 뚜렷하게 부각 ◦ 학습자 수준에 적합한 난이도를 위한 자료의 다양화 ◦ 성취 지향적 피드백의 증진	[A]

2) 2011년에 응용특수교육공학센터(Center for Applied Special Technology ; CAST)에서 제시한 보편적 학습설계 원리 중 (다)의 [A]에 적용된 원리 1가지를 쓰시오. [1점]

기본이론 103p

보편적 학습설계의 원리

보편적 학습설계의 원리
- 다양한 방식의 표상 제공
- 다양한 방식의 행동과 표현수단 제공
- 다양한 방식의 학습참여 제공

다양한 표상수단 제공

2020학년도 초등 B4

11 다음은 통합학급 교사인 최 교사가 특수학교인 강 교사와 교내 메신저로 지적장애 학생 지호의 음악과 수행평가에 대해 나눈 대화의 일부이다. 물음에 답하시오. [6점]

최 교사:	선생님, 이번 수행평가 과제가 '노랫말 바꾸어 외워 부르기'인데, 지호도 의미 있게 참여하려면 어떤 지원을 제공해야 할까요?
강 교사:	지호는 외워서 부르기 대신 노랫말을 한 줄씩 피피티 화면으로 만들어주고, 보면서 부르게 해주세요. 이것 말고도 지호와 같은 학생에게는 ㉠ 다양한 인지방법 중에서 그 학생에게 적합한 것을 제공해줄 수 있어요.

1) 2011년에 '응용특수공학센터(CAST)'에서 제시한 보편적 학습설계 원리 중 ㉠에 적용된 원리 1가지를 쓰시오. [1점]

기본이론 103p

보편적 학습설계의 원리

보편적 학습설계의 원리
- 다양한 방식의 표상 제공
- 다양한 방식의 행동과 표현수단 제공
- 다양한 방식의 학습참여 제공

다양한 참여수단 제공

2021학년도 유아 A1

12 다음은 유아특수교사 최 교사가 통합학급 김 교사와 나눈 대화의 일부이다. 물음에 답하시오. [5점]

(가) 수업 활동 아이디어 노트

최 교사 :	오늘 활동은 어땠어요?
김 교사 :	발달지체 유아 나은이가 언어발달이 늦어 활동에 잘 참여하지 못했어요.
최 교사 :	동물 이름 말하기 활동은 보편적 학습설계를 적용하여 계획하면 어떤가요?
김 교사 :	네, 좋아요.
최 교사 :	유아들이 동물 인형을 좋아하니까, 각자 좋아하는 동물 인형으로 놀아요. ㉠ <u>나은이뿐만 아니라 유아들의 관심과 흥미를 유도할 수 있도록 유아들이 좋아하는 동물 인형을 준비하고, 유아들이 직접 골라서 놀이를 하게 하면 좋을 것 같아요.</u>

1) 2018년에 '응용특수교육공학센터(CAST)'에서 제시한 보편적 학습설계의 원리 중 ㉠에 해당하는 원리를 쓰시오. [1점]

기본이론 103p

보편적 학습설계의 원리

보편적 학습설계의 원리
- 다양한 방식의 표상 제공
- 다양한 방식의 행동과 표현수단 제공
- 다양한 방식의 학습참여 제공

다양한 표상수단 제공

2021학년도 초등 A6

13 **다음은 도덕과 5학년 '밝고 건전한 사이버 생활' 단원 수업을 준비하는 통합학급 교사를 지원하기 위해 특수교사가 작성한 노트의 일부이다. 물음에 답하시오. [5점]**

가. 통합학급 수업 전 특수학급에서의 사전학습
- 소희의 특성

> – 읽기 능력이 지적 수준이나 구어 발달 수준에 비해 현저히 낮음
> – 인터넷을 즐겨 사용함
> – 자신의 경험을 이야기하는 것을 좋아함

나. 소희를 위한 교수 학습 환경 분석에 따른 지원 내용 선정

분석 결과		지원 내용
• 사이버 예절 알기 자료를 인쇄물 또는 음성자료로만 제공 • 서책형 자료로만 제공	➔	• 디지털 교과서 • 동영상 자료 • PPT 자료 • 요약본 [A]

2) 응용특수교육공학센터(CAST)의 보편적 학습설계 원리 중 [A]에 적용된 원리를 1가지 쓰시오. [1점]

참고자료

기본이론 103p

키워드

보편적 학습설계의 원리

구조화 틀

보편적 학습설계의 원리
- 다양한 방식의 표상 제공
- 다양한 방식의 행동과 표현수단 제공
- 다양한 방식의 학습참여 제공

핵심개념

모범답안

인지방법의 다양한 선택 제공

2023학년도 중등 A7

14 (가)는 학생의 특성이고, (나)는 수업 지도 계획을 위한 특수교사의 메모이다. (다)는 자기결정교수학습모델(Self-Determined Learning Model of Instruction; SDLMI) 3단계를 학생 A에게 적용한 교사목표의 일부이다. 〈작성 방법〉에 따라 서술하시오. [4점]

(가) 학생의 특성

학생 A	◦ 지적장애와 저시력을 중복으로 지님 ◦ 목표를 세워본 경험이 부족하고, 교사나 부모의 도움을 받아 과제를 수행하려 함

(나) 수업 지도 계획을 위한 특수교사의 메모

◦ 학생 A의 지도
- SDLMI에서 사용할 '학생질문'의 제시 방식을 학생 A에게 맞게 제공함
- 시각 정보의 대안을 제공함 [㉢]

작성방법

(가)에 제시된 학생 A의 특성을 고려하여 (나)의 ㉢에 적용된 보편적 학습설계의 지침을 쓸 것[단, 응용특수공학센터(CAST, 2011)의 보편적 학습설계 가이드라인에 근거할 것]

참고자료
기본이론 103p

키워드
보편적 학습설계의 원리

구조화 틀
보편적 학습설계의 원리
- 다양한 방식의 표상 제공
- 다양한 방식의 행동과 표현수단 제공
- 다양한 방식의 학습참여 제공

핵심개념

모범답안
다양한 행동과 표현수단 제공의 원리

2024학년도 중등 B9

15 다음은 지적장애 학생 A와 B를 지도하는 특수 교사와 통합학급 교사의 대화이다. 〈작성 방법〉에 따라 서술하시오. [4점]

통합학급 교사:	학생 B가 적극적으로 참여하여 발표할 수 있도록 하는 방법이 있을까요?
특 수 교 사:	㉢ <u>학생 B가 사진이나 그림, 영상 등을 가지고 전체 학생 앞에서 발표를 하거나 결과물을 제시할 수 있도록 지원</u>하면 좋을 것 같습니다.

작성방법

밑줄 친 ㉢에 해당하는 보편적 학습 설계의 원리를 1가지 쓸 것[단, 응용특수공학센터(CAST, 2011)의 보편적 학습 설계 가이드라인에 근거할 것]

2010학년도 중등 9

16 보편적 학습설계(universal design for learning)에 대한 설명으로 옳은 것을 〈보기〉에서 모두 고른 것은?

보기

ㄱ. 보편적 학습설계는 교육과정이 개발된 후에 적용되는 보조공학과는 다르게 교육과정이 개발되기 전에 이루어지는 것이다.

ㄴ. 보편적 학습설계는 교육내용이나 교육자료를 개발할 때 대안적인 방법을 포함시킴으로써 별도의 교수적 수정을 하지 않도록 하는 것이다.

ㄷ. 보편적 학습설계는 건축 분야의 보편적 설계에서 유래한 개념으로, 학습에서의 인지적 도전 요소를 제거하고 지원을 최대한으로 제공하는 것이다.

ㄹ. 보편적 학습설계는 일반교육과정의 수준을 낮추는 것이 아니라, 융통성 있는 다양한 방법을 제시함으로써 장애학생이 일반교육과정에 접근할 수 있도록 하는 것이다.

① ㄱ, ㄴ　　② ㄷ, ㄹ
③ ㄱ, ㄴ, ㄹ　　④ ㄱ, ㄷ, ㄹ
⑤ ㄱ, ㄴ, ㄷ, ㄹ

참고자료

기본이론 103p

키워드

보편적 학습설계의 원리

구조화틀

보편적 설계 vs 보편적 학습설계
- 접근과 참여의 수단
- 활용
- 도전

보편적 학습설계 vs 보조공학

보편적 학습설계의 원리
- 다양한 방식의 표상 제공
- 다양한 방식의 행동과 표현수단 제공
- 다양한 방식의 학습참여 제공

핵심개념

보편적 설계 vs 보편적 학습설계

보편적 설계	보편적 학습설계
생산물과 환경은 부가적인 조정의 필요 없이 모든 사람들에 의해 사용될 수 있게 함	교육과정은 교사에 의한 추가적인 조정의 필요 없이 모든 학습자들에 의해 활용 가능해야 함
사용자들이 모든 접근을 통제하며 다른 사람들의 도움이 없거나 거의 필요하지 않음	학습자들이 접근 수단을 통제하지만 교사들은 교수와 촉진, 학습자들의 학습에 대한 평가를 계속함
• 만약 제거할 수 없다면 최소화함 • 접근에 대한 장애는 가능한 한 많이 없앰 • 가장 좋은 설계는 가장 쉽고 광범위한 접근을 제공함	• 몇몇 인지적인 도전들이 여전히 유지되어야 함 • 접근에 대한 장애들은 없어져야 하지만 적합하고 적당한 도전은 유지되어야 함 • 만약 접근이 너무 없다면, 학습은 더 이상 일어나지 않을 것임

보편적 설계 vs 보조공학

보편적 설계	보조공학
서비스나 제품이 개발되는 동안 이루어짐	제품이 완성된 후 또는 서비스가 전달되는 동안 이루어짐
많은 사람들에게 즉시 제공됨	한 번에 한 사용자에게 제공됨
계속적 접근성을 보장함	소모적인 접근성

보편적 학습설계 vs 보조공학
- 보조공학은 개별 아동에 대한 일시적 · 소모적인 접근인 데 반해, UDL은 지속적 접근성에 초점
- 보조공학은 제품이 완성된 후 적합성을 고려하는 반면, UDL은 개발 전에 적용

모범답안

③

11
CHAPTER

매체와 컴퓨터 활용

01 컴퓨터 보조수업(CAI)

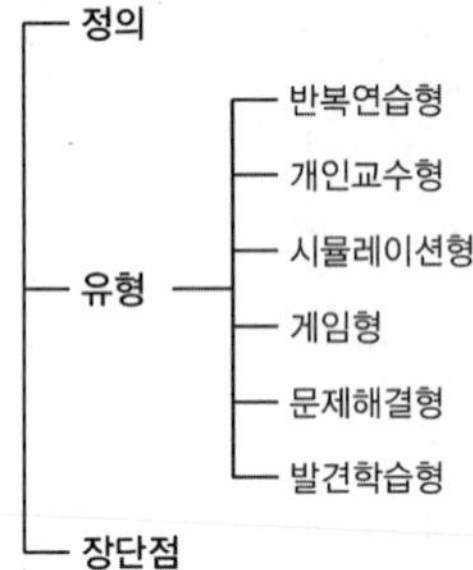

02 멀티미디어 활용 수업

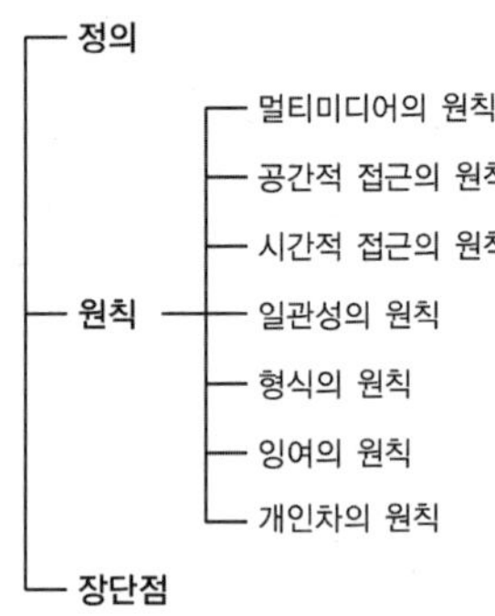

03 교육용 소프트웨어의 선정과 평가

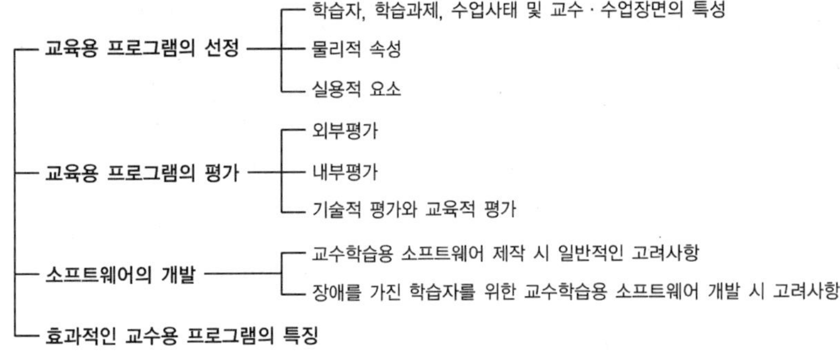

참고자료

기본이론 108-109p

키워드

컴퓨터 보조수업(CAI)

구조화 틀

컴퓨터 보조수업(CAI)
- 반복연습형
- 개인교수형
- 시뮬레이션형
- 게임형
- 문제해결형
- 발견학습형

핵심개념

반복연습형
새로운 지식이나 기술을 습득한 후, 학습한 내용을 정착시키고 숙련도를 향상시키기 위해 사용하는 형태

시뮬레이션형
비용이나 위험부담이 높은 학습과제의 경우 컴퓨터로 최대한 유사한 환경을 개발해 제공하는 형태

모범답안

- 반복연습형
- 시뮬레이션형

2016학년도 유아 A3

01 다음은 ○○특수학교의 황 교사와 민 교사의 대화이다. 물음에 답하시오. [5점]

> 황 교사: 최근 수업 활동 중에 컴퓨터를 통한 ㉠ <u>교육용 게임</u>을 부분적으로 활용하고 있는데, 유아들이 재미있어 해요. 또한 ㉡ <u>자료를 안내하기 위해</u> 사용해도 좋더군요. 그래서 수업 활동을 위해 컴퓨터, 인터넷을 좀 더 적극적으로 활용하면 좋겠다는 생각이 들어요.
>
> 민 교사: 우리 반의 현주는 소근육 발달 문제로 마우스 사용이 조금 어려웠는데, 얼마 전에 아버님께서 학교에 있는 것과 같은 터치스크린 PC로 바꾸어주셨대요. 그래서 지금은 집에서도 스스로 유아용 웹사이트에 들어가서 영상을 보거나 간단한 교육용 게임을 하기도 한다는군요.

1) 컴퓨터보조수업(CAI)의 유형 중 ㉠은 '게임형', ㉡은 '자료 안내형'에 해당한다. 이 유형 외에 컴퓨터보조수업(CAI)의 유형 2가지를 쓰시오. [2점]

확장하기

컴퓨터 보조수업(CAI)

반복연습형	개요 부분 → 문항선정 ⇆ 질문과 응답 ↓ 응답에 대한 판단 → 피드백과 수정 → 끝맺음 (피드백과 수정 ↑ 문항선정)
개인교수형	개요 부분 → 정보제시 ⇆ 질문과 응답 ↓ 응답에 대한 판단 → 피드백과 수정 → 끝맺음 (피드백과 수정 ↑ 정보제시)
시뮬레이션형	개요 부분 → 시나리오 제시 ⇆ 학생반응 요구 ↓ 학생의 반응 → 피드백과 조절 → 종결 (피드백과 조절 ↑ 시나리오 제시)

참고자료

기본이론 108-109p

키워드

컴퓨터 보조수업(CAI)

구조화 틀

컴퓨터 보조수업(CAI)
- 반복연습형
- 개인교수형
- 시뮬레이션형
- 게임형
- 문제해결형
- 발견학습형

핵심개념

반복연습형
새로운 지식이나 기술을 습득한 후, 학습한 내용을 정착시키고 숙련도를 향상시키기 위해 사용한다.

모범답안

반복연습형

2018학년도 초등 B2

02 **(가)는 통합학급 학생의 현재 학습 수준이고, (나)는 (가)를 고려하여 특수교사와 일반교사가 수립한 컴퓨터 보조수업(CAI) 기반 협력교수 계획의 일부이다. (다)는 곱셈 수업에 사용할 교육용 소프트웨어 제작 시 반영된 고려사항과 교육용 소프트웨어 구현 장면의 예이다. 물음에 답하시오. [4점]**

(가)

학생	현재 학습 수준
일반 학생	두 자리 수 × 한 자리 수 문제를 풀 수 있음
지혜, 진우 (학습부진)	한 자리 수 × 한 자리 수 문제를 풀 수 있음
세희 (지적장애)	곱셈구구표를 보고 한 자리 수 곱셈 문제를 풀 수 있음

(나)

협력 교수의 유형 / 교사의 역할	(㉠)
일반 교사	• 수업의 시작과 정리 단계에서 학급 전체를 대상으로 진행함 • 전개 단계 중 지혜, 지우, 세희로 구성된 소집단을 제외한 나머지 학생을 지도함 • 교육용 소프트웨어를 활용하여 연습하도록 지도함
특수 교사	• 수업의 전개 단계에서 ㉡ <u>지혜, 진우, 세희를 소집단으로 구성</u>하여 지도함 • 교육용 소프트웨어를 통하여 현재 학습 수준에 적합하게 연습하도록 지도함

〈교사 제작 교육용 소프트웨어 구현 장면〉

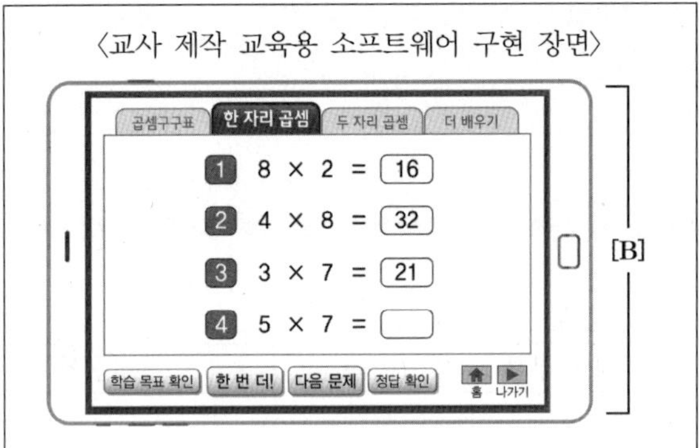

2) [B]에 제시된 교육용 소프트웨어의 유형을 쓰시오. [1점]

참고자료
기본이론 108-109p

키워드
컴퓨터 보조수업(CAI)

구조화 틀

컴퓨터 보조수업(CAI)
- 반복연습형
- 개인교수형
- 시뮬레이션형
- 게임형
- 문제해결형
- 발견학습형

핵심개념

모범답안
시뮬레이션형

2020학년도 초등 B6

03 다음은 자폐성 장애 학생들이 포함되어 있는 학급의 특수교사가 2015 개정 특수교육 교육과정 중 기본 교육과정 과학과 3~4학년군 '생물과 무생물' 단원의 '새싹 채소가 자라는 모습을 살펴보기' 수업을 준비하며 작성한 수업 설계의 일부이다. 물음에 답하시오. [6점]

(가) 민호의 특성

1. 예상되는 어려움과 대안
   가. 새싹이 자라는 기간이 길기 때문에 이를 살펴보고 이해하는 것이 학생들에게 어려울 수 있음
   → ㉠ <u>컴퓨터 보조수업 활용 : 실제 활동 전 새싹 채소를 키우는 것과 유사한 상황에서 씨앗 불리기, 씨앗 뿌리기, 물 주기 등 필요한 행동을 선택해나가며 새싹 키우는 과정을 체험해보게 함</u>
   나. 학생 간 수행 수준의 차이가 큼
   → 개별 지도가 필요한 학생의 경우 개인 교수형 컴퓨터 보조수업을 활용함

1) ㉠에서 활용한 컴퓨터 보조수업 유형을 쓰시오. [1점]

참고자료

기본이론 108-109p

키워드

컴퓨터 보조수업(CAI)

구조화 틀

컴퓨터 보조수업(CAI)
- 반복연습형
- 개인교수형
- 시뮬레이션형
- 게임형
- 문제해결형
- 발견학습형

핵심개념

시뮬레이션형

비용이나 위험부담이 높은 학습과제의 경우 컴퓨터로 최대한 유사한 환경을 개발해 제공하는 형태

모범답안

시뮬레이션형

비용이 많이 발생하거나 위험 부담이 높은 학습과제를 컴퓨터를 이용해 실제와 최대한 유사한 환경에서 학습할 수 있게 해준다.

2021학년도 중등 B10

04 (가)는 미술과 수업을 위해 작성한 수업 계획의 일부이고, (나)는 컴퓨터 보조수업(Computer Assisted Instruction ; CAI)의 사용자 인터페이스이다. 〈작성방법〉에 따라 서술하시오. [4점]

(가) 수업 계획

학생 특성	L	• 청지각 변별에 어려움이 있어 동영상 자료 활용 시 자막이 있어야 함 • 색 변별에 어려움이 있어 색상 단서만으로 자료 특성을 구별하기 어려움 • 낯선 장소나 상황에 적응하는 것이 어려움
	M	• 반짝이고 동적인 시각 자극에 민감하여 종종 발작 증세가 나타남 • 마우스 사용이 어려우며 모든 기능을 키보드로 조작함 • 학습한 과제의 일반화에 어려움을 보임
지도 내용		• 현장체험활동 사전 교육 – 미술관 웹사이트 검색하기 – CAI를 이용하여 실제 상황과 유사하게 미술관 관람하기 …(하략)…

(나) CAI의 사용자 인터페이스

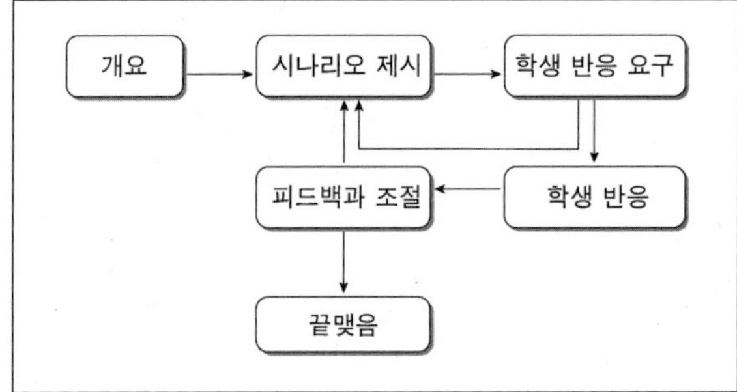

작성방법

(나)를 참고하여 교사가 적용한 CAI 유형의 명칭을 쓰고, 이 유형의 장점을 1가지 서술할 것

참고자료

기본이론 111-117p

키워드

교육용 소프트웨어의 선정과 평가

구조화 틀

교육용 소프트웨어의 선정과 평가
- 선정
- 평가
- 소프트웨어 개발
- 효과적인 교수용 프로그램 특징

핵심개념

교수 · 학습용 소프트웨어 프로그램 외부평가
- 외부 전문가로 구성된 팀에 의해 종합적이고 거시적인 평가정보를 제공하는 평가
- **외부평가자의 자질**
  - 소프트웨어가 적용되는 대상자에 대한 전문적인 지식과 경험
  - 교과 지도 경험이나 교과 관련 전문지식
  - 특수교육 현장의 고유한 특성과 컴퓨터 및 디지털 관련 공학 간의 상호관계에 대한 이해

교수 · 학습용 소프트웨어 프로그램 내부평가
- 학급이라는 단위로 학급 구성원인 학습자 개개인을 대상으로 실시해 미시적인 평가정보를 제공하는 평가
- **평가 요소**: 수업 정보, 교육 적절성, 공학기기의 적합성

모범답안

③

2013학년도 중등 40

05 **다음은 장애학생의 교수 · 학습용 소프트웨어 프로그램 선정을 위한 평가에 대해 설명한 것이다. ㉠~㉣에 대한 설명으로 적절한 것만을 〈보기〉에서 있는 대로 고른 것은?**

> 학급에서 교수 · 학습용 소프트웨어 프로그램을 선정할 때에는 거시적 관점의 ㉠ 외부 평가와 미시적 관점의 ㉡ 내부 평가 과정을 거친다. 이러한 평가 과정은 ㉢ 팀 접근을 통해 이루어지는 것이 바람직하며, ㉣ 장애학생의 교육적 요구에 부응하고 학습 장면에서 실제적 효용성을 보일 수 있는 프로그램으로 선정해야 한다.

보기

(가) ㉠을 위해 팀을 구성할 때는 장애 특성에 대한 지식이나 교과 지도 경험이 없는 전문가로 구성하여 프로그램 선정에 개인적인 관점을 배제하고 프로그램의 기술과 공학에 초점을 두는 평가를 한다.

(나) ㉡은 학급 단위로 학급 구성원 개개인을 위해 실시하며 수업과 관련된 일반적인 사항 및 공학 기기의 적합성 등을 고려한다.

(다) ㉢에서 초학문적 팀 접근을 실시할 때에는 다양한 영역의 전문가들의 협력을 기초로 서로의 정보와 기술, 그리고 역할을 공유하고 최종 결정은 팀의 합의를 거친다.

(라) ㉣은 교수자 중심의 접근으로 설계되어 학습 방식 및 전개 방식이 교사의 수업과 조화를 이루는 것이 좋다.

(마) ㉣은 장애학생에게 제공하는 피드백과 강화가 적절해야 하는데, 특히 강화는 교사가 장애학생에게 제공하는 방식과 유사한 것이 좋다.

① (가), (나), (라)　② (가), (다), (마)
③ (나), (다), (마)　④ (가), (나), (라), (마)
⑤ (나), (다), (라), (마)

확장하기

효과적인 교수용 프로그램의 특징

좋은 프로그램	좋지 않은 프로그램	학습원리
학습기술에 관련된 응답을 많이 제공하는 프로그램	학습기술과 관련이 없는 활동을 많이 포함하거나 조작하는 데 많은 시간이 요구되는 프로그램	과제수행에 시간을 많이 들일수록 많이 배움
학습한 기술이나 개념을 지원하는 그래픽이나 애니메이션이 들어 있는 프로그램	수업목표에 관련 없는 그래픽이나 애니메이션이 포함된 프로그램	그래픽이나 애니메이션이 학생의 학습활동에 관심을 촉진시키는 반면, 주의가 산만해져 기능 습득에 방해가 되거나 연습시간을 감소시킬 수도 있음
강화가 집중적으로 이루어지며, 학급에서 이루어지는 강화 형태와 유사한 점이 포함된 프로그램	강화용 그래픽을 제공하거나, 매번 옳았다는 응답이 있고 난 후에 활동이 이루어지는 프로그램	학생들의 맞는 답변에 대해 너무 빈번한 강화를 해주면, 웬만한 강화에는 별로 반응을 하지 않으며, 강화활동에 소비하는 시간으로 학습시간이 지연됨
강화가 과제의 완성이나 유지와 관련된 프로그램	학생이 바르게 반응했을 때의 강화(예 미소 짓는 얼굴)보다 틀리게 반응했을 때 더 많은 강화(예 폭발)를 제공하는 프로그램	실제로 어떤 프로그램들은 학생들에게 고의로 틀린 답을 하게 해 보다 자극적인 강화를 경험하게 하기도 함
학생들이 실수한 곳을 찾아 교정할 수 있도록 피드백을 제공하는 프로그램	질문에 대한 응답으로 '맞음', '틀림', '다시 하세요.'만을 제시하는 프로그램	몇 번의 시도 후에도 정답에 관한 피드백이 없어 학생들을 좌절하거나 포기하게 만듦
신중하게 계열화된 항목으로 작은 단위로 연습을 제공하는 프로그램	다양하고 넓은 영역에서 연습하도록 하거나, 잠정적 항목의 광대한 세트에서 마음대로 항목을 끌어내게 만든 프로그램	유사한 항목들 사이의 잠재적 혼동을 감소시키기 위해 작은 단위의 신중하고 계열적으로 고려된 항목들이 주어졌을 때 정보를 더 빨리 숙달할 수 있음
다양한 방법으로 연습을 제공하는 프로그램	항상 같은 방법 또는 항목 중에서 같은 단위로 연습을 제공하는 프로그램	다양하게 연습이 이루어지지 않는다면 새로운 상황이나 환경에서 일반화시키기 힘듦
누적된 사고를 할 수 있게 해주는 프로그램	누적된 사고를 할 필요가 없는 프로그램	자신이 배운 것을 잊지 않기 위해서는 선행 지식 및 기술에 대한 반복이 필요함
추후에 교사가 학생들의 과제 수행기록을 확인할 수 있는 프로그램	기록 기능이 포함되어 있지 않은 프로그램	교사는 학생들의 컴퓨터 과제 수행을 통제하기가 어려우므로, 학생의 수행기록에 교사가 접근할 수 있게 해 그 프로그램의 효과와 추가적인 서비스의 필요성 여부를 결정함
문제제시 속도, 피드백 형태, 문제의 난이도, 연습시도 횟수 등과 같은 선택사항이 제공되는 프로그램	모든 학생들에게 동일한 학습내용과 학습방법 등이 제시되는 프로그램	다양한 선택사항을 사용함으로써 비용이 감소되며, 교사로 하여금 적절한 개별화 수업을 제공할 수 있음

참고자료

기본이론 115p

키워드

장애학생을 위한 교수학습용 소프트웨어 개발 시 고려사항

구조화 틀

교육용 소프트웨어의 선정과 평가
- 선정
- 평가
- 소프트웨어 개발
- 효과적인 교수용 프로그램 특징

핵심개념

모범답안

④

2010학년도 초등 2

06 정 교사는 학급 내 학습장애 학생의 수업 효과를 높이기 위해 개별 학생의 특성에 맞는 컴퓨터 보조수업(Computer-Assisted Instruction ; CAI) 프로그램을 선정하여 적용하고자 한다. 프로그램 선정 시 고려해야 할 중요한 조건들을 〈보기〉에서 모두 고른 것은?

보기

ㄱ. 프로그램은 단계적으로 구성되어 있고, 각 단계별 내용 간에는 연계성이 있어야 한다.
ㄴ. 교사가 프로그램의 내용을 쉽게 변화시킬 수 있는 다양한 옵션(option)이 있어야 한다.
ㄷ. 학생의 능력 수준에 따라 프로그램의 진행 속도나 내용 수준을 조절할 수 있어야 한다.
ㄹ. 학생의 집중력을 높이기 위해 화려하고 복잡한 그래픽이나 애니메이션으로 구성되어 있어야 한다.
ㅁ. 학생이 프로그램 내의 지시를 잘 따를 수 있도록 화살표 등 신호체계가 눈에 띄게 표시되어 있어야 한다.
ㅂ. 학생의 특성이 고려되어 개발된 프로그램이기 때문에 제시된 과제에 동일한 반응시간이 주어져 있어야 한다.

ㄹ. 화려하고 복잡한 그래픽이나 애니메이션은 학생의 주의를 산만하게 할 수 있으므로 적절한 정도로 제공해야 함

ㅂ. 개별 특성에 맞게 반응시간을 조절해줘야 함

① ㄱ, ㄷ, ㅁ　　② ㄴ, ㄹ, ㅁ
③ ㄹ, ㅁ, ㅂ　　④ ㄱ, ㄴ, ㄷ, ㅁ
⑤ ㄴ, ㄷ, ㄹ, ㅂ

참고자료

기본이론 111-117p

키워드

교육용 소프트웨어의 선정과 평가

구조화 틀

교육용 소프트웨어의 선정과 평가
- 선정
- 평가
- 소프트웨어 개발
- 효과적인 교수용 프로그램 특징

핵심개념

상황학습이론
- 다양한 교수매체를 활용해 실제와 유사한 학습환경을 제공하고, 이를 통해 학습자에게 단순한 사실적 지식을 제공하기보다는 현실 상황에서 활용 가능한 지식을 제공해 문제해결력이 증진되도록 도움을 주는 데 목적이 있음
- **특징**
  - 학습자가 배운 지식을 다양한 환경에서 도구를 활용해 새로운 문제해결의 연결고리로 활용할 수 있게 함
  - 협동학습을 지향함
  - 실제적 과제와 목적을 강조함

앵커링 교수법
- 상황학습이론의 대표적 사례로, 복잡하지만 실제적·도전적인 문제 상황을 제공하는 동영상 앵커를 중심으로 제시된 문제를 학생들이 능동적으로 파악하고 해결함으로써 생성적 지식을 획득하는 수업방법
- 비디오나 영화의 단편을 사용해 제시되는 사건이나 문제 상황으로부터 시작함

모범답안

④

2010학년도 중등 10

07 **특수교육대상자를 위한 교육용 소프트웨어를 개발할 때 다양한 교수·학습이론을 반영할 수 있다. 〈보기〉에서 구성주의 교수·학습이론에 기반을 둔 내용을 고른 것은?**

〈보기〉

ㄱ. 학습 효과를 높이기 위해서 반복적으로 연습을 할 수 있는 훈련·연습형으로 개발한다.
ㄴ. 학생이 문제를 해결할 수 있도록 실제 문제해결 상황을 비디오 등을 활용하여 제공한다.
ㄷ. 네트워크 기능 등을 활용하여 교사와 학생들 간의 활발한 상호작용에 초점을 두고 개발한다.
ㄹ. 애니메이션 등을 활용하여 반응에 따른 즉각적인 자극을 제공함으로써 학생이 올바른 반응을 형성할 수 있도록 한다.
ㅁ. 학생의 근접발달영역 내에서 필요한 도움을 제공하고, 과제수행이 능숙해짐에 따라 도움을 철회하는 구조를 반영하여 개발한다.

① ㄱ, ㄴ, ㅁ　② ㄱ, ㄷ, ㄹ
③ ㄴ, ㄷ, ㄹ　④ ㄴ, ㄷ, ㅁ
⑤ ㄷ, ㄹ, ㅁ

MEMO

김은진
스페듀 기출분석집 Vol. 4

PART 02

행동지원

CHAPTER 01

학교차원 긍정적 행동지원

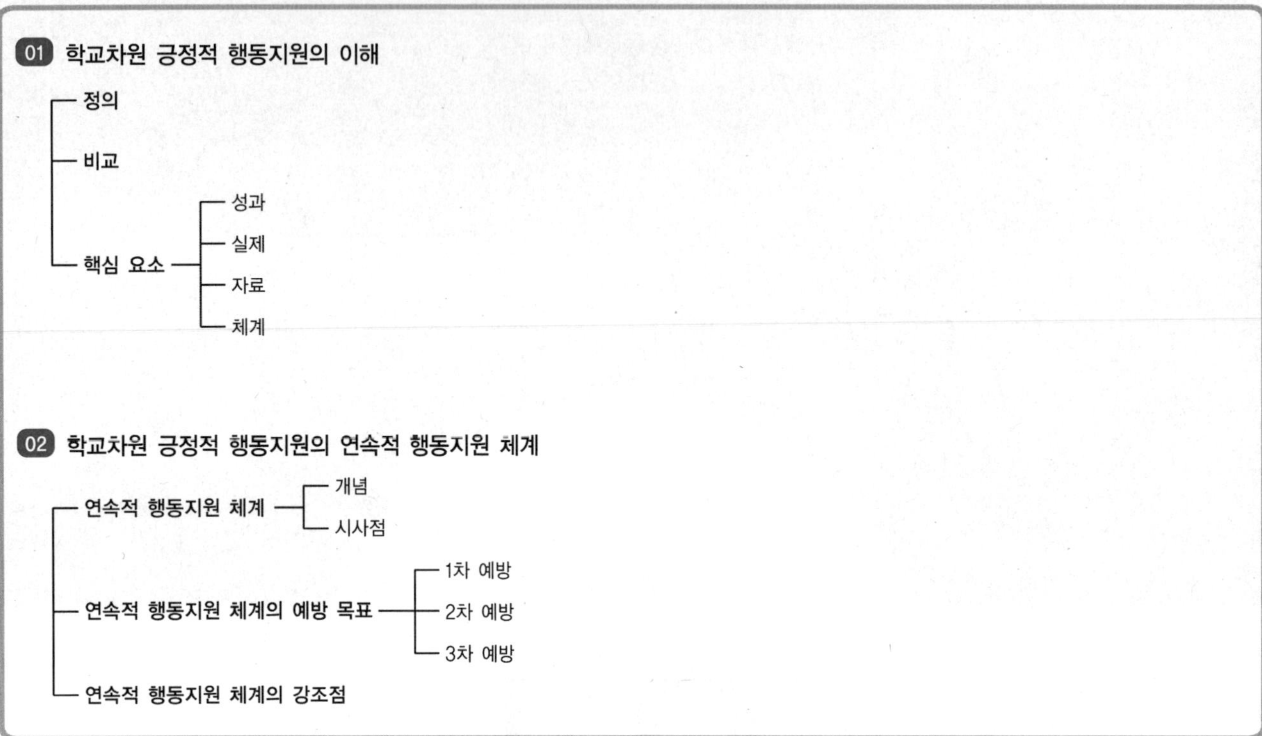

기본이론 121p

SW-PBS 핵심 요소

SW-PBS 정의 및 목적
- 정의
- 개인차원 PBS와 비교
- 핵심 요소

SW-PBS 핵심 요소

성과	학생·가정·교사가 모두 인정하고 강조하는 학생의 사회적 능력 향상과 학업성취
실제	• 학교가 지향하는 성과를 이루기 위한 증거 기반의 중재와 전략 • 증거 기반의 실제 – 연구를 통해 반복적으로 그 효과가 입증된 중재와 전략
자료	증거 기반의 실제를 적용하면서 정기적으로 수집되어야 할 정보
체계	정확하고 지속 가능한 실제의 실행 및 자료의 효율적인 사용과 성과의 성취를 위해 필요한 자원

㉢ 자료
교사의 지도 경험을 바탕으로 문제행동이 지속되고 있는 학생을 중재대상으로 선정하는 것이 아니라, 정기적인 자료 수집을 통해 객관적인 근거를 토대로 결정해야 한다.

㉣ 실제
교사의 개인적인 경험에 비추어 효과가 있었던 중재를 실시하는 것이 아니라, 효과가 입증된 증거 기반의 실제를 적용해야 한다.

2014학년도 중등 논술형 B2

01 다음의 (가)는 학교차원의 긍정적 행동지원(Positive Behavior Support ; PBS)의 4가지 구성요소를 나타내는 그림이고, (나)는 ○○학교가 실행하고 있는 PBS의 3차적 예방 내용이며, (다)는 ○○학교에 재학 중인 정서·행동장애 학생 A의 행동 특성 및 위기관리계획의 일부이다. (가)의 ㉠~㉣ 중 (나)에 잘못 반영된 것 2가지를 찾아 쓰고, 그 이유를 (가)와 (나)에 근거하여 각각 쓰시오. [10점]

(가) 학교차원의 PBS 4가지 구성요소

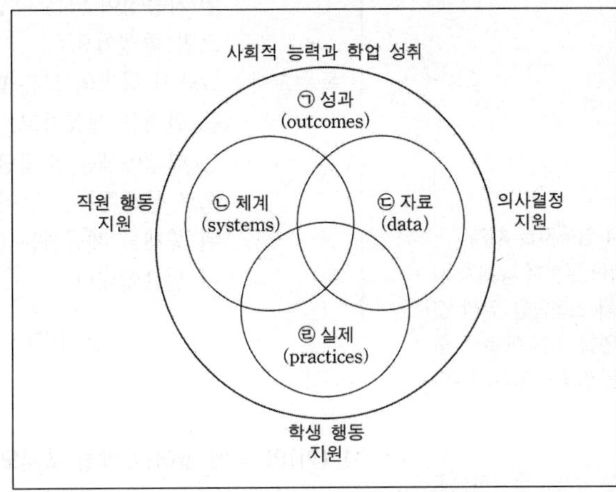

(나) ○○학교가 실행하고 있는 3차적 예방 내용

- 긍정적 행동지원팀의 지원을 통해 심각한 문제행동을 지닌 개별 학생의 사회적 능력과 학업 성취에 대한 성과를 강조한다.
- 교사의 지도 경험을 바탕으로 심각한 문제행동이 여전히 지속되고 있다고 생각되는 개별 학생을 중재 대상으로 선정한다.
- 심각한 문제행동을 지닌 개별 학생에게 교사의 개인적 경험에 비추어 효과가 있었던 중재를 실시한다.

3차 예방
- 3차 예방의 주된 목표는 1차와 2차 예방의 노력에도 불구하고 여전히 존재하는 문제행동의 강도와 복잡성을 경감하는 것
- 높은 강도로 만성적인 문제행동을 보이는 소수의 학생을 대상으로, 구체적이고 개별화된 지원을 집중적으로 실행함

성과
SW-PBS를 통해 궁극적으로 달성하려고 하는 목표로, 학생의 사회적 능력 향상과 학업성취를 의미함

자료
'교사의 지도 경험'이 아닌 '객관적 자료(데이터)'를 기반으로 대상자를 선정해야 함

실제
'교사의 경험'이 아닌 '증거 기반의 실제'에 입각한 중재 전략을 선택해야 함

참고자료

기본이론 122-125p

키워드

연속적 행동지원 체계

구조화 틀

SW-PBS의 연속적 행동지원 체계
- 정의 및 특징
- 예방 목표
- 강조점

핵심개념

SW-PBS의 연속적 행동지원 체계

- **정의**: 전체를 위한 보편적 중재가 시행되는 틀 안에서 소집단을 위한 집중적 중재와 개인을 위한 개별적 중재를 포함한 모든 강도의 행동지원이 연결된 체계
- **특징**
  - 각 지원체계는 서로 유기적으로 연관됨
  - 문제행동 강도가 증가함에 따라 행동지원의 강도도 함께 증가함
  - 중재의 강도가 강해질수록 지원의 범위는 좁아지고, 중재의 강도가 약해질수록 지원의 범위는 넓어짐

모범답안

연속적 행동지원 체계

2017학년도 초등 B1

02 **(가)는 특수교사가 일반교사에게 정서 · 행동 문제를 가진 학생에 대해 자문한 내용이고, (나)는 특수교사가 정서 · 행동장애 학생 현수를 위해 실시한 행동 중재 내용의 일부이다. 물음에 답하시오. [6점]**

(가)

일반교사: 정서 · 행동장애로 진단받지는 않았지만 지금 문제행동을 보이는 학생이나 앞으로 보일 가능성이 있는 학생도 도움을 받을 수 있으면 좋겠어요.

특수교사: 그래서 학교의 모든 학생들에게 질 높은 학습 환경을 제공하고, 문제행동 위험성이 있는 학생에게는 소집단 중재를 하고, 지속적으로 문제행동을 보이는 학생에게는 개별화된 중재를 제공하는 (㉡)을/를 갖추는 것이 필요합니다.

…(하략)…

1) (가)의 ㉡에 들어갈 말을 쓰시오. [2점]

참고자료

기본이론 122-125p

키워드

연속적 행동지원 체계

구조화 틀

SW-PBS의 연속적 행동지원 체계
- 정의 및 특징
- 예방 목표
- 강조점

핵심개념

SW-PBS 연속적 행동지원 체계

예방 단계	목표	중재			
		대상 범위	강도	성격	적용 방법
1차 예방	새로운 문제 행동의 발생을 예방하기	학교 전체 학생	하	보편적	범단체적
2차 예방	기존 문제 행동의 수를 감소시키기	고위험 학생과 위험 가능 학생	중	목표 내용 중심적	소집단적
3차 예방	기존 문제 행동의 강도와 복잡성 줄이기	고위험 학생	상	집중적	개별적

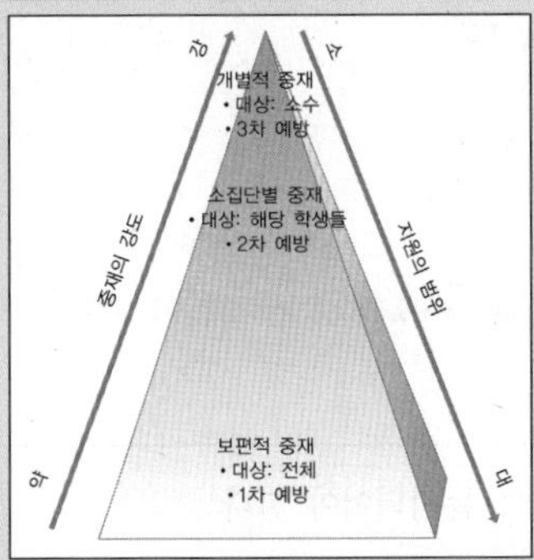

2020학년도 유아 A7

03 **(가)는 ○○유치원의 1차 교직원협의회 내용이고, (나)는 2차 교직원협의회 내용이다. 물음에 답하시오. [5점]**

(가)

양 원장 : 요즘 우리 유치원의 유아들이 차례 지키기를 잘 하지 않는 것 같아요. 차례 지키기를 하도록 가르칠 수 있는 방법이 없을까요?

신 교사 : 네. 그렇지 않아도 유아들이 차례를 지키지 않는 행동을 자주 보이는 것 같아 ㉠ <u>3단계로 구성된 유치원 차원의 긍정적 행동지원</u>을 해 보자고 건의하려고 했어요.

김 교사 : 유치원 차원의 긍정적 행동지원은 모든 유아들에게 규칙을 잘 지킬 수 있도록 보편적 중재를 제공하는 것이 우선이에요.

민 교사 : 구체적으로 어떻게 하면 될까요?

김 교사 : 우리 유치원에서 지켜야 할 약속을 정하는 거예요. 원장 선생님께서 말씀하신 '차례 지키기'가 해당되겠죠.

임 교사 : 지켜야 할 약속을 몇 가지 더 정해도 좋겠네요.

김 교사 : 네, 맞아요. 우리 유치원 모든 유아들에게 차례 지키기를 하자고 약속하고, 차례 지키는 행동을 구체적으로 가르쳐요. 예를 들어, 차례 지키기를 해야 하는 공간에 발자국 스티커 같은 단서를 제공해서 차례를 잘 지킬 수 있도록 해요.

신 교사 : 유아들이 차례를 잘 지켰을 때 강화를 해주어요. 이때 모든 교직원이 차례를 지킨 유아를 보면 칭찬을 해주는 거예요. 부모님도 함께 해야 해요.

김 교사 : 전체 유아들의 차례 지키기 행동의 변화를 유치원 차원의 긍정적 행동지원 실시 전후로 비교해서 그 다음 단계를 결정해요.

…(중략)…

신 교사 : 여전히 차례 지키기가 안 되는 유아들은 소집단으로 릴레이 게임을 연습시켜요. 예를 들면 '말 전하기', '줄서서 공 전달하기', '이어 달리기' 등의 활동으로 차례 지키기를 연습하게 할 수 있어요.

…(하략)…

1) ㉠을 실시할 때, ① 1단계의 중재 대상과 ② 2단계의 중재 방법을 (가)에서 찾아 쓰시오. [2점]

모범답안

① 모든 유아를 대상으로 한다.
② 소집단 릴레이 게임에 참여시켜 차례 지키기를 지도한다.

참고자료
기본이론 122-125p

키워드
연속적 행동지원 체계

구조화 틀
SW-PBS의 연속적 행동지원 체계
- 정의 및 특징
- 예방 목표
- 강조점

핵심개념
1차 예방
- 문제행동이 새로 발생하거나 발전하지 않도록 학교의 모든 환경에서 모든 시간대에 전체 교사들이 모든 학생에게 친사회적인 행동을 습득하고 사용할 수 있게끔 공동의 가치나 기대행동을 가르치고 강화하는 보편적 중재를 사용
- 모든 학생에게 적용된다는 점에서 보편적 중재이며, 문제행동이 새로 발생하거나 커지지 않도록 하는 분위기 조성에 주력한다는 점에서 예방적 접근
- 핵심은 학생들이 어떻게 행동해야 할지를 알고 있다고 가정하지 말고 기대행동을 직접 가르쳐야 한다는 것

모범답안
②

2012학년도 중등 26

04 **다음은 수업 중 수업과 관련 없는 질문을 자주하는 학생 A가 통합된 학급에 제시하고자 김 교사가 개발 중인 규칙과 절차의 초안이다. 이에 대한 설명으로 옳은 것만을 〈보기〉에서 있는 대로 고른 것은?**

〈우리 반 규칙〉

- 아침 7시 30분까지 등교하여 30분간 독서시간을 갖는다.
- 독서시간에는 떠들지 않는다.
- 수업 시작 전에 준비를 철저히 한다.
- 수업 중에는 선생님 허락을 받고 질문한다(푯말 참조).

〈푯말〉

〈우리 반 '수업 시작 준비' 행동 절차〉

1) 수업 시작 벨이 울리기 전에 교실에 들어온다.
2) 선생님이 들어오시기 전에 학습 준비물을 확인한다.
3) 사물함에서 준비물을 꺼내 제자리에 앉는다.
4) 선생님이 들어오시면 모두가 함께 인사한다.

보기

ㄱ. 연상 자료를 활용하기 위한 행동 절차를 개발하였다.
ㄴ. 연상 자료는 학급 전체 학생들의 규칙 준수를 촉진하기 위한 것이다.
ㄷ. 모든 규칙이 교사가 학생들에게 기대하는 행동으로 명확하게 진술되어 있다.
ㄹ. 개발 중인 규칙 및 절차 단계 수가 학생들의 발달 단계, 연령, 교사의 요구 등에 부합하는지를 고려하여야 한다.

> ㄱ. 연상 자료는 기대행동을 지도하기 위해 개발한 것임

> ㄷ. "수업 시작 전에 준비를 철저히 한다."에는 기대행동이 명확하게 진술되어 있지 않음

① ㄱ, ㄹ　② ㄴ, ㄹ　③ ㄷ, ㄹ　④ ㄱ, ㄴ, ㄷ　⑤ ㄴ, ㄷ, ㄹ

확장하기

학교 및 학급의 규칙 만들기를 위한 원칙

- 교실 규칙은 새 학년이 시작될 때 개발되어야 하고, 학생과 일 년 내내 주기적으로 논의되어야 한다.
- 필요하면 규칙을 개발하는 데 학생을 참여시킨다.
- 규칙의 행동은 관찰·측정할 수 있어야 한다.
- 규칙은 긍정적인 용어로 진술되어야 한다. 즉, 학생들이 해서는 안 되는 행동보다는 지향해야 하는 행동으로 진술되어야 한다.
- 규칙의 수는 5개를 초과해서는 안 된다. 교사는 학생이 기억하기 쉽고 교사가 강화하기 쉽도록 최소한의 규칙을 만들어야 한다.
- 규칙은 교실 안에 게시되어야 한다. 이는 학생과 교사에게 기억을 상기시키는 역할을 한다.
- 규칙을 지키거나 어긴 결과에 대해 교사의 반응은 명확하고 공정해야 한다.
- 교사는 규칙을 준수하거나 어겼을 때를 대비해서 결과에 대해 일관성 있게 행동해야 한다.
- 필요하면 규칙은 한 학년 내내 검토·수정되어야 한다.

PART 02

참고자료

기본이론 122-125p

키워드

연속적 행동지원 체계

구조화틀

SW-PBS의 연속적 행동지원 체계
- 정의 및 특징
- 예방 목표
- 강조점

핵심개념

1차 예방
- 문제행동이 새로 발생하거나 발전하지 않도록 학교의 모든 환경에서 모든 시간대에 전체 교사들이 모든 학생에게 친사회적인 행동을 습득하고 사용할 수 있게끔 공동의 가치나 기대행동을 가르치고 강화하는 보편적 중재를 사용
- 모든 학생에게 적용된다는 점에서 보편적 중재이며, 문제행동이 새로 발생하거나 커지지 않도록 하는 분위기 조성에 주력한다는 점에서 예방적 접근
- 핵심은 학생들이 어떻게 행동해야 할지를 알고 있다고 가정하지 말고 기대행동을 직접 가르쳐야 한다는 것
- **학교·학급의 규칙 생성 원칙**
  - 긍정적인 용어로 규칙 기술
  - 최소한의 규칙 수 유지
  - 다양한 상황을 고려한 규칙 만들기
  - 규칙이 연령에 적합한지 확인
  - 학생들에게 규칙 가르치기
  - 규칙에 따른 행동의 예 만들기
  - 규칙 실시에 있어 일관성 지키기

모범답안

ⓑ 1차 예방에서는 모든 학생을 대상으로 문제행동의 발생을 예방할 수 있는 보편적 중재를 제공한다.

2019학년도 초등 A1

05 다음은 ○○초등학교 연수자료 통합교육 실행 안내서의 일부이다. 물음에 답하시오. [4점]

통합교육 실행 안내서

○○초등학교

1. 학교차원의 긍정적 행동지원

1.1 학교차원의 긍정적 행동지원의 개념

…(중략)…

1.2 학교차원의 긍정적 행동지원의 연속체

1차 지원 단계 : ㉠ 보편적 지원
• 학교차원의 기대행동 결정하고 정의하기 – 기대행동 매트릭스

	기본예절 지키기	안전하게 행동하기	책임감 있게 행동하기
교실	발표할 때 손들기, 바른 자세로 앉기	차례 지키기	수업 준비물 챙기기

• 학교차원의 기대행동과 강화체계 가르치기

…(중략)…

1) 다음은 ○○초등학교에서 실시한 학교차원의 긍정적 행동지원의 ㉠단계 활동이다. 적절하지 않은 것 1가지를 골라 기호와 이유를 쓰시오. [1점]

ⓐ 학교차원의 기대행동은 '기본예절 지키기', '안전하게 행동하기', '책임감 있게 행동하기'의 3가지로 정하였다.
ⓑ 문제행동이 심한 학생들에게 개별화된 집중 교육을 실시하였다.
ⓒ 학교차원의 기대행동을 시각 자료로 제작하여 해당 장소에 게시하였다.
ⓓ 학교차원의 기대행동을 가르친 후, 학생들이 지키고 있는지 지속적으로 관찰했고, 이러한 점검이 이루어지고 있음을 학생들에게도 알려주었다.

ⓑ 개별화된 집중 교육은 고위험 학생을 대상으로 이루어지는 3차 예방에 해당함

기본이론 122-125p

연속적 행동지원 체계

SW-PBS의 연속적 행동지원 체계
- 정의 및 특징
- 예방 목표
- 강조점

SW-PBS 연속적 행동지원 체계

예방 단계	목표	중재			
		대상 범위	강도	성격	적용 방법
1차 예방	새로운 문제 행동의 발생을 예방하기	학교 전체 학생	하	보편적	범단체적
2차 예방	기존 문제 행동의 수를 감소시키기	고위험 학생과 위험 가능 학생	중	목표 내용 중심적	소집단적
3차 예방	기존 문제 행동의 강도와 복잡성 줄이기	고위험 학생	상	집중적	개별적

학급 규칙과 같은 보편적 중재는 1차 예방으로, 1차 예방의 목적은 새로운 문제행동의 발생을 감소시키는 것이다.

2013학년도 초등 A3

06 **다음의 (가)는 영진이의 행동목표와 긍정적 행동지원 중재 계획의 일부이고, (나)는 문제행동 관찰기록지의 일부이다. 물음에 답하시오. [5점]**

(가) 행동목표 및 중재 계획

이름	김영진	시행기간	2012. 08. 27. ~ 2013. 02. 15.
행동목표		중재 계획	
1. 국어 수업시간 내내 3일 연속으로 바르게 행동할 것이다. 2. 쉬는 시간에 컴퓨터 앞에 앉아 있는 친구의 손등을 때리는 행동이 감소할 것이다.		1. 바른 행동을 할 때마다 칭찬과 함께 스티커를 준다. 2. ㉠ <u>쉬는 시간 컴퓨터 사용 순서와 개인별 제한 시간에 대한 규칙을 학급 전체 학생에게 수업을 마칠 때마다 가르친다.</u>	

2) (가)에서 교사가 영진이의 표적행동 발생 전에 ㉠과 같은 보편적 중재를 적용하여 얻고자 하는 목적 1가지를 쓰시오. [1점]

기본이론 122-125p

연속적 행동지원 체계

SW-PBS의 연속적 행동지원 체계
- 정의 및 특징
- 예방 목표
- 강조점

SW-PBS 연속적 행동지원 체계

예방단계	목표	중재			
		대상범위	강도	성격	적용방법
1차 예방	새로운 문제 행동의 발생을 예방하기	학교 전체 학생	하	보편적	범단체적
2차 예방	기존 문제 행동의 수를 감소시키기	고위험 학생과 위험 가능 학생	중	목표 내용 중심적	소집단적
3차 예방	기존 문제 행동의 강도와 복잡성 줄이기	고위험 학생	상	집중적	개별적

① 1차 예방
② 학급 규칙은 학급 구성원 전체를 대상으로 하는 보편적 전략으로, 새로운 문제행동의 발생을 예방할 수 있기 때문이다.

2016학년도 초등 B2

07 **(가)는 정서 · 행동장애로 진단받은 영우에 대해 통합학급 김 교사와 특수학급 최 교사가 나눈 대화의 일부이고, (나)는 영우의 행동에 대한 ABC 관찰기록의 일부이다. 물음에 답하시오. [6점]**

(가) 대화 내용

> …(상략)…
>
> 최 교사: 제가 지난번에 말씀드린 대로 ㉢ 학급 규칙을 정해서 적용해보셨나요?
>
> 김 교사: 네, 그렇게 했는데도 ㉣ 지시를 거부하는 영우의 행동은 여전히 자주 발생하고 있어요.
>
> …(하략)…

2) (가)의 ㉢이 학급차원의 '긍정적 행동지원 3단계 예방 모델' 중 ① 어디에 해당하는지 쓰고, ② 그렇게 판단한 이유를 해당 모델의 개념적 특성과 관련하여 쓰시오. [2점]

기본이론 120-125p

- 학교차원 긍정적 행동지원의 이해
- 연속적 행동지원 체계

SW-PBS 정의 및 목적
- 정의
- 개인차원 PBS와 비교
- 핵심 요소

SW-PBS의 연속적 행동지원 체계
- 정의 및 특징
- 예방 목표
- 강조점

2차 예방
- **목적**: 문제를 조기에 판별·조정하기 위해 집중적이고 정확한 표적 중재를 제공하는 것
- 1차 예방의 보편적 중재보다는 많은 행동지원을 실시하지만, 고도로 개별화된 집중적 중재를 적용하는 것은 아님. 다만 문제가 되는 학생들에게 교사의 관심과 점검을 더 많이 제공하고, 대상 학생들의 필요에 맞는 사회적 또는 학업적 기술 향상을 위한 지도가 소집단 단위로 자주 실시되는 것을 의미함
- 2차 예방에서 제공되는 소집단 중재는 반드시 1차 예방에서 실시한 학교차원의 보편적 중재의 내용과 직접적으로 연관되어야 함

3차 예방
- **목표**: 1차와 2차 예방의 노력에도 불구하고 여전히 존재하는 문제행동의 강도와 복잡성을 경감하는 것
- 높은 강도로 만성적인 문제행동을 보이는 소수의 학생들을 대상으로, 구체적이고 개별화된 지원을 집중적으로 실행
- 개별 중재도 2차 예방의 소집단 중재와 마찬가지로 학생들이 학교의 핵심 가치를 알 수 있도록 반드시 1차 예방의 보편적 중재 내용과 연계되어야 함

⑤

2013학년도 중등 32

08 반사회적 행동을 하는 학생들에 대한 학교차원의 긍정적 행동지원에 관한 설명 중 옳은 것은?

① 교사는 집단 따돌림이 발생한 것을 알았더라도, 즉각적으로 개입하지 않는다.

② 반사회적 문제행동에 대한 3차적 예방 조치로 학교는 발생한 반사회적 행동을 조기에 판별 중재하거나 개선하는 노력을 해야 한다.

③ 문제행동의 공격성 수준을 낮출 수 있도록 학교 분위기를 긍정적으로 조성하기 위하여 교직원에게 학생들의 모든 행동을 수용하도록 교육한다.

④ 행동 문제가 발생하지 않도록 하는 1차적 예방 조치로서, 반사회적 행동의 개선 가능성이 높은 학생들을 대상으로 집중적인 행동 지도를 시행한다.

⑤ 학교가 미리 설정한 행동 규칙을 위반한 경우에는 지속적으로 일관성 있게 제재를 가하되, 적대적이고 신체적인 제재나 가해는 하지 않는 것이 효과적이다.

① 심각한 문제행동에 대해서는 즉각적으로 개입해 중재해야 함

② 3차 예방의 목적은 이미 존재하는 문제행동의 강도와 복잡성을 경감하는 것임

③ 모든 학교의 구성원이 지원을 제공하는 것은 옳으나, 학생의 '모든 행동'을 수용하는 것이 아니라 바람직한 기대행동을 지원해야 함

④ 반사회적 행동의 개선 가능성이 높은 학생을 대상으로 집중적인 행동 지도를 시행하는 것은 3차 예방에 해당함

⑤ 학교차원 긍정적 행동지원의 목적은 학교 시스템과 절차 개선을 통해 교사들의 긍정적인 행동 변화를 촉진하고 학생의 행동을 변화시켜 학교 환경을 변화시키는 것임

CHAPTER 02

개별차원 긍정적 행동지원

01 긍정적 행동지원의 이해

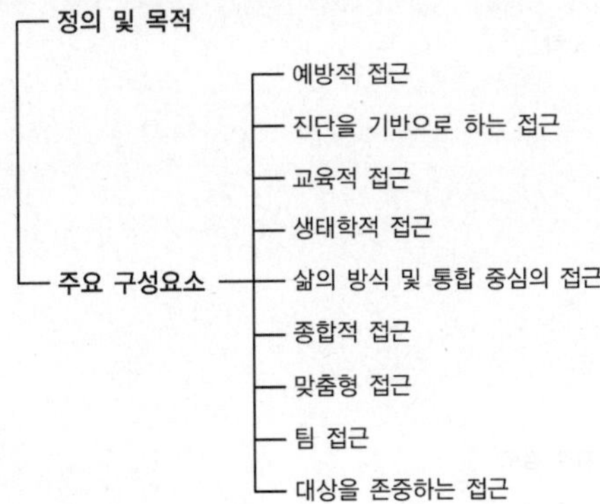

02 긍정적 행동지원의 실행 절차

- 문제행동의 식별과 중재의 필요성 결정
- 정보 수집을 통한 기능평가
- 가설 설정
- 긍정적 행동지원 계획 수립 및 실행
- 행동지원계획 수행의 효과 평가

03 긍정적 행동지원의 실제

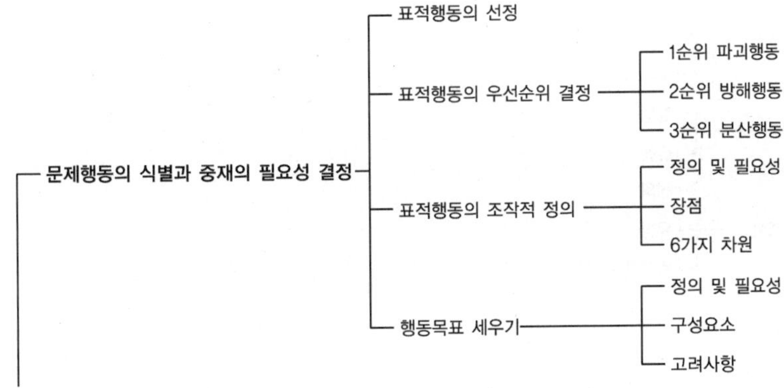

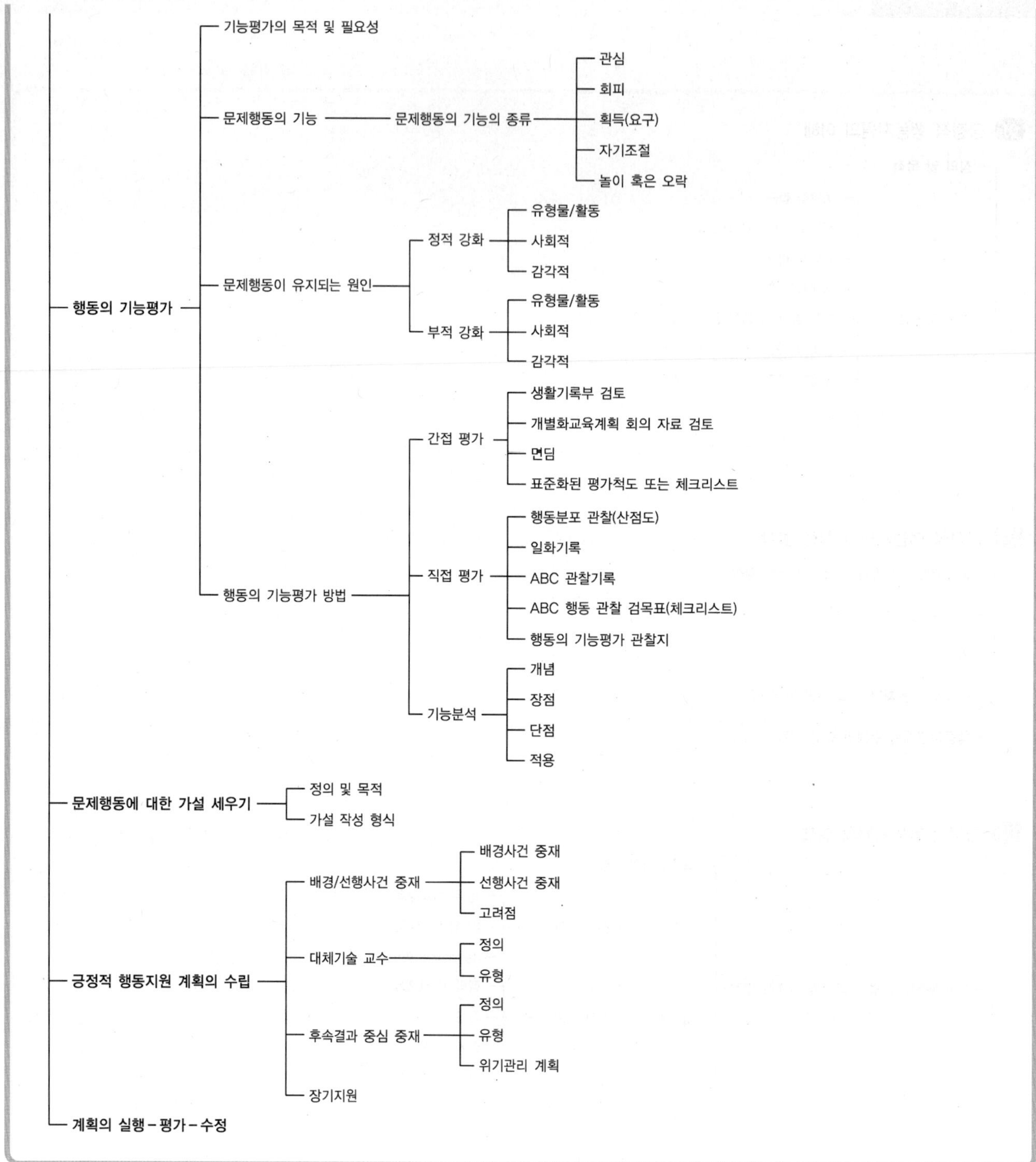

행동의 기능평가
기능평가의 목적 및 필요성
문제행동의 기능
문제행동의 기능의 종류
관심
회피
획득(요구)
자기조절
놀이 혹은 오락
문제행동이 유지되는 원인
정적 강화
유형물/활동
사회적
감각적
부적 강화
유형물/활동
사회적
감각적
행동의 기능평가 방법
간접 평가
생활기록부 검토
개별화교육계획 회의 자료 검토
면담
표준화된 평가척도 또는 체크리스트
직접 평가
행동분포 관찰(산점도)
일화기록
ABC 관찰기록
ABC 행동 관찰 검목표(체크리스트)
행동의 기능평가 관찰지
기능분석
개념
장점
단점
적용
문제행동에 대한 가설 세우기
정의 및 목적
가설 작성 형식
긍정적 행동지원 계획의 수립
배경/선행사건 중재
배경사건 중재
선행사건 중재
고려점
대체기술 교수
정의
유형
후속결과 중심 중재
정의
유형
위기관리 계획
장기지원
계획의 실행 – 평가 – 수정

기본이론 128p, 135–146p

- 긍정적 행동지원의 정의
- 행동의 기능평가

PBS 정의 및 목적
- 정의 및 목적
- 전통적 행동수정과 긍정적 행동지원 비교
- 주요 구성요소

행동의 기능평가
- 기능평가의 목적
- 문제행동의 기능
- 평가 방법
  - 간접 평가
  - 직접 평가
  - 기능분석

긍정적 행동지원의 실행절차

문제행동의 식별과 중재의 필요성 결정(문제행동의 우선순위화)
↓
정보 수집을 통한 기능평가
↓
가설 설정
↓
긍정적 행동지원 계획 수립 및 실행
↓
행동지원계획 수행의 효과 평가

①

2010학년도 유아 13

01 병설유치원 통합학급에 다니는 채원이는 머리를 벽에 부딪치는 문제행동을 보인다. 홍 교사는 긍정적 행동지원을 통해 채원이의 문제행동에 대한 중재계획을 세우고자 한다. 〈보기〉에서 '가설 세우기' 단계 이전에 해야 할 일들을 모두 고른 것은?

보기

ㄱ. 문제행동의 기능분석을 한다.
ㄴ. 문제행동을 조작적으로 정의한다.
ㄷ. 채원이에게 효과적인 대체행동 기술을 지도한다.
ㄹ. 문제행동의 유발 요인을 미리 제거하거나 수정한다.
ㅁ. 채원이의 선호 활동을 파악하고 채원이의 선택을 존중한다.

① ㄱ, ㄴ　　② ㄱ, ㄷ
③ ㄴ, ㅁ　　④ ㄱ, ㄹ, ㅁ
⑤ ㄷ, ㄹ, ㅁ

확장하기

전통적 행동수정 vs 긍정적 행동지원

전통적 행동수정	긍정적 행동지원
• 문제행동에 대한 반응적·성과 중심적 접근 • 문제행동의 중재에만 관심 • 문제행동이 발생한 후에 중재가 이루어짐 • 문제행동을 감소시키기 위해 체벌 중심의 중재를 사용함	• 아동의 문제행동뿐 아니라 주변 환경까지도 고려하는 생태학적 접근 • 문제행동뿐 아니라 문제행동이 발생하는 전후 상황에도 관심 • 문제행동의 예방에 초점을 둠 • 아동의 존엄을 기초로 긍정적 중재 중심의 중재를 사용함

문제행동이 지니는 기능을 조사하지 않은 채 문제행동 자체만 제거하려는 전통적 행동수정 기법의 문제점

- 중재효과가 지속되지 못하며, 일반화되지 않음
- 또 다른 문제행동이 생길 수 있음 → 문제행동은 학생이 환경을 조정하기 위해 사용하는 수단이기 때문에 특정 문제행동을 제거하더라도 학생은 여전히 환경 조성을 위한 다른 문제행동을 나타낼 수 있음
- 문제행동을 제거하기 위해 혐오자극을 사용하면 일시적·즉각적인 효과를 볼 수 있지만 중재자와 아동의 관계를 악화시킴

행동의 기능평가를 실시했을 때 얻을 수 있는 이점

- 문제행동을 유지하게 하는 사건에 대한 가정적 진술을 만들 수 있음
- 기능평가 과정에서 수집한 관찰 결과를 모아서 가설을 개발하기 때문에 가설을 지지하고 입증하는 관찰 자료 수집이 가능함
- 행동의 기능평가 자료를 기반으로 행동지원 계획을 세울 수 있음
- 문제행동을 악화시킬 수 있는 위험요인을 찾아내 그러한 오류를 감소시킬 수 있음

참고자료

기본이론 128-157p

키워드

- 긍정적 행동지원의 실행절차
- 종합

구조화틀

긍정적 행동지원의 실행절차

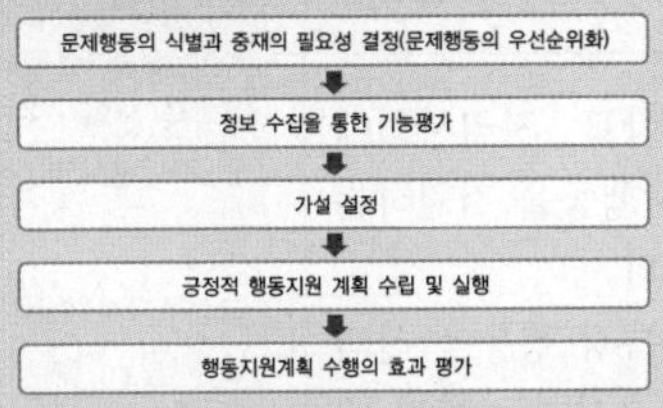

핵심개념

문제행동에 대한 가설 세우기

- **가설**: 기능평가를 통해 얻은 정보와 행동지원 계획 간의 관련성을 알려 행동지원 계획을 안내하는 역할을 함
- **가설 문장에 포함되어야 할 4가지 요소**
  - **아동의 이름**: 행동지원은 개별화되어야 하므로 누구의 문제행동인지 밝힘
  - **선행사건**: 문제행동 직전에 발생한 선행사건 및 관련 있는 배경사건을 포함해야 함
  - **문제행동**: 구체적이며 관찰이 가능한 용어로 문제행동을 기술함
  - **문제행동의 기능**: 추정된 문제행동 기능을 작성하고, 이후 확증의 과정을 거쳐야 함

모범답안

④

2012학년도 중등 22

02 다음은 학생 A의 문제행동을 개선시키기 위한 긍정적 행동지원절차이다. 이 절차에 따라 김 교사가 적용한 단계별 예로 옳은 것만을 〈보기〉에서 있는 대로 고른 것은?

- 단계 1: 어떤 행동을 중재할 것인지 결정하기
- 단계 2: 목표행동 관련 정보 수집하기
- 단계 3: 가설 설정하기
- 단계 4: 긍정적 행동지원 계획 수립·실행하기
- 단계 5: 행동지원 계획 평가·수정하기

보기

ㄱ. 단계 1: 목표행동을 '학생 A는 자신의 옆에 있는 친구를 자주 공격한다.'로 진술한다.
ㄴ. 단계 2: 학생 A의 목표행동 기능을 파악하기 위하여 A-B-C 분석을 실행하고, 행동에 영향을 미칠 수 있는 학습 및 행동 발달 수준을 파악하기 위한 다양한 정보를 수집한다.
ㄷ. 단계 3: 이전 단계에서 수집한 개괄적 정보를 요약하고, 행동의 기능적 관계를 파악하기 위하여, '학생 A에게 하기 싫어하는 과제를 주면, 공격행동이 증가할 것이다.'로 가설을 설정한다.
ㄹ. 단계 4: 학생 A에게 배경·선행사건 조정, 대체행동 교수, 후속결과 활용 및 행동 감소 전략 등과 같은 중재전략을 구성하여 적용한다.
ㅁ. 단계 5: 중재 계획에 따라 학생 A를 지도한 후, 중재전략의 성과를 점검하여 수정이 필요한지를 평가한다.

① ㄱ, ㄴ ② ㄴ, ㄹ
③ ㄱ, ㄷ, ㅁ ④ ㄴ, ㄹ, ㅁ
⑤ ㄷ, ㄹ, ㅁ

ㄱ. 행동목표 세우기
- '자주' → 구체적인 행동 수행기준이 필요함
- '공격한다.' → 행동을 정의하는 단어는 관찰·측정·반복이 가능한 동사를 사용해야 함

ㄴ. 행동의 기능평가
'A-B-C 분석'은 기능평가 방법 중 직접 평가에 해당하며, 이를 통해 문제행동 원인에 대한 선행사건과 후속결과에 대한 정보를 수집함

ㄷ. 가설 설정
- '학생 A에게' → 학습자
- '하기 싫어하는 과제를 주면' → 선행사건
- '공격행동이 증가할 것이다.' → 문제행동

※ 가설 작성 형식에서 '문제행동 기능'이 포함되어 있지 않으므로 부적절함

ㄹ. 긍정적 행동지원 계획의 수립
- 배경·선행사건 중재
- 대체기술의 교수
- 후속결과 중심 중재
- 장기지원

참고자료

기본이론 128p, 135-146p

키워드

- 긍정적 행동지원의 정의
- 행동의 기능평가

구조화틀

PBS 정의 및 목적
- 정의 및 목적
- 전통적 행동수정과 긍정적 행동지원 비교
- 주요 구성요소

행동의 기능평가
- 기능평가의 목적
- 문제행동의 기능
- 평가 방법
  - 간접 평가
  - 직접 평가
  - 기능분석

핵심개념

행동의 기능평가
문제행동과 기능적 관계가 있는 선행사건이나 후속결과에 대한 정보를 수집하는 것

행동의 기능평가 목적
문제행동의 발생 원인을 찾는 것, 즉 문제행동을 유발 또는 유지하게 하는 환경적 원인을 찾아 그에 대해 가장 효과적인 중재를 적용하는 것

행동의 기능평가 방법
- **간접 평가**
  - 개괄적인 정보와 구체적인 정보 수집
  - 면담
  - 표준화된 평가척도, 체크리스트
- **직접 평가**
  - 행동분포관찰(산점도)
  - 일화기록
  - ABC 관찰기록
  - ABC 관찰검목표
  - 행동의 기능평가 관찰지
- **기능분석**
  - 어떤 행동과 관련 있는 환경을 체계적·계획적인 방법으로 조작해 그 행동을 통제하는 선행조건의 역할이나 그 행동을 유지하게 하는 결과를 검증하는 방법
  - 기능평가의 하위개념으로, 기능평가를 통해 알게 된 문제행동의 원인을 설명하는 가설을 실험적으로 검증함

모범답안

①

2010학년도 중등 23

03 장애학생의 문제행동지원에 관한 설명으로 옳은 것을 <보기>에서 모두 고른 것은?

보기

ㄱ. 면담은 비형식적 방법으로 면담 대상자는 학생을 잘 아는 사람과 학생 본인이다.
ㄴ. 긍정적 행동지원은 바람직한 행동을 증가시키고, 문제가 되는 행동을 감소 및 제거하는 데 초점을 맞춘다.
ㄷ. 기능평가(functional assessment)는 문제행동의 기능을 검증하기 위해 선행사건과 후속결과를 실험·조작하는 활동이다.
ㄹ. 긍정적 행동지원의 목표는 가정, 학교, 지역사회에서 문제행동을 보이는 개인은 물론 행동을 지원하는 사람들의 삶의 질을 높이는 데 있다.
ㅁ. 기능분석(functional analysis)은 특정 행동을 신뢰할 수 있게 예언하고, 그 행동을 지속시키는 환경 내의 사건을 정의하기 위해 이루어지는 일련의 활동 과정이다.

① ㄱ, ㄹ ② ㄱ, ㄴ, ㄹ
③ ㄱ, ㄷ, ㅁ ④ ㄱ, ㄷ, ㄹ, ㅁ
⑤ ㄴ, ㄷ, ㄹ, ㅁ

ㄱ. 면담은 문제행동을 하는 학생 본인이나 학생을 가장 잘 아는 사람들에게 여러 가지 적절한 질문을 하는 방법임

ㄴ. 문제행동 자체의 감소 및 제거에 초점을 두는 것은 전통적 행동수정 기법에 해당함

ㄷ. 문제행동의 기능을 검증하기 위해 선행사건과 후속결과를 실험·조작하는 활동은 기능분석에 대한 설명임

ㄹ. 긍정적 행동지원의 목표는 가정, 학교, 지역사회에서 문제행동을 보이는 개인은 물론 행동을 지원하는 사람들의 삶의 질을 높이는 데 있음

ㅁ. 특정 행동을 신뢰할 수 있게 예언하고, 그 행동을 지속시키는 선행사건과 후속결과에 대한 정보를 제공하는 것은 기능평가에 대한 설명임

참고자료
기본이론 135-146p

키워드
행동의 기능평가

구조화틀
행동의 기능평가
- 기능평가의 목적
- 문제행동의 기능
- 평가 방법
  - 간접 평가
  - 직접 평가
  - 기능분석

핵심개념
행동의 기능평가
문제행동과 기능적 관계가 있는 선행사건이나 후속결과에 대한 정보를 수집하는 것

행동의 기능평가 목적
문제행동의 발생 원인을 찾는 것, 즉 문제행동을 유발 또는 유지하게 하는 환경적 원인을 찾아 그에 대해 가장 효과적인 중재를 적용하는 것

행동의 기능평가 방법
- **간접 평가**
  - 개괄적인 정보와 구체적인 정보 수집
  - 면담
  - 표준화된 평가척도, 체크리스트
- **직접 평가**
  - 행동분포관찰(산점도)
  - 일화기록
  - ABC 관찰기록
  - ABC 관찰검목표
  - 행동의 기능평가 관찰지
- **기능분석**
  - 어떤 행동과 관련 있는 환경을 체계적·계획적인 방법으로 조작해 그 행동을 통제하는 선행조건의 역할이나 그 행동을 유지하게 하는 결과를 검증하는 방법
  - 기능평가의 하위개념으로, 기능평가를 통해 알게 된 문제행동의 원인을 설명하는 가설을 실험적으로 검증함

모범답안
기능평가

2016학년도 유아 A1

04 다음은 통합학급 유아교사인 김 교사와 유아특수교사인 박 교사의 대화이다. 물음에 답하시오. [5점]

> …(상략)…
>
> 김 교사: 그렇군요. 그런데 당장 입학을 앞두고 있고, 친구를 때리는 행동이 본인뿐 아니라 다른 유아들에게도 영향을 미칠 수 있으니, 빨리 그 원인을 알고 싶어요. 방법이 없을까요?
>
> 박 교사: 그러면 현수가 보이는 행동의 원인과 의도를 파악하기 위한 (㉢)을/를 해보면 좋겠어요. 이를 위해서 현수의 행동을 관찰해볼 수 있는 ABC 평가, 면접, 질문지 등 다양하고 체계적인 방법을 사용할 수 있어요.
>
> 김 교사: 아, 그런 방법이 있군요. 현수의 행동 문제가 개선되어 내년에 초등학교에 가서도 잘 적응했으면 좋겠네요.
>
> 박 교사: 사실, 지난해에 초등학교에 들어간 문주가 비슷한 상황이었어요. 그때 담임 선생님과 함께 행동 중재를 해서, 초등학교에 입학할 즈음에는 행동이 좋아졌어요.

행동의 기능평가

- 간접 평가 → 면접, 질문지
- 직접 평가 → ABC 평가

2) ㉢에 들어갈 용어를 쓰시오. [1점]

기본이론 135-146p

행동의 기능평가

행동의 기능평가

- 기능평가의 목적
- 문제행동의 기능
- 평가 방법
  - 간접 평가
  - 직접 평가
  - 기능분석

행동분포 관찰(산점도)

- 문제행동이 가장 빈번하게 발생하는 시간과 자주 발생하지 않는 시간대를 시각적으로 쉽게 알아볼 수 있도록 구성됨
- 학생의 문제행동이 주로 발생하는 시간대를 알고자 할 때 사용할 수 있음 → 행동분포 관찰을 통해 얻은 정보는 더 자세한 정보를 수집해야 할 시간대를 결정하는 데 도움을 줌

④

2009학년도 유아 24

05 **다음은 또래에게 물건을 던지는 예림이의 문제행동 분포도이다. 이 자료에 근거하여 파악할 수 있는 것은?**

이름 : 김예림　　　　문제행동 : 물건 던지기

활동 \ 날짜	3/17 (월)	3/18 (화)	3/19 (수)	3/20 (목)	3/21 (금)
8:30-9:00 도착 및 자유놀이	□	□	□	□	□
9:00-9:15 이야기 나누기	▩	▨	□	□	□
9:15-10:00 집단활동	▩	▨	▨	▨	▨
10:00-10:30 미술활동	▩	▩	▩	▩	▩
10:30-11:00 간식	▨	□	□	□	□
11:00-11:30 자유선택활동	▨	□	▨	□	□
11:30-12:00 정리 및 귀가 준비	□	□	□	□	□

▩ = 6회 이상 발생　▨ = 1~5회 발생　□ = 발생하지 않음

① 습득해야 할 새로운 행동
② 문제행동을 대신할 수 있는 대체행동
③ 문제행동 발생 시 사용 가능한 벌 절차
④ 보다 자세한 진단을 실시해야 할 시간대
⑤ 문제행동을 하지 않는 시간에 제공해야 할 강화물

참고자료

기본이론 135-146p

키워드

- 행동의 기능평가
- 문제행동의 기능

구조화 틀

행동의 기능평가
- 기능평가의 목적
- 문제행동의 기능
- 평가 방법
  - 간접 평가
  - 직접 평가
  - 기능분석

핵심개념

간접 평가의 장단점

장점	• 개괄적 정보를 알려줌 • 자세한 진단이 필요할 것인지 신속히 알려줌 • 다양한 시간대와 환경에 대한 정보를 수집함 • 학생 본인의 관점을 알려줌
단점	• 정보 제공자가 학생을 아는 정도에 따라 정보의 수준이 달라질 수 있음 • 구체적 정보를 구하기 어려울 수 있음 • 표준화된 검사의 경우 상업적으로 제작되었기 때문에 모든 학생에게 적용 가능한 것은 아님

직접 평가의 장단점

장점	• 행동 발생 당시의 정보를 직접 수집함 • 자연스러운 환경에서 실시할 수 있음 • 환경, 선행사건, 행동, 후속결과에 대한 구체적인 정보를 제공함
단점	• 시간이 많이 걸림 • 행동의 직접 관찰이 다른 일과에 방해됨 • 문제행동 발생을 놓칠 수 있음 • 자주 발생하는 행동은 관찰과 기록이 어려움 • 발생 빈도가 낮은 행동은 수집된 정보가 충분치 않을 수 있음

2013학년도 추가유아 A4

06 **다음은 유아특수학급 교사들의 대화 내용이다. 물음에 답하시오. [5점]**

김 교사: 우리 반 정우는 최근 머리를 때리는 자해행동이 점점 심해지고 있어서 이것을 중재하는 것이 급한 것 같아요.

최 교사: 우리 반 광희와 아주 비슷한 행동이네요. 광희도 머리를 때리는 자해행동을 했었는데, ㉠ 아래와 같은 양식을 이용해서 유용한 정보를 얻을 수 있었어요. ㉡ 다른 평가 자료와 종합해보았을 때, 광희의 행동은 관심이나 과제와도 무관해 보였고 무언가를 요구하는 것도 아니었어요. 결국 주변의 선행자극이나 후속결과와의 연관성은 찾기가 어려웠죠. 단지 처방 받은 두통약을 먹은 후 서너 시간 동안은 머리 때리기가 줄어드는 것으로 관찰되었어요.

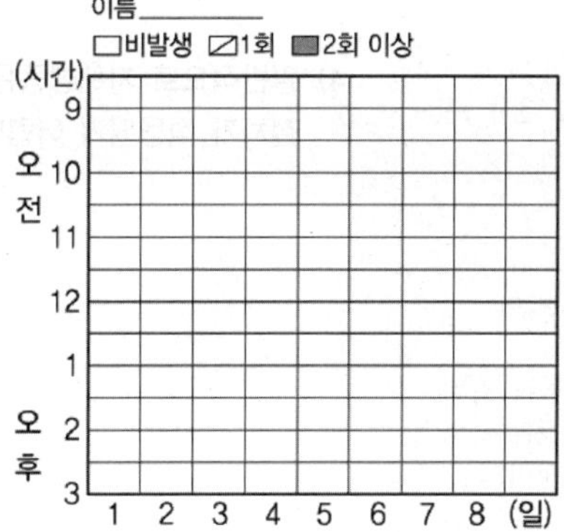

김 교사: 그런 경우 문제행동의 원인을 찾기가 매우 힘들죠.

> 문제행동이 유지되는 원인(문제행동이 가진 후속결과의 기능) → 머리를 때리면 두통(감각적 자극)이 감소(부적)해 머리 때리기 행동이 증가함(강화)

1) ㉠을 이용한 관찰 방법을 쓰고, 이러한 방법으로 얻을 수 있는 정보는 무엇인지 쓰시오. [2점]

행동분포 관찰(산점도)만으로는 문제행동 원인에 대한 충분한 파악이 어려움. 따라서 행동분포 관찰(산점도)을 통해 얻은 '문제행동이 빈번하게 발생하는 시간대'에 다른 기능평가 방법을 활용해 '더 자세한 정보'를 수집해야 함

2) ㉡의 다른 평가 방법 중 다음의 설명에 해당하는 평가 방법을 쓰시오. [1점]

- 면담이나 평정척도 등이 활용된다.
- 평가자의 정보 수준에 의존할 수밖에 없다는 단점이 있다.
- 개인이나 행동에 관한 전체적인 정보를 제공한다는 장점이 있다.

3) 최 교사의 설명에 근거하여 유추해볼 때 두통약을 먹기 전까지 나타났던 머리 때리기 행동의 유지 변인이 무엇인지 쓰시오. [1점]

4) 일반적으로 자해행동은 그 정도가 심각한 경우 기능분석 절차가 적용되기 어렵다. 그 이유를 간단히 쓰시오. [1점]

기능분석의 단점
- 빈번하게 나타나는 행동에만 주로 사용되고, 행동의 원인에 대한 타당한 결론을 찾기 위해 많은 자료와 시간을 요하는 문제행동에는 사용하기 어려움
- 심한 자해행동이나 자살과 같이 위험한 행동에는 적용할 수 없음 → 윤리적인 문제
- 체계적인 여러 단계의 실행과정을 거쳐야 하기 때문에 많은 시간과 경비와 인력이 요구됨

행동분포 관찰(산점도)
- 문제행동이 가장 빈번하게 발생하는 시간과 자주 발생하지 않는 시간대를 시각적으로 쉽게 알아볼 수 있도록 구성됨
- 학생의 문제행동이 주로 발생하는 시간대를 알고자 할 때 사용할 수 있음 → 행동분포 관찰을 통해 얻은 정보는 더 자세한 정보를 수집해야 할 시간대를 결정하는 데 도움을 줌
- 목표행동의 실제 빈도가 아닌 시간과 상황에 관련된 행동 발생 패턴의 관계를 밝히는 것
- 문제행동이 일어난 시간, 특정인의 존재 또는 부재, 물리적 혹은 사회적 상황, 특정 활동 등의 관계를 밝히는 데 사용할 수 있음
- 비율측정과 간격측정 사이의 절충안

모범답안

1) 행동분포관찰(산점도)
더 자세한 정보를 수집해야 할 시간대나 상황에 관한 정보를 얻을 수 있다.

2) 간접 평가

3) 자동적(감각적) 부적강화(두통)

4) 기능분석은 심한 자해행동과 같이 시급한 수정이 필요한 행동에 대해서는 적용하기 어렵기 때문이다.

확장하기⁺

문제행동이 유지되는 원인(문제행동이 가진 후속결과의 기능)

		얻거나 피하고자 하는 자극의 종류		
		유형물/활동	사회적	감각적
행동의 유지 원인	정적 강화	㉠	㉡	㉢
	부적 강화	㉣	㉤	㉥

㉠ 첫 번째 문제행동의 기능은 얻고자 하는 유형물이나 활동이 주어지는 정적 강화에 의해 유지되는 문제행동이다. 예를 들어, 엄마를 따라 가게에 간 아동이 장난감을 사 달라고 떼쓰거나, ASD 아동이 음식을 얻기 위해 손등을 물어뜯으며 소리를 지르는 행동 등이다. 이러한 행동에 대해서는 의사소통 방법을 체계적으로 가르치거나 선행사건을 변화시켜 문제행동이 발생할 가능성을 최소한으로 줄여야 한다.

㉡ 두 번째 문제행동의 기능은 관심과 같은 사회적 자극을 얻으려는 것이다. 이 경우, 문제행동은 관심과 같은 사회적 자극이 주어지는 정적 강화에 의해 유지된다. 예를 들어, 교사의 관심을 끌기 위해 수업을 방해하는 행동 또는 부모의 관심을 끌기 위해 부모와 손님의 대화에 끼어들어 질문을 하거나 문제행동을 일으키는 경우 등이다. 이런 행동에 대해서는 차별강화나 소거 등에 의해 바람직하지 않은 행동에 강화가 주어지지 않도록 하여, 그 행동을 감소시킬 뿐 아니라 바람직한 행동을 통해 충분한 사회적 강화를 받을 수 있도록 지도해야 한다.

㉢ 세 번째 문제행동의 기능은 생물학적인 내적 자극이거나 감각적(시각적・청각적・촉각적) 자극을 얻으려는 것이다. 이 경우 문제행동은 스스로 만들어 내는 자동적 정적 강화에 의해 유지되기 때문에 환경 변화에 관계없이 비교적 일정한 비율로 나타난다. 예를 들어, 자기 눈앞에서 손을 흔들거나 떠는 행동에 의해 나타나는 시각적 자극의 느낌이 좋아 그런 행동을 지속하는 것이다. 이런 경우 아동의 주변 환경을 다양하게 해주어서 감각자극의 결핍을 막을 수 있다.

㉣ 네 번째 문제행동의 기능은 어려운 과제나 싫은 요구와 같은 구체적 활동을 피하려는 것이다. 이 경우 문제행동은 싫어하는 활동을 제거해 주는 부적 강화에 의해 유지된다. 예를 들어, 어려운 질문에 답을 해야 할 때 소리를 지르고 울면 질문을 취소해 주는 경우이다. 이런 경우는 문제행동을 대신할 수 있는 의사표현 방법을 가르쳐 주거나 피하려는 활동을 마칠 때까지 그 활동을 하도록 요구한다.

㉤ 다섯 번째 문제행동의 기능은 모든 사람이 자기를 바라보는 것과 같이 자신에게 주어지는 사회적 관심이나, 찡그린 얼굴 표정이나 꾸중 같은 부정적 사회적 자극을 피하려는 것이다. 이 경우, 문제행동은 부정적 사회적 자극이 제거되는 부적 강화에 의해 유지된다. 예를 들어, 모두가 자기를 쳐다보는 상황에서 발표하는 것을 피하기 위해 징징거리면서 우는 행동이다.

㉥ 여섯 번째 문제행동의 기능은 고통, 가려움과 같이 내적이거나 감각적인 자극을 피하려는 것이다. 예를 들어, 아동이 주변의 특정 소음이 싫어서 머리를 심하게 흔들거나 귀를 틀어막는 행동이나, ASD 아동이 누군가를 껴안아 줄 때 안아주는 압력의 정도를 피하기 위해 안아주는 사람을 밀쳐내는 행동 등이다.

기본이론 135-146p

행동의 기능평가

행동의 기능평가
- 기능평가의 목적
- 문제행동의 기능
- 평가 방법
  - 간접 평가
  - 직접 평가
  - 기능분석

행동분포 관찰(산점도)

- 문제행동이 가장 빈번하게 발생하는 시간과 자주 발생하지 않는 시간대를 시각적으로 쉽게 알아볼 수 있도록 구성됨
- 학생의 문제행동이 주로 발생하는 시간대를 알고자 할 때 사용할 수 있음 → 행동분포 관찰을 통해 얻은 정보는 더 자세한 정보를 수집해야 할 시간대를 결정하는 데 도움을 줌

4) 행동분포 관찰(산점도)은 학생의 문제행동이 주로 발생하는 시간대를 알고자 할 때 사용한다.

5) ⓐ 교사가 다른 학생을 지도하거나, 주의를 주지 않으면
ⓑ 교사의 관심을 얻기 위해서

2019학년도 초등 B2

07 **(가)는 지적장애 학생 은지의 통합학급 담임인 윤 교사가 특수교사인 최 교사와 실과 수업에 대하여 나눈 대화이고, (나)는 최 교사가 은지의 행동을 관찰한 결과이다. 물음에 답하시오. [6점]**

(나)

학생	○은지	관찰 장소	통합학급
관찰자	최 교사	관찰 기간	3월 첫째 주

㉣ 주간 행동 관찰 기록

1회: ╲ 2회: ╳ 3회 이상: ▩

시간 \ 요일		월	화	수	목	금
8:30~9:00	수업준비					╲
9:00~09:40	1교시	╲		╲		
9:50~10:30	2교시					
10:40~11:20	3교시					╳
11:30~12:10	4교시	╳	▩		╲	
12:10~13:00	점심시간					
13:00~13:40	5교시		╲		▩	

- 행동 관찰 결과: 실과 시간에 문제행동이 자주 발생함

㉤ 행동 관찰 결과(실과 시간)

- 다른 학생들이 앉아 있는 동안에도 자주 교실 안을 돌아다님
- 교사가 주의를 주지 않으면 계속 돌아다니는 행동을 보임
- 교사가 은지의 이름을 부르면서 지적을 해야 자리에 앉음
- 교사가 다른 학생을 지도하는 동안에 돌아다니는 행동이 잦음

4) 은지의 행동을 관찰 · 분석하기 위하여 (나)의 ㉣과 같은 방법을 사용하는 목적을 1가지 쓰시오. [1점]

5) (나)의 ㉤의 내용에 근거하여 다음의 행동 가설을 수립하였다. ⓐ와 ⓑ에 들어갈 내용을 각각 쓰시오. [2점]

학생	은지는
배경/선행사건	(ⓐ)
추정되는 행동의 기능	(ⓑ)
문제행동	교실 안을 돌아다닌다.

참고자료

기본이론 135-146p

키워드

행동의 기능평가

구조화 틀

행동의 기능평가

- 기능평가의 목적
- 문제행동의 기능
- 평가 방법
  - 간접 평가
  - 직접 평가
  - 기능분석

핵심개념

행동분포 관찰(산점도)

- 문제행동이 가장 빈번하게 발생하는 시간과 자주 발생하지 않는 시간대를 시각적으로 쉽게 알아볼 수 있도록 구성됨
- 학생의 문제행동이 주로 발생하는 시간대를 알고자 할 때 사용할 수 있음 → 행동분포 관찰을 통해 얻은 정보는 더 자세한 정보를 수집해야 할 시간대를 결정하는 데 도움을 줌

모범답안

- 행동분포 관찰(산점도)
  행동분포 관찰을 통해 문제행동이 주로 발생하는 시간과 환경(상황)에 대한 정보를 파악할 수 있다.
- 행동분포 관찰은 문제행동이 주로 발생하는 시간과 환경에 대한 정보는 제공하지만, 문제행동의 구체적인 기능에 대한 정보는 제공하지 못하기 때문에 더 직접적인 평가(㉡)를 실시한다.

2018학년도 중등 A11

08 **(가)는 주의력결핍과잉행동장애 학생 H와 관련하여 특수교사와 통합학급 교사가 나눈 대화이고, (나)는 특수교사가 학생 H의 문제행동을 관찰한 결과이다. 〈작성방법〉에 따라 서술하시오. [4점]**

(가) 특수교사와 통합학급 교사의 대화

통합학급 교사: 학생 H가 통합학급에서 수업 중에 자리이탈 행동을 종종 보입니다. 이에 대한 적절한 지원방법이 없을까요?

특 수 교 사: 예, 학생 H의 문제행동에 대한 긍정적 행동지원을 할 수 있습니다. 이를 위해 먼저 학생 H의 문제행동을 관찰하는 것이 필요합니다. 이때에는 (나)와 같은 관찰기록 방법을 사용할 수 있습니다.

통합학급 교사: 그렇다면 (나)의 관찰기록 결과만 살펴보면 될까요?

특 수 교 사: 아니요. ㉡<u>(나)의 관찰기록 결과를 분석한 다음에 다른 방식의 직접 관찰을 할 필요가 있습니다.</u>

(나) 학생 H의 문제행동 관찰기록 결과지

• 이름: 학생 H　　• 문제행동: 수업 중 자리이탈 행동

미발생: □　1회: ▱(사선 1개)　2회: ⊠　3회 이상: ■

시간	내용 \ 일자	11/13 월	11/14 화	11/15 수	11/16 목	11/17 금	11/20 월	11/21 화	11/22 수	11/23 목	11/24 금
09:00~09:50	1교시										
10:00~10:50	2교시							1회			
11:00~11:50	3교시	3회 이상		1회		3회 이상		3회 이상	1회	3회 이상	3회 이상
12:00~12:50	4교시	3회 이상	3회 이상	3회 이상	3회 이상	3회 이상	3회 이상	2회	3회 이상	3회 이상	2회
13:40~14:30	5교시	1회	2회	1회		2회			1회		2회
14:40~15:30	6교시							1회			
15:40~16:30	7교시										

작성방법

- (나)에 제시된 관찰기록 방법의 명칭을 적고, 그 목적을 1가지 쓸 것
- 밑줄 친 ㉡을 실시하는 이유를 1가지 서술할 것

기본이론 135-146p, 150-157p

- 행동의 기능평가
- 긍정적 행동지원 계획의 수립

행동의 기능평가
- 기능평가의 목적
- 문제행동의 기능
- 평가 방법
  - 간접 평가
  - 직접 평가
  - 기능분석

긍정적 행동지원 계획 수립
- 배경 · 선행사건 중재
- 대체기술 교수
- 후속결과 중심 중재
- 장기지원

행동분포 관찰(산점도)
- 문제행동이 가장 빈번하게 발생하는 시간과 자주 발생하지 않는 시간대를 시각적으로 쉽게 알아볼 수 있도록 구성됨
- 학생의 문제행동이 주로 발생하는 시간대를 알고자 할 때 사용할 수 있음 → 행동분포 관찰을 통해 얻은 정보는 더 자세한 정보를 수집해야 할 시간대를 결정하는 데 도움을 줌

1) 행동분포 관찰(산점도)

2) 교체기술 지도

4) 선행사건 중재

2015학년도 초등 A2

09 **다음은 민수의 교실 이탈 행동에 대해 저학년 특수학급 김 교사와 고학년 특수학급 정 교사가 나눈 대화이다. 물음에 답하시오. [5점]**

김 교사: 민수의 ㉠ 교실 이탈 행동이 가장 많이 일어나는 시간대를 한눈에 파악할 수 있도록 관찰 기록지를 작성해봤어요. 그랬더니 하루 중 민수의 교실 이탈 행동은 과학 시간대에 가장 많이 발생하더군요. 그래서 과학 시간에 일화기록과 ABC 관찰을 통해 교실 이탈 행동에 대한 보다 자세한 정보를 수집했어요. 기능 평가 결과, 민수의 교실 이탈 행동은 어려운 과제가 주어지면 회피하기 위해 나타난 것이었어요. 그래서 민수에게 ㉡ 과제가 어려우면 "쉬고 싶어요."라는 말을 하도록 지도하고, ㉢ 교실 이탈 행동이 일정 시간(분) 동안 발생하지 않으면 강화제를 제공해볼까 합니다.

정 교사: 네, 그 방법과 함께 과학 시간에는 ㉣ 민수의 수준에 맞게 과제의 난이도와 분량을 조절해 주거나 민수가 선호하는 활동과 연계된 과제를 제시하면 좋겠네요.

김 교사: 그래서 민수의 중재계획에도 그런 내용을 포함했어요.

> 행동분포 관찰을 통해 얻은 정보는 더 자세한 정보를 수집해야 할 시간대를 결정하는 데 도움을 줌 → 이후 해당 시간대에 여러 가지 기능평가 방법을 사용해 문제행동의 원인을 파악해야 함

> 민수의 문제행동 기능은 과제 회피이므로 문제행동을 대신할 바람직한 행동을 지도하는 대체기술 교수 중 교체기술에 해당함

> 행동의 기능(회피)에 따른 선행사건 중재전략
> - 과제의 난이도 조절
> - 선택의 기회 제공
> - 활동을 통해 의미 있고 기능적인 성과를 얻게 함
> - 과제의 길이 조절
> - 과제 수행 양식 수정
> - 행동적 모멘텀 및 과제 분산
> - 예측 가능성 향상
> - 교수 전달 방식 변경

1) ㉠을 하기 위해 사용한 관찰(기록) 방법을 쓰시오. [1점]

2) ㉡에 해당하는 지도법을 쓰시오. [1점]

4) ㉣과 같이 문제행동 유발의 요인이 되는 환경을 재구성하는 중재가 무엇인지 쓰시오. [1점]

> 선행사건 중재전략
> 문제행동을 유발 또는 유지하는 환경적 원인을 찾아, 문제행동이 발생하기 전에 문제행동의 유발요인이 되는 환경을 재구성하는 전략

참고자료

기본이론 141p

키워드

ABC 관찰기록

구조화 틀

행동의 기능평가
- 기능평가의 목적
- 문제행동의 기능
- 문제행동이 유지되는 원인
- 평가 방법
  - 간접 평가
  - 직접 평가
  - 기능분석

핵심개념

ABC 관찰기록
- 자연스러운 상황에서 문제행동의 선행사건(A), 문제행동(B), 후속결과(C)를 시간의 흐름에 따라 직접 관찰하며 기록하는 방법
- 하루 일과를 모두 기록하는 것이 아니라 문제행동이 발생할 때 문제행동을 중심으로 그 전후 사건을 기록함 → 이를 통해 행동의 연결고리를 이해할 수 있고 행동에 대한 많은 정보를 얻을 수 있음

모범답안

ABC 관찰기록

2017학년도 중등 A6

10 **(가)는 수업시간에 확인하는 질문을 과도하게 하는 정서·행동장애 학생에 대한 행동관찰기록의 일부이고, (나)는 이 행동을 중재한 결과를 나타낸 그래프이다. (가)의 직접 관찰법 명칭을 쓰시오. [1점]**

(가) 행동관찰기록

관찰 대상: 학생 B 관찰자: 교사		날짜: 5월 20일 장소: 미술실	
시간	**선행사건**	**행동**	**결과**
09:05	교사가 학생들에게 수업 자료를 꺼내라고 말한다.	B가 "꺼낼까요?"라고 질문한다.	교사가 "그래요."라고 말한다.
09:12	교사가 준비된 재료들을 하나씩 말해보라고 한다.	B가 "하나씩요?"라고 질문한다.	교사는 "네."라고 대답한다.
09:16	교사가 책상 위에 준비물을 올려 놓으라고 말한다.	B가 "책상 위로 올려요?"라고 질문한다.	교사는 "그래요."라고 답한다.

- 문제행동의 기능: 관심 끌기
- 문제행동이 유지되는 원인: 사회적 정적강화

기본이론 141p

ABC 관찰기록

행동의 기능평가

- 기능평가의 목적
- 문제행동의 기능
- 문제행동이 유지되는 원인
- 평가 방법
  - 간접 평가
  - 직접 평가
  - 기능분석

ABC 관찰기록

- 자연스러운 상황에서 문제행동의 선행사건(A), 문제행동(B), 후속결과(C)를 시간의 흐름에 따라 직접 관찰하며 기록하는 방법
- 하루 일과를 모두 기록하는 것이 아니라 문제행동이 발생할 때 문제행동을 중심으로 그 전후 사건을 기록함
→ 이를 통해 행동의 연결고리를 이해할 수 있고 행동에 대한 많은 정보를 얻을 수 있음

문제행동과 관련된 선행사건과 후속결과에 대한 정보를 보다 체계적으로 수집할 수 있다.

2019학년도 유아 B2

11 **다음은 5세 주의력결핍과잉행동장애 유아 상희에 대해 통합학급 김 교사와 특수학급 박 교사가 나눈 대화의 일부이다. 물음에 답하시오. [5점]**

> 김 교사: 상희가 활동 중에 자료를 던지는 공격적인 행동을 하는데 이에 대해서는 어떻게 할까요?
> 박 교사: 우선 상희의 행동을 ㉣ ABC 서술식 사건표집법이나 ㉤ 빈도 사건표집법으로 관찰해보는 것이 좋겠습니다.

3) ㉣의 장점을 1가지 쓰시오. [2점]

참고자료
기본이론 135-146p

키워드
행동의 기능평가

구조화 틀
행동의 기능평가
- 기능평가의 목적
- 문제행동의 기능
- 문제행동이 유지되는 원인
- 평가 방법
  - 간접 평가
  - 직접 평가
  - 기능분석

핵심개념
행동분포 관찰(산점도)
- 문제행동이 가장 빈번하게 발생하는 시간과 자주 발생하지 않는 시간대를 시각적으로 쉽게 알아볼 수 있도록 구성됨
- 학생의 문제행동이 주로 발생하는 시간대를 알고자 할 때 사용할 수 있음 → 행동분포 관찰을 통해 얻은 정보는 더 자세한 정보를 수집해야 할 시간대를 결정하는 데 도움을 줌

모범답안
① 행동분포 관찰(산점도)
② 감각자극 회피

2021학년도 유아 A3

12 **(가)는 유아특수교사 박 교사와 최 교사, 통합학급 김 교사가 5세 발달지체 유아 지호에 대해 나눈 대화이고, (나)는 지호의 울음 행동 원인을 알기 위해 실시한 실험적 기능평가 결과이다. (다)는 박 교사가 계획한 놀이 지원의 일부이다. 물음에 답하시오. [5점]**

(가)

[9월 14일]

김 교사: 박 선생님, 지호의 울음 행동이 주로 어떤 시간에 발생하던가요?

박 교사: 어느 시간에 많이 발생하는지, 또 혹시 발생하지 않는 시간은 있는지 시간대별로 알아본 결과 큰 책 읽기 시간에 울음 행동이 가장 많이 발생하고, 실외 활동 시간에 가장 적었어요. [B]

최 교사: 큰 책 읽기 시간에는 아마도 유아들이 붙어 앉다 보니 신체적 접촉이 생겨서 그러는 것 같아요.

김 교사: 지호가 좋아하는 박 선생님이 앞에서 책 읽어 주시느라 지호와 멀어지게 되는 것도 이유인 것 같아요.

박 교사: 그럼, 두 가지 이유 중 어떤 것이 맞는지 가설로 설정하여 검증해봐야겠어요.

- 문제행동에 대한 간접 평가와 직접 평가를 통해 얻은 자료를 토대로 문제행동에 대한 검증 가능한 가설을 세울 수 있음
- 기능분석은 문제행동의 원인을 설명하는 가설을 실험적으로 검증함. 이를 위해 후속결과를 조작하거나 선행사건을 체계적으로 조작해 새로 만들어진 환경에서 표적행동이 어떻게 변화하는지 관찰함

(나)

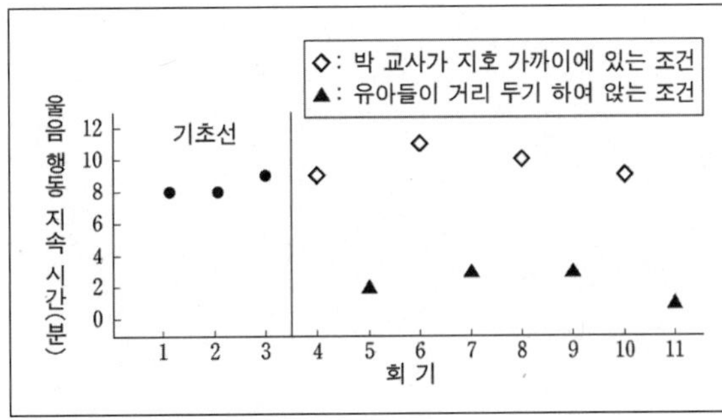

- '박 교사가 지호 가까이에 있는 조건' → 관심 끌기
- '유아들이 거리 두기 하여 앉는 조건' → 감각자극 회피
- (나)에서 학생의 문제행동(울음행동)은 유아들이 거리 두기 해 앉았을 때 감소되므로, 해당 행동의 원인은 감각자극 회피에 해당함

2) ① [B]에서 박 교사가 사용한 직접 관찰 방법은 무엇인지 쓰고, ② 지호의 울음 행동 기능은 무엇인지 (나)에 근거하여 쓰시오. [2점]

확장하기+

기능분석의 적용

- 간접 평가와 직접 평가를 통해 학생 A가 어려운 과제를 회피하기 위해 공격적 행동을 할 것이라는 가설이 수립되었다.
- 이를 검증하는 기능분석을 위해서는 몇 차례 계속해서 쉬운 과제를 제시해주고, 다음 몇 차례 동안은 어려운 과제를 계속해서 제시해주는 것을 반복 실시하는 ABAB 설계를 적용해볼 수 있다.
- 이렇게 자료를 수집한 결과 어려운 과제를 받았을 때만 일관성 있게 공격적 행동이 증가한다면, 공격적 행동이 회피 기능으로 작용한다는 가설을 입증할 수 있다.

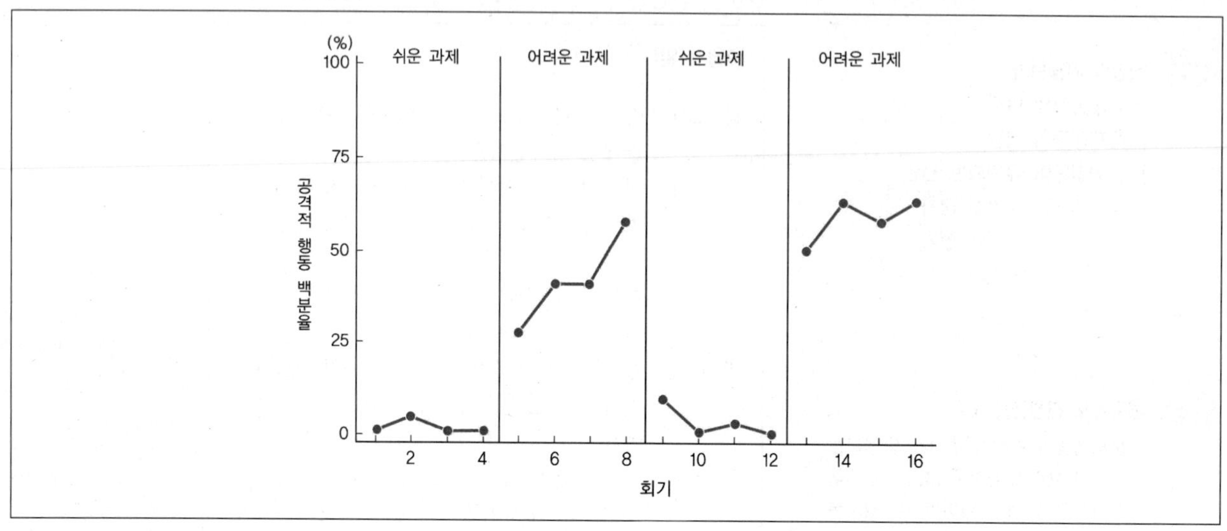

기본이론 136–137p, 141p

- 문제행동의 기능
- ABC 관찰기록

행동의 기능평가
- 기능평가의 목적
- 문제행동의 기능
- 문제행동이 유지되는 원인
- 평가 방법
  - 간접 평가
  - 직접 평가
  - 기능분석

ABC 관찰기록
- 자연스러운 상황에서 문제행동의 선행사건(A), 문제행동(B), 후속결과(C)를 시간의 흐름에 따라 직접 관찰하며 기록하는 방법
- 하루 일과를 모두 기록하는 것이 아니라 문제행동이 발생할 때 문제행동을 중심으로 그 전후 사건을 기록함 → 이를 통해 행동의 연결고리를 이해할 수 있고, 행동에 대한 많은 정보를 얻을 수 있음

㉠ 관심 끌기

2021학년도 중등 A10

13 **(가)는 ABC 분석 방법으로 학생 F의 문제행동을 수집한 자료의 일부이고, (나)는 학생 F에 대하여 두 교사가 나눈 대화이다. 〈작성방법〉에 따라 서술하시오. [4점]**

(가) 문제행동 수집 자료

• 피관찰자: 학생 F　　• 관찰자: 김 교사
• 관찰일시: 2020. 11. 20.

시간	선행사건(A)	학생 행동(B)	후속결과(C)
13:00	"누가 발표해볼까요?"	(큰 소리로) "저요, 저요."	"그래, F가 발표해보자."
13:01		"어… 어…." (머뭇거린다.)	"다음에는 대답을 제대로 해보자, F야."
13:02		(웃으며 자리에 앉는다.)	
		⋮	
13:20	"이번에는 조별로 발표를 해봅시다."	(큰 소리로) "저요, 저요."	(F에게 다가가서) "지금은 다른 조에서 발표할 시간이에요."
13:21		(교사를 바라보며 미소 짓는다.)	
		⋮	
13:40	"오늘의 주제는 …"	(교사의 말이 끝나기도 전에) "저요, 저요." (자리에서 일어난다.)	"지금은 선생님이 말하는 시간이에요."
13:41		(교사를 바라보며 미소 짓는다.)	

- 문제행동 기능: 관심 끌기
- 문제행동이 가진 후속결과의 기능: 사회적 정적 강화(교사의 관심이 주어지고 있음)

(나) 대화

김 교사: 선생님, 지난 수업에서 학생 F의 문제행동을 평가해보니 그 기능이 (㉠)(으)로 분석되었습니다.
박 교사: 그렇다면 문제행동을 줄이기 위해 어떻게 하면 될까요?
김 교사: 몇 가지 방법 중 하나는 ㉡ <u>학생 F가 그 행동을 하더라도 반응하지 않는 것입니다.</u> 그렇지만 이 방법은 ㉢ <u>문제행동이 일시적으로 더 심해지는 현상</u>이 나타날 수 있기 때문에 예방적 차원의 접근이 필요합니다.
박 교사: 예방적 차원의 행동 중재방법으로는 무엇이 있나요?
김 교사: ㉣ <u>문제행동을 예방하기 위해 학생 F의 문제행동을 유지시키는 요인을 미리 제공하는 방법</u>입니다.

후속결과 중심 중재-소거 전략

선행중재 - 동기해지조작을 활용한 행동 중재 기법(비유관 강화)

작성방법

(나)의 괄호 안의 ㉠에 해당하는 내용을 (가)를 참고하여 쓸 것

기본이론 135-146p

- 행동의 기능평가
- 문제행동의 기능
- ABC 관찰기록

행동의 기능평가
- 기능평가의 목적
- 문제행동의 기능
- 문제행동이 유지되는 원인
- 평가 방법
  - 간접 평가
  - 직접 평가
  - 기능분석

문제행동이 유지되는 원인
(문제행동이 가진 후속결과의 기능)

유형물·활동 정적강화	얻고자 하는 유형물이나 활동이 주어지는 정적강화에 의해 유지되는 문제행동
사회적 정적강화	관심과 같은 사회적 자극을 얻기 위해 유지되는 문제행동
감각적 정적강화	생물학적인 내적 자극이나 감각적(시각적·청각적·촉각적) 자극을 얻기 위한 문제행동
유형물·활동 부적강화	어려운 과제나 싫은 요구와 같은 구체적 활동을 피하기 위해 유지되는 문제행동
사회적 부적강화	사회적 관심, 꾸중 등 부정적 사회적 자극을 피하기 위해 유지되는 문제행동
감각적 부적강화	고통, 가려움과 같이 내적·감각적인 자극을 피하기 위해 유지되는 문제행동

3) 영우의 행동이 여전히 자주 발생하는 이유는 영우의 반복된 과제 회피 행동에 대해 교사가 계속해서 과제를 제거해줌으로써 영우의 행동을 부적강화하고 있기 때문이다.

4) ㉮ → 행동
㉯ → 후속결과

2016학년도 초등 B2

14 **(가)는 정서·행동장애로 진단받은 영우에 대해 통합학급 김 교사와 특수학급 최 교사가 나눈 대화의 일부이고, (나)는 영우의 행동에 대한 ABC 관찰기록의 일부이다. 물음에 답하시오. [6점]**

(가) 대화 내용

> 최 교사: 제가 지난번에 말씀드린 대로 ㉢ 학급 규칙을 정해서 적용해보셨나요?
> 김 교사: 네, 그렇게 했는데도 ㉣ 지시를 거부하는 영우의 행동은 여전히 자주 발생하고 있어요.

(나) ABC 관찰기록

학생: ○영우		날짜: 2015. 9. 18.	
관찰자: ○○○		장소: ○○초등학교 6-5 교실	
상황: 통합학급의 수학시간			

	시간	선행사건	행동	후속결과
[A]	10:20	교사는 학생들에게 학습지를 풀도록 지시함	영우는 교사를 향해 큰 소리로 "이런 걸 왜 해야 돼요?"라고 함	교사는 "오늘 배운 것을 잘 이해했는지 보려는 거야."라고 함
[A]		V	영우는 책상에 엎드리며 "안 할래요!"라고 함	교사는 "그러면 좀 쉬었다 하거라."라고 함
[A]	10:30	교사는 옆 친구와 짝을 지어 학습 활동을 하도록 지시함	영우는 "하기 싫어요!" 하면서, 활동 자료를 바닥으로 던져버림	교사는 "영우야! 자료 올려놓고 교실 뒤로 가서 서 있어."라고 단호히 말함
[A]		V	영우는 그대로 즉시 일어나서 뒤로 감	
	10:35	㉮ 영우가 의자 뒤로 올라 앉아 교실을 둘러봄	㉯ 진성이는 "야, 너 때문에 안 보여."라고 함	㉰ 교사는 "영우야 바르게 앉아."라고 함

- 문제행동의 기능은 문제행동(B) 전에 발생하는 선행사건(A)에 근거해 찾아야 함
- 문제행동이 가진 후속결과의 기능은 문제행동(B) 뒤에 주어지는 후속결과(C)에 근거해 찾아야 함

※ 행동은 '영우'의 행동이어야 함. ABC 분석은 학생의 행동을 중심으로 A와 C를 수집함

3) (가)의 ㉣과 같은 상황이 나타나고 있는 이유를 (나)의 [A]에 근거하여 쓰시오. [1점]

4) (나)의 ㉮~㉰ 중에서 잘못된 위치에 기록된 내용의 기호 2가지를 찾아 쓰고, 각 기호의 내용이 ABC 관찰 요소(선행사건, 행동, 후속결과) 중 어디에 해당하는지 〈예시〉와 같이 쓰시오. [1점]

예시

> ㉱ → 행동

기본이론 133-135p

행동목표 세우기

문제행동의 식별과 중재의 필요성 결정
- 표적행동의 선정
- 우선순위 결정
- 조작적 정의
- 행동목표 세우기

행동목표 세우기
- 문제가 되는 행동을 찾아서 조작적으로 정의한 후 행동목표를 세움
- **행동목표 작성 시 포함되어야 할 요소**
  - **학습자**: 행동을 변화시켜야 할 필요가 있는 개별 아동
  - **행동**: 구체적이며 관찰이 가능한 용어로 서술
  - **조건**: 같은 행동이라도 특정 조건에서는 바람직하나 다른 조건에서는 바람직하지 않을 수 있음 → 기대되는 표적행동과 관련된 선행자극으로 환경적 상황, 사용될 자료, 도움의 정도, 구어적·문어적 지시 등을 제시
  - **기준**: 행동이 얼마나, 어떻게 변화될 것인지에 대한 수용할 만한 최소한의 수행 수준 → 이때, 행동의 빈도·지속시간·비율 등으로 그 양을 표현

① 행동의 발생조건(조건)
② 행동의 성취기준(기준)

2014학년도 유아 B1

15 다음은 송희의 개별화교육계획안이다. 물음에 답하시오. [5점]

인적사항			
이름	정송희(여)	보호자 이름	정○○
생년월일	2009. 10. 15.	전화번호	031-315-****
주소	경기도 ○○시 ○○로 123	기타 연락번호	010-****-****
시작일	2013. 3. 18.	종료일	2013. 7. 26.
장애유형	자폐성 장애		
진단·평가	(생략)		

…(중략)…

발달영역	언어 및 의사소통	작성자	홍○○	작성일	2013. 3.

현재 학습 수행 수준
- 간단한 지시를 따르고, 요구했을 때 사물 또는 사람을 가리킨다.
- 자기가 하고 싶은 것이 있거나 원하는 물건이 있을 때 상대방의 손을 잡아끄는 것으로 요구를 표현한다.
- 어려운 상황이나 과제에 직면하면 무조건 울음을 터뜨린다.
- 거부의 표현으로 소리를 지르거나 돌아서거나 밀쳐낸다.

교육목표		교육내용	평가계획
장기목표	단기목표		
자신의 요구를 2단어로 말할 수 있다.	㉠	필요할 때 말로 요구하기	(생략)
	(생략)		
특수교육 관련서비스	(생략)		

2) 다음은 강 교생과 홍 교사가 나눈 대화의 일부이다. 대화 중 ①과 ②에 들어갈 말을 쓰시오. [2점]

강 교생: 선생님, 제가 ㉠의 단기목표를 '송희는 "주세요."라고 말할 수 있다.'로 작성했는데 어떨까요?
홍 교사: 선생님이 작성하신 것은 단기목표 작성의 세 가지 요소 중 '성취해야 할 행동'은 들어가 있지만 (①)와(과) (②)이(가) 포함되지 않았어요.
강 교생: 네, 수정하겠습니다.

확장하기

행동목표 작성 시 포함되어야 할 구성요소

구성요소	설명	예시	
학습자	'학습자(아동)'는 행동을 변화시켜야 할 필요가 있는 개별 아동을 의미함	성결이는, 유진이는	
행동	• 행동 부분을 진술할 때는 아동에게 바람직한 변화가 이루어졌을 때 학생이 어떻게 행동하게 될 것인지 그 내용을 기술함 • 행동을 정의하는 단어로는 관찰·측정·반복이 가능한 동사를 사용하는 것이 좋음	○	말하다, 쓰다, 구두로 읽다, 가리키다, 주다, 보다, 자르다, 접는다, 잡아 올린다, 색칠한다, 손을 든다, 던지다 등
		×	이해하다, 인식하다, 안다, 인지하다, 깨닫다, 발견하다, 찾아내다, 읽다, 증진하다, 향상된다, 연습한다, 참는다 등
조건	• 같은 행동이라도 특정 조건에서는 바람직한 행동이 되지만 다른 조건에서는 바람직하지 않은 행동이 될 수 있음 • 따라서 행동목표를 진술할 때는 기대되는 표적행동과 관련된 선행자극으로 환경적 상황, 사용될 자료, 도움의 정도, 구어적·문어적 지시 등의 '조건'을 제시해야 함	환경적 상황	• 급식시간에 • 놀이터에서
		사용될 자료	• 10개의 덧셈 문제가 있는 문제지가 주어지면 • 식기가 주어질 때
		도움의 정도	• 보조교사의 도움 없이 • 교사의 신체적 촉구가 있으면
		구어적·문어적 지시	• 스웨터를 입으라는 구어적 지시를 주면 • 전자레인지의 사용 설명서를 보고
기준	• 행동이 얼마나, 어떻게 변화될 것인지에 대한 수용할 만한 최소한의 수행 수준 • 중재의 결과로 아동이 수행할 수 있는 행동 수준을 행동의 빈도, 지속시간, 비율 등으로 표현하는 것	빈도	10개의 사물 명칭을 정확히 발음
		지속시간	30분 동안 수행
		지연시간	지시가 주어진 후 1분 내에 시행
		비율(%)	주어진 기회의 80%를 정확히 반응

기본이론 133-135p

행동목표 세우기

문제행동의 식별과 중재의 필요성 결정
- 표적행동의 선정
- 우선순위 결정
- 조작적 정의
- 행동목표 세우기

행동목표 세우기
- 문제가 되는 행동을 찾아서 조작적으로 정의한 후 행동목표를 세움
- **행동목표 작성 시 포함되어야 할 요소**
  - **학습자**: 행동을 변화시켜야 할 필요가 있는 개별 아동
  - **행동**: 구체적이며 관찰이 가능한 용어로 서술
  - **조건**: 같은 행동이라도 특정 조건에서는 바람직하나 다른 조건에서는 바람직하지 않을 수 있음 → 기대되는 표적행동과 관련된 선행자극으로 환경적 상황, 사용될 자료, 도움의 정도, 구어적·문어적 지시 등을 제시
  - **기준**: 행동이 얼마나, 어떻게 변화될 것인지에 대한 수용할 만한 최소한의 수행 수준 → 이때, 행동의 빈도·지속시간·비율 등으로 그 양을 표현

- 상황이나 조건 – 교사가 숟가락을 잡은 진수의 손을 잡고 입 주위까지 가져가주면
- 수락 기준 – 3일 연속으로 10회 중 8회
- 도착점 행동 – 음식을 입에 넣을 수 있다.

2018학년도 유아 A1

16 다음은 유치원 3세 반 진수의 개별화교육계획안이다. 물음에 답하시오. [5점]

인적사항			
이름	박진수(남)	생년월일	2013. 10. ○○.
시작일	2017. 3. ○○.	종료일	2017. 7. ○○.
…(생략)…			

발달 영역	자조 기술
현재 학습 수행 수준	
〈강점〉 • 음식을 골고루 먹을 수 있다. • 식사 시간에 식탁 의자에 앉아 있을 수 있다. 〈약점〉 • 의존성이 강하여 숟가락을 혼자서 잡지 않고 성인의 도움을 받아 음식을 먹으려고 한다.	
교육목표	
장기목표	숟가락을 사용하여 스스로 식사를 할 수 있다.
단기목표	1. ㉠ 교사가 숟가락을 잡은 진수의 손을 잡고 입 주위까지 가져가주면 3일 연속으로 10회 중 8회는 음식을 입에 넣을 수 있다. 2. …(생략)…
교육내용	…(생략)…
교육방법	㉡ 처음에는 신체적 촉진으로 시작하고 "숟가락을 잡고 먹어보세요."라는 언어적 촉진에 스스로 음식을 먹을 수 있도록 점차적으로 개입을 줄인다.
특수교육 관련서비스	
…(하략)…	

2) 메이거(R. Mager)가 제시하는 목표 진술의 3가지 요소와 ㉠에서 각 요소에 해당하는 진술 내용을 찾아 쓰시오. [3점]

메이거의 목표 진술의 3요소
- (행동 발생의) 상황이나 조건
- 수락 기준
- 도착점 행동

기본이론 133-135p

행동목표 세우기

문제행동의 식별과 중재의 필요성 결정
- 표적행동의 선정
- 우선순위 결정
- 조작적 정의
- 행동목표 세우기

행동목표 세우기
- 문제가 되는 행동을 찾아서 조작적으로 정의한 후 행동목표를 세움
- **행동목표 작성 시 포함되어야 할 요소**
  - **학습자**: 행동을 변화시켜야 할 필요가 있는 개별 아동
  - **행동**: 구체적이며 관찰이 가능한 용어로 서술
  - **조건**: 같은 행동이라도 특정 조건에서는 바람직하나 다른 조건에서는 바람직하지 않을 수 있음 → 기대되는 표적행동과 관련된 선행자극으로 환경적 상황, 사용될 자료, 도움의 정도, 구어적·문어적 지시 등을 제시
  - **기준**: 행동이 얼마나, 어떻게 변화될 것인지에 대한 수용할 만한 최소한의 수행 수준 → 이때, 행동의 빈도·지속시간·비율 등으로 그 양을 표현

준수는 교사가 1,000원과 5,000원 지폐를 제시하고 구어적 지시가 있으면 연속 3회기 동안 10번의 시행 중 9번 정반응으로 지폐를 변별한다.

2015학년도 초등 B4

17 **(가)는 특수학교 김 교사가 색 블록 조립하기를 좋아하는 자폐성 장애 학생 준수에게 '2011 개정 특수교육 교육과정' 중 기본 교육과정 수학과 3~4학년군 '지폐' 단원에서 '지폐 변별하기'를 지도한 단계이고, (나)는 이에 따른 준수의 수행 관찰기록지이다. 물음에 답하시오. [6점]**

(가) '지폐 변별하기' 지도 단계

단계	교수·학습 활동
주의 집중	교사는 준수가 해야 할 과제 수만큼의 작은 색 블록이 든 투명 컵을 흔들며 준수의 이름을 부른다.
㉠	교사는 1,000원과 5,000원 지폐를 준수의 책상 위에 놓는다. 이때 ㉡ 교사는 1,000원 지폐를 준수 가까이에 놓는다. 교사는 준수에게 "천 원을 짚어보세요."라고 말한다.
학생 반응	준수가 1,000원 지폐를 짚는다.
피드백	교사는 색 블록 한 개를 꺼내, 준수가 볼 수는 있으나 손이 닿지 않는 책상 위의 일정 위치에 놓는다. (오반응 시 교정적 피드백 제공)
시행 간 간격	교사는 책상 위 지폐를 제거하고 준수의 반응을 기록한다.

※ 투명 컵이 다 비워지면, 교사는 3분짜리 모래시계를 돌려놓는다. 준수는 3분간 색 블록을 조립한다.

(나) 수행 관찰기록지

날짜	11/10	11/11	11/12	11/13	11/14	11/17	11/18	11/19	11/20	11/21	
시행	⑩	⑩	⑩	⑩	⑩	⑩	⑩	⑩	⑩	⑩	100
	~~9~~	~~9~~	⑨	~~9~~	⑨	⑨	⑨	[⑨]	[⑨]	[⑨]	90
	⑧	~~8~~	~~8~~	⑧	~~8~~	[⑧]	[~~8~~]	⑧	⑧	⑧	80
	~~7~~	⑦	~~7~~	~~7~~	~~7~~	~~7~~	⑦	⑦	⑦	⑦	70
	~~6~~	~~6~~	⑥	~~6~~	[⑥]	⑥	⑥	~~6~~	⑥	~~6~~	60
	~~5~~	~~5~~	[~~5~~]	[⑤]	~~5~~	~~5~~	⑤	⑤	⑤	⑤	50
	~~4~~	~~4~~	~~4~~	~~4~~	④	④	~~4~~	④	④	④	40
	~~3~~	[③]	③	③	~~3~~	③	③	③	~~3~~	③	30
	[~~2~~]	~~2~~	②	~~2~~	②	②	②	②	②	②	20
	~~1~~	~~1~~	~~1~~	①	①	①	①	①	①	①	10
회기	1	2	3	4	5	6	7	8	9	10	%

- 표적 기술: 지폐 변별하기
- 자료: 1,000원 지폐, 5,000원 지폐
- 구어 지시: "____원을 짚어보세요."
- 기준: 연속 3회기 동안 10번의 시행 중 9번 정반응

/ 오반응
○ 정반응
□ 회기 중 정반응 시행 수

'자료', '구어 지시' → 조건에 해당함

4) (나)에 근거하여 준수의 학습 목표를 메이거(R. F. Mager)의 목표 진술 방식에 따라 쓰시오. [1점]

참고자료

기본이론 133-135p

키워드

행동목표 세우기

구조화 틀

문제행동의 식별과 중재의 필요성 결정
- 표적행동의 선정
- 우선순위 결정
- 조작적 정의
- 행동목표 세우기

핵심개념

행동목표 세우기

- 문제가 되는 행동을 찾아서 조작적으로 정의한 후 행동목표를 세움
- **행동목표 작성 시 포함되어야 할 요소**
  - **학습자**: 행동을 변화시켜야 할 필요가 있는 개별 아동
  - **행동**: 구체적이며 관찰이 가능한 용어로 서술
  - **조건**: 같은 행동이라도 특정 조건에서는 바람직하나 다른 조건에서는 바람직하지 않을 수 있음 → 기대되는 표적행동과 관련된 선행자극으로 환경적 상황, 사용될 자료, 도움의 정도, 구어적·문어적 지시 등을 제시
  - **기준**: 행동이 얼마나, 어떻게 변화될 것인지에 대한 수용할 만한 최소한의 수행 수준 → 이때, 행동의 빈도·지속시간·비율 등으로 그 양을 표현

모범답안

- 행동목표 1이 바람직하지 않은 이유는 "바르게 행동할 것이다."라는 동사는 명확한 행동적 동사가 아니기 때문이다.
- 행동목표 2가 바람직하지 않은 이유는 "감소할 것이다."의 행동목표 수락 기준을 명확히 하지 않았기 때문이다.

2013학년도 초등 A3(유아 A1)

18 **다음의 (가)는 영진이의 행동목표와 긍정적 행동지원 중재 계획의 일부이고, (나)는 문제행동 관찰기록지의 일부이다. 물음에 답하시오. [5점]**

(가) 행동목표 및 중재 계획

이름	김영진	시행기간	2012. 08. 27. ~ 2013. 02. 15.
행동목표		중재 계획	
1. 국어 수업시간 내내 3일 연속으로 바르게 행동할 것이다. 2. 쉬는 시간에 컴퓨터 앞에 앉아 있는 친구의 손등을 때리는 행동이 감소할 것이다.		1. 바른 행동을 할 때마다 칭찬과 함께 스티커를 준다. 2. ㉠ <u>쉬는 시간 컴퓨터 사용 순서와 개인별 제한 시간에 대한 규칙을 학급 전체 학생에게 수업을 마칠 때마다 가르친다.</u>	

1) **메이거(R. F. Mager)의 행동적 목표 진술 방식을 따른다면, (가)의 행동목표 1과 2가 바람직하지 <u>않은</u> 이유를 각각 쓰시오. [2점]**

기본이론 133–135p

행동목표 세우기

문제행동의 식별과 중재의 필요성 결정
- 표적행동의 선정
- 우선순위 결정
- 조작적 정의
- 행동목표 세우기

행동목표 세우기
- 문제가 되는 행동을 찾아서 조작적으로 정의한 후 행동목표를 세움
- **행동목표 작성 시 포함되어야 할 요소**
  - **학습자**: 행동을 변화시켜야 할 필요가 있는 개별 아동
  - **행동**: 구체적이며 관찰이 가능한 용어로 서술
  - **조건**: 같은 행동이라도 특정 조건에서는 바람직하나 다른 조건에서는 바람직하지 않을 수 있음 → 기대되는 표적행동과 관련된 선행자극으로 환경적 상황, 사용될 자료, 도움의 정도, 구어적·문어적 지시 등을 제시
  - **기준**: 행동이 얼마나, 어떻게 변화될 것인지에 대한 수용할 만한 최소한의 수행 수준 → 이때, 행동의 빈도·지속시간·비율 등으로 그 양을 표현

㉠ 행동의 발생조건
㉡ 행동의 성취기준
㉢ 행동

2013학년도 유아 B1

19 유아특수교사인 최 교사는 발달지체 유아 은기에게 '두 손으로 사물을 조작하기'를 가르치기 위해 (가)와 (나)를 구상하였다. 물음에 답하시오. [5점]

(가) 단기교육목표 구체화

은기는 ㉠ <u>유치원 일과 중에</u> ㉡ <u>매일 3회 중 2회 이상</u> ㉢ <u>한 손으로 물건을 잡고 나머지 한 손으로는 물건을 조작해야 하는 활동 한 가지를 수행할 것이다.</u>

1) ㉠, ㉡, ㉢은 단기목표 작성 시 필요한 3가지 요소 중 어디에 해당하는지 각각 쓰시오. [1점]

참고자료

기본이론 133-135p

키워드

행동목표 세우기

구조화 틀

문제행동의 식별과 중재의 필요성 결정
- 표적행동의 선정
- 우선순위 결정
- 조작적 정의
- 행동목표 세우기

핵심개념

행동목표 세우기
- 문제가 되는 행동을 찾아서 조작적으로 정의한 후 행동목표를 세움
- **행동목표 작성 시 포함되어야 할 요소**
  - **학습자**: 행동을 변화시켜야 할 필요가 있는 개별 아동
  - **행동**: 구체적이며 관찰이 가능한 용어로 서술
  - **조건**: 같은 행동이라도 특정 조건에서는 바람직하나 다른 조건에서는 바람직하지 않을 수 있음 → 기대되는 표적행동과 관련된 선행자극으로 환경적 상황, 사용될 자료, 도움의 정도, 구어적·문어적 지시 등을 제시
  - **기준**: 행동이 얼마나, 어떻게 변화될 것인지에 대한 수용할 만한 최소한의 수행 수준 → 이때, 행동의 빈도·지속시간·비율 등으로 그 양을 표현

모범답안

학생 A는 수업시간 내내 자리에 앉아 있을 수 있다.

2024학년도 중등 B10

20 **(가)는 학생 A에 대한 교육 실습생의 관찰 기록이고, (나)는 학생 A에 대한 중재 계획의 일부이다. 〈작성 방법〉에 따라 서술하시오. [4점]**

(나) 학생 A에 대한 행동 중재 계획

- 행동 목표 : ㉢ 학생 A는 수업 시간에 자리에 앉아 있을 수 있다.
- 중재 계획 :
  - 상반 행동 차별 강화
  - 토큰 강화

작성방법

(나)의 밑줄 친 ㉢의 행동 목표 진술에서 빠진 요소를 1가지 포함하여 학생 A의 행동 목표를 바르게 고쳐 쓸 것 [단, 메이거(R. F. Mager)의 행동 목표 진술에 근거하여 쓸 것]

Mager의 행동목표 진술 방식
- 행동 : 바람직한 변화가 이루어졌을 때의 행동 내용
- 조건 : 반복될 수 있는 상황
- 기준 : 행동목표 달성 여부를 측정할 수 있는 기준

참고자료

기본이론 130-132p, 150-157p

키워드

- 문제행동의 식별과 중재의 필요성 결정
- 표적행동의 조작적 정의
- 긍정적 행동지원 계획의 수립

구조화틀

문제행동의 식별과 중재의 필요성 결정

- 표적행동의 선정
- 우선순위 결정
- 조작적 정의
- 행동목표 세우기

핵심개념

표적행동의 조작적 정의

행동을 관찰 및 측정 가능한 용어로 정의하는 것

조작적 정의의 장점

- 행동에 대한 객관적·구체적인 정보를 제공해 행동을 직접 관찰하고 측정하기 쉽게 해줌
- 행동에 대한 개인의 주관적 편견을 최소화해주고 관찰된 행동과 그 상황에만 관심의 초점이 모이게 해줌
- 조작적으로 정의된 행동목표는 학생을 포함해 학생의 행동지원에 관련된 사람들 간의 의사소통을 원활하게 해줌
- 명확한 행동목표는 학생의 현재 행동 수준을 결정하고 중재 방법을 선택하는 데 도움을 줌. 뿐만 아니라 중재의 결과에 대한 구체적인 평가 기준으로 활용됨

행동의 조작적 정의를 위한 여섯 가지 차원

- **빈도**: 행동의 발생 수
- **지속시간**: 행동이 지속되는 시간 길이
- **지연시간**: 선행자극으로부터 반응행동의 시작시간까지 걸리는 시간의 길이
- **위치**: 행동이 일어난 장소
- **형태**: 반응행동 모양
- **강도**: 행동의 힘 또는 크기

모범답안

㉠ 조작적 정의
㉡ 관찰자 간 일치도(신뢰도)

2018학년도 유아 A7

21 **다음은 태희의 공격적 행동을 관찰하기 위하여 두 교사가 나눈 대화이다. 물음에 답하시오. [5점]**

> 홍 교사: 선생님, 우리 반 태희가 공격적인 행동을 보여요. 아무래도 태희의 공격적 행동을 자세히 관찰해보아야겠어요.
> 강 교사: 네, 그게 좋겠네요. 태희의 행동을 정확히 관찰하려면 ㉠ <u>먼저 태희의 공격적 행동을 관찰 가능한 구체적인 형태로 명확히 정하셔야 하겠군요.</u>
> 홍 교사: 그렇죠. 저는 태희가 물건을 던지는 행동과 다른 친구의 물건을 빼앗는 행동을 공격적 행동으로 보려고 해요. 그런데 저 혼자 관찰하기보다는 강 선생님과 함께 관찰했으면 해요.
> 강 교사: 네, 그러죠. ㉡ <u>선생님과 제가 태희의 공격적 행동을 동일한 방법으로 관찰했을 때 결과가 서로 어느 정도 일치하는지를 보는 것</u>도 중요하니까요.

둘 이상의 관찰자들이 일관성 있게 유사한 측정 결과를 얻고 있다면 그 연구에서 기술된 표적행동의 정의가 분명하고 모호한 점이 없다는 것을 의미함

1) 밑줄 친 ㉠과 ㉡에 해당하는 용어를 각각 쓰시오. [2점]

확장하기

조작적 정의(김영란 외, 2014.)

개별 지원대상 중 학생 B 문제행동의 조작적 정의

학생	문제행동		조작적 정의
학생 B	방해 행동	가볍게 귀 때리기	다른 사람에게 소리가 들릴 정도는 아니지만, 손으로 한쪽 또는 양쪽 귀 때리기
		눈 비비기 또는 눈 비비며 울기	해를 입힐 정도는 아니지만 손으로 눈을 3초 이상 지속적으로 비비거나 비비면서 울기
		손장난	손가락을 반복적으로 움직이거나 만지작거리며 바라보기

수업방해행동의 조작적 정의

문제행동		조작적 정의
수업 방해 행동	소리내기	• 수업 시작 후 수업과 관련 없는, 수업을 방해할 정도의 큰 소리를 냄 예 "예~", "아싸~" 등 • 수업 시작 후 혼자 또는 선생님에게 수업과 관련 없는 말을 함 예 컴퓨터 교실 상황에서 "저는 언제 실습 가나요?" 등 • 수업시간 중 교사가 수업 내용을 설명 중이거나, 친구가 말을 하고 있을 때 말을 함 예 사회시간에 교사가 다른 학생과 컨디션 관련 대화를 나누는 상황에서 다른 학생은 "돈 개수가 안 맞아요. 내일 가는 거 있잖아요.", 대상 학생은 도중에 끼어들어 "네, 2천 원씩 갖고."라고 말함
	얼굴 쳐다보기	수업 시작 5분 후 친구나 교사의 얼굴에 자신의 얼굴이나 몸을 돌려서 7초 이상 응시함

행동 중재계획에 사용되는 문제행동 정의 방법의 예시(이성봉 외, 2019.)

행동	조작적 정의
자해행동	자신의 신체부위를 이용해 다른 신체부위를 세게 때리는 행동 예 주먹이나 손바닥으로 얼굴 때리기, 할퀴기, 귀 당기기, 물기, 꼬집기, 다른 물건을 이용한 자해행동을 기록함
울음행동	일반적 크기 이상의 울음이 3초 이상 지속되는 행동 예 울음을 멈추고 3초 후에 다시 울기 시작할 때는 서로 다른 울음 발생 횟수로 기록함
공격행동	다른 교사나 또래에게 힘을 줘서 때리는 행동 또는 시도 예 할퀴기, 발로 차기, 깨물기, 꼬집기 등 공격 행동이 한 번 발생할 때마다 1회 발생 횟수로 기록함

참고자료

기본이론 131–133p

키워드

표적행동의 조작적 정의

구조화틀

문제행동의 식별과 중재의 필요성 결정

- 표적행동의 선정
- 우선순위 결정
- 조작적 정의
- 행동목표 세우기

핵심개념

표적행동의 조작적 정의

행동을 관찰 및 측정 가능한 용어로 정의하는 것

조작적 정의의 장점

- 행동에 대한 객관적·구체적인 정보를 제공해 행동을 직접 관찰하고 측정하기 쉽게 해줌
- 행동에 대한 개인의 주관적 편견을 최소화해주고 관찰된 행동과 그 상황에만 관심의 초점이 모이게 해줌
- 조작적으로 정의된 행동목표는 학생을 포함해 학생의 행동지원에 관련된 사람들 간의 의사소통을 원활하게 해줌
- 명확한 행동목표는 학생의 현재 행동 수준을 결정하고 중재 방법을 선택하는 데 도움을 줌. 뿐만 아니라 중재의 결과에 대한 구체적인 평가 기준으로 활용됨

행동의 조작적 정의를 위한 여섯 가지 차원

- **빈도**: 행동의 발생 수
- **지속시간**: 행동이 지속되는 시간 길이
- **지연시간**: 선행자극으로부터 반응행동의 시작시간까지 걸리는 시간의 길이
- **위치**: 행동이 일어난 장소
- **형태**: 반응행동 모양
- **강도**: 행동의 힘 또는 크기

모범답안

조작적 정의

2019학년도 초등 A8

22 **(가)는 3학년 '소리의 성질' 단원에서 실 전화기 탐구 놀이를 지도하기 위한 교수·학습 과정안이고, (나)는 실험에 대한 학생들의 대화 중 일부이다. 물음에 답하시오. [4점]**

(가)

<table>
<tr><th>단계</th><th>교수·학습 활동</th></tr>
<tr><td>문제 탐색</td><td>실 전화기에서 소리를 더 잘 들리게 하는 방법은 무엇일까?</td></tr>
<tr><td>실험 설계</td><td>1. 탐구를 계획할 때 실 전화기의 소리 전달과 관련된 변인들을 찾아본다.
2. 관련 변인들을 같게 할 조건과 다르게 할 조건으로 나누어 실험을 설계한다.
<table><tr><th>구분</th><th>변인</th></tr><tr><td>(㉠)</td><td>소리의 전달</td></tr><tr><td>독립 변인</td><td>실의 굵기, (㉡)</td></tr><tr><td>통제 변인</td><td>실의 길이</td></tr></table></td></tr>
<tr><td>실험 과정</td><td>※ 준비물: 플라스틱 컵 4개, 굵기가 다른 실 2개, 송곳, 클립

1. 플라스틱 컵 바닥에 송곳으로 구멍을 뚫고 실을 구멍으로 넣는다.
2. 플라스틱 컵 안쪽 실에 클립을 묶어 고정한다.
3. 실의 굵기(가는 실, 굵은 실)만 다르고 나머지는 동일한 실 전화기 2개를 만든다.
4. 실험 과정 3에서 만든 실 전화기를 각각 사용하여, 양쪽에서 실을 당기는 정도를 다르게 하면서 ㉢<u>소리가 잘 전달되는지 측정한다.</u></td></tr>
</table>

2) (가)의 ㉢에서는 '측정 방법을 객관적으로 정의'하여 학생들이 동일한 방식으로 소리 전달 정도를 파악할 수 있도록 해야 한다. 이러한 정의의 명칭을 쓰시오. [1점]

참고자료

기본이론 131-133p

키워드

표적행동의 조작적 정의

구조화틀

문제행동의 식별과 중재의 필요성 결정
- 표적행동의 선정
- 우선순위 결정
- 조작적 정의
- 행동목표 세우기

핵심개념

행동의 조작적 정의를 위한 여섯 가지 차원
- **빈도**: 행동의 발생 수
- **지속시간**: 행동이 지속되는 시간 길이
- **지연시간**: 선행자극으로부터 반응행동의 시작시간까지 걸리는 시간의 길이
- **위치**: 행동이 일어난 장소
- **형태**: 반응행동 모양
- **강도**: 행동의 힘 또는 크기

모범답안

위치, 지속시간

2021학년도 유아 A2

23 **다음은 유치원 초임 유아특수교사 김 교사와 동료 유아특수교사 박 교사가 나눈 대화 내용의 일부이다. 물음에 답하시오. [5점]**

> 박 교사 : 선생님, 우현이의 1학기 개별화교육지원팀 협의회 준비는 잘 되고 있나요?
> 김 교사 : 네, 등원에서 하원까지의 전체 일과에서 우현이의 적응 정도를 잘 살펴보고 있어요.
> 박 교사 : 요즘 우현이는 등원할 때 울지 않고 엄마와 잘 헤어지던데, 우현이의 IEP 목표는 무엇이 좋을까요?
> 김 교사 : 우현이는 교사가 제시하는 놀잇감에는 1~2분 정도 관심을 보이지만, 또래가 같이 놀자고 해도 반응을 잘 보이지 않아요. 그리고 스스로 놀잇감을 선택하지는 않지만, 친구들이 노는 것을 바라보고 있는 시간이 많아요. 그래서 ㉠ '우현이는 제시된 2가지의 놀잇감 중 1가지를 스스로 선택하여 친구 옆에서 3분 이상 놀 수 있다.'를 우선적인 목표로 설정하려고 해요.
> 박 교사 : 우현이가 목표행동을 습득했다는 것을 확인하려면 평가 기준을 구체적으로 세워야 하는데, 어떻게 할 계획인가요?
> 김 교사 : ㉡ 1시간 동안의 자유놀이 시간 중 선택하는 기회를 제공하였을 때 스스로 몇 번 선택했는지 빈도를 기록하여 비율을 측정하려고 해요. ㉢ 이 목표행동 습득을 확인할 수 있는 또 다른 측정 차원으로 무엇이 있을까요?

행동의 조작적 정의의 장점
- 행동에 대한 객관적이고 구체적인 정보를 제공해 행동을 직접 관찰하고 측정하기 쉽게 해줌
- 행동에 대한 개인의 주관적 편견을 최소화해주고 관찰된 행동과 그 상황에만 관심의 초점이 모이게 해줌
- 조작적으로 정의된 행동목표는 학생을 포함해 학생의 행동지원에 관련된 사람 간의 의사소통을 원활하게 해줌
- 명확한 행동목표는 학생의 현재 행동 수준을 결정하고 중재 방법을 선택하는 데 도움을 줌. 뿐만 아니라 중재의 결과에 대한 구체적인 평가 기준으로 활용됨

2) ㉠의 목표를 평가할 때 ㉡을 고려하여 ㉢을 2가지 쓰시오. [2점]

기본이론 130-134p, 148-152p

- 문제행동의 식별과 중재의 필요성 결정
- 문제행동에 대한 가설 세우기
- 배경·선행사건 중재

긍정적 행동지원 계획 수립 및 실행
- 배경·선행사건 중재
- 대체기술 교수
- 후속결과 중심 중재
- 장기지원

배경사건

선행사건에 대한 반응 가치를 높임으로써 행동 발생 가능성을 높여주는 환경적 사건이나 상태 또는 자극

배경사건 중재

배경사건을 제거하거나, 배경사건의 영향을 개선해 문제행동의 발생을 예방하는 것

선행사건

어떤 행동이 발생하기 직전에 일어나 그 행동을 촉발하는 사건

선행사건 중재

문제행동을 유발 또는 유지하는 환경적 원인을 찾아, 문제행동이 발생하기 전에 문제행동의 유발요인이 되는 환경을 재구성하는 것

배경·선행사건 중재의 목적

잘못된 환경의 수정을 통해 문제행동을 예방하는 신속한 접근을 하는 것

배경·선행사건 중재의 고려점

배경사건 중재나 선행사건 중재는 대부분 문제행동을 감소시키기 위해 일시적으로 적용하는 것으로, 학생이 배경사건이나 선행사건 중재를 필요로 하지 않을 만큼 대체기술을 습득하게 되면 배경사건이나 선행사건 중재는 소거하는 것이 바람직함

2014학년도 유아 A6

24 **통합유치원 5세 반에 다니는 진우는 발달지체 유아이다. (가)는 진우의 행동 특성이고, (나)는 유아특수교사인 박 교사가 진우의 문제행동에 대한 긍정적 행동지원을 계획하면서 작성한 ABC 관찰기록지의 일부이다. 물음에 답하시오. [5점]**

(가) 진우의 행동 특성

- 핸드벨 소리를 좋아함
- 교사에게 스티커 받는 것을 좋아함
- 학급 내에서 역할 맡기를 좋아함

(나) ABC 관찰기록지

이름: 김진우		관찰자: 박 교사	
날짜	A(선행사건)	B(행동)	C(후속결과)
9/9 10:20	자유선택활동을 마치고 교사는 정리하는 시간임을 알림	㉠ "싫어, 안 해." 하며 그 자리에 누워 뒹굴며 울음	교사가 다가가 진우를 일으켜 세우려고 손을 잡자 이를 뿌리침
9/10 11:00	오전 간식시간을 마무리하고 교사는 이야기 나누기 시간임을 알림	㉡ "싫어, 안 해." 하며 우유곽을 바닥에 집어 던짐	교사가 진우에게 우유곽을 줍게 하고 분리수거함에 담게 함
9/11 12:20	바깥놀이를 마치고 교사는 손을 씻고 교실로 들어가는 시간임을 알림	"싫어, 안 가. 손도 안 씻어." 하며 교실로 들어가지 않겠다며 바닥에 주저앉음	교사는 진우를 일으켜 세워 세면대로 데리고 갔으나 ㉣ 손을 씻지 않아서 학급 규칙에 따라 진우가 모아놓은 스티커 중 2개를 떼어냄
9/12 10:20	자유선택활동을 마치고 교사는 정리하는 시간임을 알림	㉢ "싫어." 하며 가지고 있던 장난감을 또래에게 던짐	교사는 진우의 행동을 제지하며 친구들에게 장난감을 던지면 친구들이 다칠 수 있다고 말함

모범답안

1) ©
또래에게 장난감을 던지는 행동은 다른 사람의 안전을 위협하는 파괴 행동이기 때문이다.

2) 진우는 활동을 마무리할 때 활동 중단을 회피하기 위해 울거나 물건을 던진다.

3) 예측 가능성 향상

1) 긍정적 행동지원을 위해 (나)의 ㉠~㉢에 나타난 진우의 문제행동 중 우선순위를 정할 때 1순위에 해당하는 내용의 기호를 쓰고, 그 이유를 쓰시오. [2점]

2) 기능평가 결과 진우의 문제행동은 '회피하기'로 나타났다. 긍정적 행동지원을 위해 진우의 문제행동에 대한 가설을 수립하여 쓰시오. [1점]

3) 다음은 박 교사가 (가)를 반영하여 (나)에 나타난 문제행동의 선행사건을 중재한 것이다. 사용된 중재명을 쓰시오. [1점]

> 활동을 마칠 때 교사가 핸드벨을 흔들어 마치는 시간을 알린다.

- 검증 가능한 가설을 세울 때는 행동을 유발하는 선행사건과 문제행동에 대한 진술 외에도 간접 평가와 직접 평가에서 얻은 정보를 통해 알게 된 문제행동의 추정 기능을 포함시켜야 함
- 진우의 문제행동 기능: 활동 회피

행동의 기능(회피)에 따른 선행사건 중재전략
- 과제의 난이도 조절
- 선택의 기회 제공
- 선호도 활용
- 활동을 통해 의미 있고 기능적인 성과를 얻게 함
- 과제의 길이 조절
- 과제 수행 양식 수정
- 행동적 모멘텀 및 과제 분산
- 예측 가능성 향상
- 교수 전달 방식 변경

확장하기

행동의 기능에 따른 선행사건 중재전략

기능	중재전략	예시
관심 끌기	성인의 관심, 시간, 계획	• 성인과 함께 작업함 • 성인이 주기적으로 관심을 제공함
	또래의 관심, 시간, 계획	• 또래와 짝을 지어줌 • 또래가 교수함
	학생에 대한 접근성 증가	• 좌석 배치를 바꿔줌 • 주기적으로 교실을 돌아다님
	좋아하는 활동 제공	교사가 자리를 비울 때는 더 좋아하는 과제를 하게 함
회피	과제의 난이도 조절	쉬운 과제를 제시함
	선택의 기회 제공	학생에게 선택의 기회를 제공함
	선호도와 관심사를 활동에 추가	학생의 취미나 관심사를 활동에 포함시킴
	활동을 통해 의미 있고 기능적인 성과를 얻게 함	가치 있는 성과가 이뤄질 수 있는 활동을 제시함
	과제의 길이 조절	• 짧은 활동을 제공함 • 쉬는 시간을 자주 제공함
	과제 수행 양식 수정	• 자료·매체를 변경함 • 필기도구 대신 컴퓨터를 사용하도록 함
	행동적 모멘텀 및 과제 분산	어려운 과제를 제시하기 전에 쉬운 과제를 제시함
	예측 가능성 향상	앞으로 할 일이나 활동의 변화에 대한 단서를 제공함
	교수 전달 방식 변경	즐거운 톤의 목소리를 사용함
원하는 것 얻기	미리 알려주기	활동을 마칠 시간이 다 되어감을 알려줌
	전이 활동 계획	아주 좋아하는 활동과 좋아하지 않는 활동 사이에 보통으로 좋아하는 활동을 계획함
감각자극 얻기	대안적 감각 강화 제공	청각적 자극을 강화하기 위해 라디오를 제공하거나, 시각적 강화를 제공하기 위해 시각적 자극을 제공함
	풍부한 환경 제공	흥미롭고 자극이 많은 활동으로 환경을 구성함

기본이론 150-157p

긍정적 행동지원 계획의 수립

긍정적 행동지원 계획 수립 및 실행
- 배경 · 선행사건 중재
- 대체기술 교수
- 후속결과 중심 중재
- 장기지원

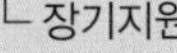

배경사건
선행사건에 대한 반응 가치를 높임으로써 행동 발생 가능성을 높여주는 환경적 사건이나 상태 또는 자극

배경사건 중재
배경사건을 제거하거나, 배경사건의 영향을 개선해 문제행동의 발생을 예방하는 것

선행사건
어떤 행동이 발생하기 직전에 일어나 그 행동을 촉발하는 사건

선행사건 중재
문제행동을 유발 또는 유지하는 환경적 원인을 찾아, 문제행동이 발생하기 전에 문제행동의 유발요인이 되는 환경을 재구성하는 것

배경 · 선행사건 중재의 목적
잘못된 환경의 수정을 통해 문제행동을 예방하는 신속한 접근을 하는 것

배경 · 선행사건 중재의 고려점
배경사건 중재나 선행사건 중재는 대부분 문제행동을 감소시키기 위해 일시적으로 적용하는 것으로, 학생이 배경사건이나 선행사건 중재를 필요로 하지 않을 만큼 대체기술을 습득하게 되면 소거하는 것이 바람직함

④

2009학년도 유아 20

25 **유치원에서 활동에 잘 참여하지 않는 발달지체 유아 지영이에 대한 기능평가(functional assessment)에 근거하여 교사가 적용한 중재방법과 그에 따른 지원 내용이 바르게 연결되지 <u>않은</u> 것은?**

(학생의 문제행동 기능이 뚜렷하게 나타나 있진 않지만 '과제 회피' 기능으로 볼 수 있음)

	중재방법	지원 내용
①	선행사건 조절	지영이를 위하여 칸막이로 활동 공간을 구분하였다.
②	선행사건 조절	30분 정도 진행하던 이야기 나누기 시간을 15분으로 줄여 진행하였다.
③	선행사건 조절	등원 시 교실에 들어가기 싫어하는 지영이를 위하여 바깥놀이를 첫 번째 활동으로 제공하였다.
④	후속결과 조절	활동 시작 전에 지영이가 좋아하는 친구를 옆자리에 앉게 하였다.
⑤	후속결과 조절	활동에 잘 참여한 경우 지영이가 원하는 자유놀이를 할 수 있도록 하였다.

① 물리적 환경 조성

② 과제 길이 조정

③ 활동 순서 변경

④ 사회적 환경 조성 → 선행사건 조절

⑤ 프리맥 원리 → 후속결과 조절

참고자료

기본이론 151-152p

키워드

배경 · 선행사건 중재

구조화 틀

긍정적 행동지원 계획 수립 및 실행

- 배경 · 선행사건 중재
- 대체기술 교수
- 후속결과 중심 중재
- 장기지원

핵심개념

모범답안

- 준서가 좋아하는 활동 자료를 선택할 수 있도록 선택의 기회를 제공한 것이다.
- 활동 중에 쉬는 시간을 자주 제공해 과제의 길이를 조절한 것이다.

2017학년도 유아 A8

26 **다음은 4세 통합학급에서 홍 교사의 수업을 관찰한 후, 김 원장과 장학사가 나눈 대화 내용의 일부이다. 물음에 답하시오. [4점]**

> 김 원장 : 우리 선생님들은 그 지침을 잘 따르고 있을 뿐만 아니라 유아들이 유치원 생활에 잘 적응할 수 있도록 도와주고 있어요.
> 예를 들어, 홍 선생님의 경우 준서에게 도움을 요청하는 방법도 알려주고, 좋아하는 활동 자료를 선택할 수 있게 하며, 차별강화를 사용하기도 합니다. 어제는 활동 중에 쉬는 시간을 자주 제공했더니 준서가 이전보다 적극적으로 활동에 참여했어요. [A]
>
> …(하략)…

긍정적 행동지원 계획의 수립
- 선행사건 중재
- 대체기술 교수 : '준서에게 도움을 요청하는 방법을 지도함'
- 후속결과 중심 교수 : '차별강화를 사용함'

2) [A]는 홍 교사가 실시한 긍정적 행동지원 방법이다. 이 중 선행사건 조절에 해당하는 내용 2가지를 찾아 쓰시오. [1점]

기본이론 150-157p

긍정적 행동지원 계획의 수립

긍정적 행동지원 계획 수립 및 실행
- 배경·선행사건 중재
- 대체기술 교수
- 후속결과 중심 중재
- 장기지원

선행중재(선행자극 통제 방법)
- **선행사건**: 표적행동이 발생하기 직전에 그 현장에 이미 있었거나 일어난 자극과 상황으로 행동의 발생 기회를 생성함
- **선행중재**: 자극통제, 동기조작, 선행
- 배경사건 중재 등

④

2012학년도 중등 36

27 다음은 지체장애 학생 A의 특성이다. 학생 A를 위해 고려할 수 있는 교육적 지원 방법으로 적절한 것만을 〈보기〉에서 있는 대로 고른 것은?

- 장애 및 운동 특성
  - 뇌성마비(사지마비, 경직형)
  - 휠체어 이동
  - 착석 자세에서 체간의 전방굴곡
  - 관절운동범위(ROM)의 제한
- 학습 특성
  - 과제에 대한 독립적 수행 의지가 낮고 보조원에게 의존하는 경향이 있음
  - 과제 회피 행동을 간혹 보임(교재를 떨어뜨리는 행동 등)
  - 학습 장면에서 잦은 실패 경험으로 인해 학습 동기가 낮음
  - 학업 성취 수준이 낮음

보기

ㄱ. 학생 A의 책상 높이를 낮추고 휠체어에 외전대를 제공하면, 몸통의 전방굴곡을 막고 신체의 정렬을 도와 안정된 착석 자세를 확보할 수 있다.

> ㄱ. 착석 자세에서 체간의 전방굴곡을 보이므로 책상의 높이를 높여줘야 함

ㄴ. 제한된 ROM으로 학습 활동에 참여하기 어려울 수 있으므로 보조기기를 제공하거나 과제 수행 계열을 조정하는 방식으로 과제 참여 수준을 수정하여 의존성은 줄이고 독립심은 높일 수 있다.

ㄷ. 선행자극 전략의 하나로 학생 A에게 과제 선택 기회를 제공함으로써 활동에 대한 동기를 높이고 과제에 대해 느끼는 혐오적 속성과 과제 회피 행동은 감소시킬 수 있을 것이다.

> ㄷ. 문제행동 기능(과제 회피 행동)에 대한 선행사건 중재

ㄹ. 학습 평가 시 학생 A의 능력, 노력, 성취의 측면을 모두 평가하는 다면적 평가 방법을 적용할 수 있다. 평가 수정은 학생 A의 성취 수준에 적절한 평가 준거에 맞추어 변화의 정도 파악에 중점을 두는 것이 필요하다.

ㅁ. 학생 A의 학습 성공 경험을 높이기 위해 자극촉진과 반응촉진을 적용할 수 있다. 두 전략은 모두 교수 자극을 수정하기 때문에 계획에 시간이 걸리지만, 학습 과제의 특성에 따라 강화 제공 방식이 달라 학생 A의 정반응 가능성을 높여줄 것이다.

> ㅁ. 후속결과 중심의 중재. 자극촉진은 교수자극을 수정하지만 반응촉진은 교수자극을 그대로 유지한 채 부가적인 도움을 제공하는 것임

① ㄱ, ㄷ　　② ㄴ, ㅁ
③ ㄱ, ㄹ, ㅁ　　④ ㄴ, ㄷ, ㄹ
⑤ ㄴ, ㄷ, ㅁ

기본이론 150-157p

긍정적 행동지원 계획의 수립

긍정적 행동지원의 실행절차

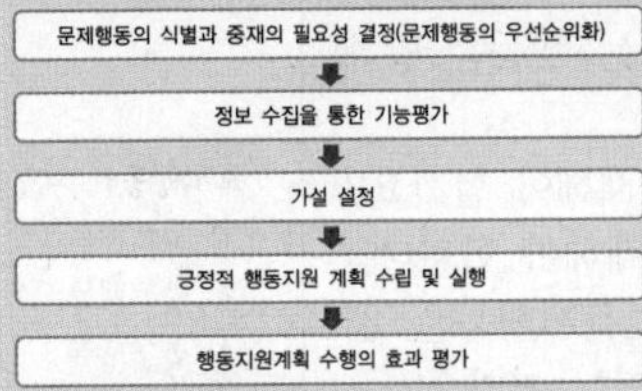

긍정적 행동지원의 주요 요소

- 예방적 접근
- 진단을 기반으로 하는 접근
- 교육적 접근
- 생태학적 접근
- 삶의 방식 및 통합 중심의 접근
- 종합적 접근
- 맞춤형 접근
- 팀 접근
- 대상을 존중하는 접근

①

2012학년도 유아 12

28 **다음은 김 교사가 공립 유치원 통합학급에 다니는 발달지체유아들의 문제행동 원인을 알아내기 위해 기능평가를 실시하여 얻은 결과표이고, 〈보기〉는 이 결과표를 바탕으로 실시할 수 있는 긍정적 행동지원에 대한 설명이다. 〈보기〉에서 설명이 옳은 것을 모두 고른 것은?**

유아	선행사건	문제행동	후속결과
진국	교실에서 특수교육 보조원과 함께 개별 활동을 함	특수교육 보조원을 발로 참	특수교육 보조원과의 활동을 중단함
경수	교사가 다른 일을 수행하느라 경수에게 관심을 보이지 않음	소리를 지름	교사가 경수에게 관심을 보임
수미	신체적 접촉을 싫어하는 수미에게 친구가 손을 잡거나 안으려고 함	친구를 과격하게 밀침	친구들이 수미에게 가까이 가지 않음

보기

ㄱ. 진국에게 사용할 수 있는 대체기술 교수의 목표는 문제행동을 대체하면서도 사회적으로 적절한 기술을 가르치는 것이다.

ㄴ. 기능평가를 통해서 나타난 경수의 문제행동의 기능은 '소리 지르기' 이다.

ㄷ. 수미에게 신체적 접촉을 하지 않도록 반 친구들에게 주의시키는 것은 수미의 문제행동에 대한 선행사건 중재에 해당한다.

ㄹ. 긍정적 행동지원의 주된 목적은 문제행동에 대한 예방보다는 처벌에 있기 때문에 선행사건 중재보다는 후속결과 중재에 초점을 둔다.

> ㄴ. 경수의 문제행동 기능은 관심 끌기에 해당함

> ㄹ. 긍정적 행동지원의 주요 구성요소 중 예방적 접근을 강조함

① ㄱ, ㄷ　② ㄱ, ㄹ
③ ㄱ, ㄴ, ㄷ　④ ㄱ, ㄴ, ㄹ
⑤ ㄴ, ㄷ, ㄹ

참고자료

기본이론 130-134p, 150-157p

키워드

- 문제행동의 식별과 중재의 필요성 결정
- 표적행동의 조작적 정의
- 긍정적 행동지원 계획의 수립

구조화틀

문제행동의 식별과 중재의 필요성 결정

- 표적행동의 선정
- 우선순위 결정
- 조작적 정의
- 행동목표 세우기

긍정적 행동지원 계획 수립 및 실행

- 배경 · 선행사건 중재
- 대체기술 교수
- 후속결과 중심 중재
- 장기지원

핵심개념

행동의 조작적 정의를 위한 여섯 가지 차원

- **빈도**: 행동의 발생 수
- **지속시간**: 행동이 지속되는 시간 길이
- **지연시간**: 선행자극으로부터 반응행동의 시작시간까지 걸리는 시간의 길이
- **위치**: 행동이 일어난 장소
- **형태**: 반응행동 모양
- **강도**: 행동의 힘 또는 크기

모범답안

- ㉠ 파괴행동
- ㉡ 표적행동의 조작적 정의는 행동을 관찰 및 측정 가능한 용어로 정의하는 것이다.
  ㉢ 책상 가장자리에 자신의 이마 또는 머리를 수업을 방해할 정도의 큰소리로 부딪친다. 또는 책상 가장자리에 자신의 이마 또는 머리를 1분간 5회 이상(30초 이상) 지속적으로 부딪친다.
- ㉣ 선행사건

2022학년도 중등 B5

29 **(가)는 지적장애 학생 D에 관해 통합 교사와 특수교사가 나눈 대화의 일부이고, (나)는 행동지원 계획의 일부이다. 〈작성방법〉에 따라 서술하시오. [4점]**

(가) 대화

통합교사: 선생님, 요즘 학생 D가 책상에 머리를 부딪치는 행동을 자주 하고, 또 자기 자리에서 일어서서 교실을 돌아다녀요.
특수교사: 책상에 머리를 부딪치는 행동은 (㉠)에 해당하고요, 교실을 돌아다니는 행동은 방해행동에 해당합니다.
통합교사: 그럴 땐 어떤 것을 먼저 중재해야 할까요?
특수교사: (㉠)을/를 우선적으로 중재해야 합니다.
통합교사: 그렇군요. 그러면 학생 D의 문제행동은 '책상에 머리를 부딪친다.'가 되는 건가요?
특수교사: 아닙니다. 문제행동은 ㉡ 조작적 정의의 방법으로 진술해야 합니다. 예를 들어, 학생 D가 '책상에 머리를 부딪치는 행동'을 조작적으로 정의하면, (㉢)와/과 같이 표현할 수 있습니다.

…(중략)…

통합교사: 선생님, 학생 D는 수학 학습지를 받으면 문제행동을 하는 것 같아요.
특수교사: 그것을 정확히 알기 위해서 기능평가를 실시할 필요가 있어요.

…(중략)…

특수교사: 기능평가 결과, 수학 학습지가 어려워서 과제를 회피하기 위하여 그런 문제행동이 나타나는 것으로 보입니다. 우선, 문제행동을 촉발하는 요인을 변화시키거나 제거하는 (㉣) 중재를 계획할 필요가 있습니다.

> **표적행동의 우선순위화**
> ① 파괴행동
> ② 방해행동
> ③ 분산행동

> **기능평가의 목적**
> 문제행동 발생 원인을 찾는 것, 즉 문제행동을 유발 또는 유지하게 하는 환경적 원인을 찾아 그에 대해 가장 효과적인 중재를 적용하는 데 있음

(나) 행동지원 계획

〈행동지원 계획〉

배경사건 중재	충분한 휴식 시간 부여
(㉣) 중재	• 과제 난이도 조정 • 과제 난이도 선택 기회 부여
대체행동 교수	기능적 의사소통 훈련 실시
후속결과 중재	타행동 차별강화 실시

> **행동의 기능(회피)에 따른 선행사건 중재전략**
> • 과제의 난이도 조절
> • 선택의 기회 제공
> • 선호도 활용
> • 활동을 통해 의미 있고 기능적인 성과를 얻게 함
> • 과제의 길이 조절
> • 과제 수행 양식 수정
> • 행동적 모멘텀 및 과제 분산
> • 예측 가능성 향상
> • 교수 전달 방식 변경

작성방법

- (가)의 괄호 안 ㉠에 공통으로 들어갈 문제행동 유형을 쓸 것
- (가)의 밑줄 친 ㉡의 개념을 서술하고, 괄호 안의 ㉢에 해당하는 예를 1가지 서술할 것
- (가), (나)의 괄호 안 ㉣에 공통으로 들어갈 용어를 쓸 것

기본이론 131-133p

표적행동의 조작적 정의

문제행동의 식별과 중재의 필요성 결정

- 표적행동의 선정
- 우선순위 결정
- 조작적 정의
- 행동목표 세우기

조작적 정의의 정의

행동을 관찰 가능하고 구체적으로 정의하는 것으로, 행동의 시작과 끝이 분명하도록 정의하고 행동의 측정이 가능하도록 정의하는 것

조작적 정의의 장점

- 행동에 대한 객관적이고 구체적인 정보를 제공해 행동을 직접 관찰하고 측정하기 쉽게 해줌
- 행동에 대한 개인의 주관적 편견을 최소화해주고 관찰된 행동과 그 상황에만 관심의 초점이 모이게 해줌
- 조작적으로 정의된 행동목표는 학생을 포함해 학생의 행동지원에 관련된 사람들 간의 의사소통을 원활하게 해줌
- 명확한 행동목표는 학생의 현재 행동 수준을 결정하고 중재 방법을 선택하는 데 도움을 줄 뿐만 아니라 중재의 결과에 대한 구체적인 평가 기준으로 활용됨

① 조작적 정의
② 어떤 행동에 대한 정의가 없거나 그 정의가 주관적일 경우 신뢰할 만한 관찰과 평가를 기대하기 어렵기 때문이다(관찰자 간 신뢰도를 높이기 위함이다).

2023학년도 유아 B1

30 **(가)는 통합학급 놀이 지원 내용의 일부이고, (나)는 통합학급 김 교사와 순회교육을 담당한 유아특수교사 박 교사의 대화 내용이며, (다)는 인공와우를 한 청각장애 유아 현우에 대한 관찰 기록의 일부이다. 물음에 답하시오. [5점]**

(나)

> 박 교사: 네, 단짝친구기술과 같은 또래 지원 방법은 유아의 행동 변화 측면에서도 의미 있고, 유치원 일과 중에 자연스럽게 적용할 수 있기 때문에 방법적으로도 타당하지요. 그러면 '또래 상호작용 행동 관찰표'도 한번 살펴볼까요?
> 김 교사: 네, 원감 선생님과 제가 현우의 또래 상호작용 행동을 관찰했어요. 그런데 우리 둘의 관찰 결과에 차이가 있어요.
> 박 교사: 아, 행동 관찰 시에는 관찰해야 할 행동의 명칭뿐 아니라, 행동에 대한 구체적인 (㉡)을/를 해야 합니다.

(다)

또래 상호작용 행동 관찰표			
유아명	현우	생년월일	2017.○.○.
관찰자	김 교사, 원감	관찰 기간	2022.4.11. ~ 4.15.
관찰 시간	10:00 ~ 10:30	관찰 장소	통합학급
관찰 행동	또래 상호작용 행동	관찰 방법	빈도 기록

관찰 결과 요약		
관찰 행동	평균 행동 발생 빈도(회)	
	김 교사	원감
시작행동	4	7
반응행동	11	15
확장된 상호작용	3	8

관찰자 일치도 구해보기

3) (나)와 (다)에 근거하여 ① ㉡에 제시되어야 하는 내용이 무엇인지 쓰고, ② ㉡이 필요한 이유를 1가지 쓰시오. [2점]

기본이론 135-149p

- 행동의 기능평가
- 가설 설정

행동의 기능평가
- 기능평가의 목적
- 문제행동의 기능
- 문제행동이 유지되는 원인
- 평가 방법
  - 간접 평가
  - 직접 평가
  - 기능분석

가설 설정
- 정의 및 목적
- 가설 작성 형식

1) 서우는 교사가 다른 유아와 상호작용하고 있으면 교사의 관심을 끌기 위해 소리 내어 운다.

2) 교사의 관심 제공

2023학년도 유아 A2

31 다음은 발달지체 유아 서우를 위한 행동지원계획서의 일부이다. 물음에 답하시오. [5점]

• ABC 관찰 요약

A	B	C
교사가 다른 유아와 상호작용 하고 있음	소리 내어 울기	교사가 서우를 타이르고 안아줌

• 문제행동 동기평가척도(MAS) 결과

구분	감각	회피	관심 끌기	선호물건/활동
문항점수	1. 1 5. 1 9. 2 13. 1	2. 1 6. 2 10. 1 14. 4	3. 5 7. 4 11. 5 15. 5	4. 1 8. 3 12. 3 16. 2
전체점수	5	8	19	9
평균점수	1.25	2	4.75	2.25

* 평정척도: 전혀 그렇지 않다 0점 ~ 항상 그렇다 6점

• 기능평가 결과를 토대로 설정한 가설

가설	㉠

• 기능분석 결과: 변인 간 기능적 관계가 입증됨

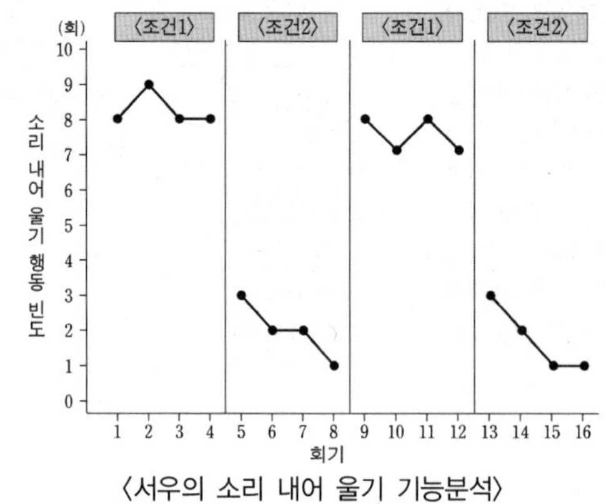

〈서우의 소리 내어 울기 기능분석〉

• 행동지원계획

…(하략)…

1) 가설 설정의 구성 요소를 포함하여 ㉠에 들어갈 가설을 쓰시오. [1점]

2) '서우의 소리 내어 울기 기능분석' 그래프를 보고 〈조건2〉는 무엇인지 쓰시오. [1점]

기본이론 128p, 136p, 150-157p

- 긍정적 행동지원의 정의
- 문제행동의 기능
- 긍정적 행동지원 계획의 수립

PBS 정의 및 목적
- 정의 및 목적
- 전통적 행동수정과 긍정적 행동지원 비교
- 주요 구성요소

행동의 기능평가
- 기능평가의 목적
- 문제행동의 기능
- 문제행동이 유지되는 원인
- 평가 방법
  - 간접 평가
  - 직접 평가
  - 기능분석

긍정적 행동지원 계획 수립 및 실행
- 배경·선행사건 중재
- 대체기술 교수
- 후속결과 중심 중재
- 장기지원

긍정적 행동지원

학생의 삶의 질을 향상시킬 수 있는, 의미 있고 오래 지속되는 변화를 가져오기 위해 문제행동의 원인이 될 수 있는 환경을 재구성하고, 문제행동을 대체할 수 있는 기술을 가르치며, 문제행동에 대해 적절히 반응하는 종합적인 문제해결 접근법

2019학년도 유아 A4

32 **(가)는 밀가루 탐색활동과 그 과정에서 나타난 지후와 교사의 행동이고, (나)는 발달지체 유아 지후가 가진 행동 문제의 기능을 평가한 자료의 일부이다. 물음에 답하시오. [5점]**

(가)

활동 과정	㉠ 지후 행동 / 교사 행동
• 밀가루를 관찰하고, 탐색한다. – 밀가루를 만지니 느낌이 어떠니? • 도구를 사용해 밀가루를 탐색한다.	• 밀가루를 탐색하며 논다. • 도구를 사용해 밀가루를 탐색한다.
• 밀가루 반죽을 만드는 방법을 이야기 나눈다. – 밀가루와 물을 섞으면 어떻게 될까?	밀가루 반죽을 만드는 방법을 이야기하려고 할 때, ㉡ 소리를 지르며 짜증을 낸다. / 소파에 앉아 있도록 한다.
• 밀가루와 물을 섞어 반죽을 만든다. – 밀가루에 물을 섞으니 어떻게 모양이 변하고 있니?	반죽 만들기가 시작되자 자리로 돌아와 즐겁게 참여한다.
밀가루 반죽을 관찰하고, 탐색한다.	밀가루 반죽을 탐색하며 논다.
• 밀가루와 밀가루 반죽의 다른 점을 이야기 나눈다. – 밀가루와 밀가루 반죽의 느낌이 어떻게 다르니?	밀가루와 밀가루 반죽의 다른 점을 이야기하려고 하자, 소리를 지르며 짜증을 낸다. / 소파에 앉아 있도록 한다.

…(하략)…

- 문제행동의 기능을 파악할 때는 학생의 문제행동 앞에 주어지는 선행사건을 바탕으로 파악해야 함 → 이야기 나누기 시간을 피하기 위함이므로 '과제 회피'에 해당함
- '소리 지르며 짜증내기' 문제행동이 유지되는 원인은 문제행동 뒤에 주어지는 후속결과를 바탕으로 파악해야 함 → 과제를 빼주고 있으므로 '활동 부적 강화'에 해당함

(나)

시간	선행사건	행동	후속결과
11:00	이야기 나누기가 시작된다.	소리를 지르며 짜증을 낸다.	소파에 앉아 있도록 한다.
11:05	반죽 만들기가 시작된다.	자리로 돌아와 즐겁게 참여한다.	–
11:20	이야기 나누기가 시작된다.	소리를 지르며 짜증을 낸다.	소파에 앉아 있도록 한다.

ABC 관찰기록
(ABC 서술식 사건표집법)
자연스러운 상황에서 문제행동의 선행사건(A), 문제행동(B), 후속결과(C)를 시간의 흐름에 따라 직접 관찰하며 기록하는 방법

문제행동의 기능

연구자	문제행동의 기능
Evans & Meyer	• 관심 끌기 • 원하는 물건 · 활동 얻기 • 자기조절 • 놀이, 오락 • 과제 및 자극 회피
Durand & Crimmins	• 관심 끌기 • 원하는 물건 · 활동 얻기 • 회피하기 • 감각자극 얻기
Bambara & Kern	• 무엇을 얻기 위함(예 관심, 활동, 구체적 사물, 자기자극) • 원치 않는 것을 피하기 위함(예 과제, 요구, 사회적 상호작용, 과다한 감각자극)

대체기술

문제행동을 대체하는 바람직한 행동을 교수하는 전략

- **교체기술**: 문제행동과 동일한 결과를 가져올 수 있는 효과적인 방법 제공
- **대처 및 인내기술**: 힘들고 재미없는 상황에서 문제행동을 하지 않고 인내하며 대처할 수 있는 기술
- **일반적 적응기술**: 문제행동의 발생을 예방하고 의미 있는 생활을 향상시킬 수 있는 기술

모범답안

2) 긍정적 행동지원

3) 이야기 시간의 회피(과제 회피)

4) 하기 싫거나 어려운 활동을 해야 할 때 "쉬고 싶어요."라고 말하도록 지도한다.

2) ㉠의 내용에 대하여 지후의 행동을 기능평가한 후, 유아의 삶의 질 향상을 목적으로 제공하는, 행동 문제에 대한 예방과 대처 그리고 대안행동(alternative behavior) 교수를 포함하는 장기적이고 생태학적인 행동 중재 및 지원은 무엇인지 쓰시오. [1점]

3) (나)의 관찰 결과를 볼 때, 지후가 '소리를 지르며 짜증을 내는' 행동의 기능은 무엇인지 쓰시오. [1점]

4) (나)의 내용을 고려할 때, (가)의 ㉡을 대신해 교사가 지후에게 가르칠 수 있는 대안행동(alternative behavior)을 1가지 쓰시오. [1점]

- 대체기술(alternative skills) 교수: 문제행동을 대체하는 바람직한 행동을 교수하는 전략
- 교체기술(replacement skills): 문제행동과 동일한 기능을 가져오는 바람직한 기술

※ 교체기술(replacement skills)은 문제행동과 동일한 기능을 가진 행동이어야 함 예 문제행동 기능이 어려운 과제회피일 경우, 대체행동은 "도와주세요."가 아닌 "조금 쉬었다 할래요."가 되어야 함. "도와주세요."는 획득의 기능으로 문제행동의 기능과 동일하지 않음

참고자료

기본이론 135-149p

키워드

기능분석

구조화틀

행동의 기능평가
- 기능평가의 목적
- 문제행동의 기능
- 문제행동이 유지되는 원인
- 평가 방법
  - 간접 평가
  - 직접 평가
  - 기능분석

핵심개념

기능분석
- 어떤 행동과 관련 있는 환경을 체계적이고 계획적인 방법으로 조작하여 그 행동을 통제하는 선행조건의 역할이나 그 행동을 유지하게 하는 결과를 검증하는 방법
- 기능평가의 하위개념으로, 기능평가를 통해 알게 된 문제행동의 원인을 설명하는 가설을 실험적으로 검증함
- 문제행동이 발생했을 때 나타나는 후속결과(예 정적 자극, 회피 자극)를 조작하거나 선행사건(예 과제 난이도, 과제의 길이 등)을 체계적으로 조작하여 새로 만들어진 환경에서 표적행동이 어떻게 변화하는지 관찰함

2024학년도 초등 B1

33 **(가)는 학습 공동체에서 정서 · 행동장애 학생 영지에 대해 두 교사가 나눈 대화의 일부이고, (나)는 담임 교수가 실시한 중재의 결과 그래프이다. 물음에 답하시오. [5점]**

(가)

수석 교사 : 영지가 나타내는 행동의 원인이 무엇인지 살펴보셨나요?

담임 교사 : 네, 행동과 관련된 다양한 정보를 수집하고, 수업 시간에 영지의 행동 관찰을 통해 행동과 전후 상황과의 상관관계를 파악했어요. 그리고 과제 난이도를 조작하거나 관심을 적게 두는 조건 등을 설정하여 (㉡)을/를 실시한 결과, 영지가 과제를 회피하고자 할 때 문제 행동을 나타낸다는 것을 알 수 있었어요. [B]

수석 교사 : 그렇군요. 그러면 어떤 중재를 사용하실 건가요?

담임 교사 : ㉢ <u>지금까지의 강화 요인을 즉시 제거하는 비처벌적 접근</u>을 통해 영지의 문제 행동을 줄일 생각이에요.

…(중략)…

수석 교사 : 어떤 연구 설계를 적용하실 건가요?

담임 교사 : AB 연구 설계로 중재할 계획이에요.

수석 교사 : AB 연구 설계는 중재 효과의 입증에 어려움이 있어요. 영지의 세 가지 문제 행동에 동일한 중재를 실시할 때, 기초선 기간이 길어지거나 문제 행동이 고착되지 않도록 (㉣) 설계로 계획하는 것이 좋지 않을까요? [C]

담임 교사 : 네, 반영하여 실시할게요.

〈중재 실시 후〉

담임 교사 : 선생님, 영지의 때리기와 침 뱉기 행동이 감소했어요. 그런데 자리 이탈 행동에 대해서는 중재 효과가 나타나지 않았어요.

PART 02

(나)

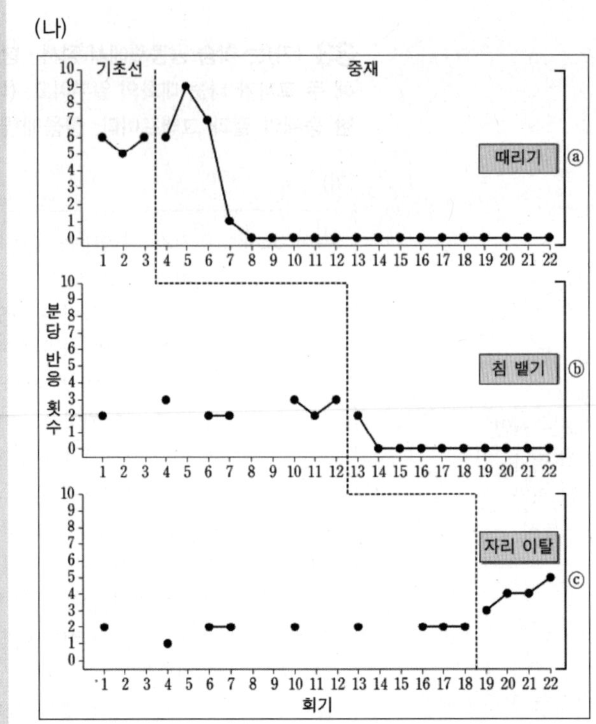

모범답안 기능분석

1) (가)의 [B]를 근거로 ⓒ에 해당하는 용어를 쓰시오. [1점]

참고자료

기본이론 136p, 150-157p

키워드

- 문제행동의 기능
- 긍정적 행동지원 계획의 수립

구조화 틀

긍정적 행동지원 계획 수립 및 실행

- 배경·선행사건 중재
- 대체기술 교수
- 후속결과 중심 중재
- 장기지원

핵심개념

긍정적 행동지원 계획

- **선행사건 중재**: 문제행동을 유발 또는 유지하는 환경적 원인을 찾아, 문제행동이 발생하기 전에 문제행동의 유발요인이 되는 환경을 재구성하는 것
- **대체기술 교수**: 선행사건 중재는 학생이 아닌 주변의 물리적 환경, 사회적 환경 또는 교수환경의 변화 → 선행사건 중재를 계속 제공하는 것은 어렵기 때문에, 학생에게 문제행동이 아닌 바람직한 방법으로 자신이 원하는 것을 요구할 수 있고, 원하지 않는 것을 피할 수 있는 기술인 대체기술을 교수하는 것도 문제행동을 예방하는 중요한 방법임
- **문제행동에 대한 후속결과 중심 중재**: 문제행동에 대한 반응에는 문제행동으로 인해 얻을 수 있는 성과를 감소시키고, 행동에 대한 교수적 피드백이나 논리적인 결과를 가르치며, 위기관리계획을 수립하는 것 등이 있음
- **문제행동에 대한 반응전략 유형**: 바람직한 행동 증가 전략, 문제행동 감소 전략

모범답안

1) 원하는 물건 얻기

2) 대체행동은 문제행동보다 어렵지 않아야 하고, 최소한 동일하거나 더 나은 결과를 얻을 수 있어야 한다.

2014학년도 초등 A2

34 (가)는 정우의 문제행동에 대한 기능평가 결과이고, (나)는 정우의 문제행동 지도를 위해 특수학급 최 교사와 통합학급 강 교사가 나눈 대화 내용이다. 물음에 답하시오. [5점]

(가) 문제행동 기능평가 결과

성명	황정우	생년월일	2005. 06. 03.	장애 유형	정신지체

- 정우는 자신이 좋아하는 물건을 친구가 가지고 있으면, 그 친구를 강하게 밀치고 빼앗는 행동을 자주 보임
- 정우가 친구의 물건을 빼앗을 때마다, 교사는 물건을 빼앗긴 친구를 다독거려 달래줌
- 정우는 교사의 별다른 제지 없이 빼앗은 물건을 가짐
- 정우가 가진 문제행동의 기능은 (㉠)(이)라고 할 수 있음

(나) 대화 내용

최 교사: 강 선생님, 지난번 부탁으로 제가 정우의 문제행동을 평가해보니 기능이 (㉠)인 것 같아요.
강 교사: 그렇군요. 그럼 제가 어떻게 해야 할까요?
최 교사: 여러 가지 방법이 있겠지만, 이렇게 문제행동의 원인이 파악된 상태에서는 ① <u>친구를 밀치고 빼앗는 문제행동보다는 바람직한 행동으로 자신의 의사를 표현할 수 있도록 도와주는 것이 좋아요.</u>
강 교사: 아, 그래요. 그런데 제가 정우에게 어떤 행동을 가르쳐야 할까요?
최 교사: <u>문제행동에 대한 대체행동을 선정할 때에는 정우가 이미 할 수 있는 행동 중에서 선택하는 것이 좋아요.</u> 그리고 ㉡ <u>이 외에도 고려할 점이 몇 가지 더 있어요.</u>

…(중략)…

강 교사: 그런데, 대체행동을 가르쳐주기만 하면 정우가 할 수 있을까요?
최 교사: 아니죠. 우선 ② <u>정우가 새로 배운 대체행동으로 친구에게 물건을 달라고 할 때에는 요청한 물건을 가지게 해주고 칭찬도 해주세요.</u> 그리고 ③ <u>정우가 밀치는 행동으로 친구의 물건을 빼앗으려 할 때에는 정우의 행동을 못 본 체하세요.</u> 또한 ④ <u>정우가 좋아해서 빼앗을 만한 물건을 학급에 미리 여러 개 준비해두시면 문제행동을 예방하는 데 도움이 될 거예요.</u>

> '대체기술 교수'란 문제행동을 대체하는 바람직한 행동을 교수하는 전략임

> 대체행동 선정 시 고려사항 (확장하기 자료 확인)

> 긍정적 행동지원 계획의 수립
> - 선행사건 중재: ④
> - 대체기술 교수: ①, ②
> - 후속결과 중심 교수: ③
>
> ※ 소거전략이 적절하게 적용되지 못함

1) (가)와 (나)의 ㉠에 해당하는 정우의 문제행동 기능을 쓰시오. [1점]

2) (나)의 ㉡을 대체행동의 효율성 측면에서 1가지 쓰시오. [1점]

확장하기+

대체행동의 선택 기준(양명희, 2016.)

- 대체행동은 문제행동과 기능이 동일해야 함
- 대체행동은 문제행동을 하는 것보다 힘을 덜 들이고도 학생이 선호하는 결과를 즉각적으로 얻을 수 있어야 함
- 대체행동은 그 학생의 주위에 있는 사람들에게 사회적으로 수용될 수 있는 것이어야 함

대체행동의 선정 기준(이성봉, 2019.)

기능의 동일성 (response match)	대체행동은 문제행동과 동등한 기능을 가진 행동이어야 함 예 문제행동의 기능이 어려운 과제 회피일 경우, 대체행동은 "도와주세요."가 아닌 "조금 쉬었다 할래요."가 되어야 함. "도와주세요."는 획득의 기능으로, 이는 문제행동의 기능과 동일하지 않은 것이기에 대체행동의 선정 기준에 부합하지 않음
수행의 용이성 (response mastery)	대체행동은 의사소통 상대자에게 즉각적·성공적으로 작용해 아동이 쉽게 수행할 수 있는 행동이어야 함. 대체행동은 문제행동만큼 수행하기 쉬운 형태여야 함
동일한 반응노력 (response recognizability)	행동이 의미하는 바를 누구든지 이해할 수 있어서 중재자 이외의 다른 사람들에게도 적절한 반응을 이끌어내는 행동이어야 함. 학생이 수행한 대체행동을 보고 다른 사람들이 어떠한 행동인지를 쉽게 알 수 있어서 이에 대해 적절한 반응을 할 수 있어야 함
사회적 수용 가능성 (response acceptability)	다른 사람들에게 사회적으로 수용될 수 있는 행동이어야 함

기본이론 136p, 150-157p

- 문제행동의 기능
- 긍정적 행동지원 계획의 수립

긍정적 행동지원 계획 수립 및 실행
- 배경·선행사건 중재
- 대체기술 교수
- 후속결과 중심 중재
- 장기지원

긍정적 행동지원 계획
- **선행사건 중재**: 문제행동을 유발 또는 유지하는 환경적 원인을 찾아, 문제행동이 발생하기 전에 문제행동의 유발요인이 되는 환경을 재구성하는 것
- **대체기술 교수**: 선행사건 중재는 학생이 아닌 주변의 물리적 환경, 사회적 환경 또는 교수환경의 변화 → 선행사건 중재를 계속 제공하는 것은 어렵기 때문에, 학생에게 문제행동이 아닌 바람직한 방법으로 자신이 원하는 것을 요구할 수 있고, 원하지 않는 것을 피할 수 있는 기술인 대체기술을 교수하는 것도 문제행동을 예방하는 중요한 방법임
- **문제행동에 대한 후속결과 중심 중재**: 문제행동에 대한 반응에는 문제행동으로 인해 얻을 수 있는 성과를 감소시키고, 행동에 대한 교수적 피드백이나 논리적인 결과를 가르치며, 위기관리계획을 수립하는 것 등이 있음
- **문제행동에 대한 반응전략 유형**: 바람직한 행동 증가 전략, 문제행동 감소 전략

1) ㉠ 관심 끌기
㉡ 과제나 자극 회피하기

2) ㉢ 대체기술 교수
- 손을 드는 행동은 우는 행동과 동일한 기능을 가지고 있어야 한다.
- 손을 드는 행동은 우는 행동보다 힘을 덜 들이고도 학생이 선호하는 결과를 즉각적으로 얻을 수 있어야 한다.
- 손을 드는 행동은 우는 행동보다 그 학생의 주위에 있는 사람들에게 사회적으로 수용될 수 있어야 한다.

2013학년도 유아 A4

35 다음은 통합 유치원의 일반교사인 김 교사가 특수교사인 박 교사에게 발달지체 유아 민기에 대해 자문을 구한 내용의 일부이다. 물음에 답하시오. [5점]

김 교사: 박 선생님, 민기는 대집단 활동 시간에 큰 소리로 울어서 수업을 자주 방해해요. 어떻게 하면 좋을까요?

박 교사: 우선 민기가 왜 그런 행동을 하는지 아는 것이 중요해요. 아이들이 문제행동을 하는 이유를 몇 가지로 구분해볼 수 있어요. 예를 들면, 자신이 원하는 물건을 얻거나 활동을 하려 할 때와 감각자극을 추구하고자 할 때입니다. 그 외에도 (㉠)와(과) (㉡)을(를) 위해서도 이러한 행동을 합니다.

문제행동의 발생 원인을 찾는 기능평가가 필요함

…(중략)…

김 교사: 박 선생님, 민기의 우는 행동을 줄여주려면 어떻게 해야 할까요?

박 교사: 민기에게 우는 행동 대신 손을 들게 하는 방법을 가르쳐보세요. 이러한 방법을 (㉢) 지도라고 하지요.

1) ㉠과 ㉡에 알맞은 내용을 쓰시오. [2점]

2) ㉢에 들어갈 알맞은 말을 쓰고, 방법 선정 시 고려해야 할 사항 2가지를 쓰시오. [3점]

기본이론 130-135p, 150-157p

- 문제행동의 식별과 중재의 필요성 결정
- 긍정적 행동지원 계획의 수립

문제행동의 식별과 중재의 필요성 결정

긍정적 행동지원 계획 수립 및 실행
- 배경·선행사건 중재
- 대체기술 교수
- 후속결과 중심 중재
- 장기지원

중재의 우선순위 결정

문제행동의 심각성이나 관심의 정도를 고려해야 함

- **1순위(파괴행동)**: 자신과 주위 사람의 건강 및 생명을 위협할 만한 행동
- **2순위(방해행동)**: 자신과 타인의 학습과 활동을 심각하게 방해하는 활동
- **3순위(분산행동)**: 자신과 타인의 주의를 경미하게 방해하거나 분산시키는 행동

교체기술 선택기준(반응 효율성)

교체기술은 문제행동과 동일한 결과를 가져올 수 있는 바람직한 기술

1) 2-1-3

이와 같이 선정한 이유는 문제행동의 심각성 정도를 고려할 때 중재는 파괴행동 - 방해행동 - 분산행동(경미한 방해행동) 순으로 실시되어야 하기 때문이다.

3) (아래 내용 중 한 가지로 작성)
- 대체행동은 문제행동보다 최소한 더 어렵지 않아야 한다.
- 대체행동은 문제행동과 동일하거나 그보다 더 나은 결과를 가져와야 한다.
- 대체행동은 문제행동에 비해 결과를 더 빨리 가져올 수 있어야 한다.
- 대체행동의 계속적 사용을 위해서는 주변 사람들이 일관되게 적극적·즉각적으로 반응해줘야 한다.
- 문제행동에 대해서는 항상 혐오적 결과가 주어지며 대체행동에 대해서는 언제나 긍정적 경험이 주어지도록 한다.

2015학년도 유아 B2

36 **(가)는 자폐성 장애 유아 경수에 대한 김 교사의 행동 관찰 내용이고, (나)는 경수에 대한 행동지원 절차의 일부이다. 물음에 답하시오. [5점]**

(가) 행동 관찰 내용

장면 1	비가 와서 바깥놀이 시간에 놀이터에 못 나가게 되자, 경수는 "바깥놀이 시간, 바깥놀이 시간이에요." 하며 계속 울었다.
장면 2	찰흙놀이 시간에 평소 물컹거리는 물건을 싫어하는 경수가 찰흙을 만지지 않으려 하자, 김 교사는 경수에게 찰흙 한 덩어리를 손에 쥐어주고, 찰흙놀이를 하도록 하였다. 그러자 경수는 찰흙을 친구에게 던지고 소리를 질렀다.
장면 3	이야기 나누기 시간에 경수는 부드러운 천으로 만들어진 자신의 옷만 계속 만지고 있었다.

(나) 행동지원 절차

- 1단계: 문제행동을 정의하고 ㉠ 우선순위화한다.
- 2단계: 기능 진단을 실행한다.
- 3단계: 가설을 개발한다.
- 4단계: 포괄적인 행동지원 계획을 개발한다.
- 5단계: 행동지원 계획을 실행하고, 평가하고, 수정한다.

표적행동/목표행동/문제행동

표적행동은 행동지원을 통해 향상되도록 변화시키기 위해 관찰·측정할 행동 → 바람직한 행동(목표행동)일 수도 있고 바람직하지 않은 행동(문제행동)일 수도 있음

1) 경수의 행동지원팀이 ㉠을 할 때, (가)에 나타난 경수의 행동 중 우선적으로 지도해야 할 순서를 장면의 번호에 따라 차례로 쓰고, 그와 같이 선정한 이유 1가지를 쓰시오. [2점]

3) (나)에서 경수에게 가르칠 대체행동을 선정할 때, 대체행동의 효율성 측면에서 김 교사가 고려할 사항 1가지를 쓰시오. [1점]

교체기술은 문제행동에 비해 효율적이어야 하므로 교체기술을 선택할 때는 다음의 기준에 적합해야 함
- **노력**: 교체기술은 문제행동보다 어렵지 않아야 함
- **결과의 질**: 교체기술은 문제행동과 동일하거나 더 나은 결과를 가져와야 함
- **결과의 즉각성**: 교체기술은 문제행동보다 즉각적인 긍정적 반응을 받을 수 있어야 함
- **결과의 일관성**: 교체기술의 계속적 사용을 위해서는 학생이 교체기술을 사용했을 때 주변 사람들이 일관되게 적극적·즉각적으로 반응해줘야 함
- **처벌 개연성**: 문제행동에 대해서는 혐오적 결과가 주어지며 교체기술 사용에 대해서는 언제나 긍정적 경험이 주어지도록 함

확장하기+

교체기술 선택기준(반응 효율성)

노력	• 육체적 움직임 또는 인지적 노력 • 모든 다른 요인들이 같다면 학생들은 가장 노력이 적게 드는, 즉 가장 효율적인 반응을 선택하게 될 것임
결과의 질	• 행동의 결과로 제시되는 사건이나 물건에 대한 선호도 또는 강화 정도 • 교수는 교체행동의 결과가 문제행동을 통해 얻을 수 있는 결과에 비해 질적으로 동일하거나 더 낫다는 것을 명확히 해야 함
결과의 즉각성	• 특정 반응이 다른 반응에 비해 원하는 결과를 더 빨리 가져온다면 학생들은 특정 반응을 더 자주 사용하게 될 것임 • 교수하게 될 교체기술은 문제행동보다 신속하게 원하는 결과를 가져올 수 있어야 함 예 은진이는 학급 회의에 참여하기 위해 ① 손을 들고 다른 사람들이 알아차릴 때까지 기다리기, ② 다른 사람이 알아보는 것과 상관없이 큰 소리로 말하기의 두 가지 방법을 사용할 수 있음. 이 두 가지 방법은 같은 결과를 가져올 수 있지만 ①은 교사가 알아차릴 때까지 기다려야 하며, ②의 경우 기다리지 않아도 됨. 따라서 그냥 이야기하는 것이 더 빠른 결과를 가져오기 때문에 은진이는 ②를 더 자주 사용하게 될 것임
결과의 일관성	• 후속결과를 얻는 데 필요한 학생의 반응횟수 • 교수는 학생이 교체기술을 사용할 때마다(첫 번째 사용부터) 매번 반응해줘야 하며, 이것은 교수의 초기 단계에서 매우 중요함 • 특히 교체기술이 원하는 결과를 얻는 데 더욱 효과적인 방법이라는 것을 알게 하는 단계에서는 더 중요함 • 만일 교체기술에 대해 일관된 반응을 하지 않는다면 학생은 원하는 것을 얻기 위해 문제행동을 하게 될 것임 • 사회적으로 적절한 행동에 대해 일관되지 않거나 일치되지 않은 반응을 하고 문제행동에 대해서는 지속적인 관심을 보이는 사례들은 매우 좋지 않은 예임
처벌 개연성	• 반응에 뒤따라서 혐오적이거나 불쾌한 후속결과가 나타날 가능성 • 반응 후에 항상 불쾌한 사건이 뒤따른다는 사실을 학습하면 반응의 빈도가 감소하게 될 것임 • 교체행동 후에는 불쾌한 사건이 뒤따르지 않도록 확인하고, 문제행동 시에는 불쾌한 사건이 따라오도록 함

기본이론 145-146p, 153p

- 기능분석
- 교체기술

행동의 기능평가
- 기능평가의 목적
- 문제행동의 기능
- 평가 방법
  - 간접 평가
  - 직접 평가
  - 기능분석

긍정적 행동지원 계획 수립 및 실행
- 배경 · 선행사건 중재
- 대체기술 교수
- 후속결과 중심 중재
- 장기지원

교체기술 선택기준
- **노력**: 교체기술은 문제행동보다 어렵지 않아야 함
- **결과의 질**: 교체기술은 문제행동과 동일하거나 더 나은 결과를 가져와야 함
- **결과의 즉각성**: 교체기술은 문제행동보다 즉각적인 긍정적 반응을 받을 수 있어야 함
- **결과의 일관성**: 교체기술의 계속적 사용을 위해서는 학생이 교체기술을 사용했을 때 주변 사람들이 일관되게 적극적 · 즉각적으로 반응해줘야 함
- **처벌 개연성**: 문제행동에 대해서는 혐오적 결과가 주어지며 교체기술 사용에 대해서는 언제나 긍정적 경험이 주어지도록 함

2020학년도 초등 B1

37 **다음은 준수를 위해 작성한 문제행동 중재 내용의 일부이다. 물음에 답하시오. [4점]**

- 표적행동 : 수업시간에 소리를 지르는 행동
- 기능적 행동평가 및 가설 설정
  - ABC 관찰을 통해 가설을 설정함
- 가설 검증
  - ㉠ 명확한 가설 검증과 구체적인 표적행동 기능 파악을 위해 표적행동에 대한 선행사건과 후속결과를 실험적이고 체계적으로 조작하는 기능적 행동 평가 절차를 실시함
  - 이 절차에 대한 '결과 그래프 및 내용'은 다음과 같음

〈결과 그래프 및 내용〉

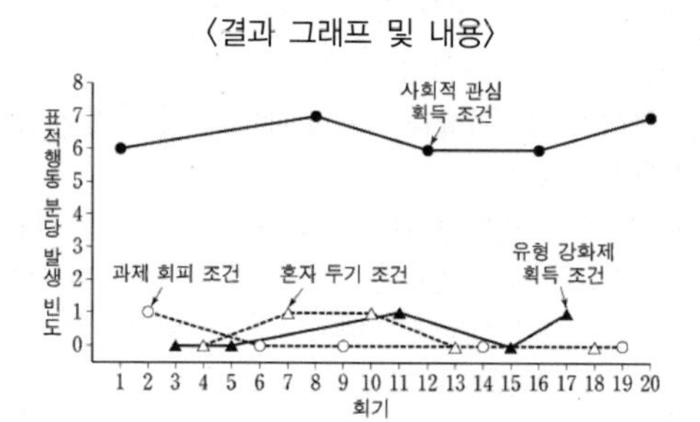

- 각 회기를 15분으로 구성하고, 불필요한 자극이 제거된 교실에서 하루 4회기씩 평가를 실시함
- 4가지 실험 조건을 각 5회기씩 무작위 순서로 적용함
- 각 실험 조건에서 발생하는 표적행동의 분당 발생 빈도를 기록하고 그래프로 시각화하여 분석함

…(중략)…

긍정적 행동지원의 실행 단계
① 표적행동의 선정과 중재 필요성 결정
② 표적행동 관련 정보 수집
③ 가설 설정
④ 긍정적 행동지원 계획 수립 · 실행
⑤ 행동지원 계획 평가 · 수정

기능분석을 실시하는 경우
① 간접평가 또는 직접 관찰 평가 등을 통해 정보를 수집해도 명확한 가설을 수립하기 어려운 경우
② 간접평가 혹은 직접 관찰 평가에 근거한 중재가 효과적이지 않은 경우

• 중재 계획
  – 표적행동 감소 전략 : 표적행동 발생을 예방하기 위해 ㉡ 비유관 강화(Noncontingent Reinforcement ; NCR)를 사용함
  – 대체행동 지도 전략 : '반응 효율성 점검표'를 이용하여 표적행동을 대신할 수 있는 교체기술을 선택하여 지도함

〈반응 효율성 점검표〉

교체기술 선택기준	반응 효율성 점검 내용	점검 결과
노력	(㉢)	㉞ 아니요
결과의 일관성	표적행동을 할 때보다 더 일관되게 사회적 관심을 얻을 수 있는 교체기술인가?	㉞ 아니요
결과의 질	표적행동을 할 때 얻을 수 있는 사회적 관심보다 준수가 더 좋아하는 사회적 관심을 얻을 수 있는 교체기술인가?	㉞ 아니요

1) ㉠에 해당하는 방법의 명칭을 쓰시오. [1점]

3) ㉢에 들어갈 반응 효율성 점검 내용을 쓰시오. [1점]

모범답안

1) 기능분석

3) 표적행동을 할 때보다 더 적은 노력으로 사회적 관심을 얻을 수 있는 교체기술인가?

기본이론 136p, 150-157p

- 문제행동의 기능
- 긍정적 행동지원 계획의 수립

긍정적 행동지원 계획 수립 및 실행

- 배경 · 선행사건 중재
- 대체기술 교수
- 후속결과 중심 중재
- 장기지원

연속 강화계획

- 학생이 표적행동을 할 때마다 즉각 강화제를 제시하는 것
- 새로운 행동 습득에 유용함

변동간격 강화계획

- 평균 시간이 경과한 후 첫 번째 발생하는 표적행동 후에 강화제를 제시하는 것
- 강화받을 시기가 고정적이지 않고 언제 강화를 받을지 예측할 수 없음

① 스티커 획득하기(원하는 물건 얻기)
② 대체행동을 교수하는 초기에는 모든 표적행동을 강화하는 연속강화를 적용해야 한다. 왜냐하면 학생이 문제행동을 수행할 때보다 대체행동을 수행할 때 더 일관적으로 기능이 충족되어야 대체행동을 선택할 것이기 때문이다.

2022학년도 초등 A5

38 **다음은 4학년 자폐성 장애 학생 성규의 통합학급 수업 지원을 위한 통합학급 교사와 특수교사의 협의록 일부이다. 물음에 답하시오. [6점]**

〈통합교육 지원 협의록〉

❑ 교과 : 사회　　❑ 단원명 : 지역의 위치와 특성

…(중략)…

나. 수업 참여를 위한 행동지원
- 사회과 수업 중 소리 지르기 행동에 대한 행동지원 계획 수립
- 성규의 소리 지르기 행동 기능분석

ⓒ ABC 분석

선행사건	행동	후속결과
수업 중 제공된 스티커를 모두 사용해버림	소리 지르기	스티커 제공
스티커를 사용하지 않는 다음 활동을 위해 스티커를 회수함	소리 지르기	계속 수업 진행

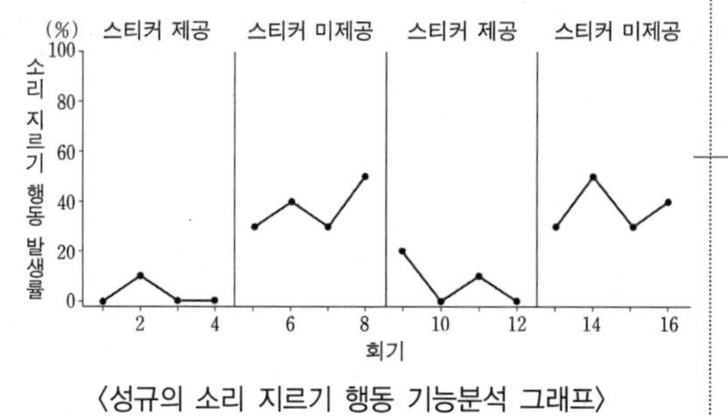

〈성규의 소리 지르기 행동 기능분석 그래프〉

- 중재 내용
  - 선행사건 중재 : 스티커의 일일 사용량을 미리 정함, 스티커를 사용하는 활동을 사전에 안내함
  - ㉣ 대체행동 중재
  - 강화계획 : ㉤ 대체행동의 교수 초기에는 변동간격 강화를 사용함

기능분석의 장점
- 기능평가 방법 중에서도 가장 정확하고 엄격한 방법
- 아동 행동과 환경 사이의 기능적 관계를 명확히 밝혀주기 때문에, 행동의 변화를 가져올 변수를 찾고 좀 더 효과적인 중재 방법을 개발할 수 있음

성규의 문제행동(소리 지르기)에 대한 기능평가
- 직접 평가 → ABC 분석
- 기능분석 → 단일대상연구(ABAB 설계)
- 기능평가를 통해 알게 된 성규의 문제행동의 기능은 스티커(원하는 물건) 얻기임
- 문제행동이 가진 후속결과의 기능은 유형물 정적강화임

긍정적 행동지원 계획의 수립
① 배경 · 선행사건 중재
② 대체기술 교수
③ 문제행동에 대한 반응
④ 장기적 지원

3) ① ⓒ에 근거하여 성규에게 적용한 ㉣의 기능을 쓰고, ② 반응 효율성을 고려하여 ㉤이 적절하지 않은 이유를 쓰시오. [2점]

기본이론 130-135p, 150-157p

긍정적 행동지원 계획의 수립

문제행동의 식별과 중재의 필요성 결정

긍정적 행동지원 계획 수립 및 실행
- 배경·선행사건 중재
- 대체기술 교수
- 후속결과 중심 중재
- 장기지원

교체기술 선택기준

- **노력**: 교체기술은 문제행동보다 어렵지 않아야 함
- **결과의 질**: 교체기술은 문제행동과 동일하거나 더 나은 결과를 가져와야 함
- **결과의 즉각성**: 교체기술은 문제행동보다 즉각적인 긍정적 반응을 받을 수 있어야 함
- **결과의 일관성**: 교체기술의 계속적 사용을 위해서는 학생이 교체기술을 사용했을 때 주변 사람들이 일관되게 적극적·즉각적으로 반응해줘야 함
- **처벌 개연성**: 문제행동에 대해서는 혐오적 결과가 주어지며 교체기술 사용에 대해서는 언제나 긍정적 경험이 주어지도록 함

첫째, 노력 측면에서 대체행동은 문제행동(우는 행동)보다 어렵지 않아야 한다.

둘째, 후속 결과의 강도 측면에서 대체행동은 문제행동(우는 행동)보다 더 좋은 결과를 가져와야 한다.

셋째, 후속 결과의 신속성 측면에서 대체행동은 문제행동(우는 행동)보다 더 즉각적인 긍정적 강화를 받을 수 있어야 한다.

넷째, 후속 결과의 일관성 측면에서 문제행동 대신 대체행동을 사용했을 때 주변 사람들이 일관되게 적극적·즉각적으로 반응해주어야 한다.

2024학년도 초등 교직논술

39 다음은 진우 어머니와 특수교사인 김 교사가 지적장애 학생인 진우를 위한 행동 지원과 관련하여 나눈 대화의 일부이다. 3) 효과적인 대체행동의 조건을 김 교사가 제시한 4가지 측면에서 각각 1가지씩 논하시오.

> …(상략)…
>
> 진우 어머니 : 최근 문제 행동이 하나 발생했어요. 예전에는 안 그러더니, 요즘 들어 부쩍 울며불며 동영상을 보여 달라고 합니다. 그래서 제가 동영상을 보여 줬더니 즉각 울음을 그쳤어요.
>
> 김 교 사 : 아, 그러셨군요. 저는 대체로 어머니의 지도 방법을 지지하지만 이렇게 하시면 앞으로 진우는 무언가를 원할 때 울려고 할 것입니다. 진우가 우는 행동 대신 원하는 것을 얻을 수 있는 대체 행동을 찾아야 합니다. 대체행동을 선정할 때는 다음의 네 가지 측면을 고려해 보아야 합니다. 첫째, 수행할 때의 노력 측면, 둘째, 후속 결과의 강도 측면, 셋째, 후속 결과의 신속성 측면, 넷째, 후속 결과의 일관성 측면을 고려할 필요가 있습니다.
>
> 진우 어머니 : 알겠습니다. 제가 더 고민해 보겠습니다.

기본이론 152-153p

대체기술 교수

긍정적 행동지원 계획 수립 및 실행
- 배경·선행사건 중재
- 대체기술 교수
- 후속결과 중심 중재
- 장기지원

대체기술 선택 시 고려사항
- **반응 효율성**: 대체행동은 문제행동을 하는 것보다 힘을 덜 들이고도 학생이 선호하는 결과를 즉각적으로 얻을 수 있어야 함
- **반응 수용성**: 대체행동은 그 학생의 주위에 있는 사람들로부터 사회적으로 수용될 수 있는 것이어야 함
- **반응 인식성**: 새로운 행동은 친근한 사람이나 생소한 사람들이 쉽게 알아야 함

반응의 효율성, 반응의 수용성, 반응의 인식성

2020학년도 유아 B4

40 **다음은 통합학급 김 교사와 유아특수교사 강 교사가 나눈 대화이다. 물음에 답하시오. [5점]**

김 교사: 선생님, 시우는 자기도 참여하고 싶은 것이 있으면 큰소리를 질러요. 시우를 어떻게 도울 수 있을까요? 강 교사: 선생님, 우선 시우에게 ㉢ <u>대체행동</u> 교수를 실시하면 어떨까요? 김 교사: 네, 좋은 생각이네요.

- 대체행동(alternative)과 교체기술(replacement) 구분하기
- 교체기술 선택 시 고려해야 할 사항 → 노력, 결과의 질, 결과의 즉각성, 결과의 일관성, 처벌 개연성

2) ㉢을 선택할 때 고려해야 할 점을 2가지 쓰시오. [2점]

기본이론 152-153p

대체기술의 교수

긍정적 행동지원 계획 수립 및 실행
- 배경 · 선행사건 중재
- 대체기술 교수
- 후속결과 중심 중재
- 장기지원

대처하기 기술

불편하거나 어려운 상황에 처했을 때, 자기관리 전략 및 문제해결 전략을 사용하는 방법을 지도하는 것

인내하기 기술

특정 상황을 회피하거나 물건 또는 관심 얻기를 원하지만 즉각적으로 제공받지 못할 경우 기다림을 지원하거나, 강화지연을 견딜 수 있도록 지도하는 것

㉠ 교체기술은 문제행동과 동일한 기능을 가지고 있어야 한다.
㉡ 대처 및 인내기술

2019학년도 중등 A14

41 다음은 정서 · 행동장애 학생 S를 위해 작성한 긍정적 행동지원 내용의 일부이다. 〈작성방법〉에 따라 서술하시오. [4점]

- 문제행동
  - 학급에서 컴퓨터 게임을 하기 위해 욕을 하는 행동
- 기능적 행동평가 실시
  - 동기평가척도(MAS)와 ABC 관찰을 실시함
- 가설 설정
  - 학급에서 컴퓨터 게임을 하기 위해 또래나 교사에게 욕을 한다.
- 지원 계획
  - 학생 S의 문제행동을 대신할 수 있는 ㉠ <u>교체기술</u>, (㉡), 일반적 적응기술을 지도함
  - 교체기술을 사용하더라도 컴퓨터 게임을 할 수 없는 상황에서 사용할 수 있는 (㉡)을/를 지도함 (예 스트레스 상황 속에서 안정을 취하는 방법)

…(중략)…

- 간접 평가: 동기평가척도(MAS)
- 직접 평가: ABC 관찰

작성방법

밑줄 친 ㉠의 특성을 행동 기능 측면에서 서술하고, 괄호 안의 ㉡에 해당하는 기술의 명칭을 쓸 것

확장하기

교체기술

- 문제행동과 같은 결과를 가져올 수 있는 바람직한 기술
- 목적: 문제행동과 동일한 결과를 가져올 수 있는 효과적인 방법을 제공하는 것
- 문제행동 발생 후에 가르치는 것이 아니라 문제행동이 발생하기 전에 가르쳐야 하고, 문제행동이 발생할 수 있는 상황에서 사용할 수 있도록 촉진하는 것이 바람직함
- 선택 기준: 노력, 결과의 질, 결과의 즉각성, 결과의 일관성, 처벌 개연성
- 제한점
  - 문제행동의 기능을 언제나 존중해줄 수 있는 것은 아님
  - 하나의 대체기술만으로 문제상황을 예방하거나 변경하기가 매우 어려움

대처 및 인내기술

- 힘들고 재미없는 상황에서 문제행동을 하지 않고 인내하며 대처할 수 있는 기술 → 즉, 자신이 상황을 변화시킬 수 없을 때에도 문제행동이 아닌 사회적으로 수용 가능한 대처기술을 사용하는 것
- 전략: 강화지연법, 분노조절 훈련, 긴장완화 훈련, 사회적 문제해결 훈련, 자기관리 기법 등
- 제한점
  - 대처 및 인내기술만으로 문제행동을 예방하기 어려움
  - 학생에게 대체기술이나 일반적인 적응기술을 가르치지 않거나, 선행사건・배경사건을 변화시키지 않고 불편한 상황을 견디도록 하는 것은 비윤리적임

일반적 적응기술

- 문제행동의 발생을 예방하고 의미 있는 생활을 향상시킬 수 있는 기술
- 목적: 문제상황을 예방하고, 학생이 자신의 선호도와 흥미를 추구할 수 있도록 사회적・의사소통적・학업적 능력을 향상시키는 것
- 제한점
  - 대체기술을 가르치는 것보다 많은 노력을 필요로 함
  - 즉각적인 필요에 의해서 먼저 대체기술의 학습이 필요할 수 있음

참고자료

기본이론 152-153p

키워드

대체기술의 교수

구조화 틀

긍정적 행동지원 계획 수립 및 실행
- 배경·선행사건 중재
- 대체기술 교수
- 후속결과 중심 중재
- 장기지원

핵심개념

문제행동에 대한 후속결과 중심 중재 (문제행동에 대한 반응적 중재)
- 행동이 발생한 후에 주어지거나 발생되는 상황·사건·사물·사람을 포함하는 다양한 자극의 제시나 변화를 후속결과라고 함
- 문제행동에 대한 반응에는 문제행동으로 인하여 얻을 수 있는 성과를 감소시키고, 행동에 대한 교수적 피드백이나 논리적인 결과를 가르치며, 위기관리 계획을 수립하는 것 등이 포함됨
- 문제행동에 대한 반응 전략에는 강화, 소거, 벌 등이 있음

모범답안

① 후속결과 중심 중재
② 선생님의 관심을 끌기 위해 손 들기, 선생님 부르기 등

2023학년도 유아 A2

42 **다음은 발달지체 유아 서우를 위한 행동지원계획서의 일부이다. 물음에 답하시오. [5점]**

• ABC 관찰 요약

A	B	C
교사가 다른 유아와 상호작용하고 있음	소리 내어 울기	교사가 서우를 타이르고 안아줌

• 문제행동 동기평가척도(MAS) 결과

구분	감각	회피	관심 끌기	선호물건/활동
문항점수	1. 1 5. 1 9. 2 13. 1	2. 1 6. 2 10. 1 14. 4	3. 5 7. 4 11. 5 15. 5	4. 1 8. 3 12. 3 16. 2
전체점수	5	8	19	9
평균점수	1.25	2	4.75	2.25

* 평정척도: 전혀 그렇지 않다 0점 ~ 항상 그렇다 6점

- 간접 평가: 동기평가척도(MAS)
- 직접 평가: ABC 관찰

• 기능평가 결과를 토대로 설정한 가설

가설	㉠

3) 서우를 위한 행동지원계획 수립 시, ① 중재과정 중 서우의 소리 내어 울기 행동이 나타날 때 적용해야 하는 행동지원 방법의 명칭을 쓰고, ② 서우에게 지도할 교체기술(replacement skills)의 예를 1가지 쓰시오. [2점]

확장하기+

동기평가척도(MAS)

① 특정 문제행동에 관한 질문문항에 부여한 척도 점수를 기입해 행동의 동기에 해당하는 항목별로 합산한다.
② 항목별 합산 점수를 비교해 순위를 매기면 특정 문제행동의 동기가 무엇인지 알 수 있다.

문제행동 동기평가척도(Motivation Assessment Scale)

학생 이름		작성자		작성한 날	
문제행동					
평가장소					

• 본 질문지는 개인이 특정한 방식으로 행동하는 상황에 대한 정보를 파악해 적절한 강화 및 중재 방안을 결정하기 위한 것이다. • 선정된 문제행동은 최대한 구체적이어야 한다. 예를 들어, "공격적인 행동을 보인다."고 하는 것보다, "옆 친구를 주먹으로 때린다."처럼 명확하고 분명한 것이 좋다. • 각 문항을 잘 읽고 그 행동을 가장 잘 설명하고 있다고 생각되는 점수에 ○표 한다.	전혀 그렇지 않다	거의 그렇지 않다	보통 그렇지 않다	중간 정도 그렇다	대개 그렇다	거의 항상 그렇다	항상 그렇다
1. 학생이 오랜 시간 혼자 있을 때 계속적이고 반복적으로 문제행동을 보이는가?	0	1	2	3	4	5	6
2. 어려운 과제를 수행하기를 요구한 후 문제행동이 발생하는가?	0	1	2	3	4	5	6
3. 문제행동이 다른 사람들과 이야기하고 있을 때 일어나는가?	0	1	2	3	4	5	6

…(중략)…

구분	감각	회피	관심끌기	선호물건/활동
문항점수	1. 5. 9. 13.	2. 6. 10. 14.	3. 7. 11. 15.	4. 8. 12. 16.
전체점수				
평균점수				
상대순위				

참고자료

기본이론 156-157p

키워드

위기관리계획

구조화틀

긍정적 행동지원 계획 수립 및 실행
- 배경 · 선행사건 중재
- 대체기술 교수
- 후속결과 중심 중재
- 장기지원

핵심개념

모범답안

위기관리계획은 학생 본인과 다른 사람의 안전을 확보하고 지키는 데 주 목적이 있다.

ⓜ 위기상황이 종료될 때까지 다른 학생들을 교실에서 자습하도록 한 부분이 잘못되었다. 위기관리계획에서는 이 절차로 인해 발생하게 될 방해의 정도를 고려해 다른 학생들의 안전과 학습권이 침해되지 않도록 계획을 세워야 한다.

2014학년도 중등 논술형 B2

43 **다음의 (가)는 학교차원의 긍정적 행동지원(Positive Behavior Support ; PBS)의 4가지 구성요소를 나타내는 그림이고, (나)는 ○○학교가 실행하고 있는 PBS의 3차적 예방 내용이며, (다)는 ○○학교에 재학 중인 정서 · 행동장애 학생 A의 행동 특성 및 위기관리계획의 일부이다. '위기관리계획'을 수립하는 일반적인 목적을 설명한 후, (다)의 밑줄 친 ⓜ의 잘못된 점을 지적하고 바르게 수정하시오. [10점]**

(다) 학생 A의 행동 특성 및 위기관리계획

〈행동 특성〉

- 화를 참지 못한다.
- 다른 사람을 위협하고 협박한다.
- 친구와 싸울 때 위험한 물건을 사용한다.
- 화가 나면 학교에 있는 기물을 파손한다.
- 신체적 공격을 통해 친구들에게 싸움을 건다.

〈위기관리계획〉

- 위험한 물건을 미리 치운다.
- 위기상황 및 대처 결과를 기록에 남긴다.
- ⓜ <u>교사는 교실에서 학생 A의 문제행동에 대해 집중적으로 대처하고, 위기상황이 종료될 때까지 다른 학생들은 교실에서 자습하게 한다.</u>

…(하략)…

확장하기

위기관리계획

- 위기행동(도전행동): 장애학생 본인과 주변 사람의 신체적 · 심리적 안전에 위협이 되는 심각한 문제행동으로, 즉각적인 조치와 많은 관심이 요구됨
- 위기행동의 적절한 관리를 위해서는 행동의 문제가 발생하는 상황이나 맥락을 이해하고 이를 지원하기 위한 지속적인 예방적 지원이 필요하지만, 위기관리계획은 행동의 문제를 중재하거나 지도하는 것보다는 학생과 다른 사람들의 안전을 확보하고 지키는 데 주 목적이 있음
- 긍정적 행동지원 모델 내 3차 예방이 필요한 학생 중 위기행동을 나타내는 학생들을 고려해 수립할 수 있음
- 고려사항
  - 실제로 심각한 상해나 손상이 일어날 가능성을 점검함
  - 안전한 환경을 유지하는 데 필요한 절차 선정에 관한 것임
  - 이 절차로 인해 발생하게 될 방해의 정도를 고려해야 함
  - 위기가 언제 끝나는지를 명확히 함
  - 위기관리계획이 시작되는 경우, 위기관리 절차의 사용뿐 아니라 위기가 발생하게 된 환경적 사건들도 잘 기록해야 함
  - 위기관리 절차는 가끔 사용되어야 함 → 중재가 실행되고 있는 상황에서도 위기관리 절차가 계속 필요하다면 지원계획이 적절하지 않음을 의미함

위기관리계획 실행(이성봉 외, 2022.)

- 위기관리계획이 필요하다고 정해지면, 먼저 위기를 유발하는 문제행동의 전조, 즉 위기를 예상할 수 있는 신호를 파악함. 학생 및 타인의 안전을 위해 대상 학생의 행동을 완화시킬 수 있는 절차 및 방법을 강구함(예 대상 학생과 함께 산책하기, 심호흡하기, 음악실에 가서 음악 듣기 등)
- 더불어 대상 학생이 안정을 회복할 때까지 머물 수 있는 장소 확보, 도움을 줄 수 있는 실행 지원 인력 확보, 위기 상황이 끝났음을 확신할 수 있는 사인 점검, 빠른 회복을 위해 필요한 지원의 정도, 위기관리 절차 계획 및 실행에 관한 문서화 등이 고려되어야 함
- 무엇보다도 위기관리 실행으로 인해 유발될 수 있는 교실 내 방해 정도를 최소화하는 것이 중요함. 교실에서 위기 발생 시 회복기까지 해당 교실에서 대상 학생의 문제행동에 집중적으로 대처하고 다른 학생들은 교실에서 자습을 하게 하는 것은 교실에 있는 학생들의 안전에 해가 될 수 있으므로 적절하지 않음. 대상 학생을 다른 조용한 장소로 데리고 가는 것이 대상 학생과 학급 학생 모두에게 보다 안전한 조치가 될 뿐 아니라 학급 학생들의 학업 방해도 최소화할 수 있음
- 위기관리는 위기 상황을 통제하기 위해 사용되는 일시적인 절차일 뿐이므로 과도하게 사용해서는 안 됨 → 긍정적 행동지원이 체계적으로 적용된다면 이러한 위기관리 실행 상황은 점차 줄어들거나 없어지게 될 것임

기본이론 156-157p

위기관리계획

긍정적 행동지원 계획 수립 및 실행
- 배경·선행사건 중재
- 대체기술 교수
- 후속결과 중심 중재
- 장기지원

긍정적 행동지원 계획의 수립

Ⅰ. 선행·배경사건 중재	• 문제를 유발하는 선행·배경사건을 수정 또는 제거 • 바람직한 행동을 유발할 수 있는 긍정적인 선행·배경사건 적용
Ⅱ. 대체기술 교수	• 문제행동과 동일한 기능을 수행하는 대체행동(교체기술)을 지도 • 어려운 상황에 대처할 수 있는 기술 및 인내심 지도 • 전반적인 능력 신장을 위한 일반적인 기술 지도
Ⅲ. 문제행동에 대한 반응	• 문제행동으로 인한 성과 감소 • 교육적 피드백 제공 또는 논리적인 후속결과 제시 • 위기관리계획 계발
Ⅳ. 장기적 지원	• 삶의 양식을 변화 • 지속적인 지원을 위한 전략 수행

위기관리계획

2017학년도 유아 B1

44 **5세 발달지체 유아 선우의 긍정적 행동지원 계획 수립을 위해 (가)는 통합학급 최 교사가 수집한 일화기록 자료의 일부이고, (나)는 선우의 행동에 대한 영상 분석 자료의 일부이다. 물음에 답하시오. [5점]**

(나)

장면	자유놀이	원아명	정선우
관찰 일자	2016. △. △.	관찰자	최 교사
블록 놀이 영역에서 3명의 유아들(혜미, 지수, 영석)이 탑을 쌓고 있고, 선우가 블록 놀이 영역으로 간다. 선우는 가장 높은 교구장 위로 기어 올라가 점프하여 뛰어내린다. 선우는 블록 위로 떨어지면서 얼굴을 다쳐 피가 난다. 선우는 벌떡 일어나더니 지수를 밀쳐 넘어뜨리고, 영석이의 팔을 문다. 그리고 소리를 지르며 교구장을 밀어서 넘어뜨리려고 한다. …(하략)…			

2) (나)에서 최 교사는 선우의 행동이 자신과 타인의 안전을 위협하는 위험한 상황을 초래한다고 판단하였다. 최 교사가 이러한 상황에 대비하여 계획해야 하는 긍정적 행동지원의 요소를 쓰시오. [1점]

기본이론 156-157p

위기관리계획

긍정적 행동지원 계획 수립 및 실행
- 배경 · 선행사건 중재
- 대체기술 교수
- 후속결과 중심 중재
- 장기지원

위기관리계획
- 문제행동을 감소시키는 것이 주 목적이 아닌, 문제행동이 대상 학생과 다른 사람에게 심각한 해가 되는 위험한 상황에서 대상 학생과 다른 사람을 보호하는 것에 주안점을 둠
- 즉, 대상 학생의 문제행동으로 인한 위기 및 응급 상황에 대비한 절차를 수립하는 것
- 위기관리계획은 긍정적 행동지원 모델 내 3차 예방이 필요한 학생 중 위기행동을 나타내는 학생을 고려하여 수립할 수 있음

㉡ 위기관리계획

2024학년도 초등 B1

45 **(가)는 학습 공동체에서 정서 · 행동장애 학생 영지에 대해 두 교사가 나눈 대화의 일부이고, (나)는 담임 교수가 실시한 중재의 결과 그래프이다. 물음에 답하시오. [5점]**

(가)

수석 교사:	영지가 나타내는 행동의 원인이 무엇인지 살펴 보셨나요?
담임 교사:	네, 행동과 관련된 다양한 정보를 수집하고, 수업 시간에 영지의 행동 관찰을 통해 행동과 전후 상황과의 상관관계를 파악했어요. 그리고 과제 난이도를 조작하거나 관심을 적게 두는 조건 등을 설정하여 (㉡)을/를 실시한 결과, 영지가 과제를 회피하고자 할 때 문제행동을 나타낸다는 것을 알 수 있었어요. [B]
수석 교사:	그렇군요. 그러면 어떤 중재를 사용하실 건가요?
담임 교사:	㉢ <u>지금까지의 강화 요인을 즉시 제거하는 비처벌적 접근</u>을 통해 영지의 문제 행동을 줄일 생각이에요.

1) (가)의 [B]를 근거로 ㉡에 해당하는 용어를 쓰시오. [2점]

03
CHAPTER

행동의 직접 관찰과 측정

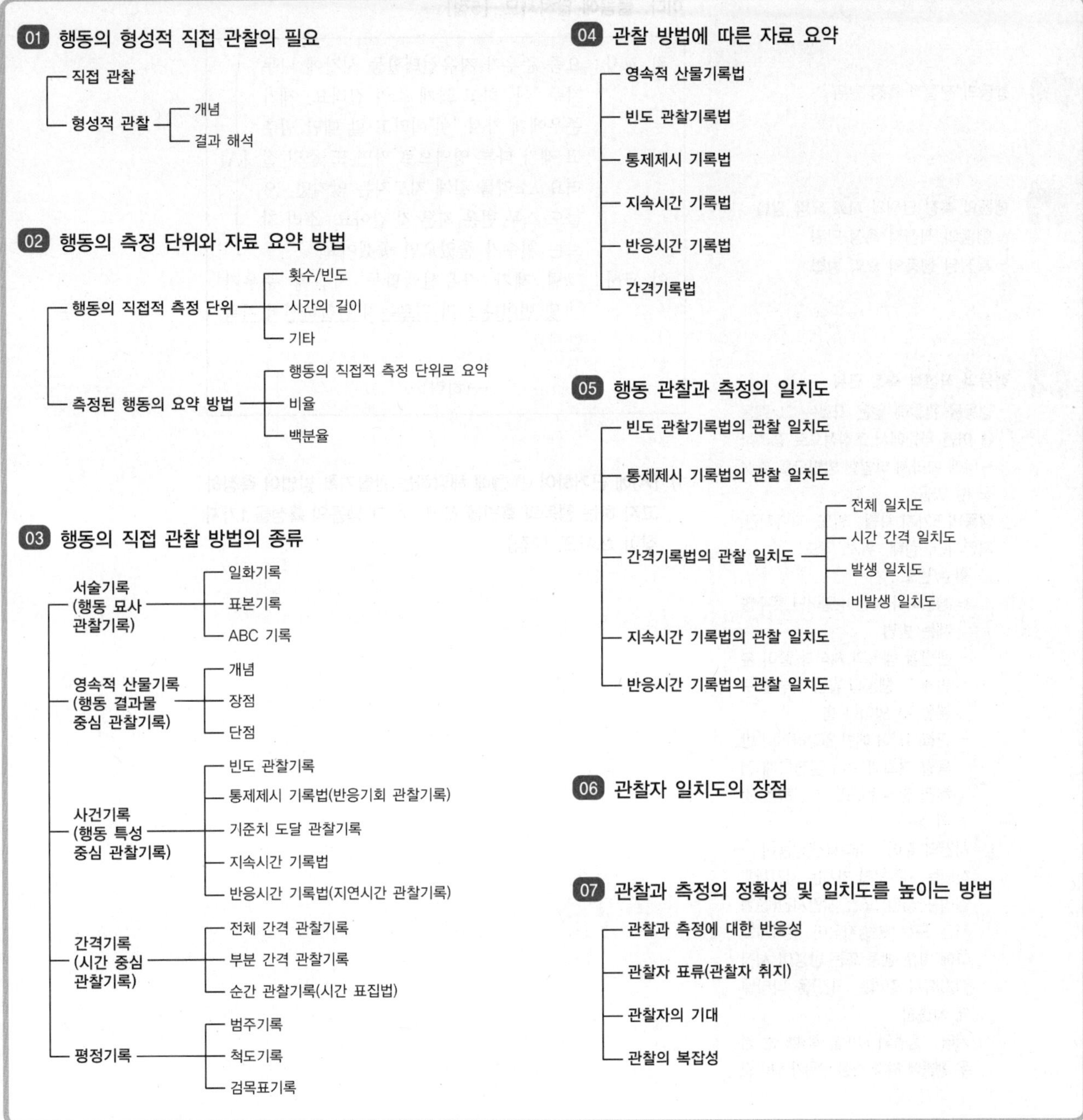

01 행동의 형성적 직접 관찰의 필요
직접 관찰
형성적 관찰
개념
결과 해석
02 행동의 측정 단위와 자료 요약 방법
행동의 직접적 측정 단위
횟수/빈도
시간의 길이
기타
측정된 행동의 요약 방법
행동의 직접적 측정 단위로 요약
비율
백분율
03 행동의 직접 관찰 방법의 종류
서술기록 (행동 묘사 관찰기록)
일화기록
표본기록
ABC 기록
영속적 산물기록 (행동 결과물 중심 관찰기록)
개념
장점
단점
사건기록 (행동 특성 중심 관찰기록)
빈도 관찰기록
통제제시 기록법(반응기회 관찰기록)
기준치 도달 관찰기록
지속시간 기록법
반응시간 기록법(지연시간 관찰기록)
간격기록 (시간 중심 관찰기록)
전체 간격 관찰기록
부분 간격 관찰기록
순간 관찰기록(시간 표집법)
평정기록
범주기록
척도기록
검목표기록
04 관찰 방법에 따른 자료 요약
영속적 산물기록법
빈도 관찰기록법
통제제시 기록법
지속시간 기록법
반응시간 기록법
간격기록법
05 행동 관찰과 측정의 일치도
빈도 관찰기록법의 관찰 일치도
통제제시 기록법의 관찰 일치도
간격기록법의 관찰 일치도
전체 일치도
시간 간격 일치도
발생 일치도
비발생 일치도
지속시간 기록법의 관찰 일치도
반응시간 기록법의 관찰 일치도
06 관찰자 일치도의 장점
07 관찰과 측정의 정확성 및 일치도를 높이는 방법
관찰과 측정에 대한 반응성
관찰자 표류(관찰자 취지)
관찰자의 기대
관찰의 복잡성

기본이론 160–161p

행동의 직접적 측정 단위

행동의 측정 단위와 자료 요약 방법
- 행동의 직접적 측정 단위
- 측정된 행동의 요약 방법

행동의 직접적 측정 단위

- 행동을 관찰해 얻은 자료는 그 행동을 어떤 차원에서 조작적으로 정의하느냐에 따라서 다양한 방법으로 측정될 수 있음
- **행동의 6가지 차원**: 빈도, 지속시간, 지연시간, 형태, 위치, 강도
  ① **횟수/빈도**
    - 행동이나 사건이 일어난 횟수를 세는 방법
    - 관찰할 행동의 시작과 끝이 분명해 각 행동의 발생 여부를 구분할 수 있어야 함
    - 관찰시간이 매번 일정하거나 반응할 기회의 수가 일정하게 정해진 경우 빈도로 측정하는 것이 좋음

  ② **시간의 길이**: 지속시간(행동이 시작되는 시간부터 마치는 시간까지 걸리는 시간) 또는 지연시간(선행사건 또는 변별자극이 주어지고 그에 따른 행동 또는 반응이 시작되기까지 걸리는 시간)을 나타낼 때 사용함

  ③ **기타**: 행동의 강도를 측정하는 경우 행동에 따라 측정 단위가 달라짐

① 빈도(횟수)
② "너무 자주 "아" 하고 짧게 소리 질러요." 또는 "소리를 길게 지르지는 않지만, 오늘도 스무 번은 지른 것 같아요."

2020학년도 유아 B2

01 **다음은 통합학급 4세 반 교사들이 협의회에서 나눈 대화이다. 물음에 답하시오. [5점]**

김 교사 :	요즘 준우가 자유선택활동 시간에 너무 자주 "아" 하고 짧게 소리 질러요. 제가 준우에게 가서 "쉿"이라고 할 때만 멈추고 제가 다른 영역으로 가면 또 소리 질러요. 소리를 길게 지르지는 않지만, 오늘도 스무 번은 지른 것 같아요. 소리 지르는 횟수가 줄었으면 좋겠어요. [A]
이 교사 :	그럼 제가 자유선택활동 시간에 준우가 ㉠ <u>몇 번이나 소리 지르는지 관찰하면서 기록할게요.</u>

…(하략)…

1) **[A]에 근거하여 ① ㉠에 해당하는 관찰기록 방법이 측정하고자 하는 행동의 측면을 쓰고, ② 그 행동의 특성을 1가지 찾아 쓰시오. [2점]**

확장하기+

기록법별 정의 및 적용, 장단점(이성봉, 2019.)

기록법	정의 및 적용	장점	단점
빈도기록법	• 일정 시간 동안 표적행동이 몇 번 발생했는지 횟수를 통해 기록하는 방법 • 계수기 등을 통해 횟수, 반응률 및 빈도를 측정함	가장 손쉽고 정확하게 사용할 수 있음	• 오래 지속되는 행동을 측정할 때 적절하지 못함 • 시작과 끝이 분명하지 않은 행동에 사용하기 어려움
기준도달 시도 수 기록법	• 사전에 설정된 기준치에 도달하기 위해 필요한 반응의 수를 기록하는 방법 • 빈도로 기록되나 비율, 지속시간 등이 기준도달의 데이터가 될 수 있음	• 2개 이상의 교수법의 효율성을 비교하기 위해 사용될 수 있음 • 특정 개념이나 습득된 행동의 숙련도를 측정할 수 있음	빈도기록법과 유사한 단점
전-간격기록법	• 표적행동이 정해진 관찰 간격(주로 5~10초) 동안 지속된 경우 행동이 발생된 것으로 기록하는 방법 • 간격의 시작과 끝을 알려주는 장치가 필요함 • 백분율로 환산	비교적 오래 지속되는 행동에 사용할 수 있음	• 짧게 지속되는 행동에는 사용하기 어려움 • 관찰자가 다른 작업을 하면서 측정하기 어려움 • 행동의 발생이 과소추정될 수 있음
부분간격기록법	• 표적행동이 정해진 관찰 간격 중 한 번 이상 발생하거나 지속된 경우 행동이 발생된 것으로 기록하는 방법 • 백분율로 환산	짧게 지속되는 행동에 사용할 수 있음	• 빈번하게 발생하는 행동에는 적절하지 않음 • 행동의 발생이 과대추정될 수 있음
순간시간표집법	• 정해진 관찰 간격 중 특정 시점에 표적행동의 발생 유무에 따라 기록하는 방법 • 백분율로 환산	• 과제하기 및 활동 참여와 같이 지속적인 행동을 관찰할 때 적절함 • 관찰자가 수업 등을 진행하면서도 측정할 수 있음	• 발생 빈도가 낮거나 지속시간이 짧은 행동에 적절하지 않음 • 행동의 발생이 과소추정될 수 있음
지속시간기록법	• 표적행동이 얼마나 오랫동안 지속되는지를 시간을 통해 기록하는 방법 • 스톱워치 등을 통해 총 지속시간, 발생당 지속시간 등을 측정함	자리 이탈 등 오래 지속되는 행동을 측정할 때 적절함	• 짧은 시간 간격으로 발생하는 행동에 적용하기 어려움 • 관찰자가 다른 작업을 하면서 측정하기 어려움
지연시간기록법	• 표적행동의 선행사건과 표적행동 사이에 지연되는 시간을 기록하는 방법 • 각 기록을 평균 지연시간으로 제시함	지속시간기록법과 유사	• 짧은 시간 간격으로 발생하는 행동에 적용하기 어려움 • 관찰자가 다른 작업을 하면서 측정하기 어려움

참고자료
기본이론 162p

키워드
일화기록

구조화틀
행동의 직접 관찰 방법의 종류
- 서술기록
- 영속적 산물기록
- 사건기록
- 간격기록
- 평정기록

핵심개념
일화기록
- 아동의 행동과 그 주변 환경을 최대한 완벽하게 이야기하는 형식으로 기술하는 것으로, 행동을 측정하는 방법은 아님
- 행동의 평가보다는 분석에 유용하게 사용됨
- 행동이 발생하는 자연스러운 장면에서 나타나는 모든 행동을 기록해 문제가 되는 행동을 찾아내고 정의할 수 있기 때문에 행동의 기능평가를 위해 주로 사용하는 관찰 방법
- **일화기록 시 지침**
  - 관찰날짜, 시간, 장소, 진행 중인 활동 등을 기록해 행동이나 사건의 배경을 확인할 수 있음
  - 관찰 대상 학생의 말과 행동을 구별해서 기록함
  - 관찰 대상 학생의 말과 행동뿐만 아니라 다른 사람의 말과 행동도 기록함
  - 관찰자의 주관적인 느낌, 해석과 실제 일어난 사건을 구별함으로써 관찰 대상 학생의 행동을 객관적·사실적으로 기록함
  - 여러 시기에 일어난 서로 다른 일화들은 함께 기록하지 말고 각각의 일화를 독립적으로 기록하고, 일화는 그것이 일어난 순서대로 기록함

모범답안
①

2012학년도 유아 30

02 다음은 유치원의 역할놀이 영역에서의 일화기록 자료이다. 이 자료에 대한 분석으로 올바른 것을 〈보기〉에서 모두 고른 것은?

관찰 대상: 이수지	생년월일: 2007. 2. 25. (남 · ㊛)
관찰일: 2011. 10. 12.	관찰자: 정해수

수지는 민국이와 함께 역할놀이 영역으로 들어온다. 수지가 민국이에게 "우리, 병원 놀이 할까?"라고 말하자, 민국이가 "좋아. 난 의사 할래."라고 말한다. 수지는 "나도 의사 하고 싶어. 그럼, 우리 가위, 바위, 보로 정하자."라고 말한다. 민국이가 좋다고 하여 가위바위보를 하고 수지가 이긴다. 수지가 자기가 이겼으니까 의사라고 말하며 옆에 있던 흰 가운을 입는다. 수지는 민국이에게 너가 졌으니까 환자 해라고 하면서 청진기를 귀에 꽂는다. 민국이는 "나도 의사하고 싶은데…" 라고 아쉬운 듯 말한다. 수지가 민국이에게 "빨리 환자 해야지."라고 말하자 민국이가 "의사 선생님, 의사 선생님, 배가 아파요. 안 아프게 해주세요."라고 말하며 배를 잡고 몹시 아픈 시늉을 한다. 수지는 "그래요? 어디 봅시다."라고 말하면서 바로 청진기를 민국이의 배의 이곳저곳에 대어본다.

관찰 대상 학생의 행동 시간이나 시기를 알 수 있게 시간대를 기록해야 함

말과 행동이 명확하게 구분되어 있지 않음

- 관찰 대상(수지)뿐 아니라 민국의 말과 행동까지 기록함
- "아쉬운 듯 말한다."라는 문장은 관찰자의 주관이 반영된 문장임

보기

ㄱ. 사건을 일어난 순서대로 기록하였다.
ㄴ. 관찰 내용을 객관적인 언어로 기록하였다.
ㄷ. 관찰 대상 외 다른 유아의 활동 내용도 기록하였다.
ㄹ. 일화기록 시 포함되어야 할 모든 정보가 제시되었다.
ㅁ. 관찰 대상이 한 말을 그대로 인용하면서 말과 행동을 구분하였다.

① ㄱ, ㄷ　　② ㄴ, ㄹ
③ ㄱ, ㄴ, ㅁ　　④ ㄷ, ㄹ, ㅁ
⑤ ㄱ, ㄷ, ㄹ, ㅁ

기본이론 162p

일화기록

행동의 직접 관찰 방법의 종류
- 서술기록
- 영속적 산물기록
- 사건기록
- 간격기록
- 평정기록

일화기록
- 아동의 행동과 그 주변 환경을 최대한 완벽하게 이야기하는 형식으로 기술하는 것으로, 행동을 측정하는 방법은 아님
- 행동의 평가보다는 분석에 유용하게 사용됨
- 행동이 발생하는 자연스러운 장면에서 나타나는 모든 행동을 기록해 문제가 되는 행동을 찾아내고 정의할 수 있기 때문에 행동의 기능평가를 위해 주로 사용하는 관찰 방법
- **일화기록 시 지침**
  - 관찰날짜, 시간, 장소, 진행 중인 활동 등을 기록해 행동이나 사건의 배경을 확인할 수 있음
  - 관찰 대상 학생의 말과 행동을 구별해서 기록함
  - 관찰 대상 학생의 말과 행동뿐만 아니라 다른 사람의 말과 행동도 기록함
  - 관찰자의 주관적인 느낌, 해석과 실제 일어난 사건을 구별함으로써 관찰 대상 학생의 행동을 객관적·사실적으로 기록함
  - 여러 시기에 일어난 서로 다른 일화들은 함께 기록하지 말고 각각의 일화를 독립적으로 기록하고, 일화는 그것이 일어난 순서대로 기록함

㉠ "선우의 기분이 좋지 않다."는 관찰자의 주관적인 느낌이므로, 객관적인 사실과 별도로 기록해야 한다.

㉤ "선우의 편식으로 점심시간에 문제 행동이 자주 발생한다."는 일화기록 관찰 시점에 일어난 행동이 아니기 때문에 적절하지 않다(여러 시기에 일어난 서로 다른 일화들은 독립적으로 기록해야 한다).

2017학년도 유아 B1

03 **5세 발달지체 유아 선우의 긍정적 행동지원 계획 수립을 위해 (가)는 통합학급 최 교사가 수집한 일화기록 자료의 일부이고, (나)는 선우의 행동에 대한 영상 분석 자료의 일부이다. 물음에 답하시오. [5점]**

(가)

장면	점심시간	원아명	정선우
관찰 일자	2016. ○. ○.	관찰자	최 교사

㉠ 점심식사 시간에 선우는 기분이 안 좋은지 식사를 하지 않고 앉아 있다. 옆에 앉은 혜미가 선우에게 "밥 먹어, 선우야."라고 하자 반찬 가운데 계란말이만 먹고, 혜미에게 무엇인가 말을 하려고 한다. ㉡ 혜미가 선우에게 "뭐라고? 밥을 먹어야지."라고 이야기한다. 그러자 앞에 앉아 있던 지수도 "맞아! 점심시간에는 밥 먹는 거야."라고 말한다. 김 선생님께서 ㉢ "선우야, 밥 먹고 있니?"라고 묻자 선우는 숟가락을 쥐고 일어난다. ㉣ 선우는 소리를 지르며 숟가락으로 식판을 두드린다. ㉤ 선우의 편식으로 점심식사 시간에 이런 일이 자주 발생하고 있다.

1) (가)의 ㉠~㉤ 중 일화기록 방법으로 잘못 기술된 것을 2가지 찾아 기호와 그 이유를 각각 쓰시오. [2점]

기본이론 162p

일화기록

행동의 직접 관찰 방법의 종류

- 서술기록
- 영속적 산물기록
- 사건기록
- 간격기록
- 평정기록

표본기록

- **정의**: 일정한 시간 또는 미리 정해진 활동이 끝날 때까지 사건이 발생한 순서대로 상세하게 이야기식으로 서술하는 기록으로, '진행기록'이라고도 함
- **일화기록과의 차이점**
  - 일화기록과 달리 표본기록은 사전에 관찰시간과 관찰장소를 선정함
  - 관찰자가 관찰대상의 의미 있는 행동을 선택해 기록하는 일화기록과는 달리, 표본기록은 정해진 시간 내에 발생하는 관찰대상의 모든 행동과 주변 상황을 상세하게 서술함
  - 사건이 발생한 후에 기록되는 일화기록과 달리, 표본기록은 사건들이 진행되는 동안 기록하므로 현재형으로 서술됨

일화기록은 표본기록법보다 관찰시간이 상대적으로 짧아서 손쉽게 사용할 수 있다.
일화기록은 미리 정의되거나 조작된 표적행동을 규명하지 않기 때문에 관찰자의 전문성이 덜 요구되며 사전준비가 간단하다.

2020학년도 유아 B1

04 **다음은 5세 발달지체 유아 민수의 통합학급 김 교사와 유아특수교사 박 교사의 대화이다. 물음에 답하시오. [5점]**

> 김 교사: 선생님, 자유선택활동 시간에 난타 놀이를 하는데 아이들이 웃으며 재미있게 하고 있어요. 난타 도구를 서로 바꾸면서 상호작용했어요.
> 박 교사: 아이들이 참 재미있어 했겠네요. 민수는 어떻게 하고 있나요?
> 김 교사: 민수는 난타 놀이를 재미있어 해요. 민수가 좋아하는 가영이, 정호, 진아와 한 모둠이 되어 난타를 했어요. 그런데 다른 아이들만큼 잘 안 될 때는 무척 속상해했어요.
> 박 교사: 생각만큼 난타가 잘 안 돼서 민수가 많이 속상했겠네요.
> 김 교사: 민수를 관찰하려고 표본기록이 아니라 ㉠ 일화기록을 해보았어요. 제가 일주일간 자유선택활동 시간에 기록한 일화기록을 한번 보시겠어요?
> 박 교사: 이게 민수의 일화기록이군요. 민수가 난타를 잘하는 가영이 옆에서 따라 했네요. 그런데 그 정도로는 난타 실력이 많이 늘지는 않았나 봐요.
> 김 교사: 맞아요. 그래서 저도 걱정이에요.
>
> …(하략)…

1) 표본기록에 비해 ㉠이 실시 방법 측면에서 갖는 장점을 2가지 쓰시오. [2점]

확장하기+

표본기록

- 미리 정해놓은 시간 · 인물 · 상황 등에 따라 관찰된 행동이나 사건내용을 기록하고, 그것이 일어나게 된 환경적 배경을 상세하게 이야기하는 식으로 서술하는 방법. 현장에서 일어나는 행동의 진행상황을 이야기식으로 기록하기 때문에 '진행기록' 또는 '설화적 기술'이라고도 함
- 수집된 정보를 서로 비교할 수 있고, 진행상황을 도표화하거나 변화양상을 검토 · 평가할 수 있어 어떤 계획을 수립하고 문제를 해결하기 위한 정보를 수집하는 방법으로 사용됨
- 일화기록 시 유의해야 할 사항 외에 피관찰자의 행동에 영향을 미치는 상황적 요인을 자세하게 기록해야 하며, 관찰자의 의견이나 해석은 모두 괄호를 사용해 직접 관찰한 내용과 구별해야 함

기본이론 162p, 184-185p

- 일화기록
- 검목표기록

행동의 직접 관찰 방법의 종류

- 서술기록
- 영속적 산물기록
- 사건기록
- 간격기록
- 평정기록

일화기록

- 특정한 시간이나 장소에 제한 없이 관찰자가 기록할 만한 가치가 있다고 느꼈던 어떤 짧은 내용의 사건, 즉 일화에 대해 간략하게 서술하는 기록
- 한 학생의 누적된 일화기록을 검토하면 문제행동의 패턴을 알 수 있음

검목표기록

- 일련의 행동이나 특성들의 목록, 즉 검목표에 해당 행동이나 특성의 유무를 기록하는 방법
- 행동의 정도를 나타내는 척도(평정척도) 기록과는 달리 검목표기록은 보통 행동의 유무만 나타냄

[A]는 미리 설정해놓은 행동목록 내에서 행동 발생의 유무만 파악할 수 있으나, [B]는 행동 발생의 상황도 알 수 있다.

2022학년도 초등 A2

05 **(가)는 특수학교 독서 교육 교사 학습 공동체 협의회에 참여한 교사들의 대화 내용의 일부이고, (나)는 지수의 행동 관찰기록이다. 물음에 답하시오. [5점]**

(나) 지수의 행동 관찰기록

• 지수의 놀이 행동 검목표

[A]

- 관찰 날짜: 2021년 ○월 ○일
- 관찰 시간: 체육(10:00~10:40)
- 대상: 박지수(11세 10월)
- 장소: 놀이실

☑ 1) 놀이에 참여한다.
☐ 2) 규칙을 지킨다.
☑ 3) 원하는 것을 말한다.
☐ 4) 친구가 넘어졌을 때 손을 내민다.

행동 검목표
행동의 발생 여부를 사전에 준비한 체크리스트에 표시해 기록함

• 지수의 일화 기록

[B]

- 관찰 날짜: 2021년 ○월 ○일
- 관찰 시간: 체육(10:00~10:40)
- 대상: 박지수(11세 10월)
- 장소: 놀이실

◉ 기록
지수가 볼풀장에서 놀다가 옆에 있던 현우에게 "비켜!"라고 소리치며 밀었다. 현우가 넘어져서 소리를 지르며 울기 시작했다. 지수는 공을 던지면서 놀고 있었다.

◉ 요약	◉ 수행 목표
말을 할 수 있지만 상황에 맞는 말을 하지 않는 것이 지수의 실제적 수준이다.	친구의 마음을 이해하고 자기의 잘못을 친구에게 사과하는 수준에 도달할 수 있다.

일화기록
학생의 행동을 직접 관찰해 이야기식(서술식)으로 기록함

2) (나)의 [A]와 [B]를 통해서 지수에 대해 수집한 행동 정보의 기록 방식이 어떻게 다른지 차이점을 쓰시오. [1점]

기본이론 162p, 184-185p

일화기록

행동의 직접 관찰 방법의 종류

- 서술기록
- 영속적 산물기록
- 사건기록
- 간격기록
- 평정기록

일화기록

- 특정한 시간이나 장소에 제한 없이 관찰자가 기록할 만한 가치가 있다고 느꼈던 어떤 짧은 내용의 사건, 즉 일화에 대해 간략하게 서술하는 기록
- 한 학생의 누적된 일화기록을 검토하면 문제행동의 패턴을 알 수 있음

일화기록

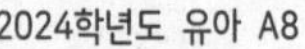

2024학년도 유아 A8

06 **(가)와 (나)는 유아특수교사 김 교사가 쓴 반성적 저널의 일부이다. 물음에 답하시오. [5점]**

(나)

> [4월 ○○일]
>
> 한 달 동안 연우의 대화를 관찰한 결과, 어휘와 문법에서는 연령에 적합한 발달을 보였다. 그러나 연우는 상황과 목적에 맞게 말하는 데 어려움을 보였다. 또한 친구들과 대화할 때 대화 순서를 지키거나 적절한 몸짓과 얼굴 표정을 나타내는 것에도 어려움을 보였다.
>
> 연우의 의사소통 능력의 향상을 위하여 유치원과 가정에서 보다 체계적인 지원이 필요하다고 생각했다. 이를 위해 ㉡ <u>연우의 의사소통 장면을 주의 깊게 관찰하여 그 내용을 간결하고 객관적인 글로 기록</u>하려 한다. 이 자료는 연우의 의사소통 발달 정도를 파악하고 중재를 계획하는 데 도움이 될 것이다. 그리고 연우가 가정에서 보이는 의사소통의 특징을 파악하기 위해 보호자와 비구조화된 면담을 실시하려고 한다.

2) ㉡에 해당하는 관찰 기록법을 쓰시오. [1점]

기본이론 164p

영속적 산물기록

행동의 직접 관찰 방법의 종류
- 서술기록
- 영속적 산물기록
- 사건기록
- 간격기록
- 평정기록

영속적 산물기록
- 행동의 결과가 반영구적으로 남는 것을 관찰할 때 사용할 수 있는 방법으로, 이 방법은 행동의 결과가 무엇인지 정의한 다음, 행동의 결과가 일어나는 시간에 그 결과를 관찰함
- 장점
  - 행동의 발생 과정을 실시간으로 관찰할 필요가 없음
  - 접근하기 어렵거나 부적절한 시간·장소에서 일어나는 행동들을 쉽게 측정할 수 있음
- 단점
  - 즉시 기록하지 않으면 다른 사람들이 행동의 결과를 치워버릴 수 있음
  - 영구적 산물기록은 같은 행동의 결과를 서로 비교하기 어려움
    예 훔친 연필도 그 종류나 크기, 질 등이 다를 수 있는데 단순히 훔친 연필의 숫자만 기록하면 서로 비교하기 어려움
  - 학생 행동의 강도·형태나 시간 등의 양상을 설명해주지 못함
    예 찢긴 책이 몇 장인지에 대한 정보로는 학생이 책을 찢을 때의 강도나 형태 등에 대한 정보를 제공해주지 못함

① 영속적 산물기록법
② 즉시 기록으로 남기지 않으면 누군가에 의해 결과가 훼손될 수 있다.

2017학년도 초등 B1

07 **(가)는 특수교사가 일반교사에게 정서·행동 문제를 가진 학생에 대해 자문한 내용이고, (나)는 특수교사가 정서·행동장애 학생 현수를 위해 실시한 행동 중재 내용의 일부이다. 물음에 답하시오. [6점]**

(나)

표적행동 연필 부러뜨리기

…(중략)…

기록지

수학 시간(40분)에 현수가 부러뜨린 연필의 개수

[자료 1]

회기	조건	부러뜨린 연필의 개수
1	기초선	11
2	기초선	12
3	기초선	11
4	기초선	12
5	기초선	12
6	기초선	12
7	자기점검	9
8	반응대가	12

2) (나)의 [자료 1]은 현수가 수학 시간에 부러뜨린 연필을 교사가 수업 후 개수를 세어 작성한 기록지의 일부이다. ① 교사가 사용한 기록법이 무엇인지 쓰고, ② 이 기록법의 단점 1가지를 쓰시오. [2점]

기본이론 165-167p

빈도 관찰기록

행동의 직접 관찰 방법의 종류

- 서술기록
- 영속적 산물기록
- 사건기록
- 간격기록
- 평정기록

빈도(사건)관찰기록

- 전체 관찰시간에서 발생한 행동의 빈도를 기록함
- 행동의 발생 횟수를 가장 직접적이고 정확하게 기록할 수 있음
- **빈도관찰기록에 적절한 행동 조건**: 시작과 끝이 명백한 불연속적인 행동이어야 하므로 관찰행동의 시작과 끝에 대해 조작적 정의가 필요함
- **빈도관찰기록에 부적절한 행동 조건**
  - 정확한 수를 기록할 수 없을 만큼 높은 빈도로 발생하는 행동의 경우
  - 한 가지 행동이나 반응이 연장되어 발생할 수 있는 경우
- 횟수 또는 비율로 기록할 수 있음. 만약 관찰 기간의 길이가 일정하다면 단순히 행동이 발생한 횟수를 빈도나 분당 횟수인 비율로 보고함. 그러나 관찰 기간의 길이가 다양하다면 비율을 사용하거나, 관찰 기간의 길이를 임의로 표준화시켜 사용할 수 있음

사건(빈도)기록법

관찰시간이 서로 다른 경우에도 비교가 용이하다.

2013학년도 초등 A3

08 다음의 (가)는 영진이의 행동목표와 긍정적 행동지원 중재 계획의 일부이고, (나)는 문제행동 관찰기록지의 일부이다. 물음에 답하시오. [5점]

(나) 문제행동 관찰기록지

- 표적행동: 친구의 손등을 때리는 행동
- 관찰 방법: (㉡)

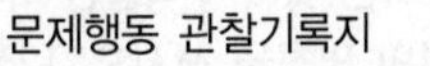

날짜	시간	행동발생 표시	총 발생 수	비율
9/27	09:40~09:50	////	4	0.4/분
	10:30~10:50	////	4	0.2/분
	11:30~11:40	//	2	0.2/분

3) (나)의 ㉡에 해당하는 관찰 방법을 쓰고, (나)에서 관찰 결과를 비율로 요약하면 좋은 점을 쓰시오. [2점]

2015학년도 중등 A6

09 자폐성 장애 학생의 바람직하지 않은 행동인 '손바닥을 퍼덕이는 상동행동'의 손바닥을 퍼덕이는 횟수를 관찰 · 측정하여 행동을 수정하고자 한다. 이 행동을 빈도(사건)기록법으로 측정하는 것이 부적합한 이유를 쓰고, 이에 적합한 관찰기록 방법의 명칭을 쓰시오. [2점]

참고자료

기본이론 165-167p, 177-182p

키워드

- 빈도 관찰기록
- 간격기록법과 시간표집법

구조화 틀

행동의 직접 관찰 방법의 종류
- 서술기록
- 영속적 산물기록
- 사건기록
- 간격기록
- 평정기록

핵심개념

빈도 관찰기록에 부적절한 행동 조건
- 정확한 수를 기록할 수 없을 만큼 높은 빈도로 발생하는 행동의 경우
- 한 가지 행동이나 반응이 연장되어 발생할 수 있는 경우

간격기록법/시간표집법(시간중심관찰기록)
- 행동이 발생한 실제 횟수의 근사치를 기록하는 방법으로, 행동의 발생 하나하나를 기록하기보다는 행동이 발생하는 관찰기간의 시간 간격 수를 계산하는 것
- 관찰할 행동을 정의하고, 관찰시간을 짧은 간격으로 나눠 표적행동의 발생 유무를 관찰하고 기록함
- 빈도 관찰기록으로 측정이 적절하지 않은 행동의 기록이 가능함
  - 많은 아동을 관찰하는 경우
  - 한 학생의 여러 행동을 관찰하는 경우
  - 높은 빈도의 행동을 관찰하는 경우
  - 지속시간의 변화가 심한 행동의 경우

모범답안

'손바닥을 퍼덕이는 상동행동'은 정확한 수를 반영하지 못할 만큼 높은 빈도로 발생하는 행동이므로 빈도기록법으로 측정하는 것은 부적합하다.
따라서 상동행동과 같이 높은 빈도로 발생하는 행동의 경우 간격기록법으로 관찰하는 것이 적합하다.

기본이론 165-167p

빈도 관찰기록

행동의 직접 관찰 방법의 종류

- 서술기록
- 영속적 산물기록
- 사건기록
- 간격기록
- 평정기록

빈도 관찰기록의 장점

- 수업을 직접적으로 방해하지 않음
- 행동의 발생 횟수를 가장 직접적이고 정확하게 기록할 수 있음
- 시간 간격마다 행동 발생 빈도를 기록해 문제행동이 언제 가장 많이 발생하는지 시간의 흐름에 따른 행동 발생 분포를 알 수 있음

빈도 관찰기록의 단점

- 행동의 빈도만으로 행동의 형태가 어떤지 설명해주지 못함
- 지나치게 짧은 시간 간격으로 자주 또는 오랜 시간에 걸쳐 나타나는 행동에는 적용하기 어려움

ⓜ 행동의 발생 빈도를 가장 정확하게 기록할 수 있다.

2019학년도 유아 B2

10 **다음은 5세 주의력결핍과잉행동장애 유아 상희에 대해 통합학급 김 교사와 특수학급 박 교사가 나눈 대화의 일부이다. 물음에 답하시오. [5점]**

김 교사: 상희가 활동 중에 자료를 던지는 공격적인 행동을 하는데 이에 대해서는 어떻게 할까요? 박 교사: 우선 상희의 행동을 ㉣ ABC 서술식 사건표집법이나 ㉤ 빈도 사건표집법으로 관찰해보는 것이 좋겠습니다.

3) ⓜ의 장점을 1가지 쓰시오. [2점]

참고자료

기본이론 165-167p

키워드

빈도 관찰기록

구조화틀

행동의 직접 관찰 방법의 종류
- 서술기록
- 영속적 산물기록
- 사건기록
- 간격기록
- 평정기록

핵심개념

빈도 관찰기록
- 전체 관찰시간을 짧은 시간 간격으로 구분하여, 아동을 관찰하고 하나의 시간 간격 안에 발생한 행동의 빈도를 기록하는 것
- **빈도 관찰기록 관찰 절차**
  ① 전체 관찰시간을 짧은 시간 간격으로 나눔(시간 간격으로 나누지 않고 전체 관찰시간을 그대로 두고 관찰할 수도 있음)
  ② 아동 행동을 관찰함
  ③ 관찰시간 간격 안에 행동이 발생할 때마다 빈도를 기록함
  ④ 자료를 빈도수 또는 비율로 요약함

지속시간기록법
- 표적행동이 시작될 때의 시간과 그 행동이 끝날 때의 시간을 기록해 행동이 지속된 시간을 계산해 기록함
- 시작과 끝을 쉽게 확인할 수 있는 행동에 적합하므로 행동의 시작과 종료를 명확하게 정의하는 것이 중요함
- 지나치게 짧은 간격으로 발생하는 행동에는 적용하기 어렵고, 행동의 강도를 설명해주지는 못함

모범답안

- ㉠ 빈도 관찰기록(간격 내 빈도기록)
- ㉡ 지속시간 관찰기록
  자리에 앉아 있는 행동의 개선 여부를 더 잘 파악하기 위해서는 자리에 앉아 있는 시간의 길이를 관찰해야 하기 때문이다.

2024학년도 중등 B10

11 **(가)는 학생 A에 대한 교육 실습생의 관찰 기록이고, (나)는 학생 A에 대한 행동 중재 계획의 일부이다. 〈작성 방법〉에 따라 서술하시오. [4점]**

(가) 학생 A에 대한 교육 실습생의 관찰 기록

- 관찰 행동: 자리 이탈 행동
  수업 시간에 선생님의 허락 없이 일어나서 엉덩이가 의자에서 떨어진 상태(예 다른 자리로 이동하기, 서서 돌아다니기)
- ㉠ <u>관찰 기록지</u>

날짜	관찰 시간	행동 발생				합계
		1	2	3	4	
5/16	10:00~10:40	/	//	//	//	7
5/17	10:00~10:40	//	/	/	//	6
5/18	10:00~10:40	/	//	/	/	5
5/19	10:00~10:40	/	/	/	/	4

*note: ㉡ <u>관찰 기록 결과를 보니 행동 발생이 줄어드는 것처럼 보이나, 학생 A는 여전히 자리에 앉아 있지 않고 돌아다님. 수업 시간 중 자리 이탈 행동이 얼마나 개선되었는지 정확히 파악해야 함</u>

간격-빈도기록
- 전체 관찰시간을 일정한 간격으로 나눈 후 관찰 간격별로 관찰행동이 발생하는 횟수를 기록하는 것
- 간격기록과 빈도기록이 결합된 형태로, 관찰행동이 얼마나 자주 발생하는지에 대한 정보와 더불어 관찰행동이 얼마나 여러 번 발생하는지에 대한 정보를 제공함

(나) 학생 A에 대한 행동 중재 계획

- 행동 목표: ㉢ <u>학생 A는 수업 시간에 자리에 앉아 있을 수 있다.</u>
- 중재 계획:
  - 상반 행동 차별 강화
  - 토큰 강화

작성방법
- (가)의 밑줄 친 ㉠에 해당하는 관찰 기록법의 명칭을 쓸 것
- (가)의 ㉡을 참고하여 학생 A의 행동 특성에 적합한 관찰 기록법의 명칭을 쓰고, 그 이유를 1가지 서술할 것

참고자료

기본이론 168-170p

키워드

통제제시기록법(반응기회 관찰기록)

구조화 틀

행동의 직접 관찰 방법의 종류
- 서술기록
- 영속적 산물기록
- 사건기록
- 간격기록
- 평정기록

핵심개념

통제제시기록법(반응기회 관찰기록)
- 행동의 기회가 주어졌을 때 표적행동의 발생 유무를 기록하는 것
- 교사에 의해 학생이 반응할 기회가 통제된다는 특징을 제외하면 빈도(사건) 관찰기록과 동일한 방법
  예 교사가 회기 내에서 학생이 요구에 반응할 기회나 시도를 10회 제공하는 것으로 정하고, 각 시도에 대해 정반응인지 오반응인지를 기록함
- 교사가 단순히 각 회기의 정반응 수를 확인함으로써 진전을 점검할 수 있음
- 빈도기록을 수정한 형태이나, 빈도기록과의 차이는 행동의 기회가 통제된다는 점임
- **관찰 절차**
  ① 학생에게 주어지는 기회가 무엇인지 명확하게 정의함
  ② 학생 행동을 관찰할 시간 길이나 그 시간 동안에 학생에게 주어질 기회의 수를 미리 설정함
  ③ 주어진 시간 동안에 학생에게 기회를 제공함
  ④ 표적행동이 발생했는지의 여부를 관찰하고 기록함
  ⑤ 자료요약 방법 : 백분율

모범답안

㉠ 통제제시기록법(반응기회 관찰기록)

2019학년도 중등 B7

12 (가)는 자폐성 장애 학생 J를 위한 기본 교육과정 고등학교 과학과 '주방의 전기 기구' 수업 지도 계획의 일부이고, (나)는 '주방의 조리 도구' 수업 지도 계획의 일부이다. 〈작성방법〉에 따라 서술하시오. [5점]

(가) '주방의 전기 기구' 수업 지도 계획

학습 목표	주방에서 사용하는 전열기의 이름을 안다.
〈비연속 시행 훈련(DTT) 적용	〈유의사항〉
• ㉠ <u>수업 차시마다 주방 전열기 사진 5장을 3번씩 무작위 순서로 제시하여 총 15번의 질문에 학생이 바르게 답하는 빈도를 기록함</u> • ㉡ <u>점진적 시간지연법</u>을 이용함	• 학생이 선호하는 강화제 사용 • 학생에게 익숙한 주방 전열기 사진 제시

작성방법

밑줄 친 ㉠에서 사용한 사건(빈도)기록법의 유형을 쓸 것

통제제시기록법은 빈도 기록법의 변형으로 보거나 하위 유형으로 분류하기도 함

확장하기

기준치 도달 관찰기록(trials to criterion recording)

- 도달해야 할 기준이 설정된 경우에 그 기준에 도달했는지를 기록하는 것으로, '준거제시 시도 관찰기록'이라고도 함(양명희, 2014.)
- 사전에 설정된 준거에 도달할 때까지 행동의 기회를 제공하면서 행동의 발생 여부를 기록하는 방법임. 기본 유형 중 하나인 빈도기록을 수정한 형태라고 할 수 있는데, 빈도기록과의 차이는 행동의 기회가 통제되고 숙달준거가 설정된다는 점임(이승희, 2021.)
- 관찰결과는 숙달준거에 도달하기까지 제시된 반응기회(시행)의 횟수로 나타냄
- 신뢰도는 작은 수치를 큰 수치로 나눈 후 100을 곱해 산출함

기준치 도달 관찰기록 예시 1

관찰자	오하인	아동	김숙경
교사	최정인	장소	2학년 3반 교실, 국어시간
표적행동의 정의	교사의 지시 3초 내에 교사의 지시 반복 없이 지시를 수행하는 것		
반응기회의 정의	교사가 아동에게 행동을 수행하도록 요구하는 모든 지시 예 "교과서 00쪽을 펴라.", "제자리에 앉아라.", "책을 소리 내어 읽어라." 등		
기준치	교사의 지시에 연속 3회 수행하기		
기록방법	교사의 지시가 주어지고, 3초 이내에 지시 내용을 수행하면 '+', 그렇지 않을 경우에는 '-' 표시를 함		

날짜	목표 도달 기준치	기회에 대한 아동의 반응										기준치 도달까지 걸린 횟수
		1	2	3	4	5	6	7	8	9	10	
4/2	연속 3회 수행	-	-	-	-	-	-	-	+	+	+	10
4/3	연속 3회 수행	-	-	-	-	+	-	+	+	+	-	9
4/4	연속 3회 수행	-	-	+	-	-	+	+	+	-	+	8
4/5	연속 3회 수행	-	+	-	+	+	+	-	+	+	-	6
4/6	연속 3회 수행	+	-	-	+	+	+	+	-	-	+	6

❤ 기준치 도달 관찰기록 예시 2

날짜	2-18	2-20	2-21	2-25	2-27	2-28	3-4	3-6	3-7	3-11	3-13	3-14	3-18	3-20	3-21	
	20	20	20	20	20	20	20	20	19	20	20	20	20	20	20	100
	19	19	19	19	19	19	19	19	19	19	19	19	19	19	19	95
	18	18	18	18	18	18	18	18	18	18	18	18	18	18	18	90
	17	17	17	17	17	17	17	17	17	17	17	17	17	17	17	85
	16	16	16	16	16	16	16	16	16	16	16	16	16	16	16	80
	15	15	15	15	15	15	15	15	15	15	15	15	15	15	15	75
	14	14	14	14	14	14	14	14	14	14	14	14	14	14	14	70
	13	13	13	13	13	13	13	13	13	13	13	13	13	13	13	65
	12	12	12	12	12	12	12	12	12	12	12	12	12	12	12	60
	11	11	11	11	11	11	11	11	11	11	11	11	11	11	11	55
	10	10	10	10	10	10	10	10	10	10	10	10	10	10	10	50
	9	9	9	9	9	9	9	9	9	9	9	9	9	9	9	45
	8	8	8	8	8	8	8	8	8	8	8	8	8	8	8	40
	7	7	7	7	7	7	7	7	7	7	7	7	7	7	7	35
	6	6	6	6	6	6	6	6	6	6	6	6	6	6	6	30
	5	5	5	5	5	5	5	5	5	5	5	5	5	5	5	25
	4	4	4	4	4	4	4	4	4	4	4	4	4	4	4	20
	3	3	3	3	3	3	3	3	3	3	3	3	3	3	3	15
	2	2	2	2	2	2	2	2		2	2	2	2	2	2	10
	1	1	1	1	1	1	1	1	1	1	1	1	1	1	1	5
회기	1	2	3	4	5	6	7	8	9	10	11	12	13	14	15	%

표적행동/기술 가득 찬 것과 가득 차지 않은 것 분류하기

준거 3회기 연속적으로 시도의 90% 정반응

자료 식당의 소금통, 후추통, 설탕통, 케첩통, 겨자통, 냅킨통

학생 Carmen

해당 그래프는 관찰자가 아동 행동을 관찰하면서 하는 기록이 동시에 그래프가 되도록 개발된 것이다. 즉, 관찰지와 그래프를 통합한 것으로, 표적행동은 아동이 가득 찬 것과 가득 차지 않은 것을 분류하는 것이다. 기준치 도달 기록 방법이 적용된 해당 그래프의 기준은 아동이 3회기 연속적으로 시도한 것의 90%만큼 정반응하는 것이다. 이 그래프는 맨 위에 날짜를 기록하고, 맨 아래에는 회기를 기록한다. 매 회기마다 아동에게는 20번 시도할 수 있는 기회가 주어진다.

♥ 기준치 도달 관찰기록 예시 3

학생: Hisa　　교사: Ms.Ebenezer　　장소: 1층 복도 화장실
목표: 일주일 동안 손 씻기 단계의 100%를 독립적으로 완수함

촉구코드　*I*(독립적) *V*(언어적 단서) *g*(몸짓) *P*(신체적 도움)

단계 ＼ 날짜	9/6	9/6	9/8	9/8	9/10	9/10	9/13	9/15	9/17	9/20	9/22	9/24	9/27	9/29	10/1	10/3
17.																
16.																
16.																
14.																
13. 휴지통에 종이 수건 버리기	g	g	I	I	I	I	I	I	I	I	I	I	I	I	I	I
12. 손 비비기	I	I	I	I	I	I	I	I	I	I	I	I	I	I	I	I
11. 종이 수건 한 개 빼기	g	g	g	g	g	g	I	I	I	I	I	I	I	I	I	I
10. 종이 수건 빼는 곳으로 가기	g	g	g	g	g	g	V	V	V	V	g	V	g	V	V	I
9. 찬물 잠그기	g	P	P	P	P	P	P	g	P	P	P	P	g	g	g	g
8. 더운물 잠그기	P	P	P	P	P	P	P	P	g	g	g	g	g	g	g	I
7. 손을 3회 비비기	g	g	V	V	V	I	I	I	I	I	I	I	I	I	I	I
6. 손을 물 밑에 대기	g	g	I	I	I	I	I	g	I	I	I	I	I	I	I	I
5. 펌프 누르기	I	I	I	I	I	I	I	I	I	I	I	I	I	I	I	I
4. 손을 비누 펌프 밑에 대기	g	g	g	g	g	g	g	V	V	V	V	I	V	I	I	I
3. 더운물 틀기(빨강)	P	P	P	P	P	P	P	P	g	V	B	V	I	g	g	g
2. 찬물 틀기(파랑)	P	P	P	P	P	P	P	V	V	V	V	V	V	V	V	V
1. 세면대로 가기	V	V	V	V	V	V	V	V	I	I	I	I	I	I	I	I

해당 그래프의 왼쪽에는 손 씻기 행동연쇄 단계가 번호와 함께 아래에서부터 단계별로 제시되어 있고, 아래쪽에는 날짜를 쓰게 되어 있다. 회기마다 아동에게 13단계의 손 씻기 행동을 하게 하고, 각 단계에서 아동이 어느 정도의 도움으로 그 행동을 할 수 있었는지를 그래프 위쪽에 세시한 촉구 코드로 구별하여 각 단계마다 기록한다. 이 그래프에서는 회기마다 독립적으로 수행한 단계의 수의 합계에 해당하는 숫자(왼쪽에 있는 단계 숫자를 사용함)와 같은 높이의 좌표에 동그라미(●)로 표시하고 회기별로 동그라미를 연결하여 선 그래프가 되게 했다. 10월 3일의 경우, 아동은 11개의 단계에서 독립적으로 수행하였음을 알 수 있다.

기본이론 168–170p

기준치 도달 관찰기록

행동의 직접 관찰 방법의 종류

- 서술기록
- 영속적 산물기록
- 사건기록
- 간격기록
- 평정기록

기준치 도달 관찰기록

- 사전에 설정된 준거에 도달할 때까지 행동의 기회를 제공하면서 행동의 발생 여부를 기록하는 것
- 빈도기록을 수정한 형태로, 빈도기록과의 차이는 행동의 기회가 통제되고 숙달준거가 설정된다는 점임
- **관찰 절차**
  ① 제시될 행동의 기회를 정의함
  ② 관찰행동을 정의함
  ③ 숙달준거를 설정함
  ④ 반응기회(시행)를 제시할 시간을 선정함
  ⑤ 선정된 시간에 반응기회(시행)를 제시함
  ⑥ 설정된 숙달준거에 도달할 때까지 반응기회(시행)를 제시하고 관찰행동의 발생 여부를 기록함
  ⑦ 관찰결과는 숙달준거에 도달하기까지 제시된 반응기회(시행)의 횟수로 나타냄

기준치 도달 관찰기록

2015학년도 초등 B4

13 **(가)는 특수학교 김 교사가 색 블록 조립하기를 좋아하는 자폐성 장애 학생 준수에게 '2011 개정 특수교육 교육과정' 중 기본 교육과정 수학과 3~4학년군 '지폐' 단원에서 '지폐 변별하기'를 지도한 단계이고, (나)는 이에 따른 준수의 수행 관찰기록지이다. 물음에 답하시오. [6점]**

(가) '지폐 변별하기' 지도 단계

단계	교수 · 학습 활동
주의 집중	교사는 준수가 해야 할 과제 수만큼의 작은 색 블록이 든 투명 컵을 흔들며 준수의 이름을 부른다.
㉠	교사는 1,000원과 5,000원 지폐를 준수의 책상 위에 놓는다. 이때 ㉡ <u>교사는 1,000원 지폐를 준수 가까이에 놓는다.</u> 교사는 준수에게 "천 원을 짚어보세요."라고 말한다.
학생 반응	준수가 1,000원 지폐를 짚는다.
피드백	교사는 색 블록 한 개를 꺼내, 준수가 볼 수는 있으나 손이 닿지 않는 책상 위의 일정 위치에 놓는다. (오반응 시 교정적 피드백 제공)
시행 간 간격	교사는 책상 위 지폐를 제거하고 준수의 반응을 기록한다.

※ 투명 컵이 다 비워지면, 교사는 3분짜리 모래시계를 돌려놓는다. 준수는 3분간 색 블록을 조립한다.

(나) 수행 관찰기록지

날짜	11/10	11/11	11/12	11/13	11/14	11/17	11/18	11/19	11/20	11/21	
시행	⑩	⑩	⑩	⑩	⑩	⑩	⑩	⑩	⑩	⑩	100
	~~9~~	~~9~~	⑨	~~9~~	⑨	⑨	⑨	[⑨]	[⑨]	[⑨]	90
	⑧	~~8~~	~~8~~	⑧	~~8~~	[⑧]	[~~8~~]	⑧	⑧	⑧	80
	~~7~~	⑦	~~7~~	~~7~~	~~7~~	~~7~~	⑦	⑦	⑦	⑦	70
	~~6~~	~~6~~	⑥	~~6~~	[⑥]	⑥	⑥	~~6~~	⑥	~~6~~	60
	~~5~~	~~5~~	[~~5~~]	[⑤]	~~5~~	~~5~~	⑤	⑤	⑤	⑤	50
	~~4~~	~~4~~	~~4~~	~~4~~	④	④	~~4~~	④	④	④	40
	~~3~~	[③]	③	③	~~3~~	③	③	③	~~3~~	③	30
	[~~2~~]	~~2~~	②	~~2~~	②	②	②	②	②	②	20
	~~1~~	~~1~~	~~1~~	①	①	①	①	①	①	①	10
회기	1	2	3	4	5	6	7	8	9	10	%

- 표적 기술 : 지폐 변별하기
- 자료 : 1,000원 지폐, 5,000원 지폐
- 구어 지시 : "____원을 짚어보세요."
- 기준 : 연속 3회기 동안 10번의 시행 중 9번 정반응

/ 오반응
○ 정반응
□ 회기 중 정반응 시행 수

5) (나)에서 김 교사가 준수의 수행을 관찰하여 기록한 방법의 명칭을 쓰시오. [1점]

기본이론 168-170p

기준치 도달 관찰기록

행동의 직접 관찰 방법의 종류
- 서술기록
- 영속적 산물기록
- 사건기록
- 간격기록
- 평정기록

기준치 도달 관찰기록
- 사전에 설정된 준거에 도달할 때까지 행동의 기회를 제공하면서 행동의 발생 여부를 기록하는 것
- 빈도기록을 수정한 형태로, 빈도기록과의 차이는 행동의 기회가 통제되고 숙달준거가 설정된다는 점임
- **관찰 절차**
  ① 제시될 행동의 기회를 정의함
  ② 관찰행동을 정의함
  ③ 숙달준거를 설정함
  ④ 반응기회(시행)를 제시할 시간을 선정함
  ⑤ 선정된 시간에 반응기회(시행)를 제시함
  ⑥ 설정된 숙달준거에 도달할 때까지 반응기회(시행)를 제시하고 관찰행동의 발생 여부를 기록함
  ⑦ 관찰결과는 숙달준거에 도달하기까지 제시된 반응기회(시행)의 횟수로 나타냄

① 기준치 도달 관찰기록
② 3일 연속으로 80% 이상을 독립적으로 수행하기

2024학년도 유아 B2

14 **(가)는 유아특수교사 강 교사와 박 교사가 나눈 대화의 일부이고, (나)는 강 교사가 발달지체 유아 현수의 놀이행동을 관찰 기록한 자료이다. 물음에 답하시오. [5점]**

(나)

아동	현수	관찰자	강○○
중재 시작	4월 7일	중재 종료	4월 25일
목표 행동	탈 수 있는 자동차를 스스로 선택하여 타면서 논다.		
종료 준거	㉢		
촉구 코드	P(촉진), I(독립적 수행)		

기회 \ 날짜	4/7	4/8	4/9	4/10	4/21	4/22	4/23 [A]	4/24 [A]	4/25 [A]	%*
10	I	I	P	P	I	I	P	I	I	100
9	P	P	P	I	I	P	I	I	P	90
8	P	P	P	P	I	I	I	I	I	80
7	P	P	P	P	I	P	I	I	I	70
6	P	P	I	P	P	I	I	I	I	60
5	P	I	P	I	I	I	P	I	I	50
4	P	P	P	I	I	P	I	I	I	40
3	P	P	I	P	P	I	I	P	I	30
2	P	P	P	P	P	I	I	I	P	20
1	P	P	P	I	I	I	I	I	I	10

—●— 독립적 수행 비율

* 날짜별 독립적 수행 비율

3) (나)에서 ① 교사가 사용한 관찰 기록 방법이 무엇인지 쓰고, ② 목표행동과 [A]에 근거하여 ㉢에 들어갈 내용을 쓰시오. [2점]

참고자료

기본이론 177-182p

키워드

간격기록법과 시간표집법

구조화 틀

행동의 직접 관찰 방법의 종류
- 서술기록
- 영속적 산물기록
- 사건기록
- 간격기록
- 평정기록

핵심개념

모범답안

②

2013학년도 중등 12

15 장애학생의 진단 · 평가를 위해 활용하는 방법 및 특징에 대한 설명으로 옳은 것만을 〈보기〉에서 있는 대로 고른 것은?

보기

ㄱ. '표준화 검사'의 장점 중 하나는 측정 영역에 대한 학생의 수준을 객관적으로 볼 수 있다는 것이다.
ㄴ. '준거참조평가(criterion-referenced evaluation)'는 학생의 점수를 또래 집단과 비교함으로써 집단 내 학생의 상대적 위치에 대한 정보를 제공한다.
ㄷ. '관찰'은 일상적인 상황에서 나타나는 학생의 행동을 기록함으로써 특정현상에 대한 자료를 수집하는 방법이다.
ㄹ. '관찰'에서 사용하는 '시간표집법'은 일정 관찰기간 동안 지속적으로 관찰하여 관찰 대상 행동이 발생할 때마다 기록하는 방법이다.
ㅁ. '구조화 면접'은 질문의 내용과 순서를 미리 준비하여 정해진 방식대로 질문해나가는 면접이다.

> ㄹ. 일정 관찰기간 동안 지속적으로 관찰해 관찰 대상 행동이 발생할 때마다 기록하는 방법은 빈도(사건)관찰 기록임

① ㄱ, ㄴ, ㄹ
② ㄱ, ㄷ, ㅁ
③ ㄴ, ㄷ, ㅁ
④ ㄴ, ㄹ, ㅁ
⑤ ㄱ, ㄷ, ㄹ, ㅁ

참고자료

기본이론 177-182p

키워드

간격기록법과 시간표집법

구조화틀

행동의 직접 관찰 방법의 종류

- 서술기록
- 영속적 산물기록
- 사건기록
- 간격기록
- 평정기록

핵심개념

전체간격관찰기록

- 관찰시간을 짧은 시간 간격으로 나눠 행동이 각각의 시간 간격 동안 지속적으로 발생했는지를 관찰해 기록하는 방법
- 관찰한 시간 간격 동안 행동이 계속 지속된 경우만 그 시간 간격에 행동이 발생한 것으로 인정함
- 어느 정도 지속적인 행동 관찰에 적합하며, 틱과 같이 순간적으로 나타나는 행동을 대상으로 하게 되면 행동 발생이 과소 추정될 수 있음

부분간격관찰기록

- 관찰시간을 짧은 시간 간격으로 나눠 각각의 시간 간격 동안 행동이 발생하는지를 관찰해, 관찰한 시간 간격 동안에 최소한 1회 이상 발생하면 그 시간 간격에 행동이 발생한 것으로 기록함
- 짧은 시간에 걸쳐 발생 빈도가 높은 과잉행동을 관찰할 때 많이 사용되지만 행동 발생이 과대 추정될 수 있음

순간관찰기록(시간표집법)

- 관찰시간을 짧은 시간 간격으로 나누고, 각각의 시간 간격이 끝나는 순간에 학생을 관찰해 표적행동의 발생 여부를 기록함
- 시간 간격의 끝에 관찰해 행동이 발생하면 그 시간 간격 동안에 행동이 발생한 것으로 계산함
- 빈번하면서도 다소 안정된 비율로 나타나는 행동이나 지속시간이 긴 행동의 기록에 적합함

모범답안

③

2009학년도 초등 14

16 **다음은 초등학교 특수학급에 재학 중인 자폐성 장애 학생 순희의 상동행동을 10초 간격으로 2분 동안 관찰한 결과를 도식화한 것이다. 상동행동은 관찰 시작 후 35초부터 85초까지 발생하였다. 이에 대한 설명으로 바른 것은?**

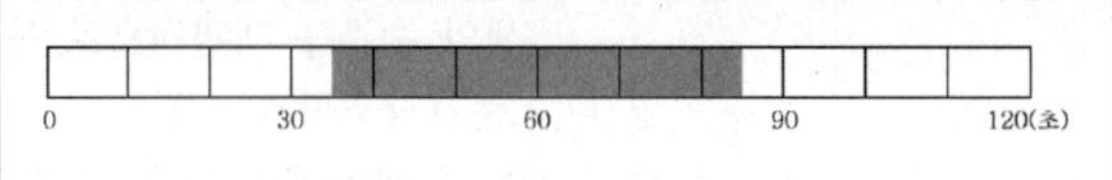

① 전체간격기록법은 행동의 발생 여부가 중요한 경우에 사용된다.

② 순간표집기록법에 의해 상동행동을 관찰하면 행동발생률은 50.0%이다.

③ 전체간격기록법에 의해 상동행동을 관찰하면 행동발생률은 33.3%이다.

④ 부분간격기록법에 의해 상동행동을 관찰하면 행동발생률은 66.7%이다.

⑤ 부분간격기록법은 어느 정도 지속되는 안정된 행동을 측정할 때 사용된다.

①, ⑤ 설명이 바뀌어 있음

참고자료

기본이론 177-182p

키워드

간격기록법과 시간표집법

구조화틀

행동의 직접 관찰 방법의 종류

- 서술기록
- 영속적 산물기록
- 사건기록
- 간격기록
- 평정기록

핵심개념

부분간격관찰기록

- 관찰시간을 짧은 시간 간격으로 나눠 각각의 시간 간격 동안 행동이 발생하는지를 관찰해, 관찰한 시간 간격 동안에 최소한 1회 이상 발생하면 그 시간 간격에 행동이 발생한 것으로 기록함
- 짧은 시간에 걸쳐 발생 빈도가 높은 과잉행동을 관찰할 때 많이 사용되지만 행동 발생이 과대 추정될 수 있음

모범답안

50%

2019학년도 초등 A4

17 **(가)는 정서 · 행동장애 학생 민규의 특성이고, (나)는 2015 개정 사회과 교육과정 5~6학년 정치 · 문화사 영역 교수 · 학습 과정안의 일부이다. 물음에 답하시오. [6점]**

(가) 민규의 특성

- 자주 무단결석을 함
- 주차된 차에 흠집을 내고 달아남
- 자주 밤늦게까지 집에 들어오지 않고 동네를 배회함
- 남의 물건을 함부로 가져간 후, 거짓말을 함
- 반려동물을 발로 차고 집어던지는 등 잔인한 행동을 함
- 위와 같은 행동이 12개월 이상 지속되고 있음

4) 다음은 민규의 행동 관찰기록지이다. 부분간격기록법에 따라 행동 발생률(%)을 구하시오. [1점]

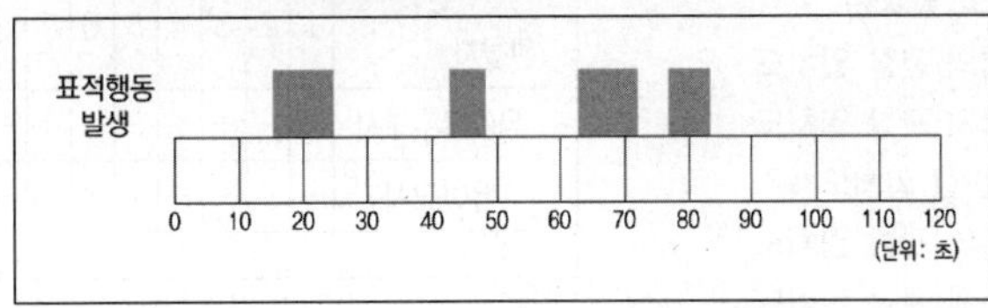

기본이론 177-182p, 187-188p

- 간격기록법과 시간표집법
- 간격기록법의 관찰 일치도

행동의 직접 관찰 방법의 종류

- 서술기록
- 영속적 산물기록
- 사건기록
- 간격기록
- 평정기록

행동 관찰과 측정의 일치도

- 빈도관찰기록법의 관찰 일치도
- 통제제시기록법의 관찰 일치도
- 간격기록법의 관찰 일치도
- 지속시간기록법의 관찰 일치도
- 지연시간기록법의 관찰 일치도

간격기록법의 관찰 일치도

- **전체 일치도**: 두 관찰자가 같은 행동에 대해 발생의 일치를 나타낸 것인지 알기 어려움

$$\frac{\text{작은 수}}{\text{큰 수}} \times 100$$

- **시간 간격 일치도**

$$\frac{\text{행동발생과 비발생에 대해 일치한 간격 수}}{\text{관찰 간격 수}} \times 100$$

- **발생 일치도**: 행동의 발생 빈도가 낮은 행동에 사용할 수 있음

$$\frac{\text{행동발생에 일치한 간격 수}}{\text{행동발생에 일치한 간격 수} + \text{행동발생에 불일치한 간격 수}} \times 100$$

- **비발생 일치도**: 행동의 발생 빈도가 높은 행동에 사용할 수 있음

$$\frac{\text{행동비발생에 일치한 간격 수}}{\text{행동비발생에 일치한 간격 수} + \text{행동비발생에 불일치한 간격 수}} \times 100$$

①

2012학년도 유아 26

18 **다음은 어느 통합학급에서 유치원 만 3~4세 교육과정 사회생활 영역 '친구와 사이좋게 지낸다.'를 지도하면서 유아특수교사와 유아교사가 발달지체 유아인 현주의 목표행동을 관찰하여 나타낸 관찰기록지이다. 이에 대한 설명으로 옳은 것은?**

> 관찰기록지
>
> - 관찰 대상: 김현주(발달지체)
> - 목표행동: 협동 놀이에 참여하기
> - 관찰 방법: 순간표집기록법
>   - 두 교사가 4분 동안 15초 간격으로 현주의 목표행동을 관찰하여 목표행동의 발생은 +, 목표행동의 비발생은 −로 나타냄

관찰구간 / 관찰자	1	2	3	4	5	6	7	8	9	10	11	12	13	14	15	16
유아특수교사	+	−	+	+	−	+	+	−	+	+	−	−	−	+	+	−
유아교사	+	−	−	+	+	+	−	−	+	+	−	+	−	+	+	−

① 두 교사의 관찰자 간 신뢰도는 75%이다.

② 위의 관찰기록지에서는 현주의 목표행동 발생 원인을 파악할 수 있다.

③ 각 관찰구간에서 목표행동이 5초 동안 지속되는 경우에만 +로 표시하였다.

④ 각 관찰구간에서 목표행동이 15초 동안 지속되는 경우에만 +로 표시하였다.

⑤ 두 교사의 관찰에서 현주의 목표행동 발생 횟수가 같기 때문에 구인타당도가 높다고 할 수 있다.

> ① 간격기록법의 관찰자 간 신뢰도 중 '시간 간격 일치도'를 구하는 문제임

> ② 순간표집기록법은 학생 행동 발생의 원인 파악은 할 수 없고, 행동이 발생한 실제 횟수의 근사치를 구할 수 있음

> ③ 어떤 유형에도 해당하지 않음

> ④ 전체간격관찰기록에 대한 설명임

> ⑤ 간격기록법의 관찰자 간 신뢰도 중 '전체 일치도'를 구할 경우, 두 교사는 각각 학생 행동 발생 간격 수는 9개로 동일하므로 100% 일치율을 보임. 다만, 두 교사의 관찰 일치도는 '신뢰도'와 관련이 있으며, 전체 일치도는 두 관찰자가 같은 행동에 대해 발생의 일치를 나타낸 것인지 알기 어려움

참고자료

기본이론 187–188p

키워드

간격기록법의 관찰 일치도

구조화 틀

행동 관찰과 측정의 일치도
- 빈도관찰기록법의 관찰 일치도
- 통제제시기록법의 관찰 일치도
- 간격기록법의 관찰 일치도
- 지속시간기록법의 관찰 일치도
- 지연시간기록법의 관찰 일치도

핵심개념

간격기록법 자료 수집 양식

다양한 행동 형태를 상세히 기술하거나 복잡한 행동을 기록하기 위해서 각 행동 혹은 변형된 형태에 문자로 된 부호를 부여해 수집함(확장하기 자료 참고)

모범답안

③

2011학년도 중등 21

19 다음은 수업 중에 옆 친구를 방해하는 학생 A의 행동을 담임교사와 동료교사가 동시에 관찰하여 기록한 간격기록법 부호형 자료이다. 관찰자 간의 일치율을 바르게 구한 것은? (단, 소수점 이하 첫째 자리 반올림)

〈행동 부호〉

H = 때리기　　T = 말 걸기　　P = 꼬집기

〈담임교사〉

분 \ 초	10″	20″	30″	40″	50″	60″
1′	T	T	H	TH		
2′		T	T		P	P
3′	H	TH		T	T	
4′	T		PH		T	T
5′	T	T		T		

〈동료교사〉

분 \ 초	10″	20″	30″	40″	50″	60″
1′	T	T	H	TH		
2′		T	T		P	
3′	H	H		T	T	
4′	T		PT		T	T
5′	T	T		T		

시간 간격 일치도 $= \frac{27}{30} \times 100 = 90\%$

① 83%　　② 87%
③ 90%　　④ 94%
⑤ 96%

확장하기

플라체크(placheck)

시간표집법의 변형으로, 집단 전체의 활동을 측정하고 평가할 때 편리하게 활용될 수 있음

| 일반적인 절차

① 집단 내에서 관심의 대상이 되는 활동(표적행동)을 관찰 가능한 방식으로 정의함

② 정해진 관찰 간격(예 3분)이 끝나는 순간에 가능한 한 빨리 표적행동에 참여하고 있는 개체 수를 세어 기록함

③ 가능한 한 신속히 그 표적행동이 출현한 지역에 머물고 있는 모든 개체의 수를 세어 기록함. 마지막으로, 표적행동에 참여한 개체 수의 백분율을 환산해 표적행동의 측정치로 정함

예 20분간의 자율학습 시간에 자발적으로 학습 활동에 참여하는 학생들이 얼마나 되는지를 측정하려고 함. 학급 인원 30명 중 10명은 화단 정리에 동원되어 학급에는 현재 20명의 학생이 남아 있음. 관찰은 4분 간격으로 5번 실시됨. 첫 번째 4분을 알리는 신호음을 듣고 교사는 재빨리 학습 활동에 참여하고 있는 학생의 수를 세었는데, 20명 중 10명(10/20)만 공부를 하고 있었음. 두 번째 4분이 되었을 때는 20명 중 15명(15/20)이 공부하고 있었음. 수업 중간에 화단 정리를 하던 학생 중 5명이 돌아왔기 때문에 세 번째 4분이 되었을 때는 25명 중 20명(20/25)이 공부하고 있는 것으로 관찰되었음. 화단 작업을 마치고 나머지 5명이 학급으로 돌아왔음. 네 번째와 다섯 번째 관찰 시간에는 전체 30명 중 20명(20/30)과 25명(25/30)이 각각 공부하고 있었음. 아래의 공식에 따라 관찰 결과들을 백분율로 환산하면 각각 50%, 75%, 80%, 66.7%, 83.3%가 됨. 따라서 20분간 자율학습 시간 중 학생들의 학습 활동 참여율은 평균 71%임

$$\text{집단활동(\%)} = \frac{\text{표적행동 수행 인원 수}}{\text{활동지역 전체 인원 수}} \times 100$$

간격기록법 자료 수집 양식

양식	설명
1. 부호형 자료양식	관찰될 행동에 각각의 부호를 가지는 양식
2. 준비형 자료양식	자료양식의 각 칸에 여러 행동이나 학생에 대한 문자 부호를 미리 써놓는 양식
3. 추적형 자료양식	과제 이해 행동의 발생 및 비발생을 표시하는 칸 외에 과제 불이행 행동 발생을 표시하기 위해 적절한 칸에 간단히 표시할 수 있도록 한 양식
4. 원탁형 자료양식	간격기록법 및 시간표집법을 집단에 사용할 수 있도록 변형한 형태로, 각 간격 동안에 집단 구성원 각각의 행동을 관찰하고 기록해 집단의 행동을 산정하는 양식

1. 간격기록법 관찰의 부호형 자료양식

학생	Hector	시작시간	9:1o
날짜	9/18	종료시간	9:15
관찰자	Ms. Hughes		

〈행동 부호〉
H = 때리기　T = 말하기　P = 꼬집기

	10″	20″	30″	40″	50″	60″
1	H	-	T	T	TH	-
2	-	P	P	-	-	-
3	-	-	-	T	T	-
4	H	-	-	-	-	-
(분) 5	-	H	-	TH	TH	-

학생	Jan, Ruth, Veena	행동	수업시간에 떠듦
날짜	9/14	시작시간	11:o5
관찰자	Mr. Nelson	종료시간	11:1o

〈학생 부호〉
J = Jan　R = Ruth　V = Veena

	10″	20″	30″	40″	50″	60″
1	JR	R	-	R	-	-
2	-	RV	-	RV		R
3	JR	-	RV	RV	-	-
4		-	-		-	-
(분) 5	-	-	-	RV	R	-

2. 시간표집법 관찰의 준비형 자료양식

학생	Sylvia	행동	사회적 상호작용
날짜	11/6	시작시간	8:15
관찰자	Ms. Fomin	종료시간	11:15

I = 주도적 S = 학생과 V = 구어적
R = 반응적 A = 성인과 P = 신체적

		10′			20′			30′			40′			50′			60′		
	1	I	S	V	I	S	V	I	S	~~V~~	I	S	V	I	S	V	I	S	~~V~~
		R	A	P	R	A	P	~~R~~	~~A~~	P	R	A	P	R	A	P	~~R~~	~~A~~	P
	2	I	S	~~V~~	~~I~~	S	V	I	S	V	~~I~~	S	V	~~I~~	S	V	I	S	V
		~~R~~	~~A~~	P	R	~~A~~	~~P~~	R	A	P	R	~~A~~	~~P~~	R	~~A~~	~~P~~	R	A	P
	3	I	S	V	I	S	~~V~~	I	S	V	I	S	V	I	S	V	I	S	V
		R	A	P	~~R~~	~~A~~	~~P~~	R	A	P	R	A	P	~~R~~	A	~~P~~	~~R~~	~~A~~	~~P~~
	4	I	S	V	I	S	V	I	S	V	I	S	V	I	S	V	I	S	V
		R	A	P	R	A	P	R	A	P	R	A	P	R	A	P	R	A	P
(시간)	5	I	S	V	I	S	V	I	S	V	I	S	V	I	S	V	I	S	V
		R	A	P	R	A	P	R	A	P	R	A	P	R	A	P	R	A	P

학생	Atal, Carmen, Kyle, Hanne	행동	과제에 열중하기
날짜	3/21	시작시간	9:00
관찰자	Mr. Klein	종료시간	12:00

A = Atal C = Carmen
K = Kyl H = Hanne

		10′		20′		30′		40′	
	1	A	~~C~~	A	~~C~~	A	~~C~~	A	~~C~~
		~~K~~	H	K	H	K	~~H~~	K	~~H~~
	2	A	~~C~~	A	~~C~~	A	~~C~~	A	~~C~~
		~~K~~	H	~~K~~	H	~~K~~	~~H~~	~~K~~	H
(일)	3	A	~~C~~	A	~~C~~	A	~~C~~	A	~~C~~
		~~K~~	H	~~K~~	H	~~K~~	~~H~~	~~K~~	~~H~~

3. 시간표집법의 추적형 자료양식

학생	Rose	날짜	2/6
관찰자	Ms. Paster	시작시간	10:40
행동	과제 이행		

	5′	10′	15′	20′	25′	30′	35′	40′
과제 이행			×	×	×			
구어적 과제 불이행						×		
운동적	×	×				×		
수동적							×	×

4. 간격기록법의 원탁형 자료양식

	첫 번째 15초 간격	두 번째 15초 간격	세 번째 15초 간격	네 번째 15초 간격
	Kate	Michael	Harry	Jody
1				
2				
3				
4				

참고자료

기본이론 177-182p, 186-190p

키워드

- 관찰자 간 일치도
- 간격기록법과 시간표집법

구조화 틀

행동의 직접 관찰 방법의 종류

- 서술기록
- 영속적 산물기록
- 사건기록
- 간격기록
- 평정기록

핵심개념

전체·부분간격관찰기록의 단점

- 표시를 하는 간격이 짧기 때문에 가르치는 일과 간격 자료를 수집하는 일을 동시에 하는 것이 어려우며, 때로는 제3의 관찰자가 필요함
- 기록하기 위해서 자료양식을 보면서 해야 하기 때문에 행동 발생을 놓칠 수도 있고, 결과적으로 부정확한 자료가 될 수 있음

순간관찰기록의 장점

- 초 단위가 아닌 분 단위로, 좀 더 실용적으로 가르치는 일과 자료 수집을 동시에 할 수 있고 교사의 관찰시간을 절약해줌
- 다른 간격기록법과 다른 점은 시간 간격 끝에 한 번 관찰하면 다음 시간 간격이 끝날 때까지는 관찰하지 않아도 된다는 점임 → 따라서 학생마다 마지막 관찰 시간을 다르게 설정해 여러 유아를 동시에 관찰할 수 있음

모범답안

1) ㉠ 조작적 정의
㉡ 관찰자 간 일치도

2) 전체간격관찰기록은 각 간격의 처음부터 끝까지 행동이 지속될 때 해당 간격에서 행동이 발생한 것으로 기록한다.

3) ① 순간관찰기록(시간표집법)
② 간격의 마지막 순간 관찰해 행동이 나타나고 있으면 해당 간격에 행동이 발생했다고 기록한다.

2018학년도 유아 A7

20 **다음은 태희의 공격적 행동을 관찰하기 위하여 두 교사가 나눈 대화이다. 물음에 답하시오. [5점]**

> 홍 교사: 선생님, 우리 반 태희가 공격적인 행동을 보여요. 아무래도 태희의 공격적 행동을 자세히 관찰해보아야겠어요.
> 강 교사: 네, 그게 좋겠네요. 태희의 행동을 정확히 관찰하려면 ㉠ 먼저 태희의 공격적 행동을 관찰 가능한 구체적인 형태로 명확히 정하셔야 하겠군요.
> 홍 교사: 그렇죠. 저는 태희가 물건을 던지는 행동과 다른 친구의 물건을 빼앗는 행동을 공격적 행동으로 보려고 해요. 그런데 저 혼자 관찰하기보다는 강 선생님과 함께 관찰했으면 해요.
> 강 교사: 네, 그러죠. ㉡ 선생님과 제가 태희의 공격적 행동을 동일한 방법으로 관찰했을 때 결과가 서로 어느 정도 일치하는지를 보는 것도 중요하니까요.
> 홍 교사: 저는 태희의 공격적 행동특성을 조금 더 지켜본 후에 ㉢ 전체간격기록법이나 부분간격기록법 중에서 적절한 방법을 선택하려고요.
> 강 교사: 네. 태희만 관찰할 때는 그럴 수도 있겠네요. 만약 선생님께서 수업을 진행하시면서 여러 유아들의 행동을 동시에 관찰하실 때는 말씀하신 시간간격기록법의 두 가지 방법보다 (　　)이/가 효과적일겁니다.

학생 행동을 관찰하기 전 관찰 및 측정이 가능하도록 조작적 정의가 필요함
→ 태희의 공격행동 중 '물건 던지는 행동', '다른 친구의 물건을 빼앗는 행동'에 대해 행동의 6가지 차원으로 정의해야 함

관찰자 간 일치도
- 같은 것을 측정할 때 일관되게 같은 결과를 산출할 수 있는 정도
- 같은 행동에 대해 누가 관찰하든지 언제나 같은 해석을 할 수 있을 때 관찰자 간 일치도가 높음

전체·부분관찰기록의 단점과 순간관찰기록의 장점

1) 밑줄 친 ㉠과 ㉡에 해당하는 용어를 각각 쓰시오. [2점]

2) 밑줄 친 ㉢의 행동발생 기록 방법을 쓰시오. [1점]

3) ① (　)에 적합한 관찰기록법의 명칭을 쓰고, ② 해당 기록법의 행동발생 기록 방법을 쓰시오. [2점]

확장하기+

시간표집법의 종류 및 특성

종류		관찰방법	기록	적용 행동
등간기록법	전간기록법	구간 내내 관찰	관찰 구간 내내 행동이 '지속된' 경우 발생한 것으로 기록	지속시간이 길어야 의미 있는 행동인 경우
	부분간격기록법		관찰 구간 중 '1회 이상' 발생하면 기록	지속시간에 관계없이 행동 발생 여부가 중요한 경우
순간표집법		특정 순간에 관찰	정해진 순간(주로 관찰 간격의 마지막 시점)에 행동이 발생한 경우 기록	지속시간이 길거나 자주 발생하는 행동 또는 여러 명의 아동을 동시에 관찰해야 하는 경우

간격기록법 vs 시간표집법

- 간격기록법과 시간표집법은 둘 다 행동이 얼마나 자주 발생했는지에 대한 근사치를 제공함. 행동발생 기록은 발생의 정확한 수를 제공하는 사건기록법만큼 정확하지 않음
- 간격기록법은 관찰 기간을 시간표집법보다 더 작은 간격으로(일반적으로 분 단위보다는 초 단위) 나누기 때문에 실제 발생에 더 가까운 근사치를 제공함
- 시간표집법은 긴 관찰 기간(예 오전 내내)에 사용되는 반면, 간격기록법은 일반적으로 짧은 관찰 기간(예 15분)에 사용됨
- 시간표집법은 관찰 기간을 좀 더 긴 간격으로 나누기 때문에 가르치면서 관리하기가 용이함
- 간격기록법에서는 행동 발생이 간격시간의 어느 때라도 표시되고 기록되나, 시간표집법에서는 행동 발생이 간격의 끝에서만 표시되고 기록됨
- 간격기록법과 시간표집법에서는 행동 발생 횟수가 아닌, 행동이 발생한(혹은 발생하지 않은) 간격의 수가 보고됨. 이 방법으로 수집된 자료에서는 행동 발생 수에 대한 정보는 알 수 없음

참고자료

기본이론 177-182p, 186-190p

키워드

- 관찰자 간 일치도
- 간격기록법과 시간표집법

구조화 틀

행동의 직접 관찰 방법의 종류
- 서술기록
- 영속적 산물기록
- 사건기록
- 간격기록
- 평정기록

핵심개념

전체간격 관찰기록
- **정의**: 관찰시간을 짧은 간격으로 나눠 행동이 각각의 시간 간격 동안 지속적으로 발생했는지를 관찰해 기록하는 방법으로, 관찰한 시간 간격 동안 행동이 지속된 경우만 그 시간 간격에 행동이 발생한 것으로 인정함
- 틱과 같이 순간적으로 나타나는 행동을 대상으로 하면 행동 발생이 과소추정될 수 있음

부분간격 관찰기록
- **정의**: 관찰시간을 짧은 간격으로 나누어 행동이 각각의 시간 간격 동안 최소한 1회 이상 발생하면 그 시간 간격에 행동이 발생한 것으로 기록함
- 부분간격 관찰기록은 미소짓기, 소리지르기, 때리기, 몸 흔들기와 같이 짧은 시간에 걸쳐 발생 빈도가 높은 과잉행동을 관찰할 때 많이 사용되지만, 행동 발생이 과대추정될 수 있음

모범답안

- 전체간격 기록법은 실제 행동 발생을 과소추정할 수 있고, 부분간격 기록법은 실제 행동 발생을 과대추정할 수 있다.
- 학생 행동 발생에 대한 신뢰도를 높이기 위함이다.

2023학년도 중등 A5

21 **(가)는 특수학급에 재학 중인 학생 A의 특성이다. (나)는 학생 A의 행동에 대한 관찰 기록 자료의 일부이고, (다)는 부분간격 기록법을 사용한 관찰자 A와 B의 자료를 비교한 결과이다. 〈작성 방법〉에 따라 서술하시오. [4점]**

(나) 학생 A의 행동 관찰 기록 자료

- 목표행동: 갑자기 손목을 꺾으면서 앞·뒤로 빨리 반복적으로 파닥거리는 행동
- 관찰 기록 방법: 전체간격기록법, 부분간격기록법 (실제 행동 발생: ▨)

실제 행동 발생

간격	1	2	3	4	5	6	7	8	9	10	11	12

- 전체간격기록법 사용 시 행동발생비율: 25%
- 부분간격기록법 사용 시 행동발생비율: 100%

[㉠]

(다) 부분간격기록법을 사용한 관찰자 A와 B의 자료 비교

- 기록 자료

관찰자 \ 간격	1	2	3	4	5	6	7	8	9	10	11	12
관찰자 A	+	+	+	−	+	+	+	+	−	+	+	+
관찰자 B	+	+	+	+	+	+	+	+	+	+	+	+

※ 행동 발생: +, 행동 비발생: −

- 관찰자 간 자료 비교를 위한 계산식과 결과

$$\frac{\text{관찰 일치 간격 수}}{\text{관찰 일치 간격 수} + \text{관찰 불일치 간격 수}} \times 100 = 83.33\%$$

작성방법

- (나)의 ㉠에서 사용한 2가지 기록법의 특성을 순서대로 서술할 것(단, 실제 행동 발생과 비교한 기록의 정확성 측면에서 쓸 것)
- (다)의 과정이 필요한 이유를 1가지 서술할 것

PART 02

참고자료

기본이론 177-182p, 190p

키워드

- 간격기록법과 시간표집법
- 관찰의 타당도와 신뢰도

구조화 틀

행동의 직접 관찰 방법의 종류
- 서술기록
- 영속적 산물기록
- 사건기록
- 간격기록
- 평정기록

관찰의 타당도와 신뢰도
- 관찰의 타당도
- 관찰의 신뢰도

핵심개념

관찰의 타당도

- 관찰자가 관찰하고자 하는 것을 실질적으로 관찰하고 있는가를 나타내는 개념
- 관찰자가 관찰하기 쉬운 장면 또는 행동만을 관찰한다면 처음에 설정한 관찰의 목적과 거리가 있는 결과를 산출할 수 있음 → 관찰자는 관찰 목적에 타당한 행동을 가장 잘 관찰할 수 있는 장면·상황·시간 등을 선택해 관찰하고자 했던 대표적인 행동 표본을 관찰할 수 있도록 계획하고 관찰해야 함

관찰의 신뢰도

- 관찰하려는 것을 얼마나 안정적이고 일관성 있게 관찰하였는가를 나타내는 개념으로, 관찰자 내 신뢰도와 관찰자 간 신뢰도가 있음
- 일반적으로 관찰의 신뢰도란 관찰자 간 신뢰도를 의미함

모범답안

④

2009학년도 유아 22

22 **김 교사는 동료교사와 함께 유아가 또래와 상호작용하는 행동을 순간표집기록법으로 관찰하고자 한다. 순간표집기록법에 관한 진술로 맞는 것은?**

① 순간표집기록법으로는 여러 유아의 상호작용 행동을 관찰할 수 없다.
② 순간표집기록법은 상호작용 행동의 선행사건 및 후속결과에 대한 정보를 제공한다.
③ 상호작용 행동에 대한 조작적 정의 여부는 관찰자 간 신뢰도에 영향을 미치지 않는다.
④ 상호작용 행동이 매 간격의 마지막 순간에 나타났을 때 해당 간격에 행동이 발생한 것으로 기록한다.
⑤ 상호작용 행동 발생률은 행동 발생 간격 수를 행동이 발생하지 않은 간격 수로 나누고 100을 곱하여 구한다.

① 순간표집기록법은 여러 유아의 행동을 동시에 관찰할 수 있음

② 순간표집기록법은 행동이 발생한 실제 횟수의 근사치를 기록하는 방법이며, 행동의 선행사건과 후속결과에 대한 정보는 제공하지 못함. 이는 ABC 서술식 관찰기록법의 설명임

③ 관찰을 위한 행동의 조작적 정의는 관찰의 타당도와 신뢰도에 영향을 줌

④ 순간표집기록법의 정의에 해당함

⑤ 행동 발생률은 행동 발생 간격 수를 전체 간격 수로 나눈 후 100을 곱해 구함

$\rightarrow \frac{\text{행동 발생 간격 수}}{\text{전체 간격 수}} \times 100$

기본이론 190p

관찰의 타당도와 신뢰도

관찰의 타당도와 신뢰도
- 관찰의 타당도
- 관찰의 신뢰도

관찰의 신뢰도
- 관찰하려는 것을 얼마나 안정적이고 일관성 있게 관찰하였는가를 나타내는 개념으로, 관찰자 내 신뢰도와 관찰자 간 신뢰도가 있음
- 일반적으로 관찰의 신뢰도란 관찰자 간 신뢰도를 의미함

신뢰도

2013학년도 추가유아 A7

23 **다음은 발달지체 유아인 민아의 개별화교육계획 목표를 활동 중심 삽입교수로 실행하기 위해 박 교사가 작성한 계획안이다. 물음에 답하시오. [6점]**

유아명	정민아	시기	5월 4주	교수 목표	활동 중에 제시된 사물의 색 이름을 말할 수 있다.

교수활동					
활동	㉠ 학습 기회 조성				㉤ 교사의 교수활동
자유선택활동 (쌓기 영역)	블록으로 집을 만들면서 블록의 색 이름 말하기				㉡ 민아에게 사물을 제시하며 "이건 무슨 색이야?"하고 물어본다.
자유선택활동 (역할놀이 영역)	소꿉놀이 도구의 색 이름 말하기				
자유선택활동 (언어 영역)	존댓말 카드의 색 이름 말하기				"빨강(노랑, 파랑, 초록)" 하고 색 이름을 시범 보인 후 "따라 해봐." 하고 말한다.
대소집단활동 (동화)	그림책 삽화를 보고 색 이름 말하기				
간식	접시에 놓인 과일의 색 이름 말하기				㉢ 정반응인 경우 칭찬과 함께 긍정적인 피드백을 제공하고 오반응인 경우 색 이름을 다시 말해준다.
실외활동	놀이터의 놀이기구 색 이름 말하기				
㉣ 관찰					
정반응률	월	화	수	목	금
	%	%	%	%	%

3) ㉣과 관련하여 다음 글을 읽고 문장을 완성하시오. [1점]

> 관찰을 할 때 목표행동을 조작적으로 정의하는 것은 유아의 행동을 일관성 있게 측정하였다는 것을 나타내는 지표인 ( )을/를 높이기 위한 것이다.

기본이론 191p

관찰·측정의 정확성·일치도를 높이는 방법

관찰·측정의 정확성·일치도를 높이는 방법
- 관찰과 측정에 대한 반응성
- 관찰자 표류(관찰자 취지)
- 관찰자의 기대
- 관찰의 복잡성

관찰과 측정에 대한 반응성
- 직접 관찰 시 연구 대상이 자신의 행동을 관찰하는 것을 의식해 행동을 더 잘하게 되거나, 긴장해 더 못하게 될 수 있는 경향 → 이러한 반응성은 연구 대상뿐 아니라 관찰자에게도 나타날 수 있음
- **관찰 대상의 반응성을 감소시키는 방법**
  - 연구 대상의 행동을 비디오 카메라로 녹화하기
  - 관찰과정에 익숙해지는 적응기간 제공하기

관찰자 표류(관찰자 취지)
- 시간이 흐르면서 관찰자의 관찰 기준이 점진적으로 바뀌는 현상 → 관찰자가 행동에 대한 원래의 정의로부터 바람에 떠밀리듯 표류하게 된다는 것
- **관찰자 표류를 감소시키는 방법**
  - 두 관찰자 간 영향을 감소시키기 위해 관찰자 간 접촉 최소화하기
  - 관찰자가 수시로 관찰 기준을 점검 가능하도록 표적행동의 조작적 정의, 관찰 기준 지침서 작성하기
  - 관찰자 훈련 반복하기

관찰자 기대
- 관찰자가 중재의 목적을 알고 있거나 연구자로부터 관찰에 대해 피드백을 받는 경우, 중재효과를 의식해 관찰 기준이 느슨해지는 경향
- **관찰자 기대로 인한 영향 감소 방법**: 관찰자에게 중재 목적 알리지 않기

관찰의 복잡성
- 한 관찰자가 여러 행동을 관찰해야 하거나, 관찰 과정이 복잡하다면 일관성 있는 관찰을 기대하기 어려움
- **관찰의 복잡성으로 인한 영향을 감소시키는 방법**: 관찰자 훈련 반복하기, 높은 관찰자 일치도 기준 설정

㉠ 관찰자의 표류
㉡ 다른 사람이 자신의 행동을 관찰한다는 것을 의식해 행동을 더 잘하게 되거나 긴장해 더 못하게 될 수 있는 것을 '반응성'이라고 한다.

2021학년도 중등 B7

24 **(가)는 교사가 학생 I의 부모에게 요청한 내용을 메모한 것이며, (나)는 학생 I의 부모가 3일 동안 작성한 행동 관찰 결과이다. 〈작성방법〉에 따라 서술하시오. [4점]**

(가) 메모

〈주요 내용〉

- 표적행동: 지시에 대한 반응 지연시간 줄이기
- 선행사건: 컴퓨터 사용을 중지하라는 지시
- 학생 행동목표: 컴퓨터 끄기
- 유의사항
  - ㉠ 의도하지 않은 측정방법의 오류 또는 기준이 변경되지 않도록 유의함
  - ㉡ 관찰자 반응성에 유의함

작성방법

(가)의 밑줄 친 ㉠에 해당하는 용어를 쓰고, (가)의 밑줄 친 ㉡의 의미를 1가지 서술할 것

확장하기

관찰의 오류(이승희, 2021.)

관찰에서 발생하는 오류는 관찰자료의 타당도와 신뢰도에 문제를 가져올 수 있는데, 이 오류의 근원으로는 관찰자·피관찰자·관찰체계가 있음

관찰자 오류	관찰기록 시 오류	• 누락오류: 피관찰자의 행동을 이해하는 데 도움이 되거나 필요한 정보를 빠뜨리는 것. 이를 방지하기 위해서는 가능한 한 빨리 세부사항을 기록하는 것이 바람직함 • 첨가오류: 실제로 일어난 것보다 더 많은 정보를 포함시키는 것 • 전달오류: 관찰한 행동을 부적절한 순서로 기록하는 것. 이는 특정 행동 관찰 시간을 기록하거나 특정 행동이 시작하고 끝나는 시간을 기록함으로써 줄일 수 있음
	평정자 오류	• 관용의 오류: 평정자가 친분이 있는 피관찰자들을 실제보다 더 높거나 낮게 평정하는 경향 • 중심경향성의 오류: 평정자가 극단적으로 높거나 낮게 평정하는 것을 피하고 중간 수준으로 평정하는 경향 • 후광효과: 피관찰자에 관한 다른 정보가 평정에 영향을 미치는 것으로, 긍정적 혹은 부정적으로 나타날 수 있음 • 논리성의 오류: 평정자가 논리적으로 관련된 것처럼 보이는 2개의 문항에 대해 유사하게 평정하는 경향 예 주도성, 독립성 • 대비의 오류: 평정자 자신과의 비교를 통해 피관찰자를 평정하는 경향으로, 실제보다 더 긍정적 또는 부정적으로 평정될 수 있음 • 근접성의 오류: 멀리 떨어져 있는 문항들보다 시간적 또는 공간적으로 가까이 있는 문항들을 더 유사하게 평정하는 경향
	일반적 오류	• 관찰자 표류: 시간이 흐르면서 관찰자가 관찰준거를 바꾸는 것. '합의오류'란 2명의 관찰자가 한 조가 되어 관찰을 할 때 관찰자료의 일치도를 높이기 위해 관찰자료를 수정하는 현상으로, 관찰을 통해 자료를 수집하는 연구에서 자주 나타남 • 관찰자 기대: 관찰자가 피관찰자의 행동을 사실적으로 기록하는 것이 아니라, 일어나기를 기대하는 방향으로 기록하는 것. 특히 관찰자가 연구의 목적을 알고 있을 때 발생 가능성이 높음
피관찰자 오류	반응성에 따른 오류	• 반응성: 관찰되고 있다는 것을 알게 되면서 나타나는 행동의 변화 • 관찰자가 원하는 것이 무엇인가를 파악해서 그에 맞게 행동하거나, 관찰자가 원하는 바를 알아차리고 반대로 행동할 수 있음
	행동표류에 따른 오류	피관찰자의 행동이 지속되지만, 관찰에서 사용되는 행동의 정의를 벗어나 표류하는 형태를 보이는 것
관찰체계 오류	복잡성에 따른 오류	• 관찰행동이 하위범주로 세분화되는 상태 • 너무 많은 하위범주로 구성된 관찰체계는 관찰자료의 정확성에 영향을 줄 수 있음
	기계장치 오작동에 따른 오류	• 관찰에서 사용되는 도구(예 초시계, 계수기 등)의 정확성 점검에 실패함으로써 나타나는 오류 • 관찰자료를 기록할 때 기계에 의존하는 기계적 관찰에서 나타날 수 있음

관찰자 반응성(정경미 외, 2017.)

- 다른 사람이 자신의 자료를 평가할 것이라는 것을 관찰자가 인식할 때 발생하는 측정 오류를 '관찰자 반응성'이라고 함
- 피관찰자가 자신의 행동이 관찰되고 있다는 것을 알 때 발생하는 반응성과 마찬가지로, 관찰자의 행동은 다른 사람이 자료를 평가할 것이라는 것을 알 때 영향을 받을 수 있음
  예 연구자나 다른 관찰자가 동시에 같은 행동을 관찰하고 있거나, 다른 사람이 관찰자의 측정 자료를 비디오나 오디오로 나중에 다시 본다는 것을 알면 관찰자 반응성이 일어나게 됨
- 어떤 관찰자가 다른 관찰자의 특정 기록방식을 예상한다면, 그 기록방식에 의해 관찰자료가 영향을 받게 될 것임 → 예상하지 못한 시기에 가능한 방해하지 않고 관찰자를 감독하는 것은 관찰자 반응성을 감소시키는 데 도움을 주며, 복수의 관찰자를 거리를 두어 배치하거나 파티션으로 분리하는 것은 관찰 동안 이들의 측정이 서로에 의해 영향을 받는 것을 감소시킬 수 있음

기본이론 174p, 186p

- 지속시간기록법
- 관찰 방법에 따른 자료 요약

관찰 방법에 따른 자료 요약
- 영속적 산물기록법
- 빈도관찰기록법
- 통제제시기록법(반응기회기록법)
- 간격기록법
- 지속시간기록법
- 지연시간(반응시간)기록법

지속시간기록법
- 표적행동이 시작될 때의 시간과 그 행동이 끝날 때의 시간을 기록해 행동이 지속된 시간을 계산해 기록함
- 시작과 끝을 쉽게 확인할 수 있는 행동에 적합하므로 행동의 시작과 종료를 명확하게 정의하는 것이 중요함
- 지나치게 짧은 간격으로 발생하는 행동에는 적용하기 어렵고, 행동의 강도를 설명해주지는 못함

관찰 방법에 따른 자료 요약

관찰기록 방법	자료 요약 방법
영속적 산물기록법	횟수, 비율, 백분율
빈도관찰기록법	횟수, 비율
통제제시기록법	횟수, 백분율
간격기록법(전체, 부분, 순간)	백분율
지속시간기록법	시간의 누계, 평균시간, 백분율
반응시간기록법	평균시간

㉤ 지속시간 백분율
㉥ 60%

2015학년도 초등 A2

25 **다음은 민수의 교실 이탈 행동에 대해 저학년 특수학급 김 교사와 고학년 특수학급 정 교사가 나눈 대화이다. 물음에 답하시오. [5점]**

> 김 교사: 민수의 ㉠ 교실 이탈 행동이 가장 많이 일어나는 시간대를 한눈에 파악할 수 있도록 관찰 기록지를 작성해봤어요. 그랬더니 하루 중 민수의 교실 이탈 행동은 과학 시간대에 가장 많이 발생하더군요. 그래서 과학 시간에 일화기록과 ABC 관찰을 통해 교실 이탈 행동에 대한 보다 자세한 정보를 수집했어요. 기능평가 결과, 민수의 교실 이탈 행동은 어려운 과제가 주어지면 회피하기 위해 나타난 것이었어요. 그래서 민수에게 ㉡ 과제가 어려우면 "쉬고 싶어요."라는 말을 하도록 지도하고, ㉢ 교실 이탈 행동이 일정 시간(분) 동안 발생하지 않으면 강화제를 제공해볼까 합니다.
>
> 정 교사: 네, 그 방법과 함께 과학 시간에는 ㉣ 민수의 수준에 맞게 과제의 난이도와 분량을 조절해주거나 민수가 선호하는 활동과 연계된 과제를 제시하면 좋겠네요.
>
> 김 교사: 그래서 민수의 중재계획에도 그런 내용을 포함했어요.

5) 다음은 김 교사가 지속시간기록법을 사용하여 민수의 행동을 관찰하여 작성한 기록지의 일부이다. ㉤의 명칭과 ㉥에 기입할 값을 쓰시오. [1점]

날짜	시간	문제행동 지속시간		관찰 결과 요약	
11/6	1:00~1:40	#1	8분	총 관찰시간	40분
		#2	4분	총 지속시간	24분
		#3	7분	평균 지속시간	6분
		#4	5분	㉤	㉥
11/7	1:10~1:40				

$\frac{\text{전체 지속시간}}{\text{전체 관찰시간}} \times 100$
$= \frac{24}{40} \times 100$

기본이론 174p

지속시간기록법

행동의 직접 관찰 방법의 종류

- 서술기록
- 영속적 산물기록
- 사건기록
- 간격기록
- 평정기록

지속시간기록법

- 표적행동이 시작될 때의 시간과 그 행동이 끝날 때의 시간을 기록해 행동이 지속된 시간을 계산해 기록함
- 시작과 끝을 쉽게 확인할 수 있는 행동에 적합하므로 행동의 시작과 종료를 명확하게 정의하는 것이 중요함
- 지나치게 짧은 간격으로 발생하는 행동에는 적용하기 어렵고, 행동의 강도를 설명해주지는 못함

관찰 방법에 따른 자료 요약

관찰기록 방법	자료 요약 방법
영속적 산물기록법	횟수, 비율, 백분율
빈도관찰기록법	횟수, 비율
통제제시기록법	횟수, 백분율
간격기록법(전체, 부분, 순간)	백분율
지속시간기록법	시간의 누계, 평균시간, 백분율
반응시간기록법	평균시간

지속시간 관찰기록법

학생이 특정한 행동(수업시간에 15분 동안 계속해서 의자에 앉아 있기)을 하는 시간의 길이에 관심이 있기 때문이다.

2020학년도 중등 B3

26 **(가)는 자폐성 장애 학생 C를 위한 행동지원 계획안의 일부이고, (나)는 목표행동을 관찰기록한 결과이다. 〈작성방법〉에 따라 서술하시오. [4점]**

(가) 행동지원 계획안

목표 행동	ⓐ 수업시간에 15분 동안 계속해서 의자에 앉아 있기

(나) 관찰기록 결과

대상 학생: 학생 C							관찰자: 교육실습생	
관찰 행동: 의자에 앉아 있기							관찰 장소: 중학교 2-1 교실	
날짜	시간	행동 발생					관찰 결과 요약	
5/6 (월)	13:05 ~ 13:35	#1 1분 40초	#2 1분 30초	#3 1분 50초	#4 1분 30초	#5 1분 40초	전체 관찰시간	30분
							전체 지속시간	8분 10초
		#6	#7	#8	#9	#10	지속시간 백분율	27.2%
							평균 지속시간	1분 38초

지속시간 백분율 = $\frac{\text{전체 지속시간}}{\text{전체 관찰시간}} \times 100$

평균 지속시간 = $\frac{\text{전체 지속시간}}{\text{행동 발생 횟수}}$

작성방법

(나)에서 사용한 관찰기록법의 유형을 쓰고, 이 방법이 적절한 이유를 (가)의 밑줄 친 ⓐ의 목표행동 특성과 관련하여 1가지 서술할 것

참고자료

기본이론 174p

키워드

지속시간기록법

구조화 틀

행동의 직접 관찰 방법의 종류

- 서술기록
- 영속적 산물기록
- 사건기록
- 간격기록
- 평정기록

핵심개념

지속시간기록법

- 표적행동이 시작될 때의 시간과 그 행동이 끝날 때의 시간을 기록해 행동이 지속된 시간을 계산해 기록함
- 시작과 끝을 쉽게 확인할 수 있는 행동에 적합하므로 행동의 시작과 종료를 명확하게 정의하는 것이 중요함
- 지나치게 짧은 간격으로 발생하는 행동에는 적용하기 어렵고, 행동의 강도를 설명해주지는 못함

관찰 방법에 따른 자료 요약

관찰기록 방법	자료 요약 방법
영속적 산물기록법	횟수, 비율, 백분율
빈도관찰기록법	횟수, 비율
통제제시기록법	횟수, 백분율
간격기록법(전체, 부분, 순간)	백분율
지속시간기록법	시간의 누계, 평균시간, 백분율
반응시간기록법	평균시간

모범답안

지속시간 관찰기록, ㉡ 10%

2022학년도 중등 B6

27 **(가)는 지적장애 학생 E의 문제행동에 관해 초임 교사와 경력 교사가 나눈 대화의 일부이고, (나)는 학생 E의 표적행동을 관찰한 결과이다. 〈작성방법〉에 따라 서술하시오. [4점]**

(나) 관찰 결과

관찰 대상자	학생 E		관찰자	초임 교사
관찰 환경	• 특수학교 중학교 2학년 3반 교실, 교탁을 정면으로 바라보는 자리 • 국어 시간			
표적행동	착석행동: 자신의 등을 의자에 붙이고 다리를 아래로 내린 상태로, 교탁 방향으로 책상과 의자를 정렬하여 앉아 있는 행동			
시간	행동 발생			
	횟수	시작시간	종료시간	지속 시간
09:30 ~ 10:00 (30분)	1	9시 35분 25초	9시 36분 15초	50초
	2	9시 42분 06초	9시 42분 45초	40초
	3	9시 50분 20초	9시 51분 05초	45초
	4	9시 55분 40초	9시 56분 25초	45초
관찰 결과 요약		지속시간 백분율 (㉡)		

'착석행동'이 관찰 및 측정 가능하도록 조작적 정의되어 있음

$\frac{\text{전체 지속시간}}{\text{전체 관찰시간}} = \frac{180초}{1800초} \times 100 = 10\%$

작성방법

(나)에서 사용한 관찰기록법 명칭을 쓰고, 괄호 안의 ㉡에 해당하는 지속시간 백분율을 쓸 것

참고자료

기본이론 174p, 189p

키워드

- 지속시간기록법
- 지속시간기록법의 관찰 일치도

구조화 틀

행동의 직접 관찰 방법의 종류
- 서술기록
- 영속적 산물기록
- 사건기록
- 간격기록
- 평정기록

행동 관찰과 측정의 일치도
- 빈도관찰기록법의 관찰 일치도
- 통제제시기록법의 관찰 일치도
- 간격기록법의 관찰 일치도
- 지속시간기록법의 관찰 일치도
- 지연시간기록법의 관찰 일치도

핵심개념

지속시간기록법의 관찰 일치도
- 전체 지속시간 관찰자 간 일치도

$$\frac{\text{짧은 시간}}{\text{긴 시간}} \times 100$$

- 평균 지속시간 관찰자 간 일치도

$$\frac{\text{반응1 지속시간 IOA} + \text{반응2 지속시간 IOA} + \cdots \text{반응n 지속시간 IOA}}{\text{발생횟수}}$$

지연시간기록법의 관찰 일치도
- 전체 지연시간 관찰자 간 일치도

$$\frac{\text{짧은 시간}}{\text{긴 시간}} \times 100$$

- 평균 지연시간 관찰자 간 일치도

$$\frac{\text{반응1 지연시간 IOA} + \text{반응2 지연시간 IOA} + \cdots \text{반응n 지연시간 IOA}}{\text{발생횟수}}$$

모범답안

- 지속시간 백분율 = 35%
- 평균 지속시간 일치도 = 85%

2013학년도 추가중등 B2

28 **(가)는 자폐성 장애 학생 철규의 진단 · 평가 결과이고, (나)는 김 교사가 수립한 문제행동 중재 및 결과 분석 내용의 일부이다. 물음에 답하시오. [6점]**

(나) 문제행동 중재 및 결과 분석

- 표적행동: 손톱 깨무는 행동
- 강화제: 자유 놀이 시간 제공
- 중재 설계: ABAB 설계
- ⓔ 중재방법
  - 읽기 수업시간 40분 동안, 철규가 손톱을 깨물지 않고 10분간 수업에 참여할 때마다 자유 놀이 시간을 5분씩 준다. 그러나 10분 이내에 손톱을 깨무는 행동이 나타나면 그 시간부터 다시 10분을 관찰한다. 이때 손톱 깨무는 행동이 나타나지 않으면 강화한다.
- ⓗ 관찰기록지

– 관찰 일시: 4월 7일(09:50~10:30)
– 관찰 행동: 손톱 깨무는 행동

관찰자		김 교사(주 관찰자)				최 교사(보조 관찰자)			
관찰 시간 (분)	발생 횟수	시작 시간	종료 시간	지속 시간 (분)	지속 시간 백분율 (%)	시작 시간	종료 시간	지속 시간 (분)	지속 시간 백분율 (%)
40	1	10:05	10:09	4		10:05	10:08	3	
	2	10:12	10:17	5		10:13	10:18	5	
	3	10:24	10:29	5		10:25	10:29	4	

3) ⓗ의 관찰기록지를 보고 지속시간 백분율과 평균 지속시간 일치도를 구하시오. [2점]

참고자료

기본이론 176p

키워드

지연시간(반응시간)기록법

구조화틀

행동의 직접 관찰 방법의 종류
- 서술기록
- 영속적 산물기록
- 사건기록
- 간격기록
- 평정기록

핵심개념

지연시간(반응시간)관찰기록
- 선행사건과 표적행동 발생 사이에 지연되는 시간을 계산해 기록하는 것
- **사용에 적절한 행동의 예**: 선제자극인 교사의 지시와 학생이 장난감을 치우기 시작하는 순간/과제를 시작하는 순간/전환을 시작하는 순간 간의 시간 측정, 학업과제나 자조 과제를 회피하기 위한 수단으로 파괴행동을 시작하는 시간 측정

날짜	행동 발생			
5/18	#1 1'10"	#2 1'	#3 30"	#4 50"
	5# 1'20"	#6 1'	#7	#8
	#9	#10	#11	#12
	행동결과 요약			
	전체 지연시간			5분 50초
	선행사건 횟수			6회
	평균 지연시간			58초

모범답안

지연시간(반응시간)관찰기록

2018학년도 초등 A2

29 **(가)는 정서 · 행동장애 학생 정우의 행동 특성이고, (나)는 정우의 행동지원을 위한 통합교사와 특수교사의 대화이다. 물음에 답하시오. [5점]**

(가)

- 친구들을 자주 때리고 친구들에게 물건을 집어던짐
- 교사의 지시에 대해 소리 지르고 거친 말을 하며 저항함
- 수업 시작종이 울려도 제자리에 앉지 않고 교실을 돌아다님

(나)

특수교사: 현재 정우가 시작종이 울린 후에 제자리에 앉기까지 걸리는 평균 시간이 어느 정도죠?

지연시간(반응시간)

통합교사: 대략 5분은 되는 것 같아요.

특수교사: 그렇다면 ㉡ 처음에는 정우가 시작종이 울린 후 제자리에 앉기까지 걸리는 현재의 평균 시간보다 약간 짧은 시간 내에 자리에 앉으면 토큰을 주고 그것이 성공하면 그 시간을 단계적으로 단축해가면서 토큰을 주는 방법을 적용할 수 있어요.

통합교사: 아! 그 방법이 좋겠네요. 한번 사용해볼게요.

3) 다음은 통합교사가 (나)의 밑줄 친 ㉡을 수행하는 과정을 보여주는 기준변경 설계 그래프이다. 이 설계를 사용할 때 정우의 행동을 측정할 수 있는 관찰기록방법 명칭을 쓰시오. [1점]

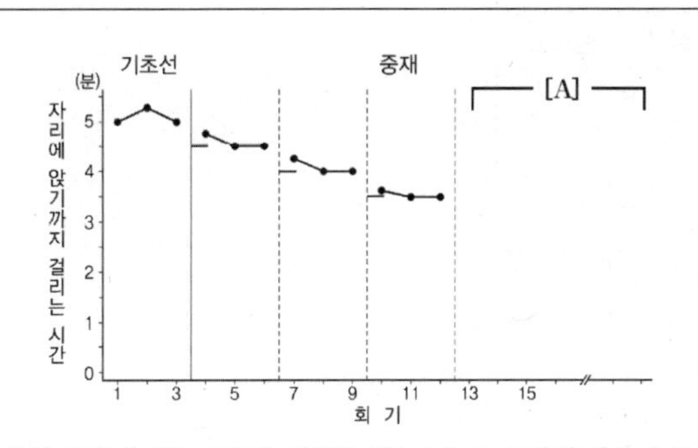

* 각 구간에 있는 X축과 평행한 선(−)은 그 구간의 기준 수준을 의미한다.

기본이론 189-190p

지속시간 · 반응시간기록법의 관찰 일치도

행동 관찰과 측정의 일치도
- 빈도관찰기록법의 관찰 일치도
- 통제제시기록법의 관찰 일치도
- 간격기록법의 관찰 일치도
- 지속시간기록법의 관찰 일치도
- 지연시간기록법의 관찰 일치도

지속시간기록법의 관찰 일치도

• 전체 지속시간 관찰자 간 일치도

$$\frac{\text{짧은 시간}}{\text{긴 시간}} \times 100$$

• 평균 지속시간 관찰자 간 일치도

$$\frac{\text{반응1 지속시간 IOA} + \text{반응2 지속시간 IOA} + \cdots \text{반응n 지속시간 IOA}}{\text{발생횟수}}$$

지연시간기록법의 관찰 일치도

• 전체 지연시간 관찰자 간 일치도

$$\frac{\text{짧은 시간}}{\text{긴 시간}} \times 100$$

• 평균 지연시간 관찰자 간 일치도

$$\frac{\text{반응1 지연시간 IOA} + \text{반응2 지연시간 IOA} + \cdots \text{반응n 지연시간 IOA}}{\text{발생횟수}}$$

• 총 지연시간 관찰자 일치도 = 96%
• 평균 발생당 지연시간 관찰자 일치도 = 90%

2021학년도 중등 B7

30 **(가)는 교사가 학생 I의 부모에게 요청한 내용을 메모한 것이며, (나)는 학생 I의 부모가 3일 동안 작성한 행동 관찰 결과이다. 〈작성방법〉에 따라 서술하시오. [4점]**

(가) 메모

〈주요 내용〉

• 표적행동 : 지시에 대한 반응 지연시간 줄이기
• 선행사건 : 컴퓨터 사용을 중지하라는 지시
• 학생 행동목표 : 컴퓨터 끄기
• 유의사항
  – ㉠ 의도하지 않은 측정방법의 오류 또는 기준이 변경되지 않도록 유의함
  – ㉡ 관찰자 반응성에 유의함

(나) 행동 관찰 결과

반응 / 관찰자	반응 지연시간(분)		
	11월 1일	11월 2일	11월 3일
아버지	6	10	9
어머니	6	8	10

작성방법

(나)에서 알 수 있는 '총 지연시간 관찰자 일치도'와 '평균 발생당 지연시간 관찰자 일치도'를 각각 계산하여 쓸 것

기본이론 187p

통제제시기록법의 관찰 일치도

행동 관찰과 측정의 일치도
- 빈도관찰기록법의 관찰 일치도
- 통제제시기록법의 관찰 일치도
- 간격기록법의 관찰 일치도
- 지속시간기록법의 관찰 일치도
- 지연시간기록법의 관찰 일치도

통제제시(반응기회)기록법의 관찰 일치도

한 회기에서 발생한 각 행동을 정반응 또는 오반응으로 측정했는지에 대해 관찰 일치도를 산출할 수 있음

$$\frac{\text{일치한 반응의 수}}{\text{전체 반응의 수}} \times 100$$

㉡ 80%

2018학년도 중등 A2

31 **다음은 특수교사와 교육실습생이 나눈 대화의 일부이다. ㉡에 들어갈 내용을 쓰시오. [2점]**

…(중략)…

특수교사: 관찰을 할 때에는 관찰자들의 평가 결과가 얼마나 유사한지 관찰자 간 일치도를 파악해야 합니다. 이 자료는 반응기회 기록 방법으로 두 사람이 함께 관찰한 결과에요. 그럼 관찰자 간 일치도를 계산해볼래요?

> 관찰자 간 일치도의 정의

> 통제제시(반응기회) 기록법은 교사가 단순히 각 회기의 정반응 수를 확인함으로써 진전을 점검할 수 있음

행동 관찰지

기회 / 관찰자	1	2	3	4	5	6	7	8	9	10
관찰자 1	×	×	○	○	×	○	×	×	○	○
관찰자 2	×	×	○	○	○	○	×	○	○	○

정반응 = ○, 오반응 = ×

교육실습생: 예, 관찰자 간 일치도는 (㉡)% 입니다

04 CHAPTER

단일대상연구의 기초

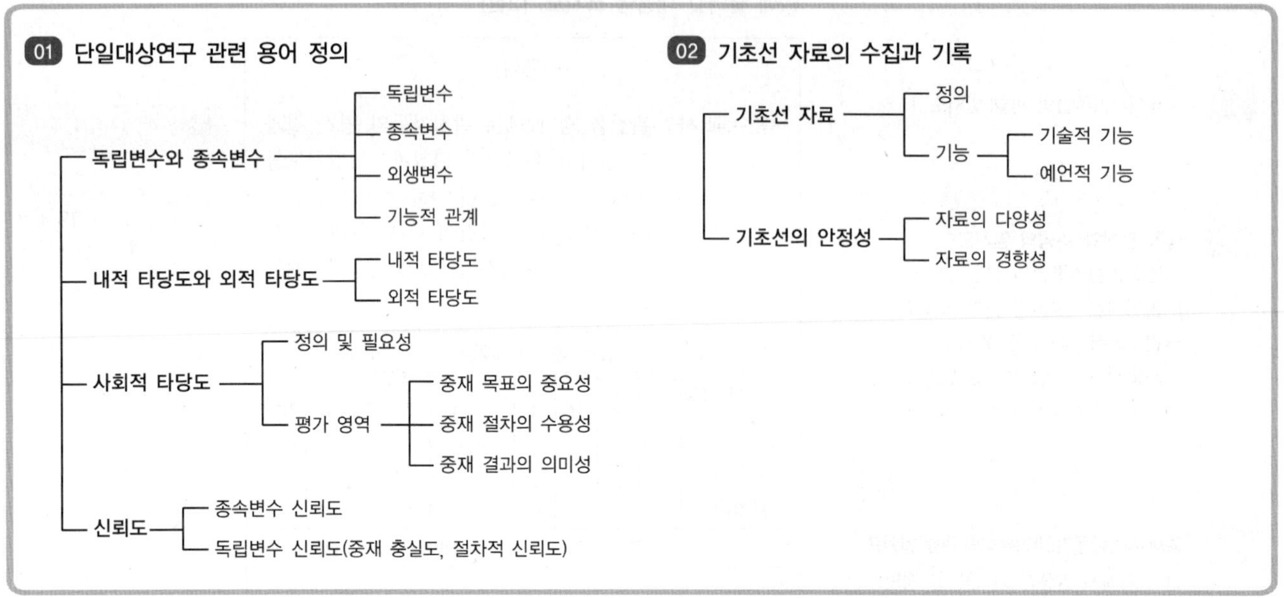
01 단일대상연구 관련 용어 정의
독립변수와 종속변수
독립변수
종속변수
외생변수
기능적 관계
내적 타당도와 외적 타당도
내적 타당도
외적 타당도
사회적 타당도
정의 및 필요성
평가 영역
중재 목표의 중요성
중재 절차의 수용성
중재 결과의 의미성
신뢰도
종속변수 신뢰도
독립변수 신뢰도(중재 충실도, 절차적 신뢰도)
02 기초선 자료의 수집과 기록
기초선 자료
정의
기능
기술적 기능
예언적 기능
기초선의 안정성
자료의 다양성
자료의 경향성

참고자료

기본이론 194-195p

키워드

사회적 타당도

구조화 틀

관련 용어

- 독립변수, 종속변수, 외생변수
- 기능적 관계
- 내적타당도, 외적타당도
- 사회적 타당도
- 신뢰도
  - 종속변수 신뢰도
  - 독립변수 신뢰도

핵심개념

사회적 타당도

- 중재와 관련해 다양한 사람들이(중요한 타인들) 경험하는 중재의 중요성·효과성·적절성·만족성에 대한 평가
- 사회적 타당도 검사가 없으면 연구대상이나 관련자의 평가적 피드백 없이 중재 연구가 계속될 것이고, 결국 비실용적인 중재를 만들 가능성이 있으며, 그러한 중재는 현장에서 사용되기 어려울 것임 → 사회적 타당도 검사는 연구를 현장과 연결하는 다리 역할을 함

사회적 타당도의 평가 영역

- **중재 목표의 중요성**: 문제행동이 중재를 필요로 할 만큼 심각한 것인지, 문제행동이 연구대상의 삶에서 중요한 문제가 되는 것인지, 중재 목표는 어느 수준으로 하는 것이 적절한지 등을 평가하는 것
- **중재 절차의 수용성**: 중재 절차의 적절성에 대해 검사하는 것으로, 중재가 강제적이었는지, 중재 적용이 쉬웠는지, 중재가 위험한 것이었는지, 중재가 주는 이득이 있었는지 등을 평가하는 것
- **중재 결과의 의미성**: 중재 대상의 삶에 실질적으로 어떤 영향을 미쳤는지, 중재 결과에 영향을 받는 다른 사람들은 중재 결과를 어떻게 평가하는지를 검사하는 것

모범답안

㉡ 사회적 타당도

2019학년도 초등 A1

01 **다음은 ○○초등학교 연수자료 통합교육 실행 안내서의 일부이다. 물음에 답하시오. [4점]**

통합교육 실행 안내서

○○초등학교

1. 학교차원의 긍정적 행동지원
   1.1 학교차원의 긍정적 행동지원의 개념

…(중략)…

1.2 학교차원의 긍정적 행동지원의 연속체

1차 지원 단계: ㉠ <u>보편적 지원</u>

- 학교차원의 기대행동 결정하고 정의하기
  - 기대행동 매트릭스

	기본예절 지키기	안전하게 행동하기	책임감 있게 행동하기
교실	발표할 때 손들기, 바른 자세로 앉기	차례 지키기	수업 준비물 챙기기

- 학교차원의 기대행동과 강화체계 가르치기

…(중략)…

3.4 중재방법 선정 시 유의사항
   3.4.1 (　　㉡　　) 고려하기
   - 중재 목표가 사회적으로 얼마나 중요한가?
   - 중재 과정은 사회적으로 수용 가능하고 합리적인가?
   - 중재효과는 개인의 삶을 개선할 수 있는가?

[A]

…(중략)…

2) [A]를 고려하여 ㉡에 들어갈 말을 쓰시오. [1점]

확장하기

사회적 타당도를 위해 고려해야 할 요소(이성봉 외, 2019.)

- 사회적으로 중요한 종속변인을 선택해야 함
- 교사 · 치료사 · 부모와 같이 일반 중재자들이 용이하게 적용할 수 있는 독립변인을 사용해야 함
- 일반 중재자들이 적용할 때 적절한 중재 충실도를 보장할 수 있도록 독립변인을 구성해야 함
- 일반 중재자들이 수용할 수 있는 독립변인과 종속변인을 이용함
- 다양한 자료에 접근이 가능하고 이 자료를 사용해 중재 적용이 용이한 독립변인을 선택함
- 일반 중재자를 통해 중재효과가 입증될 수 있도록 독립변인을 구성함
- 중재절차 적용을 위한 공식적인 지원이나 기대치가 없어지더라도 그 독립변인의 중요성과 독립변인의 긍정적 효과로 인해 일반 중재자들이 지속적으로 이용하고 싶어 하는 중재절차를 제시해야 함
- 임상적 · 치료적 필요성을 충족시키는 중재방안을 포함함

사회적 타당도 질문지 예시

※ 문항을 읽고 '전혀 그렇지 않다 = 1, 그렇지 않다 = 2, 보통이다 = 3, 그렇다 = 4, 매우 그렇다 = 5'에 ✓표시하시오.

상위 요소	하위 요소	1	2	3	4	5
		전혀 그렇지 않다	그렇지 않다	보통이다	그렇다	매우 그렇다
중재의 필요성	1. 학생에게 설정된 강화된 환경중심 언어교수의 목표(기능적 의사소통 행동 빈도 수 증가)가 학생에게 중요하다고 생각한다.					
	2. 강화된 환경중심 언어교수가 중도 · 중복장애 학생에게 적절한 중재 방법이다.					
중재의 효과성	3. 강화된 환경중심 언어교수를 시행한 결과에 대해 만족한다.					
	4. 강화된 환경중심 언어교수를 통해 학생의 반응하기 발생 빈도가 증가했다고 생각한다.					
	5. 강화된 환경중심 언어교수를 통해 학생의 요구하기 발생 빈도가 증가했다고 생각한다.					
	6. 강화된 환경중심 언어교수가 학생에게 부정적인 영향을 미치지 않는다.					
	7. 환경 조절 전략, 반응적 상호작용 전략, 강화된 환경중심 언어교수의 과정이 학생의 선호와 장애 특성, 발달 정도에 적합하였다.					
중재의 편의성	8. 교실 환경에서 중재를 시행하기 쉬웠다.					
	9. 강화된 환경중심 언어교수는 다른 중도 · 중복장애 학생에게도 쉽게 적용할 수 있을 것이다.					
	10. 다른 중도 · 중복장애 학생의 기능적 의사소통 기능 향상을 위해 강화된 환경중심 언어교수 프로그램을 적용할 의향이 있다.					
합계		/50				

참고자료

기본이론 194–195p

키워드

사회적 타당도

구조화 틀

관련 용어

- 독립변수, 종속변수, 외생변수
- 기능적 관계
- 내적타당도, 외적타당도
- 사회적 타당도
- 신뢰도
  - 종속변수 신뢰도
  - 독립변수 신뢰도

핵심개념

사회적 타당도의 평가 영역

- **중재 목표의 중요성**: 문제행동이 중재를 필요로 할 만큼 심각한 것인지, 문제행동이 연구대상의 삶에서 중요한 문제가 되는 것인지, 중재 목표는 어느 수준으로 하는 것이 적절한지 등을 평가하는 것
- **중재 절차의 수용성**: 중재 절차의 적절성에 대해 검사하는 것으로, 중재가 강제적이었는지, 중재 적용이 쉬웠는지, 중재가 위험한 것이었는지, 중재가 주는 이득이 있었는지 등을 평가하는 것
- **중재 결과의 의미성**: 중재 대상의 삶에 실질적으로 어떤 영향을 미쳤는지, 중재 결과에 영향을 받는 다른 사람들은 중재 결과를 어떻게 평가하는지를 검사하는 것

모범답안

학생 A에 대한 중재 절차가 적절했는지(사회적으로 수용 가능하고 적절한지, 중재 적용이 용이하고 쉬웠는지 등) 점검한다.

중재 결과의 의미성

2024학년도 중등 A12

02 다음은 정서 · 행동장애 학생 A에 대한 특수 교사 A와 B의 대화이다. 〈작성 방법〉에 따라 서술하시오. [4점]

> 특수교사 B: 학생 A의 담임 선생님과 이야기 나눌 기회가 있었는데 학생 A가 2개월 전부터 갑자기 그런 행동을 했다고 하더라고요. 담임 선생님도 걱정이 많아요. 혹시 학생 A가 그 행동을 했을 때 누군가 관심을 줬고, 그 행동이 계속 관심을 받아서 지속되는 건 아닐까 하는 생각도 들어요. 일단 그 행동의 기능을 파악하는 것이 좋겠습니다.
>
> 특수교사 A: 일단 원인이 파악되면 시급하게 중재를 시작해야 할 것 같아요.
>
> 특수교사 B: 네, 그런데 아무리 시급한 상황이라 할지라도 어떤 중재를 도입하고 실행할 때에는 중재 목표의 중요성, ㉢ <u>중재 절차의 적절성</u>, (㉣) 측면에서 사회적 타당도를 살펴보는 것이 필요하지요.

작성방법

> 교사가 학생 A의 행동 특성을 고려하여 밑줄 친 ㉢의 측면에서 점검해야 할 내용을 1가지 서술하고, 괄호 안의 ㉣에 해당하는 내용을 순서대로 쓸 것

기본이론 195p

독립변수 신뢰도
(중재 충실도, 절차적 신뢰도)

관련 용어

- 독립변수, 종속변수, 외생변수
- 기능적 관계
- 내적타당도, 외적타당도
- 사회적 타당도
- 신뢰도
  - 종속변수 신뢰도
  - 독립변수 신뢰도

종속변수 신뢰도

- 종속변수에 대해 측정한 자료의 객관성
- 종속변수에 대한 자료를 검사를 통해 수집한 경우 검사도구의 신뢰도를 측정해야 하고, 관찰을 통해 수집한 경우 관찰자 간 신뢰도를 측정해야 함

독립변수 신뢰도

- 연구자가 실행한 중재가 일관성 있게 실시된 정도, 즉 중재가 계획되고 의도했던 대로 실행된 정도
- 연구자가 실험 중재를 얼마나 정확하고 충실하게 따랐는지에 따라 연구 결과가 달라질 수 있음
- 개별대상연구의 경우 반복연구에 의해 외적타당도가 입증되므로 중재 충실도는 중요한 의미를 가짐

㉠ 증거기반의 실제
㉡ 독립변수 신뢰도(중재 충실도, 절차적 신뢰도)

2017학년도 유아 A8

03 다음은 4세 통합학급에서 홍 교사의 수업을 관찰한 후, 김 원장과 장학사가 나눈 대화 내용의 일부이다. 물음에 답하시오. [4점]

> 장학사: 오늘 홍 선생님의 수업은 발달지체 유아 준서의 참여가 돋보이는 수업이었습니다.
> 김 원장: 홍 선생님이 지금까지 많은 노력을 기울여온 결과라고 볼 수 있습니다. 홍 선생님은 지난해부터 직무 연수를 받은 대로 ㉠ <u>우수한 여러 연구에서 효과가 있는 것으로 입증된 교육 방법을 적용</u>해오고 있습니다.
> 장학사: 선생님들께서 많은 노력을 기울이고 계시는군요. 그런데 이런 방법을 적용할 때 선생님들이 ㉡ <u>각각의 교육 방법에서 제시하고 있는 절차, 시간, 적용 지침을 제대로 따르고 있는지 점검하는 것</u>이 중요합니다.
> 김 원장: 네. 우리 선생님들은 그 지침을 잘 따르고 있을 뿐만 아니라 유아들이 유치원 생활에 잘 적응할 수 있도록 도와주고 있어요.

1) ㉠과 ㉡이 지칭하는 용어를 각각 쓰시오. [2점]

확장하기

중재 충실도 예시

※ 문항을 읽고 '전혀 그렇지 않다 = 1, 그렇지 않다 = 2, 보통이다 = 3, 그렇다 = 4, 매우 그렇다 = 5'에 ✓표시하시오.

상위 요소	하위 요소	1 전혀 그렇지 않다	2 그렇지 않다	3 보통이다	4 그렇다	5 매우 그렇다
환경 조절	1. 대상 학생이 먼저 기능적 의사소통 행동을 시도할 수 있는 환경을 조성하였다.					
	2. 학생의 선호도를 고려한 흥미 있는 자료를 배치하였다.					
반응적 상호작용	3. 학생의 주도에 따르며 같은 활동에 참여하였다.					
	4. 학생의 기분에 맞춰 반응하며 대화나 사물을 교대로 주고받았다.					
	5. 적절한 발화를 시범 보이고 학생의 발화를 확장하였다.					
	6. 학생의 말이나 행동에 반응하거나 모방하고 반응을 기다려 주었다.					
환경중심 언어중재	7. 학생이 흥미를 보이는 물건이나 행동에 교사가 함께 참여하면서 언어적 시범을 보였다.					
	8. 학생과 함께 활동을 하다가 교사가 학생의 반응을 말로 요구해 본 뒤 시범을 보였다.					
	9. 학생이 말해야 하는 상황에서 언어적 반응을 기다려주었다.					
	10. 교실에서 우연히 일어나는 의사소통 또는 언어학습의 기회를 이용해 중재를 실시하였다.					
합계		/50				

기본이론 195p

독립변수 신뢰도
(중재 충실도, 절차적 신뢰도)

관련 용어

- 독립변수, 종속변수, 외생변수
- 기능적 관계
- 내적타당도, 외적타당도
- 사회적 타당도
- 신뢰도
  - 종속변수 신뢰도
  - 독립변수 신뢰도

종속변수 신뢰도

- 종속변수에 대해 측정한 자료의 객관성
- 종속변수에 대한 자료를 검사를 통해 수집한 경우 검사도구의 신뢰도를 측정해야 하고, 관찰을 통해 수집한 경우 관찰자 간 신뢰도를 측정해야 함

독립변수 신뢰도

- 연구자가 실행한 중재가 일관성 있게 실시된 정도, 즉 중재가 계획되고 의도했던 대로 실행된 정도
- 연구자가 실험 중재를 얼마나 정확하고 충실하게 따랐는지에 따라 연구결과가 달라질 수 있음
- 개별대상연구의 경우 반복연구에 의해 외적타당도가 입증되므로 중재 충실도는 중요한 의미를 가짐

중재 충실도

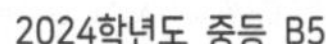

04 **(가)는 ○○특수학교 고등학교 과정에 재학 중인 자폐성장애 학생 A의 특성이고, (나)는 교감과 담임 교사의 대화이다. 〈작성 방법〉에 따라 서술하시오. [4점]**

(나) 교감과 담임 교사의 대화

> 담임 교사: 교감 선생님, 제가 요즘 학생 A에게 비디오 모델링 중재법으로 '진공청소기로 청소하기'를 가르치고 있습니다. 우선 제가 모델이 되어 우리 교실에서 교실에 있는 진공청소기로 청소하는 과정을 동영상으로 제작했습니다. 그리고 학생에게 그것을 시청하게 한 후 우리 교실에서 그 진공청소기로 청소를 하도록 연습시켰습니다. 학생이 청소를 완료하면 매번 좋아하는 활동을 하게 했고요. ㉡ <u>중재 단계를 사전에 계획한 대로 실시한 정도</u>도 확인했습니다.

작성방법

> (나)의 밑줄 친 ㉡의 개념에 해당하는 용어를 쓸 것

기본이론 196–197p

기초선의 안정성

기초선 자료의 수집과 기록

- 기초선의 정의 및 기능
- 기초선의 안정성
  - 자료의 다양성
  - 자료의 경향성

기능적 관계

- 독립변수의 변화에 따라 종속변수가 체계적으로 변화하는 관계 → 즉, 독립변수의 변화로 종속변수의 변화를 예측할 수 있는 관계
- 종속변수의 변화가 우연이나 동시발생 혹은 외생변수의 영향이 아닌, 오직 독립변수의 영향으로 인해 나타났음을 예측할 수 있을 때 기능적 관계가 성립됨

기초선의 안정성

자료의 다양성	수행의 파동과 관련됨. 일반적으로 자료의 다양성이 클수록 중재효과에 대해 결론을 내기 어렵고, 미래 수행에 관한 예측을 하기 어려움
자료의 경향성	행동 수행의 분명한 방향 표시와 관련됨
기초선 경향의 조건	• 같은 방향을 향한 3개의 연속적 자료점 • 반치료적 경향(중재와 반대 방향)

⑤

2011학년도 중등 19

05 〈보기〉의 그래프는 수업 중 발생한 학생의 행동에 대하여 중재한 결과를 나타낸 것이다. 종속변인의 변화가 독립변인으로 인해 발생했을 가능성이 높은 것을 고른 것은?

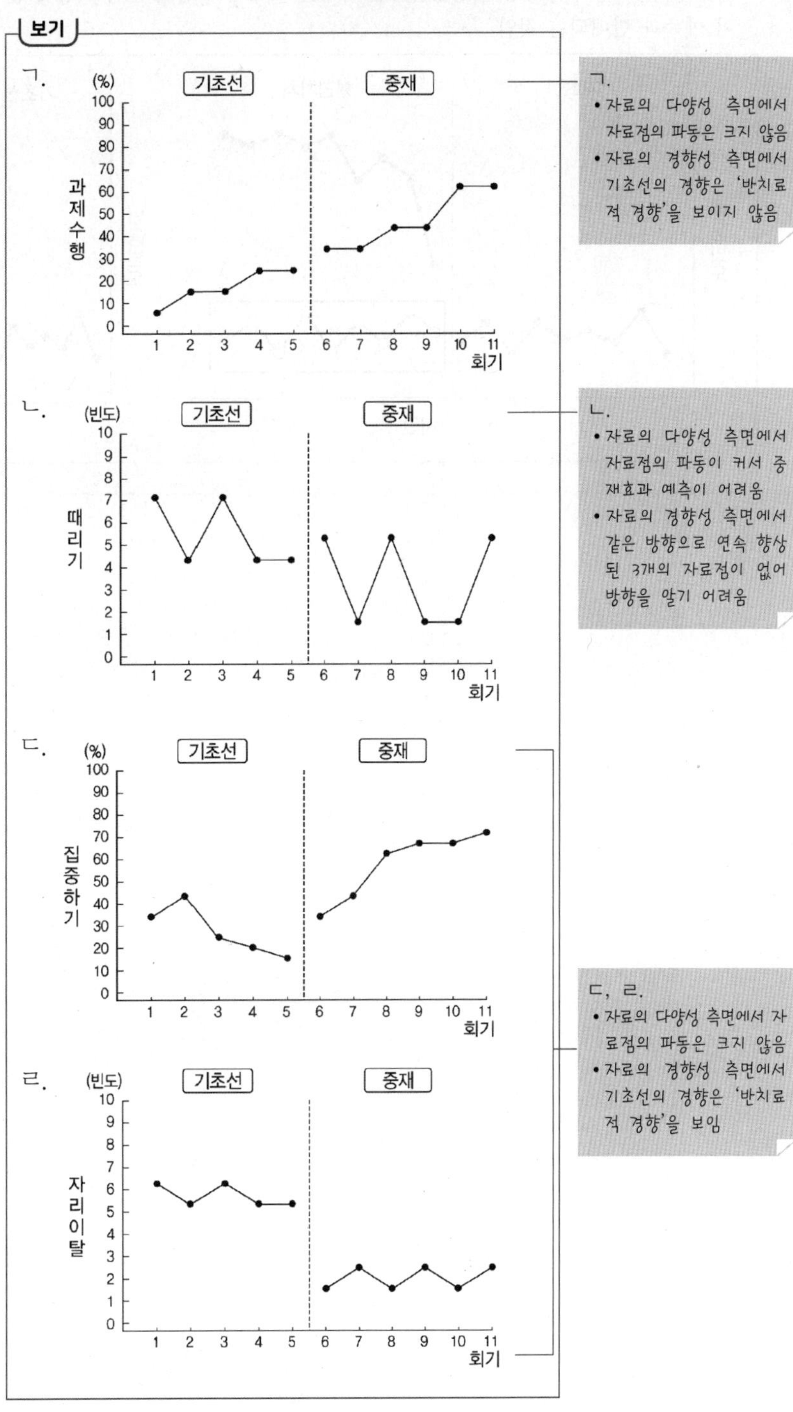

① ㄱ, ㄴ
② ㄱ, ㄹ
③ ㄴ, ㄷ
④ ㄴ, ㄹ
⑤ ㄷ, ㄹ

ㄱ.
- 자료의 다양성 측면에서 자료점의 파동은 크지 않음
- 자료의 경향성 측면에서 기초선의 경향은 '반치료적 경향'을 보이지 않음

ㄴ.
- 자료의 다양성 측면에서 자료점의 파동이 커서 중재효과 예측이 어려움
- 자료의 경향성 측면에서 같은 방향으로 연속 향상된 3개의 자료점이 없어 방향을 알기 어려움

ㄷ, ㄹ.
- 자료의 다양성 측면에서 자료점의 파동은 크지 않음
- 자료의 경향성 측면에서 기초선의 경향은 '반치료적 경향'을 보임

확장하기

기초선의 기능

- 기술적 기능: 기초선 자료가 학생의 현재 수행 수준을 나타내는 것
- 예언적 기능: 중재가 제공되지 않는다면 가까운 미래에 수행 수준이 어떻게 될지를 예측하는 근거. 즉, 중재 효과에 대한 판단은 이 예측과 반대되는 것임

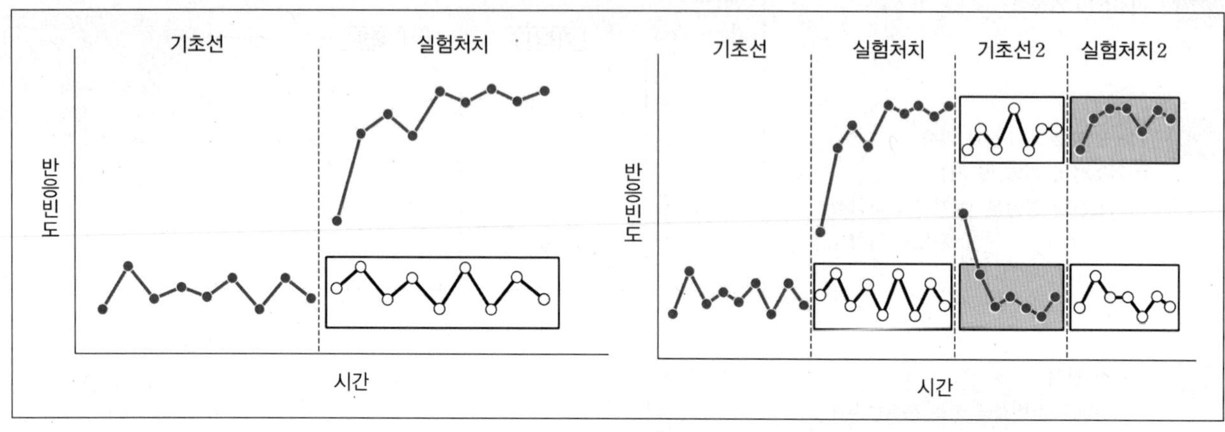

05 CHAPTER 단일대상연구 설계의 종류

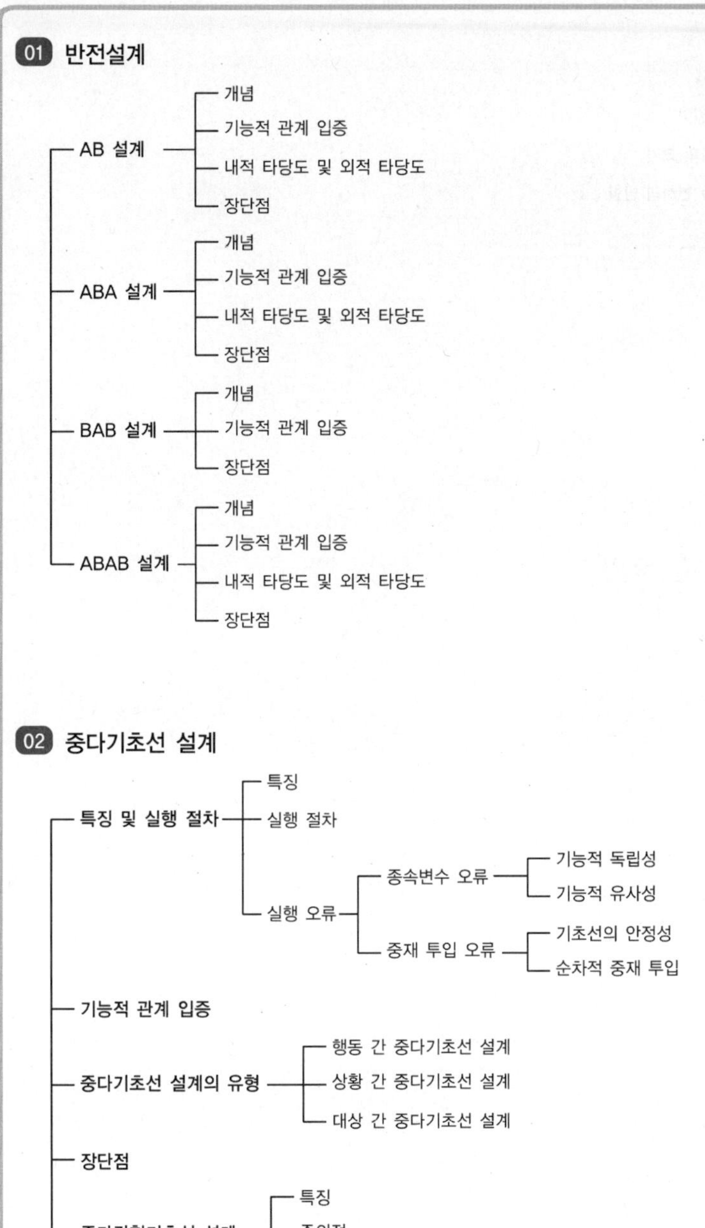
01 반전설계
AB 설계
개념
기능적 관계 입증
내적 타당도 및 외적 타당도
장단점
ABA 설계
개념
기능적 관계 입증
내적 타당도 및 외적 타당도
장단점
BAB 설계
개념
기능적 관계 입증
장단점
ABAB 설계
개념
기능적 관계 입증
내적 타당도 및 외적 타당도
장단점
02 중다기초선 설계
특징 및 실행 절차
특징
실행 절차
실행 오류
종속변수 오류
기능적 독립성
기능적 유사성
중재 투입 오류
기초선의 안정성
순차적 중재 투입
기능적 관계 입증
중다기초선 설계의 유형
행동 간 중다기초선 설계
상황 간 중다기초선 설계
대상 간 중다기초선 설계
장단점
중다간헐기초선 설계
특징
주의점
장단점

03 기준변경설계(준거변경설계)

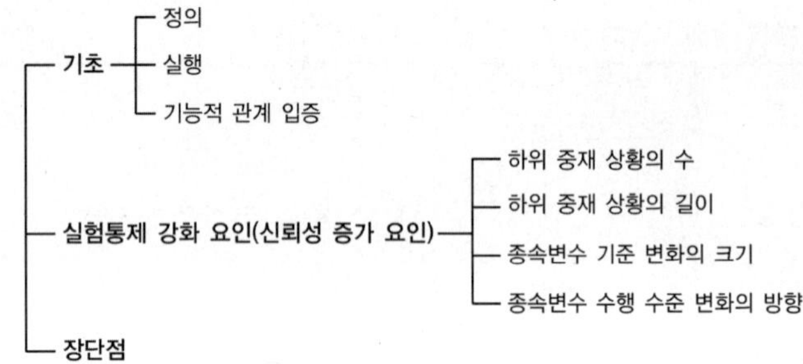

04 조건변경설계(중다중재설계)

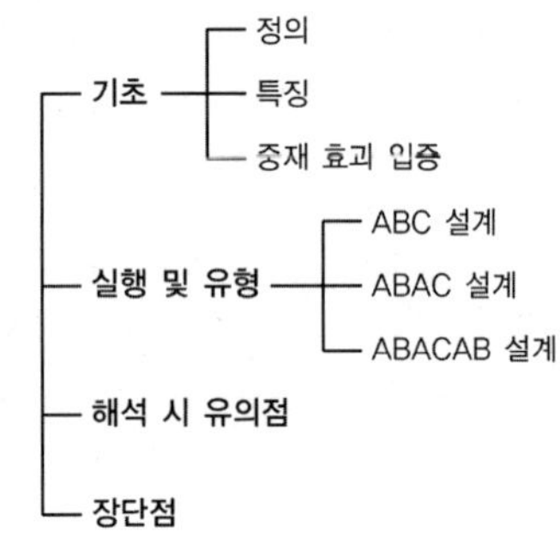

05 교대중재설계

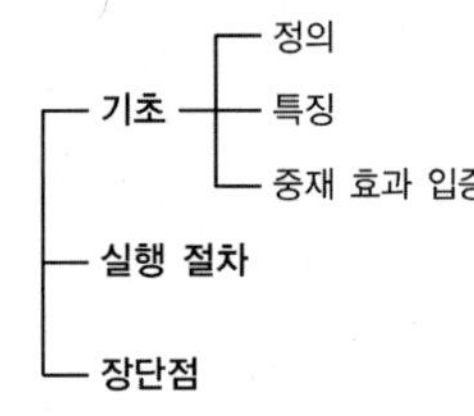

참고자료

기본이론 204-205p

키워드

ABAB 설계

구조화 틀

핵심개념

ABAB 설계

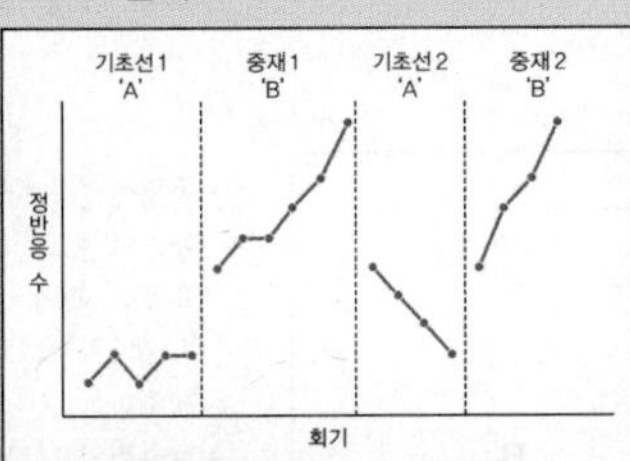

- **기초선(A1)**: 중재가 도입되기 전에 존재하던 조건하에서 표적행동에 대한 자료를 수집하는 최초의 기초선으로, 안정적인 기초선 자료를 수집함
- **중재(B1)**: 표적행동을 바꾸기 위해 선정된 중재의 최초 도입 구간. 표적행동이 준거에 도달할 때까지 혹은 행동의 바람직한 변화 경향이 나타날 때까지 중재는 계속됨
- **기초선(A2)**: 중재를 철회하거나 종료함으로써 원래의 기초선 조건으로 복귀해야 함
- **중재(B2)**: 중재 절차의 재도입 구간. 표적행동이 준거에 도달할 때까지 혹은 행동의 바람직한 변화 경향이 나타날 때까지 중재는 계속됨

ABAB 기능적 관계 입증

- 기초선 자료를 중재 구간 자료와 반복적으로 비교함으로써 종속변인과 독립변인 간의 기능적 관계 입증이 가능함
- Cooper는 기능적 관계 입증을 위한 세 가지 증거를 제시함
  - **예언**: 특정 독립변인이 종속변수를 바꿀 것이라는 교육적 진술
  - **예언의 증명**: 첫 번째 중재 구간에서 종속변수의 증가 혹은 감소(B1), 두 번째 기초선 구간에서 첫 번째 기초선 수행 수준으로의 복귀(A2)
  - **효과의 복제**: 두 번째 중재 구간에서 독립변수를 재도입한 결과 바람직한 행동 변화가 동일하게 나타남(B2)

모범답안

자유놀이 시간을 다른행동 차별강화를 통해 제공하는 것은 학생의 손톱 깨무는 행동과 기능적 관계가 있다.

2013학년도 추가중등 B2

01 (가)는 자폐성 장애 학생 철규의 진단 · 평가 결과이고, (나)는 김 교사가 수립한 문제행동 중재 및 결과 분석 내용의 일부이다. 물음에 답하시오. [6점]

(나) 문제행동 중재 및 결과 분석

- 표적행동: 손톱 깨무는 행동
- 강화제: 자유 놀이 시간 제공
- 중재 설계: ABAB 설계
- ⓜ 중재방법
  - 읽기 수업시간 40분 동안, 철규가 손톱을 깨물지 않고 10분간 수업에 참여할 때마다 자유 놀이 시간을 5분씩 준다. 그러나 10분 이내에 손톱을 깨무는 행동이 나타나면 그 시간부터 다시 10분을 관찰한다. 이때 손톱 깨무는 행동이 나타나지 않으면 강화한다.
- ⓑ 관찰기록지

관찰 일시: 4월 7일(09:50~10:30)
관찰 행동: 손톱 깨무는 행동

관찰자		김 교사(주 관찰자)				최 교사(보조 관찰자)			
관찰 시간 (분)	발생 횟수	시작 시간	종료 시간	지속 시간 (분)	지속 시간 백분율 (%)	시작 시간	종료 시간	지속 시간 (분)	지속 시간 백분율 (%)
40	1	10:05	10:09	4		10:05	10:08	3	
	2	10:12	10:17	5		10:13	10:18	5	
	3	10:24	10:29	5		10:25	10:29	4	

- ⓢ 관찰 결과 그래프

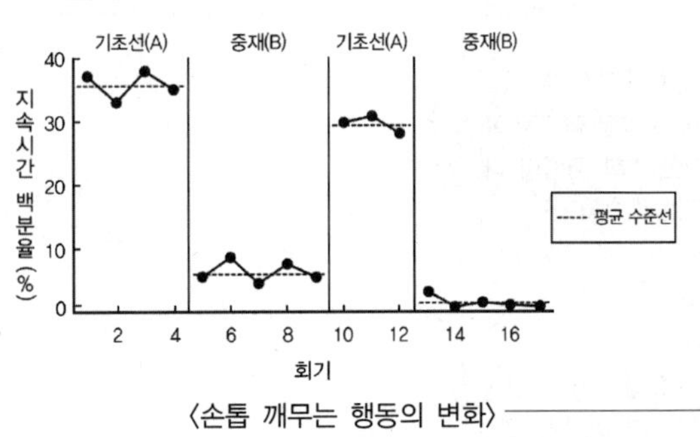

〈손톱 깨무는 행동의 변화〉

4) ⓢ의 그래프를 보고 표적행동의 변화 결과를 해석하시오. [1점]

- **독립변인**: 다른 변수에 영향을 주는 요인(교사의 중재)으로, 해당 문제에서는 '자유 놀이 시간을 간격회기 다른행동 차별강화(DRO)를 통해 제공하는 것'
- **종속변인**: 다른 변수에 의해 영향을 받는 요인(학생 행동)으로, 해당 문제에서는 '손톱 깨무는 행동'

ABAB 설계
행동에 대한 중재효과 입증을 위해 중재의 적용과 철회를 연속적으로 실시하는 단일대상 연구설계

손톱 깨무는 행동(종속변인)은 교사의 중재인 '자유 놀이 시간의 다른행동 차별강화'가 제시되면 감소하고, 제시되지 않으면 증가하고 있음

기본이론 204-205p

ABAB 설계

ABAB 설계

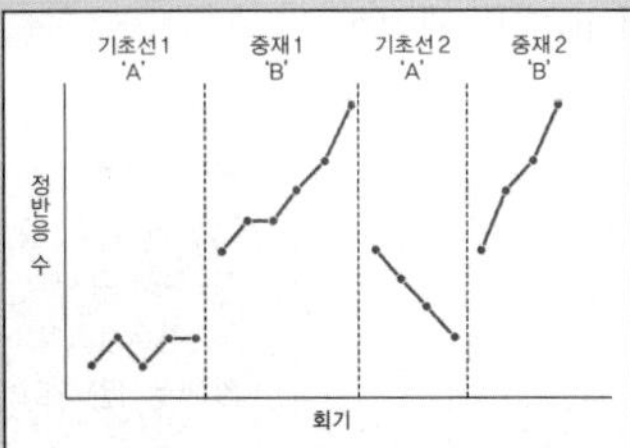

- **기초선(A1)**: 중재가 도입되기 전에 존재하던 조건하에서 표적행동에 대한 자료를 수집하는 최초의 기초선으로, 안정적인 기초선 자료를 수집함
- **중재(B1)**: 표적행동을 바꾸기 위해 선정된 중재의 최초 도입 구간. 표적행동이 준거에 도달할 때까지 혹은 행동의 바람직한 변화 경향이 나타날 때까지 중재는 계속됨
- **기초선(A2)**: 중재를 철회하거나 종료함으로써 원래의 기초선 조건으로 복귀해야 함
- **중재(B2)**: 중재 절차의 재도입 구간. 표적행동이 준거에 도달할 때까지 혹은 행동의 바람직한 변화 경향이 나타날 때까지 중재는 계속됨

- A1. 안정된 기초선 자료를 얻기 위해서는 최소한 자료점 3개 이상이 같은 방향으로 나타나야 한다.
- B1. 중재효과가 수용할 만한 안정세로 나타나지 않았음에도 A2로 반전하였다. 표적행동이 준거에 도달할 때까지 혹은 행동의 바람직한 변화 경향이 나타날 때까지 중재는 계속되어야 한다.

2021학년도 중등 B4

02 **(가)는 지적장애 학생 F에 대한 지도 중점 사항이고, (나)는 교육실습생이 기록한 학생 F의 수행 점검표이다. (다)는 학생 F의 문제행동 중재 결과이다. 〈작성방법〉에 따라 서술하시오. [4점]**

(가) 지도 중점 사항

- 독립적인 자립생활을 위해 적응행동 기술 교수
- 수업 중 소리 지르기 행동에 대해 지원

(다) 문제행동 중재 결과

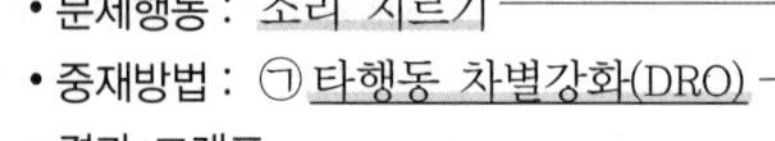

- 문제행동 : 소리 지르기

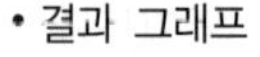

- 중재방법 : ㉠ 타행동 차별강화(DRO)
- 결과 그래프

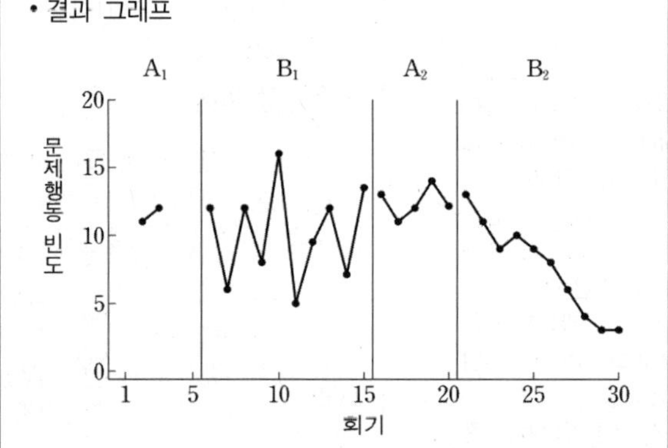

- **독립변인** : 다른 변수에 영향을 주는 요인(교사의 중재)으로, 해당 문제에서는 '타행동 차별강화(DRO)를 제공하는 것'
- **종속변인** : 다른 변수에 의해 영향을 받는 요인(학생 행동)으로, 해당 문제에서는 '소리 지르기'

작성방법

(다)의 ABAB 설계 적용 과정에서 나타난 오류를 2가지 서술할 것

기본이론 204-205p

ABAB 설계

ABAB 설계

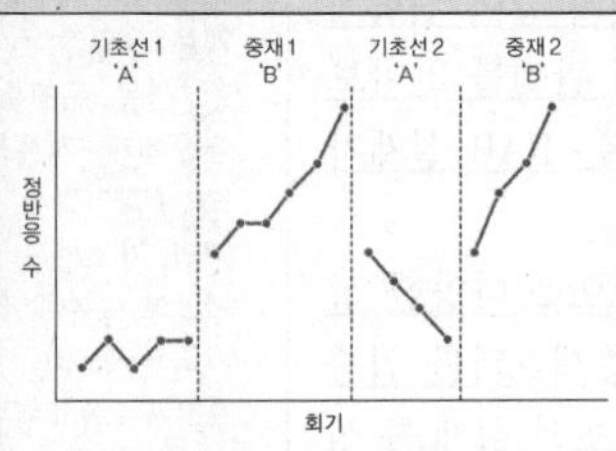

- **기초선(A1)**: 중재가 도입되기 전에 존재하던 조건하에서 표적행동에 대한 자료를 수집하는 최초의 기초선으로, 안정적인 기초선 자료를 수집함
- **중재(B1)**: 표적행동을 바꾸기 위해 선정된 중재의 최초 도입 구간. 표적행동이 준거에 도달할 때까지 혹은 행동의 바람직한 변화 경향이 나타날 때까지 중재는 계속됨
- **기초선(A2)**: 중재를 철회하거나 종료함으로써 원래의 기초선 조건으로 복귀해야 함
- **중재(B2)**: 중재 절차의 재도입 구간. 표적행동이 준거에 도달할 때까지 혹은 행동의 바람직한 변화 경향이 나타날 때까지 중재는 계속됨

① 반전 설계(ABAB 설계)
② 교사의 관심 제공

2023학년도 유아 A2

03 **다음은 발달지체 유아 서우를 위한 행동지원계획서의 일부이다. 물음에 답하시오. [5점]**

- ABC 관찰 요약

A	B	C
교사가 다른 유아와 상호작용 하고 있음	소리 내어 울기	교사가 서우를 타이르고 안아줌

- 문제행동 동기평가척도(MAS) 결과

구분	감각	회피	관심 끌기	선호물건/활동
문항점수	1. 1 5. 1 9. 2 13. 1	2. 1 6. 2 10. 1 14. 4	3. 5 7. 4 11. 5 15. 5	4. 1 8. 3 12. 3 16. 2
전체점수	5	8	19	9
평균점수	1.25	2	4.75	2.25

* 평정척도: 전혀 그렇지 않다 0점 ~ 항상 그렇다 6점

- 기능평가 결과를 토대로 설정한 가설

가설	㉠

- 기능분석 결과: 변인 간 기능적 관계가 입증됨

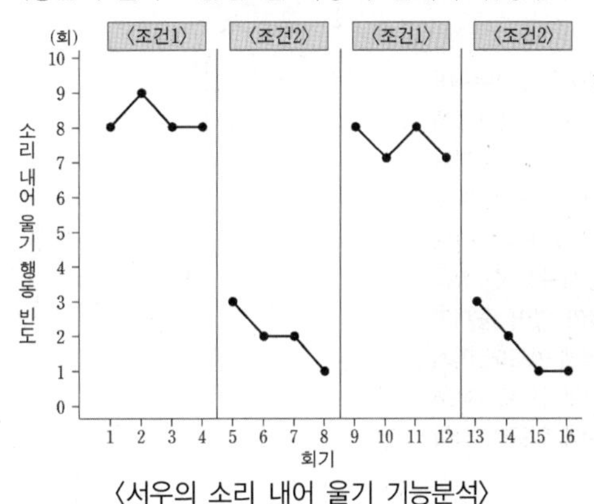

〈서우의 소리 내어 울기 기능분석〉

- 행동지원계획

…(하략)…

2) '서우의 소리 내어 울기 기능분석' 그래프를 보고, ① 기능분석을 위해 사용한 연구설계 방법을 쓰고, ② 〈조건 2〉는 무엇인지 쓰시오. [2점]

기본이론 201-213p, 219-222p

- 반전 설계
- 중다기초선 설계
- 조건변경 설계(중다중재 설계)

반전 설계의 단점

- 기초선 상태에서 실험을 종료하는 것은 현실적으로 윤리적인 문제를 유발함
- 반전이 불가능한 행동에는 반전 설계를 적용할 수 없음
  - 예 학업 관련 행동은 반전이 불가능하며, 주로 동기 관련 행동에 적용함

AB 설계

중재효과를 반복 입증할 수 없기 때문에 기능적 관계 입증이 어려움 → 내적타당도를 논할 수 없고, 외적타당도에 대해서도 언급할 수 없음

BAB 설계

- 자해행동이나 공격행동을 보이는 아동들을 대상으로 사용되는 연구설계
- 처음의 기초선 자료의 수집이 불가능하거나 윤리적으로 부적절한 경우 목표행동에 대한 중재의 효과를 알아보기 위해 BAB 설계를 사용할 수 있음
- 첫 번째 기초선 자료가 없어 중재가 행동의 자연스러운 발생 빈도에 미치는 영향을 평가하지 못하므로, ABA 설계보다는 기능적 관계 입증이 약함

②

2012학년도 중등 10

04 **다음은 현장 연구를 하기 위해 모인 교사들이 단일대상 연구 방법에 대해 나눈 대화이다. 대화의 내용 ㉠~㉤ 중에서 옳은 것만을 있는 대로 고른 것은?**

김 교사: 중재효과를 알아보기에 좋은 단일대상연구 방법을 사용해보셨나요? 반전 설계도 좋던데요.

민 교사: 네, 하지만 ㉠반전 설계는 중재를 제공했다가 제거하는 과정을 거치기 때문에, 때로는 윤리적인 문제가 있다는 점도 고려해야겠지요.

최 교사: 네, 그래서 저는 ㉡AB 설계를 통해 문제행동에 대한 기능적 분석을 하고, 인과관계도 쉽게 분석할 수 있어 좋았어요.

박 교사: ㉢점심시간에 짜증을 내는 것과 같이 위협적이지 않은 문제행동의 기능적 관계를 알아보기 위해서는 ABAB 설계보다는 BAB 설계가 더 적절한 것 같았어요.

정 교사: ㉣동시에 3명의 학생을 대상으로 다양한 상황에서 중재를 실시하여 그 중재효과를 입증할 수 있는 '대상자 간 중다기초선 설계'를 실시하는 것도 좋아요.

윤 교사: ㉤우리 반 학생이 과제에 집중하도록 '생각 말하기(think aloud)' 중재전략을 사용했다가 잘 안되어서 '자기점검하기'로 중재전략을 바꾸어 시도한 ABC 설계도 유용했어요.

> ㉣ 대상자 간 중다기초선 설계는 동일한 상황에서 동일한 행동 문제를 가진 여러 대상에게 적용하는 설계임 → 중다기초선 설계는 여러 개의 기초선을 측정해 순차적으로 중재를 적용하고, 그 이외의 조건을 동일하게 함으로써 목표행동의 변화가 오직 중재에 의해 변화한 것임을 입증하는 설계임

> ㉤ 중다중재 설계의 'ABC 설계' 유형 중 처치 간의 판단에 해당함 → 처치 간의 판단은 교사가 시도한 중재의 결과가 만족스럽지 못해 다른 중재를 시도해보고자 할 때 사용됨

① ㉠, ㉡　　② ㉠, ㉤
③ ㉠, ㉢, ㉤　　④ ㉡, ㉢, ㉣
⑤ ㉢, ㉣, ㉤

확장하기+

생태학적 타당도

- 통제된 실험실 또는 이와 유사한 상황에서 얼마나 일반화할 수 있는가와 관련된 타당도
- 외적타당도의 하위 개념
- 실험 환경의 자연스러움 정도, 연구자와 연구 대상자 간 라포 형성 정도, 실험 실시 과정과 과제의 자연스러움 정도, 실험 실시 시간과 기간의 적절성 등으로 범주화해 평가함

내적타당도와 외적타당도

- 중재효과의 반복 입증: 한 연구 내에서 중재효과를 반복해 보여주는 것은 연구대상의 행동 변화가 다른 변수 때문이 아니라 중재에 의한 것임을 보여주고, 독립변수의 효과에 대한 예측성과 검증력을 되풀이해 보여주는 것이므로 연구의 내적타당도를 높여줌
- 연구를 통해 입증된 실험 효과가 다양하고 광범위한 실험 참가자·장소·상황에 적용되어 일반화될 수 있는지 확인할 수 있는 외적타당도는 반복연구를 통해 이루어짐

→ 한 연구 내에서 내적타당도가 입증된 이후 반복연구를 통해 외적타당도를 확장시킴

기본이론 205-213p

중다기초선 설계

중다기초선 설계

- 1개 이상의 종속변인을 동시에 분석할 수 있는 설계
- 여러 개의 기초선을 측정해 순차적으로 중재를 적용하고, 그 이외의 조건을 동일하게 함으로써 목표행동의 변화가 오직 중재에 의해 변화한 것임을 입증하는 설계
- 적절한 시점에 중재를 순차적으로 도입해, 중재의 효과를 3번 반복 입증함으로써 기능적 관계를 입증함

중다기초선의 장점

- 반전 설계에서처럼 중재의 철회나, 준거변경 설계에서처럼 준거의 점진적 변경 없이도 기능적 관계를 확립할 수 있어 교실에서 사용하기 편리함
- 두 개 이상의 기초선에 시차를 두고 중재를 적용해 경쟁 가설(외생변인 개입 가능성)을 쉽게 배제할 수 있음
- 내적 타당도와 외적 타당도가 높은 설계임

중다기초선의 단점

- 다수의 기초선을 동시에 측정해야 함
- 기초선 수집 기간이 비교적 긺 → 기초선 기간이 연장될수록 학습자를 지루하게 하거나 지치게 하는 등 부정적인 영향을 미침으로써 타당성이 없는 결과를 초래할 수 있고, 특히 즉각적인 관심을 필요로 하는 행동일 경우 중재를 연기하는 것은 윤리적으로 부적절함

모범답안

③

2009학년도 중등 22

05 **다음 그래프는 수업을 방해하는 문제행동을 감소시키기 위한 중재의 결과를 분석한 것이다. 이를 보고 옳은 설명을 〈보기〉에서 고른 것은?**

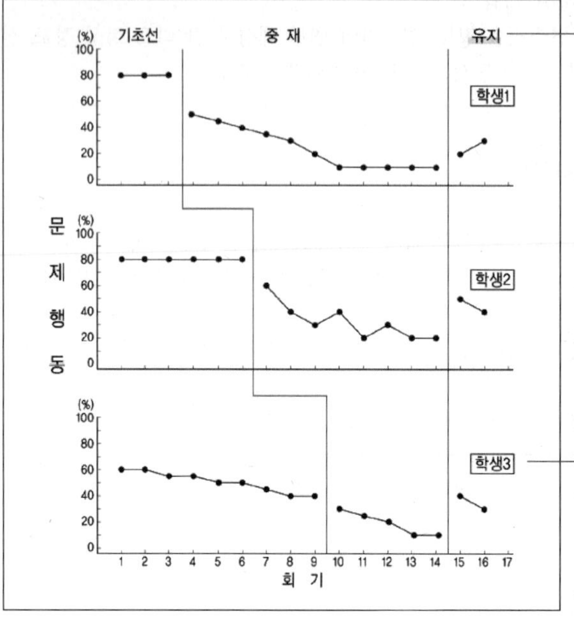

유지 구간을 두는 이유
시간이 지나도 중재의 효과가 지속되는 것을 보여주기 위해 실시함

중다기초선 설계 기초선(종속변인) 오류
- 기초선의 안정성
- 기초선의 기능적 유사성과 기능적 독립성

→ 학생2에게 중재가 투입된 후 중재를 받지 않은 학생3의 기초선이 변화하였으므로 공변현상이 발생함. 이는 기초선이 기능적 독립성을 확보하지 못했기 때문임

보기

ㄱ. 대상자 간 중다간헐기초선 설계가 사용되었다.
ㄴ. 이 설계는 다수의 기초선을 동시에 측정해야 한다.
ㄷ. 이 설계는 교사가 실제 교육 현장에서 사용하기 용이하다.
ㄹ. 학생 2와 학생 3의 기초선 자료는 중재를 실시하기에 적합하였다.

중다기초선 설계와 중다간헐기초선 설계의 차이점은 여러 기초선 시간에 수집하는 자료의 수를 줄였다는 점임

① ㄱ, ㄴ ② ㄱ, ㄷ
③ ㄴ, ㄷ ④ ㄴ, ㄹ
⑤ ㄷ, ㄹ

기본이론 205-213p

- 중다기초선 설계
- 중다간헐기초선 설계

중다간헐기초선 설계의 기본전제

- 기초선이 안정적인 것이 확실할 때 중다간헐기초선 설계의 사용을 권장함
- 첫 행동에 대한 반응 일반화가 일어나는 경우에도 간헐 회기에 의한 기초선은 그러한 현상의 파악을 지연시키거나 아예 방지해 버림. 따라서 종속변수를 선정할 때 기능적 독립성을 확실히 해야 하며, 독립변인을 소개하기 전에 자료 수집을 위한 적정 수의 회기를 확인해야 함

중다간헐기초선 설계의 특징

- 중다기초선 설계에서 다수의 기초선을 동시에 측정하는 부담을 줄이기 위해 중다기초선 설계를 변형하여 여러 기초선 기간에 수집하는 자료의 수를 줄임
- 대신, 중재를 시작하기 전에 기초선 수준에 큰 변화가 없었음을 확신할 수 있을 정도로 간헐적으로 자료를 수집함
- 간헐적으로 기초선 자료를 수집하는 이유는 인력이나 시간상의 이유로 인해 지속적으로 기초선을 측정하기가 어렵거나, 기초선 측정에 대해 대상자가 심한 반응성을 보이거나, 기초선 자료의 안정성에 대한 강한 가정을 사전에 전제할 수 있기 때문임

2) 행동 간 중다간헐기초선 설계

3) 중재에 대하여 ⓐ, ⓑ는 기능적으로 유사하지만 ⓒ는 기능적으로 유사하지 않은 종속변수이기 때문이다.

2024학년도 초등 B1

06 **(가)는 학습 공동체에서 정서 · 행동장애 학생 영지에 대해 두 교사가 나눈 대화의 일부이고, (나)는 담임 교사가 실시한 중재의 결과 그래프이다. 물음에 답하시오. [5점]**

(가)

수석 교사: 어떤 연구 설계를 적용하실 건가요?
담임 교사: AB 연구 설계로 중재할 계획이에요.
수석 교사: AB 연구 설계는 중재 효과의 입증에 어려움이 있어요. 영지의 세 가지 문제 행동에 동일한 중재를 실시할 때, 기초선 기간이 길어지거나 문제 행동이 고착되지 않도록 (㉣) 설계로 계획하는 것이 좋지 않을까요? [C]
담임 교사: 네, 반영하여 실시할게요.

〈중재 실시 후〉

담임 교사: 선생님, 영지의 때리기와 침 뱉기 행동이 감소했어요. 그런데 자리 이탈 행동에 대해서는 중재 효과가 나타나지 않았어요.

중다기초선 설계 – 종속변인 선정의 오류

- 각각의 기초선은 기능적으로 유사해야 하며, 이로 인해 중재에 대한 비일관적인 반응을 방지하고 일관적인 반응을 해야 함
- 각각의 기초선은 기능적으로 독립적이어야 하며, 이로 인해 중재가 적용되기 전에는 종속변인이 안정된 상태를 유지하고 있어야 함. 이는 하나의 표적행동에 중재가 적용되었을 때, 중재가 적용되지 않은 다른 표적행동들이 적용된 중재의 영향을 받지 않아야 한다는 의미임

(나)

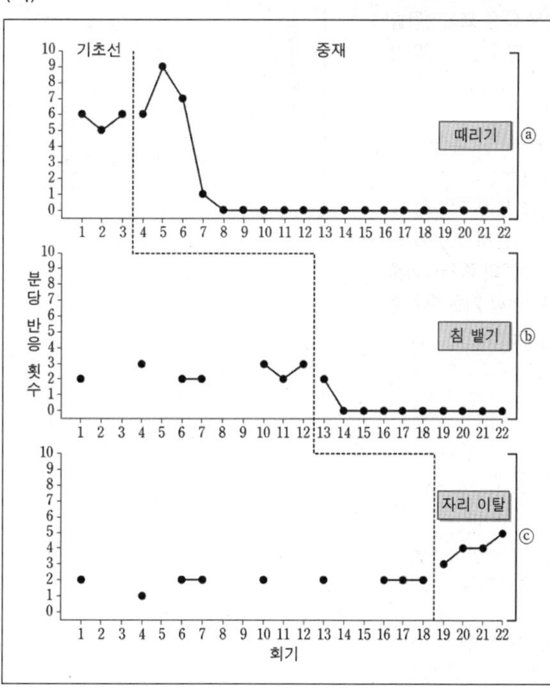

2) (가)의 [C]와 (나)를 근거로 ㉣에 해당하는 용어를 쓰시오. [1점]

3) (나)의 ⓒ에서 중재 효과가 나타나지 않은 이유를 (나)의 ⓐ, ⓑ와 비교하여 행동의 기능 측면에서 1가지 쓰시오. [1점]

기본이론 205-213p

- 중다기초선 설계
- 중다간헐기초선 설계

중다기초선 설계 – 종속변인 선정의 오류

- 각각의 기초선은 기능적으로 유사해야 하며, 이로 인해 중재에 대한 비일관적인 반응을 방지하고 일관적인 반응을 해야 함
- 각각의 기초선은 기능적으로 독립적이어야 하며, 이로 인해 중재가 적용되기 전에는 종속변인이 안정된 상태를 유지하고 있어야 함. 이는 하나의 표적행동에 중재가 적용되었을 때, 중재가 적용되지 않은 다른 표적행동들이 적용된 중재의 영향을 받지 않아야 한다는 의미임

중다기초선 설계 – 중재투입 오류

- 기초선의 안정성 확보
- 순차적 중재 투입을 통해 기능적 관계를 입증함. 즉, 첫 번째 조건에 중재를 투입해 목표 수준의 중재효과를 보인 뒤, 안정된 두 번째 기초선에 중재를 순차적으로 투입함

상황 간 중다기초선 설계

중재투입 오류

- 장소 B의 기초선의 안정성이 확보되지 않았다(반치료적 경향을 보이지 않는다).
- 장소 A에서 중재효과가 충분히 입증되지 않았음에도 장소 B에 중재가 투입되었다.

중다간헐기초선 설계가 이 연구 설계의 단점을 보완할 수 있는 이유는 여러 기초선 기간에 수집하는 자료의 수를 줄였기 때문이다. 또는 길어진 기초선 수집 기간 동안에 빈번하게 나타나는 부적절한 행동을 막아줄 수 있기 때문이다.

2015학년도 중등 B4

07 **다음은 김 교사가 학생 A의 바람직하지 않은 행동을 감소시킨 결과이다. 이 단일대상연구 설계의 명칭을 쓰고, 김 교사가 적용한 단일대상연구에서 나타난 오류를 1가지 찾고, 그 이유를 2가지 쓰시오. 그리고 중다간헐기초선 설계가 이 연구 설계의 단점을 보완할 수 있는 이유를 1가지 쓰시오.** **[5점]**

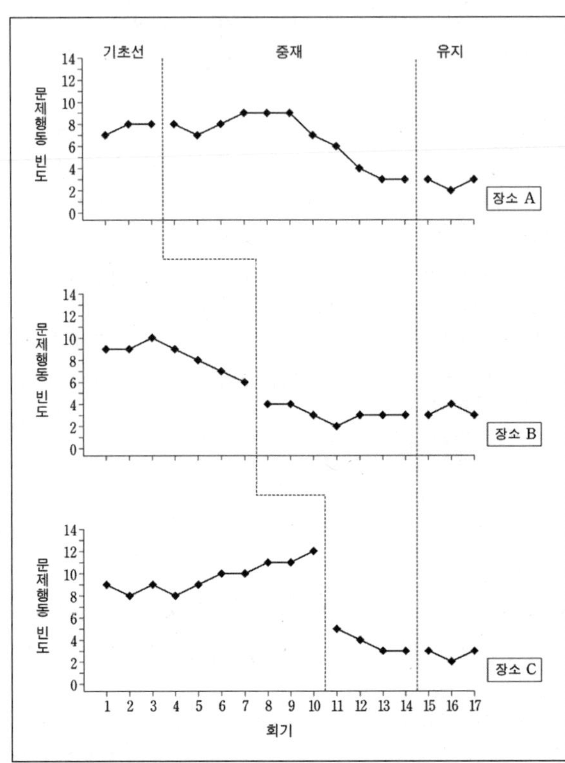

참고자료
기본이론 205-213p

키워드
중다기초선 설계

구조화 틀

핵심개념
중다기초선 설계의 유형

- **행동 간 중다기초선 설계**
  - 동일한 상황에서 동일한 사람의 여러 행동에 적용하는 설계로, 기능적으로 유사하지만 독립적인 행동을 세 개 이상 선택함
  - **장점**: 한 대상자의 유사한 행동에 대한 중재효과를 보여줄 수 있음
  - **제한점**: 행동 간 동시변화가 일어날 수 있으며, 이 경우 기능적 관계 입증이 약화됨
- **상황 간 중다기초선 설계**
  - 동일한 사람의 동일한 행동에 대해 여러 상황에 적용하는 설계로, 같은 대상자가 같은 행동에 대해 서로 다른 환경에서 중재를 제공받는 것
  - **장점**: 한 개인에 대한 중재효과의 일반성을 여러 상황에서 보여줄 수 있음
  - **제한점**: 외생변인의 개입을 통제하기 어려움
- **대상 간 중다기초선 설계**
  - 동일한 상황에서 동일한 행동 문제를 가진 여러 대상에게 적용하는 설계
  - 대상자들은 동일한 중재에 유사한 반응을 보일 것으로 충분히 예측할 수 있을 만큼 서로 유사해야 하며, 동시에 다른 대상자의 행동 변화에 따라 본인의 행동에 변화를 초래하지 않을 만큼 서로 독립적이어야 함
  - **장점**: 유사한 행동 변화의 필요성이 있는 다수의 대상자에게 중재효과를 입증할 수 있음
  - **제한점**: 대상 간 행동의 동시변화가 나타날 수 있고, 여러 대상자를 동시에 관리해야 하는 어려움이 있음

모범답안
① 대상자 간 중다기초선 설계
② 민우의 기초선이 안정적이지 않을 때 중재를 투입하였다.
민우의 중재효과가 입증되지 않은 상황에서 성미에게 중재를 투입하였다.

2016학년도 유아 B2

08 **(가)는 박 교사가 3명의 유아를 대상으로 실시한 중재 결과를 보여주는 그래프이고, (나)는 중재 시 활용한 활동계획안의 일부이다. 물음에 답하시오. [5점]**

(가) 중재 결과 그래프

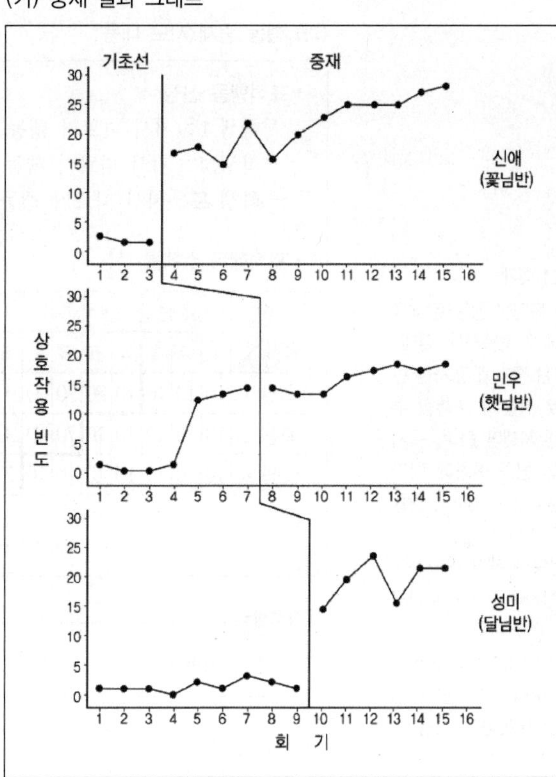

1) (가)에서 ① 사용한 연구 설계 방법의 명칭을 쓰고, ② 중재를 시작한 시점과 관련한 교사의 오류 2가지를 쓰시오. [3점]

기본이론 205-213p

중다기초선 설계

대상 간 중다기초선 설계

- 동일한 상황에서 동일한 행동 문제를 가진 여러 대상에게 적용하는 설계
- 대상자들은 동일한 중재에 유사한 반응을 보일 것으로 충분히 예측할 수 있을 만큼 서로 유사해야 하며, 동시에 다른 대상자의 행동 변화에 따라 본인의 행동에 변화를 초래하지 않을 만큼 서로 독립적이어야 함
- **장점**: 유사한 행동 변화의 필요성이 있는 다수의 대상자에게 중재효과를 입증할 수 있음
- **제한점**: 대상 간 행동의 동시변화가 나타날 수 있고, 여러 대상자를 동시에 관리해야 하는 어려움이 있음

대상자 간 중다기초선 설계

2020학년도 중등 B9

09 (가)는 정서 · 행동장애 학생 I, J, K에 대한 김 교사의 행동 중재 지도 내용이다. (나)는 학생 I의 행동계약서 예시이고, (다)는 행동계약 규칙이다. 〈작성방법〉에 따라 서술하시오. **[4점]**

(가) 행동 중재 지도 내용

- 표적행동 선정
  - 학생 I: 지시 따르기 행동
  - 학생 J: 지시 따르기 행동
  - 학생 K: 지시 따르기 행동

- 표적행동 수행률

학생 / 회기	기초선			중재											
	1	2	3	4	5	6	7	8	9	10	11	12	13	14	15
학생 I	10	10	10	70	80	90	90	90	90	90	90	90	90	90	90
학생 J	10	10	10	10	10	70	80	90	90	90	90	90	90	90	90
학생 K	10	10	10	10	10	10	10	70	80	90	90	90	90	90	90

…(하략)…

작성방법

(가)에서 사용된 단일대상 설계를 1가지 쓸 것

기본이론 205-213p

중다기초선 설계

중다기초선 설계의 실행 절차

① 교사는 각 종속변인에 대한 자료를 동시에 수집함. 기초선 조건하에서의 각 학생, 행동, 상황에 대한 자료를 수집함

② 첫 번째 변인에 대해 안정적인 기초선이 확립된 후에 그 변인에 대한 중재가 시작됨. 이 중재 기간 동안에 남아 있는 변인에 대한 기초선 자료 수집은 계속됨

③ 두 번째 변인에 대한 중재는 첫 번째 변인이 행동목표에 설정해놓은 준거에 도달했을 때, 혹은 첫 번째 변인에 대한 중재 자료가 연속 3회 바람직한 방향으로 경향을 보일 때 시작해야 함

④ 첫 번째 변인에 대한 중재는 계속되어야 하고, 세 번째 변인이 있을 때는 그에 대해 기초선 자료가 여전히 수집되어야 함

⑤ 이 순서는 행동 변화 프로그램에 명시된 모든 변인에 중재가 적용될 때까지 계속됨

① 대상자 간 중다기초선 설계는 종속변인이 3명의 대상자이고, 상황 간 중다기초선 설계는 종속변인이 3개의 상황(장소)이다.

② 첫 번째 중재가 안정적으로 효과가 입증되고, 급식실 상황의 기초선이 안정되었을 때 중재를 투입한다.

2021학년도 초등 A4

10 **(가)는 사회과 수업 설계 노트의 일부이고, (나)는 상황 간 중다기초선 설계 그래프이다. 물음에 답하시오. [6점]**

(가) 수업 설계 노트

- 평가 방법
  - 자기평가
    - 교사에 의해 설정된 준거와 비교하기
    - (㉡)와/과 비교하기
    - 다른 학생들의 수준과 비교하기
  - 교사 관찰 : ㉢<u>상황 간 중다기초선 설계</u>
  - 부모 면접

(나) 상황 간 중다기초선 설계 그래프

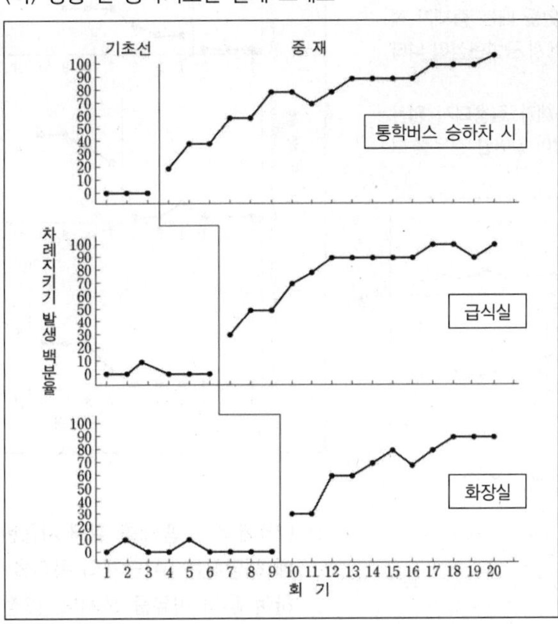

3) ① ㉢과 대상자 간 중다기초선 설계를 비교하여 차이점을 1가지 쓰며, ② (나)에서 첫 번째 중재 후 두 번째 중재의 투입 시점을 결정하는 기준을 1가지 쓰시오. [3점]

참고자료

기본이론 205-213p

키워드

중다기초선 설계

구조화틀

핵심개념

공변현상

- 기초선들이 기능적으로 독립적이라는 예측이 맞지 않았을 때는 중재가 적용되지 않은 층에서 공변현상이 나타난 것
- 아래 그림은 중재가 적용되지 않은 층에서 공변현상이 일어난 경우를 보여주는 그래프

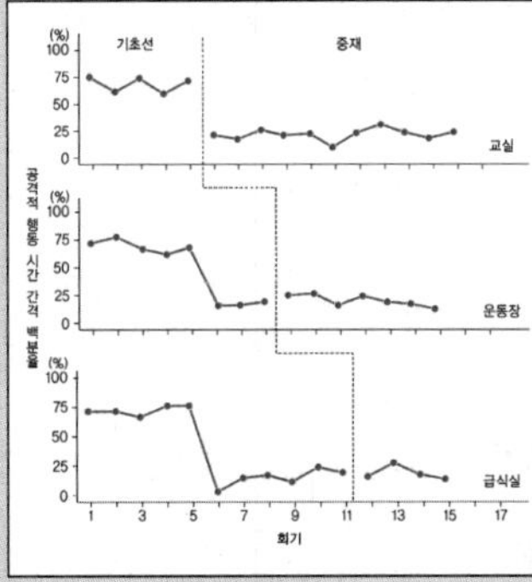

모범답안

① 행동 간 중다기초선 설계
② 중재의 효과가 시간이 지났음에도 지속되고 있는지를 보기 위해 유지 구간을 둔다.
③ 기초선이 기능적으로 독립적이지 못해 행동 간 동시변화가 발생하였다.

2022학년도 유아 A2

11 **(가)와 (나)는 유아특수교사가 윤희와 경호에게 실행한 중재기록의 일부이다. 물음에 답하시오. [5점]**

(가) 윤희

- 친구와의 상호작용 향상을 위해 3가지 목표행동을 선정하여 또래교수를 실시함
- ㉠ 중재 종료 한달 후 각각의 목표행동 빈도를 측정함
- ㉡ 도움 요청하기는 기초선 단계에서 목표행동이 증가함

유지 구간을 두는 이유
시간이 지나도 중재의 효과가 지속되는 것을 보여주기 위함

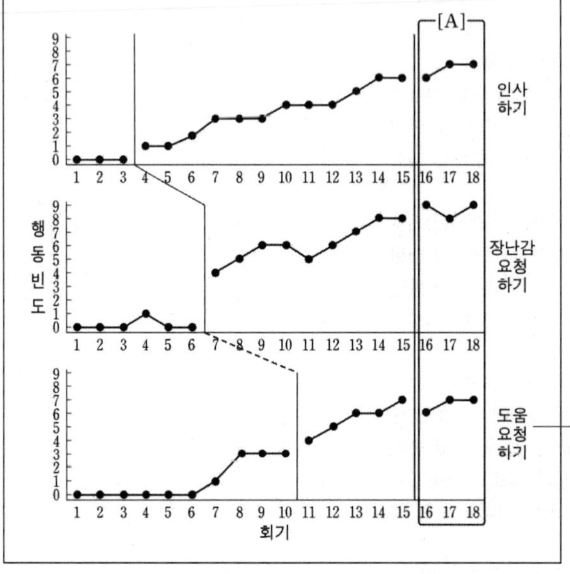

'장난감 요청하기' 구간에 중재가 투입되자, 아직 중재를 받지 않은 '도움 요청하기' 구간의 기초선이 변화됨
→ 공변현상

1) (가)에서 ① 중재를 위해 사용한 설계 방법을 쓰고, ② ㉠에 해당하는 [A]단계의 목적을 쓰시오. ③ 그래프에 근거하여 ㉡의 이유를 쓰시오. [3점]

참고자료

기본이론 213-219p

키워드

기준변경 설계(준거변경 설계)

구조화 틀

핵심개념

기준변경 설계

- 중재가 행동에 미치는 효과를 알아보기 위한 설계 방법으로, 중재를 적용하면서 행동의 기준을 계속 변화시키는 설계
- **행동의 기준**: 행동이 중재 적용 동안에 얼마만큼 변화해야 한다고 미리 정해놓은 달성 수준
- **중재효과**: 행동이 주어진 기준에 도달하는 변화를 나타냈는지에 의해 결정됨. 기준의 단계적인 변화에 맞춰 행동이 일관성 있게 변화한다면, 행동의 변화는 중재 때문임을 입증할 수 있음
- **기능적 관계 입증**: 최소한 3~4번의 기준 변동에 따른 중재효과를 보여야 함

모범답안

기준변경 설계(준거변경 설계)

각 단계별로 미리 정해진 기준만큼 연속 2회기 도달할 경우 중재효과를 판단할 수 있다.

2015학년도 유아 B7

12 **철수는 유아특수학교에 다니는 5세 지체장애 유아이다. (가)는 철수의 현재 수준이고, (나)는 김 교사의 중재 연구 설계안의 일부이며, (다)는 지도상의 유의점이다. 물음에 답하시오. [5점]**

(가) 철수의 현재 수준

- 실제로는 네모가 아닌 경우에도 상자를 닮은 것은 모두 "네모"라고 말함
- 도형의 속성(뾰족한 점, 구부러진 선, 닫힌 상태 등)을 인지하지 못함
- 외견상 비슷한 도형끼리 짝을 지을 수 있음

(나) 중재 연구 설계안

목표	도형의 속성에 관하여 말 또는 행동으로 표현할 수 있다.
연구 절차	• 도형 속성 인식률 80%를 최종 목표 수준으로 설정한다. • 각 단계별로 성취 수준을 연속 2회기 유지할 경우에 다음 단계로 진행한다. • 다음의 순서대로 목표를 변경한다. – 1단계 기준: 도형 속성 인식률 10% 성취하기 – 2단계 기준: 도형 속성 인식률 20% 성취하기 …(후략)…
결과 기록	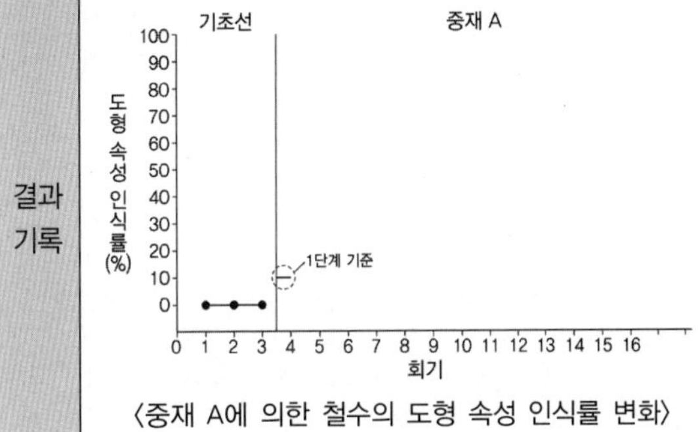 〈중재 A에 의한 철수의 도형 속성 인식률 변화〉

기준의 정도를 최소한 연속 2회기 또는 연속 3회기 중 2회기를 계속해서 수행하도록 설정하는 것은 안정된 경향을 보일 때까지 자료를 수집하기 위함 → 각 실험 조건이 다음 조건의 기초선 역할을 수행하기 때문임

2) (나)에서 김 교사가 계획한 연구 설계의 명칭을 쓰고, 중재 A의 효과를 판단할 수 있는 근거 1가지를 쓰시오. [2점]

확장하기+

기준변경설계의 실행

① 목표행동을 신중하게 정의한다. 목표행동은 반드시 점진적이고 단계적으로 변화할 수 있는 것이어야 한다.
② 기초선 자료를 수집한다. 기초선 자료는 수용할 만한 안정세를 보이거나 반치료적 경향을 보일 때까지 수집한다.
③ 수행 수준(기준)을 결정한다.
④ 중재를 시작한다.
⑤ 첫 번째 기준이 성취되면 다음 조건을 도입한다. 이때 기준 정도는 최소한 연속 2회기 또는 연속 3회기 중 2회기를 계속해서 수행해야 한다. 그러나 기준 정도에서 안정된 경향을 보일 때까지 자료를 수집하는 것이 중요하다. 그 이유는 각 실험 조건이 다음 조건의 기초선 역할을 수행하기 때문이다.
⑥ 최종 목표에 도달할 때까지 순차적으로 다음 실험 조건을 실시한다.
⑦ 중재의 실행 도중에 교사가 설정한 하위 구간의 준거가 적합한지에 대해 끊임없이 관심을 기울여야 한다. 만약 몇 차례에 걸쳐 시도했음에도 학생이 준거를 충족시키지 못하면 교사는 강화를 주기 위한 중간 준거를 낮출 것인지 고려할 수 있다. 반대로 목표를 너무 쉽게 획득하는 경우라면 교사는 강화를 주기 위한 중간 준거를 높일 것인지를 고려해야 한다.

참고자료

기본이론 213-219p

키워드

기준변경 설계(준거변경 설계)

구조화 틀

핵심개념

기준변경 설계의 기능적 관계 입증

- 기준변경 설계에서는 처음 기초선 자료가 반드시 안정적이어야 중재를 시작할 수 있음
- 기준을 변경하기 위해서는 바로 앞 중재 기간에서 안정적인 자료 수준을 보여야 함
- 한 연구에서 최소한 4번의 기준 변동에 따른 중재 효과를 보여야 기능적 관계 입증이 가능함

모범답안

기준변경 설계(준거변경 설계)

2017학년도 중등 A6

13 **(가)는 수업시간에 확인하는 질문을 과도하게 하는 정서 · 행동장애 학생에 대한 행동관찰기록의 일부이고, (나)는 이 행동을 중재한 결과를 나타낸 그래프이다. (나)의 연구설계법 명칭을 쓰시오. [2점]**

(나) 중재 결과

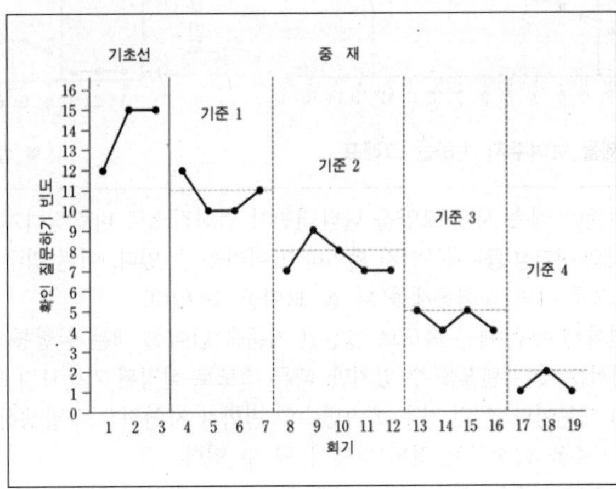

확장하기+

기준변경 설계를 적용할 때 실험통제를 보여주는 데 문제가 되는 경우

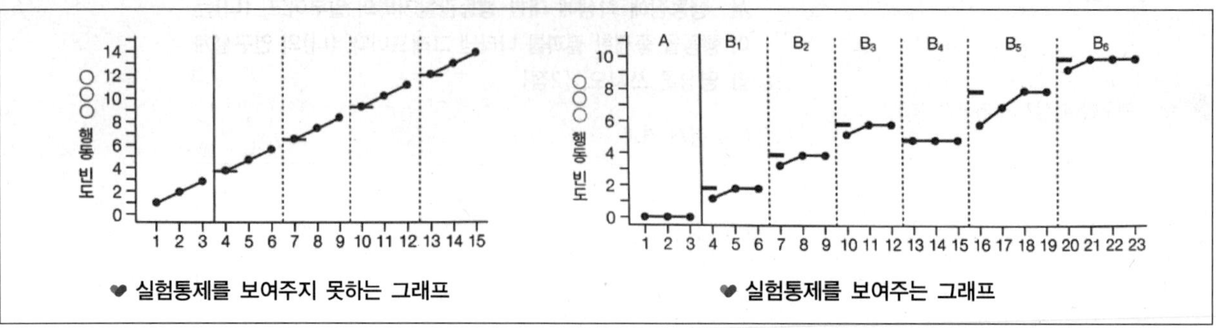

실험통제를 보여주지 못하는 그래프

실험통제를 보여주는 그래프

- 종속변수의 수행 수준이 계속 사선 모양을 나타내면서 점진적으로 바람직하게 변한다면, 그런 변화가 중재 때문인지 외생변수(예 성숙·시간·중재의 신기성 등) 때문인지 확인하기 어려울 수 있다. 이런 경우에는 하위 중재 상황을 좀 더 길게 하거나 종속변수 기준의 변화를 크게 하면 실험통제를 더 잘 보여줄 수 있다.
- 종속변수의 수준 변화가 아주 빠른 속도로 설정된 기준을 넘어설 때는 실험통제를 보여주기 어렵다. 종속변수의 수준이 설정된 기준보다 약간 넘어서는 것은 괜찮을 수 있지만, 빠른 속도로 설정된 기준보다 월등하게 좋을 때는 그런 변화가 중재 때문이라는 확신을 갖기 어렵기 때문이다. 이런 경우 종속변수의 변화가 자연적으로 발생하는 것이 아님을 입증하기 위해 중재 목표 방향과 반대 방향의 변화 기준을 설정하는 것도 방법이 될 수 있다.
- 종속변수의 수준 변화가 설정된 기준과 일치하지 않을 때(안정성이 없을 때)도 실험통제를 보여주기에 어려움이 있다. 즉, 자료가 기준 변화에 따라 계단식으로 변화하지 않고 들쑥날쑥하게 기준보다 높거나 낮게 나타날 때 중재 효과를 입증하기 어렵다는 것이다. 이런 경우 종속변수 기준 설정을 특정 수치가 아닌 일정 범위로 하거나, 종속변수 수준의 목표와 역방향의 기준을 설정하면 실험통제를 보여줄 수 있다.
- 종속변수 변화 기준의 크기에 따라서 중재 효과를 입증하기 어려운 경우가 있다. 예를 들어, 종속변수 변화 기준은 점진적으로 조금씩 커지는데 종속변수 자료의 변화율이 크다면 종속변수 자료의 변화가 기준 변화에 따른 것인지 확신하기 어렵다. 따라서 종속변수 기준 변화의 크기는 연구 대상이 설정된 기준을 달성할 수 있을 만큼 작아야 하고, 종속변수 자료의 변화가 중재 때문임을 보여줄 만큼 커야 한다. 이를 해결하는 방법은 처음 한두 개의 하위 중재 상황에서는 변화 기준을 만족시키기 쉽도록 기준 변화를 작게 하고, 기준 변화의 크기를 점점 키워가는 것이다.

참고자료

기본이론 213–219p

키워드

기준변경 설계(준거변경 설계)

구조화틀

핵심개념

기준변경 설계의 실험통제 강화 요인 (기능적 관계 강화 요인)

- **안정된 비율이 확립될 때까지 하위 구간 자료 계속 수집하기**: 다음 하위 구간으로 넘어가기 전에 행동을 2회기(혹은 3회기 중 2회기) 동안 중간 준거에 유지시키는 것은 충분한 통제를 입증하는 것 → 각 하위 구간은 뒤따르는 하위 구간에 대한 기초선으로 작용하고, 그 하위 구간은 다음 하위 구간이 시작되기 전에 안정적인 비율이 확립될 때까지 계속되기 때문
- **하위 구간의 회기 수 바꾸기**: 각 하위 구간은 중간 준거에 따라 보통 3회기가 지속되나, 몇몇의 하위 구간에서는 이 회기를 다르게 할 수 있음
  - 예 중재 기간이 새로운 기준으로 제시될 때마다 3회기, 5회기, 3회기, 4회기로 서로 다르게 적용해볼 수 있음
- **하위 구간에서 요구되는 수행의 증가량(혹은 감소량) 다양화하기**: 준거 변화의 크기를 다양하게 하면 종속변수의 변화가 독립변수 때문임을 더 잘 입증할 수 있음
  - 예 기준의 변경 정도를 동일 간격이 아니라 1회, 3회, 2회, 4회 등으로 다양하게 변화시키는 것
- **1개 이상의 구간에서 최종 목표에 반대되는 방향으로 변화 요구하기**: 학생이 이전에 숙달한 준거 수준으로 복귀하는 것은 ABAB 설계에서 기초선 조건으로 복귀하는 것과 유사한 반전 효과를 나타냄 → 종속변수의 변화가 자연적으로 발생한 것이 아님을 나타냄

모범답안

(다음 중 한 가지로 작성)

- 안정된 비율이 확립될 때까지 하위 구간을 계속한다.
- 하위 구간의 회기 수를 바꾼다.
- 하위 구간에서 요구되는 수행의 증가량 혹은 감소량을 다양화한다.
- 1개 이상의 구간에서 최종 목표에 반대되는 방향으로 변화(이전 수준 반전 또는 기초선 수준으로의 반전)를 요구한다.

2018학년도 초등 A2

14 **(가)는 정서 · 행동장애 학생 정우의 행동 특성이고, (나)는 정우의 행동지원을 위한 통합교사와 특수교사의 대화이다. 물음에 답하시오. [5점]**

(가)

> • 친구들을 자주 때리고 친구들에게 물건을 집어던짐
> • 교사의 지시에 대해 소리 지르고 거친 말을 하며 저항함
> • 수업 시작종이 울려도 제자리에 앉지 않고 교실을 돌아다님

(나)

> 특수교사: 현재 정우가 시작종이 울린 후에 제자리에 앉기까지 걸리는 평균 시간이 어느 정도죠?
> 통합교사: 대략 5분은 되는 것 같아요.
> 특수교사: 그렇다면 ㉡ <u>처음에는 정우가 시작종이 울린 후 제자리에 앉기까지 걸리는 현재의 평균 시간보다 약간 짧은 시간 내에 자리에 앉으면 토큰을 주고 그것이 성공하면 그 시간을 단계적으로 단축해가면서 토큰을 주는 방법</u>을 적용할 수 있어요.
> 통합교사: 아! 그 방법이 좋겠네요. 한번 사용해볼게요.

3) 다음은 통합교사가 (나)의 밑줄 친 ㉡을 수행하는 과정을 보여 주는 기준변경 설계 그래프이다. 이 설계를 사용할 때 내적타당도를 높이기 위해 [A]에서 적용할 수 있는 방법 1가지를 쓰시오. [2점]

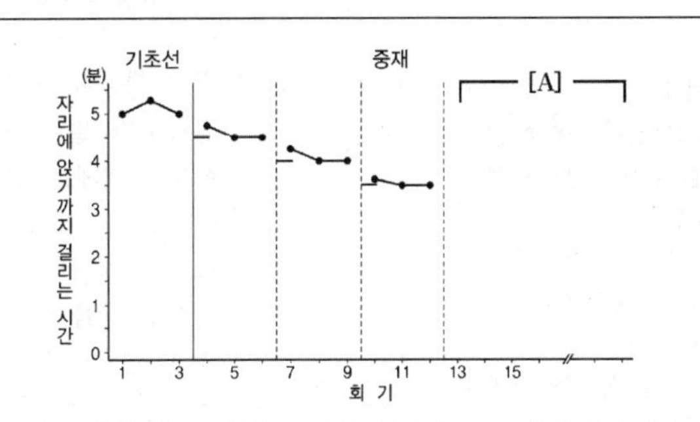

* 각 구간에 있는 X축과 평행한 선(−)은 그 구간의 기준 수준을 의미한다.

참고자료

기본이론 213-219p

키워드

기준변경 설계(준거변경 설계)

구조화 틀

핵심개념

기준변경 설계의 특징

- 최종 행동 변화의 목표가 학생의 기초선 수준에서 상당히 떨어져 있을 때 적합함
- 행동 형성 절차의 효과를 측정하는 데 적합함
- 빈도 · 지속시간 · 반응시간 · 힘 등으로 측정되는 행동을 가속하거나 감속할 때 유용함

기준변경 설계의 장점

- 대상자의 행동 레퍼토리 안에 있으면서 단계적으로 증가 혹은 감소시킬 수 있는 행동에 적합함
- 단계적인 변화를 통해 처음부터 불가능한 기준을 요구해 생길 수 있는 좌절을 방지할 수 있음
- 중재와 목표행동 간의 기능적 관계를 입증하기 위해 중재를 반전시킬 필요가 없음(내적타당도를 강화하기 위해 설계 시 기준의 반전을 넣는 경우는 예외)

기준변경 설계의 단점

- 점진적이고 단계적으로 변화할 수 없는 행동 또는 빠른 수정이 필요한 행동에는 적절하지 않음
- 습득 단계의 교수보다는 이미 습득한 행동의 증가나 감소를 목적으로 하는 경우로 그 사용이 제한됨
- 실험통제의 입증 기준 정도의 '주관적인' 예측에 의존함
- 설계의 계획과 실행에 많은 시간과 노력이 필요함

모범답안

- 기준변경 설계
- 중재와 목표행동 간의 기능적 관계를 입증하기 위해 중재를 반전시킬 필요가 없으므로 윤리적 문제를 야기하지 않는다.

2022학년도 중등 B6

15 **(가)는 지적장애 학생 E의 문제행동에 관해 초임 교사와 경력 교사가 나눈 대화의 일부이고, (나)는 학생 E의 표적행동을 관찰한 결과이다. 〈작성방법〉에 따라 서술하시오. [4점]**

(가) 대화

초임 교사: 선생님, 학생 E가 수업시간에 앉아 있지 못하고, 교실을 돌아다니거나 산만하게 행동하더라고요. 학생 E의 문제행동 변화를 위해 관찰 결과표를 작성하여 먼저 기초선을 측정해야 할 것 같은데요.

…(중략)…

경력 교사: 학생 E에게 그 중재방법이 효과가 있을 것 같아요. 그렇다면 표적행동에 대한 중재효과는 어떻게 평가해볼 계획인가요?

초임 교사: 중재를 실시하면서 착석행동 시간이 얼마나 증가하는지 지속해서 측정해볼까 해요. 그런데 목표 수준은 어떻게 잡으면 좋을까요? 지금은 착석행동 시간이 매우 짧아요.

경력 교사: 그렇게 표적행동이 지나치게 낮은 비율이나 짧은 지속시간을 보이는 경우에는 최종 목표를 정하고, 이에 도달하기 위한 중간 목표들을 세우고 단계적으로 성취하도록 하여 중재효과를 극대화하는 방법을 사용할 수 있어요.

초임 교사: (㉠)을/를 말씀하시는 건가요?

경력 교사: 네, 맞아요. 성취수행 수준의 단계적 변화에 맞게 일관성 있게 표적행동이 변화한다면, 행동의 변화는 중재 때문이라고 볼 수 있겠지요. [A]

초임 교사: 착석 행동을 보이기는 하지만, 자세의 정확도가 떨어지고 지속시간이 짧은 학생 E에게는 유용하겠네요. 처음부터 90~100%를 목표 수준으로 잡지 않고 단계별로 목표달성 수준을 점차적으로 늘려 간다면, 학생 E도 성취감을 느낄 수 있을 것 같아요.

기초선의 기능: 기술적 기능, 예언적 기능

기준변경 설계의 실행
① 점진적이고 단계적으로 변화할 수 있는 목표행동 정의
② 기초선 자료를 수집하고, 기초선의 안정성 확보
③ 수행 수준(기준) 결정
④ 중재 시작
⑤ 첫 번째 기준이 성취되면 다음 조건 도입
⑥ 최종 목표에 도달할 때까지 순차적으로 다음 실험 조건 실시
⑦ 중재의 실행 도중에 교사가 설정한 하위 구간의 준거가 적합한지에 대해 끊임없이 관심을 기울여야 함. 만약 몇 차례에 걸쳐 시도했음에도 학생이 준거를 충족시키지 못하면 교사는 강화를 주기 위한 중간 준거를 낮출 것인지 고려할 수 있음. 반대로 목표를 너무 쉽게 획득하는 경우 교사는 강화를 주기 위한 중간 준거를 높일 것인지를 고려해야 함

작성방법

- (가)의 괄호 안 ㉠에 해당하는 단일대상 설계 방법의 명칭을 [A]에 근거하여 쓸 것
- 괄호 안 ㉠의 장점을 반전 설계(reversal design)와 비교하여 윤리적 측면에서 이로운 이유를 1가지 설명할 것

기본이론 213-219p, 222-229p

- 기준변경 설계(준거변경 설계)
- 교대중재 설계

교대중재 설계

- 한 대상자에게 여러 중재를 교대로 실시해 그 중재들 간의 효과를 비교하는 연구 방법으로, 비교하려는 중재를 한 대상자에게 빠른 간격으로 교대해 적용함
- 중재의 임의적 배열과 평형화를 통해 중재 간 영향을 최소화할 수 있음
  - **임의적 배열**: 중재들이 번갈아 혹은 순환적으로 실행된다는 것
    → 처치의 실행은 ABBABAAB와 같이 임의적 순서로 이루어짐. 중재가 3개라면 순환조를 사용함
  - **평형화**: 중재의 투입 순서뿐만 아니라 실험시간 · 장소 · 실험자 등 중재 조건 이외의 외생변수가 행동에 미칠 수 있는 영향력을 통제하기 위해 적용하는 여러 가지 방법. 평형화를 통해 효과 이월이나 효과 연속의 가능성을 통제함

②

2010학년도 중등 27

16 **다음의 (가)와 (나)에 적용된 설계에 대한 설명으로 옳지 않은 것은?**

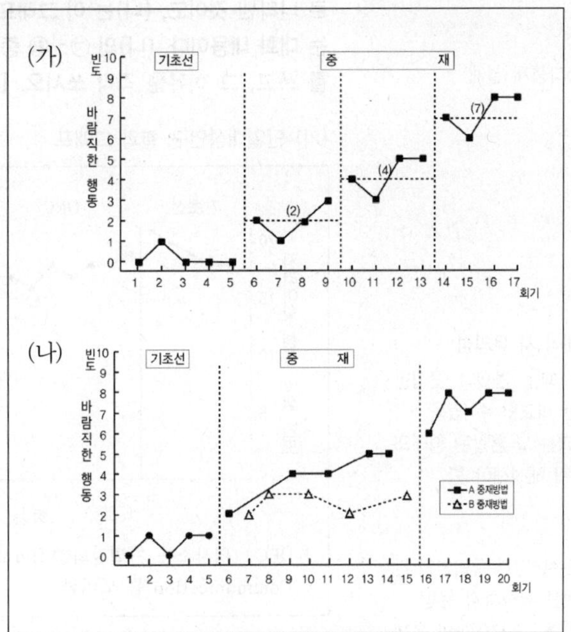

① (가)의 설계는 시급한 행동수정을 필요로 하는 경우에 부적절하다.

② (가)는 중간단계에서 준거에 너무 늦게 도달할지라도 중간 준거를 조정하면 안 된다.

③ (가)는 최소한 연속적으로 세 개의 구간에서 단계목표가 달성되면 기능적 인과관계가 입증된 것으로 본다.

④ (나)는 중재의 임의적 배열과 평형화를 통해 중재 간 상호 영향을 최소화한다.

⑤ (나)의 설계는 두 가지 이상의 실험처치 또는 중재 조건이 표적행동에 미치는 효과를 비교할 때 활용한다.

② 교사가 설정한 하위 구간의 준거는 조정 가능함

참고자료

기본이론 219-222p

키워드

조건변경 설계(중다중재 설계)

구조화 틀

핵심개념

조건변경 설계 해석 시 유의점

- 결과를 해석할 때는 언제나 근접한 중재방법끼리만 비교할 수 있음
- 혼합중재의 효과는 그 혼합된 형태의 중재로만 제한해 해석해야 함

ABC 설계

- ABC 중재는 종속변인과 독립변인 간의 기능적 관계를 확정하지 못함
- **기능적 관계 입증**: 중재효과의 복제가 있어야 하므로 가장 성공적인 중재를 또 다른 기초선 조건 뒤에 재실행해야 함
  - **처치 간의 판단**: 교사가 시도한 중재의 결과가 만족스럽지 못해 다른 중재를 시도해보고자 할 때 사용함
  - **일괄교수의 구성**: 학생의 현재 수행에서 시작해 수행이 성공적으로 이뤄질 때까지 새로운 전략을 첨부하고 보조하는 등 도움을 누가적으로 증가시킴
  - **도움 줄이기**: 교사는 학생이 성공적으로 수행하기 위해 필요한 최소한의 도움이 어느 정도인지를 알아내기 위해 학생에게 제공했던 도움의 양을 체계적으로 감소시킴. 도움을 줄일 때마다 새로운 구간으로 간주함

모범답안

㉠ ABC 중재 설계는 중재효과를 반복 입증할 수 없어 기능적 관계를 입증할 수 없다.

㉢ 기초선과 중재의 방향이 반대라면 중재를 투입할 수 있다. 자리이탈과 같이 감소시켜야 할 행동의 경우 상향 기초선에 중재를 투입해야 한다.

2014학년도 중등 A3

17 **다음의 (가)는 자폐성 장애 학생 A의 자리이탈 행동을 감소시키기 위해 단일대상연구를 실시하여 그 결과를 그래프로 나타낸 것이고, (나)는 이 그래프를 보고 특수교사들이 나눈 대화 내용이다. (나)의 ㉠~㉣ 중 틀린 것 2개를 찾아 기호를 쓰고, 그 이유를 각각 쓰시오. [4점]**

(가) 단일대상연구 결과 그래프

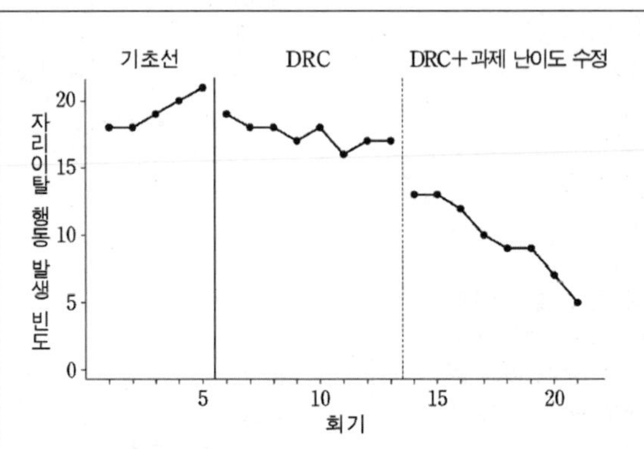

* DRC: 의사소통 차별강화(Differential Reinforcement of Communication)를 의미함

(나) 대화 내용

㉠ 김 교사: 'DRC + 과제 난이도 수정'이 'DRC'보다 더 효과가 있으니까, 'DRC + 과제 난이도 수정'과 자리이탈 행동 간에 기능적 관계가 있다고 할 수 있어요.

㉡ 박 교사: 이 연구에서는 첫 번째 중재를 통해 학생 A의 자리이탈 행동 변화가 적어서 두 번째 중재를 투입한 거군요.

㉢ 강 교사: 이 그래프에서 기초선을 보면, 종속변인이 꾸준히 증가하고 있는 추세이기 때문에 첫 번째 중재를 시작하기에 적절하지 않았던 것 같아요.

㉣ 민 교사: 'DRC + 과제 난이도 수정'이 'DRC'보다 효과가 있지만, '과제 난이도 수정'이 'DRC'보다 더 효과적이라고 말할 수는 없어요.

㉠ 'DRC'와 'DRC + 과제 난이도 수정' 중 'DRC + 과제 난이도 수정'이 더 효과적임. 그러나 기능적 관계는 입증할 수 없음

㉡ ABC 중재 설계의 유형 중 처치 간의 판단 유형에 해당함

㉢ 기초선은 중재의 방향과 반대인 '반치료적 경향'을 보여야 함

㉣ 혼합중재는 혼합중재로만 제한해 해석해야 함

기본이론 222-229p

교대중재 설계

교대중재 설계 내적타당도를 높이는 방법

- 가능하면 시간차가 별로 없는 빠른 교대(회기 내 교대)가 바람직하지만, 아동이 너무 혼란스러워하거나 중재가 너무 비슷해서 혼동의 우려가 있을 경우에는 회기 간 교대를 계획하는 것이 바람직함
- 교대중재 설계는 중재 간에 빠른 교대(임의적 배열과 평형화)를 통해 성숙에 의한 오염변인을 통제할 수 있어 내적타당도가 좋은 편임
- 연구의 마지막 단계에서는 가장 효과적인 중재만을 단독으로 실시해 기능적 관계에 대한 확증자료로 사용할 수 있음

교대중재 설계 적용 시 유의점

중재 시작 전 중재를 제시할 균형 잡힌 시간표를 계획해야 함

교대중재 설계

- 시간차가 별로 없는 회기 내 교대를 실시한다.
- 임의적 배열을 실시한다.

2016학년도 중등 A6

18 **다음은 김 교사가 정신지체 중학생 A의 연산 수행능력 향상을 위해 '수행 자기점검 중재'와 '주의집중 자기점검 중재'를 실시하고 그 결과를 나타낸 그래프이다. 이 단일대상 설계의 명칭을 쓰고, 이 설계의 내적타당도를 높이기 위한 방법을 쓰시오. [2점]**

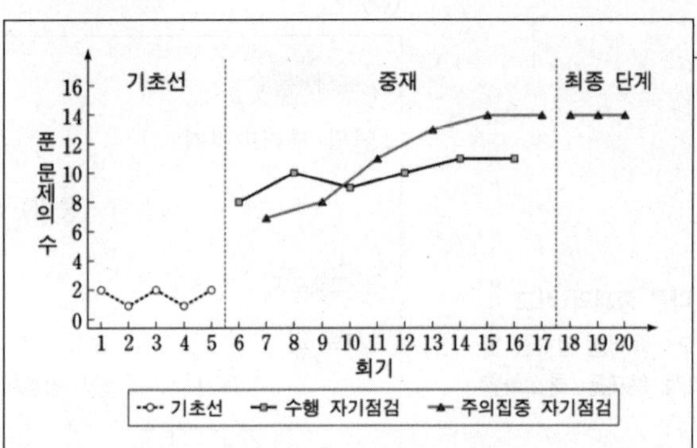

※ 단일대상 설계에 이미 제시되어 있는 요소는 제외하고 '내적타당도를 높일 수 있는 방법'을 제시할 것

기본이론 222-229p

교대중재 설계

교대중재 설계와 다른 중재의 비교
- **반전 설계와 비교**: 중재를 철회할 필요가 없어 윤리적 문제를 최소화할 수 있음
- **중다중재 설계와 비교**: 내적타당도나 중재 간 순서 및 간섭 효과에 대한 위협이 적음
- **기준변경 설계와 비교**: 기초선 측정 없이 빠른 중재를 실시할 수 있고, 기초선 기간에 표적행동 변화 정도에 상관없이 중재를 교체 가능함

① 교대중재 설계는 반전 설계와 달리 중재의 효과를 입증하기 위해 중재를 제거하지 않아도 된다.
② 자기점검
보다 강력한 기능적 관계 입증을 위해 세 번째 구간에서 효과적인 중재를 단독으로 실시해 확증자료로 사용할 수 있다.

2017학년도 초등 B1

19 **(가)는 특수교사가 일반교사에게 정서 · 행동 문제를 가진 학생에 대해 자문한 내용이고, (나)는 특수교사가 정서 · 행동장애 학생 현수를 위해 실시한 행동 중재 내용의 일부이다. 물음에 답하시오. [6점]**

(나)

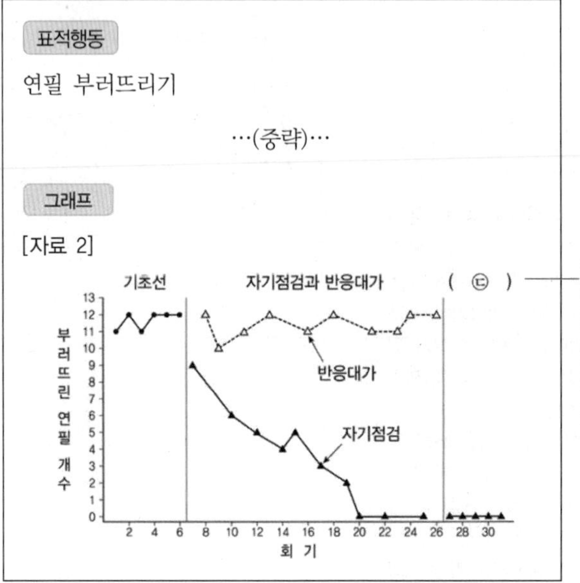

연구의 마지막 단계에서는 가장 효과적인 중재만을 단독으로 실시해 기능적 관계에 대한 확증자료로 사용할 수 있음

3) (나)의 ① [자료 2]를 보고 이 설계법의 장점을 반전 설계법(ABAB)과 비교하여 쓰고, ② ㉢에 들어갈 말과 그 이유를 쓰시오. [2점]

참고자료

기본이론 222-229p

키워드

교대중재 설계

구조화 틀

핵심개념

모범답안

②

2011학년도 유아 12

20 **다음은 김 교사가 지원이의 책상 두드리기 행동이 과제제시로 인한 것인지를 알아보기 위해 과제제시 상황과 과제철회 상황에서의 행동을 기록하여 그래프로 나타낸 것이다. 이 그래프를 통해 알 수 있는 것을 〈보기〉에서 고른 것은?**

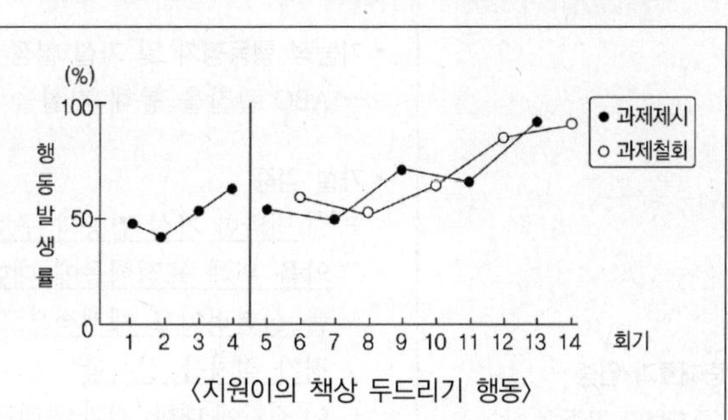

〈지원이의 책상 두드리기 행동〉

보기

ㄱ. 기초선이 안정적이었다.
ㄴ. AB 설계를 이용하였다.
ㄷ. 지원이의 행동은 강화되고 있다.
ㄹ. 지원이는 과제가 하기 싫어서 책상을 두드리는 것이다.
ㅁ. 김 교사는 과제의 양을 줄이거나 난이도를 낮추어야 한다.

ㄱ. 종속변인인 '책상 두드리기 행동'의 기초선은 중재와 반치료적 경향을 보이므로 안정적임

ㄴ. 해당 연구설계는 교대중재 설계에 해당함

ㄹ, ㅁ. 그래프의 수직적 거리(분할)가 뚜렷하지 않아 두 중재의 효과를 상대적으로 비교할 수 없음

① ㉠, ㉡　　② ㉠, ㉢
③ ㉡, ㉢　　④ ㉢, ㉣
⑤ ㉣, ㉤

기본이론 222-229p

교대중재 설계

교대중재 설계의 중재효과 입증

- 한 중재가 다른 중재보다 꾸준히 다른 반응 수준을 나타낼 때, 중재효과의 차이를 입증하게 됨
- 두 중재효과의 강도 차이는 중재 결과를 그래프에 옮겼을 때 자료선 간의 수직적 거리의 차이에 따름 → 수직적 거리(분할)가 크면 두 중재의 효과 차이도 큼을 의미하며, 자료선이 중복되는 구간이 많으면 중재효과가 차이가 나지 않음을 의미함
- 중재 간 빠른 교대를 통해 성숙에 의한 오염변인을 통제할 수 있어 내적타당도가 좋은 편임

※ 내적타당도
- 연구설계 내의 적합성 정도
- 내적타당도 증진방법: 중재 충실도 높이기(독립변인을 일관성 있게 제공), 외생변인의 개입 최소화
→ 기능적 관계 입증(내적타당도가 높아야 기능적 관계를 입증할 수 있음)

교대중재 설계

2020학년도 초등 B1

21 (가)는 다음은 준수를 위해 작성한 문제행동 중재 내용의 일부이다. 물음에 답하시오. [4점]

- 표적행동 : 수업시간에 소리를 지르는 행동
- 기능적 행동평가 및 가설 설정
  - ABC 관찰을 통해 가설을 설정함
- 가설 검증
  - ㉠ 명확한 가설 검증과 구체적인 표적행동 기능 파악을 위해 표적행동에 대한 선행사건과 후속결과를 실험적이고 체계적으로 조작하는 기능적 행동평가 절차를 실시함
  - 이 절차에 대한 '결과 그래프 및 내용'은 다음과 같음

〈결과 그래프 및 내용〉

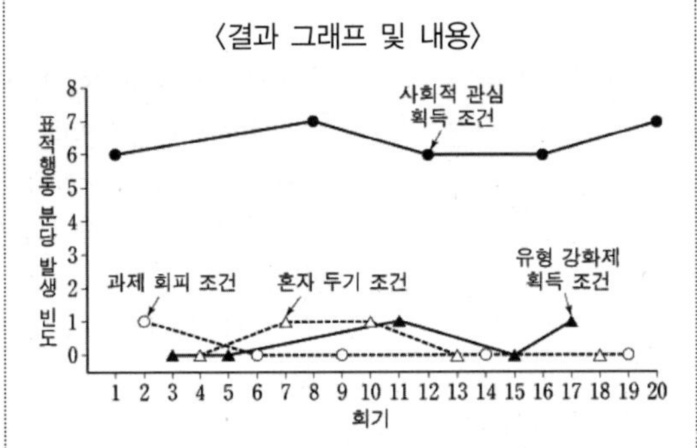

- 각 회기를 15분으로 구성하고, 불필요한 자극이 제거된 교실에서 하루 4회기씩 평가를 실시함
- 4가지 실험 조건을 각 5회기씩 무작위 순서로 적용함
- 각 실험 조건에서 발생하는 표적행동의 분당 발생 빈도를 기록하고 그래프로 시각화하여 분석함

평형화
중재의 투입 순서뿐만 아니라 실험시간 · 장소 · 실험자 등 중재 조건 이외의 외생변수가 미칠 수 있는 영향력을 통제하는 것

임의적 배열
중재 간 영향을 최소화할 수 있도록 중재의 적용을 임의적 순서로 제시하는 것
→ 4개의 조건이 순환조로 제시됨(ABCD - CBDA - BDCA - DBCA - CDBA)

1) 〈결과 그래프 및 내용〉에 해당하는 단일대상연구 방법의 설계 명칭을 쓰시오. [1점]

06 CHAPTER

자료의 시각적 분석

01 시각적 분석 요인
- 자료의 수준
- 자료의 경향
- 자료의 변화율
- 자료의 중첩 정도
- 효과의 즉각성

02 시각적 분석의 논쟁점
- 장점
- 단점

참고자료

기본이론 230-237p

키워드

시각적 분석

구조화틀

자료의 시각적 분석
- 자료의 수준
- 자료의 경향
- 자료의 변화율
- 자료의 중첩 정도
- 효과의 즉각성

핵심개념

모범답안

- 기초선 구간(자료 평균 1.7)과 중재 구간(자료 평균 10.8) 사이에 자료의 수준 차이가 크게 나타났다.
- 기초선 구간(무변화)에서 중재 구간(상향 경향) 사이의 자료의 경향이 크게 바뀌었다.
- 기초선 구간과 중재 구간 모두 자료의 변화율이 낮아 자료를 신뢰할 수 있다.
- 기초선 구간과 중재 구간 사이에서 자료의 중첩률이 0%로 나타났다.
- 기초선 마지막 자료점과 중재 구간의 첫 번째 자료점 사이에 즉각적인 변화가 나타났다.

2016학년도 초등 A3

01 다음은 ○○특수학교의 담임교사와 교육실습생이 나눈 대화 내용이다. 물음에 답하시오. [5점]

> 담임교사 : 저는 은수의 의사소통 샘플을 수집하던 중, 은수의 이름을 부르면 은수가 어쩌다 눈맞춤이 된다는 것을 알게 되었어요. 그래서 눈맞춤 빈도를 증가시키기 위한 중재를 실시했지요. 비록 기능적인 관계를 입증할 수는 없지만 ㉢ 이 그래프에 나타난 결과를 보면 중재가 효과적이었다는 것을 알 수 있어요.
>
> 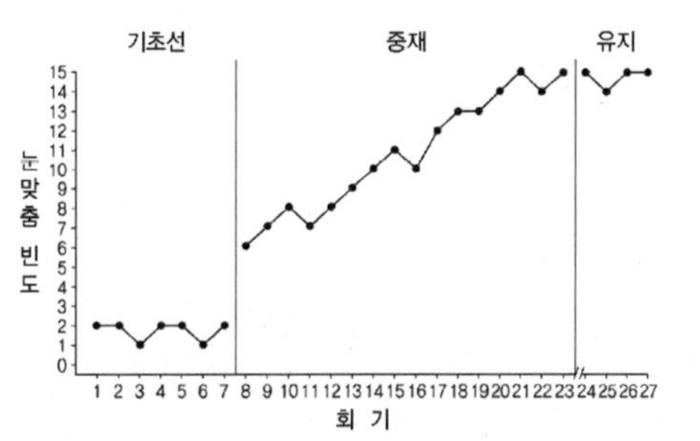
>
>
> ※ 눈맞춤 기회를 매 회기 15번 제공하였음
>
> 실 습 생 : 정말 효과가 있었네요.

3) ㉢이라고 판단한 근거를 그래프의 시각적 분석 측면에서 2가지 쓰시오. [2점]

확장하기

시각적 분석 요인	내용
자료의 수준	• 한 상황 내에서 자료의 수준은 자료의 평균치 • 한 상황 내에서는 자료값의 평균선을 중심으로 얼마나 안정되게 모여 있는지를 살펴봄. 한 상황 내에서 자료 표시점의 80~90%가 평균선의 15% 범위 내에 들면 안정적 수준임 • 상황 간 자료 수준을 비교할 때는 한 상황의 평균선 값과 다른 상황의 평균선 값을 비교해 평균선의 값이 서로 얼마나 변했는지 알아볼 수 있음
자료의 경향	• 한 상황 내에 있는 자료의 방향과 변화의 정도 • 상황 내, 상황 간 비교를 표현할 수 있음
자료의 변화율	• 자료 수준의 안정도, 즉 경향선을 중심으로 자료가 퍼져 있는 범위 • 자료 분석에서 변화율이 심한 경우에는 자료가 안정될 때까지 더 많은 자료를 구해야 함
자료의 중첩 정도	• 상황 간 자료의 비교에서만 사용하는 것으로, 두 상황 간의 자료가 세로좌표 값의 같은 범위 안에 들어와 있는 정도 • 자료의 중첩 정도는 비중첩률과 중첩률로 구할 수 있음. 두 상황 간 자료의 세로좌표 값이 서로 중첩되지 않을수록 자료의 변화를 잘 나타냄 • 만약 자료의 중첩 정도가 클 경우 경향의 변화 없이 중첩 정도만 가지고 두 상황 간 자료의 변화를 설명하기 어려움
효과의 즉각성	• 중재의 효과가 얼마나 빠르게 나타났는지 평가하는 것 • 한 상황의 마지막 자료와 다음 상황의 첫 자료 간 차이의 정도 • 중재효과의 즉각성이 떨어질수록 중재와 행동 간의 기능적 관계는 약하며, 중재효과가 즉각적일수록 기능적 관계는 강력함

기본이론 230-237p

시각적 분석

자료의 시각적 분석
- 자료의 수준
- 자료의 경향
- 자료의 변화율
- 자료의 중첩 정도
- 효과의 즉각성

- ㉢ 자료의 수준의 변화는 기초선 구간과 중재구간 자료의 평균치를 통해 분석한다.
- ㉣ 기초선 구간의 마지막 자료와 중재구간의 첫 자료 간 차이의 정도를 분석한다.

2019학년도 중등 A14

02 다음은 정서 · 행동장애 학생 S를 위해 작성한 긍정적 행동지원 내용의 일부이다. 〈작성방법〉에 따라 서술하시오. [4점]

- 문제행동
  - 학급에서 컴퓨터 게임을 하기 위해 욕을 하는 행동
- 기능적 행동평가 실시
  - 동기평가척도(MAS)와 ABC 관찰을 실시함
- 가설 설정
  - 학급에서 컴퓨터 게임을 하기 위해 또래나 교사에게 욕을 한다.
- 지원 계획
  - 학생 S의 문제행동을 대신할 수 있는 ㉠ 교체기술, (㉡), 일반적 적응기술을 지도함
  - 교체기술을 사용하더라도 컴퓨터 게임을 할 수 없는 상황에서 사용할 수 있는 (㉡)을/를 지도함 (예 스트레스 상황 속에서 안정을 취하는 방법)

…(중략)…

- 평가 계획
  - 행동 발생량을 시각화한 그래프를 이용하여 기초선과 중재선(긍정적 행동지원 적용) 간 문제행동 발생 ㉢ 수준의 변화, 경향의 변화, 변동성의 변화, ㉣ 변화의 즉각성 정도를 분석함

작성방법

- 밑줄 친 ㉢을 분석하는 방법 1가지를 서술할 것
- 밑줄 친 ㉣의 방법을 기초선과 중재선의 자료점 비교 측면에서 서술할 것

확장하기

❦ 시각적 분석(『응용행동분석』, 2019.)

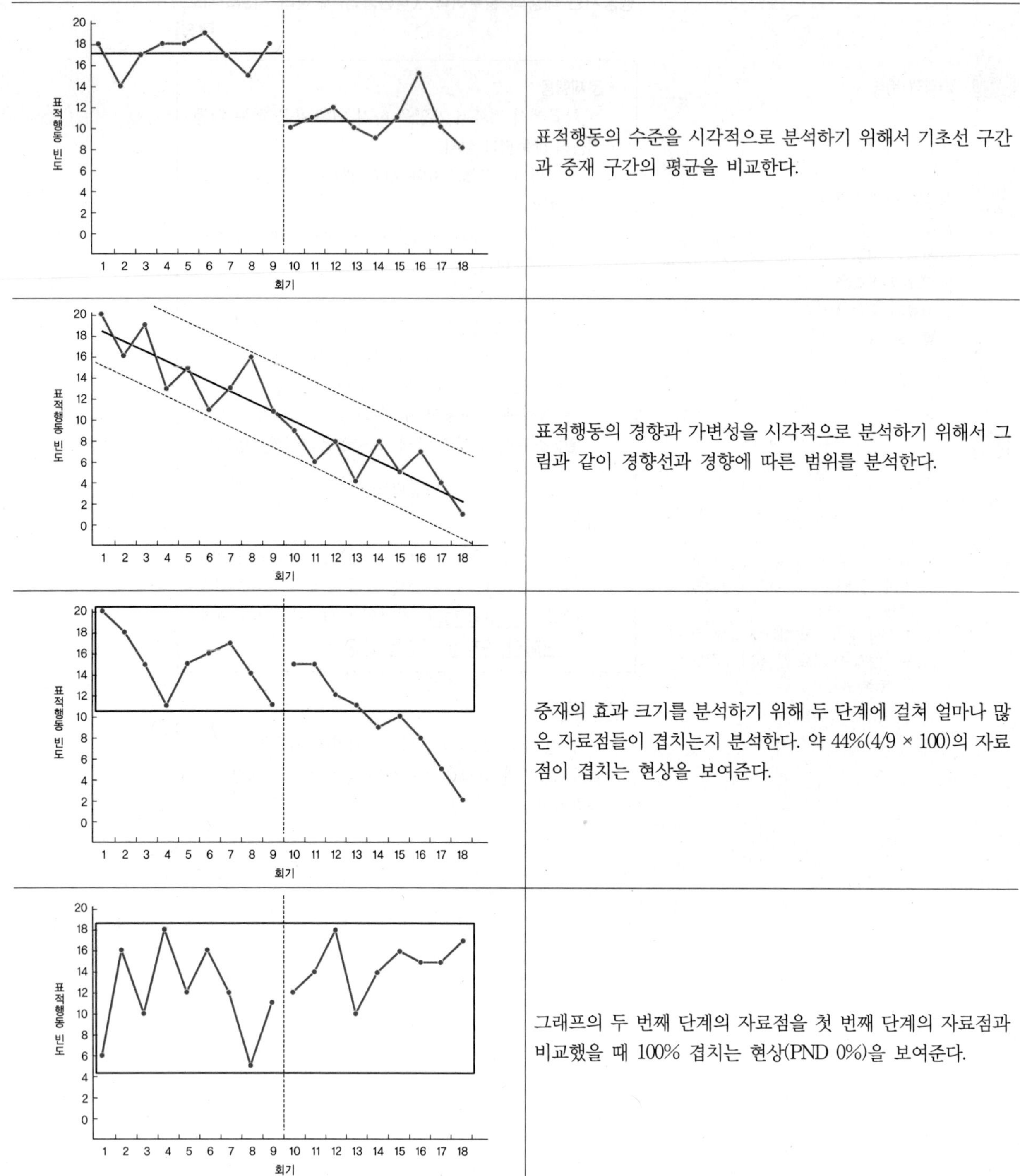

표적행동의 수준을 시각적으로 분석하기 위해서 기초선 구간과 중재 구간의 평균을 비교한다.

표적행동의 경향과 가변성을 시각적으로 분석하기 위해서 그림과 같이 경향선과 경향에 따른 범위를 분석한다.

중재의 효과 크기를 분석하기 위해 두 단계에 걸쳐 얼마나 많은 자료점들이 겹치는지 분석한다. 약 44%(4/9 × 100)의 자료점이 겹치는 현상을 보여준다.

그래프의 두 번째 단계의 자료점을 첫 번째 단계의 자료점과 비교했을 때 100% 겹치는 현상(PND 0%)을 보여준다.

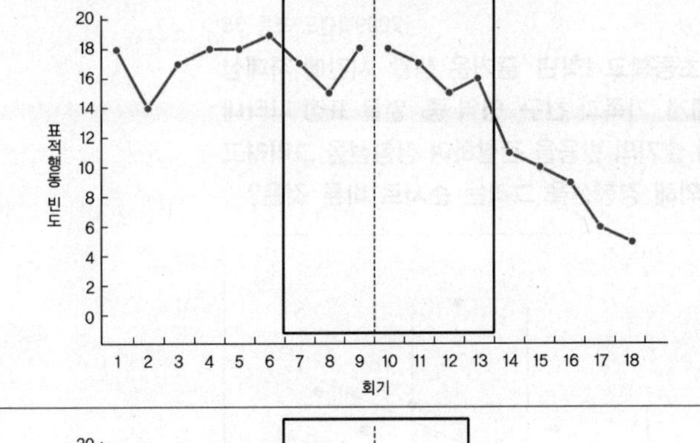	기초선 구간과 중재 구간에서 행동 변화가 즉각적으로 나타나지 않았음을 보여준다.
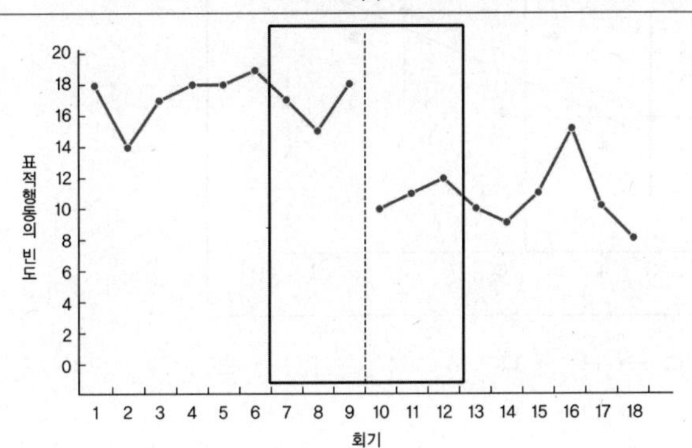	중재 구간이 시작되었을 때 표적행동의 변화가 즉각적으로 나타났음을 보여준다.

참고자료
기본이론 230-237p

키워드
시각적 분석

구조화틀
자료의 시각적 분석
- 자료의 수준
- 자료의 경향
- 자료의 변화율
- 자료의 중첩 정도
- 효과의 즉각성

핵심개념

모범답안
⑤

2009학년도 초등 35

03 **박 교사는 초등학교 1학년 '즐거운 생활' 시간에 자폐성 장애 학생 슬기에게 '가족과 친구' 영역 중 '얼굴 표정 나타내기'를 지도하면서 슬기의 반응을 관찰하여 경향선을 그리려고 한다. 반분법에 의해 경향선을 그리는 순서로 바른 것은?**

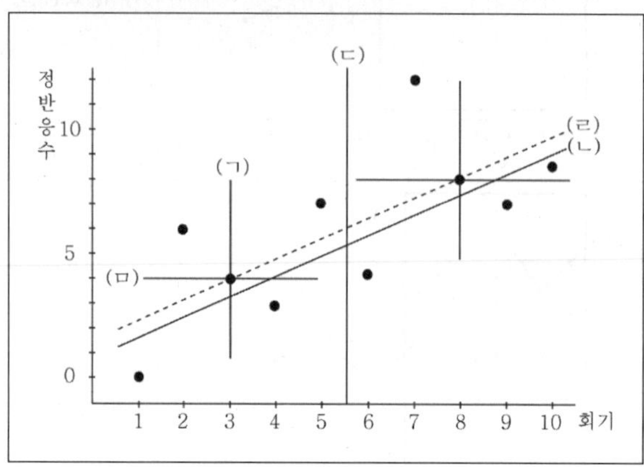

① ㄱ → ㄴ → ㄷ → ㄹ → ㅁ
② ㄱ → ㄷ → ㄹ → ㅁ → ㄴ
③ ㄴ → ㄹ → ㄱ → ㄷ → ㅁ
④ ㄷ → ㄱ → ㄹ → ㅁ → ㄴ
⑤ ㄷ → ㄱ → ㅁ → ㄹ → ㄴ

확장하기

양분진행성 그리기

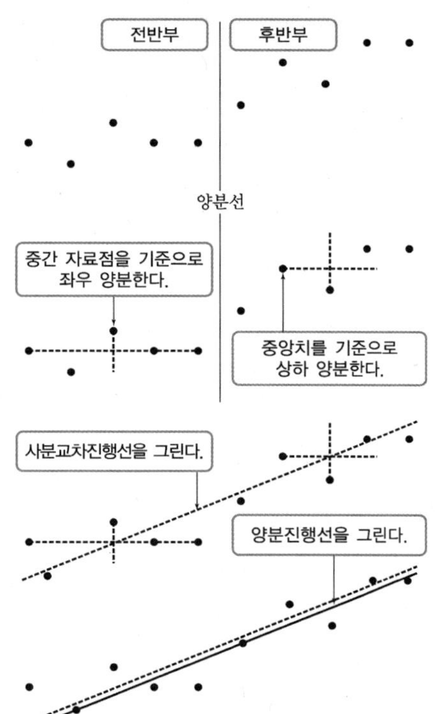

제1단계: 양분선 그리기
① 자료점들을 좌우로 2등분한다.
② 자료점들이 홀수일 때에는 중간 자료점을 통과해 2등분한다.

제2단계: 사분교차점 확인
① 전반부와 후반부 자료점들을 각각 좌우로 2등분하는 수직선을 그린다.
② 전반부와 후반부 자료점들을 각각 상하로 2등분하는 수평선을 그린다.
③ 두 개의 사분교차점을 확인한다.

제3단계: 사분교차진행선 그리기
① 두 개의 사분교차점을 통과하는 직선을 그린다.
② 이 직선을 '사분교차진행선'이라고 한다.

제4단계: 양분진행선 그리기
① 사분교차 진행선을 상하로 이동해 자료점들을 동수로 양분하는 위치를 찾는다.
② '양분중앙추세선'이 완성된다.

CHAPTER 07

3요인 유관분석

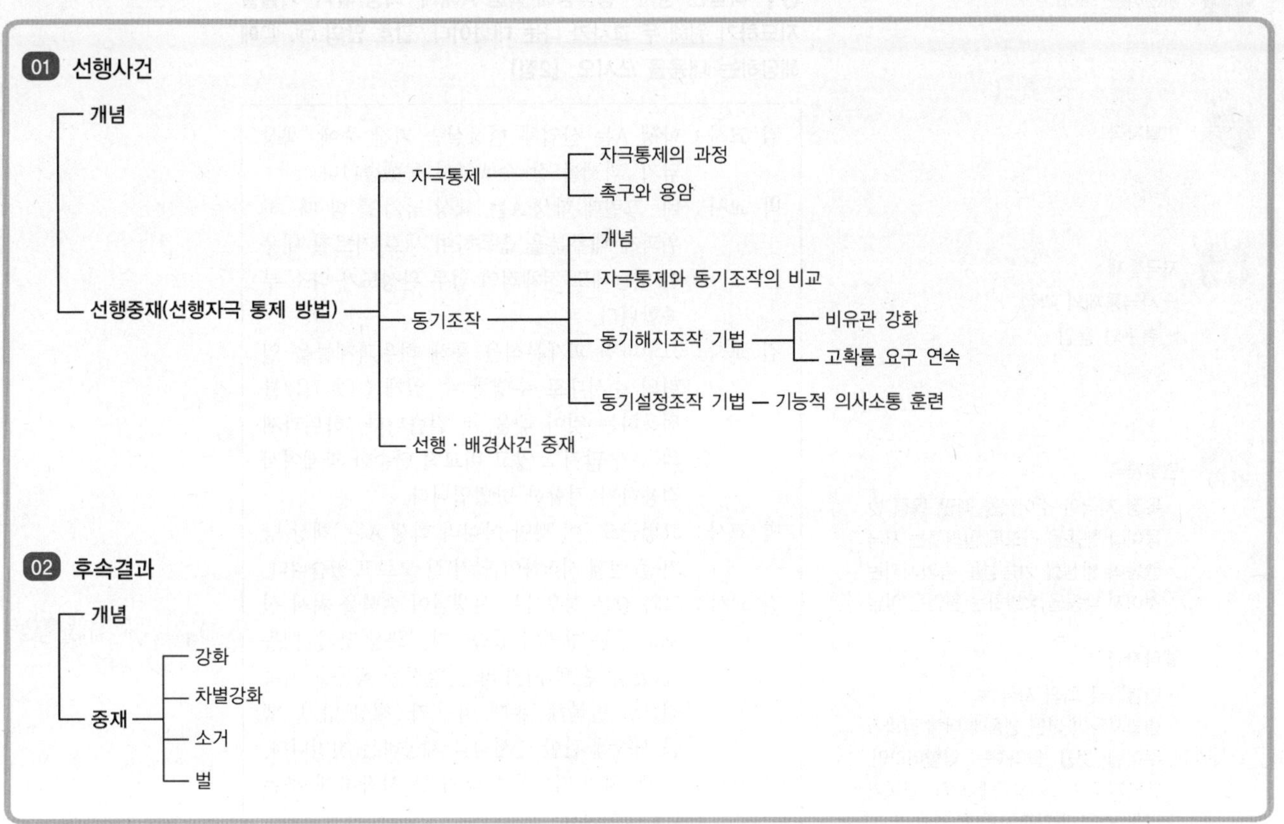

기본이론 240p

변별자극

자극통제
- 자극통제의 과정
- 촉구와 용암

변별자극
- 특정 자극이 주어졌을 때만 특정 반응이나 행동을 하도록 알려주는 자극
- 행동이 발생할 가능성을 증가시키는 것이지 행동을 유발하는 원인은 아님

델타자극
- 변별자극 외의 자극
- 변별자극이 어떤 행동에 대해 강화가 주어질 것을 알려주는 역할이라면, 델타자극은 그 행동에 대해 강화가 없을 것을 알려주는 역할

변별훈련

변별자극에 대해서는 바람직한 행동에 강화를 주고, 델타자극에 대해서는 동일한 행동을 하더라도 강화를 주지 않음으로써 변별자극을 확립시키는 과정

자극통제
- 변별자극이 확립되어 어떤 행동이 특정 자극에 대해서만 반응해 나타나는 것 → 행동 발생 전에 주어지는 선행자극의 조절에 의해 행동이 통제되는 과정
- 자극통제가 중요한 이유는 학생이 어떤 행동을 바르게 하는 것도 중요하지만 상황에 맞게 하는 것도 매우 중요하기 때문

㉡ 변별자극

2021학년도 중등 A2

01 **다음은 정서 · 행동장애 학생 A에게 '책상 닦기' 기술을 지도하기 위해 두 교사가 나눈 대화이다. 괄호 안의 ㉠, ㉡에 해당하는 내용을 쓰시오. [2점]**

> 김 교사: 학생 A는 산업체 현장실습 기간 중에 '책상 닦기' 과제를 잘 수행하지 못했습니다.
> 박 교사: 네. 그런데 학생 A는 '책상 닦기'를 할 때, 하위과제 대부분을 습득하여 새로 가르칠 내용이 없는데도 전체적인 업무 완성도가 다소 부족합니다.
> 김 교사: 그렇다면 과제분석을 통해 하위과제들을 일련의 순서대로 수행할 수 있게 (㉠)을/를 적용하는 것이 좋을 것 같습니다. 하위과제의 수가 많지도 않고 비교적 단순한 과제여서 적용하기 적합한 방법입니다.
> 박 교사: 그렇군요. 이 뿐만 아니라 학생 A는 '책상 닦기'를 언제 시작해야 할지 잘 모르고 있습니다.
> 김 교사: 그와 같은 경우에는 선생님이 손뼉을 쳐서 신호를 주는 방법이 있습니다. '책상 닦기' 행동에 앞서 '손뼉 치기'라는 일정한 행동을 지속적으로 반복해 '손뼉 치기'가 '책상 닦기' 행동 시작에 관한 단서임을 제공하는 것입니다.
> 박 교사: '손뼉 치기'가 '책상 닦기'를 시작하게 하는 (㉡)이군요.

변별자극 vs 조건화된 자극

확장하기

변별훈련의 과정

- 쥐가 지렛대를 누를 때 동시에 전구의 밝은 빛이 깜빡거릴 때만 먹이가 나오도록 하고 전구의 깜빡거림이 없는 경우 먹이가 나오지 않도록 했다면, 쥐는 반복 경험을 거쳐 전구가 깜빡거릴 때 지렛대를 더 많이 밟게 될 것임 → 즉, 쥐는 깜빡거리는 빛이라는 변별자극과 깜빡거림이 없는 델타자극을 구별하게 되는 것. 변별자극과 델타자극을 구별해 변별자극에 대해서만 바른 반응을 하도록 하는 것이 변별훈련
- Pavlov의 실험에서 개가 메트로놈 소리에 침을 흘리는 것에서 깜빡거리는 불빛과 메트로놈 소리는 행동을 유발하는 선행자극이라는 공통점이 있지만 서로 구별되는 점도 있음 → 쥐가 지렛대를 밟는 것은 조작적 행동이고, 개가 메트로놈 소리에 침을 흘리는 것은 반응적(고전적) 행동임
- 깜빡거리는 불빛은 지렛대를 밟는 행동 직후에 주어지는 자극(먹이)의 변화(제시 · 제거)를 통해 통제 기능을 얻는 반면, 메트로놈 소리는 침을 흘리는 행동을 유발하는 다른 선행 자극(먹이)과 짝을 짓는 관계에 의해 통제 기능을 얻음 → 따라서 깜빡거리는 불빛은 변별자극, 메트로놈 소리는 조건화된 자극임
- 변별자극은 변별자극에 대한 반응 뒤에 주어지는 후속자극에 의해 통제 기능을 얻고, 조건화된 자극은 조건화된 자극 앞에 주어지는 선행자극에 의해 통제 기능을 얻음

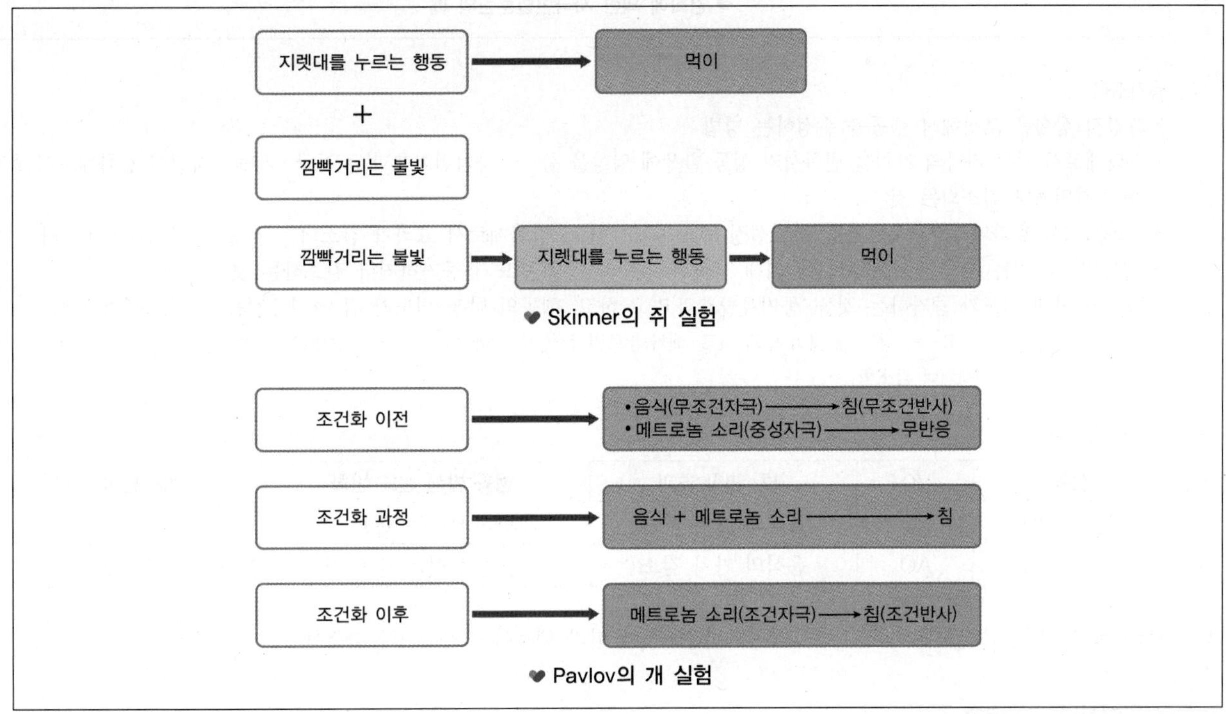

Skinner의 쥐 실험

Pavlov의 개 실험

선행자극 통제 방법

① 자극통제

- 행동 발생 전에 주어지는 선행자극에 의해 행동이 통제되는 것
- 선행자극에 의해 행동의 비율·지속시간·지연시간·행동형태가 다르게 나타나는 것
- 행동은 강화가 주어지면 증가하고 강화가 주어지지 않으면 소거됨. 선행자극은 강화에 따라 행동을 발생시키는 효과가 있음. 변별자극은 선행자극에 따른 행동에 강화가 주어지는 자극이고, 델타자극은 선행자극에 따른 행동에 강화가 주어지지 않은 자극임

예 국어시간에 교사가 학생에게 '학교'를 읽으라고 했을 때 학생이 '학교'를 바르게 읽으면 그 행동은 강화를 받음. 그러나 학생이 '학교'를 잘못 읽으면 그 행동은 강화를 받지 못하므로 소거됨 → 앞으로 학생은 '학교'를 바르게 읽을 것임. 즉, 변별자극(학교)은 강화자극(칭찬)에 의해 나타나고, 다음에 선행자극('학교'를 읽으라고 하면)이 제시되면 행동('학교'를 바르게 읽는다)이 발생함. 이를 자극통제가 이루어진 것으로 봄

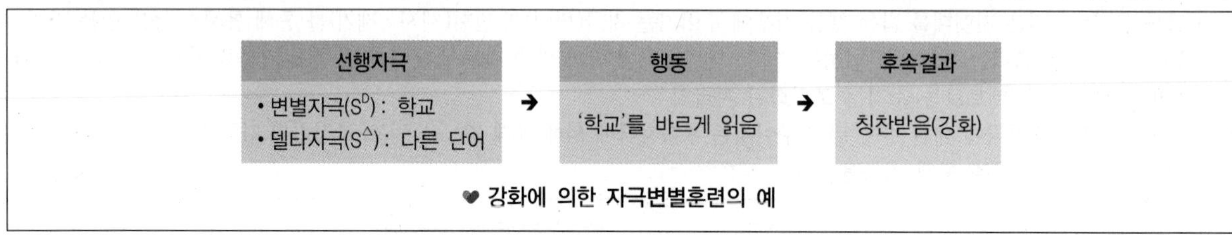

강화에 의한 자극변별훈련의 예

② 동기조작

- 환경적 상황을 조작해서 행동을 수정하는 방법
- 강화제로서 갖는 자극의 가치를 변화시켜 행동 발생에 영향을 줌 → '가치변화효과'는 자극·사물·사건이 강화제로서 효과가 증가되거나 감소되는 것
- 강화제로서 효과가 증가되는 것을 '동기설정조작'이라고 하고, 강화제로서 효과가 감소되는 것을 '동기해지조작'이라고 함
- '행동변화효과'는 자극·사물·사건에 의해 강화된 행동의 발생 빈도가 증가하거나 감소하는 것
- 행동의 발생 빈도가 증가하는 것을 '동기유발효과'라고 하고, 행동의 발생 빈도가 감소하는 것을 '제지효과'라고 함

예 시장을 볼 때 배가 고프면 장을 더 많이 보게 되고, 배가 부르면 장을 덜 보게 됨 → 결핍과 포만으로 강화제로서의 가치가 변화해 시장 보는 행동이 증가하거나 감소함

동기조작의 예

상황	MO	가치 변화 효과	행동 발생 빈도 변화	행동 변화 효과
배고픈 상태	EO	음식의 가치 증가	식품을 사려는 행동 증가	동기유발효과
배부른 상태	AO	음식의 가치 감소	식품을 사려는 행동 감소	제지효과

③ 반응노력: 행동을 수행하는 데 드는 노력으로, 반응노력에 따라 행동이 증가하거나 감소함

자극 일반화와 자극변별

- 선행자극이 유발해낸 반응이 선행자극 존재 시에 강화된 적이 있을 경우, 일반적으로 선행자극과 유사한 자극에 의해서도 같은 반응이 일어나게 됨. 통제력을 가진 선행자극과 유사한 물리적 특징을 공유하는 자극이 유발 기능을 지니게 되는 것을 '자극 일반화'라고 함. 반대로 선행자극과 상이한 자극이 반응을 일으키지 않으면 '자극변별'이 일어났다고 할 수 있음
- 자극 일반화가 일어날지, 자극변별이 일어날 것인지는 자극통제가 어느 정도로 일어났느냐에 따라 달라짐. 자극일반화와 자극변별은 상대적 관계에 놓여 있음. 자극 일반화는 자극통제가 느슨함을 반영하는 반면, 자극변별은 자극통제가 비교적 엄격함을 반영함
- 일반화 과정에서 자극이 변별자극과 유사할수록 그 자극이 제시될 때 행동이 일어날 가능성이 더 커짐. 반면에 자극이 변별자극과 유사하지 않을수록 그 자극이 제시될 때 행동이 덜 발생하게 됨. 이것을 '일반화 점층(generalization gradient)'이라고 함
  → 일반화 점층은 자극 일반화와 자극변별의 정도를 도표로 나타낸 것으로, 자극 조건에서 강화된 반응이 훈련되지 않은 자극의 존재 시에 나타나는 정도를 보여줌

참고자료

기본이론 242p

키워드

비유관 강화(NCR)

구조화틀

비유관 강화(NCR)
- 정의
- 원리
- 장점
- 단점

핵심개념

비유관 강화의 정의 및 원리

- 기능평가를 통해 문제행동을 유지시키고 있는 강화자극을 확인하고 그 강화자극을 학생에게 비유관적으로 충분히 제공함으로써 문제행동의 발생 동기를 사전에 제거하는 선행중재의 한 방법
- 학생의 행동 수행과 무관하게 미리 설정된 시간 간격에 따라 부적절한 행동을 유지하는 강화를 제공함
- 이제까지 문제행동만으로 얻을 수 있었던 특정 강화를 문제행동과 상관없이 무조건적으로 자주 얻을 수 있는 환경을 조성해 문제행동의 동기나 요구 자체를 제거하려는 것이 핵심임 → 강화자극으로의 포화 상태가 동기해지조작으로서의 기능을 수행하는 것

모범답안

⑤

2009학년도 중등 17

02 다음 내용에서 사용된 행동수정 기법으로 옳은 것은?

보기

정신지체 학생 A는 자주 수업을 방해하는 행동을 하였다. 김 교사는 기능평가를 실시하여 A가 교사로부터 관심을 받기 위해 평균 6분마다 수업방해 행동을 한다는 사실을 알았다. 수업방해 행동을 감소시키기 위해 김 교사는 A에게 5분마다 관심을 주었더니 수업방해 행동이 감소하였다. 이때부터 김 교사는 A에게 관심을 주는 시간 간격을 점차적으로 증가시켰다. 학기말에 A는 수업방해 행동을 하지 않았다.

① 소거(extinction)
② 다른행동 차별강화
③ 상반행동 차별강화
④ 대체행동 차별강화
⑤ 비유관 강화

기본이론 242p

비유관 강화(NCR)

비유관 강화(NCR)
- 정의
- 원리
- 장점
- 단점

비유관 강화(NCR)

2021학년도 중등 A10

03 **(가)는 ABC 분석 방법으로 학생 F의 문제행동을 수집한 자료의 일부이고, (나)는 학생 F에 대하여 두 교사가 나눈 대화이다. 〈작성방법〉에 따라 서술하시오. [4점]**

(가) 문제행동 수집 자료

• 피관찰자: 학생 F
• 관찰자: 김 교사
• 관찰일시: 2020. 11. 20.

시간	선행사건(A)	학생 행동(B)	후속결과(C)
13:00	"누가 발표해볼까요?"	(큰 소리로) "저요, 저요."	"그래, F가 발표해보자."
13:01		"어… 어…." (머뭇거린다.)	"다음에는 대답을 제대로 해보자, F야."
13:02		(웃으며 자리에 앉는다.)	
⋮			
13:20	"이번에는 조별로 발표를 해봅시다."	(큰 소리로) "저요, 저요."	(F에게 다가가서) "지금은 다른 조에서 발표할 시간이에요."
13:21		(교사를 바라보며 미소 짓는다.)	
⋮			
13:40	"오늘의 주제는 …."	(교사의 말이 끝나기도 전에) "저요, 저요." (자리에서 일어난다.)	"지금은 선생님이 말하는 시간이에요."
13:41		(교사를 바라보며 미소 짓는다.)	

(나) 대화

김 교사: 선생님, 지난 수업에서 학생 F의 문제행동을 평가해보니 그 기능이 (㉠)(으)로 분석되었습니다.
박 교사: 그렇다면 문제행동을 줄이기 위해 어떻게 하면 될까요?
김 교사: 몇 가지 방법 중 하나는 ㉡ 학생 F가 그 행동을 하더라도 반응하지 않는 것입니다. 그렇지만 이 방법은 ㉢ 문제행동이 일시적으로 더 심해지는 현상이 나타날 수 있기 때문에 예방적 차원의 접근이 필요합니다.
박 교사: 예방적 차원의 행동 중재방법으로는 무엇이 있나요?
김 교사: ㉣ 문제행동을 예방하기 위해 학생 F의 문제행동을 유지시키는 요인을 미리 제공하는 방법입니다.

기능평가를 통해 문제행동을 유지시키는 강화자극을 사전에 비유관적으로 충분히 제공하는 방법→ 비유관 강화

cf) 선행사건 중재 – 문제행동을 유발 또는 유지하는 환경적 원인을 찾아, 문제행동이 발생하기 전에 문제행동의 유발요인이 되는 환경을 재구성하는 방법

작성방법

(나)의 밑줄 친 ㉣에 해당하는 중재방법의 명칭을 쓸 것

참고자료

기본이론 242p

키워드

비유관 강화(NCR)

구조화 틀

비유관 강화(NCR)
- 정의
- 원리
- 장점
- 단점

핵심개념

모범답안

준수의 소리 지르기 행동과 무관하게 미리 설정한 시간 간격에 따라 교사의 관심을 제공한다.

2020학년도 초등 B1

04 **(가)는 다음은 준수를 위해 작성한 문제행동 중재 내용의 일부이다. 물음에 답하시오. [4점]**

- 표적행동 : 수업시간에 소리를 지르는 행동
- 기능적 행동평가 및 가설 설정
  - ABC 관찰을 통해 가설을 설정함
- 가설 검증
  - ㉠ <u>명확한 가설 검증과 구체적인 표적행동 기능 파악을 위해 표적행동에 대한 선행사건과 후속결과를 실험적이고 체계적으로 조작하는 기능적 행동 평가 절차를 실시함</u>
  - 이 절차에 대한 '결과 그래프 및 내용'은 다음과 같음

〈결과 그래프 및 내용〉

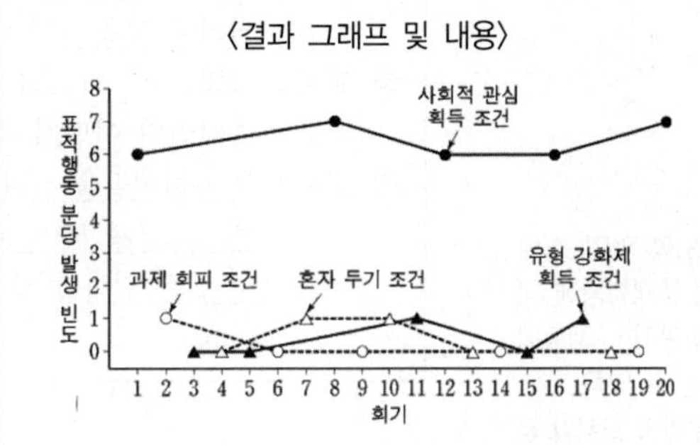

- 각 회기를 15분으로 구성하고, 불필요한 자극이 제거된 교실에서 하루 4회기씩 평가를 실시함
- 4가지 실험 조건을 각 5회기씩 무작위 순서로 적용함
- 각 실험 조건에서 발생하는 표적행동의 분당 발생 빈도를 기록하고 그래프로 시각화하여 분석함

…(중략)…

- 중재 계획
  - 표적행동 감소 전략 : 표적행동 발생을 예방하기 위해 ㉡ <u>비유관 강화(Noncontingent Reinforcement ; NCR)를 사용함</u>
  - 대체행동 지도 전략 : '반응 효율성 점검표'를 이용하여 표적행동을 대신할 수 있는 교체기술을 선택하여 지도함

〈반응 효율성 점검표〉

교체기술 선택기준	반응 효율성 점검 내용	점검 결과
노력	(㉢)	㊎ 아니요
결과의 일관성	표적행동을 할 때보다 더 일관되게 사회적 관심을 얻을 수 있는 교체기술인가?	㊎ 아니요
결과의 질	표적행동을 할 때 얻을 수 있는 사회적 관심보다 준수가 더 좋아하는 사회적 관심을 얻을 수 있는 교체기술인가?	㊎ 아니요

2) 준수의 표적행동과 관련하여 ㉡의 방법을 쓰시오. [1점]

기본이론 242p

비유관 강화(NCR)

비유관 강화(NCR)
- 정의
- 원리
- 장점
- 단점

비유관 강화의 단점
- 원하는 강화자극을 노력 없이 쉽게 얻을 수 있기 때문에 문제행동에 대한 동기뿐 아니라, 바람직한 행동에 대한 동기까지 감소될 수 있음
- 문제행동과 NCR이 우연히 일치할 경우, 원하지 않는 문제행동이 강화될 우려가 있음
- 학생이 행한 것에 상관없이 간격에 따라 강화가 주어지기 때문에 NCR의 결과로 행동이 체계적으로 강화되지는 않음

① 교사는 민수의 행동과 무관하게 2분 간격으로 민수에게 관심을 제공한다.
② 원하는 강화자극을 노력 없이 쉽게 얻을 수 있기 때문에 문제행동에 대한 동기뿐 아니라 바람직한 행동에 대한 동기까지 감소할 수 있다.
문제행동과 비유관 강화가 우연히 일치할 경우, 원하지 않는 문제행동이 강화될 우려가 있다.

2021학년도 유아 A5

05 **(가)는 통합학급 박 교사와 최 교사, 유아특수교사 김 교사가 지적장애 유아 은미와 민수의 행동에 대해 협의한 내용의 일부이고, (나)는 민수의 관찰기록지이다. 물음에 답하시오.** **[5점]**

(가)

[4월 3일]

최 교사: 선생님, 지난주에 민수의 행동을 관찰하기 위해 이야기 나누기 활동을 촬영하셨잖아요. 결과가 궁금해요.
김 교사: 네, ㉢ 민수의 자리이탈 행동의 원인이 선생님의 관심을 얻기 위한 것으로 확인되었어요.
최 교사: 그렇군요. 그러면 민수의 자리이탈 행동을 줄이려면 어떻게 해야 할까요?
김 교사: ㉣ 자리이탈을 하지 않고도 원하는 강화를 받을 수 있게 하여 문제행동의 동기를 제거할 수 있는 전략을 적용해보는 것도 좋을 것 같아요.

동기해지조작

(나)

- 아동: 김민수
- 관찰자: 김○○
- 관찰 장면: 이야기 나누기 활동
- 관찰 행동: 자리이탈 행동

날짜	시간	행동 발생	계	관찰 시간	분석
3/26	10:00~10:15	✓✓✓✓✓	5	15분	약 3분마다 1회씩 발생함
3/27	10:00~10:14	✓✓✓✓	4	14분	
3/30	10:00~10:16	✓✓✓✓✓✓	6	16분	
3/31	10:00~10:15	✓✓✓✓✓	5	15분	

3) ① ㉢과 (나)를 활용하여 ㉣의 구체적인 방법을 쓰고, ② ㉣을 사용할 때 나타날 수 있는 문제점을 1가지 쓰시오. **[2점]**

참고자료

기본이론 243-245p

키워드

고확률 요구 연속

구조화틀

고확률 요구 연속
- 정의
- 원리
- 효과적 활용법
- 유의사항

핵심개념

고확률 요구 연속

- **요구 연속**: 학습자가 연속되는 수 개의 고확률 요구에 성공적으로 반응할 때 계획된 저확률 요구를 재빨리 삽입해 반응을 유도하는 방법
- **고확률 요구**: 학습자의 능력으로 쉽게 수행할 수 있고, 또 실제로 학습자가 잘 반응하는 것으로 알려진 요구
- **저확률 요구**: 잘 순응하지 않고 불응할 확률이 더 높은 요구

고확률 요구 연속의 원리

- 동기해지조작의 동기감소 효과에 근거한 것으로, 저확률 요구에 불응함으로써 얻을 수 있는 강화의 가치를 약화시키고, 저확률 요구와 연관된 공격·자해행동에 대한 제지효과를 높이려는 전략
- 쉬운 요구에 순응하던 여세로 어려운 과제에도 순응하도록 한다는 의미로 '행동적 타성'이라고도 부름
- 혐오자극을 사용하지 않고도 문제행동을 감소시킴으로써 요구에 순응하는 행동을 가르칠 수 있는 적절한 방법

모범답안

⑤

2012학년도 유아 15

06 만 5세 발달지체 유아 인애는 주변의 사물을 묻는 직접적인 질문에 대부분 반응을 보이고, 지시에 따라 물건을 가져올 수 있으며, 과일 장난감을 좋아하지만, 장난감 정리에는 어려움이 있다. 다음은 송 교사가 인애에게 장난감 정리하기를 지도하는 과정이다. 송 교사가 사용한 교수전략은?

- 고확률 요구: 질문에 반응하기, 지시에 따라 물건 가져오기
- 저확률 요구: 장난감 정리하기

> [상황] 자유선택활동 시간이 끝나고 장난감을 정리하라는 교사의 지시에 따라 또래들이 장난감을 정리하고 있지만, 가지고 놀던 과일 장난감을 정리하지 않고 그대로 두고 있다.
>
> 교사: 인애야, 사과 장난감을 가져올래?
> 인애: (사과 장난감을 주워서 교사에게 준다.)
> 교사: 그래, 잘했어. 바나나 장난감을 가져올래?
> 인애: (바나나 장난감을 주워서 교사에게 준다.)
> 교사: 와! 바나나 장난감도 잘 가져왔어. 오렌지 장난감도 가져올래?
> 인애: (오렌지 장난감을 찾아서 교사에게 준다.)
> 교사: 오렌지 장난감도 가져왔네. 아주 잘했어. 자, 이제 바구니에 과일 장난감 넣는 것 도와줄래?
> 인애: (바구니에 과일 장난감들을 넣는다.)
> 교사: 장난감 정리 아주 잘했어!

① 반응대가(response cost)
② 토큰경제(token economy)
③ 부적강화(negative reinforcement)
④ 점진적 시간지연(progressive time delay)
⑤ 고확률 절차(high-probability procedure)

기본이론 243-245p

고확률 요구 연속

고확률 요구 연속
- 정의
- 원리
- 효과적 활용법
- 유의사항

고확률 요구 연속의 효과적 활용법
- **사용될 과제**: 이미 학습되어 아동의 행동저장고에 존재하는 것이어야 함. 반응시간이 짧고, 요구에 대한 순응이 보장되는 행동이어야 함
- 고확률 요구를 신속히 연속적으로 제시함(요구와 요구 간의 간격은 짧아야 함). 최초의 저확률 요구는 마지막 고확률 요구에 대한 순응을 강화한 후 즉시 제공함
- 학습자가 고확률 요구에 올바르게 반응하면 반드시 즉시 칭찬함
- 강력한 강화자극을 제공함

- **장점**: 혐오자극을 사용하지 않고도 문제행동을 감소시킴으로써 요구에 순응하는 행동을 가르칠 수 있다.
- **과제의 조건**: ① 이미 학습되어 학생의 행동저장고에 존재해야 한다. ② 과제는 반응시간이 짧고 단순해야 한다.
- 고확률 요구 연속에서 학생이 저확률 요구에 순응하게 되면 교사는 고확률 요구의 수를 점진적으로 줄여야 한다.

2020학년도 중등 A11

07 **(가)는 자폐성 장애 학생 K의 특성이고, (나)는 고확률(high-p) 요구 연속 방법에 사용할 과제 목록이다. (다)는 이것을 적용한 사례이다. 〈작성방법〉에 따라 서술하시오. [4점]**

(가) 학생 K의 특성

- 일반적인 지시 따르기가 가능함
- 선생님과 친구들을 만나면 하이파이브나 악수하기를 좋아함
- 의자에 앉기 싫어해서 주로 교실 바닥에 앉아 생활하려고 함

- 고확률 요구: 지시 따르기, 하이파이브, 악수하기
- 저확률 요구: 의자에 앉기

(나) 과제 목록

과제목록 \ 회기	1	2	9	10
고확률	손뼉치기	하이 파이브	점프하기	손뼉치기
	하이 파이브	점프하기	하이 파이브	악수하기
	악수하기	손뼉치기	손뼉치기	하이 파이브
	점프하기	악수하기	악수하기	점프하기
저확률	의자에 앉기	의자에 앉기	의자에 앉기	의자에 앉기

* 고확률: 고확률(high-p) 요구, 순응하는 과제
* 저확률: 저확률(low-p) 요구, 거부하는 과제

High-p 행동
순서를 동일하게 제공하기보다 무작위로 제공하기

(다) 고확률 요구 연속 적용 사례(10회기)

이 교사: K야, 손뼉 치자.
학생 K: (손뼉 친다.)
이 교사: 잘했어. (손 내밀며) 악수할까?
학생 K: (악수한다.)
이 교사: 참 잘했어! (손을 들어) 하이파이브!
학생 K: (하이파이브 한다.)
이 교사: 좋아요. 이제 점프!
학생 K: (점프한다.)
이 교사: 멋지다. 의자에 앉자.
학생 K: (의자에 앉는다.)
이 교사: 우와! 멋지다! 최고!

작성방법

- 고확률 요구 연속 방법의 장점을 1가지 서술할 것
- 고확률 요구 연속 방법에 사용되는 과제의 조건을 2가지 쓸 것
- 고확률 요구 연속 방법 적용 시, 학생 K가 저확률 요구에 계속해서 순응하는 행동을 보일 때, 교사가 변경해야 할 사항을 1가지 서술할 것

확장하기+

고확률 요구 연속(High-p) 전략

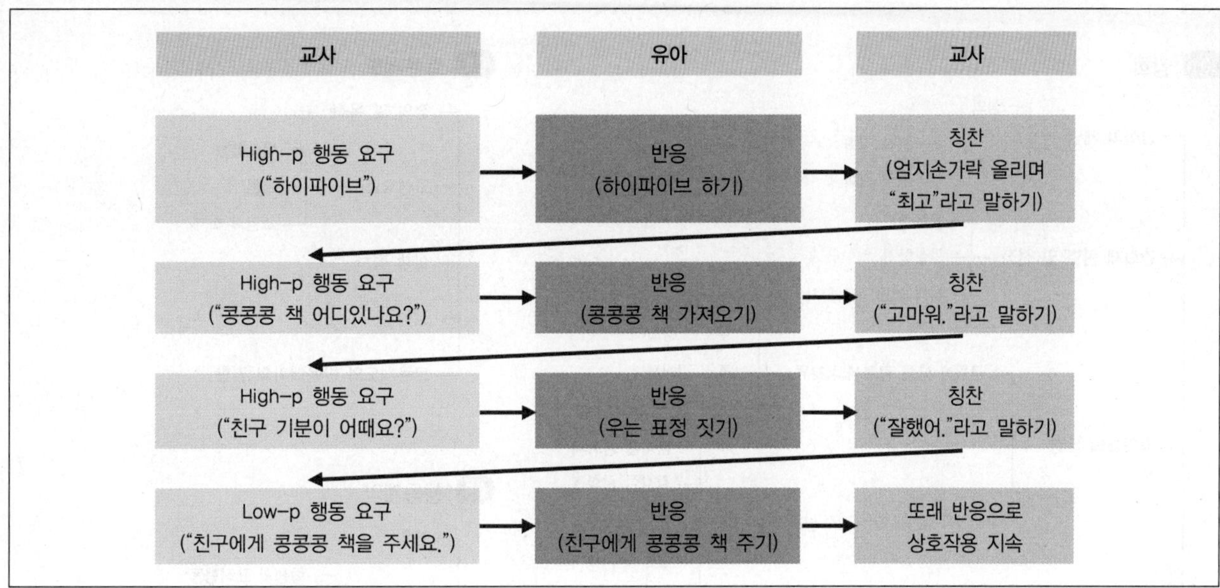

① High-p 전략
- 3~5가지 High-p 행동을 빠른 속도로 제공하기
- 각각의 High-p 행동 수행에 대한 칭찬을 행동 수행 직후 즉각 제공하기
- 마지막 고확률 요구에 대한 순응을 강화한 후, 즉시 Low-p 행동 요구하기
- Low-p 행동 수행에 대한 칭찬을 행동 수행 직후 즉각 제공하기

② High-p 전략의 특징 및 고려사항
- High-p 전략은 마지막 High-p 행동 수행에 대한 강화를 제공한 후 5초 이내에 Low-p 행동 수행을 요구할 때 가장 효과적임
- High-p 행동을 선택할 때에는 학생이 실제로 수행할 수 있는 행동을 선택해 요구하는 것이 중요함
- High-p 행동을 Low-p 행동과 지속적으로 연결해 요구하였을 때 Low-p 행동이 가지고 있는 비선호적 자극이 High-p 행동으로 전이되므로 High-p 행동의 순서를 변경하기
- Low-p 행동 발생률을 유지하기 위해서는 High-p 행동 순서를 동일하게 제공하기보다 무작위적으로 제공하기

CHAPTER 08

바람직한 행동의 증가

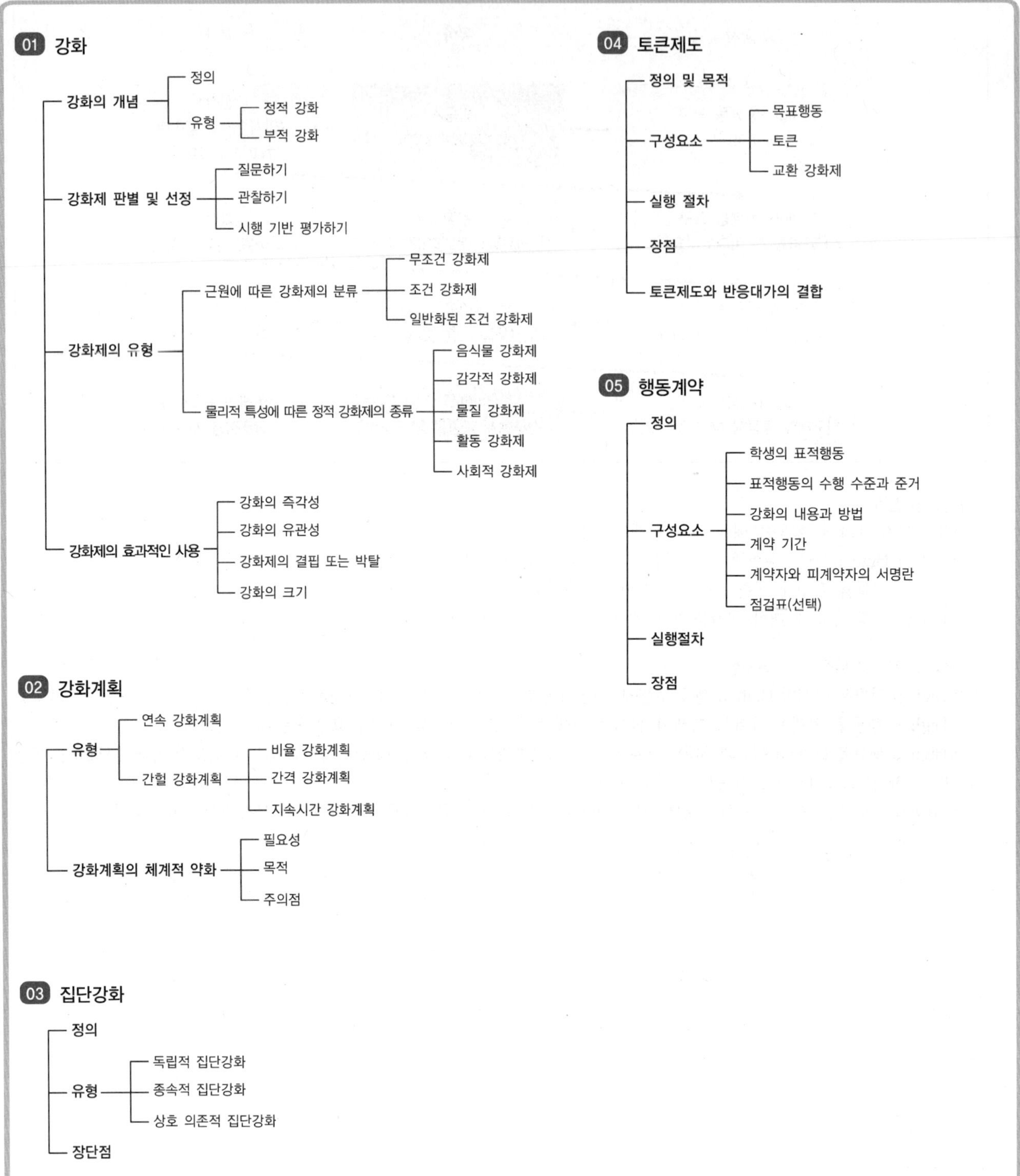
01 강화
강화의 개념
정의
유형
정적 강화
부적 강화
강화제 판별 및 선정
질문하기
관찰하기
시행 기반 평가하기
강화제의 유형
근원에 따른 강화제의 분류
무조건 강화제
조건 강화제
일반화된 조건 강화제
물리적 특성에 따른 정적 강화제의 종류
음식물 강화제
감각적 강화제
물질 강화제
활동 강화제
사회적 강화제
강화제의 효과적인 사용
강화의 즉각성
강화의 유관성
강화제의 결핍 또는 박탈
강화의 크기
02 강화계획
유형
연속 강화계획
간헐 강화계획
비율 강화계획
간격 강화계획
지속시간 강화계획
강화계획의 체계적 약화
필요성
목적
주의점
03 집단강화
정의
유형
독립적 집단강화
종속적 집단강화
상호 의존적 집단강화
장단점
04 토큰제도
정의 및 목적
구성요소
목표행동
토큰
교환 강화제
실행 절차
장점
토큰제도와 반응대가의 결합
05 행동계약
정의
구성요소
학생의 표적행동
표적행동의 수행 수준과 준거
강화의 내용과 방법
계약 기간
계약자와 피계약자의 서명란
점검표(선택)
실행절차
장점

참고자료
기본이론 248p

키워드
강화의 유형

구조화틀

강화
- 강화의 개념
- 강화제 판별 및 선정
- 강화제 유형
- 강화제의 효과적인 사용

핵심개념

강화
어떤 행동에 뒤따르는 행동의 후속결과, 즉 유쾌자극의 제시(정적) 또는 혐오자극의 제거(부적)로 그 행동이 증가되거나 개선되는 과정

강화의 유형
- **정적강화**: 표적행동에 수반해 특정 후속자극을 제공함으로써 그 행동의 미래 발생률을 증가시킴
- **부적강화**: 표적행동에 수반해 특정 자극을 제거 또는 회수함으로써 그 행동의 미래 발생률을 증가시킴

	정적강화	부적강화
공통점	미래 행동 발생 가능성 증가(↑)	
차이점	유쾌자극 제시(+)	불쾌자극 제거(−)

모범답안
① 사회학습
② 집짓기 놀이 중 지훈이가 무거운 블록을 들고 와 집을 짓자 남아들이 "야, 지훈이는 아빠같이 힘도 세고 집도 잘 짓네."라고 칭찬한 것이다.

2013학년도 유아 B6

01 다음 사례는 하늘 유치원 만 5세 반 박 교사가 자율선택활동 시간에 관찰한 내용의 일부이다. 물음에 답하시오.

> 자유선택활동 시간에 역할놀이 영역에서 남아인 지훈이와 여아인 다빈이가 같이 놀이를 하고 있다.
>
> …(중략)…
>
> 지훈이가 놀잇감 속에서 여성용 머플러와 가발, 여성용 구두를 꺼내 든다. 그리고 가발과 머플러를 머리 위에 뒤집어쓰고 구두를 신고는 거울 앞에 선다. 지훈이가 거울에 비친 자기의 모습을 바라보더니 요리하는 엄마 흉내를 낸다.
> 이것을 본 다빈이가 "야, 넌 왜 남자가 엄마처럼 하고 있냐? ㉠ <u>가발 쓰고 구두 신는다고 남자가 엄마가 되냐?</u> 그리고 ㉡ <u>밥은 여자만 하는 거야.</u>"라고 말한다. 그러자 지훈이는 재빨리 가발과 머플러, 구두를 바구니에 던져 넣고는 쌓기 영역으로 가서 다른 남아들과 집짓기 놀이를 한다. 집짓기 놀이 중 지훈이가 무거운 블록을 들고 와 집을 짓자 남아들이 "야! 지훈이는 아빠같이 힘이 세고 집도 잘 짓네."라고 하며 좋아한다. 그 말을 듣고 지훈이는 블록을 많이 들고 와서 더 열심히 집짓기에 참여한다. 집을 다 지은 후, 남아들이 ㉢ <u>"집은 우리 남자들만 짓는 거야."라는 말을 한다.</u>
>
> 

1) 반두라(A. Bandura)의 (①)이론에서는 모델이 보이는 행동을 관찰하고 모델의 행동을 따라하는 모방과 ② <u>정적 강화</u>가 인간의 사회성 발달에 있어 필수적이라고 본다. ①이 무엇인지 쓰고, 위 사례에서 ②의 예를 1가지 찾아 쓰시오. [2점]

기본이론 248p, 254p

- 강화의 유형
- 효과적인 강화의 특성

강화
- 강화의 개념
- 강화제 판별 및 선정
- 강화제 유형
- 강화제의 효과적인 사용

강화의 유형
- **정적강화**: 표적행동에 수반해 특정 후속자극을 제공함으로써 그 행동의 미래 발생률을 증가시킴
- **부적강화**: 표적행동에 수반해 특정 자극을 제거 또는 회수함으로써 그 행동의 미래 발생률을 증가시킴

강화제의 효과적인 사용
- **강화의 즉각성**: 강화제가 효과가 있으려면 행동·반응이 발생했을 때 즉각적으로 제시되어야 함
- **강화의 유관성**: 강화제는 표적행동 발생과 관련 있는 선행자극 조건과 연관해 주어져야 함
- **강화제의 결핍 또는 박탈**: 강화제의 효과는 강화제의 결핍 또는 박탈의 수준이 증가하면 같이 증가하고 강화제의 만족 또는 포화·포만 수준이 증가하면 떨어짐
- **강화의 크기**: 강화의 양은 적절해야 함

㉢ 부적강화는 행동 결과로 싫어하는 자극을 피하게 되어 행동이 증가하는 것을 말해요.
㉣ 강화제를 제공할 때 포만 상태이면 효과가 낮아요.

2023학년도 유아 A7

02 **(가)는 통합학급 놀이 상황이고, (나)는 유아특수교사 강 교사와 통합학급 최 교사가 나눈 대화의 일부이다. 물음에 답하시오. [5점]**

(나) 수업 설계 노트

최 교사: 선생님, 놀이 참여도가 낮은 유아를 위해 강화방법을 적용해봐요.
강 교사: 그러면 좋겠어요.
최 교사: 먼저, 강화에 대해 정리해볼게요. ㉡ 정적강화는 행동 결과로 원하는 것을 주어 그 행동이 증가되거나 유지되게 하는 것을 말해요. ㉢ 부적강화는 행동 결과로 싫어하는 자극을 피하게 되어 행동이 감소하는 것을 말해요. 그리고 ㉣ 강화제를 제공할 때 유아가 포만 상태이면 효과를 높일 수 있어요. 마지막으로 ㉤ 강화제를 효과적으로 사용하기 위해서는 주기적으로 강화제를 재평가하면 좋아요.

…(하략)…

3) (나)의 ㉡~㉤ 중 잘못된 내용을 2가지 찾아 그 기호를 쓰고, 각각을 바르게 고쳐 쓰시오. [2점]

확장하기+

강화제 선택 방법

	질문하기	관찰(자유 조작 관찰)	시행기반 평가
정의	강화 체계가 적용되는 대상자와 관련인에게 잠재적 강화제에 대해 직접 알아보는 기본적인 방법	다양한 강화제를 선택할 수 있는 자연적인 상황 또는 인위적인 상황을 제시해 잠재적 강화제를 관찰하는 방법	대상자가 선호도의 위계 또는 순위를 표시할 수 있도록 사물 또는 활동들을 대상자에게 체계적으로 제시하는 방법
장점	시행이 용이하고 빠르게 관련 자료를 수집할 수 있음	–	가장 체계적인 평가 방법
단점	관찰과 시행기반 평가에 비해 수집된 자료의 정확성이 낮음	–	–
방법	• 개방형 질문 • 선택형 질문 • 순위형 질문	• 자연적 관찰 • 인위적 관찰	• 단일 항목 제시법 • 선택 자극 제시법(짝 자극 제시법) • 복합 자극 제시법(다중 자극 제시법)

정적강화의 효과에 영향을 미치는 요인

강화의 즉시성	강화를 제공하는 초기에는 강화 프로그램의 효과성을 높이기 위해 표적행동의 발생 즉시 강화가 제공되어야 함. 이후에는 행동과 강화 간의 지연시간이 길어지도록 함
강화와 언어적 칭찬과의 결합	바람직한 표적행동과 강화제 간의 관련성을 알 수 있도록 학생에게 강화제를 받는 행동이 무엇인지를 분명하게 언급해줌. 강화제와 함께 언어적 칭찬의 연합이 학습되면 언어적 칭찬이 갖는 강화의 가치가 높아져서 이후 언어적 칭찬만으로도 표적행동의 발생 가능성을 높일 수 있음
강화 스케줄	강화를 제공하는 초기에는 학생이 표적행동을 보일 때마다 매번 강화하는 연속 강화 스케줄을 적용함. 이후 연속 강화 스케줄에서 간헐 강화 스케줄로 변경함
강화제의 유형과 양	학생의 개별적인 선호에 따라 어떤 강화제가 다른 강화제보다 더 효과적일 수 있음. 효과적인 강화를 위해 제공할 강화제의 양은 학생이 만족할 수 있도록 너무 많지 않으면서도 관심을 이끌기에 충분한 양이어야 함
강화 제공자	학생이 좋아하거나 존경하는 사람 또는 학생에게 의미 있는 사람이 강화제를 제공할 때 그 강화제는 보다 효과적일 수 있음. 학생이 싫어하거나 신뢰하지 않는 사람이 강화제를 주면 강화의 특성 중 일부 또는 전부가 상실될 수 있음
일관성	강화는 일관되게 시행되어야 함. 표적행동의 발생과 관련이 있는 모든 사회 및 물리적 상황에서 일관성 있게 시행하는 것이 중요함

기본이론 253p

- 활동 강화제
- 프리맥 원리

강화제의 분류
- 근원에 따른 분류
- 물리적 특성에 따른 분류

활동 강화제
- 특정 활동에 참여할 기회가 강화제 역할을 할 때 그 활동을 '활동 강화제'라고 하며 강화제의 개별화 원리가 중요함 → 아동마다 좋아하는 활동이 다르기 때문
- **활동을 정적강화제로 적용한 프리맥의 원리**: 발생 가능성이 높은 활동을 발생 가능성이 낮은 활동 뒤에 오게 해 발생 가능성이 낮은 행동의 발생률을 증가시킬 수 있다는 원리

프리맥 원리

프리맥 원리를 적용해 동호가 사진 찍기 활동에 참여하면 일정 시간 동안 트램펄린 뛰기를 할 수 있게 한다.

2014학년도 초등 B3

03 **(가)는 특수학교에 재학 중인 자폐성 장애 학생 동호의 행동 특성이고, (나)는 초등학교 2학년 미술과 '즐거운 미술관 구경' 단원의 교수 · 학습 과정안이다. 물음에 답하시오. [5점]**

(가) 동호의 행동 특성

- 사진 찍히기를 싫어하여 사진 찍기 활동의 참여도가 낮음
- 놀이실에 있는 트램펄린에서 뛰는 활동을 매우 좋아함

(나) 교수 · 학습 과정안

단원명	즐거운 미술관 구경	제재	미술 작품 감상하기
학습 목표	작품 속 주인공의 모습을 흉내 내며 화가의 마음을 느껴볼 수 있다.		
단계	학습 내용	교수 · 학습 활동	
…(중략)…			
4	완성 작품에 의미와 가치 부여하기	• 자신이 좋아하는 미술 작품 옆에 색종이로 접은 꽃이나 스티커를 붙인다. • ㉠ 작품 속 주인공처럼 꾸민 후 액자틀을 들고 친구들과 미술 작품의 배경 앞에서 즉석 사진을 찍는다.	

3) (나)의 ㉠에서 동호의 사진 찍기 활동 참여를 위해 교사가 동호의 행동 특성을 활용하여 지도할 수 있는 정적강화 기법을 쓰고, 이를 적용한 지도 내용을 쓰시오. [2점]

02

기본이론 253p

- 활동 강화제
- 프리맥 원리

강화제의 분류
- 근원에 따른 분류
- 물리적 특성에 따른 분류

활동 강화제
- 특정 활동에 참여할 기회가 강화제 역할을 할 때 그 활동을 '활동 강화제'라고 하며 강화제의 개별화 원리가 중요함 → 아동마다 좋아하는 활동이 다르기 때문
- **활동을 정적강화제로 적용한 프리맥의 원리**: 발생 가능성이 높은 활동을 발생 가능성이 낮은 활동 뒤에 오게 해 발생 가능성이 낮은 행동의 발생률을 증가시킬 수 있다는 원리

사회적 강화제
- 긍정적 감정 표현(예 미소, 윙크, 웃음, 고개 끄덕임, 박수, 지그시 바라보기 등)
- 신체적 접촉(예 악수하기, 손잡기, 쓰다듬기 등)
- 물리적 접근(예 아동 옆에 앉기, 아동 옆에 서기, 함께 식사하기 등)
- 칭찬과 인정 같은 언어적 진술(예 "정말 훌륭해!", "잘했어." 등)

활동 강화제

2014학년도 유아 B5

04 **다음은 발달지체 유아 도형이의 또래 상호작용을 증진시키기 위해 담임교사가 순회교사에게 자문을 구하면서 나눈 대화 내용이다. 물음에 답하시오. [5점]**

> 담임교사: 선생님, 도형이가 또래들과 상호작용을 거의 하지 않고 있어요. 매일 혼자 놀고 있어서 안타까워요. 몇 가지 방법을 써봤는데 별 효과가 없어요.
> 순회교사: 네, 그럼 그동안 선생님은 도형이에게 어떻게 하셨는지 말씀해주시겠어요?
> 담임교사: 먼저 도형이가 또래들에게 관심을 갖도록 ㉠ 혼자 놀 때는 강화를 하지 않고, 도형이가 친구들에게 다가가거나 놀이에 관심을 보이면 "도형아, 친구들이 뭐하고 있는지 궁금하지? 같이 놀까?"라며 어깨를 두드려주었어요. 도형이는 제가 어깨를 두드려주는 걸 좋아하거든요.
> 순회교사: 잘 하셨어요. 그럼 ㉡ 도형이가 친구들에게 관심을 보일 때 강화하시고, 그 다음엔 조금씩 더 진전된 행동을 보이면 강화해주세요. 마지막 단계에서는 도형이가 또래와 상호작용할 때 강화해주세요. 그리고 강화제도 다양하게 사용하면 더 효과적일 수 있답니다.
> 담임교사: 도형이가 ㉢ 금붕어에게 먹이주기를 좋아하는데 강화제로 쓸 수 있을까요?
> 순회교사: 네, 가능해요.

사회적 강화제

활동 강화제: 학생이 좋아하는 활동을 하도록 기회·임무·특권을 주는 것

2) ㉢에 해당하는 강화제 유형을 쓰시오. [1점]

기본이론 253p

- 활동 강화제
- 프리맥 원리

강화제의 분류
- 근원에 따른 분류
- 물리적 특성에 따른 분류

활동 강화제
- 특정 활동에 참여할 기회가 강화제 역할을 할 때 그 활동을 '활동 강화제'라고 하며 강화제의 개별화 원리가 중요함 → 아동마다 좋아하는 활동이 다르기 때문
- **활동을 정적강화제로 적용한 프리맥의 원리:** 발생 가능성이 높은 활동을 발생 가능성이 낮은 활동 뒤에 오게 해 발생 가능성이 낮은 행동의 발생률을 증가시킬 수 있다는 원리

① 각자 원하는 놀이
② 활동 강화제

2020학년도 유아 B5

05 **(가)는 5세 발달지체 유아들의 행동특성이고, (나)는 음악활동 자료이며, (다)는 활동계획안이다. 물음에 답하시오. [5점]**

(가)

민정	• 활동 시 교사의 말에 집중하는 시간이 짧음 • 대집단 활동 시 활동영역을 떠나 돌아다니는 경우가 많음
주하	• 음악활동은 좋아하나 활동 참여시간이 짧음 • 일상생활에서 자주 사용하는 3음절의 단어(사람, 사물 이름)로 말함
소미	• 수줍음이 많고 활동 참여에 소극적임 • 수업 중 앉아 있는 시간이 짧음

(다)

활동목표	…(생략)…	
활동 방법		자료(㉶) 및 유의점(㊓)
활동 1	• '○○○ 옆에 누가 있나요?' 노래를 듣는다. – 노래 전체 듣기 – 노랫말 알아보기	㉶ '○○○ 옆에 누가 있나요?' 노래 음원, 그림악보 ㊓ ㉠ <u>민정, 주하, 소미가 일정 시간 동안 활동에 참여하면 각자 원하는 놀이를 하게 해준다.</u>
활동 2	• 다양한 방법으로 노래를 부른다. – 한 가지 소리(아아아~)로 불러보기 – 친구 이름 넣어서 노래 해보기 – 유아들을 나누어 불러보기 – 다 함께 불러보기 …(중략)…	㊓ 민정이는 좋아하는 또래들과 어깨동무를 하고 노래 부르게 한다. ㊓ 주하는 ○○○에만 친구 이름을 넣어 부르게 한다. ㊓ 바닥에 원형 스티커를 붙여 놓고 자리를 이동하며 노래 부르게 한다.
활동 3	• 리듬악기를 연주해본다. – 리듬패턴 그림을 보며 리듬 알아보기 – 리듬에 맞추어 손뼉치기 – 리듬에 맞추어 리듬악기 연주하기	㊓ 리듬패턴은 그림악보로 제공한다. ㊓ 유아가 익숙하게 다룰 수 있는 리듬악기를 제공한다. ㊓ 소미가 친구들에게 리듬악기를 나누어주도록 한다.

2) ① 프리맥(D. Premack)의 원리를 적용한 (다)의 ㉠에서 고빈도 행동을 찾아 쓰고, ② 물리적 특성(강화 형태)에 근거하여 ㉠에 제시된 강화제의 유형은 무엇인지 쓰시오. [2점]

기본이론 253p

- 활동 강화제
- 프리맥 원리

강화제의 분류

- 근원에 따른 분류
- 물리적 특성에 따른 분류

활동 강화제

- 특정 활동에 참여할 기회가 강화제 역할을 할 때 그 활동을 '활동 강화제'라고 하며 강화제의 개별화 원리가 중요함 → 아동마다 좋아하는 활동이 다르기 때문
- **활동을 정적강화제로 적용한 프리맥의 원리**: 발생 가능성이 높은 활동을 발생 가능성이 낮은 활동 뒤에 오게 해 발생 가능성이 낮은 행동의 발생률을 증가시킬 수 있다는 원리

1) ① 발생 가능성이 높은 활동을 발생 가능성이 낮은 활동 뒤에 오게 하여 발생 가능성이 낮은 행동의 발생률을 증가시키기 위함이다.
② 물질 강화제(작은 포클레인)

2) 활동 강화제

2024학년도 유아 B2

06 **(가)는 유아특수교사 강 교사와 박 교사가 나눈 대화의 일부이고, (나)는 강 교사가 발달지체 유아 현수의 놀이행동을 관찰 기록한 자료이다. 물음에 답하시오. [5점]**

(가)

강 교사: 선생님, 우리 반 현수가 매일 작은 포클레인 장난감만 가지고 놀아요.
박 교사: 그런 것 같더라고요.
강 교사: 그래서 다른 놀이나 놀잇감을 제안해 보았는데 전혀 관심을 갖지 않네요.
박 교사: 가끔이라도 가지고 노는 놀잇감이 있나요?
강 교사: 드물지만 탈 수 있는 자동차를 타기는 해요.
박 교사: 그럼 자동차를 좀 더 자주 타고 놀게 하면 좋겠네요.
강 교사: 어떤 방법으로 지도할 수 있을까요?
박 교사: 현수가 좋아하는 작은 포클레인과 탈 수 있는 자동차를 이용해 ㉠<u>프리맥 원리(Premack principle)로 지도</u>하면 좋을 거 같아요.
강 교사: 이 두 가지 놀이의 순서를 안내해 주는 시각적 자료를 만들어서 사용하면 현수에게 도움이 되겠네요.

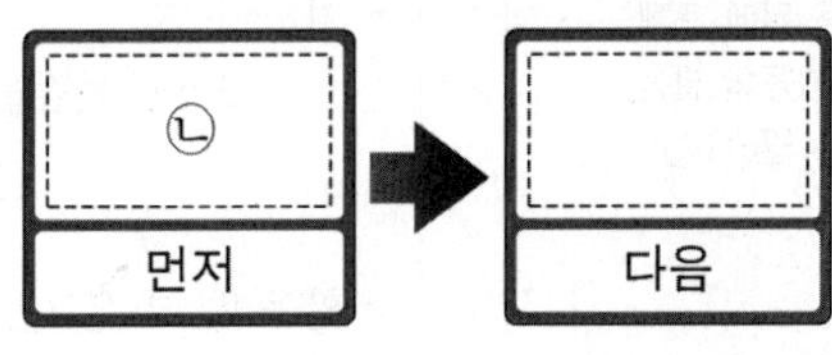

〈놀이 순서 안내 자료〉

1) (가)에서 ① 박 교사가 ㉠을 제안한 이유를 쓰고, ② ㉡에 들어갈 시각적 자료의 내용을 쓰시오. [2점]

2) (가)에서 강 교사가 사용할 강화제 유형을 쓰시오. [1점]

기본이론 253p

- 활동 강화제
- 프리맥 원리

강화제의 분류

- 근원에 따른 분류
- 물리적 특성에 따른 분류

활동 강화제

- 특정 활동에 참여할 기회가 강화제 역할을 할 때 그 활동을 '활동 강화제'라고 하며 강화제의 개별화 원리가 중요함 → 아동마다 좋아하는 활동이 다르기 때문
- **활동을 정적강화제로 적용한 프리맥의 원리**: 발생 가능성이 높은 활동을 발생 가능성이 낮은 활동 뒤에 오게 해 발생 가능성이 낮은 행동의 발생률을 증가시킬 수 있다는 원리

실그림 기법으로 작품을 완성하면 물감을 손으로 만지는 활동을 할 수 있도록 한다.

2024학년도 초등 B6

07 **(가)는 2015 개정 특수교육 기본 교육과정 미술과 5~6학년군 '눈이 즐거운 평면 표현' 수업 활동에 대한 아이디어 노트의 일부이고, (나)는 교사의 작품 설명의 내용이다. 물음에 답하시오. [5점]**

(가)

◦ 자폐성장애 학생 희주의 특성

- 촉감을 느끼기 위해서 책상 모서리를 계속 문지름
- 장난감 자동차 바퀴의 회전하는 모습을 보려고 바퀴를 지속적으로 돌림
- 끈적임을 느끼기 위해 풀의 표면을 손으로 계속 문지름

[A]

◦ 수업 방향

- ㉠ <u>미술 수업 시간에 물감을 감각적으로 탐색하는 다양한 미술 활동을 지도하고자 함</u>

◦ 수업 활동 계획

- 활동 1: ㉡ <u>물감 표면의 촉각적인 느낌 탐색하기</u>
  - ↳ ㉢ <u>물감을 손으로 만지는 활동하기</u>

…(중략)…

- 활동 2: ㉣ <u>실그림 기법으로 작품 완성하기</u>
- 활동 3: <u>(㉤) 기법으로 작품 완성하기</u>

2) (가)의 ㉢을 후속 강화제로 사용한 프리맥의 원리(Premack principle)를 적용해서 ㉣을 지도할 때, ㉢과 ㉣로 활동을 구성하여 쓰시오. [1점]

참고자료

기본이론 255-260p

키워드

강화계획(강화 스케줄)

구조화틀

강화제의 분류

- 근원에 따른 분류
- 물리적 특성에 따른 분류

간헐 강화계획(강화 스케줄)

- 비율 강화계획
  - 고정비율
  - 변동비율
- 간격 강화계획
  - 고정간격
  - 변동간격
- 지속시간 강화계획
  - 고정 지속시간
  - 변동 지속시간

핵심개념

음식물 강화제(= 1차 강화제)

- 씹거나, 빨아 먹거나, 마실 수 있는 것
- 음식물 강화제가 효과적이기 위해서는 결핍된 상태여야 함

사회적 강화제
(= 2차 강화제, 일반화된 조건 강화제)

- 대인관계 상황에서 형성된 2차 강화인자
- 긍정적 감정표현, 신체적 접촉 또는 물리적 접근이나 칭찬과 인정 같은 언어적 진술 등

모범답안

②

2013학년도 중등 17

08 다음은 교사가 강화를 적용한 후, 발생한 문제 상황과 수정한 강화계획을 나열한 것이다. (가)~(다)에 대한 설명으로 옳은 것만을 〈보기〉에서 있는 대로 고른 것은?

	강화적용 후 발생한 문제 상황	수정한 강화계획
(가)	학생이 과제를 완성할 때마다 과자를 주었더니 과자를 너무 많이 먹게 되었다.	교사는 학생이 과제를 10개씩 완성할 때마다 과자를 준다.
(나)	학생이 인사를 할 때마다 초콜릿을 주었더니, 초콜릿에 지나친 관심을 보였다.	교사는 학생이 인사할 때마다 칭찬을 한다.
(다)	학생에게 30분 동안 혼자서 책을 읽게 하고, 매 5분마다 점검하여 토큰을 주었더니, 점검할 때만 집중하여 책을 읽는 척하였다.	교사는 3분 후, 5분 후, 2분 후, 10분 후, 4분 후, 6분 후에 집중하여 책을 읽고 있는지 점검하고 토큰을 준다.

(가)
- **문제상황**: 연속 강화계획 / 음식물 강화제 → 음식물 강화제의 단점(포만이 쉽게 발생할 수 있음)
- **수정한 강화계획**: 고정비율 강화계획 / 음식물 강화제

(나)
- **문제상황**: 연속 강화계획 / 음식물 강화제 → 음식물 강화제의 단점(지나치게 강화제에 집착할 수 있음)
- **수정한 강화계획**: 연속 강화계획 / 사회적 강화제

(다)
- **문제상황**: 고정간격 강화계획 / 토큰강화제 → 고정간격 스캘럽 현상이 발생함
- **수정한 강화계획**: 변동간격 강화계획 / 토큰강화제

보기

ㄱ. (가)는 강화결핍으로 인해 생긴 문제이다.
ㄴ. (가)는 고정비율 강화계획으로 수정한 것이다.
ㄷ. (나)는 이차적 강화를 사회적 강화로 수정한 것이다.
ㄹ. (나)는 고정간격 강화계획으로 수정한 것이다.
ㅁ. (다)는 강화포만으로 인해 생긴 문제이다.
ㅂ. (다)는 변동간격 강화계획으로 수정한 것이다.

① ㄱ, ㅁ ② ㄴ, ㅂ
③ ㄴ, ㄷ, ㅂ ④ ㄹ, ㅁ, ㅂ
⑤ ㄱ, ㄷ, ㄹ, ㅁ

기본이론 255-257p

• 연속 강화계획
• 비율 강화계획

간헐 강화계획(강화 스케줄)
- 비율 강화계획
- 간격 강화계획
- 지속시간 강화계획

연속 강화계획
• 학생이 표적행동을 할 때마다 즉각 강화제를 제시하는 것으로, 새로운 행동 습득 시기에 유용함
• 단점
  - 강화 없이는 행동하지 않는 등 강화에 대한 강한 의존성을 보일 수 있음
  - 습득된 행동을 유지하기 위해 계속해서 연속 강화제를 사용하기 어려움
  - 강화에 대한 포만으로 강화제가 효력을 잃게 될 수 있음

간헐 강화계획
• 모든 표적행동에 대해 강화를 제공하는 것이 아니라, 학생이 표적행동을 했을 때 어떤 때는 강화가 주어지고 어떤 때는 강화가 주어지지 않는 것
• 장점
  - 학생이 강화제로부터 포만감을 느끼게 하는 것을 막을 수 있음
  - 간헐 강화계획으로 유지되는 행동은 소거에 더 큰 저항을 가짐
  - 강화를 받기 위해 더 많은 정반응을 요구함

비율 강화계획
• 표적행동이 발생한 횟수에 근거해 강화계획을 세우는 것
• 유형
  - **고정비율 강화계획**: 정해진 수만큼 표적행동을 보일 때마다 강화를 제시함
    예 4문제를 풀 때마다 강화 제공
  - **변동비율 강화계획**: 표적행동이 발생한 평균에 근거해 강화를 제시하기 때문에, 강화가 주어지기 위해 필요한 표적행동의 수는 고정되어 있지 않고 평균을 기준으로 변함
    예 평균 4문제를 푼 후 강화를 주도록 계획하였다면 4문제, 2문제, 4문제, 6문제, 3문제, 5문제를 각각 풀었을 때 강화 제공

① 학생이 강화 없이는 행동하지 않는 등 강화에 대한 강한 의존성을 보일 수 있다.
② 변동비율 강화계획

2015학년도 유아 B1

09 (가)는 통합유치원 5세 반 일일 교육계획안의 일부이고, (나)는 발달지체 유아 민지를 위한 지원 방안이다. 물음에 답하시오. [7점]

(가) 일일 교육계획안

생활주제	유치원과 친구	소주제	우리 반에 필요한 약속 알아보기
목표	• 유치원 일과를 알고, 즐겁게 생활한다. • 놀이의 약속과 규칙을 알고 지킨다.		
시간/활동명	활동 내용		자료 및 유의점
9:00~9:10 〈등원 및 인사 나누기〉	• 선생님, 친구들과 반갑게 인사 나누기 • 가방, 옷을 정리하고 출석 이름표를 찾아 붙이기		유아에 대한 정보 (약, 건강 상태 등) 받기
9:10~10:20 〈자유선택 활동〉	• ㉠ <u>언어 영역</u>: '약속'과 관련된 책 읽기 • 미술 영역: 색종이로 하트 접기 • 조작 영역: 집 모양 퍼즐 맞추기		(생략)
10:20~10:40 〈정리 및 평가〉	• 놀잇감을 제자리에 정리하기 • 자유선택활동을 평가하기		(생략)

4) 교사는 민지의 정리정돈 활동을 지원하기 위해 다음과 같은 강화계획을 사용하였다. ①의 강화계획이 가지고 있는 제한점 1가지를 쓰고, ②에 해당하는 강화계획을 쓰시오. [2점]

> 민지가 ① <u>정리정돈을 할 때마다 칭찬을 해주었다.</u> 교사는 민지의 정리정돈 행동이 습득되자 그 행동이 유지되도록 하기 위해서 4회, 2회, 4회, 6회, 3회, 5회(평균 4회)의 정리정돈을 할 때마다 칭찬을 하는 (②)을(를) 적용하였다.

• 연속 강화계획 → 새로운 행동의 '습득'에 효과적임
• 간헐 강화계획 → 습득한 행동의 '유지'에 효과적임

참고자료

기본이론 255-257p

키워드

- 연속 강화계획
- 비율 강화계획

구조화 틀

간헐 강화계획(강화 스케줄)
- 비율 강화계획
- 간격 강화계획
- 지속시간 강화계획

핵심개념

연속 강화계획과 간헐 강화계획

연속 강화계획은 주로 새로운 행동을 학습하는 초기 단계에서 행동을 증가시키기 위해 사용하며, 일단 형성된 행동을 유지하기 위해서는 간헐 강화계획을 사용함

모범답안

① 연속 강화계획
② 습득된 행동의 유지를 위해서는 표적행동을 간헐적으로 강화하는 간헐 강화계획이 효과적이기 때문이다.

2022학년도 유아 A1

10 다음은 통합학급 김 교사와 유아특수교사 박 교사가 나눈 대화의 일부이다. 물음에 답하시오. [5점]

박 교사: 새로운 행동을 습득하는 초기에는 ㉠ <u>수미가 정반응을 할 때마다 동물 스티커를 주세요</u>. 그러다가 수미가 습득 기준에 도달하면 점차 강화 스케줄을 변경하시면 됩니다. ㉡ <u>예를 들어, 정반응이 세 번 나올 때마다 혹은 평균 세 번 정반응이 나타날 때 동물 스티커를 주는 거죠</u>.

연속 강화계획의 장점

고정비율 또는 변동비율 강화계획을 적용함

2) ① ㉠에 해당하는 강화 스케줄이 무엇인지 쓰고, ② ㉡과 같은 강화 스케줄을 사용하는 이유를 1가지 쓰시오. [2점]

기본이론 257p

비율 강화계획

간헐 강화계획(강화 스케줄)
- 비율 강화계획
- 간격 강화계획
- 지속시간 강화계획

고정비율 강화계획의 문제점

- 학생이 표적행동을 하는 데 걸리는 시간은 고려하지 않고 그 행동의 횟수만 고려하기 때문에 결과적으로 표적행동을 하는 횟수만 부적절하게 높일 수 있음 → 즉, 부적절한 유창성 문제가 생길 수 있음
- 강화를 받은 후 일시적으로 표적행동을 하지 않는 '강화 후 휴지 기간 현상'이 발생할 수 있음. 이런 현상은 강화비율이 커지면 더욱 두드러지게 나타남

변동비율 강화계획의 장점

몇 번을 수행해야 강화제가 주어지는지 예측하지 못하기 때문에 연속해서 행동을 수행하게 됨으로써 고정비율 강화계획에서 나타날 수 있는 강화 후 휴지 기간 발생을 예방할 수 있음

나영이가 ABAB 규칙에 따라 물건 배열하기를 정확하게 4번 할 때마다 스티커를 제공한다.

2022학년도 초등 B3

11 **다음은 특수학교에 근무하는 최 교사의 수학 수업에 대한 성찰 일지이다. 물음에 답하시오. [5점]**

성찰 일지

성취기준	[4수학04-03] 반복되는 물체 배열을 보고, 다음에 올 것을 추측하여 배열한다.
단원	㉠ 9. 규칙 찾기
학습 목표	ABAB 규칙에 따라 물건을 놓을 수 있다.

오늘은 모양을 ABAB 규칙에 따라 배열하고 규칙성을 찾는 수업을 하였다.

㉡ 규칙성이라는 추상적 개념 지도를 위해 구조적으로 동형이면서 다양한 구체물을 활용하는 수업이었다.

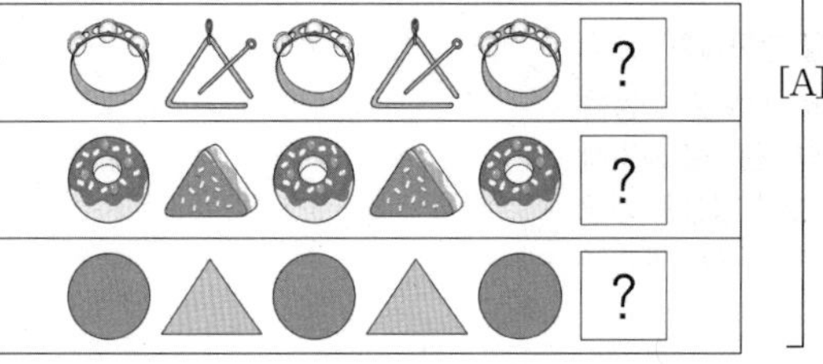

[A]

구체물을 이용한 수업이라서 그런지 학생들이 흥미 있게 참여하였다.

오늘 연습 문제에서 대부분의 학생들은 물건을 잘 배열하는 것으로 보아 이제 ABAB 규칙을 익숙하게 다룰 수 있는 것으로 판단된다. 그런데 나영이는 ㉢ ABAB 규칙을 습득하였으나 가끔 순서가 틀리고, 모양을 찾는 데 시간이 오래 걸렸다. 나영이도 ABAB 규칙에 익숙해지려면 많은 연습이 필요할 것 같다.

하지만 나영이는 주의집중력이 부족하여 오래 연습하기가 어렵다. 그래서 ㉣ 나영이가 좋아하는 스티커를 활용하여 나영이에게 고정비율 강화계획을 적용하면 좀 더 적극적으로 수업에 참여할 수 있을 것 같다.

2) ㉣을 적용한 예를 쓰시오. [1점]

기본이론 258-259p

간격 강화계획

간헐 강화계획(강화 스케줄)
- 비율 강화계획
- 간격 강화계획
- 지속시간 강화계획

연속 강화계획과 간헐 강화계획

연속 강화계획은 주로 새로운 행동을 학습하는 초기 단계에서 행동을 증가시키기 위해 사용하며, 일단 형성된 행동을 유지하기 위해서는 간헐 강화계획을 사용함

변동간격 강화계획

12 **다음은 학생 A의 행동을 위해 특수교사와 통합학급 교사가 나눈 대화이다. 괄호 안의 ㉡에 공통으로 해당하는 강화계획의 명칭을 쓰시오. [1점]**

통합학급 교사

그럼, 학생 A가 '무릎 위에 손을 가지런히 두고 있는 행동'을 할 때마다 관심을 주며 강화해주면 되나요?

네. 처음에는 '무릎 위에 손을 가지런히 두고 있는 행동'을 할 때마다 강화할 수 있어요. '무릎 위에 손을 가지런히 두고 있는 행동'이 충분히 증가했을 때 점차 간헐적인 강화계획인 (㉡)(으)로 강화계획을 변경할 수 있어요. (㉡)의 예를 들어보면, 학생 A가 '무릎 위에 손을 가지런히 두고 있는 행동'을 처음 했을 때 교사는 이 행동을 강화합니다. 이후 평균 5분의 시간이 지난 후 학생 A가 '무릎 위에 손을 가지런히 두고 있는 행동'을 처음 했을 때 교사는 이 행동을 다시 강화합니다.

특수교사

연속 강화계획

PART 02

기본이론 256p

- 간헐 강화계획
- 자연적 강화

간헐 강화계획(강화 스케줄)

- 비율 강화계획
- 간격 강화계획
- 지속시간 강화계획

자연적 강화

- 행동의 수행에 따라 자연스럽게 주어지는 강화
- 특히, 강화계획을 체계적으로 약화시키기 위해 강화의 빈도를 점차 줄여 '연속 강화계획 → 고정 강화계획 → 변동 강화계획'으로 바꿔가면서, 궁극적으로는 강화가 필요 없는 시점에 이르도록 하고, 자연적으로 발생하는 강화제의 통제 아래 놓이게 하는 것이 바람직함

① 간헐 강화계획
② 습득한 기술의 일반화를 위해 자연적 강화제를 사용한 것이다.

2020학년도 초등 A4

13 **(가)는 초등학교 6학년 자폐성 장애 학생 민호의 특성이고, (나)는 '지폐 변별하기' 지도 계획의 일부이다. 물음에 답하시오. [4점]**

(나) '지폐 변별하기' 지도 계획

- 표적 학습 기술 : 지폐 변별하기
- 준비물 : 1,000원짜리 지폐, 5,000원짜리 지폐
- 학습 단계 1
  - 교사가 민호에게 "천 원 주세요."라고 말했을 때, 1,000원짜리 지폐를 찾아 교사에게 주도록 지도함
  - 교사가 민호에게 "오천 원 주세요."라고 말했을 때, 5,000원짜리 지폐를 찾아 교사에게 주도록 지도함
  - 민호가 정반응을 보일 때마다 칭찬으로 강화함
  - 민호가 정해진 수행 기준에 따라 '지폐 변별하기'를 습득하면 다음 학습 단계로 넘어감
- 학습 단계 2
  - ㉠ 민호가 '지폐 변별하기' 반응을 5분 내에 15번 정확하게 수행할 수 있도록 지도한 다음, 더 짧은 시간 내에 15번 정확하게 수행할 수 있도록 연습하게 함

…(중략)…

- 유의사항
  - ㉡ 민호가 습득한 '지폐 변별하기' 기술을 시간이 지난 뒤에도 수행할 수 있도록 '학습 단계 1'의 강화계획(스케줄)을 조정함
  - 민호가 ㉢ 습득한 '지폐 변별하기' 기술을 일상생활에서 사용할 수 있도록 다양한 실제 상황(편의점, 학교 매점, 문구점 등)에서 1,000원짜리 지폐와 5,000원짜리 지폐를 변별하여 민호가 좋아하는 과자를 구입하도록 지도함

민호가 정반응을 보일 때마다 칭찬(사회적 강화제)을 제공하는 것은 연속 강화계획에 해당함

- 연속 강화계획 → 새로운 행동의 '습득'에 효과적임
- 간헐 강화계획 → 습득한 행동의 '유지'에 효과적임

'지폐 변별하기' 기술을 통해 학생이 좋아하는 과제를 구입하면 원하는 과자를 얻을 수 있게 되므로 자연적으로 발생하는 강화제의 통제에 놓이게 됨

3) ① (나)의 ㉡을 위한 강화계획(스케줄) 종류를 쓰고, ② ㉢의 이유를 강화제 측면에서 쓰시오. [2점]

기본이론 219p

자연적 강화

간헐 강화계획(강화 스케줄)
- 비율 강화계획
- 간격 강화계획
- 지속시간 강화계획

자연적 강화
- 행동의 수행에 따라 자연스럽게 주어지는 강화
- 특히, 강화계획을 체계적으로 약화시키기 위해 강화의 빈도를 점차 줄여 '연속 강화계획 → 고정 강화계획 → 변동 강화계획'으로 바꿔가면서, 궁극적으로는 강화가 필요 없는 시점에 이르도록 하고, 자연적으로 발생하는 강화제의 통제 아래 놓이게 하는 것이 바람직함

경호의 놀이 요청에 친구들이 경호와 함께 놀이 활동하기

2022학년도 유아 A2

14 **(가)와 (나)는 유아특수교사가 윤희와 경호에게 실행한 중재 기록의 일부이다. (나)에서 경호의 목표행동을 증가시킨 자연적 강화 요인이 무엇인지 쓰시오. [1점]**

(나) 경호

- 경호가 자유놀이 시간에 음성출력기기를 사용하여 "같이 놀자."라고 말하도록 지도함
- 경호가 "같이 놀자."라고 말하면 또래들이 같이 놀이 하도록 지도함
- 음성출력기기 사용 기술은 아래와 같이 지도함

활동 시간	자유놀이		날짜	2021년 ○월 ○일
목표 행동	음성출력기기 스위치를 눌러 또래에게 놀이 요청하기			
지도 내용	신체적 도움	시각적 도움	언어적 도움	단서
	경호의 손을 잡고 스위치를 함께 누름	(생략)	(㉢)	스위치를 가리킴

- 중재 결과, 경호가 또래에게 놀이를 요청하는 행동이 증가함
- 바깥놀이 시간에도 경호가 음성출력기기를 자발적으로 사용하여 또래와 놀이하는 행동이 관찰됨

참고자료

기본이론 259p

키워드

지속시간 강화계획

구조화틀

간헐 강화계획(강화 스케줄)

- 비율 강화계획
  - 고정비율
  - 변동비율
- 간격 강화계획
  - 고정간격
  - 변동간격
- 지속시간 강화계획
  - 고정 지속시간
  - 변동 지속시간

핵심개념

지속시간 강화계획

- 표적행동을 일정한 시간 동안 계속해야만 강화가 제시되는 것
- **유형**
  - **고정 지속시간 강화계획**: 표적행동을 일정한 시간 동안 지속했을 때 강화가 주어지는 것
  - **변동 지속시간 강화계획**: 표적행동을 평균 시간 동안 지속하고 있으면 강화가 주어지는 것. 강화가 주어지는 지속시간 간격이 일정하지 않고 평균 지속시간 간격을 기준으로 변함

모범답안

고정 지속시간 강화계획

2020학년도 중등 B3

15 **(가)는 자폐성 장애 학생 C를 위한 행동지원 계획안의 일부이고, (나)는 목표행동을 관찰기록한 결과이다. 〈작성방법〉에 따라 서술하시오. [4점]**

(가) 행동지원 계획안

목표행동	ⓐ 수업시간에 15분 동안 계속해서 의자에 앉아 있기
중재방법	(㉠)

중재 단계 및 내용	고려사항
• 목표행동의 조작적 정의 • 목표행동의 시작 행동 정의 • 목표행동에 근접한 단기목표(중간행동) 결정 1분 30초 동안 계속해서 의자에 앉아 있기 – 2분 동안 계속해서 의자에 앉아 있기 – 2분 30초 동안 계속해서 의자에 앉아 있기 …(중략)… – 14분 동안 계속해서 의자에 앉아 있기 – 15분 동안 계속해서 의자에 앉아 있기 • 강화제 선택 – 효과적인 강화제 파악 및 선택	• 시작 행동: 관찰기록 결과에 근거하여 설정함 • 단기목표 변경 기준: 3번 연속 단기목표 달성 • 강화계획: 초기에는 ㉡ 의자에 1분 30초 동안 지속해서 앉아 있을 때마다 강화를 제공하고, 이후에는 강화계획에 변화를 줌 • 강화제: 단기목표에 도달하면 학생 C가 선호하는 활동을 할 수 있게 함 • 토큰강화 등과의 연계 방안을 검토함

고정 지속시간 강화계획에서 변동 지속시간 강화계획으로의 변화가 필요함 → 학생은 언제 강화가 제공될지 모르기 때문에 강화를 받기 위해서 의자에 지속적으로 앉아 있을 가능성이 높음

강화제 - 활동강화제

작성방법

(가)의 밑줄 친 ㉡에 해당하는 강화계획을 쓸 것

참고자료

기본이론 261p

키워드

독립적 집단강화

구조화틀

집단강화
- 정의
- 유형
- 장단점

핵심개념

독립적 집단강화
- 집단 전체에게 동일한 목표행동을 설정하고, 그 목표행동을 수행한 학생에게만 강화가 제공되는 것
- 강화가 집단에게 소개되지만 강화는 각자의 행동 수행 여부에 따라 주어지므로 다른 사람의 행동 수행에 서로 영향을 받지 않음

모범답안

① 독립적 집단강화
② 독립적 집단강화는 강화를 획득하는 데 있어서 다른 사람의 수행이 영향을 미치지 않는다.

2018학년도 초등 A2

16 **(가)는 정서 · 행동장애 학생 정우의 행동 특성이고, (나)는 정우의 행동지원을 위한 통합교사와 특수교사의 대화이다. 물음에 답하시오. [5점]**

(가)

- 친구들을 자주 때리고 친구들에게 물건을 집어던짐
- 교사의 지시에 대해 소리 지르고 거친 말을 하며 저항함
- 수업 시작종이 울려도 제자리에 앉지 않고 교실을 돌아다님

(나)

통합교사 : 저희 학급에서는 ㉠ 시작종이 울리자마자 제자리에 앉는 학생은 누구나 토큰을 받도록 하는 방법을 쓰고 있는데, 정우에게는 그 방법이 효과가 없는 것 같아요.

…(중략)…

2) ① (나)의 밑줄 친 ㉠과 같은 집단강화 방법의 명칭을 쓰고, ② 이 방법이 다른 집단강화 방법들과 구별되는 점을 쓰시오. [2점]

기본이론 261p

의존적(종속적) 집단강화

집단강화
- 정의
- 유형
- 장단점

의존적(종속적) 집단강화
- 집단 내의 한 개인 또는 일부 구성원에게 적용되는 행동의 기준을 설정한 다음, 이들이 정해진 기준에 맞게 행동하면 집단 구성원 전체가 동일한 보상을 공유함
- 집단 전체에게 제공되는 보상은 한 개인의 행동 또는 소수 구성원의 행동에 의해 결정됨. 대부분의 나머지 구성원들은 집단강화를 얻는 데 아무 기여도 할 수 없고, 개인 또는 몇몇 구성원의 행동에 전적으로 의존함

㉠ (종속적 또는 의존적) 집단강화
㉡ 또래시작행동(유특)

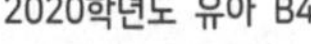
2020학년도 유아 B4

17 **다음은 통합학급 김 교사와 유아특수교사 강 교사가 나눈 대화이다. 물음에 답하시오. [5점]**

> 김 교사: 다음 주에 학부모 공개 수업을 하는데 특수교육 대상인 수희와 시우가 수업에 잘 참여할지 걱정이 되네요.
> 강 교사: 그래서 저희는 또래주도 전략을 사용해보려고 해요. 모둠별로 '경단 만들기' 요리 수업을 할 거예요. ㉠ <u>수희와 시우가 참여하여 경단을 완성했을 때 모둠 전체를 강화</u>하려고 해요. 또 수희의 상호작용 증진을 위해서 자유선택활동 시간에 ㉡ <u>훈련받은 민수가 수희에게 "블록쌓기 놀이 하자."라고 하면서 먼저 블록을 한 개 놓으면, 수희가 그 위에 블록을 쌓아요. 그러면서 둘이 계속 블록쌓기 놀이를 하게 하려고요.</u>
>
> …(하략)…

1) **㉠과 ㉡에 해당하는 또래주도 전략 유형이 무엇인지 각각 쓰시오. [2점]**

기본이론 262p

상호 의존적 집단강화

집단강화
- 정의
- 유형
- 장단점

상호 의존적 집단강화
- 집단 내의 모든 구성원에게 적용되는 행동의 기준을 설정하고, 집단 구성원 모두가 정해진 기준에 맞게 행동하면 집단 전체가 정해진 동일한 보상을 함께 공유함
- 집단강화는 집단 내 모든 구성원의 행동에 의해서 결정되며, 집단강화를 얻기 위해서는 구성원 모두가 공동 목표에 기여해야 함

① 상호 종속적 집단강화
② 동그라미 모둠의 모든 유아가 놀이 후 자리를 정리하면 동그라미 모둠 구성원 모두에게 터널놀이를 할 수 있는 기회를 제공한다.

2022학년도 유아 B7

18 **(가)는 유아특수교사 김 교사가 발달지체 유아 민아의 놀이를 지원하는 모습이고, (나)는 김 교사와 통합학급 최 교사가 나눈 대화의 일부이다. 물음에 답하시오. [5점]**

(나)

김 교사 :	선생님, 오늘 동그라미 모둠은 나이 구슬 목걸이를 만들었어요.
최 교사 :	맞아요. 예쁘게 잘 만들었더라고요. 그런데 목걸이를 만들던 자리가 정리되지 않았어요. 어떻게 하면 동그라미 모둠 친구들이 놀던 자리를 정리할 수 있을까요?
김 교사 :	음, 그러면 ㉡ <u>모둠의 모든 유아가 정해진 기준에 도달했을 때, 모둠 전체를 강화하는 방법</u>을 적용해서 유아들과 약속해보세요. 혹시 동그라미 모둠 친구들 모두가 좋아하는 것이 있을까요?
최 교사 :	네, 요즘 터널놀이를 너무너무 좋아해요. 그러면 ㉢ <u>유아들과 어떤 약속을 하면 좋을까요?</u>

2) (나)의 ① ㉡에 해당하는 강화 방법이 무엇인지 쓰고, ② ㉡을 적용하여 ㉢에서 최 교사가 동그라미 모둠 유아들과 약속할 내용을 쓰시오. [2점]

기본이론 261p

- 독립적 집단강화
- 의존적 집단강화

집단강화
- 정의
- 유형
- 장단점

독립적 집단강화
- 집단 전체에 동일한 목표행동을 설정하고, 그 목표행동을 수행한 학생에게만 강화가 제공되는 것
- 강화가 집단에게 소개되지만, 강화는 각자의 행동 수행 여부에 따라 주어지므로 다른 사람의 행동 수행에 서로 영향을 받지 않음

의존적(종속적) 집단강화
- 집단 내의 한 개인 또는 일부 구성원에게 적용되는 행동의 기준을 설정한 다음, 이들이 정해진 기준에 맞게 행동하면 집단 구성원 전체가 동일한 보상을 공유함
- 집단 전체에게 제공되는 보상은 한 개인의 행동 또는 소수 구성원의 행동에 의해 결정됨. 대부분의 나머지 구성원들은 집단강화를 얻는 데 아무 기여도 할 수 없고, 개인 또는 몇몇 구성원의 행동에 전적으로 의존함

독립적 집단유관은 집단 전체에게 동일한 성취기준이 제시되지만, 의존적 집단유관은 한 개인 또는 일부 구성원에게 성취기준이 제시된다.

2022학년도 중등 A9

19 **다음은 품행장애 학생 D에 관해 통합 교사와 특수교사가 나눈 대화의 일부이다. 〈작성방법〉에 따라 서술하시오.** **[4점]**

> …(상략)…
>
> 특수교사: 그리고 학급에서 학생 D가 모둠별 활동에 참여할 때에는 ㉣ <u>독립적 집단유관</u>을 사용하는 것이 좋을 것 같습니다.

작성방법

밑줄 친 ㉣과 '종속적 집단유관'과의 차이점을 성취기준 측면에서 1가지 서술할 것

기본이론 262p

집단강화의 장단점

집단강화
- 정의
- 유형
- 장단점

집단강화의 장점
- 시간을 절약할 수 있음
- 개별적 행동관리가 어려운 상황에서 아주 편리하게 활용될 수 있음
- 또래 협력과 또래 압력이라는 강력한 집단 영향력을 가지고 있어 문제행동의 신속한 제거는 물론 새로운 행동 증진에 효과가 큼
- 집단 내에서 긍정적 사회적 상호작용과 행동적 지원을 촉진하는 데 효과적으로 활용될 수 있음

집단강화의 단점
- 의존적 집단강화나 상호 의존적 집단강화의 경우 또래의 부당한 압력이 문제가 될 수 있음
- 한 구성원이 집단의 노력을 고의로 방해할 수 있고, 역으로 집단의 수준을 높이기 위해 구성원 몇몇이 다른 사람들을 위해 목표행동을 대신할 수 있는 부작용이 있음

집단강화(의도적 및 상호의존적 집단강화)

열악한 수행을 보이는 학생이 동료의 놀림과 협박 등 과도한 억압의 대상이 될 수 있다.

2014학년도 초등 A2

20 **(가)는 정우의 문제행동에 대한 기능평가 결과이고, (나)는 정우의 문제행동 지도를 위해 특수학급 최 교사와 통합학급 강 교사가 나눈 대화 내용이다. 물음에 답하시오. [5점]**

(가) 문제행동 기능평가 결과

성명	황정우	생년월일	2005. 06. 03.	장애유형	정신지체

- 정우는 자신이 좋아하는 물건을 친구가 가지고 있으면, 그 친구를 강하게 밀치고 빼앗는 행동을 자주 보임
- 정우가 친구의 물건을 빼앗을 때마다, 교사는 물건을 빼앗긴 친구를 다독거려 달래줌
- 정우는 교사의 별다른 제지 없이 빼앗은 물건을 가짐
- 정우가 가진 문제행동의 기능은 (㉠)(이)라고 할 수 있음

(나) 대화 내용

…(중략)…

강 교사: 최 선생님, 요즘 정우가 보이는 문제행동 때문에 모둠 활동에서 친구들로부터 배제되는 경우가 자주 있어요.

최 교사: 네, 그런 경우에는 (㉢)(이)라는 강화 기법을 적용해보세요. 이 기법은 정우가 속한 모둠이 다 같이 노력해서 목표에 도달하면 함께 강화를 받을 수 있고, 정우가 목표에 도달하면 정우가 속한 모둠의 모든 학생들이 강화를 받을 수도 있어요.

※ 상호의존적 집단강화의 의존적 집단강화가 언급되어 있으므로 상위개념인 '집단강화'로 작성

4) (나)의 ㉢에 알맞은 강화 기법을 쓰고, 이 기법을 적용할 때 나타날 수 있는 문제점을 정우와 관련지어 1가지 쓰시오. [2점]

기본이론 253p, 263-266p

- 프리맥 원리
- 토큰강화

토큰강화
- 정의
- 구성요소
- 장점
- 사용 시 유의점
- 토큰강화와 반응대가의 결합

토큰강화

학생에게 가치를 가지는 어떤 강화인자를 교환할 수 있는 상징적 표시물

토큰강화의 구성요소

- **목표행동**
  - 강화될 행동, 토큰강화를 통해 달성하고 싶은 행동
  - 수행할 수 있는 능력이 있는 행동
  - 각 학생마다 개별화되어야 함
  - 관찰과 측정이 가능한 용어로, 명확한 기준이 제시되어야 함
- **토큰**
  - 휴대가 가능하고 다시 사용할 수 있어야 함
  - 학생에게 안전하고 해롭지 않은 것이어야 함
  - 다른 곳에서 쉽게 구할 수 있어서는 안 됨
  - 토큰 자체는 가치가 없어야 함
- **교환강화제**
  - 토큰과 교환할 수 있는 강화물로, 학생의 목표행동을 동기화시킬 수 있을 만큼 충분히 다양하게 선정해야 함
  - 교환강화제의 값을 매길 때는 학생이 교환강화제를 획득하는 것이 너무 쉽지도, 너무 어렵지도 않도록 주의해야 함

① 신체 활동에 참여하면 점토를 가지고 놀 수 있게 한다.
② 목표행동

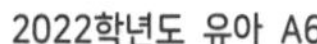
2022학년도 유아 A6

21 **(가)는 유아특수교사 최 교사가 작성한 일지이고, (나)는 교사들이 통합교육협의회에서 나눈 대화의 일부이다. 물음에 답하시오. [5점]**

(나)

김 교사:	선생님, 연우가 신체활동에 더 많이 참여하면 좋겠어요. 어떻게 하면 좋을까요?
최 교사:	ⓜ 연우가 점토를 가지고 노는 것을 좋아하니까 프리맥 원리를 적용해보는 것이 적절할 것 같은데요.
김 교사:	네, 알겠습니다. 그리고 연우가 음식을 먹기 전에 손을 씻었으면 좋겠는데 어떻게 지도하면 좋을까요?
최 교사:	연우의 여러 특성을 고려해볼 때 토큰강화 방법이 적절할 것 같은데요. 토큰강화를 하려면 먼저 연우가 수행해야 할 (ⓑ)을/를 알려주셔야 해요. 그리고 토큰을 모았을 때 무엇으로 교환하고 싶은지 연우와 함께 정하면 됩니다. 그 다음에 몇 개의 토큰을 모아야 교환할 수 있는지와 교환 시기를 알려주세요.

발생 가능성이 낮은 행동

발생 가능성이 높은 행동

교환강화제와 교환비율

3) (나)에서 ① ⓜ을 고려하여 연우를 신체활동에 참여시키는 방법의 예를 쓰고, ② ⓑ에 들어갈 토큰강화체계의 구성요소를 쓰시오. [2점]

기본이론 263-266p

토큰강화

토큰강화
- 정의
- 구성요소
- 장점
- 사용 시 유의점
- 토큰강화와 반응대가의 결합

토큰강화

학생에게 가치를 가지는 어떤 강화인자를 교환할 수 있는 상징적 표시물

토큰강화의 구성요소

- **목표행동**
  - 강화될 행동, 토큰강화를 통해 달성하고 싶은 행동
  - 수행할 수 있는 능력이 있는 행동
  - 각 학생마다 개별화되어야 함
  - 관찰과 측정이 가능한 용어로, 명확한 기준이 제시되어야 함
- **토큰**
  - 휴대가 가능하고 다시 사용할 수 있어야 함
  - 학생에게 안전하고 해롭지 않은 것이어야 함
  - 다른 곳에서 쉽게 구할 수 있어서는 안 됨
  - 토큰 자체는 가치가 없어야 함
- **교환강화제**
  - 토큰과 교환할 수 있는 강화물로, 학생의 목표행동을 동기화시킬 수 있을 만큼 충분히 다양하게 선정해야 함
  - 교환강화제의 값을 매길 때는 학생이 교환강화제를 획득하는 것이 너무 쉽지도, 너무 어렵지도 않도록 주의해야 함

교환 강화제

2023학년도 유아 A4

22 **(가)는 유아특수교사가 자폐성장애 유아 지수를 위해 작성한 지원 계획이며, (나)와 (다)는 교사가 제작한 그림책이다. 물음에 답하시오. [5점]**

(가)

◦ 지수의 특성 – 그림책 읽기를 좋아함 – 공룡을 좋아하며 혼자만 독차지하려고 함 – 얼굴 표정(사진, 그림, 도식)을 보고 기본 정서를 말할 수 있음 ◦ 지원 계획 – 상황이야기 그림책과 마음읽기 그림책으로 제작하여 지도하기 – 교사가 제작한 그림책을 ㉠ <u>매일 지수가 등원한 직후와 놀이 시간 직전에 함께 읽기</u> – 참여도를 높이기 위해 지수가 그림책을 읽을 때마다 공룡 스티커를 주어 5개를 모으면 ㉡ <u>공룡 딱지</u>로 바꾸어주기

1) **㉡은 토큰강화체계의 구성요소 중 무엇에 해당하는지 쓰시오. [1점]**

기본이론 263-266p

토큰강화

토큰강화와 반응대가의 결합(병용)

- 먼저 토큰강화를 일정 기간 실행해 토큰이 조건화된 강화제로 자리 잡고 난 후 반응대가를 사용해야 토큰의 상실이 벌로 작용함
- 반응대가를 적용할 때 학생이 가지고 있는 모든 토큰을 잃게 해서는 안 됨 → 가지고 있는 모든 토큰을 잃게 되면 학생은 교환강화제와 바꿀 토큰이 없기 때문에 바람직한 행동에 대한 강화의 의미가 없게 되고, 더 잃을 것이 없는 학생은 문제행동을 계속하게 되기 때문임. 모든 토큰을 잃게 하지 않는 것은 학생의 좌절과 실망을 줄이고, 법적 또는 윤리적 문제를 예방할 수 있음

반응대가 사용 시 유의점

- 벌금의 크기, 즉 회수될 토큰이나 벌점의 양을 정할 때 세밀한 주의를 기울여야 함 → 벌금의 양이 커질수록 토큰의 가치는 떨어짐
- 정적강화가 모두 회수되었을 때 생길 수 있는 문제를 미리 고려해야 함
- 아동이 해야 할 행동, 위반 시 지불금을 정확히 숙지하도록 함
- 반응대가로 사용할 강화제는 회수 가능해야 함

- 토큰강화와 반응대가를 함께 적용한 이유는 첫째, 토큰강화를 먼저 일정 기간 실행해 토큰이 조건화된 강화제로 자리 잡고 난 후 반응대가를 사용해야 토큰의 상실이 벌로 작용하기 때문이다. 둘째, 토큰강화를 통해 토큰을 벌 수 있어 반응대가로 모든 토큰을 잃지 않도록 하기 위함이다.
- ⓒ에서 교사는 아동이 강화제를 모두 잃었을 때 발생할 수 있는 문제를 미리 고려해야 한다.
  ⓓ에서 교사는 교환강화제 값 또는 반응대가로 잃을 박탈 비율을 적절하게 설정해야 한다.

2016학년도 중등 B3

23 **다음은 정서장애학교에 재직 중인 교사 A가 학생의 행동 관리를 위하여 1주차에 밑줄 친 ㉠을 실행하고, 2주차에 밑줄 친 ㉠과 ㉡을 함께 적용한 과정을 요약한 것이다. 교사 A가 이와 같은 중재를 실시한 이유를 2가지 쓰시오. 그리고 밑줄 친 ㉢과 ㉣에서 교사 A가 효과적인 행동 중재를 하기 위해 개선해야 할 점을 순서대로 각각 1가지 쓰시오. [4점]**

> 교사 A는 행동 관리를 위해서 2가지 중재방법을 함께 실행하기 위한 간단한 점수 체계를 만들었다. 첫 1주일간 학생들은 ㉠ 바람직한 수업 행동에 상응하는 점수를 얻었다. 학생 모두가 이 점수 체계에 익숙해진 2주차에, 학생들은 ㉡ 수업 방해 행동을 할 시 점수를 잃었다. 매일 종례 후 학생들은 획득한 점수를 자기가 원하는 활동으로 교환할 수 있고, 다음 날 자기가 더 좋아하는 활동과 교환하기 위해서 점수를 모아둘 수도 있다. 점수의 교환은 5점부터 가능하다. 2주차에 지수의 점수는 ㉢ 수요일 오전에 0점이었고, ㉣ 금요일 종례 전에는 1점이었다.

토큰강화를 1주차에 먼저 실행한 후 2주차에 반응대가와 결합해 사용함

토큰과 강화제의 교환비율을 정할 때는 학생이 교환강화제를 획득하는 것이 너무 쉽지도, 너무 어렵지도 않도록 해야 함

'오전에 0점'의 의미
그 전날 가지고 있던 모든 토큰을 강화제와 교환했거나, 오전에 문제행동을 빈번하게 해 가지고 있던 모든 토큰을 박탈당함
→ 학생이 가지고 있는 토큰이 0이 되지 않도록 교사는 주의를 기울여야 함

'종례 전 1점'의 의미
하루 종일 토큰을 벌 수 있는 기회가 부족했거나 문제행동을 빈번하게 해 가지고 있던 토큰을 박탈당함
→ 하루 일과 내에서 토큰을 충분히 벌 수 있어야 하고, 문제행동으로 잃게 될 반응대가의 비율은 적절해야 함

확장하기

토큰경제(김자경 · 최승숙, 『경도 · 중등도 장애학생을 위한 교수전략』)

토큰경제는 가장 보편적으로 사용되는 행동관리 시스템 중 나라다. 학생들은 일정한 행동이 나타날 때 토큰을 얻고, 나중에 얻은 토큰들은 후속 강화인자로 교환될 수 있다.

| 토큰경제를 실행하기 위한 단계

① 첫 단계는 목표 행동을 선택하는 것이다. 목표 행동들은 학업적 기술(예 과제 완성, 정확성, 비율), 사회적 행동(예 출석, 이야기하기, 자리에 앉기) 모두를 포함한다.

② 토큰이 결정되어야 한다. 토큰은 구체물 또는 상징물이다.
- 토큰 하나로는 강화의 가치가 적으며 그것이 정적 강화물과 짝을 이룰 때 가치가 있다.
- 토큰을 선택할 때에는 지속성, 운영의 수월성, 위조와 손실의 보호 등을 고려해야 한다.
- 토큰이 나중에 후속 강화제로 교환되어야 하기 때문에, 교사는 토큰이 어떻게 저장되며 기록될지를 결정해야 한다.

③ 각 목표행동에 대한 토큰의 비율과 후속교환 강화인자의 교환비율은 구체적으로 마련되고 게시되어야 한다.

규칙 차트의 예시

교실 규칙	
수업시간에 책, 연필, 종이 가져오기	토큰 2개
교사의 지시를 즉시 따르기	토큰 1개
도움이 필요할 때 손 들기	토큰 1개
말하도록 허락되었을 때 말하기	토큰 1개
수업 시작할 때 과제 제출하기	토큰 2개

메뉴 차트의 예시

토큰경제 강화인자 메뉴			
채점하기	토큰 15개	지우개	토큰 10개
선생님 의자에 앉기	토큰 15개	공	토큰 15개
물고기 먹이 주기	토큰 20개	책갈피	토큰 15개
점심 줄 서기 반장 하기	토큰 20개	뽑기 장난감	토큰 15개
퍼즐 맞추기	토큰 20개	사탕	토큰 20개
음악 듣기	토큰 30개	연필	토큰 20개
과제 면제	50점	게임	토큰 30개
추가 점수 5점	50점	칩	토큰 40개

④ 교사는 토큰 교환의 절차 또한 마련해야 한다. 보통 토큰은 일정 시간이 끝날 때(예 수업시간의 끝, 하루의 끝, 일주일에 한 번) 교환된다. 토큰 교환시간은 교사와 학생의 요구에 따라 다양해질 수 있다.

⑤ 만약 토큰경제 프로그램 내에서 문제가 발생한다면, 교사는 그들 자신에게 몇 가지 질문을 해보아야 한다.

- 토큰은 바람직한 행동이 나타난 즉시 제공되었는가?
- 강화 메뉴는 정기적으로 조절되었는가? 포화와 지루함을 통제하기 위해서 변화는 필수적이다.
- 강화인자를 얻기 위해 필요한 토큰의 수가 요구에 따라 변화되었는가? 만약 강화인자를 얻기 위해 요구되는 토큰의 수가 너무 적다면 학생은 강화인자를 쉽게 얻은 후 포기해 버릴 것이다. 반대로 너무 많다면 학생은 좌절할 것이며 또 포기해 버릴 것이다.
- 학생이 참여하기를 원하지 않는가?
- 토큰경제 체계가 시간과 노력이 지나치게 많이 요구되는가? 단순한 체계일수록 더 오래 지속될 수 있다.
- 토큰과 함께 사회적 강화가 제공되었으며, 토큰경제 체계가 점차 사라졌는가? 목표는 더욱 자연스러운 결과를 위해 토큰의 사용을 점차 소거하는 것이다. 이때 상황 속에서 발생할 수 있는 강화를 사용하는 것이 점진적 소거를 쉽게 해준다.

토큰 강화제(『특수교육학 용어사전』, 2018.)

적응 행동의 발생 빈도를 높이기 위해 개인이 모을 수 있고 후속강화제로 교환될 수 있는 매개적 강화제이다. 토큰 강화제는 그 자체로서 의미를 가지기보다는 이 강화제를 다른 것으로 교환할 수 있기 때문에 수단적 강화제라고 할 수 있다. 즉, 돈은 물건을 사거나 여러 가지 서비스를 받을 수 있는 수단이 되기 때문에 토큰 강화제로 많이 활용된다. 또한 구매 욕구를 높이기 위한 포인트 수나 가산점, 약물중독자의 욕구를 억제하는 음식 쿠폰, 학교공포증이 있는 아동의 출석률을 높이기 위한 스티커, 비행 청소년들의 적응 행동을 촉진시키기 위한 패스트푸드 쿠폰 등도 토큰 강화제로 다양하게 활용된다.

참고자료

기본이론 266-267p

키워드

행동계약의 구성요소

구조화 틀

행동계약
- 정의
- 구성요소
- 실행절차
- 장점

핵심개념

행동계약

행동목표를 달성했을 때 주어지는 강화에 대해 학생과 교사가 동의한 내용을 문서로 작성하는 것

행동계약의 구성요소
- 학생의 표적행동
- 표적행동의 수행 수준과 준거
- 강화의 내용과 방법
- 계약 기간
- 계약자와 피계약자의 서명란
- 점검표(선택)

행동계약(『특수교육학 용어사전』, 2018.)

당사자가 어떤 행동을 할 것이며 결과에 대하여 누구에 의해서 어떻게 보상 혹은 처벌될 것인가를 상호 동의한 서면계약이다. 표적행동과 결과의 관계를 구체화시킨 문서화된 동의로서, 행동 계약의 기본 구성 요소는 표적행동, 표적행동 수행 결과, 각각의 표적 행동과 그 결과에 대한 명확한 조건들이 갖추어져야 한다. 이때 각 요소들은 명확하고 구체적으로 진술되어야 한다. 행동계약에서 책임을 명확하게 하기 위해 관계된 모든 사람들의 서명이 요구되기도 하며, 글을 읽지 못하는 경우 그림 등의 방법으로 확인하는 절차를 갖는다.

모범답안

행동계약

2013학년도 초등 B3

24 **다음의 (가)는 통합학급에 입급된 정서 · 행동장애 학생 은수의 특성이다. (나)는 '2007 개정 초등학교 교육과정' 도덕과 4학년 수업을 계획하기 위해 통합학급 교사와 특수학급 교사가 협의한 내용의 일부이다. 물음에 답하시오. [6점]**

(가) 은수의 특성

- 무단결석을 자주 한다
- 친구로부터 따돌림을 당한다.
- 교사의 요구를 자주 무시한다.
- 친구들의 학용품이나 학급 물품을 부순다.
- 수업시간에 5분 이상 자기 자리에 앉아 있지 못한다.

(나) 수업 계획 협의 내용

- 단원 : 따스한 손길 행복한 세상
- 단원 목표 : 남을 배려하는 태도의 중요성을 알고 진정한 배려가 무엇인지 바르게 판단하며, 생활 속에서 실천한다.

〈협의 내용〉

- ㉠ 따돌림을 당하는 친구의 감정과 정서를 학급 학생들이 느낄 수 있도록 한다.
- ㉡ 학급 학생들이 서로에게 존중하고 배려하는 말과 행동을 한 가지씩 해보도록 한다.
- ㉢ 친구들 간에 배려해야 할 필요성과 실천 방법을 알고, 이에 대한 판단력을 기르도록 한다.
- ㉣ 역할놀이의 대본을 만들어 배역을 설정하고 직접 시연해보도록 한다.
- 은수를 위해 표적행동, 표적행동의 조건과 준거, 강화의 내용과 방법, 계약기간, 계약자와 피계약자의 서명란이 포함된 (㉤)을(를) 은수와 함께 작성한다.

4) (나)의 ㉤에 들어갈 말을 쓰시오. [1점]

기본이론 266-269p

• 행동계약의 구성요소
• 행동계약의 실행절차

행동계약의 실행절차

① 학생의 이해 수준에 맞게 행동계약이 무엇인지 설명하고, 행동계약을 하겠다는 학생의 동의를 얻음
② 계약서에 명시될 표적행동을 선정함. 학생이 하기 바라는 바람직한 행동을 중심으로 하되, 하나의 계약서에서 세 가지 이하의 행동을 다루는 것이 좋음. 학생과 교사 간에 행동 발생 여부에 대한 불일치를 막기 위해 행동은 조작적으로 정의되어야 함
③ 행동목표를 달성하면 주어질 강화제의 내용을 결정하고, 강화제를 받을 수 있는 기준과 계약의 기한을 결정함
④ 계약 내용의 이행에 관련 있는 사람들이 모두 계약 내용을 이해하고 동의한 후에 계약서에 서명하고 복사해 한 부씩 나눠 갖고, 각자 보관함. 계약은 절대로 강요되지 않아야 함
⑤ 행동계약서에 있는 표적행동의 발생에 대한 정보를 수집하면서 계약서에 명시된 기한에 계약서 내용을 검토하고 그대로 이행함
⑥ 계약 내용의 수행은 미루지 않고 계약서의 내용대로 즉각 이뤄져야 함
⑦ 행동계약을 실행할 때 토큰강화처럼 초기에는 작은 행동에 대해 작은 양으로 자주 강화하도록 하고, 잘 지켜질 때 점점 어려운 행동에 대한 새로운 계약을 해가는 것이 바람직함. 행동계약을 토큰강화와 통합해 사용할 수도 있음
⑧ 계약서를 공개적으로 붙여놓으면 서로의 목표에 대한 향상 정도를 볼 수 있어 동기 부여가 될 수 있음
⑨ 글 읽기에 어려움이 있는 경우는 그 내용을 그림으로 작성할 수도 있음

• 표적행동의 조건과 준거
• ㉡ 계약 초기에는 낮은 기준을 설정해 목표가 달성되도록 한다.
  ㉣ 계약서는 공개적으로 게시해 학생이 자신의 수행에 대한 피드백을 받을 수 있도록 한다.

2020학년도 중등 B9

25 **(가)는 정서 · 행동장애 학생 I, J, K에 대한 김 교사의 행동 중재 지도 내용이다. (나)는 학생 I의 행동계약서 예시이고, (다)는 행동계약 규칙이다. 〈작성방법〉에 따라 서술하시오. [4점]**

(나) 학생 I의 행동계약서 예시

우리의 약속

학생 I는 수학 수업시간에 지시 따르기 행동을 하면, 김 교사는 학생 I에게 점심시간에 5분 동안 컴퓨터 게임을 하게 해준다.

(기간 : 2019. ○○. ○○. ~ 2019. ○○. ○○.)

학생 학생 I 서명 날짜 : 2019. ○○. ○○.
교사 김 교사 서명 날짜 : 2019. ○○. ○○.

〈과제 수행 기록〉

회기	1	2	3	4	5	6	7	8	9	10	11	12	13	14	15
학생															
교사															

(다) 행동계약 규칙

㉠ 계약조건은 계약 당사자 모두에게 공정해야 한다.
㉡ 계약 초기에는 높은 기준을 설정하여 목표가 달성되도록 한다.
㉢ 표적행동이 수행된 후에 보상한다.
㉣ 계약서는 비공개적으로 보관한다.

작성방법

• (나)에서 제시되지 않은 행동계약의 구성요소를 1가지 쓸 것
• (다)에서 잘못된 내용을 2가지 찾아 기호를 쓰고, 바르게 고쳐 쓸 것

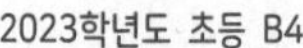

기본이론 266-267p

행동계약의 구성요소

행동계약
- 정의
- 구성요소
- 실행절차
- 장점

행동계약

행동목표를 달성했을 때 주어지는 강화에 대해 학생과 교사가 동의한 내용을 문서로 작성하는 것

행동계약의 구성요소

- 학생의 표적행동
- 표적행동의 수행 수준과 준거
- 강화의 내용과 방법
- 계약 기간
- 계약자와 피계약자의 서명란
- 점검표(선택)

약속된 강화물(강화제)

2023학년도 초등 B4

26 **(가)는 특수교사 성찰일지의 일부이고, (나)는 수업 설계 노트이다. 물음에 답하시오. [5점]**

(나) 수업 설계 노트

> ◦ 가정과의 수업 연계 및 협조 사항
> – 가정통신문을 통한 사전 동의 및 안내
> – ㉢ <u>가정으로 학습의 장소를 확대하여 실생활에서 적용 · 실천할 수 있는 관찰, 실습, 조사 등의 활동으로 구성</u>
> – 사회상황 이야기 자료를 활용하여 지우가 반려견 돌보기 행동을 실천하도록 안내
> – 행동계약서를 만들고 규칙을 실천할 때마다 (㉣)을/를 제공하면 효과적임을 안내

3) ㉣에 들어갈 말을 쓰시오. [1점]

09 CHAPTER

바람직하지 않은 행동의 감소

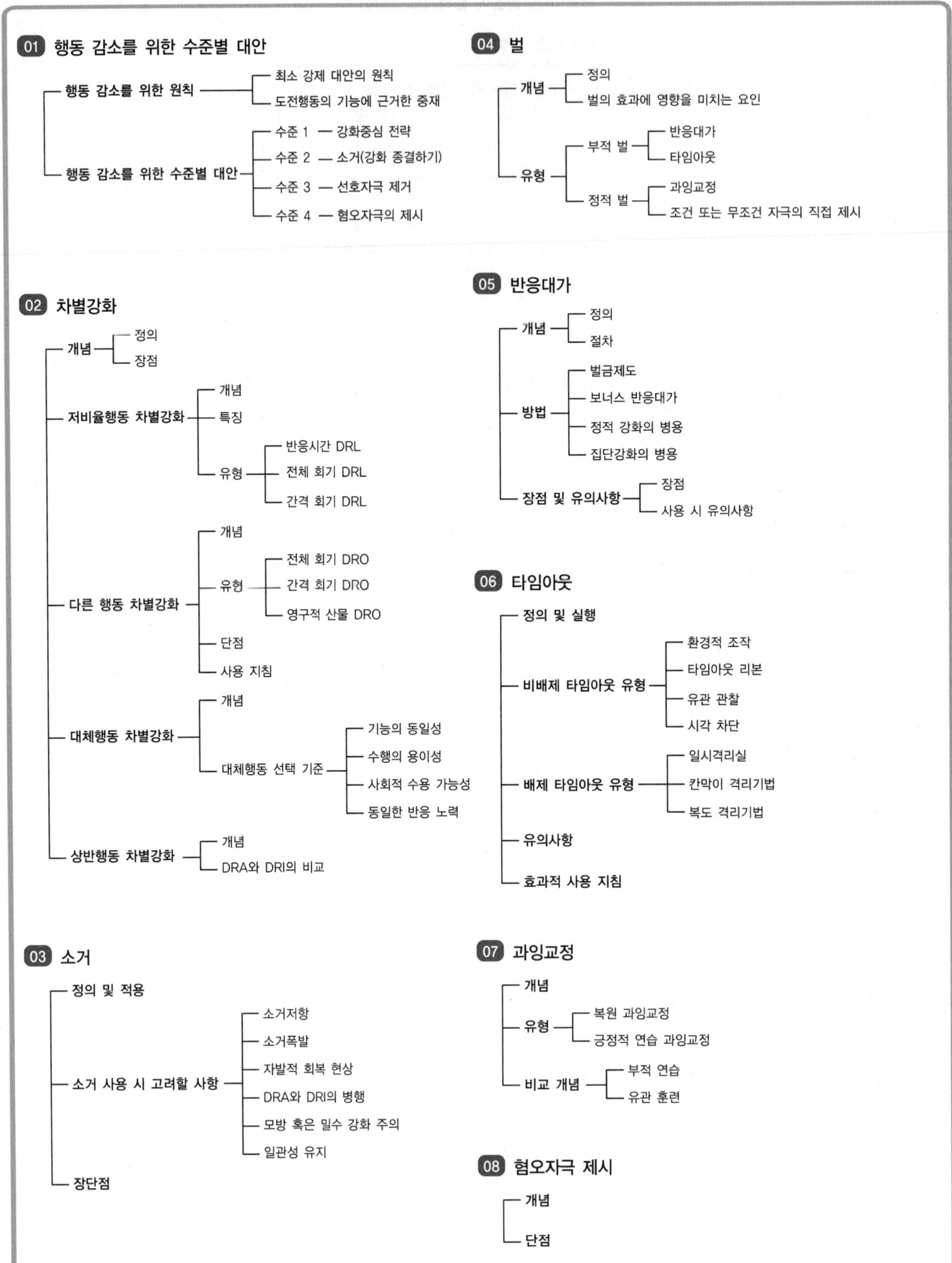
01 행동 감소를 위한 수준별 대안
행동 감소를 위한 원칙
최소 강제 대안의 원칙
도전행동의 기능에 근거한 중재
행동 감소를 위한 수준별 대안
수준 1 — 강화중심 전략
수준 2 — 소거(강화 종결하기)
수준 3 — 선호자극 제거
수준 4 — 혐오자극의 제시
02 차별강화
개념
정의
장점
저비율행동 차별강화
개념
특징
유형
반응시간 DRL
전체 회기 DRL
간격 회기 DRL
다른 행동 차별강화
개념
유형
전체 회기 DRO
간격 회기 DRO
영구적 산물 DRO
단점
사용 지침
대체행동 차별강화
개념
대체행동 선택 기준
기능의 동일성
수행의 용이성
사회적 수용 가능성
동일한 반응 노력
상반행동 차별강화
개념
DRA와 DRI의 비교
03 소거
정의 및 적용
소거 사용 시 고려할 사항
소거저항
소거폭발
자발적 회복 현상
DRA와 DRI의 병행
모방 혹은 밀수 강화 주의
일관성 유지
장단점
04 벌
개념
정의
벌의 효과에 영향을 미치는 요인
유형
부적 벌
반응대가
타임아웃
정적 벌
과잉교정
조건 또는 무조건 자극의 직접 제시
05 반응대가
개념
정의
절차
방법
벌금제도
보너스 반응대가
정적 강화의 병용
집단강화의 병용
장점 및 유의사항
장점
사용 시 유의사항
06 타임아웃
정의 및 실행
비배제 타임아웃 유형
환경적 조작
타임아웃 리본
유관 관찰
시각 차단
배제 타임아웃 유형
일시격리실
칸막이 격리기법
복도 격리기법
유의사항
효과적 사용 지침
07 과잉교정
개념
유형
복원 과잉교정
긍정적 연습 과잉교정
비교 개념
부적 연습
유관 훈련
08 혐오자극 제시
개념
단점

참고자료

기본이론 273p

키워드

차별강화의 정의 및 장점

구조화틀

차별강화

- 개념
- 유형
  - DRL
  - DRO
  - DRA
  - DRI

핵심개념

차별강화

- 바람직한 행동에는 강화를 제공하고, 바람직하지 않은 행동에는 강화를 제공하지 않음으로써 강화를 받지 못하는 행동을 감소시키는 방법
- **강화와 차별강화의 차이점**
  - **강화의 표적**: 강화는 바람직한 행동을 강화하고, 차별강화는 바람직하지 않은 행동이 발생하지 않도록 강화함
  - **목적**: 강화는 바람직한 행동을 증가시키기 위해 사용하고, 차별강화는 바람직하지 않은 행동의 발생을 감소시키기 위해 사용함

차별강화의 장점

- 강화의 원리를 적용하므로 강화의 장점을 그대로 살릴 수 있음
- 행동을 감소시키려는 다른 방법처럼 강화를 철회하지도 않고, 강화자극을 제거하지도 않고, 혐오자극을 제시하지도 않음

모범답안

차별강화

2014학년도 유아 B5

01 **다음은 발달지체 유아 도형이의 또래 상호작용을 증진시키기 위해 담임교사가 순회교사에게 자문을 구하면서 나눈 대화 내용이다. 물음에 답하시오. [5점]**

담임교사:	선생님, 도형이가 또래들과 상호작용을 거의 하지 않고 있어요. 매일 혼자 놀고 있어서 안타까워요. 몇 가지 방법을 써봤는데 별 효과가 없어요.
순회교사:	네, 그럼 그동안 선생님은 도형이에게 어떻게 하셨는지 말씀해주시겠어요?
담임교사:	먼저 도형이가 또래들에게 관심을 갖도록 ㉠ 혼자 놀때는 강화를 하지 않고, 도형이가 친구들에게 다가가거나 놀이에 관심을 보이면 "도형아, 친구들이 뭐하고 있는지 궁금하지? 같이 놀까?"라며 어깨를 두드려주었어요. 도형이는 제가 어깨를 두드려주는 걸 좋아하거든요.

- **강화받는 행동**: 친구들에게 다가가거나 놀이에 관심을 보이는 행동
- **강화받지 못하는 행동**: 혼자 노는 행동
- **제공하는 강화제**: 사회적 강화제

1) ㉠에서 담임교사가 적용한 행동지원전략을 쓰시오. [1점]

기본이론 278p

대체행동 차별강화(DRA)

대체행동 차별강화(DRA)
- 정의
- 특징

대체행동 차별강화
- 학생이 문제행동을 할 때는 강화하지 않고 문제행동을 대신할 수 있는 바람직한 행동(대체행동)을 할 때 강화하는 것
- DRA에서 대체행동의 기능은 문제행동의 기능과 동일해야 하며, 문제행동을 통해 학생이 얻을 수 있는 것과 동일한 결과를 가져올 수 있어야 함
- 바람직하지 않은 행동의 목적은 인정할 수 있으나, 그 표현 방법을 인정할 수 없을 때 사용함

대체행동 선택 기준
- 문제행동과 기능이 동일해야 함
- 문제행동을 하는 것보다 힘을 덜 들이고도 학생이 선호하는 결과를 즉각적으로 얻을 수 있어야 함
- 그 학생의 주위에 있는 사람들에게 사회적으로 수용될 수 있어야 함

⑤

2011학년도 유아 20

02 **만 5세인 윤호는 자기의 물건이나 장난감을 만지는 친구를 밀어 넘어뜨리거나 다치게 한다. 권 교사는 2007년 개정 유치원 교육과정 사회생활 영역의 내용인 '나의 감정 알고 조절하기'를 지도하면서 윤호의 문제를 해결하기 위한 지도방법을 〈보기〉와 같이 고안하였다. 지도방법과 교수전략이 바르게 연결된 것은?**

보기

ㄱ. 자신과 친구의 기분을 나타내는 얼굴 표정을 찾아 문제 상황 그림에 붙이게 하고, 왜 기분이 그런지에 대해 답하게 한다.
ㄴ. 친구를 밀지 않고 자신의 감정을 말로 표현하면 파란 스티커를, 친구를 밀면 빨간 스티커를 개별 기록판에 윤호가 스스로 붙이게 한다.
ㄷ. 화가 나기 시작하면 윤호 스스로 '멈춰, 열까지 세자.'라고 마음속으로 말하면서 팔을 움츠리고 서서 천천히 열까지 세며 화를 가라앉히게 한다.
ㄹ. 친구를 밀지 않고 "내 거 만지는 거 싫어."라고 말하면 칭찬한 후 장난감을 가지고 놀게 하고, 친구를 밀면 장난감을 가지고 놀 수 없게 한다.

- 강화받는 행동: "내 거 만지는 거 싫어."라고 말하는 행동
- 강화받지 못하는 행동: 친구를 미는 행동
- 제공하는 강화제: 장난감을 가지고 놀기(유형물 강화)

	㉠	㉡	㉢	㉣
①	상황 이야기	자기 점검	자기 교수	대안행동 차별강화
②	상황 이야기	자기 강화	문제해결 기술	대안행동 차별강화
③	상황 이야기	자기 점검	문제해결 기술	상반(양립불가) 행동 차별강화
④	마음읽기 중재	자기 강화	자기 교수	상반(양립불가) 행동 차별강화
⑤	마음읽기 중재	자기 점검	자기 교수	대안행동 차별강화

참고자료

기본이론 273-274p

키워드

저비율행동 차별강화(DRL)

구조화틀

저비율행동 차별강화(DRL)
- 정의
- 특징
- 유형

핵심개념

저비율행동 차별강화
- 행동이 정해진 시간 간격 동안 정한 기준만큼 또는 기준보다 적게 발생했을 때 강화하는 것으로, 발생 빈도가 낮은 행동에 대해 차별강화하는 것
- 행동의 발생을 억제하는 것이 목적이 아니라 발생 빈도를 낮추기 위한 것으로, 행동 자체가 문제라기보다는 너무 자주·많이·빨리 발생하는 것이 문제인 행동에 사용하기 적절한 방법임
- 변화 과정이 빠르게 나타나는 것이 아니므로 위험하거나 심각한 행동에 적용하기에는 적절하지 않음

저비율행동 차별강화의 유형
- **반응시간 DRL**: 행동과 행동 사이에 정해진 시간 간격이 지나야 강화하는 것 → 즉, 문제행동의 속도를 늦추고자 할 때 사용하는 방법
- **전체 회기 DRL**: 행동이 정해진 회기 전체 동안에 정해진 수보다 적게 발생할 경우에 강화를 제공하는 방법
- **간격 회기 DRL**: 한 회기를 여러 시간 간격으로 나누고 각 간격에서 행동이 정해진 빈도보다 적게 발생할 경우에 강화를 제공하는 방법. 즉, 훈련이 진행되면서 허용되는 반응의 빈도는 동일하게 유지하면서, 단위시간 간격을 늘리는 방법을 사용함

모범답안

㉠ 전체간격 저비율행동 차별강화
㉡ 반응시간 저비율행동 차별강화

2021학년도 중등 A3

03 **다음은 자폐성 장애 학생 B에게 저비율행동 차별강화(DRL)를 적용하기 위해 두 교사가 나눈 대화이다. 밑줄 친 ㉠과 ㉡에 해당하는 DRL의 유형을 순서대로 쓰시오. [2점]**

> 박 교사: 선생님, 학생 B가 수업시간에 질문을 너무 많이 합니다.
> 천 교사: 수업시간에 평균 몇 번 정도 질문을 합니까?
> 백 교사: 약 20번 정도 합니다.
> 천 교사: 그렇다면 백 선생님은 학생 B가 수업시간에 몇 번 정도 질문하는 것이 적당하다고 생각하십니까?
> 백 교사: 저는 전체 수업시간 동안 약 5회 정도면 적당하다고 생각합니다.
> 천 교사: 그러면 학생 B에게 ㉠ <u>전체 수업시간 45분 동안에 평균 5회 또는 그 이하로 질문을 하면, 수업을 마친 후 강화</u>를 해준다고 말하십시오. 학생 B에게 이런 기법이 잘 적용될 것 같습니다.
> 백 교사: 제 생각에는 전체 수업을 마친 후에 강화를 하는 것보다 ㉡ <u>학생 B가 한 번 질문을 한 후, 8분이 지나고 질문을 하면 즉시 강화하는 것</u>이 좋겠습니다.

'질문'이라는 행동 자체는 문제행동이 아니지만 지나치게 빈번하게 질문하고 있는 행동이 문제가 되므로 DRL을 적용하는 것이 적절함

반응시간 DRL은 문제행동의 속도를 늦추고자 하는 경우에 사용할 수 있음

확장하기

저비율 차별강화(DRL) 적용 절차(『응용행동분석』, 2019.)

- DRL에서는 표적행동을 없애는 것보다 수용 가능한 수준으로 행동 비율을 감소시키는 데 주안점을 둔다. 즉, 표적행동의 빈도가 수용 가능한 수준으로 감소되는 것을 강화한다.

① 표적행동에 대해 조작적 정의를 내린다.	직접 관찰하고 측정하기 쉽게, 구체적이고 관찰 및 측정 가능한 용어로 표적행동을 정의한다. 예 수업 중 도움 요청하기 행동을 과도하게 보이는 준재의 행동에 대해 교사는 DRL을 적용하고자 한다. 교사는 도움 요청하기 행동이 없애야 할 행동이 아니라, 준재에게 필요한 행동이지만 그 발생 빈도가 매우 높기에 수용 가능한 수준으로 감소시키는 것을 목표로 하였다. 교사는 먼저 준재가 보이는 도움 요청하기 표적행동에 대해 '수업 중 독립 과제를 수행할 때 손을 들며 "선생님!" 또는 "도와주세요."라고 말하는 행동'으로 정의를 내린다.
② 표적행동의 발생 빈도에 대한 자료를 수집한다.	행동의 감소 비율에 대해 처음 강화할 기준치 또는 최종 기준치를 설정하기 전에, 정확한 기초선 측정이 이루어져야 한다. 기초선 자료는 DRL 실행을 위한 강화 기준치 및 기준치의 변화 크기를 설정하는 척도가 된다. DRL을 적용하기 전에 교사는 표적행동의 조작적 정의에 근거해 3회기에 걸쳐서 기초선 자료를 수집하였다. 예 20분간의 독립 과제 수행 시간 동안에 준재는 평균 15번의 표적행동 발생 빈도를 보였다.
③ 처음 강화할 기준치를 정한다.	처음 강화할 기준치는 기초선 자료에 근거해 평균 또는 평균보다 조금 적은 빈도를 기준으로 정한다. 예 교사는 기초선 관찰 자료를 근거로 준재의 표적행동에 대한 DRL 적용의 처음 강화할 기준치로 20분간의 독립 과제 수행 중 평균 13번으로 정하였다.
④ 표적행동의 최종 기준치를 결정한다.	DRL은 표적행동의 빈도를 수용 가능한 수준으로 감소시키고자 하는 것이므로, 수용 가능한 최종 기준치를 설정한다. 예 대상 학생 이외의 학생들이 20분간의 독립 과제 수행 중 도움 요청하기 행동을 어느 정도 보이는지를 관찰해 이를 근거로 최종 기준치를 설정할 수 있다. 교사는 학급 내 3명의 학생들을 관찰하였다. 20분간의 독립 과제 수행 시간 동안에 학생들은 평균 3번의 도움 요청하기 행동을 보였다. 교사는 이 자료에 근거해 20분간의 독립 과제 수행 동안에 도움 요청하기 행동을 3번 이하로 보이면 강화하기로 준재의 표적행동의 최종 기준치를 정하였다.
⑤ 기준치 변화의 크기를 결정한다.	기준치 변화의 크기는 최종 기준치까지 도달하는 데 어느 정도의 기간이 적절하다고 생각하는지에 따라 달라질 수 있다. 기준치 변화 크기는 처음 강화할 기준치에서 다음 단계에서 강화할 기준치까지의 차이이다. 예 준재의 표적행동에 대한 DRL 적용의 처음 강화할 기준치인 20분간의 독립 과제 수행 중 평균 13번 이하에 대해 다음 단계에서 강화할 기준치를 11번 이하로 정하였다. 이 경우 기준치 변화의 크기는 2번의 도움 요청하기라 할 수 있다. 이에 따라 교사는 준재의 도움 요청하기 행동에 대한 강화 기준치를 처음 기준치인 13번 이하의 도움 요청하기 행동 → 11번 이하 → 9번 이하 → 7번 이하 → 5번 이하 → 3번 이하(최종 기준치) 기준에 따라 DRL을 적용한다.
⑥ 기준치 변화의 시기를 결정한다.	현재 적용한 강화의 기준치에서 다음 단계로 넘어가는 시기를 정한다. 현재의 기준에서 3회기 연속해서 해당 기준 이하의 행동을 보이면 다음 단계의 기준을 적용하는 것이 바람직하다. 예 교사는 준재가 3회기 연속으로 13번 이하의 도움 요청하기 행동을 보이자 다음 단계 기준을 적용해 준재가 20분간의 독립 과제 수행 시간 동안에 도움 요청하기 행동을 11번 이하로 보이는 것에 대해 강화를 하였다. 최종 기준치(도움 요청하기 행동을 3번 이하로 보이는 것)에 도달할 때까지 교사는 해당 기준치를 준재가 3회기에 연속해서 보이면 기준치 변화 크기에 따라 기준치를 점진적으로 변화시켜나간다.

- DRL의 유형에는 반응시간(간격유지), 간격회기, 전회기 DRL이 있다. 세 가지 DRL 절차 중에 반응회기(간격유지) DRL만이 특정 반응의 발생 직후 강화를 제공한다. 강화되기 전 최소한의 IRT 이후에 반응이 나타나야 한다. 행동을 낮은 비율로 유지하면서 행동의 발생을 감소시키기 위해 반응회기(간격유지) DRL을 사용한다.
- 전회기와 간격회기 DRL에서는 강화를 위해 어떠한 반응이 나와야 하는 것이 아니다. 문제행동의 비율을 0으로 만들기 위해 초기 단계로서 전회기와 간격 DRL을 이용할 수 있다. 대체로 반응회기와 간격회기 DRL에서는 전회기 DRL보다 높은 비율로 강화를 주게 된다. 심각한 문제행동을 보이는 학습자에게는 강화를 자주 주는 것이 필요하다.

참고자료

기본이론 274-277p

키워드

다른행동 차별강화(DRO)

구조화 틀

다른행동 차별강화(DRO)
- 개념
- 유형
- 단점
- 사용지침

핵심개념

다른행동 차별강화
- 일정 시간 간격 동안에 표적행동이 발생하지 않으면, 그 시간 간격 동안에 어떤 행동이 발생하든지에 상관없이 강화하는 것
- DRL이 점진적 행동 감소를 강화하는 반면, DRO는 행동이 전혀 발생하지 않는 것만 강화함
- 먼저 시간 간격을 정하고 그 시간 동안에 표적행동이 발생하지 않는다면, 표적행동 외에 어떤 행동이 발생했느냐 하는 것과 상관없이 시간 간격이 끝나는 즉시 강화함

다른행동 차별강화의 유형
- **전체 회기 DRO**: 한 회기 전체 시간 동안에 표적행동이 발생하지 않을 때 강화하는 방법
- **간격 회기 DRO**: 한 회기를 여러 개의 작은 단위 간격으로 나누고 각 시간 간격 내에 표적행동이 발생하지 않을 때 강화하는 방법. 전체 시간을 간격으로 나누는 것은 학생에게 강화 기회, 피드백의 양, 성공 기회를 더 많이 줄 수 있음
- **영구적 산물 DRO**: 영구적 산물 자료와 함께 사용할 수 있는 방법

모범답안

다른행동 차별강화(간격회기 DRO)

2013학년도 추가중등 B2

04 **(가)는 자폐성 장애 학생 철규의 진단 · 평가 결과이고, (나)는 김 교사가 수립한 문제행동 중재 및 결과 분석 내용의 일부이다. 물음에 답하시오. [6점]**

(나) 문제행동 중재 및 결과 분석

> - 표적행동: 손톱 깨무는 행동
> - 강화제: 자유 놀이 시간 제공
> - 중재 설계: ABAB 설계
> - ㉤ 중재방법
>   - 읽기 수업시간 40분 동안, 철규가 손톱을 깨물지 않고 10분간 수업에 참여할 때마다 자유 놀이 시간을 5분씩 준다. 그러나 10분 이내에 손톱을 깨무는 행동이 나타나면 그 시간부터 다시 10분을 관찰한다. 이때 손톱 깨무는 행동이 나타나지 않으면 강화한다.

추가적 결정
- 반응 발생 후 DRO 간격 재설정 또는 계획된 간격까지 기다릴지 결정
- 반응발생 후 어떤 형태로든 후속결과를 제공할 것인지 혹은 무시할 것인지 결정

2) ㉤의 중재방법에 해당하는 차별강화의 명칭을 1가지 쓰시오. [1점]

확장하기

다른행동 차별강화(DRO ; 『응용행동분석』, 2019.)

① '다른행동 차별강화'는 사전에 계획된 일정 시간 간격 동안에 어떠한 다른 행동이 발생하든 상관없이 표적행동을 보이지 않는 것에 대해 강화를 하는 것이다. 즉, 표적행동이 발생하지 않는 것을 강화하는 것이다. DRO는 특정 부적절한 행동의 생략(omission)에 대해 강화를 하는 것이므로 '행동 생략 차별강화'라고도 한다.

② DRO는 공격행동이나 자해행동과 같은 문제행동 관리에 유용하다. 예를 들어, 학생이 교사 또는 또래를 발로 차는 행동을 보이는 경우 교사는 40분의 수업 시간을 5분 간격으로 나누고 표적행동인 발로 차는 행동이 시간 간격 동안에 발생하지 않는 것을 강화한다. 이때 학생에게 표적행동 이외에 다른 어떠한 행동이 나타나도 상관이 없다. 표적행동만 나타나지 않으면 이에 대해 강화를 한다.

③ DRO 적용 시 표적행동 이외에 어떠한 행동이 발생하든 상관없이 표적행동이 발생하지 않는 것에 대해 강화를 하기에, 표적행동이 아닌 다른 문제행동이 강화될 가능성이 있다. 이 경우에는 DRO의 시간 간격의 길이를 줄이거나 다른 문제행동을 표적행동에 포함시킬 수 있다. 표적행동이 발생하지 않는 것에 대해 강화가 제공되므로 구체적인 적절한 행동을 강화하는 것이 아니다. 그렇기에 표적행동의 감소와 더불어 구체적인 바람직한 행동을 증가시킬 수 있는 DRI 또는 DRA와 같은 다른 유형의 차별강화를 고려할 수 있다.

1. DRO 실행

우선 표적행동에 대해 조작적 정의를 내린다. 이후 표적행동의 평균 수준에 대한 기초선 자료를 수집한다. 그런 다음, 기초선 자료에 근거해 강화할 시간 간격의 길이를 결정하고(예 표적행동이 45분의 수업 시간 동안 평균 9번 나타났으며 강화할 시간 간격의 길이는 5분), 학생의 표적행동 감소가 나타나면 강화할 시간 간격의 길이를 점진적으로 늘려간다. 강화를 위한 시간 간격 길이를 결정하는 기준으로 다음의 두 가지가 있다.

강화가 주어지는 시간 간격의 조건	정해진 시간 간격에서 전체 시간 간격 동안에 표적행동의 비발생을 강화할 것인지 아니면 시간 간격의 특정 시각(매 간격의 마지막 순간)에 표적행동의 비발생을 강화할 것인지 정한다. • 간격 DRO : 전체 시간 간격 동안 문제행동의 비발생을 강화한다. 즉, 표적행동이 시간 간격의 어떠한 때에도 나타나지 않으면 강화가 주어진다. • 순간 DRO : 특정 시각(매 간격의 마지막 순간)에 문제행동의 비발생을 강화한다. 즉, 표적행동이 시간 간격의 마지막 순간에 보이지 않으면 강화가 주어진다.
시간 간격 계획의 조건	고정된 전체 시간 간격 동안 또는 특정 시간(매 간격의 마지막 순간)에 표적행동의 비발생을 강화할 것인지, 아니면 변동하는 전체 시간 간격 동안 또는 특정 시간(매 간격의 마지막 순간)에 표적행동의 비발생을 강화할 것인지 정한다.

2. DRO 실행에서의 강화 방법

시간 간격의 강화 조건 / 시간 간격 스케줄의 조건	간격(Interval)	순간(Momentary)
고정(Fixed)	① 고정-간격(FI-DRO)	③ 고정-순간(FM-DRO)
변동(Variable)	② 변동-간격(VI-DRO)	④ 변동-순간(VM-DRO)

① 고정-간격 DRO(FI-DRO): FI-DRO에서는 사전에 정해진 고정된 시간 간격 내내 표적행동이 발생하지 않으면 강화가 주어진다. 그러나 정해진 시간 간격 동안에 표적행동이 나타나면 학생은 간격이 끝나는 시간에 강화를 받지 못한다. 새로운 간격은 앞선 간격이 끝나야만 시작한다. 예를 들면, 자신의 손등을 깨무는 표적행동에 대해 교사는 FI-DRO를 적용한다. 학생의 표적행동이 주로 발생하는 수학시간 40분을 5분 간격으로 나누고 5분 간격 내내 표적행동이 발생하지 않으면 간격이 끝나는 시간에 학생은 선호하는 스마일 스티커를 받는다.

DRO 재설정 간격 스케줄	DRO 재설정 간격 스케줄에서는 표적행동이 시간 간격 내내 나타나지 않으면 강화가 제공되지만, 시간 간격 동안 표적행동이 나타나면 표적행동을 보인 시간을 기준으로 시간 간격이 재설정된다.
DRO 증진 간격 스케줄	고정-간격 DRO를 적용해 학생이 진보를 보이면 시간 간격을 점진적으로 늘린다. 이를 'DRO 증진 간격 스케줄' 또는 'DRO 용암 스케줄'이라고도 한다. 학생은 이전보다 길어진 간격 동안 표적행동을 보이지 않아야만 강화를 받을 수 있다. 표적행동이 나타나면 강화를 받을 수 있는 시간 간격은 동일하게 유지된다. 증진 간격 스케줄은 학생의 진보에 의해 결정되어야 한다. DRO 적용 시 강화할 시간 간격의 길이를 처음에는 짧게 하고 점차 늘려 가는 것이 처음부터 간격을 길게 하는 것보다 더 효과적이다. 시간 간격이 짧은 DRO가 보다 넓은 간격의 DRO보다 약 두 배의 효과를 보인다고 한다.

② 변동-간격 DRO(VI-DRO): VI-DRO는 전체 시간 간격 동안 문제행동의 비발생을 강화한다는 점에서 앞서 살펴본 FI-DRO와 동일하지만, 강화가 주어지는 시간 간격 스케줄의 조건이 변동된다는 점이 다르다. VI-DRO에서는 평균 시간 단위로 변화하는 간격 동안에 표적행동이 발생하지 않으면 강화가 주어진다. 45분의 수업 동안에 평균 5분의 시간 간격에서 학생이 표적행동을 보이지 않으면 강화를 받는 VI-DRO를 적용하는 경우, 교사는 45분의 수업시간을 평균 5분의 간격으로 해 임의로 간격을 나눈다(예 3분 간격-4분 간격-3분 간격-5분 간격-4분 간격-7분 간격-4분 간격-8분 간격). 그리고 평균 5분의 간격 동안 표적행동의 비발생에 대해 강화를 한다.

③ 고정-순간 DRO(FM-DRO): FM-DRO에서는 고정된 시간 간격의 마지막 순간에 표적행동의 비발생을 강화한다. 예를 들면, 5분 FM-DRO를 적용하고자 하는 경우 45분의 수업 중 학생은 5분의 고정된 시간 간격의 마지막 순간인 매 5분 정각에 표적행동을 보이지 않으면 강화를 받는다. 고정된 간격 내에 어떠한 때에 표적행동을 보이더라도 이에 상관없이 시간 간격의 마지막 순간인 5분 정각에만 표적행동을 보이지 않으면 강화가 주어진다.

④ 변동-순간 DRO(VM-DRO): VM-DRO는 시간 간격의 마지막 순간에 문제행동의 비발생을 강화한다는 점은 앞서 살펴본 FM-DRO와 동일하지만, 강화가 주어지는 시간 간격 스케줄의 조건이 변동된다는 점에서 다르다. VM-DRO에서는 평균 시간 단위로 변화하는 간격의 마지막 순간에 표적행동이 발생하지 않으면 강화가 주어진다. 45분의 수업 동안에 평균 5분의 VM-DRO를 적용하는 경우, 교사는 45분의 수업시간을 평균 5분 간격으로 해 임의로 간격을 나눈 후, 이러한 평균 5분 간격의 마지막 순간에 표적행동 비발생에 대해 강화를 한다(예 3분 정각-7분 정각-10분 정각-15분 정각-19분 정각-26분 정각-30분 정각-37분 정각-45분 정각).

기본이론 274-277p

다른행동 차별강화(DRO)

다른행동 차별강화(DRO)
- 개념
- 유형
- 단점
- 사용지침

다른행동 차별강화
- 일정 시간 간격 동안에 표적행동이 발생하지 않으면, 그 시간 간격 동안에 어떤 행동이 발생하든지 상관없이 강화하는 것
- DRL이 점진적 행동 감소를 강화하는 반면, DRO는 행동이 전혀 발생하지 않는 것만 강화함
- 먼저 시간 간격을 정하고 그 시간 동안에 표적행동이 발생하지 않는다면, 표적행동 외에 어떤 행동이 발생했느냐 하는 것과 상관없이 시간 간격이 끝나는 즉시 강화함

정해진 시간 동안 소리 지르는 행동을 하지 않으면 그 시간 간격 동안에 어떠한 행동을 하든지 상관없이 강화를 제공한다.

2021학년도 중등 B4

05 **(가)는 지적장애 학생 F에 대한 지도 중점 사항이고, (나)는 교육실습생이 기록한 학생 F의 수행 점검표이다. (다)는 학생 F의 문제행동 중재 결과이다. 〈작성방법〉에 따라 서술하시오. [4점]**

(가) 지도 중점 사항

- 독립적인 자립생활을 위해 적응행동 기술 교수
- 수업 중 소리 지르기 행동에 대해 지원

(다) 문제행동 중재 결과

- 문제행동 : 소리 지르기
- 중재방법 : ㉠ <u>타행동 차별강화(DRO)</u>
- 결과 그래프

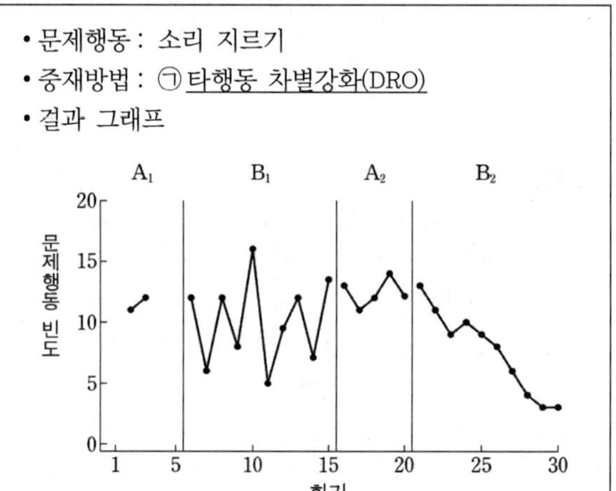

작성방법

학생 F의 문제행동에 근거하여 (다)의 밑줄 친 ㉠이 적용된 예시를 1가지 서술할 것

PART 02

참고자료
기본이론 274-277p

키워드
다른행동 차별강화(DRO)

구조화틀
다른행동 차별강화(DRO)
- 개념
- 유형
- 단점
- 사용지침

핵심개념
다른행동 차별강화의 단점
- 의도하지 않았지만 표적행동이 아닌 다른 문제행동을 강화할 수 있음
- 교사는 DRO를 통해 바람직하지 않은 행동을 제거함으로써 '행동의 진공상태'를 만들 수 있음
- DRO 절차의 효과는 선정된 강화인자에 의존함. 부적절한 행동을 하지 않도록 학생을 강화하기 위해 사용되는 자극은 현재 행동을 유지하고 있는 것과 최소한 동일한 정도의 강도나 동기화 가치를 가져야 함

모범답안
- 의도하지 않은 다른 문제행동을 강화할 수 있다.
- DRO를 통해 바람직하지 않은 행동을 제거함으로써 '행동의 진공상태'를 만들 수 있다.

2015학년도 초등 A2

06 **다음은 민수의 교실 이탈 행동에 대해 저학년 특수학급 김 교사와 고학년 특수학급 정 교사가 나눈 대화이다. 물음에 답하시오. [5점]**

김 교사 : 민수의 ㉠ 교실 이탈 행동이 가장 많이 일어나는 시간대를 한눈에 파악할 수 있도록 관찰 기록지를 작성해봤어요. 그랬더니 하루 중 민수의 교실 이탈 행동은 과학 시간대에 가장 많이 발생하더군요. 그래서 과학 시간에 일화기록과 ABC 관찰을 통해 교실 이탈 행동에 대한 보다 자세한 정보를 수집했어요. 기능평가 결과, 민수의 교실 이탈 행동은 어려운 과제가 주어지면 회피하기 위해 나타난 것이었어요. 그래서 민수에게 ㉡ 과제가 어려우면 "쉬고 싶어요."라는 말을 하도록 지도하고, ㉢ 교실 이탈 행동이 일정 시간(분) 동안 발생하지 않으면 강화제를 제공해볼까 합니다.

정 교사 : 네, 그 방법과 함께 과학 시간에는 ㉣ 민수의 수준에 맞게 과제의 난이도와 분량을 조절해 주거나 민수가 선호하는 활동과 연계된 과제를 제시하면 좋겠네요.

김 교사 : 그래서 민수의 중재계획에도 그런 내용을 포함했어요.

교실 이탈 행동만 하지 않으면 다른 모든 행동을 강화함

3) ㉢과 같은 차별강화를 적용했을 때의 문제점을 1가지 쓰시오. [1점]

참고자료

기본이론 278p

키워드

대체행동 차별강화

구조화틀

대체행동 차별강화(DRA)
- 개념
- 대체행동 선택 기준

핵심개념

대체행동 차별강화
- 학생이 문제행동을 할 때는 강화하지 않고 문제행동을 대신할 수 있는 바람직한 행동(대체행동)을 할 때 강화하는 방법
- 즉, 바람직한 행동에 대한 강화와 바람직하지 않은 행동에 대한 소거를 결합한 것
- 대체행동의 기능은 문제행동의 기능과 동일해야 하며, 문제행동을 통해 학생이 얻을 수 있는 것과 동일한 결과를 가져올 수 있음
- 바람직하지 않은 행동의 목적은 인정할 수 있으나, 그 표현 방법을 인정할 수 없을 때 사용함

대체행동 선택 기준
- 문제행동과 기능이 동일해야 함
- 문제행동을 하는 것보다 힘을 덜 들이고도 학생이 선호하는 결과를 즉각적으로 얻을 수 있어야 함
- 그 학생의 주위에 있는 사람들에게 사회적으로 수용될 수 있어야 함

모범답안

대체행동 차별강화

2016학년도 유아 B4

07 **다음은 김 교사가 작성한 활동계획안의 일부이다. 물음에 답하시오. [5점]**

활동 방법	발달지체 유아 효주를 위한 활동 지원
발달지체 유아 효주를 위한 행동지원	
㉣ 현재 효주는 자신의 요구를 표현하기 위해 책상 두드리기 행동을 하는데, 이 행동은 다른 유아들이 활동에 집중하는 데 방해가 된다. 그러므로 효주가 바람직한 요청하기 행동을 습득하도록 책상 두드리기 행동에 대해서는 강화하지 않고, 손을 들어 요청할 경우에만 반응하고 강화한다.	

- 문제행동 : 책상 두드리기 행동
- 문제행동의 기능 : 요청하기
- 대체행동 : 손을 들고 요청하기('요청하기'라는 기능을 충족하는 바람직한 행동)

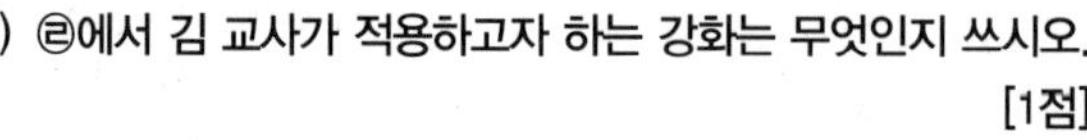
4) ㉣에서 김 교사가 적용하고자 하는 강화는 무엇인지 쓰시오. [1점]

PART 02

참고자료

기본이론 278p

키워드

대체행동 차별강화

구조화틀

대체행동 차별강화(DRA)
- 개념
- 대체행동 선택 기준

핵심개념

대체행동 차별강화
- 학생이 문제행동을 할 때는 강화하지 않고 문제행동을 대신할 수 있는 바람직한 행동(대체행동)을 할 때 강화하는 방법
- 즉, 바람직한 행동에 대한 강화와 바람직하지 않은 행동에 대한 소거를 결합한 것
- 대체행동의 기능은 문제행동의 기능과 동일해야 하며, 문제행동을 통해 학생이 얻을 수 있는 것과 동일한 결과를 가져올 수 있음
- 바람직하지 않은 행동의 목적은 인정할 수 있으나, 그 표현 방법을 인정할 수 없을 때 사용함

대체행동 선택 기준
- 문제행동과 기능이 동일해야 함
- 문제행동을 하는 것보다 힘을 덜 들이고도 학생이 선호하는 결과를 즉각적으로 얻을 수 있어야 함
- 그 학생의 주위에 있는 사람들에게 사회적으로 수용될 수 있어야 함

모범답안

대체행동 차별강화

문제행동과 동일한 기능을 가지고 있으면서도 사회적으로 수용될 수 있는 바람직한 행동을 지도한다.

2017학년도 중등 B2

08 다음은 정서·행동장애 학생 A에 대해 교사들 간에 나눈 대화 내용이다. 최 교사가 A에게 적용하고자 하는 차별강화기법을 쓰고, 이 기법의 장점을 1가지 제시하시오. [4점]

최 교사

두 분의 말씀 잘 들었습니다. 이제부터는 교사의 주의를 끌기 위해 A가 소리를 내면 반응해주기보다, 손을 들도록 가르치고 손 드는 행동에 반응을 해줘야겠어요.

- 문제행동 : 소리 내기
- 문제행동의 기능 : 관심 끌기
- 대체행동 : 손 들기

기본이론 279p

상반행동 차별강화(DRI)

상반행동 차별강화(DRI)
- 개념
- DRA와 비교

상반행동 차별강화
- 문제행동의 상반행동을 강화하고 문제행동에는 소거를 적용하는 방법
- **상반행동**: 어떤 행동과 동시에 발생할 수 없는 행동

  예 교실을 돌아다니는 행동과 의자에 앉아 있는 행동, 자기 얼굴 앞에서 두 손을 흔드는 행동과 두 손을 무릎 위에 올려놓는 행동 등

상반행동 차별강화 vs 대체행동 차별강화
- **공통점**
  - **방법**: 문제행동은 강화하지 않고, 문제행동을 대신할 수 있는 바람직한 행동을 강화함
  - **강화받는 행동**: 사회적으로 용인되는 행동
- **차이점**
  - 상반행동 차별강화는 문제행동과 상반행동이 동시에 발생할 수 없으나, 대체행동 차별강화는 동시에 나타날 수 있음
  - 상반행동 차별강화는 문제행동과 상반행동의 기능이 동일할 필요가 없으나, 대체행동 차별강화는 기능이 동일함
  - 상반행동 차별강화는 문제행동과 상반되는 행동을 찾기가 어려울 수 있으나, 대체행동 차별강화는 대체행동의 개발 범위가 비교적 넓음

상반행동 차별강화

2020학년도 유아 B2

09 **다음은 통합학급 4세 반 교사들이 협의회에서 나눈 대화이다. 물음에 답하시오. [5점]**

> …(중략)…
>
> 박 교사: 준우가 ㉡ <u>소리 지르지 않고 친구와 이야기하거나 노래 부르면, 제가 관심을 보이며 칭찬해주는 것</u>이 어떨까요?
>
> 김 교사: 네, 알겠습니다.

2) ㉡에 해당하는 차별강화 전략을 쓰시오. [1점]

참고자료

기본이론 279p

키워드

상반행동 차별강화(DRI)

구조화 틀

상반행동 차별강화(DRI)
- 개념
- DRA와 비교

핵심개념

상반행동 차별강화
- 문제행동의 상반행동을 강화하고 문제행동에는 소거를 적용하는 방법
- **상반행동**: 어떤 행동과 동시에 발생할 수 없는 행동
  - 예 교실을 돌아다니는 행동과 의자에 앉아 있는 행동, 자기 얼굴 앞에서 두 손을 흔드는 행동과 두 손을 무릎 위에 올려놓는 행동 등

상반행동 차별강화 vs 대체행동 차별강화
- **공통점**
  - **방법**: 문제행동은 강화하지 않고, 문제행동을 대신할 수 있는 바람직한 행동을 강화함
  - **강화받는 행동**: 사회적으로 용인되는 행동
- **차이점**
  - 상반행동 차별강화는 문제행동과 상반행동이 동시에 발생할 수 없으나, 대체행동 차별강화는 동시에 나타날 수 있음
  - 상반행동 차별강화는 문제행동과 상반행동의 기능이 동일할 필요가 없으나, 대체행동 차별강화는 기능이 동일함
  - 상반행동 차별강화는 문제행동과 상반되는 행동을 찾기가 어려울 수 있으나, 대체행동 차별강화는 대체행동의 개발 범위가 비교적 넓음

모범답안

상반행동 차별강화

2023학년도 중등 A2

10 **다음은 학생 A의 행동을 위해 특수교사와 통합학급 교사가 나눈 대화이다. 밑줄 친 ㉠에 해당하는 전략의 명칭을 쓰시오. [1점]**

통합학급 교사

학생 A가 수업 시간에 선생님의 관심을 얻기 위해 책상을 긁는 행동을 자주 해요. 어떻게 지도하는 것이 좋을까요?

㉠ <u>문제행동과 동시에 발생할 수 없는 행동을 할 때, 선생님이 관심을 주며 강화하는 방법을 사용할 수 있어요.</u>

특수교사

기본이론 274-277p, 279p

- 다른행동 차별강화
- 상반행동 차별강화

다른행동 차별강화(DRO)
- 개념
- 유형
- 단점
- 사용지침

상반행동 차별강화(DRI)
- 개념
- DRA와 비교

차별강화 종류별 특성

종류	강화받는 행동	목적
DRL	정해진 기준치 이하의 표적행동	표적행동 발생 빈도의 감소
DRO	표적행동 외의 모든 행동	표적행동이 발생하지 않는 시간의 증가
DRA	표적행동과 동일한 기능의 대체행동	대체행동의 강화를 통한 표적행동의 제거
DRI	표적행동의 상반행동	상반행동의 강화를 통한 표적행동의 제거

① 강화받는 행동 차원에서 다른행동 차별강화는 표적행동 이외의 다른 모든 행동들을 강화하지만, 대체행동 차별강화는 표적행동과 기능이 동일하면서 사회적으로 용인되는 바람직한 행동을 강화한다.
② 다른행동 차별강화는 표적행동이 발생하지 않는 시간을 증가시키는 것이 목적이나, 대체행동 차별강화는 대체행동을 강화해 표적행동을 제거하는 것이 목적이다.
③ 지혜에게 적절한 차별강화는 대체행동 차별강화이다. 왜냐하면 지혜는 현재 교사의 관심을 끌기 위해 문제행동을 하므로, 문제행동의 기능과 동일하나 사회적으로 용인되는 바람직한 형태의 대체행동을 지도해야 하기 때문이다.

2018학년도 유아 B5

11 **(가)는 유치원 통합학급 5세 반 교사의 수업 관찰기록 일부이고, (나)는 발달지체 유아를 위한 지원 계획이다. 물음에 답하시오. [5점]**

(가)

	관찰기록(현행 수준)
지혜	• 평소에 정리하기 활동에 잘 참여하지 않음 • 교사가 언어적 촉진을 하면 정리하기 과제 일부를 수행할 수 있음 • 교사의 관심을 끌기 위해 정리 활동 시간에 교실 전등 스위치를 껐다 켰다 하는 행동을 반복함

(나)

	지원 계획
지혜	• 색 테이프로 구역을 정해주고 그 안에 놀잇감을 정리하도록 함 • 전등 스위치를 껐다 켰다 하는 행동에 대해 차별강화 방법을 적용하기로 함

2) 차별강화의 하위 유형인 '다른행동 차별강화'와 '대체행동 차별강화'의 차이점을 ① 강화받는 행동 차원과 ② 목적 차원에서 쓰고, ③ 두 유형 중 지혜의 문제행동 기능에 비추어 효과적인 차별강화 유형과 그 이유를 쓰시오. [3점]

참고자료

기본이론 273-280p

키워드

차별강화

구조화 틀

차별강화
- 개념
- 유형
  - DRL
  - DRO
  - DRA
  - DRI

핵심개념

모범답안

⑤

2012학년도 중등 14

12 다음은 직업교과 시간에 발생한 정신지체학생 A의 문제행동 상황을 정리한 내용이다. 교사가 학생 A의 문제행동을 중재하기 위하여 적용할 수 있는 강화 중심 전략과 각 전략의 특징 및 그에 따른 예가 바른 것은?

> 교사가 학생 A에게 세탁기에서 옷을 꺼내 건조대에 널라고 지시한다. 학생은 교사를 쳐다보고 얼굴을 찡그리며 소리를 지르고, 세탁기를 심하게 내리친다. 교사가 다시 학생에게 다가가 옷을 꺼내 널라고 지시한다. 학생은 또다시 하기 싫은 표정을 짓고, 소리를 크게 지르며 세탁기를 심하게 내리친다. 이러한 상황이 수업시간에 여러 차례 지속적으로 발생하였다.

- 문제행동 : 소리를 지르고, 세탁기를 세게 치는 행동
- 문제행동의 기능 : 과제 회피

	전략	특징	예
①	저비율행동 차별강화 (DRL)	표적행동의 강도를 감소시키는 데 초점을 둔다.	소리 지르기 및 세탁기 내려치는 강도가 낮아지면 강화한다.
②	상반행동 차별강화 (DRI)	표적행동과 형태적으로 양립할 수 없는 행동을 강화하는 데 초점을 둔다.	소리 지르기 행동 대신 옷을 꺼내 건조대에 널면 그 행동에 대해 강화한다.
③	대체행동 차별강화 (DRA)	표적행동의 발생 빈도를 감소시키는 데 초점을 둔다.	소리 지르기 및 세탁기 내려치는 행동의 발생 횟수가 설정한 기준보다 적게 발생하면 강화한다.
④	비유관 강화 (NCR)	표적행동 대신 바람직한 행동이 발생할 때마다 강화하는 데 초점을 둔다.	학생이 소리 지르기 및 세탁기 내려치는 행동을 하는 대신 "도와주세요."라는 말을 하면 강화한다.
⑤	다른행동 차별강화 (DRO)	표적행동의 미발생에 대해 강화하는 데 초점을 둔다.	정한 시간 간격 내에 소리 지르기 및 세탁기 내려치는 행동이 전혀 발생하지 않으면 강화한다.

- ① 저비율행동 차별강화는 '강도'가 아닌 '횟수'를 감소시키고자 하는 방법
- ② 대체행동 차별강화의 예시
- ③ 저비율행동 차별강화에 대한 설명
- ④ 대체행동 차별강화에 대한 설명
- ⑤ 다른행동 차별강화에 대한 설명

기본이론 278p, 281–284p

- 대체행동 차별강화
- 소거

소거
- 정의
- 사용 시 고려사항
  - 소거저항
  - 소거폭팔(소거발작)
  - 자발적 회복
  - 차별강화 전략과 병행 사용
  - 모방주의
  - 밀수강화 주의
  - 일관성
- 장단점

소거
- 바람직하지 못한 문제행동을 유발·유지하는 강화요인을 제거함으로써 그 문제행동을 감소시키는 기법
- 문제행동을 유지해온 강화인이 무엇이냐에 따라 소거는 다르게 적용되어야 함
  예 정적강화, 부적강화, 자동적 강화
- 낮은 수준의 다소 덜 심각한 문제행동을 감소시키고자 할 때 적절한 방법

자발적 회복 현상
- 완전히 제거된 줄 알았던 문제행동이 얼마의 시간이 지난 뒤에 다시 나타나는 현상
- 소거를 적용할 때 자발적 회복 현상에 잘 대처하지 못하면 간헐강화로 인한 소거저항의 증가라는 역효과를 유발할 수 있음

⑤

2010학년도 중등 14

13 **다음은 A-B-C 기술 분석 방법을 사용하여 정신지체 학생의 행동과 그와 관련된 환경 사건에 대한 자료를 수집한 것이다. 이 자료에 근거한 수업방해 행동 중재방법으로 적절하지 <u>않은</u> 것은? [2.5점]**

A-B-C 관찰기록지
이름: ○영희 상황: 국어 수업시간 관찰시간: 10:00~10:10

선행사건(A)	행동(B)	후속결과(C)
교사: "지난 시간에 무엇에 대해 배웠지요?"	"저요, 저요." (큰 소리를 지르며 손을 든다.)	교사: "영희가 한번만 해볼래?"
	(답을 하지 못하고 머뭇거린다.)	교사: (영희의 머리를 쓰다듬으며) "영희야, 다음에는 잘해보자."
	"네, 선생님." (미소를 짓는다.)	
교사: "지난 시간에 무엇을 배웠는지 철수가 한번 대답해볼까?"	"저요, 저요." (큰 소리를 지르며 손을 든다.)	교사: (주의를 주듯이) "영희야, 지금은 철수 차례야."
	"선생님, 저요, 저요."	교사: (영희 자리로 다가가 주의를 주듯이) "지금은 철수 차례라고 했지?"
	"네, 선생님." (미소를 짓는다.)	
(철수가 지난 시간에 배운 것을 말하기 시작한다.)	"저요, 저요." (큰 소리를 지르며 손을 든다.)	교사: (야단치듯) "영희야! 조용히 하고 친구 말을 들어보자."
	(교사를 보며 미소를 짓는다.)	
교사: "그래요. 맞았어요. 자, 그럼 오늘은 …"	(교사의 말이 끝나기도 전에) "저요, 저요. 저도 알아요."	교사: (영희 앞으로 다가가서) "영희야, 지금은 선생님 차례야."
	"네, 선생님." (미소를 짓는다.)	

영희의 문제행동 기능은 관심 끌기에 해당함

① 수업방해 행동이 발생한 직후, 교사가 그 행동에 대하여 긍정적이거나 부정적인 관심을 주지 않는다.
② 수업시간에 바람직한 행동을 할 때는 교사가 관심을 주고 수업방해 행동을 할 때는 관심을 주지 않는다.
③ 수업방해 행동과는 상관없이 미리 설정된 시간 간격에 따라 교사가 관심을 주되 그 행동이 우연적으로 강화되지 않도록 주의한다.
④ 완전히 제거된 줄 알았던 수업방해 행동이 얼마의 시간이 지난 뒤 다시 발생하더라도 교사는 그 행동에 대하여 관심을 주지 않는다.
⑤ 수업방해 행동을 빠른 시간에 감소시키기 위하여 정해진 시간 동안 수업방해 행동이 미리 설정한 기준보다 적게 발생하면 교사가 학생이 좋아하는 활동을 함께 한다.

① 소거 전략에 해당함

② 대체행동 차별강화에 해당함

③ 비유관 강화에 해당함

④ 소거 전략에서 '자발적 회복 현상'에 잘 대처해야 함

⑤ 저비율행동 차별강화에 해당함. 저비율행동 차별강화는 변화 과정이 빨리 나타나지 않으므로 위험하거나 심각한 행동에는 적절하지 않음

참고자료

기본이론 281-284p

키워드

소거

구조화틀

소거
- 정의
- 사용 시 고려사항
  - 소거저항
  - 소거폭팔(소거발작)
  - 자발적 회복
  - 차별강화 전략과 병행 사용
  - 모방주의
  - 밀수강화 주의
  - 일관성
- 장단점

핵심개념

소거폭발(양명희, 2016.)
- 초기의 소거 과정에서 현격한 행동의 감소가 시작되기에 앞서 표적행동의 비율과 강도가 크게 증가하는 현상
- 초기의 폭발적 증가 현상에 당황해 소거를 중단하면 간헐강화의 효과가 가중되어 소거저항은 더 높아지므로, 소거를 사용할 때는 초기의 증가 현상에 대해 미리 예측하고 대비해 소거 적용의 일관성을 유지해야 함

소거폭발(이성봉 외, 2019.)
- 표적행동에 대해 소거를 적용하면 행동 감소가 바로 이루어지지 않음
  → 소거가 적용되면 행동에 수반해 주어졌던 강화요인이 제거되지만, 이전에 받았던 강화요인이 다시 주어질 것으로 여겨 일시적으로 행동의 빈도 또는 강도의 증가를 보임
- 소거 적용 초반에 나타나는 행동의 증가

모범답안

㉡ 소거
㉢ 소거폭발이 나타난 이유는 문제행동을 통해 얻을 수 있던 강화를 얻기 위해서이다.

2021학년도 중등 A10

14 **(가)는 ABC 분석 방법으로 학생 F의 문제행동을 수집한 자료의 일부이고, (나)는 학생 F에 대하여 두 교사가 나눈 대화이다. 〈작성방법〉에 따라 서술하시오. [4점]**

(가) 문제행동 수집 자료

• 피관찰자: 학생 F • 관찰자: 김 교사
• 관찰일시: 2020. 11. 20.

시간	선행사건(A)	학생 행동(B)	후속결과(C)
13:00	"누가 발표해볼까요?"	(큰 소리로) "저요, 저요."	"그래, F가 발표해보자."
13:01		"어… 어…" (머뭇거린다.)	"다음에는 대답을 제대로 해보자, F야."
13:02		(웃으며 자리에 앉는다.)	
⋮			
13:20	"이번에는 조별로 발표를 해봅시다."	(큰 소리로) "저요, 저요."	(F에게 다가가서) "지금은 다른 조에서 발표할 시간이에요."
13:21		(교사를 바라보며 미소 짓는다.)	
⋮			
13:40	"오늘의 주제는 …"	(교사의 말이 끝나기도 전에) "저요, 저요." (자리에서 일어난다.)	"지금은 선생님이 말하는 시간이에요."
13:41		(교사를 바라보며 미소 짓는다.)	

ABC 평가 결과 학생 F의 문제행동의 기능은 관심 끌기에 해당함

(나) 대화

김 교사: 선생님, 지난 수업에서 학생 F의 문제행동을 평가해보니 그 기능이 (㉠)(으)로 분석되었습니다.
박 교사: 그렇다면 문제행동을 줄이기 위해 어떻게 하면 될까요?
김 교사: 몇 가지 방법 중 하나는 ㉡ 학생 F가 그 행동을 하더라도 반응하지 않는 것입니다. 그렇지만 이 방법은 ㉢ 문제행동이 일시적으로 더 심해지는 현상이 나타날 수 있기 때문에 예방적 차원의 접근이 필요합니다.
박 교사: 예방적 차원의 행동 중재방법으로는 무엇이 있나요?
김 교사: ㉣ 문제행동을 예방하기 위해 학생 F의 문제행동을 유지시키는 요인을 미리 제공하는 방법입니다.

작성방법

(나)의 밑줄 친 ㉡에 해당하는 중재방법을 쓰고, ㉢의 상황이 발생하는 이유를 1가지 서술할 것

PART 02

확장하기

소거저항에 영향을 미치는 요인(이성봉 외, 2019.)

행동 중에도 중재에 대한 내성, 즉 저항이 생길 수 있음. 소거저항은 소거가 적용되는 동안에 표적행동이 지속적으로 나타나는 것을 의미함. 소거저항이 작을수록 행동 감소가 빠르게 나타남. 소거저항에 영향을 미치는 요인은 다음과 같음

행동을 유지시킨 강화 스케줄	연속적으로 강화된 행동이 간헐적으로 강화된 행동보다 소거저항이 작아서 행동 감소가 빠르게 나타남. 행동 발생에 수반해 간헐적으로 강화제가 주어져 유지된 행동보다, 매번 강화제가 주어져서 유지된 행동이 소거 적용 시 빠르게 감소될 수 있음. 즉, 간헐강화가 적용된 행동의 경우 소거저항이 큼
행동을 유지시킨 강화의 양과 정도	행동과 연계된 강화의 양이나 정도가 클수록 소거저항이 큼
행동과 사전에 연계된 강화 시간의 길이	행동 발생에 수반해 강화가 적용되었던 행동과 강화 간의 연계 시간이 길수록 소거 저항이 큼 예 2년 동안 지속된 행동이 두 달 동안 지속된 행동에 비해 소거저항이 클 수 있음
소거 성공의 횟수	행동과 강화 간의 연계를 끊기 위해 과거에 사용된 소거 성공의 횟수가 영향을 미침. 소거의 효과가 나타나서 문제행동이 제거된 소거 성공의 횟수가 많을수록 소거저항이 적음

소거를 적용하기 위해 전제되어야 할 질문(이성봉 외, 2019.)

- 문제행동에 대한 강화요인을 판별할 수 있는가?
- 해당 강화요인을 제거할 수 있는가?
- 소거 사용이 아동과 관련인들에게 안전한가?
- 소거폭발에 대비할 수 있는가?
- 소거를 일관성 있게 적용할 수 있는가?

→ 모두 "그렇다."라고 답을 할 수 있을 때 소거를 적용해야 함

기본이론 281–284p

소거

소거
- 정의
- 사용 시 고려사항
  - 소거저항
  - 소거폭팔(소거발작)
  - 자발적 회복
  - 차별강화 전략과 병행 사용
  - 모방주의
  - 밀수강화 주의
  - 일관성
- 장단점

소거
- 바람직하지 못한 문제행동을 유발·유지하는 강화요인을 제거함으로써 그 문제행동을 감소시키는 기법
- 문제행동을 유지해온 강화인이 무엇이냐에 따라 소거는 다르게 적용되어야 함

  예 정적강화, 부적강화, 자동적 강화
- 낮은 수준의 다소 덜 심각한 문제행동을 감소시키고자 할 때 적절한 방법

③ 소거를 적용한다고 해서 단순히 문제행동을 무시하는 것이 아니라, 문제행동을 유지시켜온 강화인을 제거해야 한다. (=빼앗은 물건을 가질 수 없도록 해야 한다.)

2014학년도 초등 A2

15 (가)는 정우의 문제행동에 대한 기능평가 결과이고, (나)는 정우의 문제행동 지도를 위해 특수학급 최 교사와 통합학급 강 교사가 나눈 대화 내용이다. 물음에 답하시오. [5점]

(가) 문제행동 기능평가 결과

성명	황정우	생년월일	2005. 06. 03.	장애 유형	정신 지체

- 정우는 자신이 좋아하는 물건을 친구가 가지고 있으면, 그 친구를 강하게 밀치고 빼앗는 행동을 자주 보임
- 정우가 친구의 물건을 빼앗을 때마다, 교사는 물건을 빼앗긴 친구를 다독거려 달래줌
- 정우는 교사의 별다른 제지 없이 빼앗은 물건을 가짐
- 정우가 가진 문제행동의 기능은 (㉠)(이)라고 할 수 있음 — 정우의 문제행동 기능은 원하는 물건(유형물) 얻기에 해당함

(나) 대화 내용

최 교사: 강 선생님, 지난번 부탁으로 제가 정우의 문제행동을 평가해보니 기능이 (㉠)인 것 같아요.

강 교사: 그렇군요. 그럼 제가 어떻게 해야 할까요?

최 교사: 여러 가지 방법이 있겠지만, 이렇게 문제행동의 원인이 파악된 상태에서는 ① 친구를 밀치고 빼앗는 문제행동보다는 바람직한 행동으로 자신의 의사를 표현할 수 있도록 도와주는 것이 좋아요. — 대체행동 지도

강 교사: 아, 그래요. 그런데 제가 정우에게 어떤 행동을 가르쳐야 할까요?

최 교사: 문제행동에 대한 대체행동을 선정할 때에는 정우가 이미 할 수 있는 행동 중에서 선택하는 것이 좋아요. 그리고 ㉡ 이 외에도 고려할 점이 몇 가지 더 있어요.

…(중략)…

강 교사: 그런데, 대체행동을 가르쳐주기만 하면 정우가 할 수 있을까요?

최 교사: 아니죠. 우선 ② 정우가 새로 배운 대체행동으로 친구에게 물건을 달라고 할 때에는 요청한 물건을 가지게 해주고 칭찬도 해주세요. — 대체행동 차별강화 그리고 ③ 정우가 밀치는 행동으로 친구의 물건을 빼앗으려 할 때에는 정우의 행동을 못 본 체하세요. — 후속결과 중심 교수 중 소거 전략 또한 ④ 정우가 좋아해서 빼앗을 만한 물건을 학급에 미리 여러 개 준비해두시면 문제행동을 예방하는 데 도움이 될 거예요. — 선행사건 중재

…(중략)…

3) (나)의 ①~④ 중에서 정우의 문제행동에 대한 지도방법으로 적절하지 <u>않은</u> 제안 1가지를 찾아 번호를 쓰고, 그 이유를 쓰시오. [1점]

기본이론 281-284p

소거

소거
- 정의
- 사용 시 고려사항
  - 소거저항
  - 소거폭발(소거발작)
  - 자발적 회복
  - 차별강화 전략과 병행 사용
  - 모방주의
  - 밀수강화 주의
  - 일관성
- 장단점

소거폭발(양명희, 2016.)
- 초기의 소거 과정에서 현격한 행동의 감소가 시작되기에 앞서 표적행동의 비율과 강도가 크게 증가하는 현상
- 초기의 폭발적 증가 현상에 당황해 소거를 중단하면 간헐강화의 효과가 가중되어 소거저항은 더 높아지므로, 소거를 사용할 때는 초기의 증가 현상에 대해 미리 예측하고 대비해 소거 적용의 일관성을 유지해야 함

소거폭발(이성봉 외, 2019.)
- 표적행동에 대해 소거를 적용하면 행동 감소가 바로 이루어지지 않음 → 소거가 적용되면 행동에 수반해 주어졌던 강화요인이 제거되지만, 이전에 받았던 강화요인이 다시 주어질 것으로 여겨 일시적으로 행동의 빈도 또는 강도의 증가를 보임
- 소거 적용 초반에 나타나는 행동의 증가

소거폭발

2013학년도 유아 B3

16 **다음은 특수학교 유치원 과정 5세 반 유아의 수업 관찰 내용이다. 물음에 답하시오. [5점]**

유아	수업 관찰 내용
승호	승호가 미술 활동 중에 물감을 바닥에 뿌리면 교사는 "승호야"라고 이름을 부르며 다가와 흘린 물감을 닦아주었다. 그러자 승호는 물감을 계속해서 바닥에 뿌렸다. 이러한 행동이 교사의 관심을 받기 위한 것이라고 판단한 교사는 승호가 물감 뿌리는 행동을 해도 흘린 물감을 더 이상 닦아주지 않았다. 그러자 ㉠ <u>승호는 물감을 이전보다 더 많이 바닥에 뿌렸다.</u>

1) 승호의 사례에서 ㉠에 해당되는 행동수정 용어를 쓰시오. [1점]

기본이론 281-284p

소거

소거
- 정의
- 사용 시 고려사항
  - 소거저항
  - 소거폭팔(소거발작)
  - 자발적 회복
  - 차별강화 전략과 병행 사용
  - 모방주의
  - 밀수강화 주의
  - 일관성
- 장단점

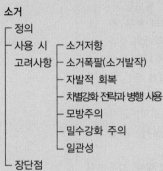

소거폭발(양명희, 2016.)
- 초기의 소거 과정에서 현격한 행동의 감소가 시작되기에 앞서 표적행동의 비율과 강도가 크게 증가하는 현상
- 초기의 폭발적 증가 현상에 당황해 소거를 중단하면 간헐강화의 효과가 가중되어 소거저항은 더 높아지므로, 소거를 사용할 때는 초기의 증가 현상에 대해 미리 예측하고 대비해 소거 적용의 일관성을 유지해야 함

소거폭발(이성봉 외, 2019.)
- 표적행동에 대해 소거를 적용하면 행동 감소가 바로 이루어지지 않음
  → 소거가 적용되면 행동에 수반해 주어졌던 강화요인이 제거되지만, 이전에 받았던 강화요인이 다시 주어질 것으로 여겨 일시적으로 행동의 빈도 또는 강도의 증가를 보임
- 소거 적용 초반에 나타나는 행동의 증가

① 소거폭발

② 소거를 사용할 때는 소거 적용 초기의 증가 현상에 대해 미리 예측하고 대비해 소거 적용의 일관성을 유지해야 한다.

2017학년도 유아 B1

17 **5세 발달지체 유아 선우의 긍정적 행동지원 계획 수립을 위해 (가)는 통합학급 최 교사가 수집한 일화기록 자료의 일부이고, (나)는 선우의 행동에 대한 영상 분석 자료의 일부이다. 물음에 답하시오. [5점]**

3) 다음은 선우에게 긍정적 행동지원을 했을 때 수집된 자료이다. ① 그래프에서처럼 문제행동이 일시적으로 증가하는 현상을 지칭하는 용어와 ② 이러한 현상이 나타날 때 최 교사가 취해야 할 적절한 대응 방안을 1가지 쓰시오. [2점]

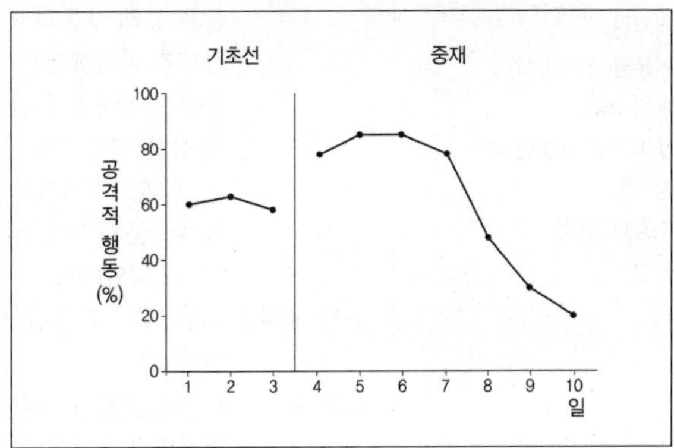

기본이론 281-284p

소거

소거

- 정의
- 사용 시 고려사항
  - 소거저항
  - 소거폭발(소거발작)
  - 자발적 회복
  - 차별강화 전략과 병행 사용
  - 모방주의
  - 밀수강화 주의
  - 일관성
- 장단점

소거

- 바람직하지 못한 문제행동을 유발·유지하는 강화요인을 제거함으로써 그 문제행동을 감소시키는 기법
- 문제행동을 유지해온 강화인이 무엇이냐에 따라 소거는 다르게 적용되어야 함
  예 정적강화, 부적강화, 자동적 강화
- 낮은 수준의 다소 덜 심각한 문제행동을 감소시키고자 할 때 적절한 방법

소거

2024학년도 초등 B1

18 **(가)는 학습 공동체에서 정서·행동장애 학생 영지에 대해 두 교사가 나눈 대화의 일부이고, (나)는 담임 교수가 실시한 중재의 결과 그래프이다. 물음에 답하시오. [5점]**

(가)

> 수석 교사: 영지가 나타내는 행동의 원인이 무엇인지 살펴보셨나요?
> 담임 교사: 네, 행동과 관련된 다양한 정보를 수집하고, 수업 시간에 영지의 행동 관찰을 통해 행동과 전후 상황과의 상관관계를 파악했어요. 그리고 과제 난이도를 조작하거나 관심을 적게 두는 조건 등을 설정하여 (㉡)을/를 실시한 결과, 영지가 과제를 회피하고자 할 때 문제 행동을 나타낸다는 것을 알 수 있었어요. [B]
> 수석 교사: 그렇군요. 그러면 어떤 중재를 사용하실 건가요?
> 담임 교사: ㉢ <u>지금까지의 강화 요인을 즉시 제거하는 비처벌적 접근</u>을 통해 영지의 문제 행동을 줄일 생각이에요.
>
> …(중략)…
>
> 수석 교사: 어떤 연구 설계를 적용하실 건가요?
> 담임 교사: AB 연구 설계로 중재할 계획이에요.
> 수석 교사: AB 연구 설계는 중재 효과의 입증에 어려움이 있어요. 영지의 세 가지 문제 행동에 동일한 중재를 실시할 때, 기초선 기간이 길어지거나 문제 행동이 고착되지 않도록 (㉣) 설계로 계획하는 것이 좋지 않을까요? [C]
> 담임 교사: 네, 반영하여 실시할게요.
>
> 〈중재 실시 후〉
>
> 담임 교사: 선생님, 영지의 때리기와 침 뱉기 행동이 감소했어요. 그런데 자리 이탈 행동에 대해서는 중재 효과가 나타나지 않았어요.

1) (가)의 [B]를 근거로 ㉡에 해당하는 용어를 쓰시오. [1점]

기본이론 286-288p

반응대가

부적 벌

- 반응대가
- 타임아웃

반응대가

- 학생이 문제행동을 했을 때 그 대가로 이미 지니고 있던 강화제를 잃게 함으로써 문제행동의 발생률을 감소시키는 절차
- 일정량의 정적강화를 회수하기 위해서는 학생이 일정 수준의 정적강화를 가지고 있다는 것이 전제되어야 하므로 토큰강화와 병행해 사용하는 경우가 많으며, 병용 시 더 효과적인 것으로 나타남

반응대가

2014학년도 유아 A6

19 **통합유치원 5세 반에 다니는 진우는 발달지체 유아이다. (가)는 진우의 행동 특성이고, (나)는 유아특수교사인 박 교사가 진우의 문제행동에 대한 긍정적 행동지원을 계획하면서 작성한 ABC 관찰기록지의 일부이다. 물음에 답하시오. [5점]**

(가) 진우의 행동 특성

- 핸드벨 소리를 좋아함
- 교사에게 스티커 받는 것을 좋아함
- 학급 내에서 역할 맡기를 좋아함

(나) ABC 관찰기록지

이름: 김진우		관찰자: 박 교사	
날짜	A(선행사건)	B(행동)	C(후속결과)
9/11 12:20	바깥놀이를 마치고 교사는 손을 씻고 교실로 들어가는 시간임을 알림	"싫어, 안 가. 손도 안 씻어." 하며 교실로 들어가지 않겠다며 바닥에 주저앉음	교사는 진우를 일으켜 세워 세면대로 데리고 갔으나 ㉣ <u>손을 씻지 않아서 학급 규칙에 따라 진우가 모아놓은 스티커 중 2개를 떼어냄</u>

4) (나)의 ㉣에 박 교사가 적용한 행동수정 전략을 쓰시오. [1점]

참고자료

기본이론 286-288p

키워드

반응대가

구조화툴

부적 벌
- 반응대가
- 타임아웃

핵심개념

반응대가 사용 시 유의사항
- 사용할 강화제는 회수 가능한 것이어야 함
- 벌금의 크기, 즉 회수될 토큰이나 벌점의 양을 정할 때는 세밀한 주의를 기울여야 함 → 벌금의 양이 커질수록 토큰의 가치는 떨어짐
- 정적강화가 모두 회수되었을 때 생길 수 있는 문제를 미리 고려해야 함
- 아동이 해야 할 행동이 무엇인지, 위반했을 때 지불해야 할 벌금은 얼마인지를 정확히 숙지하도록 지도해야 함

모범답안

① 행동계약
② 반응대가

2021학년도 유아 B2

20 **(가)는 5세 통합학급 박 교사와 유아특수교사 윤 교사의 대화 내용이고, (나)는 토큰경제를 활용하여 발달지체 유아 건우의 행동을 중재하기 위한 자료이다. 물음에 답하시오.** **[5점]**

(나)

[약속 기록]

날짜		
10월 6일(화)		
10월 7일(수)		
10월 8일(목)		
⋮		

〈건우와 선생님의 약속〉

건우는 매일 유치원에 오면 선생님께 자동차 스티커 3개를 받습니다. ⓒ 건우가 친구를 밀칠 때마다 자동차 스티커 1개를 선생님께 내야 합니다. 자동차 스티커를 5개 모으면 모형 자동차 1개를 받습니다.

3) ① (나)와 ② ⓒ은 어떤 행동 중재전략인지 각각 쓰시오. [2점]

참고자료

기본이론 263-266p, 281-283p, 286-291p

키워드

- 소거
- 반응대가
- 타임아웃
- 토큰경제

구조화 틀

부적 벌
- 반응대가
- 타임아웃

정적 벌 – 과잉교정

핵심개념

반응대가 방법 – 정적강화의 병용
학생의 바람직한 행동에는 토큰강화를 활용해 강화를 제공하고, 바람직하지 못한 행동에는 일정량의 토큰을 벌금으로 징수하는 방법

정적강화와 병용 시의 장점
- 벌어들인 토큰을 반응대가로 모두 잃는 것은 아님. 이렇게 하면 반응대가로 차압된 토큰 때문에 큰 좌절과 실망을 느끼지 않을 수 있음
- 앞으로의 노력에 따라 바람직한 행동을 하면 토큰을 다시 벌 수 있는 기회가 주어짐. 따라서 기본 권리나 인권 침해의 요소가 없기 때문에 법적 또는 윤리적 문제가 발생하지 않음

타임아웃
- 정적강화를 받을 기회를 제거하는 것으로, 문제행동이 발생했을 때 학생이 정적 강화를 받지 못하도록 일정 시간 동안 강화제로의 접근을 차단해 부적절한 행동을 감소시키는 것
- 효과적 실행을 위해 학생이 타임아웃 되어서 보내지는 장소는 정적강화가 주어질 가능성이 전혀 없는 곳이어야 하고, 문제행동을 일으켜 떠나게 된 곳은 학생이 남아 있었다면 강화받을 가능성이 매우 높은 곳이어야 함
- **유형**
  - **비배제 타임아웃**: 교육환경에서 분리되지 않는 대신에 교사가 일시적 환경 조작을 통해 학생이 강화인자에 접근하지 못하도록 하는 방법으로, 비교적 경미한 문제행동에 사용됨
  - **배제 타임아웃**: 교실에서 학생을 완전히 분리하는 것만을 의미하는 것이 아니라, 교실 내의 직접적인 활동 영역으로부터 다른 위치로 이동시키는 방법

모범답안

③

2010학년도 초등(유아) 12

21 **다음은 자폐성 장애 학생의 문제행동을 중재한 사례들을 제시한 것이다. 다음의 사례들에 사용되지 않은 행동수정 전략은?**

- 학생이 수업 중 소리를 지르자 교사는 학생으로 하여금 교실 구석에서 벽을 쳐다보고 1분간 서 있게 하였다. — 배제 타임아웃
- 울 때마다 과제를 회피할 수 있었던 학생이 싫어하는 과제를 회피하기 위하여 울더라도 교사는 학생이 과제를 끝내도록 하였다. — 부적강화에 대한 소거
- 교사는 학생이 5분간 과제에 집중을 하면 스티커를 한 장 주고, 공격행동을 보이면 스티커 한 장을 회수하여 나중에 모은 스티커로 강화물을 교환하도록 하였다. — 토큰강화와 반응대가
- 문제행동을 보일 때마다 교사의 관심을 받았던 학생이 교사의 관심을 끌기 위하여 물건을 집어 던지는 행동을 하더라도, 교사는 문제행동에 관심을 기울이지 않고 무시하였다. — 정적강화에 대한 소거

① 반응대가
② 소거
③ 과잉(과다)교정
④ 토큰경제
⑤ 타임아웃(고립)

기본이론 263-269p, 288-291p

종합

③

2011학년도 초등 1

22 다음은 특수학급 3학년 정서 · 행동장애 학생 민지의 어머니가 민지의 문제행동에 대한 분석을 하기 위해 관찰한 내용이다. 특수학급 박 교사가 가정에서 적용하도록 민지 어머니에게 제안할 수 있는 중재로 바르게 짝지어진 것은?

〈ABC 행동 관찰기록지〉

- 학생: 김민지
- 민지가 선호하는 것: 스티커, 귤, 장난감 로봇, 텔레비전 시청하기, 그림 그리기

날짜	A(선행사건)	B(행동)	C(후속결과)
9. 15.	어머니가 "숙제하자."라고 말함	자기 방으로 뛰어 들어가버림	어머니가 민지에게 손을 들고 서 있게 함
9. 16.	어머니가 숙제를 가지고 민지에게 다가감	할머니 방으로 뛰어가 할머니와 얘기함	어머니가 민지에게 손을 들고 서 있게 함

정적강화에 대한 소거

	선행사건 중재	후속자극 중재	
		전략	적용
①	민지가 숙제를 하지 않을 때 무시한다.	행동형성	숙제의 난이도를 민지에 맞게 순차적으로 조정한다.
②	민지와 숙제 일정을 미리 약속한다.	행동계약	숙제를 하지 않으면 5분 동안 벽을 보고 서 있게 하겠다고 말해준다.
③	가정에서 숙제할 장소를 민지가 선택하도록 한다.	토큰경제	숙제를 하면 스티커를 1개 주고, 스티커를 3개 모으면 장난감 로봇을 준다.
④	민지가 밤에 잠을 충분히 자도록 한다.	행동연쇄	매일 5분씩 시간을 늘리면서 그 시간 동안 숙제를 하면 스티커를 준다.
⑤	어머니와 함께 오늘 숙제가 적힌 알림장을 확인한다.	타임아웃	민지가 숙제를 하지 않으면 텔레비전을 볼 수 없도록 한다.

① 민지의 문제행동 기능(과제 회피)에 대한 무시하기는 후속자극 중재인 소거 전략에 해당함. 그러나 소거 전략이 학생의 문제행동 기능에 맞게 적절히 사용되지 못함. 부적강화에 대한 소거가 필요함

② 행동계약은 쌍방이 공정하게 협의한 계약이어야 함

③ 토큰과 교환강화물이 적절하게 설정됨

④ 점진적으로 표적행동에 가까운 행동을 차별강화하는 것은 행동형성에 해당함

⑤ 문제행동에 수반해 학생이 가질 수 있었던 정적 강화를 박탈하므로 부적 벌에 해당함

기본이론 248p, 261-262p

종합

④

2011학년도 유아 21

23 최 교사는 2007년 개정 유치원 교육과정 사회생활 영역의 내용인 '우리 동네에 있는 여러 기관의 역할을 알아본다.'를 지도하기 위해 도서관 현장학습을 실시하였다. 최 교사는 발달지체 유아 민규의 현장학습을 위해 다양한 교수전략을 활용하여 지도하였다. 지도 내용에 해당하는 교수전략과 전략의 특징을 바르게 연결한 것을 모두 고른 것은?

	지도 내용	교수전략	전략의 특징
㉠	최 교사와 민규는 현장학습 중에 정해진 규칙을 5번 이상 어기면 오후에 바깥 놀이를 할 수 없음을 약속하였다.	부적강화	강화 인자의 철회 가능성을 고려한다.
㉡	최 교사는 열람실에서 서 있기만 하는 민규에게 다가가 서가에서 책을 꺼내 보는 재호를 관찰하고 따라하도록 하였다.	또래모방 훈련	교사의 언어적, 신체적 촉진이나 칭찬이 제공된다.
㉢	최 교사는 현장학습에서 민규의 모둠 이탈 행동이 5번 이하로 일어나 미리 약속한 대로 민규 모둠 전체를 놀이실에서 20분간 놀게 해주었다.	집단강화	집단 중심의 의존적, 혹은 상호의존적 유관체계를 사용한다.
㉣	최 교사는 사서에게 보낼 감사 카드 만들기 활동을 위해 지도 절차를 구조화하여 승희를 먼저 지도한 후 승희가 민규를 지도해 카드를 완성하게 하였다.	또래 시작하기	활동 중에 즉각적인 피드백과 교정이 이루어진다.
㉤	최 교사의 제안으로 현장학습 후 민규의 어머니는 민규를 다른 도서관으로 데리고 가서 현장학습에서 배운 대로 책을 대출해보게 하였다.	일반화	장소, 사람, 자료 등에 대해 일반화시킨다.

㉠ 부적 벌에 해당함

㉣ 또래교수자와 또래학습자를 통해 교수하는 방법은 또래교수에 해당함

① ㉠, ㉢　　② ㉡, ㉤
③ ㉠, ㉢, ㉣　　④ ㉡, ㉢, ㉤
⑤ ㉡, ㉣, ㉤

참고자료

기본이론 292-293p

키워드

과잉교정

구조화 틀

정적 벌 - 과잉교정

핵심개념

과잉교정

- 부적절한 행동에 대한 후속결과로 문제행동과 관련이 있는 적절한 행동을 반복적으로 하게 하는 절차
- 부적절한 행동과 관련된 적절한 행동을 연습하게 하는 것으로 행동을 가르쳐주는 학습의 효과가 있지만, 벌이 되는 이유는 적절한 행동을 한 번이 아니라 여러 번 반복하게 함으로써 노력이 들어가고 불편한 혐오자극이 되기 때문임
- 문제행동의 결과에 대해 학생 자신이 책임지고 처리하도록 함으로써 벌의 억제 효과와 긍정적 연습의 교육적 효과를 함께 거두는 전략
- 일반적으로 절차를 실행하는 데 시간이 오래 걸리고, 절차를 적용할 때 학생이 순응하지 않거나 공격적이 될 수 있다는 단점이 있어 자주 사용되는 기법은 아님

과잉교정 유형

- **복원 과잉교정**: 단순교정은 문제행동으로 발생한 손상을 본래의 상태로 고쳐놓는 것. 이와 대조적으로 복원 과잉교정은 문제행동으로 인해 발생한 손상을 원 상태로 복원해놓는 것은 물론, 문제행동이 발생하기 이전보다 더 좋은 상태로 만들도록 요구함
- **긍정적 연습 과잉교정**: 학생이 부적절한 행동을 하였을 경우, 부적절한 행동을 대체할 수 있는 적절한 행동을 반복적으로 연습하게 하는 것

모범답안

긍정적 연습 과잉교정

2014학년도 유아 A4

24 **보라는 특수학교 유치부에 다니는 4세의 자폐성 장애 여아이다. (가)는 보라의 행동특성이고, (나)는 보라를 지원하기 위한 활동계획안이다. 물음에 답하시오. [6점]**

(가) 보라의 행동특성

- 교실이나 화장실에 있는 ㉠ <u>전등 스위치만 보면 계속 반복적으로 누른다.</u>
- ㉡ <u>타인의 말을 반복한다.</u>
- 용변 후 물을 내려야 한다는 것을 모른다.
- 용변 후 손을 제대로 씻지 않고 나온다.
- 배변 실수를 자주 한다.

3) 보라가 배변 실수를 하였을 때 교사는 다음과 같은 후속절차를 실시하였다. 이에 해당하는 행동수정 전략을 쓰시오. [1점]

> 보라를 화장실에 데리고 가 옷을 내리고 5초 정도 변기에 앉아 있게 한 뒤 일어나 옷을 입게 한다. 이러한 절차를 연속적으로 여러 차례 반복하여 실시한다.

10 CHAPTER

새로운 행동의 습득

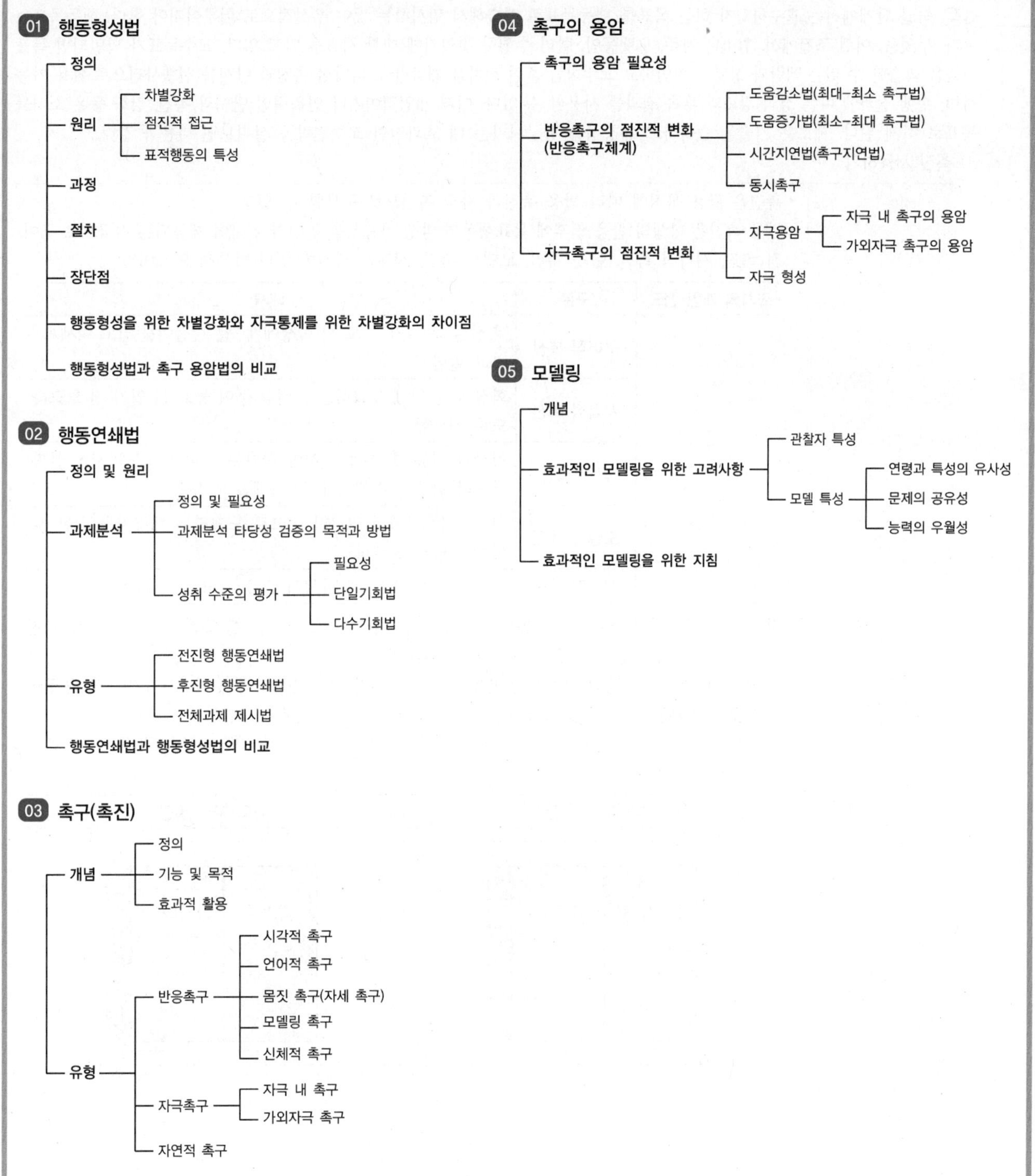

01 행동형성법
정의
원리
차별강화
점진적 접근
표적행동의 특성
과정
절차
장단점
행동형성을 위한 차별강화와 자극통제를 위한 차별강화의 차이점
행동형성법과 촉구 용암법의 비교
02 행동연쇄법
정의 및 원리
과제분석
정의 및 필요성
과제분석 타당성 검증의 목적과 방법
성취 수준의 평가
필요성
단일기회법
다수기회법
유형
전진형 행동연쇄법
후진형 행동연쇄법
전체과제 제시법
행동연쇄법과 행동형성법의 비교
03 촉구(촉진)
개념
정의
기능 및 목적
효과적 활용
유형
반응촉구
시각적 촉구
언어적 촉구
몸짓 촉구(자세 촉구)
모델링 촉구
신체적 촉구
자극촉구
자극 내 촉구
가외자극 촉구
자연적 촉구
04 촉구의 용암
촉구의 용암 필요성
반응촉구의 점진적 변화 (반응촉구체계)
도움감소법(최대-최소 촉구법)
도움증가법(최소-최대 촉구법)
시간지연법(촉구지연법)
동시촉구
자극촉구의 점진적 변화
자극용암
자극 내 촉구의 용암
가외자극 촉구의 용암
자극 형성
05 모델링
개념
효과적인 모델링을 위한 고려사항
관찰자 특성
모델 특성
연령과 특성의 유사성
문제의 공유성
능력의 우월성
효과적인 모델링을 위한 지침

확장하기

중도 · 중복장애학생의 학습 단계별 교수전략(강혜경 외, 『중도 · 중복장애학생 교육의 이해 2편』, 2023.)

1. 습득, 숙달 단계의 교수전략

습득, 숙달 단계에서는 교수하고자 하는 목표를 행동목표로 서술해서 명시하는 것이 우선적으로 이루어져야 한다. 행동목표는 누가, 무엇을, 어떤 조건에서, 얼마나 자주, 오랫동안, 빨리 수행할 것인지에 대한 서술을 담고 있다. 교수목표가 확인되면 목표 기술을 학습할 수 있는 맥락과 상황을 확인하고 교수학습 훈련 절차를 개발한다. 다양한 촉진과 단서를 선행사건으로 활용 가능하며, 수행 결과에 따른 정적 강화와 후속 결과를 사용할 수 있다. 이때 개입적이거나 인위적인 단서와 촉진, 강화 등은 소거를 목표로 하게 된다. 새로운 기술을 습득하고 유창성을 향상시키는 데 효과적인 교수전략을 살펴보면 다음과 같다.

(1) 촉진 사용하기

개념

- 촉진은 활용 목적에 따라 반응 촉진과 자극 촉진으로 구분할 수 있다.
- 반응 촉진은 학생의 반응 전후에 목표행동의 발생 가능성을 높이기 위하여 제공되는 자극으로 구어적 촉진, 시각적 촉진, 몸짓 촉진, 모델링 촉진, 신체적 촉진이 있다(박은혜 외, 2018).

교사의 개입 정도	구분	예시
↓	구어적 촉진	'화장실 문 열기' 지도 시 학생에게 "문 손잡이를 잡고 여세요." 라고 말함
	시각적 촉진	화장실 문 앞에 노크하는 그림을 붙여 놓고 문 열기 전 노크하도록 지도함
	몸짓 촉진	화장실 이용 후 손을 씻어야 한다는 의미로 수도꼭지를 살짝 건드려 학생이 수행해야 할 과제를 알려줌
	모델링 촉진	화장실 문 앞에서 교사가 손으로 노크하는 제스처를 취한 후 이를 모방하도록 함
	신체적 촉진	학생이 손을 씻을 때 학생의 손을 잡고 씻도록 함

- 자극 촉진은 학생이 정확하게 행동하고 과제를 수행할 수 있도록 자극을 변화시키는 자극 내 촉진, 자극을 추가하거나 단서를 주는 가외 자극 촉진이 있다.
  - 자극 내 촉진은 학생의 바람직한 반응을 이끌어 내기 위해 변별자극을 변화시키거나(예 큰 글씨, 색깔 단서 제공) 위치를 다르게 하여 학생 가까이 놓아두는 것을 포함한다.
  - 가외 자극 촉진은 변별자극 외에 다른 자극을 추가하여 추가 자극(예 사진, 그림 등 시각자료)을 제공하는 것이다.

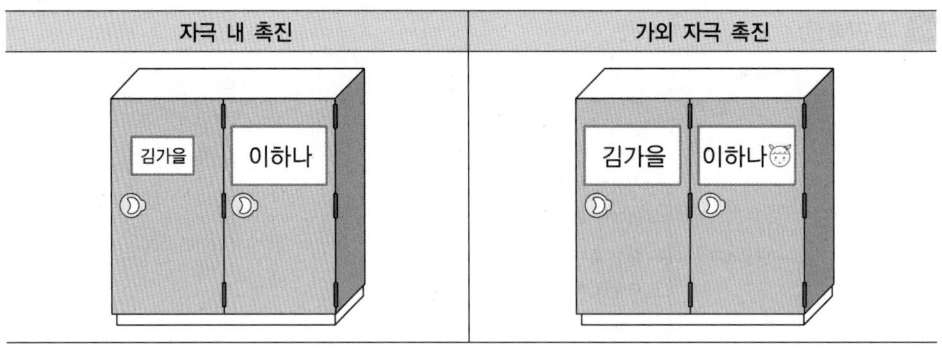

① 점진적 안내

- 점진적 안내는 정반응을 위한 신체적 촉진이 필요한 학생에게 적절한 반응을 하도록 하기 위해서 꼭 필요하다고 판단되는 신체적 촉진을 주고 시간이 지나면서 강도가 약한 촉진을 제공하는 방법이다.
- 예를 들어, 글씨를 쓸 때 처음에는 손을 잡고 도와주다가 나중에는 팔꿈치만 지지하여 도와주는 것과 같은 식으로 약화시켜간다. 필요한 촉진의 수준을 정하기 위해서는 촉진을 주었을 때의 정반응과 촉진을 주지 않았을 때의 정반응 데이터를 모으는 것이 필요하다.

목표행동		점퍼를 입고 벗기 위해 지퍼를 올리고 내리기
단계		지도 내용
1	목표행동 수립	지퍼를 올리고 내리기
2	신체적 촉진	학생의 손 위에 손을 얹어 신체적 도움을 제공함
3	신체적 촉진의 강도를 점차 줄임	부분적인 신체적 도움에서 점차 학생의 손을 살짝 접촉하는 것으로 촉진을 줄임
4	그림자 기법	교사가 학생의 손을 접촉하지 않은 채 가까이 하는 것만으로 학생 스스로 수행하도록 함

② 최대 촉진 체계

- 최대-최소 촉진 체계라고도 하며, 새로운 과제를 배울 때 유용한 방법으로 촉진의 단계 중에서 가장 강한 촉진에서 점점 낮은 단계의 촉진을 주는 방법이다.
- 학생이 독립적으로 수행을 해서 다음 단계의 촉진으로 촉진 수준을 낮추었는데, 수행이 확연히 떨어지면 전 단계의 높은 수준의 촉진으로 다시 돌아가야 한다.
- 최대 촉진 체계는 중도·중복장애학생의 기초 기술(예 신변처리, 이동성, 지시 따르기 등)의 습득 단계에서 사용하기 좋은 방법이다. 이 방법은 언어적 지시 따르기, 모방하기가 어렵고 촉진을 기다리지 못하거나 학생의 수행 오류가 많을 때 사용할 수 있는 촉진 방법이다.

목표행동		점퍼를 입기 위해 단추 잠그기, 지퍼 올리기
단계		지도 내용
1	신체적 촉진	학생의 손을 잡고 지퍼를 올려줌
2	모델링	• 교사가 직접 손을 잡고 수행하다가 익숙해지면, 교사가 지퍼를 올리는 행동을 보여줌 • 학생에게 관찰하도록 한 후 지퍼 올리기를 따라서 수행해 보도록 함
3	언어촉진	교사는 학생과 눈이 마주치면 "점퍼의 지퍼를 올려라."라고 과제를 지시함
4	독립적 수행	학생이 독립적으로 수행할 수 있도록 지원을 제공함

<table>
<tr>
<td>③ 최소 촉진 체계</td>
<td>
• 최소-최대 촉진 체계라고도 하며, 촉진의 단계 중 가장 낮은 단계의 촉진부터 주는 방법으로 학생의 독립적 수행을 유도하는 데 유용하다.
• 그러나 독립적 수행이 어려운 기술 수행 시 한 번의 교수 회기 동안 각 단계의 촉진을 다 사용하게 되는 교수 절차로 인해 중재 회기가 길어지는 단점이 있다.
<table>
<tr><th colspan="2">목표행동</th><td>점퍼를 입기 위해 단추 잠그기, 지퍼 올리기</td></tr>
<tr><th colspan="2">단계</th><th>지도 내용</th></tr>
<tr><td>1</td><td>학생의 독립적 수행</td><td>• 먼저 이름을 불러서 주의집중을 시킴
• 학생과 눈이 마주치면 "점퍼의 지퍼를 올려라."라고 지시한 후 독립적으로 수행하도록 3~5초간 기다림
• 학생의 정반응에는 강화, 오반응에는 다음 단계로 진행함</td></tr>
<tr><td>2</td><td>가장 낮은 단계의 촉진 제공</td><td>• 학생이 스스로 수행하지 못하면 가장 낮은 단계의 촉진부터 단계별로 촉진함
• 말로 직접 지시하여 수행하도록 하고(언어적 촉진), 3~5초간 기다림
• 학생의 정반응에는 강화, 오반응에는 다음 단계로 진행함</td></tr>
<tr><td>3</td><td>그다음으로 낮은 단계의 촉진 제공</td><td>• 그다음에도 반응이 없으면 더 낮은 단계의 촉진을 제공함
• 신체적 유도를 하여 수행하도록 하고(모델링), 3~5초간 기다림
• 학생의 정반응에는 강화, 오반응에는 다음 단계로 진행함</td></tr>
<tr><td>4</td><td>더 낮은 단계의 촉진 제공</td><td>• 그다음에도 반응이 없으면 더 낮은 단계의 촉진을 제공함
• 신체적 촉진을 제공하여 과제를 수행함</td></tr>
</table>
</td>
</tr>
<tr>
<td>시간지연</td>
<td>
• 교사가 자극과 촉진 사이에 일정 시간 동안 학생의 반응을 기다리면서 반응을 유도하는 방법이다.
• 학생이 독립적으로 수행하기 어렵다고 판단하면 자극을 줌과 동시에(시간 간격 0~2초) 촉진을 곧바로 주는데, 학생이 1~2회기 만에 바른 반응을 보이면 점진적 시간지연이나 고정 시간지연 중에 하나를 제공한다.
• 시간지연은 시간을 조정하는 것에 따라 점진적(progress) 시간지연과 고정(constant) 시간지연의 두 가지 방법으로 적용할 수 있다. 점진적 시간지연은 촉진을 제공한 후 기다리는 시간을 조금씩 늘리는 방법(2초 → 5초 → 8초 등)이고, 고정 시간지연은 숙달을 위해 모든 중재에서 고정된 지연 간격을 유지하는 방법이다.
<table>
<tr><th colspan="2">목표행동</th><td>동전 구분하기</td></tr>
<tr><th colspan="2">단계</th><th>지도 내용</th></tr>
<tr><td>1</td><td>학생의 독립적 수행과 즉각적인 촉진</td><td>• 먼저 이름을 불러서 주의집중을 시킴
• 학생과 눈이 마주치면 "500원짜리 보여줘 봐."라고 지시한 후 독립적으로 수행하도록 함
• 교사가 즉시 500원짜리를 가리켜서 학생이 교사의 모델링을 보고 따라하도록 함</td></tr>
<tr><td>2</td><td>학생의 독립적 수행과 3초 동안 기다리기</td><td>• 학생과 눈이 마주치면 "500원짜리 보여줘 봐."라고 지시한 후 독립적으로 수행하도록 함
• 학생이 500원짜리를 가리킬 때까지 3초 동안 기다림
• 학생의 정반응에는 강화 제공
• 학생의 오반응에는 교사는 손가락으로 동전을 가리키면서 "아니, 이건 500원짜리가 아니야."라고 말해줌</td></tr>
</table>
</td>
</tr>
</table>

⑵ 선행사건 사용하기

선행사건을 사용하는 방법은 학습 상황에서 교사의 교수적 단서나 과제 제시, 물리적 자극, 인적 환경, 교수자료, 선택의 기회, 자극 내 촉진, 가외자극 촉진 등의 교수적 선행사건을 활용한 교수방법이다. 선행사건을 사용한 교수방법은 다음과 같다.

변별자극을 활용하여 교수하기	• 변별자극은 특정 반응을 위한 과제나 상황의 적절한 측면으로서 그 자극에 대해 특정 반응을 하면 강화를 받게 되는 자극을 말한다. • 과제, 환경, 교사의 요구, 자료, 하루 중의 시간대, 학생의 신체적 상태, 기타 상황적 자극을 포함하며 처음에는 교사의 촉진이 학생의 반응을 통제하는 자극이 되다가 이것이 학습되면 변별자극이 되어 타인으로부터의 촉진은 불필요하게 된다.
학생의 선택기회를 활용하여 교수하기	• 과제 수행 전후나 수행 중 여러 번의 선택기회를 학생에게 제공하는 방법으로, 학생들에게 선택기회를 주는 것은 적절한 행동의 증가와 부적절한 행동의 감소 모두에 상관관계를 가지고 있다. • 선택하기를 위한 중요한 기술은 학생의 '의도성'으로, 한 가지를 다른 것보다 더 선호한다고 판단할 수 있게 하는 의사소통적 행동이다.

⑶ 후속 결과 사용하기

후속 결과를 사용하는 교수방법은 학생이 각 단계와 과제를 완성했을 때 어떻게 강화할 것인가와 학습의 진보를 언제, 어떻게 평가할 것인가에 대한 계획으로, 정적 강화의 제공 또는 계획된 무시나 소거계획을 포함한다.

구분	후속 결과를 사용한 지도 내용
자극에 정반응을 보였을 때	• 강화를 제공한다: 미소, 어깨를 가볍게 두드려 주는 것, "잘했어."라는 칭찬, "~한 것이 잘했구나."라는 구체적인 언급으로 자연스러운 강화가 되는 학생도 있는 반면 자유시간 제공 등과 같은 강화가 필요한 학생도 있다. • 새로운 행동을 습득하도록 가르칠 때에는 매 교수 회기마다 강화를 주어야 한다(완전 강화). • 습득이 한 번 일어나고 나면 자연스러운 환경에서 기술을 유지하기 위해 강화를 줄여야 한다(부분 강화).
자극에 오반응을 보였을 때	• 학생에게 올바른 반응을 모델링해 준다. • 다시 연습시키기 전에 학생에게 오류를 바로잡게 한다. • 오류를 무시하고 다시 한번 연습시킨다. • 이와 같은 방법은 벌을 주거나 학생이 좋아하는 것을 제거하는 제거성 벌보다 훨씬 바람직한 방법이다.
정적 강화	• 선호하는 결과인 강화제가 행동의 결과로 주어져 이로 인해 행동이 증가되는 것을 말한다. • 중도·중복장애학생에게 정적 강화를 적용하기에 앞서 '선호도 평가'를 통해 강화제가 되는 물건이나 활동, 조건 등에 대한 확인이 선행되어야 한다. • 강화제의 확인과 함께 강화 스케줄도 사전에 계획되어야 한다. • 강화제를 가끔씩 재검사하여 학생에게 계속 강화의 역할을 할 수 있도록 해야 하며, 학생의 생활연령, 목표 활동, 학습 상황에 적합해야 한다. 강화제를 지나치게 많이 사용하면 포화가 나타나 효과가 감소될 수 있으므로 학생과 함께 새로운 강화제를 탐색하고, 강화제로 선정된 사물이나 활동의 질을 유지하며, 간헐적으로 강화를 사용해서 자연적인 스케줄과 비슷하게 하고, 학생이 원하는 것을 고르도록 하는 방법을 사용할 수 있다.
행동형성법	• 목표반응이 너무나 복잡하고 어려울 때 목표반응에 가까운 반응만 보여도 강화를 해 주는 것으로, 그렇게 하다 보면 점점 더 목표행동에 가까운 행동을 보이게 된다. • 예를 들어, 아기들이 말을 배울 때 정확한 말이 아니라도 "바바", "마마", "다다" 같은 소리에도 강화해 주다 보면 아기의 말이 점점 더 명확해지게 되고, 이후 점차로 단어에 가까워지면 전에 주던 수준의 발화에는 더 이상 강화를 주지 않는다.
행동연쇄	과제의 각 단계를 수행하는 것을 배우고 그 단계를 수행해야 다음 단계로 넘어가게 하는 것이다.
오류 다루기	학생 스스로 오류를 교정하도록 돕는 방법이다.

구분	내용	예시
행동형성	• 행동을 처음 지도할 때 사용하는 방법으로 목표반응을 향해 비슷해져가는 것에 대해 강화함 • 목표행동을 한 번에 가르치기 어려울 때 처음에는 보상받는 기준을 낮게 잡아서 보상을 주고, 점진적으로 보상 기준을 높이면서 보상을 주는 기법임 • 미리 정해 놓은 기준에 의해 보상을 주는 것이 아니라 학생의 수행 수준에 맞추어 그때마다 보상을 주기 때문에 특정 자극에 민감하거나 거부 반응을 보이는 경우에도 사용할 수 있음	• 자폐성장애학생의 의자 앉기 훈련 • 휠체어에서 변기로 이동하기 • 신변처리 방법 • 양말 신기 • 옷 입기 등
행동연쇄	• 학생에게 일련의 기능적으로 관련된 반응들을 수행하도록 과제분석된 단계들을 한 단계씩 지도함 • **전진연쇄(forward chaining)**: 과제분석한 첫 단계부터 순서대로 지도하는 방법. 한 단계를 구성하는 행동은 다음 단계를 수행하기 위한 단서가 되며, 강화받기 위해서는 반드시 그 단계 또는 이전 단계와 현 단계를 완성해야 함 • **후진연쇄(backward chaining)**: 마지막 단계부터 거꾸로 한 단계씩 지도하는 방법. 티셔츠를 입기 위해 머리를 끼우는 것만 한 달 이상 소요되는 경우, 후진연쇄방법은 과제를 완수하는 성취감을 경험할 수 있기 때문에 추천됨	• 화장실 가기 • 옷 입기 • 목욕하기 등 • 전화번호 누르기 • 음식 만들기 • 정리하기 등
오류 다루기	• 오류는 부정확한 반응과 무반응, 방해행동을 포함하며 교사는 오류를 무시하거나 구체적인 피드백 제공, 여러 가지 방법의 교정을 사용할 수 있음 • 학생의 학습 단계를 고려하여 촉진 체계를 선택하고 학생이 최대한 스스로 오류를 교정하도록 하되 필요에 따른 지원을 제공해야 함	• 학습과제 • 물건 정리하기 • 설거지하기 등

(4) 연습 방법

목표 기술 교수를 위해 집중시도, 간격시도, 분산시도를 사용할 수 있다.

구분	내용
집중시도	단일과제를 집중적으로 여러 차례에 걸쳐서 가르치는 것이다.
간격시도	교사가 단일과제를 가르친 후 학생을 쉬게 하고, 학생이 쉬는 동안 다른 학생에게 시켜 보거나 다른 과제를 하게 해서, 해당 학생이 다시 똑같은 것을 배우기 전에 조금 전에 배운 것을 생각해 보거나 친구가 하는 것을 볼 수 있는 기회를 주는 것이다.
분산시도	하루 일과 중 자연스러운 상황 속에 삽입해서 목표행동을 가르치는 것으로, 연습과 연습 사이에 다른 활동을 할 수도 있고, 다른 행동에 대해 배울 수도 있다.

(5) 과제분석

- 과제분석이란 주어진 과제를 하기 위해서 우선적으로 갖추어야 할 선행 기술이 무엇인지 먼저 분석하고, 해당 과제를 구성하고 있는 각각의 하위 단계를 분석하여 순차적으로 교수하는 방법이다.
- 과제분석을 효과적으로 적용하기 위해 과제분석 단계는 관찰 가능한 행동으로 서술되고, 뚜렷한 변화를 나타내며, 논리적인 순서로 연계되고, 2인칭 단수로 기록되어야 한다.

2. 일반화, 유지 단계의 교수전략

일반화	• 습득한 기술을 다른 상황과 대상에게 적용하여 실행할 수 있는 일반화 기술을 촉진하기 위해서 교사는 학생에게 기술을 가르친 후 일반화시킬 수 있을 것이라는 자연적 기대를 가질 수 있다. • 충분한 예시를 제공할 수 있다. 일반화의 부족은 제한된 환경과 조건으로 인한 것이므로 지도할 때 충분한 예시를 사용할 수 있다. 예를 들어, 스웨터를 입는 훈련을 할 때 긴팔, 크루넥, 브이넥, 가디건, 스웨터 등 다양한 종류를 사용하는 것이 필요하다. • 간헐적 강화 계획을 사용할 수 있다. 언제 강화가 제공될지 모르는 간헐적 강화 스케줄은 행동 발생률을 높일 수 있다. 어떤 상황이나 조건에서 강화가 일어날지 모를 때 일반화가 촉진될 수 있다. • 기능적 목표행동을 가르친다. 목표행동이 기능적이고 대상과의 관련성이 높을 때 일반화되기 쉽다. • 자연스러운 환경에서 가르친다. 목표 기술을 사용할 자연스러운 상황에서 교수할 때 일반화 가능성이 높아진다. 최근에는 학교보다 지역사회기반 교수에 초점을 두고 있다.
유지	• 시간이 지나도 재교수하지 않고 익힌 기술을 계속 수행하는 것으로 '시간의 흐름에 따른 일반화'라고 불리기도 한다. • 목표 기술을 과잉학습하도록 하는 방법이다. 일정 수준 이상의 수행도를 보이는 기술은 훗날 학습이 유지될 확률이 높다. 처음 학습하는 기술의 최소 50% 이상의 기회는 과잉학습시키는 것이 바람직하다. • 분산연습을 통해 유지를 촉진할 수 있다. 필요한 기술을 10회 반복하는 집중 훈련보다 하루 일과 중에 나누어 지도하는 것이 오래 유지되는 데 효과적이다. • 유지 스케줄을 사용할 수 있다. 중도·중복장애학생에게 중요하지만 자주 사용되지 않는 기술은 지도 후 잊어버리지 않도록 유지 스케줄을 사용하여 기술을 일정 시간마다 상기시켜 주고 다시 지도하는 것이 필요하다.

기본이론 296p

행동형성법의 정의 및 원리

행동형성법
- 정의 및 원리
- 절차
- 장단점
- 행동형성법 vs 자극통제
- 행동형성법 vs 촉구용암법

행동형성법

현재는 나타나지 않는 표적행동을 발생시키기 위해서 표적행동에 점진적으로 가까운 행동을 체계적으로 차별강화해 새로운 행동을 형성시키는 것

행동형성법의 원리

- **차별강화**: 물리적으로 서로 다른 두 가지 이상의 행동 가운데 한 행동은 강화하고 다른 행동은 모두 소거시키는 것
- **점진적 접근**: 도달점 행동에 조금이라도 더 근접한 행동을 선택해 강화하고 다른 모든 행동은 소거시키는 것
- **표적행동**: 반응의 형태 · 빈도 · 지속시간 · 지연시간 · 크기 등 측정 가능한 모든 특성은 행동형성의 대상이 될 수 있음

㉡ 행동형성

2014학년도 유아 B5

01 **다음은 발달지체 유아 도형이의 또래 상호작용을 증진시키기 위해 담임교사가 순회교사에게 자문을 구하면서 나눈 대화 내용이다. 물음에 답하시오. [5점]**

순회교사 :	㉡ <u>도형이가 친구들에게 관심을 보일 때 강화하시고, 그 다음엔 조금씩 더 진전된 행동을 보이면 강화해주세요. 마지막 단계에서는 도형이가 또래와 상호작용할 때 강화해 주세요.</u> 그리고 강화제도 다양하게 사용하면 더 효과적일 수 있답니다.
담임교사 :	도형이가 ㉢ <u>금붕어에게 먹이주기</u>를 좋아하는데 강화제로 쓸 수 있을까요?
순회교사 :	네, 가능해요.

행동형성에서는 표적행동에 좀 더 근접한 행동에 대해 차별강화함으로써 새로운 행동을 점진적으로 형성시킴

1) ㉡에서 담임교사가 적용한 행동지원전략을 쓰시오. [1점]

참고자료

기본이론 297-298p

키워드

행동형성법의 절차

구조화 틀

행동형성법
- 정의 및 원리
- 절차
- 장단점
- 행동형성법 vs 자극통제
- 행동형성법 vs 촉구용암법

핵심개념

행동형성법의 절차

1	표적행동 정의	표적행동에 대한 정확한 정의가 있어야 정확한 강화를 제공할 수 있음
2	시작행동 정의	시작행동은 이미 할 수 있는 행동이면서 표적행동과 관련이 있는 행동이어야 함
3	중간행동 결정	시작행동보다는 표적행동에 근접해야 하고, 그다음 중간행동은 그것보다 더 표적행동에 근접해야 함
4	강화제 결정	효과적인 강화제를 파악하고 이를 선택함
5	점진적 차별강화	각 단계에 머무르는 기간을 결정하는데, 진행 속도는 아동이 보이는 진전에 달려 있음. 그러나 어떤 한 단계에서 너무 오래 강화하면 그 행동에 고착될 수 있으므로 주의해야 함
6	표적행동 형성	표적행동이 형성된 후 이를 유지하기 위한 강화가 주어져야 하고, 강화계획은 체계적으로 약화시켜야 함

모범답안

행동형성

2020학년도 중등 B3

02 **(가)는 자폐성 장애 학생 C를 위한 행동지원 계획안의 일부이고, (나)는 목표행동을 관찰기록한 결과이다. 〈작성방법〉에 따라 서술하시오. [4점]**

(가) 행동지원 계획안

목표행동	ⓐ 수업시간에 15분 동안 계속해서 의자에 앉아 있기
중재방법	(㉠)

중재 단계 및 내용	고려사항
• 목표행동의 조작적 정의 • 목표행동의 시작 행동 정의 • 목표행동에 근접한 단기목표(중간행동) 결정 – 1분 30초 동안 계속해서 의자에 앉아 있기 – 2분 동안 계속해서 의자에 앉아 있기 – 2분 30초 동안 계속해서 의자에 앉아 있기 …(중략)… – 14분 동안 계속해서 의자에 앉아 있기 – 15분 동안 계속해서 의자에 앉아 있기 • 강화제 선택 – 효과적인 강화제 파악 및 선택	• 시작 행동: 관찰기록 결과에 근거하여 설정함 • 단기목표 변경 기준: 3번 연속 단기목표 달성 • 강화계획: 초기에는 ㉡ 의자에 1분 30초 동안 지속해서 앉아 있을 때마다 강화를 제공하고, 이후에는 강화계획에 변화를 줌 • 강화제: 단기목표에 도달하면 학생 C가 선호하는 활동을 할 수 있게 함 • 토큰강화 등과의 연계 방안을 검토함

초기에는 고정 지속시간 강화계획을 제공하다가 이후 행동의 유지를 위해 강화계획의 변화를 계획함

효과적인 강화제로 활동강화제를 선택함

좀 더 오랫동안 앉아있는 시간에 차별강화를 제공해 의자에 앉아 있는 행동을 점진적으로 증가시킴

작성방법

(가)의 괄호 안의 ㉠에 해당하는 행동 중재방법을 쓸 것

참고자료

기본이론 296-299p

키워드

행동형성

구조화 틀

행동형성법

- 정의 및 원리
- 절차
- 장단점
- 행동형성법 vs 자극통제
- 행동형성법 vs 촉구용암법

핵심개념

중간행동

표적행동에 가까운 행동이란 표적행동을 하기 위해 필요한 행동이거나, 표적행동과 같은 행동이지만 정도·양·기간이 표적행동과 다른 행동

행동형성법 vs 행동연쇄법

	행동형성법	행동연쇄법
표적행동	표적행동 1개(최종단계)	각각의 하위 단계가 모두 표적행동
난이도	최종단계가 가장 어려움	최종단계는 연쇄단계의 가장 마지막 순서일 뿐, 가장 어려운 단계는 아님
이전 행동	최종단계에 도달하면 이전 단계는 소거	최종단계에 도달해도 이전 단계는 행동의 고리로 연결되어 있으므로 소거되면 안 됨
예시	"엄마"라고 말하기	양말 신기 행동

모범답안

① 행동형성
② 사회적 강화제

2019학년도 유아 B2

03 다음은 5세 주의력결핍과잉행동장애 유아 상희에 대해 통합학급 김 교사와 특수학급 박 교사가 나눈 대화의 일부이다. 물음에 답하시오. [5점]

> 김 교사: 선생님, 다음 달에 공개 수업을 하려고 하는데 좀 걱정이 됩니다. 상희가 교실에서 자기 자리에 앉지 않고 계속 돌아다니고, 또 ㉠<u>선택적 주의력</u>도 많이 부족합니다.
>
> 박 교사: 그래서 제 생각에는 먼저 상희에게 수업시간에 지켜야 할 약속이나 규칙을 이해할 수 있도록 지도하는 것이 필요합니다.
>
> 김 교사: 그게 좋겠습니다. 그런데 상희를 자기 자리에 앉게 만드는 좋은 방법은 없을까요?
>
> 박 교사: 네. 그때는 이런 방법이 있는데요. 일단 ㉡<u>'자기 자리에 앉기'라는 목표행동을 정하고, '책상 근처로 가기, 책상에 가기, 의자를 꺼내기, 의자에 앉기, 의자에 앉아서 의자를 당기기'로 행동을 세분화합니다. 이때 단계별로 목표행동을 성취했을 때마다 강화를 주는데,</u> ㉢<u>칭찬, 격려, 인정</u>을 강화제로 사용하는 것도 좋겠습니다.

- 표적행동: 자기 자리에 앉기
- 시작행동: 책상 근처로 가기
- 중간행동: 책상에 가기, 의자 꺼내기, 의자에 앉기, 의자에 앉아서 의자를 당기기

→ 표적행동에 근접한 중간행동에 차별강화를 제공해 표적행동을 형성함

※ 해당 문제가 행동형성이 되는 이유는 중간행동(책상에 가기/의자 꺼내기/의자에 앉기/의자에 앉아서 의자를 당기기)은 소거되어야 할 행동으로, 궁극적으로 의자에 앉지 않고 책상에만 다가가거나, 의자만 꺼내는 등의 행동은 소거되고 자기 자리에 앉는 행동만 해야 하기 때문임

예 15분 동안 의자에 앉기가 표적행동이라면 그 이전에 1분 동안만 앉아 있는 행동, 2분 동안만 앉아 있는 행동 등은 소거되고, 15분 동안 의자 앉기를 유지한 행동만 남도록 하는 것과 동일한 원리임

- 단계별 목표행동을 성취할 때마다 강화를 제공

2) ① ㉡의 행동 중재전략을 쓰고, ② ㉢에 해당하는 강화제 유형을 쓰시오. [2점]

기본이론 296-299p

행동형성법

행동형성법

- 정의 및 원리
- 절차
- 장단점
- 행동형성법 vs 자극통제
- 행동형성법 vs 촉구용암법

행동형성법

현재는 나타나지 않는 표적행동을 발생시키기 위해서 표적행동에 점진적으로 가까운 행동을 체계적으로 차별강화해 새로운 행동을 형성시키는 것

행동형성법의 원리

- **차별강화**: 물리적으로 서로 다른 두 가지 이상의 행동 가운데 한 행동은 강화하고 다른 행동은 모두 소거시키는 것
- **점진적 접근**: 도달점 행동에 조금이라도 더 근접한 행동을 선택해 강화하고 다른 모든 행동은 소거시키는 것
- **표적행동**: 반응의 형태·빈도·지속시간·지연시간·크기 등 측정 가능한 모든 특성은 행동형성의 대상이 될 수 있음

행동형성

2023학년도 유아 A8

04 **(가)~(다)는 병설유치원 개별화교육지원팀 협의 내용의 일부이다. 물음에 답하시오. [5점]**

(다)

임 교사 :	동호에게 좋아하는 자동차를 보여주면, 동호는 '주세요.'라는 의미로 양손을 내미는 동작을 하였어요. 그리고 "이에"라는 음성을 내는 모습이 자주 관찰되었어요. 최근 교사가 들려주는 "주세요." 소리의 입 모양을 동호가 모방하면 강화하고, 양손을 내미는 행동만 할 때는 강화하지 않았더니 점차 "주세요."를 '주'라는 한 음절로 표현하기 시작했어요. 차별강화를 통해 동호가 점차 "주세요."를 2음절을 거쳐 한 단어로 표현하게 하려고 해요. [A]
권 교사 :	유치원에서 입 모양을 따라하도록 보여주면 동호가 모방하려고 애쓰는 모습이 보여서 대견해요.

3) [A]의 행동지원 방법이 무엇인지 쓰시오. [1점]

확장하기

행동형성

- '행동형성'은 표적행동에 도달할 때까지 표적행동의 연속적 접근을 체계적으로 차별강화하는 방법이다. 여기서 '표적행동'은 달성하고자 하는 행동이고, '연속적 접근'은 표적행동에 점점 가까워지는 연속적인 행동이며, '체계적인 차별강화'는 표적행동에 가까워진 행동을 강화하고 이전 행동은 소거하는 것이다.
- 행동형성은 미리 정해놓은 기준에 부합되는 반응에 대해서는 강화를 제공하고, 그 기준을 충족하지 않는 반응에 대해서는 강화를 주지 않는다. 행동형성이 효과적인 이유는 복잡한 행동이 갖는 연속적인 속성을 이용하기 때문이다.
- Horner는 이분척추로 걷지 못하는 지적장애 아동에게 행동형성을 적용하였다. 아동의 표적행동은 양쪽 평행봉을 잡고 혼자서 열 걸음 가는 것이다. 그는 표적행동을 지도하기 위해 6단계의 연속적 접근을 적용했다. 첫 단계에서는 의자에 앉아서 두 손으로 평행봉을 잡는다. 다음 단계에서는 평행봉에 선다. 그리고 점차 평행봉에 의지해 한 걸음 – 세 걸음 – 다섯 걸음 – 열 걸음을 걷는 6단계로 진행했다. 이때 아동이 각 단계를 성공적으로 수행하면 음료수로 강화했다. 그 결과, 아동은 걸을 수 있었다.
- 행동형성은 새로운 행동을 지도하는 데 긍정적인 접근법을 사용하고 체계적 · 점진적으로 실시되기 때문에 표적행동 지도에 유용하다. 그러나 새로운 행동을 가르치는 데 많은 단계의 연속적 접근이 필요하기 때문에 시간이 오래 걸리는 단점이 있다.
- 친구와 이야기 나누기라는 표적행동이 있다면 친구 근처에 가기를 시작행동으로 하고, 친구와 눈 맞추기/친구와 인사하기/친구의 질문에 대답하기/친구에게 말 걸기 등이 중간행동에 해당한다.
- 친구 근처에 가기 → 친구와 눈 맞추기 → 친구와 인사하기 → 친구의 질문에 대답하기 → 친구에게 말 걸기 → 친구와 이야기 나누기
- 좀 더 바람직한 행동에 대해 차별적으로 강화하는 것이다.

기본이론 296-299p

행동형성

행동형성법

- 정의 및 원리
- 절차
- 장단점
- 행동형성법 vs 자극통제
- 행동형성법 vs 촉구용암법

행동형성법 vs 촉구용암법

- **공통점**: 행동을 점진적으로 변화시킴
- **차이점**
  - 행동형성에서는 선행자극은 변하지 않고 학생의 반응이 점차 변하는 반면, 촉구의 용암에서는 학생의 반응은 변하지 않고 선행자극이 점진적으로 변함
  - 용암을 사용할 때는 선제자극이 조작되는 반면, 형성을 사용할 때는 후속결과가 조작됨
  - 용암은 이미 학습된 행동을 다른 자극의 통제하에 두기 위해 사용하는 반면, 형성은 새로운 행동을 가르치기 위해 사용됨

〈보기〉에 적용된 행동수정 기법은 용암법이다. 용암법은 촉구를 점진적으로 제거하는 절차이다.

행동형성법은 현재 나타나지 않는 표적행동을 발생시키기 위해 점진적으로 표적행동에 가까운 행동을 체계적으로 차별강화해 새로운 행동을 형성시키는 절차이다.

〈보기〉에 적용된 기법이 행동형성법이 아닌 이유는 첫째, 행동형성에서는 선행자극은 변하지 않고 학생의 반응은 점차 변하는 반면, 촉구의 용암에서는 학생의 반응은 변하지 않고 선행자극이 점진적으로 변하기 때문이다. 둘째, 용암을 사용할 때는 선제자극이 조작되는 반면, 행동형성을 사용할 때는 후속결과가 조작되기 때문이다. 셋째, 용암은 이미 학습된 행동을 다른 자극의 통제하에 두기 위해 사용되는 반면, 행동형성은 새로운 행동을 가르치기 위해 사용되기 때문이다.

2015학년도 중등 A3

05 **〈보기〉는 정신지체 학생의 일상생활 기술 중에서 상 차리기 기술을 지도한 사례이다. 〈보기〉에 적용된 행동수정 기법을 쓰고, 이 기법과 행동형성법(shaping)의 개념을 각각 설명하시오. 그리고 〈보기〉에 적용된 기법이 행동형성법이 아닌 이유를 〈보기〉의 내용에 근거하여 쓰시오. [5점]**

보기

〈상 차리기 기술 지도〉

- 1단계 : 식사 도구 사진이 실물 크기로 인쇄되어 있는 식사용 매트 위에 해당 식사 도구를 올려놓는다.
- 2단계 : 식사 도구 모양이 실물 크기로 그려진 식사용 매트 위에 해당 식사 도구를 올려놓는다.
- 3단계 : 식사 도구를 놓을 자리에 식사 도구 명칭이 쓰여 있는 식사용 매트 위에 해당 식사 도구를 올려놓는다.
- 4단계 : 식사 도구를 놓을 자리에 동그라미 모양이 그려진 식사용 매트 위에 해당 식사 도구를 올려놓는다.
- 5단계 : 특별한 표시가 없는 식사용 매트 위에 해당 식사 도구를 올려놓는다.

기본이론 301p

과제분석

행동연쇄법

- 정의 및 원리
- 과제분석
- 성취수준 평가
  - 단일기회법
  - 다수기회법
- 종류
  - 전진형 행동연쇄법
  - 후진형 행동연쇄법
  - 전체과제 제시법
- 행동연쇄법 vs 행동형성법

과제분석의 정의 및 필요성

- 과제분석은 복잡한 과제를 분석하여 가르칠 수 있는 작은 단계로 나눈 것
- 행동연쇄를 적용하기 위해서는 반드시 과제분석이 이루어져야 함
- 과제분석은 개인의 연령, 기술 수준, 과거의 경험 등에 따라 개별적으로 수행됨

과제분석

2013학년도 추가중등 A2

06 **다음은 A 특수학교(고등학교) 2학년 윤지가 창의적 체험활동 시간에 인터넷에서 직업을 검색하도록 박 교사가 구상 중인 계획안의 일부이다. 물음에 답하시오. [6점]**

학습 단계	교수 활동	지도상의 유의점
습득	윤지에게 인터넷에서 직업 검색 방법을 다음과 같이 지도한다. ① 바탕 화면에 있는 인터넷 아이콘을 클릭하게 한다. ② 즐겨 찾기에서 목록에 있는 원하는 검색 엔진을 클릭하게 한다. ③ 검색 창에 직업명을 입력하게 한다. ④ 직업에서 하는 일을 찾아보게 한다. …(이하 생략)…	• 윤지가 관심 있어 하는 5가지 직업들로 직업 목록을 작성한다. • ㉢ 직업 검색 과정을 하위 단계로 나누어 순차적으로 지도한다.
(가)	윤지가 직업 검색하기를 빠르고 정확하게 수행하도록 ㉠ 간격시도 교수를 사용하여 지도한다.	• ㉣ 간격시도 교수 상황에서 윤지와 친구를 짝지은 후, 관찰 기록지를 주고 수행 결과에 대해 서로 점검하여 피드백을 제공하도록 한다.
유지	윤지가 정기적으로 직업명을 인터넷에서 검색할 수 있도록 한다.	
(나)	학교에서는 ㉡ 분산시도 교수를 사용하여 지도한 후, 윤지에게 복지관에서도 자신이 관심 있어 하는 직업명을 검색하도록 한다.	

행동연쇄

과제분석을 통해 하나의 표적행동을 하위과제로 세분하고 일의 순서에 따라 배열한 후, 앞이나 뒤에서부터 하나씩 누가적으로 연결해 강화하는 방법

3) ㉢의 명칭을 쓰시오. [1점]

참고자료

기본이론 301p

키워드

과제분석

구조화 틀

행동연쇄법

- 정의 및 원리
- 과제분석
- 성취수준 평가
  - 단일기회법
  - 다수기회법
- 종류
  - 전진형 행동연쇄법
  - 후진형 행동연쇄법
  - 전체과제 제시법
- 행동연쇄법 vs 행동형성법

핵심개념

과제분석의 정의 및 필요성

- 과제분석은 복잡한 과제를 분석하여 가르칠 수 있는 작은 단계로 나눈 것
- 행동연쇄를 적용하기 위해서는 반드시 과제분석이 이루어져야 함
- 과제분석은 개인의 연령, 기술 수준, 과거의 경험 등에 따라 개별적으로 수행됨

모범답안

과제분석

2022학년도 유아 B6

07 (가)는 통합학급의 놀이 기록화 작업 내용이며, (나)는 유아특수교사가 작성한 일지의 일부이다. 물음에 답하시오. [5점]

(나)

> 현장체험학습 사전답사를 가보니, '미션! 지도에 도장 찍기' 코너가 인기가 있었다. 도장 찍기에 어려움이 있는 현서를 위해 아래와 같이 도장 찍기 기술을 세분화하고 연쇄법을 적용하여 지도하였다.
>
> 지도 꺼내기 → 지도 펼치기 → 도장 찍을 곳 확인하기 → 도장에 잉크 묻히기 → 도장 찍기 → 지도 접기 → 지도 넣기 [B]

'아래와 같이 도장 찍기 기술을 세분화하고' → 아래의 [B]는 과제분석에 해당함

3) (나)에서 교사가 실시한 [B]가 무엇인지 쓰시오. [1점]

기본이론 301p, 307-308p

- 과제분석
- 전체과제 제시법

행동연쇄법

- 정의 및 원리
- 과제분석
- 성취수준 평가
  - 단일기회법
  - 다수기회법
- 종류
  - 전진형 행동연쇄법
  - 후진형 행동연쇄법
  - 전체과제 제시법
- 행동연쇄법 vs 행동형성법

과제분석 타당성 검증의 목적

세분된 하위과제와 그 수행 순서가 주어진 표적행동을 효율적으로 수행하는 데 필요 충분한 것인지를 평가하기 위한 것

과제분석 타당성 검증의 방법

① 해당 과제를 능숙하게 잘하는 사람이 사용하는 방법을 참고해 하위과제와 수행순서를 결정함
② 과제와 관련된 분야의 숙련공이나 전문가의 의견을 따름
③ 교사가 직접 과제를 수행해보면서 과제의 하위요소를 정함

성취 수준의 평가 목적

과제의 하위 구성요소 중에 학습자가 이미 할 수 있는 것과 할 수 없는 것을 확인하기 위해 실시

2012학년도 중등 13

08 **다음은 박 교사가 개발한 '현금자동지급기에서 현금 인출하기'의 과제분석과 그에 대한 철수의 현행 수준을 평가한 결과이다. 이 내용에 대해 두 교사가 나눈 대화 ㉠~㉤ 중에서 옳은 것만을 있는 대로 고른 것은?**

〈과제분석과 현행 수준 평가 결과〉

이름: 김철수　　　　평가자: 박○○

표적행동: 현금자동지급기에서 현금 인출하기

언어적 지시: "철수야, 현금자동지급기에서 돈 3만 원 찾아볼래?"

과제분석	하위행동	평가일시			
		10/19	10/20	10/21	10/22
1단계	현금카드를 지갑에서 꺼낸다.	+	+	+	+
2단계	현금카드를 카드 투입구에 바르게 넣는다.	+	+	+	+
3단계	현금 인출 버튼을 누른다.	−	−	+	+
4단계	비밀 번호 버튼을 누른다.	−	−	−	−
5단계	진행사항에 해당하는 버튼을 누른다.	−	−	−	−
6단계	인출할 금액을 누른다.	−	+	+	+
7단계	현금 지급 명세표 출력 여부 버튼을 누른다.	+	+	+	−
8단계	현금 지급 명세표와 현금카드가 나오면 꺼낸다.	−	−	−	+
9단계	현금을 꺼낸다.	+	+	+	+
10단계	현금, 명세표, 현금카드를 지갑에 넣는다.	+	+	+	+
	정반응의 백분율(%)	50%	60%	70%	70%
비고	기록코드: 정반응(+), 오반응(−)				

성취 수준의 평가 방법

- **단일기회법**
  - 과제분석의 각 단계에서 학생이 혼자서 정해진 과제를 수행할 수 있을 때까지만 기회를 줌
  - 오류를 보일 경우 해당 단계에서 평가를 중단하고 남은 하위과제들도 오류로 기록함
- **다수기회법**
  - 학생이 과제 수행 과정에서 오류를 보이거나 시간을 초과하더라도 교사는 학생 대신 올바른 과제 수행 상태로 교정해 다음 과제를 순서대로 수행할 수 있도록 전 단계에 걸쳐 학생을 평가함
  - 단일기회법과 달리, 표적행동의 모든 하위과제에 대해 학생의 성취 수준을 평가하는 방법임
  - 단, 평가 과정에서 훈련의 효과가 발생하지 않도록 시범을 보이거나 언어적 설명을 제공해선 안 되며, 다음 과제를 이행할 수 있는 준비자세나 상태만 만들어줘야 함

김 교사: ㉠ 일련의 복합적인 행동을 가르치기 위해 과제분석을 할 수 있어요.
박 교사: ㉡ 과제분석을 할 때는 과제를 유능하게 수행하는 사람이나 전문가를 관찰해서, 하위행동을 목록화하는 것이 중요해요.
김 교사: 박 선생님께서는 ㉢ 철수가 '현금자동지급기에서 현금 인출하기'의 모든 하위 행동을 수행할 수 있는지 보기 위해 '단일기회방법'을 사용하여 매 회기마다 평가하셨군요.
박 교사: 네. ㉣ 철수가 많은 하위 행동을 이미 수행할 수 있지만, 순차적으로 수행하는 데는 어려움이 있어 보여요. 그래서 철수에게 이 과제를 지도하기 위해 행동연쇄법 중 '전체과제 제시법'을 적용하는 것이 적절할 것 같아요.
김 교사: ㉤ '전체과제 제시법'을 적용하면, 철수가 각각의 하위 행동을 할 때마다, 교사가 자연적 강화를 주기 때문에 비교적 쉽게 이 과제를 수행할 수 있을 것 같아요.

과제분석 타당성 검증 방법

전체과제 제시법의 적용
- 학습자가 하위과제 대부분을 습득해 새로 가르칠 것은 별로 없고, 하위과제들을 일련의 순서대로 수행하도록 가르치는 것이 주목적일 경우에 적절함
- 하위과제의 수가 많지 않아 비교적 단순하고, 모방능력이 있고, 장애의 정도가 심하지 않은 개인을 대상으로 훈련할 경우 전체과제 제시법이 적절함
- 행동연쇄에 있는 단위행동은 습득했는데 행동을 순서대로 수행하지 못할 때 유용함

㉤ 과제의 전 과정을 제시하고 각 단계에서 아동이 독립적으로 수행하지 못하는 단계에 대해 훈련을 실시함. 훈련의 각 단계마다 인위적 강화가 주어지고 과제의 마지막 단계에서 자연적 강화가 주어짐

① ㉠, ㉡　② ㉢, ㉣
③ ㉠, ㉡, ㉣　④ ㉠, ㉢, ㉤
⑤ ㉡, ㉣, ㉤

③

기본이론 301p, 305-306p

- 과제분석
- 전진형 행동연쇄
- 후진형 행동연쇄

행동연쇄법
- 정의 및 원리
- 과제분석
- 성취수준 평가
  - 단일기회법
  - 다수기회법
- 종류
  - 전진형 행동연쇄법
  - 후진형 행동연쇄법
  - 전체과제 제시법
- 행동연쇄법 vs 행동형성법

행동연쇄의 정의
- 복잡한 행동을 형성하기 위해 분리된 단위행동들을 연결시키는 과정임
- 행동연쇄상에 있으면서 이미 한 사람의 행동목록에 존재하는 단위행동들을 적절한 방법으로 연결하여, 보다 복잡한 행동의 학습을 위해 요구되는 각 단위행동을 강화하여 행동연쇄를 발달시키는 방법임
- 이를 위해 과제분석을 통해 하나의 표적행동을 하위과제들로 세분하여 일의 순서에 따라 배열한 후, 앞에서부터 혹은 뒤에서부터 하나씩 누가적으로 연결하여 강화하는 방법임

① 과제분석
② 전진형 행동연쇄, 후진형 행동연쇄

2020학년도 유아 A4

09 **다음은 통합학급 4세 반 교사들의 대화이다. 물음에 답하시오. [5점]**

> 김 교사 : 쉬운 활동은 잘 참여하는데 자기가 어려워하는 활동은 안 하려고 해요. 내일은 공 던지기 활동을 할 예정인데 주하가 걱정이네요. 어떻게 하면 잘 가르칠 수 있을까요?
>
> 송 교사 : 먼저 공을 던지는 데 필요한 단위행동을 생각해보세요. ㉢ 첫 번째 단계에서는 공을 두 손으로 잡고, 두 번째 단계에서는 공을 가슴까지 들어올리고, 세 번째 단계는 팔을 뻗고, 마지막으로 공을 놓는 단계로 나눌 수 있어요. 이와 같이 나눈 기술들은 행동연쇄로 가르칠 수 있어요.
>
> 김 교사 : ㉣ 행동연쇄도 여러 가지 방법이 있지요?
>
> …(중략)…

복합행동은 일련의 복잡한 하위과제들로 구성됨 → 하나의 복합행동을 조금씩 쉽게 가르치는 과제분석을 통해 그 행동을 하위 구성요소로 세분하고 과제의 순서에 따라 나열함

- 새로운 행동연쇄를 가르치기 위한 행동연쇄법은 어느 단계에서 시작하느냐에 따라 구분됨
- 과제의 첫 번째 단계부터 지도 → 전진형
- 과제의 마지막 단계부터 지도 → 후진형

※ 전체과제 제시법은 전진형 행동연쇄법의 변형으로, 훈련 회기마다 과제의 전 과정을 제시함

2) ① ㉢에 해당하는 용어를 쓰고, ② ㉣의 중재를 할 때, 중재 단계의 시작점이나 방향에 따른 중재방법의 유형을 2가지 쓰시오. [2점]

참고자료

기본이론 305p

키워드

전진형 행동연쇄

구조화 틀

행동연쇄법의 종류

- 전진형 행동연쇄법
- 후진형 행동연쇄법
- 전체과제 제시법

핵심개념

전진형 행동연쇄

- 과제분석한 행동을 순서에 따라 배열한 다음, 앞에서부터 하나씩 추가해 단계적으로 가르치는 방법
- 과제분석의 첫 단계를 아동이 독립적으로 수행할 수 있을 때까지 가르치고 나서 첫 단계부터 두 번째 단계를 붙여 수행하도록 지도하고, 나머지 단계도 같은 방식으로 모든 단계를 도움 없이 할 수 있을 때까지 지도하는 것
- 각 단계에는 인위적 강화가 제공되고, 마지막 단계에서 자연적 강화가 주어짐
- **장점**: 초기 단계의 표적행동이 짧아 한 회기에 다수의 훈련이 가능함
- **단점**: 새로운 훈련 단계가 시작될 때마다 표적행동의 양이 증가해 욕구좌절과 학습에 대한 저항을 불러올 수 있음

모범답안

⑤

2012학년도 초등 24

10 다음은 정신지체 학생들에게 기본교육과정 사회과 '화장실 사용하기'를 지도하기 위한 학습활동의 예이다. 이에 대한 지도방법 중 옳은 것을 모두 고르면?

(가) 화장실 예절 지키기

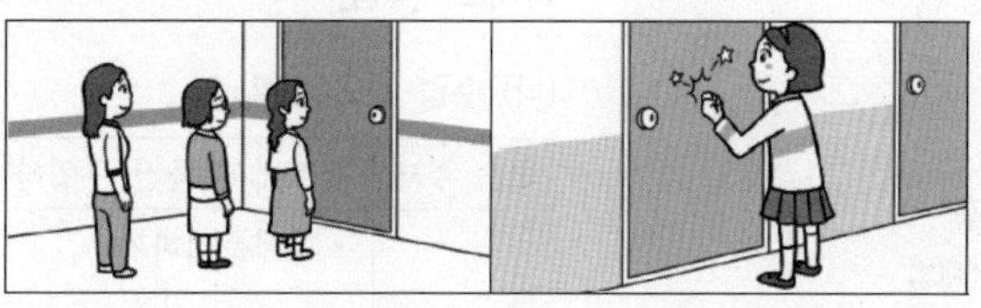

(나) 용변 처리 바르게 하기

ㄱ. 학생이 바지에 오줌을 쌌을 경우에는 지체 없이 학생을 청결하게 해주고, 사회적 강화를 해준다.
ㄴ. 중도 정신지체 학생의 경우 남녀 화장실을 구별하기는 어렵다고 하더라도, 스스로 화장실을 이용할 수 있도록 자조 능력을 길러주어야 한다.
ㄷ. (가)에서 중도 정신지체 학생의 경우 언어적 지시만으로는 부족하므로, 교사가 직접 시범을 보여주고 그 동작을 따라 하도록 지도한다.
ㄹ. (나)에서 필요한 기술은 정신지체 학생들에게 반드시 지도해야 하는 사회적 적응행동 기술이다.
ㅁ. (나)를 행동연쇄법을 적용하여 ①~④의 순서로 지도할 경우, 순서의 수행마다 조건적(인위적) 강화인을 준다.

> ㄱ. 화장실 훈련에 대한 부적절한 태도를 형성할 수 있으므로 학생이 실수했을 경우 어떠한 강화나 벌도 주어선 안 됨

> ㅁ. 전진형 행동연쇄에 대한 설명임

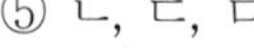

① ㄱ, ㄴ
② ㄴ, ㄹ
③ ㄷ, ㄹ
④ ㄱ, ㄹ, ㅁ
⑤ ㄴ, ㄷ, ㅁ

기본이론 305p

전진형 행동연쇄

행동연쇄법의 종류
- 전진형 행동연쇄법
- 후진형 행동연쇄법
- 전체과제 제시법

과제분석한 행동을 순서에 따라 배열한 다음, 앞에서부터 하나씩 추가해 단계적으로 지도한다.

2020학년도 중등 B6

11 **(가)는 지적장애 학생 G의 학부모가 특수교사와 상담한 내용의 일부이고, (나)는 기본 교육과정 중학교 사회과 '마트에서 물건 구입하기'를 주제로 지역사회중심교수에 기반하여 작성한 수업 지도 계획의 일부이다. 〈작성방법〉에 따라 서술하시오. [4점]**

(나) 수업 지도 계획

학습 주제	마트에서 물건 구입하기
지역사회 모의수업	• 과제분석하기 필요한 물건 말하기 → 구입할 물건 정하기 → 메모하기 → … → 거스름 돈 확인하기 → 영수증과 구매 물건 비교하기 → 장바구니에 물건 담기 • 과제분석에 따라 ⓒ 전진형 행동연쇄법으로 지도하기 • 교실에서 모의수업하기

행동연쇄
과제분석을 통해 하나의 표적행동을 하위과제로 세분해 일의 순서에 따라 배열한 후, 앞이나 뒤부터 하나씩 누가적으로 연결해 강화하는 방법

작성방법

(나)의 밑줄 친 ⓒ의 지도방법을 서술할 것

기본이론 307-308p

전체과제 제시법

행동연쇄법의 종류

- 전진형 행동연쇄법
- 후진형 행동연쇄법
- 전체과제 제시법

전체과제 제시법

- 전진형 행동연쇄법의 변형으로, 아동에게 과제분석을 통한 모든 단계를 순서대로 시행하도록 하면서 아동이 독립적으로 수행하지 못하는 단계에 대해서 훈련을 실시하는 방법
- 학습자가 각 하위행동을 올바르게 수행하면 칭찬과 함께 정적강화하고 결과를 '+'로 기록함. 학습자가 오반응 또는 무반응을 보일 경우 시범을 보이거나, 언어적 힌트를 주거나, 물리적 촉진을 사용해 올바른 반응으로 유도하면서 강화함. 그러나 도움을 받아 수행한 반응은 오류로 평가해 '−'로 기록함
- 아동이 순서를 따를 수 있도록 촉구를 사용하고, 잘 수행하게 될수록 촉구를 용암시킴

②

2012학년도 초등 29

12 **다음은 김 교사가 특수학교 학생들에게 2008년 개정 특수학교 기본교육과정 교과서 과학 3 '아름다운 우리나라' 단원 중 '해시계'를 지도하기 위한 실험계획서이다. ㉠~㉤에 대한 설명으로 옳은 것은?**

실험 활동	지도 시 유의점
[그림: 오전, 그림자, 북, 막대, 오후, 10시, 11시, 1시, 2시, 서, 동, 남] • 해시계 만들기 – 1단계: 판지의 한가운데에 가로선을 수평으로 긋는다. – 2단계: 판지의 한가운데에 세로선을 수직으로 긋는다. – 3단계: 가로선과 세로선이 만나는 곳에 막대를 세운다. – 4단계: 판지 위에 동서남북 방위를 표시한다. – 5단계: 햇빛이 잘 비치는 곳에 해시계를 놓는다. – 6단계: 해시계를 나침반의 방위에 맞추어 설치한다. – 7단계: 시각마다 막대의 그림자를 표시한다. – 8단계: ㉠ ________ – 9단계: 손목시계를 보고 시각이 맞는지 비교한다. • 학생 활동 – 자폐성 장애 학생 준수에게 그림자의 위치가 하루 동안 어떻게 변하는지 살펴보도록 한다. – 자폐성 장애 학생 세희에게 귀가할 때 막대의 그림자가 어디에 있을지 말해보도록 한다. – ㉡정신지체 학생 지혜에게 그림자의 위치가 변하는 이유를 말해보도록 한다. • ㉢평가	㉣해시계 만드는 과정을 숙련시키기 위하여 1단계부터 연습시킨다. 1단계가 습득된 후 2단계를 지도하고, 이런 방식으로 마지막 단계까지 지도한다. ㉤지혜는 선생님이나 친구가 도와주어야 문제를 풀 수 있다고 생각하므로, 스스로 실험에 참여할 수 있도록 동기를 부여해야 한다.

- '새로운 행동 습득'에 유용한 것은 전진형 행동연쇄임
- '습득한 내용을 숙련(숙달)'시키기 위한 것은 전체과제 제시법임
- ㉣에 제시된 설명은 전진형 행동연쇄에 해당함

지혜는 외부지향적이며 외적 통제소의 특성을 보임

① ㉠: 이 단계에서는 막대그림자의 방향을 보고 시각과 계절을 측정해야 한다.
② ㉡: 김 교사는 지혜에게 기초탐구과정인 추리를 할 수 있도록 한다.
③ ㉢: 이 실험에서는 해시계가 방위를 나타낸다는 것을 아는지 평가해야 한다.
④ ㉣: 김 교사는 해시계 만들기 절차를 전체 행동연쇄법을 사용하여 지도하고 있다.
⑤ ㉤: 지혜는 외적통제소보다 내적통제소의 특성을 지니고 있다.

기본이론 307-308p

전체과제 제시법

행동연쇄법의 종류
- 전진형 행동연쇄법
- 후진형 행동연쇄법
- 전체과제 제시법

전체과제 제시법
- 전진형 행동연쇄법의 변형으로, 아동에게 과제분석을 통한 모든 단계를 순서대로 시행하도록 하면서 아동이 독립적으로 수행하지 못하는 단계에 대해서 훈련을 실시하는 방법
- **장점**
  - 다른 유형들(전진형, 후진형)보다 신속하게 기술을 지도할 수 있음
  - 회기마다 과제의 완성에 따른 자연적 강화를 얻을 수 있음
  - 과제분석을 통한 모든 단계를 매 회기 가르칠 수 있음

㉠ 전체과제 제시법

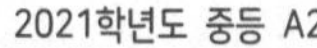
2021학년도 중등 A2

13 **다음은 정서 · 행동장애 학생 A에게 '책상 닦기' 기술을 지도하기 위해 두 교사가 나눈 대화이다. 괄호 안의 ㉠에 해당하는 내용을 쓰시오. [2점]**

김 교사: 학생 A는 산업체 현장실습 기간 중에 '책상 닦기' 과제를 잘 수행하지 못했습니다.
박 교사: 네. 그런데 학생 A는 '책상 닦기'를 할 때, 하위과제 대부분을 습득하여 새로 가르칠 내용이 없는데도 전체적인 업무 완성도가 다소 부족합니다.
김 교사: 그렇다면 과제분석을 통해 하위과제들을 일련의 순서대로 수행할 수 있게 (㉠)을/를 적용하는 것이 좋을 것 같습니다. 하위과제의 수가 많지도 않고 비교적 단순한 과제여서 적용하기 적합한 방법입니다.

전체과제 제시법의 적용
- 하위과제 대부분을 습득해 새로 가르칠 것이 별로 없을 때
- 하위과제 수가 많지 않고 비교적 단순한 과제일 때

참고자료

기본이론 307-308p

키워드

전체과제 제시법

구조화틀

행동연쇄법의 종류

- 전진형 행동연쇄법
- 후진형 행동연쇄법
- 전체과제 제시법

핵심개념

전체과제 제시법

- 전진형 행동연쇄법의 변형으로, 아동에게 과제분석을 통한 모든 단계를 순서대로 시행하도록 하면서 아동이 독립적으로 수행하지 못하는 단계에 대해서 훈련을 실시하는 방법
- 장점
  - 다른 유형들(전진형, 후진형)보다 신속하게 기술을 지도할 수 있음
  - 회기마다 과제의 완성에 따른 자연적 강화를 얻을 수 있음
  - 과제분석을 통한 모든 단계를 매 회기 가르칠 수 있음

모범답안

전체과제 제시법은 첫째, 다른 유형들보다 신속하게 기술을 지도할 수 있다. 둘째, 전체과제 제시법은 과제분석을 통한 모든 단계를 매 회기마다 가르칠 수 있다.

2018학년도 중등 B5

14 **(가)는 중도 · 중복장애 학생 G의 특성 및 이 닦기 지도 시 유의사항이고, (나)는 학생 H의 이 닦기 지도방법이다. 〈작성방법〉에 따라 서술하시오. [4점]**

(나) 학생 H의 이 닦기 지도방법

- 이 닦기를 6단계로 과제분석 한 후, 처음부터 마지막 단계까지 수행하도록 지도함
- 전체 6단계 중 독립적인 수행이 어려운 2, 4, 5단계는 촉구 및 교정적 피드백 등을 사용하여 지도함
- 2, 4, 5단계를 스스로 수행할 수 있도록 촉구를 용암시켜나감
- 처음부터 마지막 단계까지 수행한 후에 자연적 강화(청결함 등)를 경험할 수 있도록 지도함

작성방법

(나)에 사용된 행동연쇄법은 다른 유형의 행동연쇄법에 비해 어떠한 장점이 있는지 2가지 서술할 것

참고자료

기본이론 307-308p

키워드

전체과제 제시법

구조화 틀

행동연쇄법의 종류
- 전진형 행동연쇄법
- 후진형 행동연쇄법
- 전체과제 제시법

핵심개념

전체과제 제시법의 적용이 적절한 경우
- 학습자가 하위과제 대부분을 습득하여 새로 가르칠 것은 별로 없고, 하위과제들을 일련의 순서대로 수행하도록 가르치는 것이 주 목적일 경우에 적절함
- 하위과제의 수가 많지 않아 비교적 단순하고, 모방능력이 있고 장애의 정도가 심하지 않은 개인을 대상으로 훈련할 경우에 적절함
- 아동이 행동연쇄에 있는 단위행동은 습득했지만 행동을 순서대로 수행하지 못할 때 사용하면 유용함

모범답안

전체과제 제시법

2024학년도 유아 A4

15 **다음은 유아특수교사 최 교사와 박 교사가 나눈 대화이다. 물음에 답하시오. [5점]**

[11월 ○○일]

최 교사: 다음 달에 진행할 카드 만들기는 잘 준비되고 있나요?

박 교사: 네. 다양한 재료와 도구를 활용하여 크리스마스 카드를 꾸미려고 해요. 그래서 소윤이가 모양펀치를 활용하여 스티커를 만들어 붙이는 방법을 미리 연습하고 있는데 어려움이 있어요.

최 교사: 어떤 어려움인가요?

박 교사: 단계를 나누어서 관찰해 보니 각각의 단계는 잘 수행하지만 순서대로 수행하는 걸 계속 어려워해요.

최 교사: 소윤이가 단계를 순서대로 수행하는 데만 어려움을 보이고 과제도 복잡하지 않으니 연쇄법 중에서 (㉠)을/를 적용해 보면 좋을 것 같아요. 이 연쇄법은 매회기마다 모든 단계를 수행하도록 하면서 어려움을 보이면 촉구를 제공하여 지도하는 방법이에요. 모든 단계를 다 수행했을 때는 강화하면 돼요. [A]

1) [A]의 ㉠에 해당하는 용어를 쓰시오. [1점]

참고자료

기본이론 305-306p

키워드

후진형 행동연쇄

구조화 틀

행동연쇄법의 종류
- 전진형 행동연쇄법
- 후진형 행동연쇄법
- 전체과제 제시법

핵심개념

후진형 행동연쇄
- 과제분석을 통해 나눠진 행동을 마지막 단계부터 처음 단계까지 역순으로 가르치는 것
- 즉, 마지막 단계 행동 이전의 행동 단계는 교사가 모두 완성해준 상태에서 마지막 단계의 행동을 학생이 하도록 하는 방법

모범답안

④

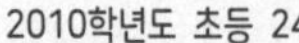

2010학년도 초등 24

16 **홍 교사는 중도·중복장애 학생 민수가 스스로 냉장고에 있는 팩에 든 음료수를 꺼내 마실 수 있도록 지도하고자 한다. 이를 위해 다음과 같이 과제분석을 한 후, 행동연쇄 전략을 사용하여 6단계부터 먼저 지도할 계획이다. 홍 교사가 사용할 지도 전략과 그 특징을 바르게 짝지은 것은?**

> 후진형 행동연쇄에 해당함

- 1단계: 냉장고 문을 연다.
- 2단계: 음료수 팩을 꺼낸다.
- 3단계: 냉장고 문을 닫는다.
- 4단계: 음료수 팩 겉면에 붙어 있는 빨대를 뜯는다.
- 5단계: 빨대를 음료수 팩에 꽂는다.
- 6단계: 빨대로 음료수를 마신다.

> - **과제분석**: 복잡한 과제를 분석해, 가르칠 수 있는 작은 단계로 나눈 것
> - 행동연쇄를 적용하기 위해서는 반드시 과제분석이 이뤄져야 함

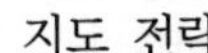

	지도 전략	특징
①	전진 행동연쇄	교사의 지원이 점점 증가한다.
②	후진 행동연쇄	교사의 지원이 점점 증가한다.
③	전진 행동연쇄	자연발생적인 강화가 제공된다.
④	후진 행동연쇄	자연발생적인 강화가 제공된다.
⑤	전체 행동연쇄	자연발생적인 강화가 제공된다.

기본이론 305-306p

후진형 행동연쇄

행동연쇄법의 종류

- 전진형 행동연쇄법
- 후진형 행동연쇄법
- 전체과제 제시법

후진형 행동연쇄

- 과제분석을 통해 나눠진 행동을 마지막 단계부터 처음 단계까지 역순으로 가르치는 것
- 즉, 마지막 단계 행동 이전의 행동 단계는 교사가 모두 완성해준 상태에서 마지막 단계의 행동을 학생이 하도록 하는 방법

후진형 행동연쇄

2013학년도 유아 B1

17 유아특수교사인 최 교사는 발달지체 유아 은기에게 '두 손으로 사물을 조작하기'를 가르치기 위해 (가)와 (나)를 구상하였다. 물음에 답하시오. [5점]

(나) 활동 계획 중 일부

- 은기에게 일상생활에서 필요한 행동을 우선적으로 가르치려고 한다.
- 은기의 교육 목표에 해당하는 활동을 유치원 일과 중 다양한 상황에서 여러 번 수행하도록 기회를 주려고 한다.
- 간식시간에 은기에게 우유와 컵을 주려고 한다.
- 간식시간에 우유 따르는 행동을 지도 시 ㉣ 목표행동을 작은 단계로 나누고 마지막 단계부터 수행하도록 지도하려고 한다.
- 은기는 간식시간 활동을 통해 개별화교육 목표를 연습할 수 있을 것이고, 자신이 좋아하는 우유를 마시고 갈증을 해소하여 기분도 좋아질 것이다.

> 후진형 행동연쇄는 계속해서 해당 과제를 끝까지 여러 차례 반복할 수 있는 기회가 주어지기 때문에 음식 먹기, 옷 입기 등의 기초기능 학습에 주로 사용됨

2) ㉣에 해당하는 행동연쇄 방법을 쓰시오. [1점]

기본이론 305-306p

후진형 행동연쇄

행동연쇄법의 종류
- 전진형 행동연쇄법
- 후진형 행동연쇄법
- 전체과제 제시법

후진형 행동연쇄의 장점

- 비교적 복잡하고 장황한 행동을 새로 가르칠 때는 전진형 및 후진형 행동연쇄법이 적절함
- 특히, 장애 정도가 심할수록 후진형 행동연쇄가 효과적임 → 매 훈련 시행에서 과제의 전 과정이 처음부터 끝까지 반복되기 때문에 과제 완성의 만족감과 연습에 의한 학습전이 효과를 기대할 수 있고, 표적행동의 추가분에 대한 저항감도 적으며, 하위과제 간의 연결이 용이하기 때문
- 학생의 입장에서 매 회기에 마지막 단계까지 과제를 완수하고 강화를 받게 됨(자연적 강화)
- 계속해서 그 과제를 끝까지 여러 차례 반복할 수 있는 기회가 주어지기 때문에 구구단, 알파벳 등의 단순 암기와 음식 먹기, 옷 입기 등의 기초기능 학습에 주로 사용됨

후진형 행동연쇄의 단점

- 한 시행에 소요되는 시간이 길어 초기부터 지루할 수 있음
- 한 회기에 많은 훈련을 시행할 수 없음

① ⓑ-ⓐ-ⓒ
② 후진형 행동연쇄에서 학생은 각 시행마다 과제의 완성에 따른 자연적 강화를 받을 수 있다.

2018학년도 초등 B5

18 **(가)는 2011 개정 특수교육 교육과정 중 기본 교육과정 실과 5~6학년 '단정한 의생활' 단원 전개 계획의 일부이고, (나)는 가정 실습형 모형에 따라 자폐성 장애 학생을 위해 작성된 '손빨래하기' 수업 활동 개요의 일부이다. 물음에 답하시오. [6점]**

(나)

차시		5/10	학습 주제	손빨래하기
목표		• 손수건을 빨 수 있다. • 손걸레를 빨 수 있다.		
장소	단계	교수 · 학습 활동		
학교	문제 제기	• 손빨래와 관련된 경험 상기 • 손빨래가 필요한 상황에 대하여 이야기하며 학습 목표 제시 및 확인 • 손빨래를 위한 개별화된 과제 제시		
	실습 계획 수립	• 손빨래 실습 계획 수립 • 손빨래에 필요한 준비물(빨랫비누, 빨래통, 빨래판 등) 준비 및 기능 설명 • 손빨래 방법 안내		
	시범 실습	• 손빨래 순서에 따른 시범 • ㉡ <u>시각적 단서를 활용하여 순서에 따라 학생이 직접 손빨래하기</u> • 손빨래 시 유의할 점 안내		
	㉢	부모와 함께 학생이 손빨래를 해보도록 활동 요령 지도		

※ 유의사항: ㉣ <u>학생에게 그림교환의사소통체계(PECS)를 통해 '문장으로 의사소통하기' 지도</u>

4) 다음은 (나)의 밑줄 친 ㉣에서 사용한 과제분석 내용과 후진형 행동연쇄(backward chaining) 지도 순서의 예이다. ① [A]의 올바른 지도 순서를 기호로 쓰고, ② <u>후진형 행동연쇄의 특징을 학생의 강화제 획득 빈도 측면</u>에서 1가지 쓰시오. [2점]

> 전진형 행동연쇄 대비 '강화제 획득 빈도 측면'에서 후진형 행동연쇄의 장점
> → 매 회기 마지막 단계까지 과제가 완수되므로 자연적 강화를 받을 수 있음

- 과제분석 내용
  - 1단계: '빨랫비누' 그림 카드를 떼기(스스로 할 수 있음)
  - 2단계: '빨랫비누' 그림 카드를 '주세요' 그림 카드 앞에 붙여 문장띠 완성하기
  - 3단계: 완성된 문장띠를 교사에게 전하기
- 후진형 행동연쇄 지도 순서 [A]
  - ⓐ: 2단계를 지도한다.
  - ⓑ: 2단계까지는 필요한 도움을 주고, 3단계를 지도한다.
  - ⓒ: 모든 단계를 학생 혼자 하게 한다.

※ 후진형 행동연쇄를 이용하여 요구하기 반응 기회를 15회 제공함

기본이론 305-306p

후진형 행동연쇄

행동연쇄법의 종류

- 전진형 행동연쇄법
- 후진형 행동연쇄법
- 전체과제 제시법

후진형 행동연쇄

- 과제분석을 통해 나눠진 행동을 마지막 단계부터 처음 단계까지 역순으로 가르치는 것
- 즉, 마지막 단계 행동 이전의 행동 단계는 교사가 모두 완성해준 상태에서 마지막 단계의 행동을 학생이 하도록 하는 방법

① 후진형 행동연쇄
② 훈련의 회기마다 과제의 전 과정을 처음부터 끝까지 반복하기 때문에 과제완성의 만족감과 연습에 의한 학습 전이 효과를 기대할 수 있다.

2015학년도 유아 A8

19 **진희는 경직형 뇌성마비를 가진 5세 유아이다. 특수학교 강 교사는 신변처리 기술을 지도하기 위해 2주 동안 자료를 수집하였다. 다음은 진희의 배뇨와 착탈의 기술에 대한 현재 수준과 단기목표의 일부이다. [5점]**

구분	현재 수준	단기목표
착탈의	• 옷을 입거나 벗는 데 도움이 필요함 • 고무줄 바지를 내릴 수 있음 • 바지춤을 잡고 있으나 올리지는 못함	㉡ 혼자서 고무줄 바지를 입을 수 있다.

3) 강 교사는 단기목표 ㉡을 과제분석하여 4 → 3 → 2 → 1 단계의 순으로 지도하였다. ① 이 교수전략이 무엇인지 쓰고, ② 장점 1가지를 쓰시오. [2점]

과제분석을 통해 나누어진 행동을 마지막 단계부터 처음 단계까지 역순으로 지도하는 것은 '후진형 행동연쇄'에 해당함

- 1단계 : 바지에 발 넣기
- 2단계 : 무릎까지 바지 올리기
- 3단계 : 무릎에서 엉덩이까지 바지 올리기
- 4단계 : 엉덩이에서 허리까지 바지 올리기

기본이론 305-306p

후진형 행동연쇄

행동연쇄법의 종류

- 전진형 행동연쇄법
- 후진형 행동연쇄법
- 전체과제 제시법

행동연쇄의 원리

- 행동연쇄의 각 단위행동은 서로 변별자극과 반응의 관계를 이룸
- 행동연쇄상에 있는 하나의 단위행동은 다음 단계에 취해야 할 단위행동에 대한 변별자극의 역할을 함
- 행동연쇄상의 각 단위행동은 바로 직전의 행동을 증가시키는 강화의 역할을 함

모범답안

㉠ 후진형 행동연쇄

2022학년도 중등 A4

20 **다음은 중도중복장애 학생 A에게 신발 신기 및 신발 정리하기를 지도하기 위해 특수교사가 작성한 지도 계획의 일부이다. ㉠에 해당하는 지도 전략을 쓰시오. [2점]**

> 후진형 행동연쇄는 계속해서 해당 과제를 끝까지 여러 차례 반복할 수 있는 기회가 주어지기 때문에 신발 신기 및 신발 정리하기 등의 기초 기능 학습에 주로 사용됨

□ 신발 신기

- 과제분석: 찍찍이가 부착된 신발 신기

> 행동연쇄를 적용하기 위해서는 반드시 과제분석이 이루어져야 함

1단계	신발장에서 신발 가져오기
2단계	신발의 찍찍이 떼기
3단계	신발에 발 넣기
4단계	신발의 뒷부분을 잡고 발꿈치를 신발 안에 넣기
5단계	신발의 찍찍이 붙이기

- 지도방법

㉠

교사가 1단계에서 4단계까지 미리 해준 상태에서 학생 A에게 5단계의 과제를 제시하여 지도함

학생 A가 5단계의 행동을 습득하면, 교사가 3단계까지를 미리 해준 상태에서 4단계의 과제를 지도하고, 학생 A가 5단계를 수행하도록 함

학생 A가 4단계의 행동을 습득하면, 교사가 2단계까지를 미리 해준 상태에서 3단계의 과제를 지도하고, 학생 A가 4, 5단계를 수행하도록 함

…(중략)…

학생 A가 2단계의 행동을 습득하면, 교사가 1단계 과제를 지도하고, 학생 A가 2단계부터 5단계까지를 수행하도록 함

최종적으로 학생 A가 모든 단계를 스스로 할 수 있도록 함

…(중략)…

□ 신발 정리하기

- 학생 A가 신발장에 자신의 신발을 넣을 수 있도록 신발장 위 벽에 ㉡ <u>신발을 넣는 순서를 나타내는 그림을 붙여놓음</u>

확장하기

전진형 행동연쇄 vs 후진형 행동연쇄

유사점	차이점
• 행동연쇄를 가르치기 위해 사용됨 • 자극-반응 구성요소로 이뤄지는 과제분석을 먼저 수행해야 함 • 한 번에 한 가지 행동을 가르치고 나서 그 행동들을 함께 연쇄시킴 • 각 구성요소를 가르치기 위해 촉구와 용암법을 사용함	• 전진형 행동연쇄는 첫 번째 구성요소를 먼저 가르치는 반면, 후진형 행동연쇄는 마지막 구성요소를 먼저 가르침 • 후진형 행동연쇄에서는 마지막 구성요소를 먼저 가르치기 때문에 학습자가 모든 훈련에서 자연적 강화인을 받게 되는 반면, 전진형 행동연쇄는 학습자가 모든 훈련을 마무리하지 않기 때문에 마지막 단계를 제외한 훈련에서는 인위적인 강화인이 사용됨. 전진형 행동연쇄에서 자연적 강화인은 연쇄의 마지막 행동 후에 주어짐

전진형 · 후진형 행동연쇄법 vs 전체과제 제시법

유사점	차이점
• 복잡한 과제나 행동연쇄를 가르치기 위해 사용함 • 훈련 시작 전에 과제분석이 완성되어야 함 • 촉구와 용암법이 사용됨	전체과제 제시법은 매번 전체과제에 대해 촉구하는 반면, 전진형 · 후진형 행동연쇄 절차는 한 번에 하나의 구성요소를 가르치고 나서 그 구성요소를 함께 연결시킴

기본이론 305-306p

후진형 행동연쇄

행동연쇄법의 종류
- 전진형 행동연쇄법
- 후진형 행동연쇄법
- 전체과제 제시법

행동연쇄의 원리
- 행동연쇄의 각 단위행동은 서로 변별자극과 반응의 관계를 이룸
- 행동연쇄상에 있는 하나의 단위행동은 다음 단계에 취해야 할 단위행동에 대한 변별자극의 역할을 함
- 행동연쇄상의 각 단위행동은 바로 직전의 행동을 증가시키는 강화의 역할을 함

㉠ 후진형 행동연쇄

2024학년도 초등 B5

21 **(가)는 특수교사와 통합학급 교사가 실과 6학년 수업 계획에 대해 나눈 대화의 일부이고, (나)는 특수교사가 민우의 '프로그래밍 요소와 구조' 수업을 위해 만든 수업 자료의 일부이다. 물음에 답하시오. [6점]**

(가)

통합학급 교사: 민우가 움직임에 제한이 많아서 간단한 음식 만들기 활동에 참여할 수 있을지 고민이에요.

특 수 교 사: ㉡ 과제분석이 된 각 단계를 '완료되면 음식 꺼내기'부터 하나씩 배울 수 있도록 지도하면 될 거예요.
그리고 민우가 전체 활동에 항상 동일하게 참여해야 하는 것은 아니에요. 민우가 최대한 독립적으로 참여할 수 있도록 각 단계를 조정해 주면, 민우가 적극적으로 참여할 수 있을 거예요. 민우가 전자레인지에 시간 설정하는 방법을 배우는 것은 의미 있을 것 같아요. [A]

(나)

◦ 전자레인지로 간단한 음식 만들기 활동 속에서 프로그램의 구조 익히기

①전자레인지 문을 연다.	④시간을 설정한다.
②음식을 넣는다.	⑤시작 버튼을 누른다.
③전자레인지 문을 닫는다.	⑥완료되면 음식을 꺼낸다.

[B]

◦ 전자레인지로 간단한 음식 만들기 순서 나열하기

…(중략)…

1) (나)의 [B]를 고려하여 (가)의 ㉡에 해당하는 행동 지도 방법의 명칭을 쓰시오. [1점]

기본이론 314p

교사 촉진 종류(유특)

교사 촉진의 종류 및 적용 방법

언어 촉진	유아가 현재 주어진 과제를 수행하도록 지원하는 단순한 설명 예 손을 씻기 위해서 수도 손잡이를 잘못된 방향으로 돌리고 있는 유아에게 "다른 쪽으로 돌려봐."라고 말함
시범 촉진	유아가 목표행동을 수행할 수 있을 때 주어지는 방법으로, 언어나 몸짓 또는 두 가지를 함께 사용 예 한쪽 운동화를 신겨주면서 "이쪽은 선생님이 도와줄테니 저쪽은 네가 혼자 신어보렴."이라고 말함
신체적 촉진	과제를 수행하도록 신체적으로 보조해주는 방법으로, 부분적이거나 완전한 보조의 형태로 주어짐 예 식사 시간에 숟가락을 사용하도록 팔꿈치에 가만히 손을 대고 있거나(부분적 신체 촉진), 숟가락을 잡은 손을 붙들고 음식을 먹도록 움직여 봄(완전한 신체 촉진)
공간적 촉진	유아의 행동 발생 가능성을 높이기 위해서 사물을 특정 위치(예 과제 수행을 위해 필요한 장소, 유아에게 더 가까운 장소)에 놓는 방법 예 손을 씻을 때 수건을 세면대 가까이에 가져다놓음
시각적 촉진	그림·사건·색깔·그래픽 등의 시각적인 단서를 사용하는 방법 예 유아들의 사물함이나 소유물에 유아마다 고유한 색깔로 표시하거나, 손 씻는 순서를 사진으로 붙여놓음
단서 촉진	언어나 몸짓으로 주어지는 촉진으로, 과제 수행의 특정 측면에 대한 직접적인 관심을 유도하기 위한 방법. 이때 사용되는 단서는 자극이나 과제를 가장 잘 대표할 수 있는 특성이어야 함 예 교사가 손가락으로 숟가락을 가리키면서 "자, 식사 시간이다."라고 말함(식사의 특성을 가장 잘 나타내는 숟가락이라는 단서를 사용해서 독립적인 식사 기술을 촉진함)

④

2009학년도 유아 29

22 **〈보기〉는 2007년 개정 유치원 교육과정에 근거하여 김 교사가 발달지체 유아에게 '가위로 색종이 오리기'를 지도할 때 사용한 촉진(촉구)의 예시이다. 김 교사가 사용한 촉진의 유형을 바르게 제시한 것은?**

보기

ㄱ. 교사가 종이 오리는 방법을 보여준다.
ㄴ. 교사가 유아의 손을 잡고 함께 색종이를 오린다.
ㄷ. 가위를 잡고 천천히 색종이를 오려보라고 말한다.
ㄹ. 교사는 가위와 색종이를 미리 유아 가까이 가져다 놓는다.

	ㄱ	ㄴ	ㄷ	ㄹ
①	신체적 촉진	공간(환경)적 촉진	언어적 촉진	시범(모델링) 촉진
②	신체적 촉진	시범 촉진	언어적 촉진	공간적 촉진
③	언어적 촉진	시범 촉진	신체적 촉진	공간적 촉진
④	시범 촉진	신체적 촉진	언어적 촉진	공간적 촉진
⑤	시범 촉진	동작적 촉진	언어적 촉진	신체적 촉진

기본이론 314p

교사 촉진 종류(유특)

교사 촉진의 종류 및 적용 방법

구분	내용
언어 촉진	유아가 현재 주어진 과제를 수행하도록 지원하는 단순한 설명 예 손을 씻기 위해서 수도 손잡이를 잘못된 방향으로 돌리고 있는 유아에게 "다른 쪽으로 돌려봐."라고 말함
시범 촉진	유아가 목표행동을 수행할 수 있을 때 주어지는 방법으로, 언어나 몸짓 또는 두 가지를 함께 사용 예 한쪽 운동화를 신겨주면서 "이쪽은 선생님이 도와줄테니 저쪽은 네가 혼자 신어보렴."이라고 말함
신체적 촉진	과제를 수행하도록 신체적으로 보조해주는 방법으로, 부분적이거나 완전한 보조의 형태로 주어짐 예 식사 시간에 숟가락을 사용하도록 팔꿈치에 가만히 손을 대고 있거나(부분적 신체 촉진), 숟가락을 잡은 손을 붙들고 음식을 먹도록 움직여 봄(완전한 신체 촉진)
공간적 촉진	유아의 행동 발생 가능성을 높이기 위해서 사물을 특정 위치(예 과제 수행을 위해 필요한 장소, 유아에게 더 가까운 장소)에 놓는 방법 예 손을 씻을 때 수건을 세면대 가까이에 가져다놓음
시각적 촉진	그림·사건·색깔·그래픽 등의 시각적인 단서를 사용하는 방법 예 유아들의 사물함이나 소유물에 유아마다 고유한 색깔로 표시하거나, 손 씻는 순서를 사진으로 붙여놓음
단서 촉진	언어나 몸짓으로 주어지는 촉진으로, 과제 수행의 특정 측면에 대한 직접적인 관심을 유도하기 위한 방법. 이때 사용되는 단서는 자극이나 과제를 가장 잘 대표할 수 있는 특성이어야 함 예 교사가 손가락으로 숟가락을 가리키면서 "자, 식사 시간이다."라고 말함(식사의 특성을 가장 잘 나타내는 숟가락이라는 단서를 사용해서 독립적인 식사 기술을 촉진함)

2014학년도 유아 A4

23 **보라는 특수학교 유치부에 다니는 4세의 자폐성 장애 여아이다. (가)는 보라의 행동특성이고, (나)는 보라를 지원하기 위한 활동계획안이다. 물음에 답하시오. [6점]**

(가) 보라의 행동 특성

- 교실이나 화장실에 있는 ㉠ <u>전등 스위치만 보면 계속 반복적으로 누른다.</u>
- ㉡ <u>타인의 말을 반복한다</u>.
- 용변 후 물을 내려야 한다는 것을 모른다.
- 용변 후 손을 제대로 씻지 않고 나온다.
- 배변 실수를 자주 한다.

(나) 활동계획안

활동명	화장실을 사용해요	
활동 목표	• 화장실을 사용하는 순서를 안다. • 화장실에서 지켜야 할 규칙을 안다.	
활동 자료	PPT 자료	보라를 위한 지원방안
활동 방법	1. PPT 자료를 보며 화장실의 사용 순서에 대해 알아보기 – 화장실 문을 열고 들어가요. – 문을 닫고 옷을 내려요. – 화장실 변기에 앉아 용변을 봐요. – 옷을 올리고 물을 내려요. – 문을 열고 나가요. – 손을 씻어요. 2. 화장실에서 지켜야 할 규칙에 대해 알아보기 (화장실로 이동한다.)	• 화장실에 가고 싶을 때 용변의사를 표현하도록 가르친다. • 화장실 사용 순서 중 옷 올리기 기술을 작은 단계로 나누어 교수한다. • 화장실 변기의 물 내리는 스위치 부분에 스티커를 붙여준다. • ㉢ <u>세면대 거울에 손 씻기 수행 순서를 사진으로 붙여놓는다.</u> • 손을 씻을 때 교사는 ㉣ <u>물 비누통을 세면대 위 눈에 잘 띄는 곳에 놓아둔다.</u>

행동지원 이론에 근거한 촉구 유형으로 분석할 경우 '자극 내 촉구'에 해당함

4) (나)의 ㉢과 ㉣에 해당하는 촉진 방법을 각각 쓰시오. [2점]

㉢ 시각적 촉진
㉣ 공간적 촉진

기본이론 314p

교사 촉진 종류(유특)

교사 촉진의 종류 및 적용 방법

언어 촉진	유아가 현재 주어진 과제를 수행하도록 지원하는 단순한 설명 예 손을 씻기 위해서 수도 손잡이를 잘못된 방향으로 돌리고 있는 유아에게 "다른 쪽으로 돌려봐."라고 말함
시범 촉진	유아가 목표행동을 수행할 수 있을 때 주어지는 방법으로, 언어나 몸짓 또는 두 가지를 함께 사용 예 한쪽 운동화를 신겨주면서 "이쪽은 선생님이 도와줄테니 저쪽은 네가 혼자 신어보렴."이라고 말함
신체적 촉진	과제를 수행하도록 신체적으로 보조해주는 방법으로, 부분적이거나 완전한 보조의 형태로 주어짐 예 식사 시간에 숟가락을 사용하도록 팔꿈치에 가만히 손을 대고 있거나(부분적 신체 촉진), 숟가락을 잡은 손을 붙들고 음식을 먹도록 움직여 봄(완전한 신체 촉진)
공간적 촉진	유아의 행동 발생 가능성을 높이기 위해서 사물을 특정 위치(예 과제 수행을 위해 필요한 장소, 유아에게 더 가까운 장소)에 놓는 방법 예 손을 씻을 때 수건을 세면대 가까이에 가져다놓음
시각적 촉진	그림·사건·색깔·그래픽 등의 시각적인 단서를 사용하는 방법 예 유아들의 사물함이나 소유물에 유아마다 고유한 색깔로 표시하거나, 손 씻는 순서를 사진으로 붙여놓음
단서 촉진	언어나 몸짓으로 주어지는 촉진으로, 과제 수행의 특정 측면에 대한 직접적인 관심을 유도하기 위한 방법. 이때 사용되는 단서는 자극이나 과제를 가장 잘 대표할 수 있는 특성이어야 함 예 교사가 손가락으로 숟가락을 가리키면서 "자, 식사 시간이다."라고 말함(식사의 특성을 가장 잘 나타내는 숟가락이라는 단서를 사용해서 독립적인 식사 기술을 촉진함)

공간적 촉진

2022학년도 유아 B1

24 다음은 통합학급 김 교사와 유아특수교사 박 교사가 나눈 대화의 일부이다. 물음에 답하시오. [5점]

> …(중략)…
>
> 김 교사: 지수가 '같은 그림 찾기' 놀이를 할 때에 좀 어려워하던데, 이런 경우에는 어떻게 가르칠 수 있을까요?
>
> 박 교사: 네, 촉구법을 사용할 수 있어요. ㉠ 지수가 '같은 그림 찾기' 놀이를 할 때, 찾아야 하는 그림카드는 지수가 잘볼 수 있도록 가까이에 두고 다른 그림카드는 조금 멀리 두는 거예요.

행동지원 이론에 근거한 촉구 유형으로 분석할 경우 '자극 내 촉구'에 해당함

2) ㉠에 해당하는 촉구(촉진, prompt) 유형을 쓰시오. [1점]

기본이론 314p

교사 촉진 종류(유특)

교사 촉진의 종류 및 적용 방법

구분	내용
언어 촉진	유아가 현재 주어진 과제를 수행하도록 지원하는 단순한 설명 예 손을 씻기 위해서 수도 손잡이를 잘못된 방향으로 돌리고 있는 유아에게 "다른 쪽으로 돌려봐."라고 말함
시범 촉진	유아가 목표행동을 수행할 수 있을 때 주어지는 방법으로, 언어나 몸짓 또는 두 가지를 함께 사용 예 한쪽 운동화를 신겨주면서 "이쪽은 선생님이 도와줄테니 저쪽은 네가 혼자 신어보렴."이라고 말함
신체적 촉진	과제를 수행하도록 신체적으로 보조해주는 방법으로, 부분적이거나 완전한 보조의 형태로 주어짐 예 식사 시간에 숟가락을 사용하도록 팔꿈치에 가만히 손을 대고 있거나(부분적 신체 촉진), 숟가락을 잡은 손을 붙들고 음식을 먹도록 움직여 봄(완전한 신체 촉진)
공간적 촉진	유아의 행동 발생 가능성을 높이기 위해서 사물을 특정 위치(예 과제 수행을 위해 필요한 장소, 유아에게 더 가까운 장소)에 놓는 방법 예 손을 씻을 때 수건을 세면대 가까이에 가져다놓음
시각적 촉진	그림·사건·색깔·그래픽 등의 시각적인 단서를 사용하는 방법 예 유아들의 사물함이나 소유물에 유아마다 고유한 색깔로 표시하거나, 손 씻는 순서를 사진으로 붙여놓음
단서 촉진	언어나 몸짓으로 주어지는 촉진으로, 과제 수행의 특정 측면에 대한 직접적인 관심을 유도하기 위한 방법. 이때 사용되는 단서는 자극이나 과제를 가장 잘 대표할 수 있는 특성이어야 함 예 교사가 손가락으로 숟가락을 가리키면서 "자, 식사 시간이다."라고 말함(식사의 특성을 가장 잘 나타내는 숟가락이라는 단서를 사용해서 독립적인 식사 기술을 촉진함)

모범답안

① 시각적 촉구
② 과제 수행 시 선아는 시각적 자료에 관심을 보이기 때문이다.

2018학년도 유아 B5

25 **(가)는 유치원 통합학급 5세 반 교사의 수업 관찰기록 일부이고, (나)는 발달지체 유아를 위한 지원 계획이다. 물음에 답하시오. [5점]**

(가)

	관찰기록(현행 수준)
선아	• 교사 또는 또래 지원을 받을 때만 정리를 함 • 과제 수행 시 시각적 자료에 관심을 보임

(나)

	지원 계획
선아	개인 물건(가방, 실내화/신발)이 있어야 할 두 곳에 선아가 좋아하는 분홍색, 연두색 스티커로 표시해주고 사물 사진을 붙여주어 정리하게 함

1) ① (나)에서 교사가 선아에게 적용한 촉진 방법을 쓰고, ② 그것을 적용한 이유를 (가)에 근거하여 쓰시오. [2점]

유아특수개론에 있는 '시각적 촉구'의 경우 행동지원 이론의 '시각적 촉구 + 자극 외 촉구'의 예시가 혼합되어 있음

참고자료

기본이론 312p, 317-318p

키워드

- 시각적 촉구
- 자연적 촉구

구조화 틀

촉구
- 촉구의 개념
- 유형
  - 반응촉구
  - 자극촉구
  - 자연적 촉구

핵심개념

시각적 촉구
- 그림이나 사진·색깔·그래픽의 시각적인 단서를 사용하는 방법
- **장점**
  - 촉구를 계속 사용하더라도 학생의 독립성을 증진시킬 수 있으므로 영구적인 촉구로 사용할 수 있음
  - 표준화된 상징을 이용해 일관성을 유지할 수 있음
  - 교사의 시간 절약을 도움

자연적 촉구
- 표적행동에 앞서서 나타나며, 환경에 내재된 자연스러운 형태의 자극으로 존재함
- 다른 촉구에 비해 바람직하기 때문에 비자연적 혹은 인위적인 촉구는 가급적이면 자연적 촉구로 대체되어야 함

모범답안

- 촉진 방법 B : 시각적 촉구
  - 시각적 촉구는 영구적인 촉구로, 촉구를 계속 사용하더라도 학생의 독립성을 증진시킨다.
  - 표준화된 상징을 이용해 일관성을 유지할 수 있다.
- 점심시간 종이 울리면 화장실로 가서 손 씻기를 하도록 지도한다.

2017학년도 중등 A13

26 다음은 중도·중복장애 학생을 위한 '손 씻기' 지도 계획이다. 촉진 방법 B가 갖는 장점 2가지를 서술하시오. 그리고 촉진 방법 C의 밑줄 친 '자연적 촉진'의 예를 1가지 제시하시오. [4점]

(나) 촉진 방법 B

교실 내 세면대 앞에 '청결한 손 씻기' 그림을 붙여놓는다.

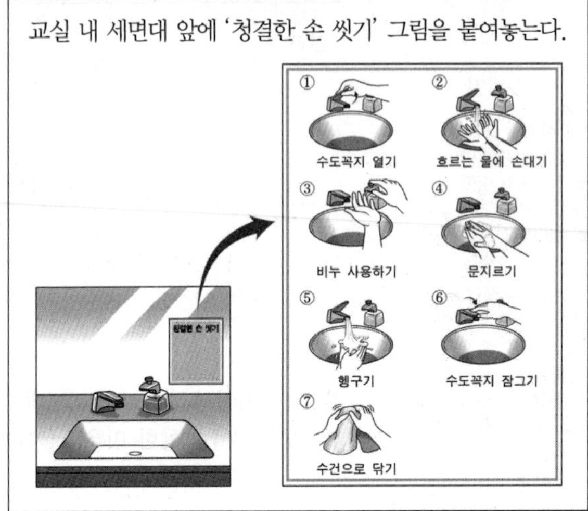

(다) 촉진 방법 C

언제 손을 씻어야 하는지 알도록 <u>자연적 촉진(natural prompts)</u>을 이용하여 지도한다.

기본이론 312p

시각적 촉구

촉구

- 촉구의 개념
- 유형
  - 반응촉구
  - 자극촉구
  - 자연적 촉구

촉구

변별자극에 바람직한 반응을 보이는 데 실패했을 경우, 바람직한 반응을 보일 수 있도록 돕는 부가적인 자극

반응촉구

변별자극을 그대로 유지한 채 주어지는 부가적인 도움으로, 강제성의 순서에 따라 시각적 촉구 · 언어적 촉구 · 몸짓 촉구(자세 촉구) · 모델링 촉구 · 신체적 촉구가 있음

시각적 촉구

- 그림이나 사진 · 색깔 · 그래픽의 시각적인 단서를 사용하는 방법
- **장점**
  - 촉구를 계속 사용하더라도 학생의 독립성을 증진시킬 수 있으므로 영구적인 촉구로 사용할 수 있음
  - 표준화된 상징을 이용해 일관성을 유지할 수 있음
  - 교사의 시간 절약을 도움

㉡ 시각적 촉구

2022학년도 중등 A4

27 **다음은 중도중복장애 학생 A에게 신발 신기 및 신발 정리하기를 지도하기 위해 특수교사가 작성한 지도 계획의 일부이다. 밑줄 친 ㉡의 촉진 유형을 쓰시오. [1점]**

> …(중략)…
>
> □ 신발 정리하기
>
> - 학생 A가 신발장에 자신의 신발을 넣을 수 있도록 신발장 위 벽에 ㉡ <u>신발을 넣는 순서를 나타내는 그림을 붙여놓음</u>

기본이론 312p

- 언어적 촉구
- 몸짓 촉구

촉구

- 촉구의 개념
- 유형
  - 반응촉구
  - 자극촉구
  - 자연적 촉구

언어적 촉구

구어로 지시·힌트·질문 등을 하거나 개념의 정의나 규칙을 알려줌으로써 바람직한 행동을 유발하는 것

- **간접 구어 촉구**: "다음엔 무엇을 해야 하지?"
- **직접 구어 촉구**: "물 내리세요."

몸짓 촉구(자세 촉구)

신체적으로 접촉하지 않고 교사의 동작이나 자세 등의 몸짓으로 반응을 이끄는 것

예 급식실이 있는 곳을 턱이나 손가락으로 가리키거나, 떠드는 반 학생을 조용히 시키기 위해 교사의 다문 입술 위에 검지를 대는 것

모델링 촉구

목표행동을 교사가 직접 수행해 보여서 아동이 이를 관찰해 모방하도록 유도하는 것

㉢ 언어적 촉구
㉣ 몸짓 촉구

2021학년도 유아 A1

28 **다음은 유아특수교사 최 교사가 통합학급 김 교사와 나눈 대화의 일부이다. 물음에 답하시오. [5점]**

최 교사: 자유놀이 시간에 유아들이 동물 인형에 관심을 보이고 놀이 활동에 열중할 때 나은이에게 동물 이름을 말하게 하는 거예요. 예를 들어, "이건 뭐야?"라고 물어보고 "호랑이"라고 대답하면 잘했다고 칭찬을 해요. 만약, 이름을 말하지 못하면 ㉢"어흥"이라고 말하고 ㉣호랑이 동작을 보여주면, 호랑이라고 대답할 거예요.

3) ㉢과 ㉣의 촉구 유형을 쓰시오. [2점]

학생이 변별자극에 정반응을 보이는 데 실패했을 경우, 정반응을 보일 수 있도록 부가적인 자극을 제공함 → 촉구

몸짓 촉구
- 정반응: 호랑이
- 몸짓 촉구: 호랑이 동작을 보여주고, '호랑이'라는 정반응을 유도함

모델링 촉구
- 정반응: 호랑이 동작 따라하기
- 모델링 촉구: 호랑이 동작을 보여주고, '호랑이 동작'을 유도함

cf. ㉢과 ㉣은 유아특수개론에 의하면 둘 다 '단서 촉구'에 해당함 → 단서 촉구는 언어나 몸짓으로 주어지는 촉구로, 과제 수행의 특정 측면에 대한 직접적인 관심을 유도하는 방법임. 이때, 사용되는 단서는 자극이나 과제를 가장 잘 대표할 수 있어야 함

기본이론 313p

모델링 촉구

촉구

- 촉구의 개념
- 유형
  - 반응촉구
  - 자극촉구
  - 자연적 촉구

모델링 촉구

목표행동을 교사가 직접 수행해 보여서 아동이 이를 관찰해 모방하도록 유도하는 것

모델링 촉구

2019학년도 유아 B3

29 **(가)는 통합학급 김 교사의 반성적 저널의 일부이고, (나)는 특수학급 박 교사의 수업 장면의 일부이다. 물음에 답하시오. [5점]**

(나)

박 교사:	선생님과 '코끼리의 발걸음' 음악을 들으면서 움직여볼 거예요.
유 아 들:	네.
박 교사:	선생님을 잘 보세요. 한 발로 땅을 딛었다가 가볍고 빠르게 뛰어오르고, 다시 다른 발로 땅을 딛었다가 뛰어오르는 거예요. 한번 해 볼까요?
시 율:	선생님, 저 보세요. 코끼리가 뛰는 거 같지요?
박 교사:	아기 코끼리 한 마리가 신나게 뛰고 있네요.
태 우:	(친구들을 따라 ㉡ <u>몸을 움직여본다.</u>)
박 교사:	태우야, 선생님이 하는 것을 보고 따라 해볼까요? 이렇게 하는 거예요. 한번 해 볼까요? [B]
태 우:	(교사의 행동을 보고 따라 한다.) [B]

…(하략)…

3) (나)의 [B]에서 박 교사가 사용한 교수전략을 쓰시오. [1점]

기본이론 313p

신체적 촉구

촉구

- 촉구의 개념
- 유형
  - 반응촉구
  - 자극촉구
  - 자연적 촉구

신체적 촉구

- 신체적 접촉을 통해 학생의 바람직한 행동 유발을 돕는 것
- 강제성이 강하기 때문에 아동의 능동적인 반응을 유발하기 어려움
- **유형**
  - **부분적 신체 촉구**: 신체를 살짝 두드리거나 밀기 등으로 촉구를 제공하는 것
  - **전반적 신체 촉구**: 행동을 통한 전반적 지도

신체적 촉구

2021학년도 유아 B6

30 **다음은 5세 발달지체 유아 슬비의 통합학급 박 교사와 유아특수교사 최 교사의 대화이다. 물음에 답하시오. [5점]**

> 박 교사: 선생님, 그런데 슬비는 협응과 힘 조절에 어려움이 있어서 과일을 꼬챙이에 끼울 때 많이 힘들어 할 것 같아요. 어떻게 하면 슬비가 활동에 보다 더 쉽게 참여할 수 있을까요?
>
> 최 교사: 선생님께서 ⓒ반응촉구로 지원하면 좋겠네요.

촉구는 적절한 시간에 정확한 반응을 할 가능성을 증가시키는 데 사용됨

2) 슬비의 특성을 고려하여 ⓒ의 유형을 쓰시오. [1점]

기본이론 313p

신체적 촉구

촉구

- 촉구의 개념
- 유형
  - 반응촉구
  - 자극촉구
  - 자연적 촉구

신체적 촉구

- 신체적 접촉을 통해 학생의 바람직한 행동 유발을 돕는 것
- 강제성이 강하기 때문에 아동의 능동적인 반응을 유발하기 어려움
- **유형**
  - **부분적 신체 촉구**: 신체를 살짝 두드리거나 밀기 등으로 촉구를 제공하는 것
  - **전반적 신체 촉구**: 행동을 통한 전반적 지도

㉢ 신체적 촉구

촉각 역치가 낮은 학생 A의 손목을 잡을 경우 과잉반응을 보일 수 있기 때문이다.

2024학년도 중등 B8

31 **(가)는 중복장애 학생 A에 대한 담임 교사와 수석 교사의 대화이고, (나)는 학생 A를 위한 학급 규칙 자료이다. 〈작성 방법〉에 따라 서술하시오. [4점]**

(가) 담임 교사와 수석 교사의 대화

> 담임 교사: 학생 A는 지체장애와 자폐성장애를 같이 가지고 있는데, 낮은 촉각 역치를 보입니다. 학생 A에게 손 씻기를 지도하는데 어떤 방법으로 지도할까요?
>
> 수석 교사: 다양한 방법으로 지도할 수 있습니다. ㉠ 세면대 거울에 손 씻는 단계 그림을 붙여서 학생 A에게 손 씻기를 지도할 수 있고, ㉡ 손을 씻어야 한다는 의미로 선생님이 손으로 수도꼭지를 살짝 건드려서 학생 A에게 손 씻기를 알려 줘도 됩니다. 그리고 다른 방법으로는 ㉢ 학생 A가 손을 씻을 수 있도록 손목을 잡아 줄 수 있으며, ㉣ 선생님이 손을 씻는 모습을 학생 A에게 보여 주고 학생 A가 이를 모방하도록 할 수도 있습니다.

작성방법

(가)의 밑줄 친 ㉠~㉣ 중 학생 A에게 적절하지 않은 지도 방법을 1가지 찾아 기호와 그 명칭을 쓰고, 그 이유를 1가지 서술할 것

기본이론 312p

언어적 촉진

언어적 촉구

구어로 지시 · 힌트 · 질문 등을 하거나 개념의 정의나 규칙을 알려줌으로써 바람직한 행동을 유발하는 것

- **간접 구어 촉구**: "다음엔 무엇을 해야 하지?"
- **직접 구어 촉구**: "물 내리세요."

㉢ 경호에게 "스위치를 눌러봐."라고 말함

2022학년도 유아 A2

32 **(가)와 (나)는 유아특수교사가 윤희와 경호에게 실행한 중재 기록의 일부이다. (나)에서 ㉢에 해당하는 지도내용을 쓰시오. [1점]**

(나) 경호

- 경호가 자유놀이 시간에 음성출력기기를 사용하여 "같이 놀자."라고 말하도록 지도함
- 경호가 "같이 놀자."라고 말하면 또래들이 같이 놀이하도록 지도함
- 음성출력기기 사용 기술은 아래와 같이 지도함

활동 시간	자유놀이		날짜	2021년 ○월 ○일
목표 행동	음성출력기기 스위치를 눌러 또래에게 놀이 요청하기			
지도 내용	신체적 도움	시각적 도움	언어적 도움	단서
	경호의 손을 잡고 스위치를 함께 누름	(생략)	(㉢)	스위치를 가리킴

- 중재 결과, 경호가 또래에게 놀이를 요청하는 행동이 증가함
- 바깥놀이 시간에도 경호가 음성출력기기를 자발적으로 사용하여 또래와 놀이하는 행동이 관찰됨

기본이론 316p

자극 내 촉구

촉구의 유형
- 반응촉구
- 자극촉구
- 자연적 촉구

자극촉구
- 정확한 반응을 높이기 위해 변별자극을 변화 또는 증가시키거나(자극 내 촉구), 변별자극에 대한 추가적 단서를 주는 것(가외자극 촉구) 등
- 유형
  - **자극 내 촉구**: 정반응을 이끌어내기 위해 변별자극 자체나 그 위치, 모양, 크기, 색깔, 강도 등을 변화시키는 것
  - **가외자극 촉구**: 변별자극 외에 변별자극에 다른 자극을 추가해 제시하는 것

㉡ 자극 내 촉구

2015학년도 초등 B4

33 **(가)는 특수학교 김 교사가 색 블록 조립하기를 좋아하는 자폐성 장애 학생 준수에게 '2011 개정 특수교육 교육과정' 중 기본 교육과정 수학과 3~4학년군 '지폐' 단원에서 '지폐 변별하기'를 지도한 단계이고, (나)는 이에 따른 준수의 수행 관찰기록지이다. 물음에 답하시오. [6점]**

(가) '지폐 변별하기' 지도 단계

단계	교수 · 학습 활동
주의집중	교사는 준수가 해야 할 과제 수만큼의 작은 색 블록이 든 투명 컵을 흔들며 준수의 이름을 부른다.
㉠	교사는 1,000원과 5,000원 지폐를 준수의 책상 위에 놓는다. 이때 ㉡ 교사는 1,000원 지폐를 준수 가까이에 놓는다. 교사는 준수에게 "천 원을 짚어보세요."라고 말한다.
학생 반응	준수가 1,000원 지폐를 짚는다.
피드백	교사는 색 블록 한 개를 꺼내, 준수가 볼 수는 있으나 손이 닿지 않는 책상 위의 일정 위치에 놓는다. (오반응 시 교정적 피드백 제공)
시행 간 간격	교사는 책상 위 지폐를 제거하고 준수의 반응을 기록한다.

※ 투명 컵이 다 비워지면, 교사는 3분짜리 모래시계를 돌려놓는다. 준수는 3분간 색 블록을 조립한다.

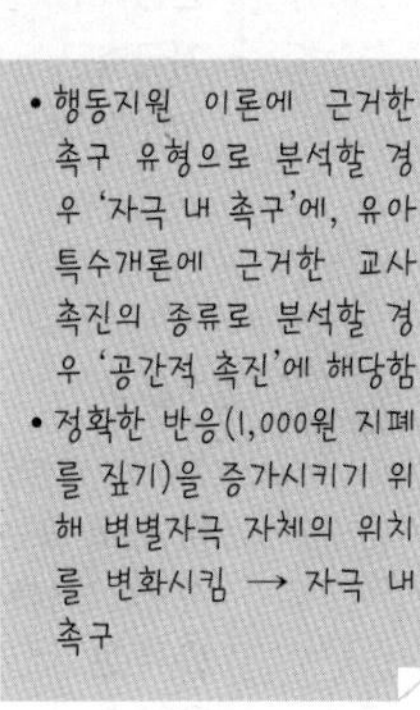

- 행동지원 이론에 근거한 촉구 유형으로 분석할 경우 '자극 내 촉구'에, 유아특수개론에 근거한 교사 촉진의 종류로 분석할 경우 '공간적 촉진'에 해당함
- 정확한 반응(1,000원 지폐를 짚기)을 증가시키기 위해 변별자극 자체의 위치를 변화시킴 → 자극 내 촉구

1) ㉡에서 적용한 촉구(촉진)의 유형을 쓰시오. [1점]

기본이론 316p

자극 내 촉구

촉구의 유형
- 반응촉구
- 자극촉구
- 자연적 촉구

자극촉구
- 정확한 반응을 높이기 위해 변별자극을 변화 또는 증가시키거나(자극 내 촉구), 변별자극에 대한 추가적 단서를 주는 것(가외자극 촉구) 등
- 유형
  - **자극 내 촉구**: 정반응을 이끌어내기 위해 변별자극 자체나 그 위치, 모양, 크기, 색깔, 강도 등을 변화시키는 것
  - **가외자극 촉구**: 변별자극 외에 변별자극에 다른 자극을 추가해 제시하는 것

자극 내 촉구

2019학년도 초등 A3

34 **(가)는 중복장애 학생 경수의 특성이고, (나)는 특수교사가 작성한 2015 개정 기본 교육과정 수학과 5~6학년 수와 연산 영역의 교수 학습 과정안의 일부이다. 물음에 답하시오. [6점]**

(나) 교수 · 학습 과정안

단계	교수 · 학습 활동	자료(㉶) 및 유의점(㉸)
도입	필요한 의자의 수를 구하는 상황 제시	
새로운 문제 상황 제시	• 교실에 22명의 학생이 있고, 학생 12명이 더 오면 의자는 모두 몇 개가 필요할까요? – 필요한 의자의 개수를 어림해보기 – 학생들의 인지적 갈등 유도하기	㉶ 그래픽 조직자
수학적 원리의 필요성 인식	• 22 + 12를 계산하는 방법 생각하기 – 모든 의자의 수 세기, 22 다음부터 12를 이어 세기 등 • 좀 더 효율적인 방법의 필요성 인식하기	㉶ 구체물
수학적 원리가 내재된 조작 활동	• 수모형으로 22 + 12 나타내기 – 십모형과 일모형으로 나타내기 22 + 12 = 34	㉶ 수모형 ㉸ 학생들이 ㉠ <u>숫자를 쓸 때, 자리에 따라 숫자가 나타내는 값이 달라지므로 정확한 자리에 쓰게 한다.</u>
수학적 원리의 형식화	• 22 + 12의 계산 방법을 식으로 제시하기 • 22 + 12를 세로식으로 계산하기 $\begin{array}{r}22\\+12\\\hline\end{array}$ ➡ $\begin{array}{r}2\mathbf{2}\\+1\mathbf{2}\\\hline\mathbf{4}\end{array}$ ➡ $\begin{array}{r}\mathbf{2}2\\+\mathbf{1}2\\\hline\mathbf{3}4\end{array}$	㉸ ㉡ <u>순서에 따라 더하는 숫자를 진하게 다른 색으로 표시한다.</u>
…(하략)…		

정확한 반응(자릿값에 맞게 계산하기)을 증가시키기 위해 변별자극을 진하게 제시함(변별자극 자체의 강도를 변화시킴) → 자극 내 촉구

3) (나)의 ㉡에서 사용한 자극촉진 유형을 쓰시오. [1점]

참고자료

기본이론 316p

키워드

- 자극 내 촉구
- 가외자극 촉구

구조화 틀

촉구의 유형

- 반응촉구
- 자극촉구
- 자연적 촉구

핵심개념

자극촉구

- 정확한 반응을 높이기 위해 변별자극을 변화 또는 증가시키거나(자극 내 촉구), 변별자극에 대한 추가적 단서를 주는 것(가외자극 촉구) 등
- **유형**
  - **자극 내 촉구**: 정반응을 이끌어내기 위해 변별자극 자체나 그 위치, 모양, 크기, 색깔, 강도 등을 변화시키는 것
  - **가외자극 촉구**: 변별자극 외에 변별자극에 다른 자극을 추가해 제시하는 것

모범답안

① [그림 자료 1]을 [그림 자료 2]보다 크고 진하게 제시한다.

② [그림 자료 1]에 스티커를 붙여 제시한다.

2017학년도 초등 B6

35 **(가)는 특수교육 수학교육연구회에서 계획한 2015 개정 특수교육 교육과정 중 기본 교육과정 수학과 1~2학년 '측정' 영역에 해당하는 수업 개요이고, (나)는 자폐성 장애 학생에게 (가)를 적용할 때 예측 가능한 학생 반응을 고려하여 구상한 수업 시나리오의 일부이다. 물음에 답하시오. [6점]**

(나)

〈활동 3〉

교사 : (학생에게 [그림 자료 1]과 [그림 자료 2]를 제시하며) 물의 양이 같은 것은 어느 것인가요?

학생 : (머뭇거리며 교사를 쳐다본다.)

교사 : (㉣ <u>학생에게 [그림 자료 1]과 [그림 자료 2]를 다시 제시</u>하며) 물의 양이 같은 것은 어느 것인가요?

[그림 자료 1]	[그림 자료 2]
같은 양의 물이 들어 있는 컵 2개가 그려진 자료	다른 양의 물이 들어 있는 컵 2개가 그려진 자료

3) (나)의 〈활동 3〉에서 교사가 ㉣을 할 때 학생의 정반응을 이끌어 내기 위해 사용할 수 있는 ① 자극 내 촉진의 예와 ② 자극 외 촉진의 예 1가지를 각각 쓰시오. [2점]

기본이론 316p

가외자극 촉구

촉구의 유형

- 반응촉구
- 자극촉구
- 자연적 촉구

자극촉구

- 정확한 반응을 높이기 위해 변별자극을 변화 또는 증가시키거나(자극 내 촉구), 변별자극에 대한 추가적 단서를 주는 것(가외자극 촉구) 등
- **유형**
  - **자극 내 촉구**: 정반응을 이끌어내기 위해 변별자극 자체나 그 위치, 모양, 크기, 색깔, 강도 등을 변화시키는 것
  - **가외자극 촉구**: 변별자극 외에 변별자극에 다른 자극을 추가해 제시하는 것

신발장의 신발 놓는 곳에 스티커를 붙여준다.

2023학년도 초등 B3

36 **(가)는 특수학교의 김 교사가 작성한 자폐성장애 1학년 학생 동호의 행동 관찰 노트이고, (나)는 교사들이 나눈 대화 내용의 일부이다. 물음에 답하시오. [5점]**

(나) 대화 내용

김 교사: 학기 초라서 그런지 동호가 학교생활에 적응을 잘 못 하네요. 최 교사: 예를 들면, 어떤 문제가 있나요? 김 교사: 교실도 못 찾고, 자기 책상도 못 찾고, 신발도 제자리에 못 넣습니다. 최 교사: 그러면 동호에게 가외자극 촉구를 적용해서 ㉠ <u>신발장에 신발을 제자리에 놓을 수 있도록 도와주는 방법</u>을 한번 써보면 좋을 것 같아요. 김 교사: 감사합니다.

2) (나)의 ㉠에 해당하는 가외자극 촉구의 예를 1가지 쓰시오. [1점]

참고자료

기본이론 316p

키워드

가외자극 촉구

구조화틀

촉구의 유형
- 반응촉구
- 자극촉구
- 자연적 촉구

핵심개념

자극촉구
- 정확한 반응을 높이기 위해 변별자극을 변화 또는 증가시키거나(자극 내 촉구), 변별자극에 대한 추가적 단서를 주는 것(가외자극 촉구) 등
- 유형
  - **자극 내 촉구**: 정반응을 이끌어 내기 위해 변별자극 자체나 그 위치, 모양, 크기, 색깔, 강도 등을 변화시키는 것
  - **가외자극 촉구**: 변별자극 외에 변별자극에 다른 자극을 추가해 제시하는 것

모범답안

야외 테이블 위에 붙어 있는 접시 스티커

2023학년도 유아 B6

37 (가)는 유아특수교사 강 교사가 발달지체 유아 예지의 통합학급 놀이를 지원하는 모습이고, (나)는 강 교사와 통합학급 박 교사가 나눈 대화의 일부이다. 물음에 답하시오. [5점]

(가)

강 교사: 촛불이 예지 케이크에는 두 개, 현지 케이크에는 네 개가 있네요. 촛불은 전부 몇 개예요?
다 은: ㉠ <u>네 개, 다섯 개, 여섯 개, 그러니까 전부 여섯 개</u>예요.
강 교사: (물모래 반죽 위에 기울어져 있는 나뭇가지를 더 길고 두꺼운 나뭇가지로 바꾸어 꽂아주며) 이번에는 예지가 촛불이 전부 몇 개인지 말해줄래요?
예 지: ㉡ <u>하나, 둘, 셋, 넷, 다섯, 여섯, 여섯 개, 전부 여섯 개.</u>
강 교사: 여섯 개. 딩동댕.
현 지: 자, 이제 다 같이 '후 ~ '하고 촛불 끄자. 하나, 둘, 셋!
유아들: (나뭇가지를 불면서) 후 ~
현 지: (접시 위에 물모래 반죽을 담아주며) 내가 케이크를 나누어줄게. (야외 테이블을 가리키며) 저기 위에 접시 올려줘.
강 교사: (야외 테이블 위에 붙어 있는 접시 스티커를 가리키며) 예지도 올려주세요.
다 은: 짠, 케이크 접시 다 올렸다.
현 지: 자, 그럼 이제 케이크 먹기 시작! 냠냠 맛있다.
예 지: 냠냠 맛있다. (양말을 만지며) 축축해.
[B] (강 교사의 첫 발화부터 예지의 "냠냠 맛있다. (양말을 만지며) 축축해."까지)
다 은: 선생님, 그런데 나도 양말 축축해요.
강 교사: 그러면 바깥놀이 정리하고 교실에 가서 양말을 갈아 신을까요?

3) (가)의 [B]에서 가외자극 촉구(extrastimulus prompt)에 해당하는 내용을 찾아 쓰시오. [1점]

기본이론 316p

가외자극 촉구

촉구의 유형
- 반응촉구
- 자극촉구
- 자연적 촉구

가외자극 촉구의 예시
- 어느 수가 큰지 비교하는 경우에 각 숫자 밑에 숫자에 해당하는 만큼의 사물이나 사물의 그림 제시하기
- 식사용 매트 위의 적절한 위치에 나이프, 포크, 숟가락을 그려놓고 그 위에 도구를 놓게 하기 → 식사 도구가 그려진 매트는 가외자극 촉구에 해당함

④

2010학년도 초등 26

38 **임 교사는 2008년 개정 특수학교 기본교육과정 수학과 내용체계의 영역을 정신지체 학생에게 〈보기〉와 같은 다양한 촉진 전략을 사용하여 지도하였다. 임 교사가 사용한 촉진 전략 중 가외자극 촉진(자극 외 촉구 : extrastimulus prompt) 전략을 〈보기〉에서 모두 고른 것은?**

보기

ㄱ. 수 영역 Ⅰ단계의 '변별하기'를 지도하기 위해, 축구공과 야구공 중에서 변별해야 하는 야구공을 학생에게 더 가까운 위치에 놓아준 후, 야구공을 찾게 하였다.

ㄴ. 연산 영역 Ⅰ단계의 '구체물 가르기와 모으기'를 지도하기 위해, 여러 개의 사과와 '두 접시에 나눠진 사과 그림'을 함께 제시한 후, 여러 개의 사과를 그림에서처럼 가르게 하였다.

ㄷ. 측정 영역 Ⅰ단계의 '화폐의 종류 알기'를 지도하기 위해, 천 원 크기의 종이와 ○표시 스티커를 붙인 천 원짜리 지폐를 제시한 후, 실제 지폐를 찾게 하였다.

ㄹ. 수 영역 Ⅱ단계의 '한 자릿수의 크기 비교하기'를 지도하기 위해, 비교해야 하는 숫자 9와 6 밑에 각각 그 개수만큼의 바둑알을 놓아준 후, 많은 쪽의 숫자에 동그라미 표시를 하게 하였다.

ㅁ. 측정 영역 Ⅲ 단계의 '무게 재기'를 지도하기 위해, 저울을 사용하여 감자 무게를 재는 시범을 보여준 후, 직접 감자 무게를 재게 하였다.

> ㄱ. 자극 내 촉진 또는 공간적 촉진

> ㅁ. 반응촉구의 유형 중 모델링 촉구에 해당함

① ㅁ
② ㄱ, ㅁ
③ ㄴ, ㄷ
④ ㄴ, ㄷ, ㄹ
⑤ ㄱ, ㄴ, ㄷ, ㄹ

참고자료

기본이론 312-313p, 316p

키워드

- 반응촉구
- 자극촉구

구조화 틀

핵심개념

모범답안

④

2012학년도 중등 36

39 다음은 지체장애 학생 A의 특성이다. 학생 A를 위해 고려할 수 있는 교육적 지원 방법으로 적절한 것만을 〈보기〉에서 있는 대로 고른 것은?

- 장애 및 운동 특성
  - 뇌성마비(사지마비, 경직형)
  - 휠체어 이동
  - 착석 자세에서 체간의 전방굴곡
  - 관절운동범위(ROM)의 제한
- 학습 특성
  - 과제에 대한 독립적 수행 의지가 낮고 보조원에게 의존하는 경향이 있음
  - 과제 회피 행동을 간혹 보임(교재를 떨어뜨리는 행동 등)
  - 학습 장면에서 잦은 실패 경험으로 인해 학습 동기가 낮음
  - 학업 성취 수준이 낮음

보기

ㄱ. 학생 A의 책상 높이를 낮추고 휠체어에 외전대를 제공하면, 몸통의 전방굴곡을 막고 신체의 정렬을 도와 안정된 착석 자세를 확보할 수 있다.
ㄴ. 제한된 ROM으로 학습 활동에 참여하기 어려울 수 있으므로 보조기기를 제공하거나 과제 수행 계열을 조정하는 방식으로 과제 참여 수준을 수정하여 의존성은 줄이고 독립심은 높일 수 있다.
ㄷ. 선행자극 전략의 하나로 학생 A에게 과제 선택 기회를 제공함으로써 활동에 대한 동기를 높이고 과제에 대해 느끼는 혐오적 속성과 과제 회피 행동은 감소시킬 수 있을 것이다.
ㄹ. 학습 평가 시 학생 A의 능력, 노력, 성취의 측면을 모두 평가하는 다면적 평가 방법을 적용할 수 있다. 평가 수정은 학생 A의 성취 수준에 적절한 평가 준거에 맞추어 변화의 정도 파악에 중점을 두는 것이 필요하다.
ㅁ. 학생 A의 학습 성공 경험을 높이기 위해 자극촉진과 반응촉진을 적용할 수 있다. 두 전략은 모두 교수 자극을 수정하기 때문에 계획에 시간이 걸리지만, 학습 과제의 특성에 따라 강화 제공 방식이 달라 학생 A의 정반응 가능성을 높여줄 것이다.

ㄷ. 선행사건 중재에 해당하는 예시이므로 정답임 → 학생의 문제행동 기능인 과제 회피로 인한 문제행동을 예방하기 위해 선택 기회를 제공하고 있음

ㅁ. 반응촉구는 변별자극은 그대로 유지한 채 부가적인 도움을 제공하는 것이고, 자극촉구는 변별자극 자체를 변화시키거나 변별자극에 추가적인 단서를 제공하는 것임. 자극촉구는 변별자극을 변화시키기 위해 준비나 사용에 더 많은 시간이 필요하지만, 독립적 수행을 촉진하는 장점이 있음

① ㄱ, ㄷ
② ㄴ, ㅁ
③ ㄱ, ㄹ, ㅁ
④ ㄴ, ㄷ, ㄹ
⑤ ㄴ, ㄷ, ㅁ

기본이론 318p

촉구의 용암 필요성

촉구의 용암
- 필요성
- 반응촉구의 점진적 변화
- 자극촉구의 점진적 변화

촉구의 용암 필요성

- 촉구는 정반응을 하도록 도와주는 부가적인 자극이므로, 행동의 습득 단계에서만 사용하고 그것에 지나치게 의존하는 것은 지양해야 함
- **용암**: 촉구의 양을 점차 줄여서 부가적인 자극 없이도 정반응을 할 수 있도록 가르치는 방법 → 즉, 촉구의 점진적 변화라는 기법을 적용하는 것
- **촉구의 용암 방법**
  - 반응촉구를 점진적으로 변화시키는 방법(반응촉구체계)
  - 자극촉구를 점진적으로 변화시키는 방법(자극용암)

강화계획의 체계적 약화

강화계획은 학생에게 새로운 행동을 습득시키거나 습득된 행동을 유지하도록 하는 데 유용한 방법이나, 언제까지나 인위적인 강화계획에 의존하도록 해서는 안 되기 때문에 만족에 대한 지연을 학습하도록 체계적으로 접근하는 것이 필요함

강화나 촉진에 대한 의존성이 생겨 강화나 촉진이 주어지지 않은 상황에서는 행동을 수행하지 않게 된다.

2019학년도 유아 A2

40 **(가)는 5세 발달지체 유아 현수의 사회적 통합과 관련하여 특수학급 최 교사와 통합학급 김 교사가 나눈 대화의 일부이고, (나)는 최 교사와 김 교사가 적용한 우발 교수(incidental teaching)와 사회적 통합 활동(social integration activities) 계획안이다. 물음에 답하시오. [5점]**

(나)

- 현수를 위한 '우발 교수' 계획
  1. 현수를 놀이 활동 중인 친구들 근처에 있게 한다.
  2. 현수가 친구들의 놀이나 놀잇감에 관심을 보일 때까지 기다린다.
  3. (㉢)
  4. 현수가 친구들과 같이 놀이에 참여할 때, 긍정적 피드백이나 ㉣ 칭찬을 제공한다.

- 현수를 위한 '사회적 통합 활동' 계획

[기본 절차]
1. 사회성 및 의사소통 기술이 우수한 두세 명의 친구들을 선정한다.
2. 친구들이 현수와 함께 정해진 구역에서 짧은 시간 동안 놀이 활동을 하게 한다.

[고려사항 및 유의점]
1. 현수를 사회성이 우수한 친구들과 함께 놀이 활동에 참여하게 한다.
2. 정해진 장소에서 5~15분 정도의 시간 동안 놀이 활동을 하게 한다.
3. 현수에게 긍정적인 놀이 경험이나 또래 간 상호작용을 제공할 수 있는 놀이 활동을 선정한다.
4. 놀이 주제를 소개하고 ㉤ 촉진을 사용하여 또래와의 상호작용을 체계적으로 유도한다.
5. 적극적으로 유아들의 놀이 활동에 같이 참여하여 현수의 놀이 활동을 지원한다.

[A]

3) **교사가 ㉣이나 ㉤과 같은 강화나 촉진(prompt)을 용암이나 점진적 감소 전략을 통해 제거하지 않았을 때, 현수에게 나타날 수 있는 행동을 쓰시오. [1점]**

참고자료

기본이론 318-320p

키워드

도움감소법(최대-최소 촉진법)

구조화 틀

촉구의 용암
- 필요성
- 반응촉구의 점진적 변화
- 자극촉구의 점진적 변화

핵심개념

도움감소법(최대-최소 촉구체계)

- 처음에는 아동이 정반응을 수행하기에 충분하다고 생각되는 만큼 최대한의 반응촉구(언어·신체·몸짓·시각촉구)를 제공해 아동이 정반응을 보이면 점차 그 양을 줄여가는 것
- **장점**: 학습 초기 단계에 많이 발생할 수 있는 오류를 제거할 수 있으므로, 오류로 인한 좌절을 방지할 수 있음
- **방법**
  - 반응촉구를 혼합해 사용하는 경우에는 강제성이 강한 것부터 차례로 제거함
  - 반응촉구를 한 가지만 사용하는 경우에는 그 강도 또는 단계를 줄여감. 이때, 신체적 촉구를 점진적으로 제거하는 방법은 '단계적 지도' 또는 '점진적 안내 감소'라고 구별해 명명함

모범답안

① 도움감소법(최대-최소 촉진법)
② 습득

2013학년도 추가유아 A7

41 **다음은 발달지체 유아인 민아의 개별화교육계획 목표를 활동 중심 삽입교수로 실행하기 위해 박 교사가 작성한 계획안이다. 물음에 답하시오. [6점]**

유아명	정민아	시기	5월 4주	교수 목표	활동 중에 제시된 사물의 색 이름을 말할 수 있다.

교수활동		
활동	㉠ 학습 기회 조성	㉤ 교사의 교수활동
자유선택활동 (쌓기 영역)	블록으로 집을 만들면서 블록의 색 이름 말하기	㉡ 민아에게 사물을 제시하며 "이건 무슨 색이야?" 하고 물어본다. "빨강(노랑, 파랑, 초록)" 하고 색 이름을 시범 보인 후 "따라 해 봐." 하고 말한다. ㉢ 정반응인 경우 칭찬과 함께 긍정적인 피드백을 제공하고 오반응인 경우 색 이름을 다시 말해준다.
자유선택활동 (역할놀이 영역)	소꿉놀이 도구의 색 이름 말하기	
자유선택활동 (언어 영역)	존댓말 카드의 색 이름 말하기	
대소집단활동 (동화)	그림책 삽화를 보고 색 이름 말하기	
간식	접시에 놓인 과일의 색 이름 말하기	
실외활동	놀이터의 놀이기구 색 이름 말하기	

㉣ 관찰					
정반응률	월	화	수	목	금
	%	%	%	%	%

4) ㉤과 관련하여 다음의 글을 읽고 ①, ②에 들어갈 문장을 완성하시오. [2점]

> 박 교사는 촉진 의존성을 감소시키기 위한 용암법(fading) 중 기술을 학습함에 따라 촉진의 개입 정도를 체계적으로 줄여가는 (①)을(를) 적용하기로 하였다. 이 방법은 오류로 인한 좌절을 방지할 수 있기 때문에 4가지 학습 단계(수행 수준의 위계) 중 (②) 단계에서 주로 적용된다.

도움감소법의 장점 및 특징

기본이론 318-320p

도움감소법(최대-최소 촉진법)

촉구의 용암
- 필요성
- 반응촉구의 점진적 변화
- 자극촉구의 점진적 변화

도움감소법(최대-최소 촉구체계)

- 처음에는 아동이 정반응을 수행하기에 충분하다고 생각되는 만큼 최대한의 반응촉구(언어 · 신체 · 몸짓 · 시각 촉구)를 제공해 아동이 정반응을 보이면 점차 그 양을 줄여가는 것
- **장점**: 학습 초기 단계에 많이 발생할 수 있는 오류를 제거할 수 있으므로, 오류로 인한 좌절을 방지할 수 있음
- **방법**
  - 반응촉구를 혼합해 사용하는 경우에는 강제성이 강한 것부터 차례로 제거함
  - 반응촉구를 한 가지만 사용하는 경우에는 그 강도 또는 단계를 줄여감. 이때, 신체적 촉구를 점진적으로 제거하는 방법은 '단계적 지도' 또는 '점진적 안내 감소'라고 구별해 명명함

도움감소법(최대-최소 촉진법)

2018학년도 유아 A1

42 다음은 유치원 3세 반 진수의 개별화교육계획안이다. 물음에 답하시오. [5점]

인적사항			
이름	박진수(남)	생년월일	2013. 10. ○○.
시작일	2017. 3. ○○.	종료일	2017. 7. ○○.
…(생략)…			
발달 영역	자조 기술		
현재 학습 수행 수준			
〈강점〉 • 음식을 골고루 먹을 수 있다. • 식사 시간에 식탁 의자에 앉아 있을 수 있다. 〈약점〉 • 의존성이 강하여 숟가락을 혼자서 잡지 않고 성인의 도움을 받아 음식을 먹으려고 한다.			
교육목표			
장기목표	숟가락을 사용하여 스스로 식사를 할 수 있다.		
단기목표	1. ㉠ 교사가 숟가락을 잡은 진수의 손을 잡고 입 주위까지 가져가주면 3일 연속으로 10회 중 8회는 음식을 입에 넣을 수 있다. 2. …(생략)…		
교육내용	…(생략)…		
교육방법	㉡ 처음에는 신체적 촉진으로 시작하고 "숟가락을 잡고 먹어보세요."라는 언어적 촉진에 스스로 음식을 먹을 수 있도록 점차적으로 개입을 줄인다.		
특수교육 관련서비스			
…(하략)…			

촉구의 점진적 용암이 필요함

강제성의 순서에 따라 '신체적 촉구 → 언어적 촉구 → 촉구 없이 독립적 수행을 유도'하는 것은 도움감소법에 해당함

3) ㉡에서 적용한 반응촉진법의 유형은 무엇인지 쓰시오. [1점]

기본이론 318-320p

도움감소법(최대-최소 촉진법)

촉구의 용암
- 필요성
- 반응촉구의 점진적 변화
- 자극촉구의 점진적 변화

도움감소법(최대-최소 촉구체계)

- 처음에는 아동이 정반응을 수행하기에 충분하다고 생각되는 만큼 최대한의 반응촉구(언어·신체·몸짓·시각촉구)를 제공해 아동이 정반응을 보이면 점차 그 양을 줄여가는 것
- **장점**: 학습 초기 단계에 많이 발생할 수 있는 오류를 제거할 수 있으므로, 오류로 인한 좌절을 방지할 수 있음
- **방법**
  - 반응촉구를 혼합해 사용하는 경우에는 강제성이 강한 것부터 차례로 제거함
  - 반응촉구를 한 가지만 사용하는 경우에는 그 강도 또는 단계를 줄여감. 이때, 신체적 촉구를 점진적으로 제거하는 방법은 '단계적 지도' 또는 '점진적 안내 감소'라고 구별해 명명함

도움감소법(최대-최소 촉진법)

2016학년도 유아 A2

43 **(가)는 ○○특수교육지원센터에서 영아 대상 순회교사로 있는 김 교사의 업무 일지이고, (나)는 ○○특수교육지원센터에서 영유아의 장애 및 장애 가능성을 조기에 발견하기 위해 제작한 홍보 자료의 일부이다. 물음에 답하시오. [5점]**

(가) 업무 일지

9월 15일

- 민서(2세 2개월) ㉠ <u>10시~11시 30분 신발 벗기를 가르치기 위해 신발을 신겨주고 민서에게 신발 벗기를 수십 회 반복 연습시킴.</u> 어머니에게 평소에 신고 벗기 편한 신발을 신겨달라고 안내함
- 지우(1세 9개월) ㉡ <u>12시~1시 지우의 식사지도를 위해 가족의 점심 식사 시간에 방문하여 지우를 관찰함.</u> 지우 어머니에게 유동식을 피하고 고형식이나 반고형식을 준비할 것과 그릇이 미끄러지지 않도록 미끄럼 방지 매트를 사용하라고 조언함
- 준수(2세 10개월) ㉢ <u>2시~3시 준수가 매주 화요일마다 참석하고 있는 놀이 모임에 가서 또래와의 놀이 행동을 관찰함</u>. 준수가 또래와 상호작용 시 시작행동과 반응 행동의 빈도 및 행동 특성에 대한 자료를 수정함. 내년 유치원 입학을 대비해 또래 상호작용을 촉진할 계획임
- 현우(2세 10개월) ㉣ <u>3시 30분 ~ 4시 30분 현우 어머니가 거실에서 책을 읽는 동안 현우 집 화장실에서 손 씻기를 지도함.</u> 상담 시 어머니에게 하루 일과 중 필요한 때(식사 전후, 바깥놀이 후 등)에 현우에게 손을 씻을 기회를 자주 갖게 하도록 요청함

2) (가)에서 김 교사는 현우 어머니에게 다음과 같은 방법을 순서대로 실시하도록 안내하였다. 이 방법은 반응촉진전략 중 무엇에 해당하는지 쓰시오. [1점]

① 처음에는 전체적인 신체적 촉진을 제공하고, 현우가 잘하면 강화해주세요.
② 현우가 80% 수준에 도달하면, 부분적인 신체적 촉진을 제공하고, 잘하면 강화해주세요.
③ 현우가 80% 수준에 도달하면, 언어적 촉진을 제공하고, 잘하면 강화해주세요.
④ 현우가 스스로 손 씻기를 할 수 있게 될 때까지 이렇게 촉진을 단계적으로 줄여주세요.

기본이론 318-320p

도움감소법(최대-최소 촉진법)

촉구의 용암

- 필요성
- 반응촉구의 점진적 변화
- 자극촉구의 점진적 변화

도움감소법(최대-최소 촉구체계)

- 처음에는 아동이 정반응을 수행하기에 충분하다고 생각되는 만큼 최대한의 반응촉구(언어·신체·몸짓·시각촉구)를 제공해 아동이 정반응을 보이면 점차 그 양을 줄여가는 것
- **장점**: 학습 초기 단계에 많이 발생할 수 있는 오류를 제거할 수 있으므로, 오류로 인한 좌절을 방지할 수 있음
- **방법**
  - 반응촉구를 혼합해 사용하는 경우에는 강제성이 강한 것부터 차례로 제거함
  - 반응촉구를 한 가지만 사용하는 경우에는 그 강도 또는 단계를 줄여감. 이때, 신체적 촉구를 점진적으로 제거하는 방법은 '단계적 지도' 또는 '점진적 안내 감소'라고 구별해 명명함

도움감소법(최대-최소 촉진법)

2015학년도 초등 B3

44 **민호는 뇌성마비와 최중도 정신지체의 중복장애 학생으로 그림이나 사진을 이해하지 못하며, 구어로 의사소통이 어렵다. (가)는 교사와 민호의 상호작용 기록의 일부이다. 물음에 답하시오. [5점]**

(가) 교사와 민호의 상호작용

(교사는 민호가 볼 수 있으나 손이 닿지 않는 책상 위에 장난감 자동차가 움직이도록 태엽을 감아 놓아두고 다음 시간 수업을 준비하고 있다. 장난감 자동차가 소리 내며 움직이다 멈춘다.) 민호 : (교사를 바라보며 크게 발성한다.) <u>으으~ 으으~</u> 교사 : 민호야, 왜 그러니? 화장실 가고 싶어? 민호 : (고개를 푹 떨구고 가만히 있다.) 교사 : 화장실 가고 싶은 게 아니구나. 민호 : (고개를 들고 장난감 자동차와 교사를 번갈아 바라보며 발성한다.) <u>으으응~ 응~</u> 교사 : (장난감 자동차를 바라보며) 아! 자동차가 멈추었구나. 민호 : (몸을 뒤로 뻗치며) <u>으으응~ 으으응~</u> 교사 : 자동차를 다시 움직여줄게. (장난감 자동차가 움직이도록 해주고 잠시 민호를 보고 있다.) ㉠ <u>이번에는 민호가 한번 해볼까? (교사는 장난감 자동차에 스위치를 연결하여 휠체어 트레이 위에 놓은 뒤 민호의 손을 잡고 함께 스위치를 누른다.)</u>

1) (가)의 ㉠에서 교사는 다음과 같은 순서로 지도하였다. 교사가 사용한 촉구(촉진) 체계를 쓰시오. [1점]

〈스위치 사용 지도 순서〉 • 교사가 민호의 손을 잡고 민호와 함께 스위치를 누르며 장난감 자동차가 움직이도록 한다. • 교사가 두 손가락을 민호의 손등에 올려놓고 1초간 기다린다. • 교사가 스위치를 누르는 모습을 보여주고, "선생님처럼 해봐."라고 말한 후 잠시 기다린다. • 교사가 "민호가 눌러볼까?"라고 말한 뒤 잠시 기다린다. • 교사의 촉구 없이 민호 스스로 스위치를 누르도록 기다린다.

참고자료

기본이론 318-320p

키워드

도움감소법(최대-최소 촉진법)

구조화 틀

촉구의 용암

- 필요성
- 반응촉구의 점진적 변화
- 자극촉구의 점진적 변화

핵심개념

도움감소법(최대-최소 촉구체계)

- 처음에는 아동이 정반응을 수행하기에 충분하다고 생각되는 만큼 최대한의 반응촉구(언어 · 신체 · 몸짓 · 시각촉구)를 제공해 아동이 정반응을 보이면 점차 그 양을 줄여가는 것
- **장점**: 학습 초기 단계에 많이 발생할 수 있는 오류를 제거할 수 있으므로, 오류로 인한 좌절을 방지할 수 있음
- **방법**
  - 반응촉구를 혼합해 사용하는 경우에는 강제성이 강한 것부터 차례로 제거함
  - 반응촉구를 한 가지만 사용하는 경우에는 그 강도 또는 단계를 줄여감. 이때, 신체적 촉구를 점진적으로 제거하는 방법은 '단계적 지도' 또는 '점진적 안내 감소'라고 구별해 명명함

모범답안

도움감소법(최대-최소 촉진법)

2024학년도 유아 A1

45 **(가)는 자폐성장애 유아 동주의 특성이고, (나)와 (다)는 유아 특수교사 임 교사와 유아교사 배 교사가 동주의 놀이를 지원하는 장면과 임 교사의 지도 노트이다. 물음에 답하시오. [5점]**

(가)

- 곤충을 좋아함
- 동영상 보기를 좋아함
- 상호작용을 위한 말을 거의 하지 않음
- 상호작용 중 상대방이 가리키거나 쳐다보는 사물, 사람, 혹은 사건을 함께 쳐다볼 수 있음

(나)

동　주: (배 교사를 쳐다보지만 통을 보여 주지는 않는다.)
배 교사: 동주 왔구나.
동　주: (반응하지 않는다.)
임 교사: 동주야, 무당벌레 보여 드리자.
동　주: (반응하지 않는다.)
임 교사: (통을 든 동주의 팔꿈치를 살짝 밀어 주며) 보여 드리자.
동　주: (반응하지 않는다.)
임 교사: (동주가 손을 겹쳐 잡아 통에 든 무당벌레를 배 교사에게 보여 주며) 보여 드리자.
배 교사: 와, 동주가 좋아하는 무당벌레구나!
동　주: (교사를 쳐다보며 환하게 웃는다.)

동주의 손을 잡아 곤충을 보여 주도록 지도한 날로부터 2주가 지났다. 촉구가 성공적으로 용암되고 있다. 오늘 내가 팔꿈치를 살짝 밀어 주며 "보여 드리자." 라고 말해 주는 단계까지 진행했을 때 동주가 배 선생님에게 곤충을 보여 주었다. 마지막 단계가 용암되어 기뻤다. 나와 배 선생님이 일과 중 자연스럽게 대화 상대자와 촉구 제공자의 역할을 바꾸어 가며 지도해 온 결과이다.

1) 교사들이 실시하고 있는 촉구 용암 절차가 무엇인지 쓰시오. [2점]

기본이론 319-320p

점진적 안내 감소

촉구의 용암
- 필요성
- 반응촉구의 점진적 변화
- 자극촉구의 점진적 변화

점진적 안내 감소
- 신체적 촉구의 양을 점진적으로 감소시킬 때 사용되는 기법
- 훈련 초기에는 표적행동을 유도하기에 충분할 만큼의 신체적 도움을 제공함. 즉, '학생의 손 → 손목 → 팔꿈치' 순서로 점차 신체적 도움을 줄이다가, 마지막 단계에서는 신체적 접촉은 피하고 그림자 기법으로 대체함
- **그림자 기법**: 학생의 신체에 직접 손을 대지 않고 학생의 행동을 따라 그림자처럼 아동의 손 위로 훈련자의 손을 움직여주는 방법
- 습득의 초기에서 후기까지 사용하며, 다른 덜 개입적인 촉구가 효과가 없을 때만 사용해야 함

점진적 안내 감소

2017학년도 중등 A13

46 **다음은 중도·중복장애 학생을 위한 '손 씻기' 지도 계획이다. 촉진 방법 A의 명칭을 쓰시오. [4점]**

(가) 촉진 방법 A

세면대 앞에서 학생의 손을 잡고 '수도꼭지 열기 → 흐르는 물에 손 대기 → 비누 사용하기 → 문지르기 → 헹구기 → 수도꼭지 잠그기 → 수건으로 닦기' 순서로 지도한다. 처음에는 손을 잡고 지도하다가, 자발적 의지가 보이면 교사 손의 힘을 풀면서 손목 언저리를 잡고 도와준다. 손목을 잡고 도움을 주다 점차 어깨 쪽에 손만 살짝 접촉하고 지켜보다가, 서서히 그림자(shadowing) 방법으로 가까이에서 언제든 지원할 동작을 취한다.

기본이론 319-320p

점진적 안내 감소

촉구의 용암
- 필요성
- 반응촉구의 점진적 변화
- 자극촉구의 점진적 변화

점진적 안내 감소
- 신체적 촉구의 양을 점진적으로 감소시킬 때 사용되는 기법
- 훈련 초기에는 표적행동을 유도하기에 충분할 만큼의 신체적 도움을 제공함. 즉, '학생의 손 → 손목 → 팔꿈치' 순서로 점차 신체적 도움을 줄이다가, 마지막 단계에서는 신체적 접촉은 피하고 그림자 기법으로 대체함
- **그림자 기법**: 학생의 신체에 직접 손을 대지 않고 학생의 행동을 따라 그림자처럼 아동의 손 위로 훈련자의 손을 움직여주는 방법
- 습득의 초기에서 후기까지 사용하며, 다른 덜 개입적인 촉구가 효과가 없을 때만 사용해야 함

점진적 안내 감소
- 교사는 그림자 기법을 사용해 학생의 신체에 접촉하지 않고 팔 위에서 물건을 담는 것을 지원한다.
- 학생은 스스로 카트에 물건을 담는다.

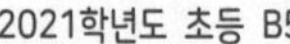

2021학년도 초등 B5

47 **(가)는 중도중복장애 학생 건우의 현재 담임 김 교사와 전년도 담임 이 교사가 나눈 대화이고, (나)는 김 교사와 작성한 수업 계획안의 일부이다. 물음에 답하시오. [6점]**

(나) 수업 계획안

활동주제	쇼핑 카트에 물건 담기
⋮	⋮
단계	내용
활동 1	• 신체적 도움으로 연습하기 1. 교사는 힘을 주어 학생의 손을 잡고, 학생은 교사의 도움을 받아 카트에 물건을 담는다. ↓ 2. 교사는 힘을 주어 학생의 손목을 잡고, 학생은 교사의 도움을 받아 카트에 물건을 담는다. ↓ 3. 교사는 힘을 주어 학생의 팔꿈치를 잡고, 학생은 교사의 도움을 받아 카트에 물건을 담는다. ↓ 4. (　　　　㉣　　　　) (1~4: [A])
활동 2	독립적으로 연습하기

3) (나)의 [A]에서 적용한 용암법(fading)의 유형을 쓰고, [A]의 마지막 단계인 ㉣에 들어갈 교사와 학생의 행동을 각각 1가지씩 쓰시오. [3점]

기본이론 319-320p

점진적 안내 감소

촉구의 용암
- 필요성
- 반응촉구의 점진적 변화
- 자극촉구의 점진적 변화

점진적 안내 감소
- 신체적 촉구의 양을 점진적으로 감소시킬 때 사용되는 기법
- 훈련 초기에는 표적행동을 유도하기에 충분할 만큼의 신체적 도움을 제공함. 즉, '학생의 손 → 손목 → 팔꿈치' 순서로 점차 신체적 도움을 줄이다가, 마지막 단계에서는 신체적 접촉은 피하고 그림자 기법으로 대체함
- **그림자 기법**: 학생의 신체에 직접 손을 대지 않고 학생의 행동을 따라 그림자처럼 아동의 손 위로 훈련자의 손을 움직여주는 방법
- 습득의 초기에서 후기까지 사용하며, 다른 덜 개입적인 촉구가 효과가 없을 때만 사용해야 함

점진적 안내 감소

2023학년도 유아 B6

48 **(가)는 유아특수교사 강 교사가 발달지체 유아 예지의 통합학급 놀이를 지원하는 모습이고, (나)는 강 교사와 통합학급 박 교사가 나눈 대화의 일부이다. 물음에 답하시오. [5점]**

(나)

박 교사: 선생님, 오늘 물모래 놀이 하고 나서 양말을 갈아 신었잖아요. 예지가 양말 벗기는 잘했는데 양말 신기는 어려워했어요. 어떻게 지도하면 좋을까요?

강 교사: 네, 선생님. 처음에는 예지의 손을 힘주어 잡고 양말 신기를 지도해주세요. 그러다가 예지가 혼자서 양말 신기를 시작하면, 점차적으로 손에 힘을 빼면서 손으로 제공하는 물리적 도움을 줄여주세요. 다음으로는 예지 가까운 곳에서 가벼운 접촉으로 지도해주다가 마지막에는 예지 몸에서 손을 떼고 예지 가까이에서 지켜보면서 예지가 도움이 필요하면 언제든지 도움을 제공해주는 방법을 사용해서 예지의 양말 신기를 지도해주시면 좋을 것 같아요.

3) (나)에서 신체적 촉구의 용암(fading)을 위해 강 교사가 설명한 지도 방법이 무엇인지 쓰시오. [1점]

참고자료

기본이론 318-323p

키워드

- 촉구
- 촉구의 용암

구조화 틀

촉구의 용암
- 필요성
- 반응촉구의 점진적 변화
- 자극촉구의 점진적 변화

핵심개념

도움증가법(최소–최대 촉진체계)
- 아동에게 변별자극만 주는 것으로 시작했다가 정반응이 없으면 점차 촉구의 양을 증가시키는 것
- **목적**: 가능한 한 아동이 목표행동을 하는 데 필요한 만큼의 촉구만 최소한의 강도로 제공하기 위함
- 도움감소법과 마찬가지로 반응촉구를 한 가지만 사용할 수도 있고 혼합해 사용할 수도 있음

모범답안

⑤

2010학년도 중등 12

49 **정신지체 학생의 교수·학습 과정에서 사용하는 촉진(prompting)과 관련된 설명으로 옳은 것을 〈보기〉에서 고른 것은?**

보기

ㄱ. 간단한 언어촉진으로 학생이 정반응을 지속적으로 보이면 과제에 대한 독립적 수행이 이루어진 것으로 본다.
ㄴ. 학생들이 촉진에 고착되거나 의존하는 단점을 보완하기 위하여 촉진을 점진적으로 제거하는 것을 용암이라고 한다.
ㄷ. 최소–최대 촉진체계는 학생들이 기술을 습득하는 초기 단계에서 사용하여 학습과정에서의 오류를 줄이는 데 유용하다.
ㄹ. 촉진은 자연적인 자극하에서 정반응이 일어나지 않을 때 여러 가지 부가 자극을 사용하여 정반응의 발생 가능성을 증가시키는 방법이다.
ㅁ. 점진적 안내(graduated guidance)는 신체적 촉진의 수준을 학생의 수행 진전에 따라 점차 줄여나가다 나중에는 그림자 방법을 사용하는 것이다.

> ㄱ. 촉구의 궁극적 목적은 아동이 촉구 없이도 변별자극에 대해 정반응을 할 수 있도록 하는 것이므로 촉구는 용암되어야 함

> ㄷ. 최대–최소 촉진체계에 대한 설명임

> ※ '점진적 안내'는 예전 각론의 용어이므로, '점진적 안내 감소'로 작성해야 함

① ㄱ, ㄴ, ㄹ　② ㄱ, ㄷ, ㅁ
③ ㄴ, ㄷ, ㄹ　④ ㄴ, ㄷ, ㅁ
⑤ ㄴ, ㄹ, ㅁ

기본이론 320-321p

도움증가법(최소-최대 촉진법)

촉구의 용암
- 필요성
- 반응촉구의 점진적 변화
- 자극촉구의 점진적 변화

도움증가법(최소-최대 촉진체계)
- 아동에게 변별자극만 주는 것으로 시작했다가 정반응이 없으면 점차 촉구의 양을 증가시키는 것
- **목적**: 가능한 한 아동이 목표행동을 하는 데 필요한 만큼의 촉구만 최소한의 강도로 제공하기 위함
- 도움감소법과 마찬가지로 반응촉구를 한 가지만 사용할 수도 있고 혼합해 사용할 수도 있음

도움증가법(최소-최대 촉진법)

2019학년도 유아 A8

50 **다음은 4세 발달지체 유아 승우의 어머니와 특수학급 민 교사 간 대화의 일부이다. 물음에 답하시오. [5점]**

> 민 교사: 집에서도 승우와 대화할 때 어머니의 역할이 중요해요. 그럴 때는 ㉢ <u>어머니께서 승우가 의사를 표현할 수 있을 거라는 기대를 가지고 기회를 제공하여, 의사를 표현하는 동안 충분히 기다려주는 것</u>이 필요하지요. 승우에게 필요한 표현을 ㉣ <u>간단한 몸짓이나 표정, 그림 등</u>으로 나타낼 수 있도록 만들어가면 어떨까요? 예를 들면, ㉤ <u>간식시간마다 승우가 먼저 간식을 달라는 의미로 손을 내미는 행동을 정해서 자신의 의도를 표현할 수 있도록 하는 것</u>이지요.

3) 다음은 ㉤을 위해 계획한 촉구 전략 절차이다. 어떤 촉구 전략인지 용어를 쓰시오. [1점]

> 1. 승우에게 간식을 보여주고 3초를 기다린다. — 변별자극 제시(변별자극에 정반응 보이기를 실패하자 촉진을 제공함)
> 2. 정반응이 없으면, 승우에게 "주세요 해봐."라고 말한다. — 언어적 촉진
> 3. 또 정반응이 없으면, 승우에게 "주세요 해봐."라고 말하면서 간식을 달라고 손을 내미는 시범을 보인다. — 언어적 촉진 + 몸짓 촉진
> 4. 또다시 정반응이 없으면, 승우에게 "주세요 해봐."라고 말하면서 승우의 손을 잡아 내밀게 한다. — 언어적 촉진 + 신체적 촉진

참고자료

기본이론 320-321p

키워드

도움증가법(최소-최대 촉진법)

구조화 틀

촉구의 용암
- 필요성
- 반응촉구의 점진적 변화
- 자극촉구의 점진적 변화

핵심개념

도움증가법(최소-최대 촉진체계)
- 아동에게 변별자극만 주는 것으로 시작했다가 정반응이 없으면 점차 촉구의 양을 증가시키는 것
- **목적**: 가능한 한 아동이 목표행동을 하는 데 필요한 만큼의 촉구만 최소한의 강도로 제공하기 위함
- 도움감소법과 마찬가지로 반응촉구를 한 가지만 사용할 수도 있고 혼합해 사용할 수도 있음

모범답안

③

2009학년도 초등 26

51 **다음은 박 교사가 중도·중복장애 학생 성수에게 2008 개정 특수학교 기본교육과정 사회과 내용인 '물건 구입하기'를 지도하는 과정을 기술한 것이다. 박 교사가 사용하고 있는 반응촉진(촉구)체계는?**

> 박 교사: (문구점 안에서 성수에게) 공책을 집으세요.
> 성　수: (아무런 반응 없이 그 자리에 가만히 서 있다.)
> 박 교사: (공책 사진을 보여주며) 공책을 집으세요.
> 성　수: (여전히 움직이지 않고 그대로 서 있다.)
> 박 교사: (성수의 손을 잡고 공책을 함께 집으면서) 자, 이렇게 공책을 집으세요.

① 동시 촉진
② 최대-최소 촉진
③ 최소-최대 촉진
④ 고정 시간지연 촉진
⑤ 점진적 시간지연 촉진

변별자극 제시

- 변별자극에 정반응을 보이는 것을 실패하자 촉진을 제공함
- 시각적 촉진

신체적 촉진

동시 촉진
촉구는 기본적으로 학생이 정반응을 보이지 않을 때 주어지는 것이나, 동시 촉구는 그 예외에 해당함. 동시 촉구는 변별자극 제시와 함께 촉구를 제공하고 학생은 즉시 정반응을 보임. 동시 촉구는 다른 형태의 촉구보다 더 나은 유지와 일반화 효과를 나타냄

PART 02

기본이론 320-321p

도움증가법(최소-최대 촉진법)

촉구의 용암
- 필요성
- 반응촉구의 점진적 변화
- 자극촉구의 점진적 변화

위계적 촉진체계
- 최소 촉진체계
  - 개별적 또는 연쇄적인 과제를 가르치기 위해 필요한 경우에만 촉진을 제공하는 교수전략
  - 교사는 구어적 촉진으로 시작해 몸짓-모델-신체적 촉진 순으로 실행할 수 있음
  - 교사는 학생이 반응을 만들어내는 데 필요한 촉진만을 제공함
- 최대 촉진체계
  - 초반에 신체적 안내를 사용
  - 시간이 흐름에 따라 신체적 촉진을 부분 신체적 촉진, 모델링, 몸짓, 구어 등과 같이 덜 개입적인 촉진으로 천천히 소거함

① 도움증가법(최소-최대 촉진법)
② 교사가 스위치를 눌러 악기를 선택하는 시범을 보여주고 4초간 기다린다.

2022학년도 초등 B2

52 다음 (가)는 초등학교 2학년 혜지의 특성이고, (나)는 혜지의 발에 착용하는 보장구이며, (다)는 혜지의 보완대체의사소통(AAC) 체계이다. 물음에 답하시오. [5점]

(가) 혜지의 특성

- 뇌성마비 학생이며, 시각적 정보 처리에 어려움이 있어 그림을 명확하게 변별하기 어려움
- ⓑ 비정상적인 근긴장도로 인해 자세를 자주 바꿔주어야 함
- ㉠ 바로 누운 자세에서 긴장성 미로반사가 나타남

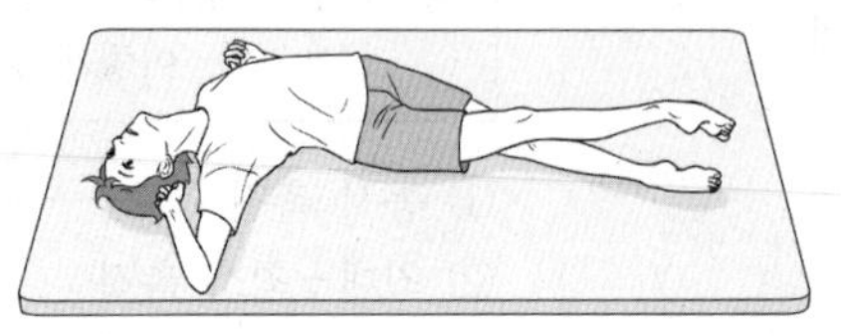

3) 다음은 혜지가 스위치를 눌러 악기를 선택할 수 있도록 지도하는 절차이다. ① 교사가 사용한 체계적 교수의 명칭을 쓰고, ② ⓑ에서 교사가 시행하는 방법을 혜지의 특성을 고려하여 구체적으로 쓰시오. [2점]

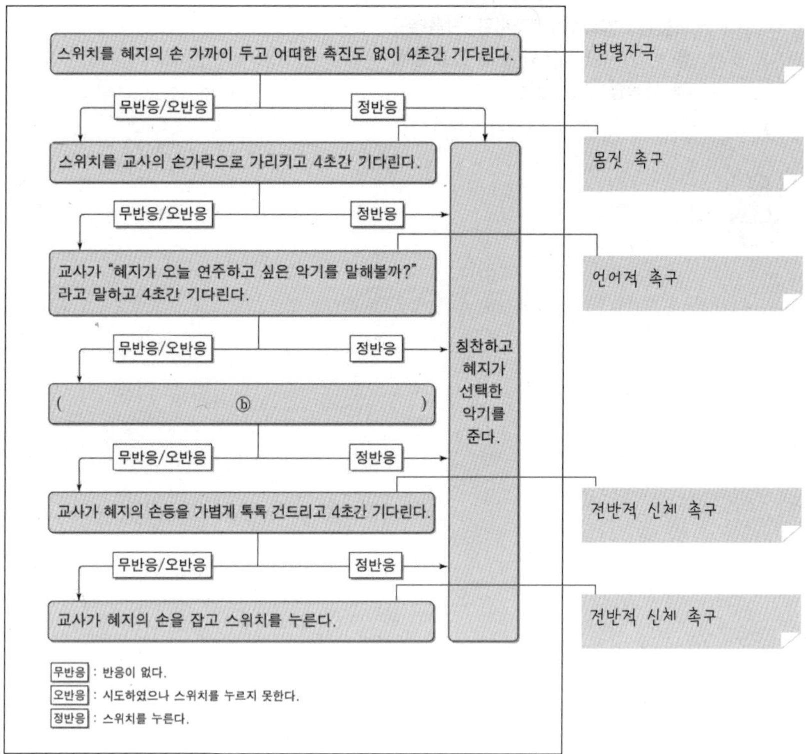

기본이론 312p, 319-320p, 321-322p

- 고정 시간지연
- 점진적 안내 감소
- 언어적 촉구

촉구의 용암
- 필요성
- 반응촉구의 점진적 변화
- 자극촉구의 점진적 변화

시간지연법(촉구지연법)
- 학생이 요구되는 반응을 하지 못할 때 즉시 촉구를 사용하는 것이 아니라 학생에게 몇 초간 스스로 반응할 시간을 주고, 그래도 반응을 하지 않거나 하지 못할 때 사용하는 것 → 즉, 촉구 없이도 반응을 나타내게 하기 위해서 촉구가 지연되어 제공되는 것
- 학생에게 여러 단계의 촉구 전략을 사용하기보다, 가장 적절한 촉구 전략 한 가지를 사용하고, 점차 교수 시간을 줄일 수 있다는 장점이 있어 '최소개입촉구전략'이라고 불림
- 시간지연은 일정 시간을 정해 할 수도 있고(고정 시간지연) 학생의 능력이 향상됨에 따라 지연시간을 점차 증가시킬 수도 있음(점진적 시간지연)

고정 시간지연의 단계

① 촉구의 유형 결정
② 0초 시간지연을 통해 습득
③ 반응 요구
④ 정반응 시 강화, 오반응 또는 무반응 시 미리 정해놓은 시간 간격에 따라 촉구 제공(반응 요구와 촉구 제공 사이의 간격을 고정적으로 지연시킴)

고정 시간지연의 장점
- 점진적 시간지연과 동일하게 효과적이나 사용하기가 더 쉬움
- 과제분석의 첫 단계부터 학생의 반응을 이끌어낼 수 있음

⑤

2009학년도 중등 12

53 **〈보기〉는 과학 실험 수업 시 장애학생 A에게 적용 가능한 지도 전략들을 나열한 것이다. (가)~(다)에 해당하는 전략의 명칭을 순서대로 바르게 제시한 것은?**

보기

(가) 교사는 실험 과제(자연적 단서)를 A에게 제시한 후 반응을 기다리지 않고 바로 교수적 촉진을 제공한다. 다음 시도부터는 자연적 단서 제시 후 A의 반응이 나오기까지 미리 정해둔 계획에 따라 5초 간격을 두고, 5초 안에 정반응이 없으면 교수적 촉진을 제공한다.

(나) 자연적 단서 제시 후 A가 올바른 수행을 하지 못하면 A의 손을 겹쳐 잡고 수행 방법을 가르쳐준다. 수행의 진전에 따라 교사의 손은 A의 손목, 팔꿈치, 어깨의 순으로 옮겨가며 과제 수행을 유도한다. 독립수행이 일어나면 손을 사용하는 지원은 없앤다.

(다) 자연적 단서를 제시한 다음에는 "자, 이젠 무엇을 해야 하지?"라는 방식으로 묻는다.

	(가)	(나)	(다)
①	진행 시간지연	최소-최대 촉진	간접구어 촉진
②	진행 시간지연	점진적 안내	직접구어 촉진
③	0초 시간지연	최소-최대 촉진	확산적 발문
④	고정 시간지연	부분적 참여	확산적 발문
⑤	고정 시간지연	점진적 안내	간접구어 촉진

(다) 언어적 촉구
구어로 지시, 힌트, 질문 등을 하거나 개념의 정의나 규칙을 알려주는 것으로 바람직한 행동을 유발함
- **간접 구어 촉구**: "다음엔 무엇을 해야 하지?"
- **직접 구어 촉구**: "물 내리세요."

0초 시간지연
시간지연법의 절차 중 변별자극 제시와 동시에 촉구를 제공하는 것

기본이론 321-322p

시간지연법(촉구지연법)

촉구의 용암
- 필요성
- 반응촉구의 점진적 변화
- 자극촉구의 점진적 변화

반응 지연(response delay)
- 변별자극의 제시와 반응 개시 사이의 계획된 지연을 말함
- 이 절차는 학생이 제시된 선행자극에 충분한 주의를 기울이지 않을 때 유효함

ⓒ 칠판에 제시된 자료를 보기 위해서는 원거리 시력활동을 보조하는 망원경을 제공하는 것이 적절하다.
ⓔ 촉진을 준 후 정우가 반응하기까지의 시간을 점차 줄여야 하고, 자극을 제시하고 촉진을 제공하는 시간을 점차 늘려가야 한다.

2020학년도 유아 B3

54 **(가)는 통합학급 5세 반 특수교육대상 유아들의 특성이고, (나)는 활동계획안이며, (다)는 교사들의 평가회 장면이다. 물음에 답하시오. [5점]**

(가)

민지	• 자신감이 부족함 • 지혜를 좋아하고 지혜의 행동을 모방함 • 워커를 이용하여 이동함
경민	• 1세 때 선천성 백내장 수술로 인공수정체를 삽입하였음 • 가까운 사물은 잘 보이지만 5m 이상 떨어진 사물은 흐릿하게 보임 • 눈이 쉽게 피로하며 안구건조증이 심함
정우	• 자발적으로 활동에 참여하려고 하지 않음 • 다른 사람과 눈맞춤은 하지 않지만 상대방의 말을 듣고 이해함 • 불편한 점이 있을 때 '아' 소리만 내고 아직 말을 못함

(나)

활동명	동물들의 움직임 표현하기
활동 목표	…(생략)…
활동 자료	생상스의 '동물의 사육제' 중 제 1~3곡의 음원, 광택이 없는 동물 사진자료(사자, 닭, 당나귀), 스카프
활동 방법	• 생상스의 '동물의 사육제'를 듣는다. • 동물 사진자료를 보며 이야기를 나눈다. • 음악을 들으며 자신이 표현하고 싶은 동물들의 움직임을 자유롭게 표현한다. …(중략)…
활동상의 유의점	ⓐ 동물들의 움직임을 표현하는 활동 시 민지를 지혜와 짝지어준다. ⓑ 민지에게 수시로 잘할 수 있다는 격려와 응원을 해준다. ⓒ 칠판에 사진자료를 제시할 때 경민이에게 확대경을 줘서 볼 수 있게 한다. ⓓ 경민이가 눈을 깜빡이거나 비비는 등 힘든 모습을 보이면, 인공 눈물을 넣어주고 잠시 쉬게 한 후 활동에 참여하게 한다. ⓔ 동물의 움직임을 표현할 때, 촉진을 준 후 정우가 반응하기까지의 시간을 점차 늘린다. ⓕ 정우가 활동에 대한 생각과 느낌을 그림카드로 표현할 수 있도록 해준다.
연계 활동	• 동물 머리띠 만들기 • '사자 왕의 생일잔치' 동극하기

1) **(가)에 근거하여 (나)의 활동상의 유의점 ⓐ~ⓕ 중 적절하지 않은 것을 2가지 찾아 그 기호를 쓰고 각각 바르게 고쳐 쓰시오. [2점]**

참고자료

기본이론 321-322p

키워드

시간지연법(촉구지연법)

구조화 틀

촉구의 용암

- 필요성
- 반응촉구의 점진적 변화
- 자극촉구의 점진적 변화

핵심개념

시간지연법(촉구지연법)

- 학생이 요구되는 반응을 하지 못할 때 즉시 촉구를 사용하는 것이 아니라 학생에게 몇 초간 스스로 반응할 시간을 주고, 그래도 반응을 하지 않거나 하지 못할 때 사용하는 것 → 즉, 촉구 없이도 반응을 나타내게 하기 위해서 촉구가 지연되어 제공되는 것
- 학생에게 여러 단계의 촉구 전략을 사용하기보다, 가장 적절한 촉구 전략 한 가지를 사용하고, 점차 교수 시간을 줄일 수 있다는 장점이 있어 '최소개입촉구전략'이라고 불림
- 시간지연은 일정 시간을 정해 할 수도 있고(고정 시간지연) 학생의 능력이 향상됨에 따라 지연시간을 점차 증가시킬 수도 있음(점진적 시간지연)

모범답안

시간지연

2019학년도 유아 A6

55 다음은 통합학급 장 교사가 5세 발달지체 유아 진호가 통합된 교실에서 갈라휴(D. Gallahue)의 동작 교수법을 적용한 교육 활동계획안의 일부이다. 물음에 답하시오. [5점]

단계	활동 내용	준비물(*) 유의사항(※)
조합	<리본 막대로 표현하기: 비, 바람, 눈에 대한 자신의 느낌을 생각하며> • 리본 막대로 비가 빠르다가 점점 느리게, 부드럽다가 점점 강하게 오는 모습을 표현한다. • 리본 막대로 바람이 ㉠ <u>위에서 아래로, 아래에서 위로, 앞에서 뒤로, 뒤에서 앞으로, 옆에서 옆으로 부는 모습을 표현한다.</u>	*리본 막대 ※ ㉡ <u>"비가 빠르다가 점점 느리게 내리는 모습을 리본 막대로 표현해보자."라고 말한 후 진호가 스스로 표현할 때까지 5초 동안 기다린다.</u>

3) ㉡에 적용된 교수전략이 무엇인지 쓰시오. [1점]

※ 고정 또는 지속적 시간지연법의 단서가 명확히 나와 있지 않으므로 '시간지연법'으로 작성하는 것이 적절함

기본이론 322p

점진적 시간지연

촉구의 용암
- 필요성
- 반응촉구의 점진적 변화
- 자극촉구의 점진적 변화

점진적 시간지연의 단계

① 촉구의 유형 결정
② 0초 시간지연을 통해 습득
③ 반응 요구
④ 정반응 시 강화, 오반응 또는 무반응 시 1~2초씩 지연을 증가시켜 촉구 제공(반응 요구와 촉구 제공 사이의 간격을 1~2초씩 증가시켜서 8초 혹은 그 이상으로 늘려감)

점진적 시간지연의 장점

- 적은 오류로 빠른 학습을 이끌어냄
- 지연시간이 점차적으로 증가되고, 기다리는 능력이 형성되기 때문에 잘 기다리지 못하는 학생에게는 고정시간지연보다 유용함

① 점진적 시간지연
② 지연시간이 점진적으로 지연되어, 기다리지 못하는 학생에게 기다리는 능력을 형성시킬 수 있다.

2016학년도 초등 A6

56 다음은 자폐성 장애 학생을 지도하기 위해 작성한 '2011 개정 특수교육 교육과정' 중 기본 교육과정 사회과 1~2학년군 '마음을 나누는 친구' 단원의 교수 · 학습 과정안의 일부이다. 물음에 답하시오. [6점]

단원	마음을 나누는 친구	제재	친구의 표정을 보고 마음 알기
단계	교수 · 학습 활동	자료(재) 및 유의사항(유)	
전개	〈활동 1〉 • 같은 얼굴표정 그림카드끼리 짝짓기 • 같은 얼굴표정 상징카드끼리 짝짓기	재 얼굴표정 그림카드 얼굴표정 상징카드	

1) 다음은 교사가 〈활동 1〉에서 학생이 촉진 없이 스스로 같은 얼굴표정 상징카드끼리 짝지을 수 있도록 가르치기 위해 사용하려는 전략의 예이다. ① 이 전략이 무엇인지 쓰고, 이 전략을 사용할 때 ② 기대할 수 있는 효과를 쓰시오. [2점]

> • 교사는 "같은 얼굴표정 상징카드끼리 짝지어보세요." 라고 말한 후 바로 촉진을 제공한다. 학생이 정반응을 보이면 강화한다. 정해진 수행 기준을 달성하면 다음으로 넘어간다.
> • 교사는 "같은 얼굴표정 상징카드끼리 짝지어보세요." 라고 말한 후 3초간 학생의 반응을 기다린다. 학생이 반응을 보이지 않으면 그때 촉진을 제공한다. 학생이 정반응을 보이면 강화한다. 정해진 수행 기준을 달성하면 다음으로 넘어간다.
> • 교사는 "같은 얼굴표정 상징카드끼리 짝지어보세요." 라고 말한 후 7초간 학생의 반응을 기다린다. 학생이 반응을 보이지 않으면 그때 촉진을 제공한다. 학생이 정반응을 보이면 강화한다. 정해진 수행 기준을 달성하면 다음으로 넘어간다.
>
> …(하략)…

3초간 지연 → 7초간 지연으로 점진적으로 시간을 지연시키고 있음

참고자료
기본이론 322p

키워드
점진적 시간지연

구조화 틀
촉구의 용암
- 필요성
- 반응촉구의 점진적 변화
- 자극촉구의 점진적 변화

핵심개념
시간지연법 vs 도움감소법/도움증가법 (양명희)
- 도움감소법이나 도움증가법은 촉구 자체의 형태가 바뀌는 것
- 시간지연법은 촉구를 제시하는 시간 길이를 바꿔 가는 것 → 자극이 제시된 후에 촉구를 제시하기까지의 시간을 지연시킴으로써 촉구에서 변별자극으로 자극통제를 전이하는 것

모범답안
점진적 시간지연은 촉구의 형태가 바뀌는 다른 용암체계와 달리 촉구를 제시하는 시간의 길이를 변화시킨다.

2019학년도 중등 B7

57 **(가)는 자폐성 장애 학생 J를 위한 기본 교육과정 고등학교 과학과 '주방의 전기 기구' 수업 지도 계획의 일부이고, (나)는 '주방의 조리 도구' 수업 지도 계획의 일부이다. 〈작성 방법〉에 따라 서술하시오. [5점]**

(가) '주방의 전기 기구' 수업 지도 계획

학습 목표	주방에서 사용하는 전열기의 이름을 안다.
〈비연속 시행 훈련(DTT) 적용 • ㉠ 수업 차시마다 주방 전열기 사진 5장을 3번씩 무작위 순서로 제시하여 총 15번의 질문에 학생이 바르게 답하는 빈도를 기록함 • ㉡ 점진적 시간지연법을 이용함	〈유의사항〉 • 학생이 선호하는 강화제 사용 • 학생에게 익숙한 주방 전열기 사진 제시

작성방법

'촉진의 형태가 바뀌는 용암 체계'에 비해 밑줄 친 ㉡이 갖는 특성 1가지를 서술할 것

확장하기

시간 지연: 촉구 지연(이성봉 외)

- 부수적인 선행자극에 의한 통제에서 자연적으로 자극에 의한 통제로의 전이를 위해 최대-최소 촉구, 최소-최대 촉구, 점진적 안내를 사용할 때는 촉구의 형태, 위치, 혹은 강도에 변화가 있지만, 시간 지연에서는 자연적 선행자극 제시와 제공된 촉구 사이의 시간을 체계적으로 조작함으로써, 궁극적으로 자연적 선행자극에 의한 자극통제로의 전이를 꾀하는 절차임
- 시간 지연은 반응 촉구로서 자연적 변별자극을 제시한 후 따라올 촉구 사용을 일정 시간 동안 지연함으로써 촉구에 의존하지 않은 독립 반응이 일어날 기회를 제공함
- 시간 지연에는 두 가지 절차가 있음. 무변 시간 지연(constant time delay)은 사용된 대부분의 경우 0초 시간 지연으로 여러 시도가 제시된 후에 촉구 제시가 일정하게 지연됨. 즉, 처음 여러 시도 혹은 첫 회기는 실수가 일어날 가능성을 낮춘 무오류 학습 시도를 제시하는데 이를 위해 선행자극과 촉구가 0초 지연된, 즉 동시 촉구가 제공되어 목표 반응과 관련된 강화 이력을 좀 더 확실하게 형성함. 무오류 학습 시도를 통해 강화 이력을 형성한 후 자연적 선행자극 제시와 촉구 제시 사이의 시간 지연(예 2초)이 일정하게 유지되는데, 촉구 제시의 지연이 2초라면, 대상 학생은 그 2초 동안 촉구 없이 독립적으로 자연적 자극에 의한 반응(독립반응)을 할 기회를 갖게 됨
- 점진적 시간 지연(progressive time delay)에서는 지연된 시간이 개별 시도 혹은 단위 시도(회기)에 걸쳐 점진적·체계적으로 증가함. 예를 들어, 첫 시도는 0초 지연, 두 번째 시도는 1초 지연, 세 번째 시도는 2초 지연 등으로 지연 시간을 점진적으로 증가시킴으로써 자극통제의 전이를 꾀할 수 있음

기본이론 313p, 316p, 323p

- 자극촉구
- 모델링 촉구
- 자극용암
- 일반화

촉구의 용암
- 필요성
- 반응촉구의 점진적 변화
- 자극촉구의 점진적 변화

자극용암

- 자연스럽게 목표 반응을 불러오는 선행자극에 의한 자극통제로, 자극통제가 전이되도록 인공적이고 침윤적인 촉구가 체계적·점진적으로 제거되는 것
- 이 제거 과정에서 촉구로 제공된 자극의 뚜렷함(예 색깔, 그림 단서 등)을 점진적으로 제거하게 됨

자극용암의 예시

- **예 1**: 개 그림을 변별하는 학생에게 영어 단어 'dog'를 한국어로 말하도록 지도할 때 'd-o-g'라고 인쇄된 단어(자연적 변별자극) 옆에 개 그림(부수적인 선행자극, 자극촉구)을 제공해 '개'라는 반응을 성공적으로 불러옴. 일단 자극촉구로 인해 안정적으로 반응이 나타나면 그림을 점진적으로 제거해 개 그림 없이 '개'라고 반응할 수 있도록 함

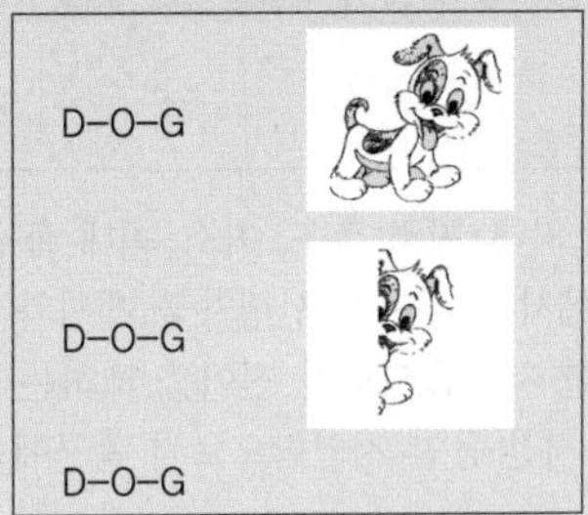

- **예 2**: 인쇄된 '빨-간-색'을 보고 '빨간색'이라고 읽도록 지도할 때 '빨간색'이란 단어를 3글자 모두 빨간색으로 쓰다가 연속적으로 제시되는 시도마다 점진적으로 단어 글씨를 검정색으로 써줌. 부수적인 자극인 빨간색을 제거해 단어만 보고도 '빨간색'이란 반응을 불러오도록 함

③

2009학년도 초등 36

58 **학습장애 학생 철수에게 자극용암, 자극 외(가외자극) 촉진(촉구), 자극 내 촉진을 사용하여 영어 단어의 변별을 지도한 방법이다. 임 교사가 사용한 지도방법의 예가 바르게 제시된 것은?**

보기

ㄱ. 컵 그림 위에 글자 cup을 쓰고, 모자 그림 위에 글자 cap을 썼다. — ㄱ. 가외자극 촉구에 해당함

ㄴ. cup의 글자를 cap의 글자보다 크고 진하게 썼다. — ㄴ. 자극 내 촉구에 해당함

ㄷ. 단어장을 보여주며 컵이라고 읽는 시범을 보인 후 따라 읽도록 하였다. — ㄷ. 모델링 촉구에 해당함

ㄹ. 초기에는 발음을 하려고만 해도 강화를 제공하였으나, 점진적으로 목표행동에 가까운 발음을 하면 차별적으로 강화하였다. — ㄹ. 행동형성

ㅁ. 학생이 cup과 cap을 변별하여 읽기 시작하면 컵 그림과 모자 그림을 점차 없애가며, cup의 글자크기와 진하기를 점차 cup의 글자 크기와 진하기처럼 작고 연하게 변화시켰다. — ㅁ. 자극용암

ㅂ. 학생이 카드 위에 쓰인 cup과 cap을 성공적으로 변별하면 다양한 책에 쓰인 cup을 읽도록 하였다. — ㅂ. 자극 일반화에 해당함

	자극용암	자극 외 촉진	자극 내 촉진
①	ㄷ	ㄹ	ㄱ
②	ㄷ	ㅂ	ㄱ
③	ㅁ	ㄱ	ㄴ
④	ㅁ	ㅂ	ㄴ
⑤	ㅂ	ㄱ	ㄹ

참고자료
기본이론 323p

키워드
자극용암

구조화틀
촉구의 용암
- 필요성
- 반응촉구의 점진적 변화
- 자극촉구의 점진적 변화

핵심개념
자극용암
- 자연스럽게 목표 반응을 불러오는 선행자극에 의한 자극통제로, 자극통제가 전이되도록 인공적이고 침윤적인 촉구가 체계적·점진적으로 제거되는 것
- 이 제거 과정에서 촉구로 제공된 자극의 뚜렷함(예 색깔, 그림 단서 등)을 점진적으로 제거하게 됨

자극용암의 예시
- **예 1**: 개 그림을 변별하는 학생에게 영어 단어 'dog'를 한국어로 말하도록 지도할 때 'd-o-g'라고 인쇄된 단어(자연적 변별자극) 옆에 개 그림(부수적인 선행자극, 자극촉구)을 제공해 '개'라는 반응을 성공적으로 불러옴. 일단 자극촉구로 인해 안정적으로 반응이 나타나면 그림을 점진적으로 제거해 개 그림 없이 '개'라고 반응할 수 있도록 함

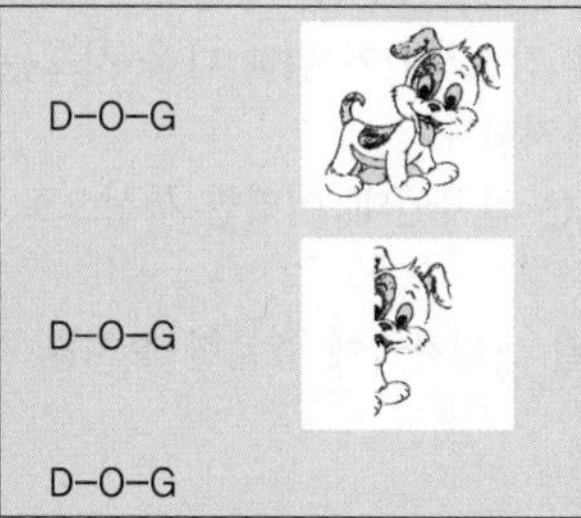

- **예 2**: 인쇄된 '빨-간-색'을 보고 '빨간색'이라고 읽도록 지도할 때 '빨간색'이란 단어를 3글자 모두 빨간색으로 쓰다가 연속적으로 제시되는 시도마다 점진적으로 단어 글씨를 검정색으로 써줌. 부수적인 자극인 빨간색을 제거해 단어만 보고도 '빨간색'이란 반응을 불러오도록 함

모범답안
㉢ 자극용암
㉣ 촉진 의존성

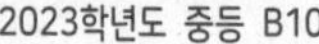
2023학년도 중등 B10

59 **다음은 자폐성장애 학생 A에게 일상생활 활동 기술을 지도하기 위해 특수교사가 작성한 수업 구상 메모의 일부이다. 〈작성 방법〉에 따라 서술하시오. [4점]**

> ◦ 촉진 감소 방법 : (㉢)
> – 학생이 정반응만 보일 수 있는 자극 촉진을 사용함
> – 반복된 오반응으로 인한 학생의 좌절감 발생을 예방하도록 자극 촉진을 사용함
> – 최대-최소 촉진을 이용한 용암법을 통해 촉진을 제거함
>
> ◦ 최대-최소 촉진 적용 시 (㉣)을/를 예방하기 위한 고려사항
> – 촉진은 가능한 빨리 제거함
> – 촉진의 수준과 양을 너무 빠르거나 느리지 않게 점진적으로 감소시킴
> – 촉진을 필요 이상으로 제공하지 않음
>
> …(하략)…

작성방법

괄호 안의 ㉢과 ㉣에 해당하는 용어를 순서대로 쓸 것

확장하기

자극 촉구의 점진적 용암

자극 용암법	'자극 촉구'는 학습자가 정반응을 보일 확률을 높이기 위해 자극의 물리적 차원(예 색깔, 크기, 위치)을 부가하는 것. 자극 용암법은 이렇게 강조되거나 과장된 자극의 차원을 점차적으로 분명하거나 뚜렷하지 않게 만듦. 다음 그림은 각각 대문자 A를 손으로 쓰거나, 정답이 9인 연산 문제에 대한 정답을 가르치기 위해 자극을 체계적으로 약화한 실례임 A A A A A 4+5=9, 4+5=9, 4+5= 9, 4+5= 9
자극 모양 변형	자극 모양 변형 과정의 초반에는 정반응을 촉진할 초기 자극 모양을 사용함. 이 초기 모양을 점진적으로 변화시켜 자연적 자극의 모양으로 바꾸는데, 그동안 정반응이 계속 유지되도록 함 2 2 2 car car car

무오류 학습(errorless learning)

학습자의 오류를 최소화할 수 있도록 고안된 교수 절차를 이용해 특정 변별을 지도했다면 무오류 학습이 일어났다고 볼 수 있음. 무오류 학습 절차는 유아나 장애 아동에게 정교한 변별이 요구되는 새로운 능력을 학습할 때 유효함. 무오류 학습 절차의 필요성은 일단 학생이 새로운 능력을 습득하는 과정에서 오류를 보이면 그것이 반복될 가능성이 높으므로 교수 중 오류가 반복되는 것을 방지하기 위해 촉구를 점진적으로 제거함으로써 표적행동을 일으키는 데 실패할 가능성을 배제하는 것임

- **최대-최소 촉구 절차**: 표적행동이 일어날 확률을 높여 빈번하게 강화를 받을 수 있고, 또한 오반응의 확률을 최소화하기 위해 초기 시도가 제시될 때 학습자에게 최고도의 도움을 제공함. 이에 학습자가 정반응을 보이는 상황에서 도움의 양을 체계적으로 감소시킴. 또한, 일단 오반응이 일어나면 오반응이 다시 일어날 가능성을 감소시키기 위해 다음 시도는 이전의 도움 단계로 돌아감으로써 학습자가 정반응을 보이도록 지원할 수 있는 체계를 유지함
- **자극 내 촉구**: 정반응의 가능성을 높이기 위해 변별해야 할 자극의 특성을 변화시키는 절차인데, 이러한 특성으로 인해 무오류 학습에 적절한 절차라고 볼 수 있음
- **반응 지연**: 변별자극 제시와 반응 개시 사이의 계획된 지연. 이 절차는 학생이 제시된 선행자극에 충분한 주의를 기울이지 않을 때 유효함
- 모델링, 점진적 안내 감소 등도 무오류 학습을 위해 사용할 수 있음

기본이론 322p

동시촉구

촉구의 용암

- 필요성
- 반응촉구의 점진적 변화
- 자극촉구의 점진적 변화

동시촉구

- 촉구는 기본적으로 학생이 정반응을 보이지 않을 때 주어지는 것이나, 동시촉구는 그 예외에 해당함. 이것은 마치 시간지연법을 시간지연 없이 사용하는 것처럼 보임
- 변별자극 제시와 함께 촉구를 제공하고 학생은 즉시 정반응을 함
- 다른 형태의 촉구보다 더 나은 유지와 일반화 효과를 나타냄

동시촉구

2019학년도 초등 B2

60 (가)는 지적장애 학생 은지의 통합학급 담임인 윤 교사가 특수교사인 최 교사와 실과 수업에 대하여 나눈 대화이고, (나)는 최 교사가 은지의 행동을 관찰한 결과이다. 물음에 답하시오. [6점]

(가) 대화 내용

> 윤 교사: 다음 ㉠ 실과 수업시간에는 '생활 속의 동물 돌보기' 수업을 하려고 합니다. 그때 은지에게는 국어과 목표인 '여러 가지 동물의 이름 말하기'를 지도하려고 해요. 은지가 애완동물이나 반려동물뿐만 아니라, ㉡ 소·돼지·닭과 같이 식품과 생활용품의 재료 등을 얻기 위해 기르는 동물의 이름에 대해서도 알았으면 좋겠습니다.
>
> 최 교사: 그렇지 않아도 특수학급에서 은지에서 '여러 가지 동물의 이름 말하기'를 지도하고 있어요. 지난 시간에는 ㉢ 햄스터가 그려진 카드를 은지에게 보여주면서 이름을 물어보며 '햄'이라고 언어적으로 즉시 촉진해주었더니 '햄스터'라고 곧잘 말하더라고요.
>
> …(중략)…

3) (가)의 ㉢과 같이 변별자극과 반응촉진을 함께 제시하는 촉진 방법의 명칭을 쓰시오. [1점]

김은진

스페듀 기출분석집 Vol. 4

PART

03

특수교육평가

01 CHAPTER

진단 및 평가의 이해

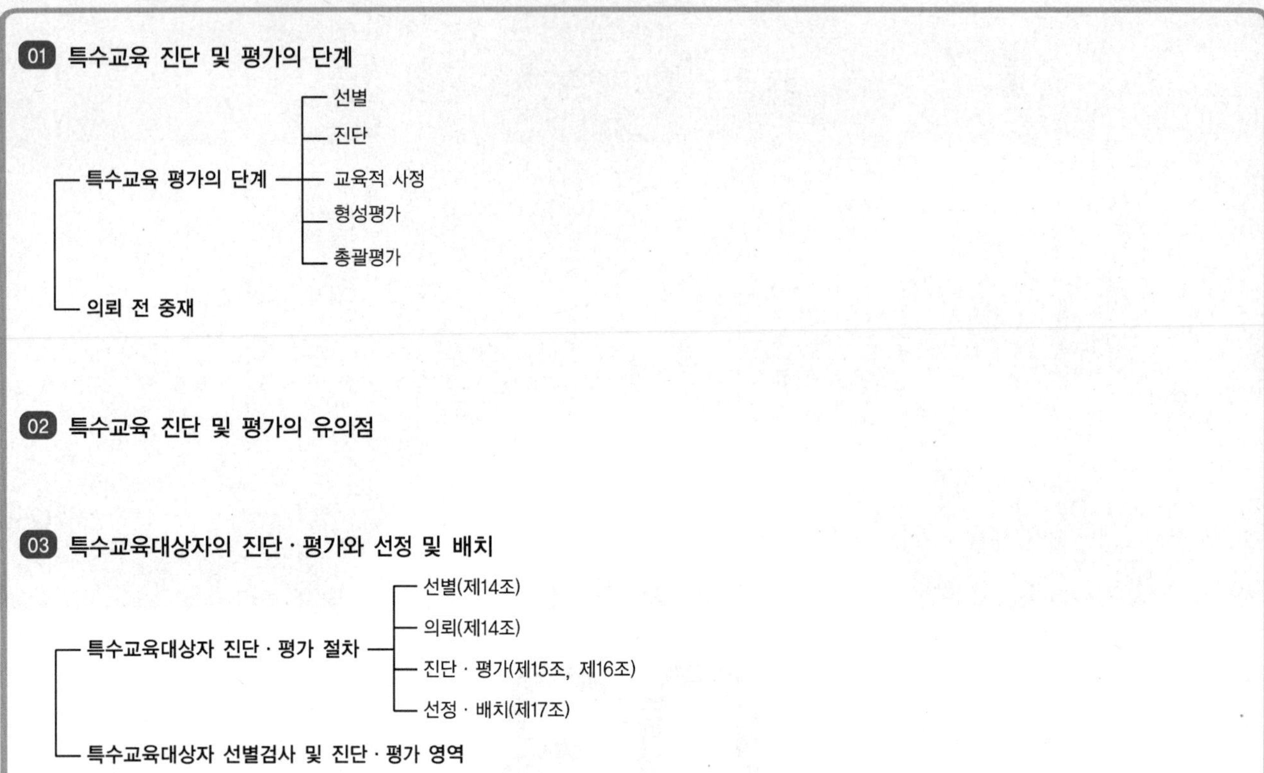

참고자료

기본이론 329p

키워드

선별의 오류

구조화 틀

특수교육 평가의 단계

- 선별
- 진단
- 교육적 사정
- 수행평가(형성평가)
- 총괄평가

핵심개념

선별

- **목적**: 장애 및 장애 가능성을 가진 학생을 가려내어 더욱 구체적인 진단검사를 받을 필요가 있는 학생을 찾아내기 위함
- **특징**: 빠르고 간단한 실시
- **선별의 오류**
  - **위양**: 특수교육이 필요하지 않으나 더 심층적인 평가에 의뢰된 경우로, 가족들에게 불필요한 불안을 야기하고 평가 경비 측면에서 불필요한 지출을 초래함
  - **위음**: 특수교육이 필요하지만 더 심층적인 평가에 의뢰되지 않은 경우로, 조기에 필요한 지원을 받지 못하게 되어 위양보다 더 심각한 부작용을 초래함

특수교육 필요 여부	심층평가로의 의뢰 여부	
	의뢰됨	의뢰되지 않음
필요함	·	위음
필요하지 않음	위양	·

모범답안

위음

특수교육이 필요하지만 더 심층적인 평가에 의뢰되지 않은 경우로, 조기에 필요한 지원을 받지 못하게 되어 위양보다 더 심각한 부작용을 초래한다.

2013학년도 유아 A5

01 **다음은 장애 영아 교육지원에 관한 내용이다. 물음에 답하시오. [5점]**

> (가) 「국민건강보험법」의 '영유아건강검진'의 선별검사 결과, 지우의 발달에는 특별한 문제가 없는 것으로 나타났다. 그런데 지우 어머니는 여전히 지우가 2세의 또래 영아에 비해 발달이 지체되었다고 생각하여 장애진단 검사를 받았다. 그 결과 지우는 장애가 있는 것으로 밝혀졌다.

1) (가)에 나타난 선별검사의 오류 종류를 쓰고, 그로 인해 야기될 수 있는 문제점을 쓰시오. [2점]

기본이론 329p

선별의 오류

특수교육 평가의 단계

- 선별
- 진단
- 교육적 사정
- 수행평가(형성평가)
- 총괄평가

선별

- **목적**: 장애 및 장애 가능성을 가진 학생을 가려내어 더욱 구체적인 진단검사를 받을 필요가 있는 학생을 찾아내기 위함
- **특징**: 빠르고 간단한 실시
- **선별의 오류**
  - **위양**: 특수교육이 필요하지 않으나 더 심층적인 평가에 의뢰된 경우로, 가족들에게 불필요한 불안을 야기하고 평가 경비 측면에서 불필요한 지출을 초래함
  - **위음**: 특수교육이 필요하지만 더 심층적인 평가에 의뢰되지 않은 경우로, 조기에 필요한 지원을 받지 못하게 되어 위양보다 더 심각한 부작용을 초래함

특수교육 필요 여부	심층평가로의 의뢰 여부	
	의뢰됨	의뢰되지 않음
필요함	·	위음
필요하지 않음	위양	·

장애를 가진 유아를 심층적인 진단 평가에 의뢰하지 않는 오류를 말한다.

2015학년도 유아 A4

02 **김 교사는 특수교육지원센터의 순회교사이고, 박 교사는 통합 유치원의 유아특수교사이다. 다음의 (가)는 김 교사와 박 교사의 대화 내용이고, (나)는 김 교사와 은지 어머니의 대화 내용이다. 물음에 답하시오. [5점]**

(나) 김 교사와 은지 어머니의 대화 내용

은지 어머니:	선생님, 한 가지 더 의논드릴 일이 있어요. 우리 이웃집에 은지 또래의 아이가 있는데 발달이 더딘 것 같아 그 아이의 엄마가 걱정하고 있더라구요.
김 교 사:	그래요? 그럼 먼저 ⓞ <u>선별검사</u>를 해보는 것이 좋겠군요.

5) ⓞ의 선별 과정에서 나타날 수 있는 음성 오류(부적 오류, false negative)를 장애 진단과 관련하여 1가지 쓰시오. [1점]

기본이론 329p, 334-336p

- 선별의 오류
- 장애인 등에 대한 특수교육법 진단 평가

특수교육 평가의 단계
- 선별
- 진단
- 교육적 사정
- 수행평가(형성평가)
- 총괄평가

선별
- **목적**: 장애 및 장애 가능성을 가진 학생을 가려내어 더욱 구체적인 진단 검사를 받을 필요가 있는 학생을 찾아내기 위함
- **특징**: 빠르고 간단한 실시
- **선별의 오류**
  - **위양**: 특수교육이 필요하지 않으나 더 심층적인 평가에 의뢰된 경우로, 가족들에게 불필요한 불안을 야기하고 평가 경비 측면에서 불필요한 지출을 초래함
  - **위음**: 특수교육이 필요하지만 더 심층적인 평가에 의뢰되지 않은 경우로, 조기에 필요한 지원을 받지 못하게 되어 위양보다 더 심각한 부작용을 초래함

특수교육 필요 여부	심층평가로의 의뢰 여부	
	의뢰됨	의뢰되지 않음
필요함	·	위음
필요하지 않음	위양	·

1) ① 위음
② 조기에 필요한 지원을 받지 못하게 된다.

2) ㉡ 보호자 또는 각급 학교의 장이 장애가 의심되는 영유아 및 학생을 발견한 때에 교육장에게 진단평가를 의뢰할 수 있다.
㉢ 교육장이 특수교육대상자로의 선정 여부를 결정한다.

2023학년도 유아 A1

03 **(가)는 선우 어머니와 유아교사 강 교사가 나눈 대화의 일부이고, (나)는 강 교사와 특수교육지원센터 유아특수교사 송 교사가 나눈 대화의 일부이다. 물음에 답하시오. [5점]**

(가)

강 교사: 안녕하세요, 선우 어머님.
어머니: 네, 선생님, 안녕하세요. 아무래도 우리 선우의 발달이 걱정돼요.
강 교사: 그러시군요. 선우는 ㉠ 석 달 전 선별검사에서 특별한 문제가 없었지요. 그래서 진단·평가에 의뢰하지 않았지요.
어머니: 그동안 선우를 지켜봤는데, 선우가 또래 친구들에 비해 발달이 느린 것 같아요. 말도 느리고요. 그래서 전문적인 검사를 받아보고, 선우에게 필요한 교육과 도움을 받을 수 있으면 좋겠어요.
강 교사: 그러시면 특수교육지원센터에 의뢰해서 진단·평가를 받아보는 방법이 있어요.
어머니: 저는 선우가 ㉡ 장애인으로 등록되어야 특수교육지원센터에 진단·평가를 의뢰할 수 있다고 알고 있어요. 그러면 특수교육지원센터에서 선우를 진단·평가하고, 선우에게 특수교육이 필요하다고 판단되면 ㉢ 특수교육진단·평가위원회에서 특수교육대상자로 선정하는 것으로 알고 있거든요.
강 교사: 아, 그런데 선우 어머님께서 잘못 알고 계시는 부분이 있어요. …(중략)… 선우가 특수교육대상자로 선정되면, 선우에게 필요한 특수교육과 특수교육 관련서비스를 받을 수 있답니다.
어머니: 그렇군요. 그럼 진단·평가를 신청하고 싶어요.
강 교사: 네. 신청 서류를 준비해드릴게요.

1) **(가)와 (나)의 대화 내용에 근거하여 ① (가)의 ㉠에 해당하는 선별검사의 오류 유형을 쓰고, ② 그로 인해 선우가 겪게 된 어려움을 교육적 측면에서 쓰시오. [2점]**

2) **(가)의 ㉡과 ㉢의 내용 중 잘못된 부분을 각각 바르게 고쳐 쓰시오. [2점]**

참고자료

기본이론 330p

키워드

특수교육 평가의 단계

구조화 틀

특수교육 평가의 단계
- 선별
- 진단
- 교육적 사정
- 수행평가(형성평가)
- 총괄평가

핵심개념

선별의 목적

장애 및 장애 가능성을 가진 학생을 가려내어 더욱 구체적인 진단검사를 받을 필요가 있는 학생을 찾아내기 위함

진단의 목적

특수교육대상자에 해당하는지에 대한 적격성을 결정하기 위해 구체적·체계적인 검사를 실시함

교육적 사정의 목적

학생의 교육적 요구와 특성을 파악하는 사정 절차. 이를 통해 모든 학생의 현재 수준과 상태를 파악하고 학생에 적절한 교육내용과 방법, 즉 교육 프로그램을 구성하게 되는 것을 말함

형성평가의 목적

교육이 진행되는 과정에서 학생의 수행 능력과 진전의 정도를 파악하고, 필요한 경우 교육내용이나 방법을 수정·보완하기 위해 실시하는 평가

총괄평가의 목적

학생에게 실시된 교육 프로그램의 전체적인 효과를 파악하는 것으로 '프로그램 평가'로도 불림. 총괄평가의 결과를 토대로 아동이 특수교육을 계속 받을 것인지, 아니면 특수교육을 종료할 것인지에 대해 결정함

모범답안

④

2009학년도 초등 2

04 특수교육에서의 진단평가 단계에 관한 진술로 바른 것은?

① 교육프로그램 계획은 아동의 장애 여부와 특성 및 정도에 관한 정보를 파악하는 것이다.
② 선별(screening)은 개별화교육계획 작성에 필요한 아동의 현행수준을 파악하는 것이다.
③ 진도 점검 및 프로그램 평가는 학기 초 아동의 잠재능력에 관한 정보를 파악하는 것이다.
④ 적격성 판정은 아동의 장애 유형과 정도가 특수교육대상자 선정기준에 부합한지를 결정하는 것이다.
⑤ 진단은 프로그램 실시 중 프로그램의 효과를 파악하기 위하여 필요할 때마다 아동의 진전에 관한 정보를 수집하는 것이다.

① 아동의 장애 여부와 특성 및 정도에 관한 정보를 파악하는 것은 '진단'에 해당함

② 학생의 교육적 요구와 특성을 파악하는 사정 절차는 '교육적 사정'임

③ 진도 점검을 위한 평가는 '형성평가'에 해당하며 이는 학기 초가 아닌 교육이 진행되는 과정에서 실시함. 프로그램을 위한 평가는 '총괄평가'에 해당하며 이는 교육 프로그램에 대한 최종 평가에 해당함

⑤ 형성평가에 대한 설명임

참고자료

기본이론 332p

키워드

의뢰 전 중재

구조화틀

핵심개념

의뢰 전 중재

- 학생을 공식적인 진단에 의뢰하기 전 일반학급 내에서 학습이나 행동문제를 보이는 아동을 도와주는 것 → 일반교사가 학생에게 지원을 제공해 학급 내에서 일차적인 문제를 해결해주고자 하는 것
- 일반학급 교사에게 자문을 해줌으로써 간접적으로 아동을 돕는 것
- 목적
  - 예방적 시도로서 교사로 하여금 다양한 아동을 효과적으로 중재할 수 있는 능력을 갖추도록 함
  - 아동을 특수교육진단평가에 부적절하게 의뢰하는 사례를 감소시킬 수 있음

모범답안

① 의뢰 전 중재
② 불필요한 의뢰 감소

2016학년도 유아 A5

05 다음은 통합학급 유아교사인 김 교사와 유아특수교사인 최 교사의 대화이다. 물음에 답하시오. [5점]

> 김 교사: 저번에 말씀드렸던 지호에 대해서도 의논드릴 일이 있어요. 내일 지호 어머님과 상담하기로 했는데, 어머님께서 지호에 대해 걱정이 많으세요. 저도 지호가 다른 친구들과 달리 가르치기 힘들다는 생각이 들어서요. 내일 어머님께 지호가 특수교육대상자인지 진단·평가를 받으라고 말씀드리는 것이 좋겠지요?
>
> 최 교사: ㉣ <u>그 전에 일반 학급에서 교수방법 등을 수정하여 지도해보면서, 지호의 발달에 변화가 있는지 살펴보는 것이 우선인 것 같아요.</u> 저도 도와드릴게요. 그렇게 해도 지속적으로 어려움이 있을 경우 특수교육대상자 선정을 의뢰해야겠지요.

3) ㉣에서 ① 최 교사가 제안한 절차의 명칭을 쓰고, ② ㉣의 목적 1가지를 쓰시오. [2점]

2017학년도 유아 A3

06 **다음은 진단과 중재 체계를 제시한 그림이다. 유진이는 이 체계에 따라 진단과 중재를 받게 되었다. 물음에 답하시오. [5점]**

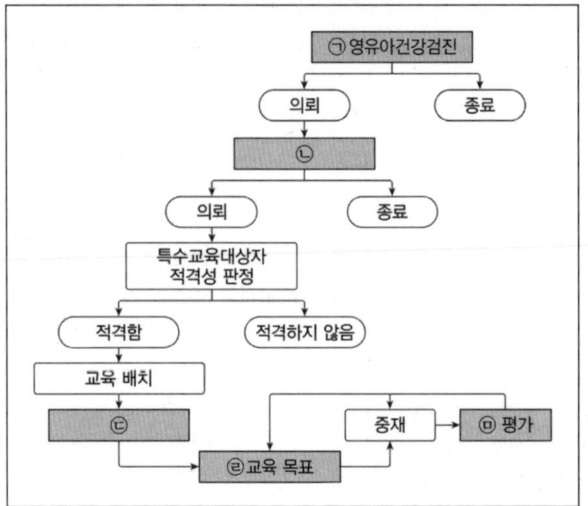

1) ㉠단계에서 유진이가 받은 발달평가의 목적을 쓰시오. [1점]

2) ㉡과 ㉢에 들어갈 내용을 각각 쓰시오. [1점]

3) 유진이는 위 체계를 거치면서 여러 가지 검사를 받았다. 그중에서 '한국웩슬러유아지능검사(K-WPPSI)' 결과와 '유아행동 평가척도(CBCL 1.5-5)' 결과로 ㉣을 작성한다면, 이때 발생할 수 있는 문제점 1가지를 쓰시오. [1점]

4) ㉤을 실시하는 이유 2가지를 쓰시오. [2점]

참고자료

기본이론 331p, 333p

키워드

- 장애 진단의 과정(유아특수)
- 특수교육진단 및 평가의 유의점

구조화 틀

핵심개념

진단의 단계별 과정 및 기능

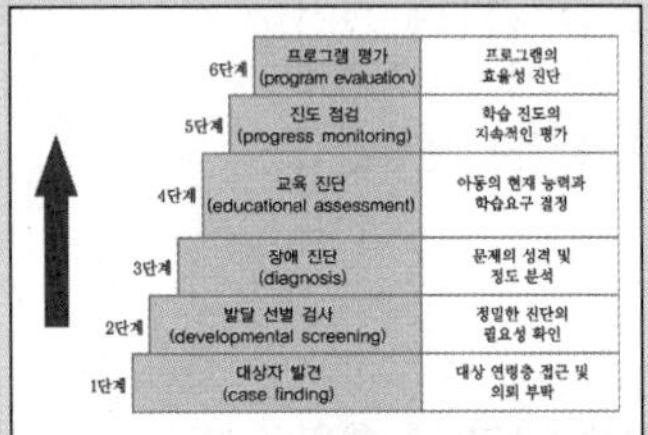

- **장애진단**: 특수교육대상자에 적합한지에 대한 적격성을 결정하는 검사
- **교육진단**: 대상 아동이 자연적인 환경에서 어떻게 기능하는지 알기 위해 정확한 강점·요구 등을 평가

특수교육진단 및 평가의 유의점

- 진단 및 평가 검사를 실시하는 목적과 각 검사도구의 유형과 특성을 고려해 적절하고 타당한 진단 및 평가를 실시하는 것이 필요함
- 특히 장애학생의 경우 표준화된 검사는 구체적인 교육내용을 선정하는 데 많은 정보를 제공하기 어렵기 때문에, 준거참조검사나 교육과정중심측정을 사용하는 것이 필요함

모범답안

1) 더 심층적인 평가가 필요한 아동을 식별하기 위함이다.

2) ㉡ 장애진단 ㉢ 교육진단

3) 표준화된 검사는 구체적인 교육 내용을 선정하는 데 많은 정보를 제공하기 어렵다.

4) • 아동이 적절한 진전을 보였는지를 결정한다(형성평가).
   • 아동이 예상된 진전을 보였는지를 결정한다(총괄평가).

CHAPTER 02

표준화 검사

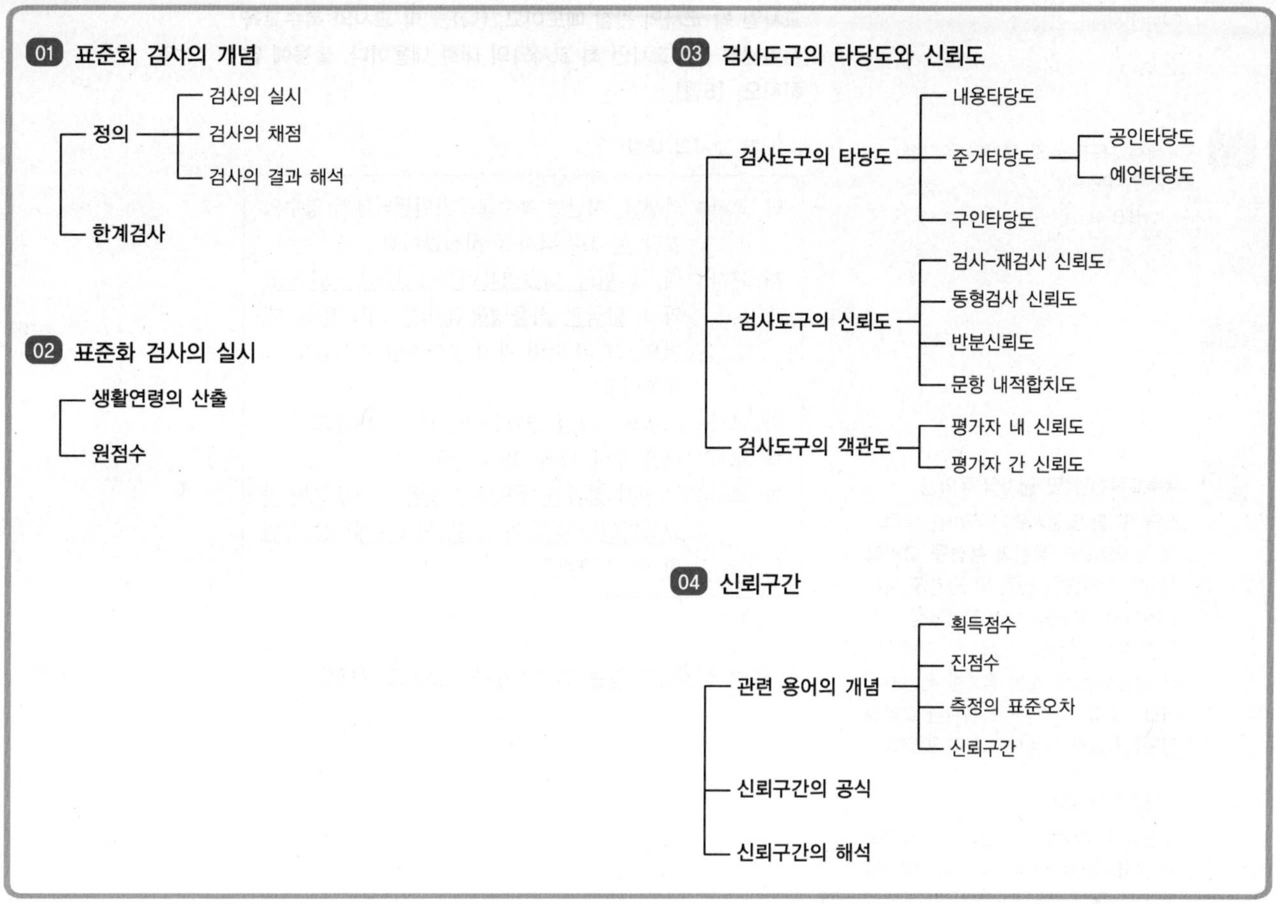
01 표준화 검사의 개념
정의
검사의 실시
검사의 채점
검사의 결과 해석
한계검사
02 표준화 검사의 실시
생활연령의 산출
원점수
03 검사도구의 타당도와 신뢰도
검사도구의 타당도
내용타당도
준거타당도
공인타당도
예언타당도
구인타당도
검사도구의 신뢰도
검사-재검사 신뢰도
동형검사 신뢰도
반분신뢰도
문항 내적합치도
검사도구의 객관도
평가자 내 신뢰도
평가자 간 신뢰도
04 신뢰구간
관련 용어의 개념
획득점수
진점수
측정의 표준오차
신뢰구간
신뢰구간의 공식
신뢰구간의 해석

기본이론 333p, 383-385p, 405-408p

- 특수교육진단 및 평가의 유의점
- K-WPPSI-Ⅳ
- K-SIB-R

특수교육진단 및 평가의 유의점

진단 및 평가 검사를 실시하는 목적과 각 검사도구의 유형과 특성을 고려해 적절하고 타당한 진단 및 평가를 실시하는 것이 필요함. 특히 장애학생의 경우 표준화된 검사는 구체적인 교육내용을 선정하는 데 많은 정보를 제공하기 어렵기 때문에, 준거참조검사나 교육과정중심측정을 사용하는 것이 필요함

비표준화된 검사

표준화된 검사에 비해 신뢰도와 타당도가 떨어지지만, 면접 · 투사적 기법 · 행동 관찰 등의 경우 검사 대상자의 일상생활 · 주관적인 생각 등 표준화 검사를 통해 얻기 어려운 정보를 제공함

표준화된 검사는 구체적인 교육내용을 선정하는 데 많은 정보를 제공하기 어렵기 때문에 준거참조검사나 교육과정중심측정을 함께 제공하는 것이 필요하다.

2015학년도 유아 A5

01 **영수는 ○○ 유치원 5세 반에 다니고 있다. (가)는 담임 교사인 박 교사의 관찰 메모이고, (나)는 박 교사와 특수교육지원센터 순회교사인 최 교사와의 대화 내용이다. 물음에 답하시오. [5점]**

(나) 두 교사의 대화

박 교사: 선생님, 지난번 특수교육지원센터에서 영수의 발달 문제로 검사를 하셨잖아요.
최 교사: 네. ㉢ <u>한국 웩슬러유아지능검사(K-WPPSI)</u>와 ㉣ <u>한국판 적응행동검사(K-SIB-R)</u>를 했어요. 그 외 여러 가지 장애진단 검사들도 실시했어요.
박 교사: 그래요? 그럼 결과는 언제쯤 나오나요?
최 교사: 다음 주에 나올 것 같아요.
박 교사: ㉤ <u>검사 결과가 나오면 그것을 토대로 개별화 교육지원팀이 영수의 개별화교육계획을 수립할 수 있겠네요.</u>

4) ㉤이 적절하지 <u>않은</u> 이유 1가지를 쓰시오. [1점]

확장하기

장애진단과 교육진단

장애진단	특수교육대상자에 적합한지에 대한 적격성을 결정하는 검사
교육진단	• 대상 아동이 자연적인 환경에서 어떻게 기능하는지 알기 위해 정확한 강점과 요구를 평가 • 교육진단을 통해 얻어진 정보는 교육 현장의 실제적인 교수계획을 위해 유용하게 사용될 수 있어야 하므로 장애를 판별하기 위해서 사용되는 표준화 검사의 결과만으로 교육 프로그램을 계획하고 중재를 제공해서는 안 됨

기본이론 333p

특수교육진단 및 평가의 유의점

표준화 검사의 정의
- 표준화 검사
- 비표준화 검사

표준화 검사
- 누가 사용하더라도 검사의 실시·채점·결과 해석이 동일하도록 절차와 방법을 일정하게 만들어놓은 검사로, 타당도와 신뢰도가 확보된 검사
- **검사 환경**: 표준화된 조건에서 검사가 실시될 수 있도록 검사 실시를 위한 지시, 검사시간의 제한, 검사 실시 환경을 구조화
- **채점 과정**: 채점상의 주관이나 편견을 배제하기 위해 채점 절차를 엄격하게 규정. 흔히 객관식 형태의 문항
- **결과 해석**: 해석 절차와 방법을 엄밀히 규정. 해석의 의의와 균일성 유지를 위해 주로 규준집단의 검사 결과를 제시함. 보통 개인이 얻은 검사 점수는 규준집단과 비교해 백분위나 T 점수 등으로 나타내며, 이를 통해 규준집단에서 보았을 때의 상대적 위치를 파악함

ⓒ 면접·관찰과 같은 비표준화 검사는 표준화 검사에서 얻기 어려운 정보를 제공하므로, 표준화 검사와 비표준화 검사를 함께 실시해 정보를 제공해줘야 한다.

2014학년도 유아 B1

02 다음은 송희의 개별화교육계획안이다. 물음에 답하시오. [5점]

인적사항			
이름	정송희(여)	보호자 이름	정○○
생년월일	2009. 10. 15.	전화번호	031-315-****
주소	경기도 ○○시 ○○로 123	기타 연락번호	010-****-****
시작일	2013. 3. 18.	종료일	2013. 7. 26.
장애유형	자폐성 장애		
진단·평가	(생략)		

…(중략)…

발달영역	언어 및 의사소통	작성자	홍○○	작성일	2013. 3.
현재 학습 수행 수준					

- 간단한 지시를 따르고, 요구했을 때 사물 또는 사람을 가리킨다.
- 자기가 하고 싶은 것이 있거나 원하는 물건이 있을 때 상대방의 손을 잡아끄는 것으로 요구를 표현한다.
- 어려운 상황이나 과제에 직면하면 무조건 울음을 터뜨린다.
- 거부의 표현으로 소리를 지르거나 돌아서거나 밀쳐낸다.

교육목표		교육내용	평가계획
장기목표	단기목표		
자신의 요구를 2단어로 말할 수 있다.	㉠	필요할 때 말로 요구하기	(생략)
	(생략)		
특수교육 관련서비스	(생략)		

3) 다음은 송희의 개별화교육계획안을 작성하기 위해 송희에 대한 정보를 수집하는 과정이다. 적절하지 <u>않은</u> 것 1가지를 찾아 기호를 쓰고, 그 이유를 쓰시오. [2점]

> ⓐ 송희의 활동결과물을 수집하여 분석하였다.
> ⓑ 일과 중 송희의 의사소통 특성을 관찰하여 일화기록을 하였다.
> ⓒ 타당도가 확보된 진단을 하기 위해 지능검사 등의 표준화 검사를 주로 실시하였다.
> ⓓ 집에서 송희가 하는 의사소통 행동에 대한 기록물을 부모에게 의뢰하여 주기적으로 수집하였다.

참고자료

기본이론 339-340p

키워드

원점수 산출

구조화 틀

표준화 검사의 실시
- 생활연령의 산출
- 기저점과 최고한계점

핵심개념

원점수
- **시작점**: 생활연령을 기준으로 검사를 시작하는 지점
- **기저점**: 연속된 문항에서 제시된 수만큼 정반응을 보이는 지점으로, 그 이전의 모든 문항들에서 피검자가 정반응을 할 것으로 가정되는 지점
- **최고한계점**: 연속된 문항에서 제시된 수만큼 오반응을 보이는 지점으로, 그 이후의 모든 문항들에서 피검자가 오반응을 할 것으로 가정되는 지점
- 원점수는 의미 있는 정보를 제공하지 못하므로, 절대적 또는 상대적인 형태의 점수로 변환해 해석해야 함

원점수 = 기저점 이전의 문항 수 + 기저점과 최고한계점 사이의 정답 문항 수

모범답안

ⓐ 최고한계점
ⓑ 기저점 이전의 문항과 기저점

2015학년도 초등 A3

03 **(가)는 단순언어장애 학생 정우에 대한 검사 결과이고, (나)는 통합학급 최 교사와 특수학급 오 교사가 나눈 대화이다. 물음에 답하시오. [5점]**

(가) 검사 결과

- 생활연령: 7세 2개월
- K-WISC-Ⅲ 결과: 동작성 지능지수 88, 언어성 지능지수 78
- ㉠ 취학 전 아동의 수용언어 및 표현언어 발달 척도(PRES) 결과: 수용언어 발달연령 64개월, 표현언어 발달연령 58개월, 통합언어 발달연령 61개월
- 언어문제해결력검사 결과: 원점수 17점, ㉡ 백분위 9
- 순음 청력 검사 결과: 양쪽 귀 모두 10dB
- 사회성숙도검사 결과: 사회성 지수 90
- 구강조음기제에서 특이사항 관찰되지 않음
- 사회·정서적 문제를 보이지 않음

PRES
- 연령: 2세 0개월 ~ 6세 5개월
- 검사 구성요소: 수용언어능력, 표현언어능력
- 검사결과: 백분위, 언어 발달연령

언어문제해결력검사
- 연령: 5세~12세
- 검사 구성요소: 원인이유 범주, 해결추론 범주, 단서추측 범주
- 검사결과: 세 범주와 총점에 대한 백분위 점수

사회성숙도검사
- 연령: 0세~30세
- 검사 구성요소: 자조, 이동, 작업, 의사소통, 자기관리, 사회화
- 검사결과: 사회연령, 사회지수(SQ)

1) 다음은 (가)의 ㉠을 실시하는 절차이다. 괄호 안의 ⓐ와 ⓑ에 들어갈 말을 쓰시오. [2점]

생활연령을 산출한다.
일·월·년의 순으로 검사일에서 출생일을 뺀다.

시작점을 찾는다.
검사 설명서에 나온 연령층에 적합한 시작점에서 검사를 시작한다.

기초선(기저선)을 설정한다.
아동이 그 이전의 낮은 단계 문항들을 모두 맞힐 수 있다고 확신할 수 있는 지점을 정한다.

…(중략)…

(ⓐ)을/를 설정한다.
아동이 그 이상의 높은 문항들은 모두 못 맞힐 것이라고 확신할 수 있는 지점을 정한다.

획득점수(원점수)를 산출한다.
(ⓑ) 문항에서부터 (ⓐ)까지 아동이 맞힌 문항에 부여된 배점을 합산한다.

참고자료

기본이론 341p

키워드

내용타당도

구조화틀

검사도구의 타당도
- 내용타당도
- 준거타당도
  - 공인타당도
  - 예언타당도
- 구인타당도

핵심개념

검사도구의 타당도와 신뢰도
- **타당도**: 검사도구가 측정하고자 하는 능력이나 특성을 '얼마나 충실하게 측정하는지'를 의미
- **신뢰도**: 검사도구가 측정하고자 하는 특성을 '오차 없이 정확하고 일관성 있게 측정하는지'를 의미

검사도구의 타당도
- **내용타당도**: 측정하고자 하는 영역을 검사문항이 대표하고 있는 정도
- **공인타당도**: 해당 검사와 동일한 능력을 측정하고 타당성이 인정된 다른 검사와의 상관계수를 통해 추정
- **예언타당도**: 검사를 실시하고 이전에 실시한 검사 결과와의 상관관계를 산출해 추정
- **구인타당도**: 인성, 동기, 자아존중감, 불안, 논리적 사고력 등과 같이 눈으로 직접 관찰되지 않는 추상적·가설적인 심리적 특성을 조작적으로 정의하고, 적절하게 측정했는지 검토하는 것

모범답안

㉠ 내용타당도

2018학년도 중등 A2

04 **다음은 특수교사와 교육실습생이 나눈 대화의 일부이다. ㉠에 들어갈 내용을 쓰시오. [2점]**

> 교육실습생 : 선생님, 검사 도구를 선택할 때에는 타당도를 고려하라고 하는데 타당도에 대해 설명해주시겠어요?
>
> 특 수 교 사 : 타당도는 검사 도구의 적합성이라고 생각하면 돼요. 여러 가지 종류가 있는데, (㉠)은/는 검사 도구가 얼마나 검사의 목적을 달성할 수 있는 문항으로 구성되었는지를 나타내는 것입니다. 즉, 측정하고자 하는 영역을 검사 문항이 얼마나 충실하게 대표하는가를 의미합니다. 그리고 예언타당도는 검사를 통해 얻어진 결과가 향후 학생의 행동이나 특성을 얼마나 정확하게 예측할 수 있는지를 나타내는 것이랍니다.
>
> …(중략)…

2022학년도 초등 B1

05 (가)는 세희의 특성이고, (나)는 통합학급 교사와 시각장애 거점 특수교육지원센터 특수교사의 협의 내용이다. 물음에 답하시오. [6점]

(나) 특수교사의 순회교육 시, 협력교수를 위한 통합학급 교사와 특수교사의 협의 내용

협의 내용 요약		점검사항 공통사항 : 공 세희지원 : 세
통합학급 교사	특수교사	
• 팀 활동 후 평가 실시 – 평가지는 ㉡ <u>평가 문항들이 단원의 목표와 내용을 충실하게 대표하는지를 같은 학년 교사들이 전문성을 바탕으로 이원분류표를 활용해서 비교 분석하여 확인함</u>	• 학급을 순회하며 학생 요구 지원 – 세희가 평가지를 잘 볼 수 있게 ㉢ <u>확대 독서기 기능</u> 설정을 확인함 – 시험시간을 1.5배 연장함	공 이원분류표 세 ㉣ <u>수정된 답안지</u>와 필기구 세공

1) (나)의 ㉡에 해당하는 타당도의 유형을 쓰시오. [1점]

기본이론 341p

내용타당도

검사도구의 타당도

- 내용타당도
- 준거타당도
  - 공인타당도
  - 예언타당도
- 구인타당도

검사도구의 타당도

- **내용타당도** : 측정하고자 하는 영역을 검사문항이 대표하고 있는 정도
- **공인타당도** : 해당 검사와 동일한 능력을 측정하고 타당성이 인정된 다른 검사와의 상관계수를 통해 추정
- **예언타당도** : 검사를 실시하고 이전에 실시한 검사 결과와의 상관관계를 산출해 추정
- **구인타당도** : 인성, 동기, 자아존중감, 불안, 논리적 사고력 등과 같이 눈으로 직접 관찰되지 않는 추상적·가설적인 심리적 특성을 조작적으로 정의하고, 적절하게 측정했는지 검토하는 것

이원분류표

교과목이나 학습단원과 관련된 교육목표들을 행동과 내용이라는 두 개의 차원에서 분류하는 것

❤ 기후도에 관한 단원의 이원분류표

일반 목표 내용	1. 기본 술어를 안다.	2. 기후도의 기호를 안다.	3. 관련된 특정 사실을 안다.	4. 기후도를 해석한다.	횡렬의 합
a. 기압	2	2	2	2	8
b. 기온	2	2	2	2	8
c. 습도와 강우	2	2	3	3	10
d. 바람	2	3	3	4	12
e. 구름	3	2	3	2	10
f. 불연속선	3	3	3	3	12
종렬의 합	14	14	16	16	60

㉡ 내용타당도

기본이론 341p, 343-344p

- 공인타당도
- 신뢰구간

검사도구의 타당도

- 내용타당도
- 준거타당도
  - 공인타당도
  - 예언타당도
- 구인타당도

신뢰구간 관련 용어

- 획득점수
- 진점수
- 측정의 표준오차(SEM)
- 신뢰구간
  - *공식

검사도구의 타당도

- **내용타당도**: 측정하고자 하는 영역을 검사문항이 대표하고 있는 정도
- **공인타당도**: 해당 검사와 동일한 능력을 측정하고 타당성이 인정된 다른 검사와의 상관계수를 통해 추정
- **예언타당도**: 검사를 실시하고 이전에 실시한 검사 결과와의 상관관계를 산출해 추정
- **구인타당도**: 인성, 동기, 자아존중감, 불안, 논리적 사고력 등과 같이 눈으로 직접 관찰되지 않는 추상적·가설적인 심리적 특성을 조작적으로 정의하고, 적절하게 측정했는지 검토하는 것

진점수

어떤 검사도구를 한 아동에게 무한히 반복해서 실시한다고 가정했을 때 얻어지는 점수 분포의 평균

신뢰구간

- 아동의 획득점수를 중심으로 그 아동의 진점수가 포함된 점수 범위를 제시함
- **공식**: 신뢰구간 = 획득점수 ± z(SEM)

④

2010학년도 중등 39

06 다음은 두 교사가 학생 A의 진단 · 평가 결과보고서에 관해 나눈 대화이다. M검사는 표준화검사이며 점수가 정규분포를 이루고, 평균이 50이며 표준편차가 10점이다. ㉠~㉣ 중 옳은 것을 모두 고른 것은?

> 김 교사: 학생 A의 진단 · 평가 결과보고서인데, 한번 보실래요?
> 이 교사: M검사에서 받은 점수가 39점이니, ㉠ <u>이 학생의 점수는 규준의 하위 16퍼센타일 이하에 위치한다고 볼 수 있군요.</u>
> 김 교사: 그러면 이 학생이 받은 점수는 진점수인가요?
> 이 교사: 이 학생의 점수는 획득점수로, 진점수라고는 말할 수 없지요. ㉡ <u>진점수는 획득점수를 측정의 표준오차로 나누어 산출합니다.</u>
> 김 교사: 그런데 만약 이 학생이 M검사에서 평균점을 받았다면 백분위점수(순위)는 얼마나 됩니까?
> 이 교사: 만약 그렇다면, ㉢ <u>이 학생의 백분위점수는 50이 되지요.</u>
> 김 교사: 그럼, 이 학생에게 실시한 M검사는 타당한 도구인가요?
> 이 교사: ㉣ <u>이 검사의 동일한 능력을 측정하고 타당성이 인정된 다른 검사와의 상관계수가 .90이므로 공인타당도가 매우 높다고 말할 수 있지요.</u>

㉡ 진점수는 획득점수를 무한반복하고 평균을 구해 산출

① ㄱ, ㄷ ② ㄷ, ㄹ
③ ㄱ, ㄴ, ㄹ ④ ㄱ, ㄷ, ㄹ
⑤ ㄱ, ㄴ, ㄷ, ㄹ

기본이론 343-344p

신뢰구간

신뢰구간 관련 용어
- 획득점수
- 진점수
- 측정의 표준오차(SEM)
- 신뢰구간
  *공식

신뢰구간 관련 용어

- **획득점수**: 검사를 통해 피험자가 얻은 점수로, '정답률' 또는 '획득률'이라고 부름
- **진점수**: 어떤 검사도구를 한 아동에게 무한히 반복해서 실시한다고 가정했을 때 얻어지는 점수의 평균
- **측정의 표준오차**: 획득점수로 진점수를 추정할 때 생기는 오차
- **신뢰구간**: 획득점수를 중심으로 그 아동의 진점수가 포함되는 점수 범위 제시

신뢰구간의 공식

신뢰구간 = 획득점수 ± z(SEM)
68% 신뢰수준, z = 1.00
85% 신뢰수준, z = 1.44
90% 신뢰수준, z = 1.65
95% 신뢰수준, z = 1.96
99% 신뢰수준, z = 2.58

㉠ 신뢰구간
㉡ 진점수

2014학년도 중등 A4

07 다음의 (가)는 중학교 2학년에 재학 중인 특수교육대상 학생 A의 기초학력검사-쓰기 검사 결과의 일부이고, (나)는 이 검사 결과에 대해 특수교육지원센터의 진단 · 평가 팀장과 신임 특수교사가 나눈 대화 내용의 일부이다. 괄호 안의 ㉠과 ㉡에 해당하는 평가 용어를 각각 쓰시오. [2점]

(가) 학생 A의 기초학력검사-쓰기 검사 결과

원점수	백분위점수	학력 지수	95% 신뢰수준 (㉠)
47	6	72	68~76

(나) 대화 내용

특수교사: 이 학생의 학력 지수는 72점으로 나왔어요. 그러면 68~76은 어떻게 해석해야 할까요?
팀　　장: 이번 결과에서 이 학생이 획득한 점수는 72점이지만, 이는 이 학생의 (㉡)이/가 68점과 76점 사이에 있을 확률이 95%라는 뜻입니다. (㉠)을/를 구하기 위해서는 학생 A의 획득점수, 95% 신뢰수준에 해당하는 z점수, 이 검사의 측정의 표준오차가 필요합니다.

신뢰구간을 구하기 위한 요소
- 획득점수
- 95% 신뢰수준에 해당하는 z점수
- 측정의 표준오차

참고자료

기본이론 343-344p

키워드

신뢰구간

구조화틀

신뢰구간 관련 용어

- 획득점수
- 진점수
- 측정의 표준오차(SEM)
- 신뢰구간

*공식

핵심개념

신뢰구간 관련 용어

- **획득점수**: 검사를 통해 피험자가 얻은 점수로, '정답률' 또는 '획득률'이라고 부름
- **진점수**: 어떤 검사도구를 한 아동에게 무한히 반복해서 실시한다고 가정했을 때 얻어지는 점수의 평균
- **측정의 표준오차**: 획득점수로 진점수를 추정할 때 생기는 오차
- **신뢰구간**: 획득점수를 중심으로 그 아동의 진점수가 포함되는 점수 범위 제시

신뢰구간의 공식

신뢰구간 = 획득점수 ± z(SEM)
68% 신뢰수준, z = 1.00
85% 신뢰수준, z = 1.44
90% 신뢰수준, z = 1.65
95% 신뢰수준, z = 1.96
99% 신뢰수준, z = 2.58

모범답안

학생의 작업기억 진점수가 68-85에 포함될 확률이 95%라는 것을 의미한다.

2020학년도 중등 B8

08 **(가)는 특수교육지원센터에서 실시한 학생 H의 한국 웩슬러 아동용 지능검사 4판(K-WISC-Ⅳ) 결과의 일부이고, (나)는 김 교사와 이 교사가 나눈 대화의 일부이다. 〈작성방법〉에 따라 서술하시오. [4점]**

(가) 검사 결과

지표	환산 점수 합계	지표 점수	백분위	95% 신뢰 구간	질적 분류 (수준)
언어이해	7	56	0.2	52-68	매우 낮음
지각추론	17	72	2.9	66-83	경계선
작업기억	11	73	3.8	68-85	경계선
처리속도	17	92	28.9	83-103	평균

작성방법

(가)의 작업기억의 검사 결과를 신뢰구간에 근거하여 해석하여 서술할 것

참고자료

기본이론 343-344p

키워드

신뢰구간

구조화틀

신뢰구간 관련 용어

- 획득점수
- 진점수
- 측정의 표준오차(SEM)
- 신뢰구간
  *공식

핵심개념

신뢰구간 관련 용어

- **획득점수**: 검사를 통해 피험자가 얻은 점수로, '정답률' 또는 '획득률'이라고 부름
- **진점수**: 어떤 검사도구를 한 아동에게 무한히 반복해서 실시한다고 가정했을 때 얻어지는 점수의 평균
- **측정의 표준오차**: 획득점수로 진점수를 추정할 때 생기는 오차
- **신뢰구간**: 획득점수를 중심으로 그 아동의 진점수가 포함되는 점수 범위 제시

신뢰구간의 공식

신뢰구간 = 획득점수 ± z(SEM)
68% 신뢰수준, z = 1.00
85% 신뢰수준, z = 1.44
90% 신뢰수준, z = 1.65
95% 신뢰수준, z = 1.96
99% 신뢰수준, z = 2.58

모범답안

처리속도의 진점수는 61-85 사이에 있을 확률이 95%이다.

2018학년도 유아 A5

09 **(가)는 5세 유아 민지의 한국판 웩슬러 유아 지능검사(K-WPPSI-IV) 결과의 일부이고, (나)는 특수학급 김 교사와 통합학급 최 교사가 민지의 검사 결과에 대해 나눈 대화이다. 물음에 답하시오. [5점]**

(가)

척도	환산 점수 합	지표 점수	백분위	95% 신뢰 구간	분류 범주
언어이해	10	71	3.0	61~81	경계선
시공간	6	58	0.3	45~71	매우 낮음
유동추론	8	66	2.0	58~74	매우 낮음
작업기억	8	64	1.0	54~74	매우 낮음
처리속도	10	73	3.0	61~85	경계선
전체척도	25	60	0.5	47~73	매우 낮음

1) (가)에서 민지의 '처리속도' 분석 결과를 신뢰구간에 근거하여 해석하시오. [1점]

03 CHAPTER 점수의 유형

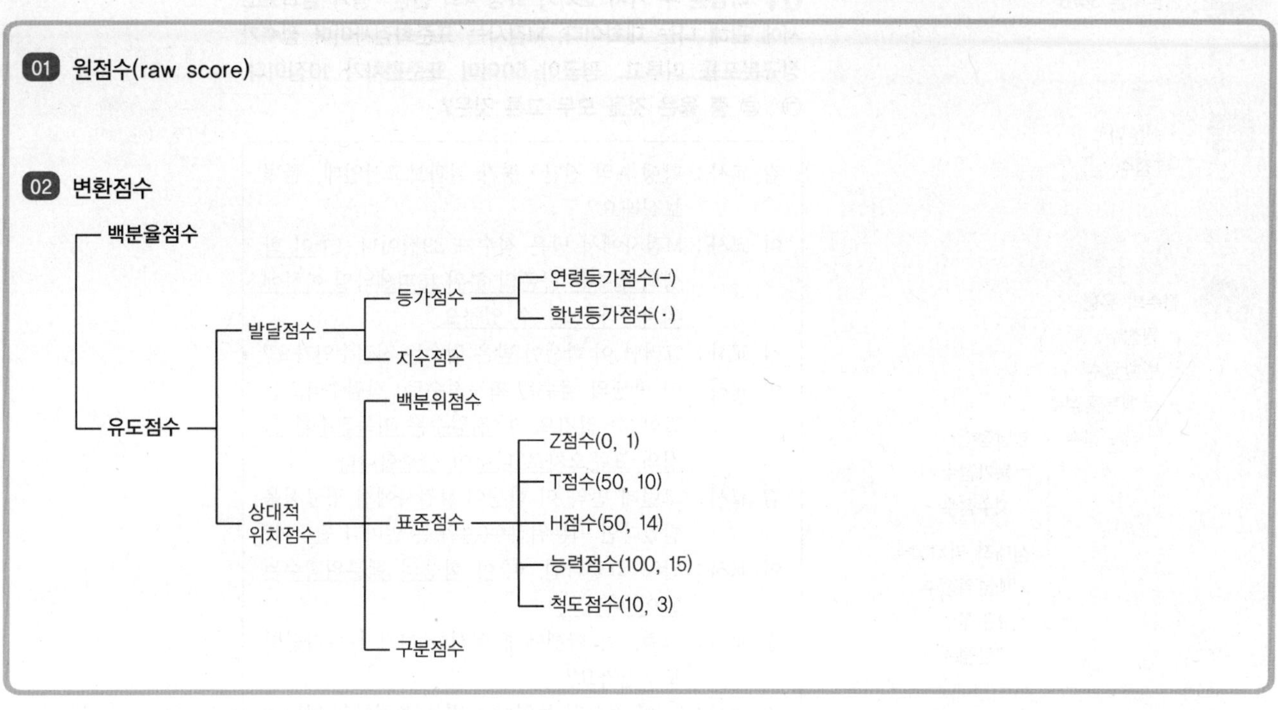

기본이론 347p

• 백분위
• T점수

점수의 유형
- 원점수
- 변환점수
  - 백분율점수
  - 유도점수
    - 발달점수
      - 등기점수
      - 지수점수
    - 상대적 위치점수
      - 백분위점수
      - 표준점수
      - 구분점수

백분위점수

특정 원점수 이하의 점수를 받은 아동의 백분율(%)

표준점수

사전에 설정된 평균과 표준편차에 맞게 정규분포를 이루도록 변환한 점수로, 정규분포곡선에서는 특정 원점수가 평균으로부터 그 이상 또는 그 이하로 얼마나 떨어져 있는가를 나타냄

T점수 = 50 + 10Z
H점수 = 50 + 14Z
능력점수 = 100 + 15Z
척도점수 = 10 + 3Z

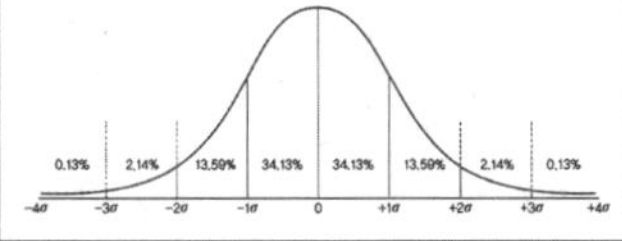

모범답안 ④

2010학년도 중등 39

01 다음은 두 가지 교사가 학생 A의 진단 · 평가 결과보고서에 관해 나눈 대화이다. M검사는 표준화검사이며 점수가 정규분포를 이루고, 평균이 50이며 표준편차가 10점이다. ㉠~㉣ 중 옳은 것을 모두 고른 것은?

• 표준점수: 평균과 표준편차에 맞게 정규분포를 이루도록 변환한 점수
• T점수(50, 10)

김 교사: 학생 A의 진단 · 평가 결과보고서인데, 한번 보실래요?
이 교사: M검사에서 받은 점수가 39점이니, ㉠ 이 학생의 점수는 규준의 하위 16퍼센타일 이하에 위치한다고 볼 수 있군요.
김 교사: 그러면 이 학생이 받은 점수는 진점수인가요?
이 교사: 이 학생의 점수는 획득점수로, 진점수라고는 말할 수 없지요. ㉡ 진점수는 획득점수를 측정의 표준오차로 나누어 산출합니다.
김 교사: 그런데 만약 이 학생이 M검사에서 평균점을 받았다면 백분위점수(순위)는 얼마나 됩니까?
이 교사: 만약 그렇다면, ㉢ 이 학생의 백분위점수는 50이 되지요.
김 교사: 그럼, 이 학생에게 실시한 M검사는 타당한 도구인가요?
이 교사: ㉣ 이 검사의 동일한 능력을 측정하고 타당성이 인정된 다른 검사와의 상관계수가 .90이므로 공인타당도가 매우 높다고 말할 수 있지요.

① ㄱ, ㄷ　　② ㄷ, ㄹ
③ ㄱ, ㄴ, ㄹ　　④ ㄱ, ㄷ, ㄹ
⑤ ㄱ, ㄴ, ㄷ, ㄹ

기본이론 347p

백분위

점수의 유형
- 원점수
- 변환점수
  - 백분율점수
  - 유도점수
    - 발달점수
      - 등가점수
      - 지수점수
    - 상대적 위치점수
      - 백분위점수
      - 표준점수
      - 구분점수

백분위점수
특정 원점수 이하의 점수를 받은 아동의 백분율(%)

㉤ 백분위

2019학년도 초등 A1

02 다음은 ○○초등학교 연수자료 통합교육 실행 안내서의 일부이다. 물음에 답하시오. [4점]

(나) 교수·학습 과정안

> 통합교육 실행 안내서
>
> ○○초등학교
>
> …(중략)…
>
> 5.3.3 검사의 종류
> – (㉢)은/는 피험자가 사전에 설정된 성취기준에 도달했는지에 대한 정보를 제공하는 검사
> – (㉣)은/는 피험자 간의 상대적인 위치를 평가하며, '상대평가' 혹은 '상대비교평가'라고 부르기도 함. 상대적 서열에 대한 변환점수의 예로 표준점수, 스테나인 점수, (㉤) 등이 있음

4) 다음은 ㉤에 대한 설명이다. ㉤에 들어갈 말을 쓰시오. [1점]

> • 전체 학생의 점수를 크기순으로 늘어놓고 100등분하였을 때의 순위
> • 특정 점수 이하의 점수를 받은 학생 사례 수를 전체 학생 사례 수에 대한 백분율로 나타낸 것
> • 상대적 위치점수

기본이론 347p

백분위

점수의 유형
- 원점수
- 변환점수
  - 백분율점수
  - 유도점수
    - 발달점수
      - 등가점수
      - 지수점수
    - 상대적 위치점수
      - 백분위점수
      - 표준점수
      - 구분점수

백분위점수

특정 원점수 이하의 점수를 받은 아동의 백분율(%)

원점수

피험자가 정답 반응한 문항에 부여된 배점을 합산한 점수

획득점수

검사에서 아동이 획득한 점수

처리속도에서 민지보다 낮은 점수를 받은 학생들이 전체의 3%에 해당한다.
= 민지보다 낮은 점수를 받은 학생은 전체 100명 중 3명
= 학생의 원점수가 아동이 속한 연령 집단과 비교해 하위 3%에 해당함

2018학년도 유아 A5

03 **(가)는 5세 유아 민지의 한국판 웩슬러 유아 지능검사(K-WPPSI-Ⅳ) 결과의 일부이고, (나)는 특수학급 김 교사와 통합학급 최 교사가 민지의 검사 결과에 대해 나눈 대화이다. 물음에 답하시오. [5점]**

(가)

척도	환산 점수 합	지표 점수	백분위	95% 신뢰 구간	분류 범주
언어이해	10	71	3.0	61~81	경계선
시공간	6	58	0.3	45~71	매우 낮음
유동추론	8	66	2.0	58~74	매우 낮음
작업기억	8	64	1.0	54~74	매우 낮음
처리속도	10	73	3.0	61~85	경계선
전체척도	25	60	0.5	47~73	매우 낮음

1) (가)에서 민지의 '처리속도' 분석 결과를 백분위에 근거하여 해석하시오. [1점]

기본이론 347p

백분위

점수의 유형

- 원점수
- 변환점수
  - 백분율점수
  - 유도점수
    - 발달점수
      - 등가점수
      - 지수점수
    - 상대적 위치점수
      - 백분위점수
      - 표준점수
      - 구분점수

백분위점수

특정 원점수 이하의 점수를 받은 아동의 백분율(%)

하위 9%

2015학년도 초등 A3

04 (가)는 단순언어장애 학생 정우에 대한 검사 결과이고, (나)는 통합학급 최 교사와 특수학급 오 교사가 나눈 대화이다. 물음에 답하시오. [5점]

(가) 검사 결과

- 생활연령 : 7세 2개월
- K-WISC-Ⅲ 결과 : 동작성 지능지수 88, 언어성 지능지수 78
- ㉠ 취학 전 아동의 수용언어 및 표현언어 발달 척도(PRES) 결과 : 수용언어 발달연령 64개월, 표현언어 발달연령 58개월, 통합언어 발달연령 61개월
- 언어문제해결력검사 결과 : 원점수 17점, ㉡ 백분위 9
- 순음청력검사 결과 : 양쪽 귀 모두 10dB
- 사회성숙도검사 결과 : 사회성 지수 90
- 구강조음기제에서 특이사항 관찰되지 않음
- 사회 · 정서적 문제를 보이지 않음

지능검사 결과는 표준점수인 능력점수(100, 15)로 제공함

- **지수점수** : 발달률의 추정치 → $\frac{\text{연령등가점수}}{\text{생활연령}} \times 100$
- 생활연령에 대한 연령등가점수의 비율(%)이기 때문에 '비율점수'라고도 함
- 사회성 지수 90이라는 것은 학생의 생활연령에 비해 사회성 발달이 뒤처졌음을 의미함

2) 다음은 (가)의 ㉡에 대한 설명이다. 괄호에 들어갈 말을 쓰시오. [1점]

정우의 원점수가 아동이 속한 연령집단과 비교하여 (   )에 해당한다는 것을 의미한다.

참고자료

기본이론 346p

키워드

학년등가점수

구조화 틀

점수의 유형

- 원점수
- 변환점수
  - 백분율점수
  - 유도점수
    - 발달점수
      - 등가점수
      - 시수점수
    - 상대적 위치점수
      - 백분위점수
      - 표준점수
      - 구분점수

핵심개념

등가점수

- 아동이 획득한 점수가 특정 연령 또는 학년의 아동들이 보이는 평균점수와 동일한 정도
- **연령등가점수**: 연수와 개월 수를 하이픈(-)으로 표시
  예 8-5는 아동이 8년 5개월 된 아동들의 평균 수행을 보인다는 의미
- **학년등가점수**: 학년과 달을 소수점(.)으로 표시
  예 1.2는 1학년 둘째 달 아동들의 평균 수행을 보인다는 의미

모범답안

4학년 넷째 달 아동들의 평균 수행 수준을 보인다는 의미이다.

2022학년도 초등 B1

05 **(가)는 세희의 특성이고, (나)는 통합학급 교사와 시각장애 거점 특수교육지원센터 특수교사의 협의 내용이다. 물음에 답하시오. [6점]**

(가) 세희의 특성

- 초등학교 6학년 저시력 학생임
- 피질시각장애(Cortical Visual Impairment ; CVI)로 인해 낮은 시기능과 협응능력의 부조화를 보임
- 눈부심이 있음 ┐
- 글씨나 그림 등은 검은색 배경에 노란색으로 제시했을 때에 더 잘 봄 ┘ [A]
- 원근 조절이 가능한 데스크용 확대독서기를 사용하지만 읽는 속도가 느림
- 기초학습능력검사(읽기) 결과, ㉠ <u>학년등가점수는 4.4</u>임

1) (가)의 ㉠을 해석하여 쓰시오. [1점]

참고자료

기본이론 346p

키워드

지수점수

구조화 틀

점수의 유형
- 원점수
- 변환점수
  - 백분율점수
  - 유도점수
    - 발달점수
      - 등가점수
      - 지수점수
    - 상대적 위치점수
      - 백분위점수
      - 표준점수
      - 구분점수

핵심개념

지수점수
- 발달률의 추정치로, 아동의 연령등가점수를 아동의 생활연령으로 나눈 후 100을 곱해 산출함

$$\text{지수점수} = \frac{\text{연령등가점수}}{\text{생활연령}} \times 100$$

- 생활연령에 대한 연령등가점수의 비율(%)이기 때문에 비율점수라고도 함

모범답안

㉣ 사회지수 70은 생활연령에 비해 사회연령이 낮다는 것을 의미한다.

2024학년도 중등 A8

06 (가)는 지적장애 진단 시 사용할 수 있는 적응 행동 진단 도구를 소개한 내용이고, (나)는 적응 행동 검사 결과 해석 중 일부이다. 〈작성 방법〉에 따라 서술하시오. [4점]

(가) 적응 행동 진단 도구 소개

사회성숙도 검사 (Social Maturity Scale: SMS)	
검사 대상	0세부터 만 30세
검사 영역 구성	자조, 이동, 작업, 의사소통, (㉠), 사회화
검사 실시 방법	피검자를 잘 아는 부모나 형제, 친척, 후견인과의 면담
검사 결과 제공 점수	원점수, 사회연령, 사회지수
지역사회 적응 검사 (Community Integration Skills Assessment-2: CISA-2)	
검사 대상	만 5세 이상의 지적장애인과 자폐성장애인을 포함한 발달장애인
검사 영역 구성	기본생활, 사회자립, 직업생활
검사 실시 방법	(㉡)
검사 결과 제공 점수	원점수, 환산점수, 영역별 (적응)지수, 적응지수

(나) 적응 행동 검사 결과 해석

㉢ 사회성숙도 검사에서 정보 제공자의 응답을 믿기 어려운 경우에는 직접 만나서 행동을 관찰하고 판단하는 것이 좋음
㉣ 사회성숙도 검사 결과에서 '사회지수'가 70(점)이라면 평균에서 대략 −2 표준편차에 해당하는 점수라고 볼 수 있음
㉤ 지역사회 적응 검사 결과를 통해 일반 규준과 임상 규준에서의 적응 수준과 강·약점을 파악할 수 있음
㉥ 지역사회 적응 검사에서는 원점수를 백분위 점수인 영역별 (적응)지수, 적응지수로 변화하여 산출함

작성방법

(나)의 ㉢~㉥ 중 틀린 내용을 2가지 찾아 기호를 쓰고, 그 이유를 각각 서술할 것

CHAPTER 04 진단 및 평가의 유형

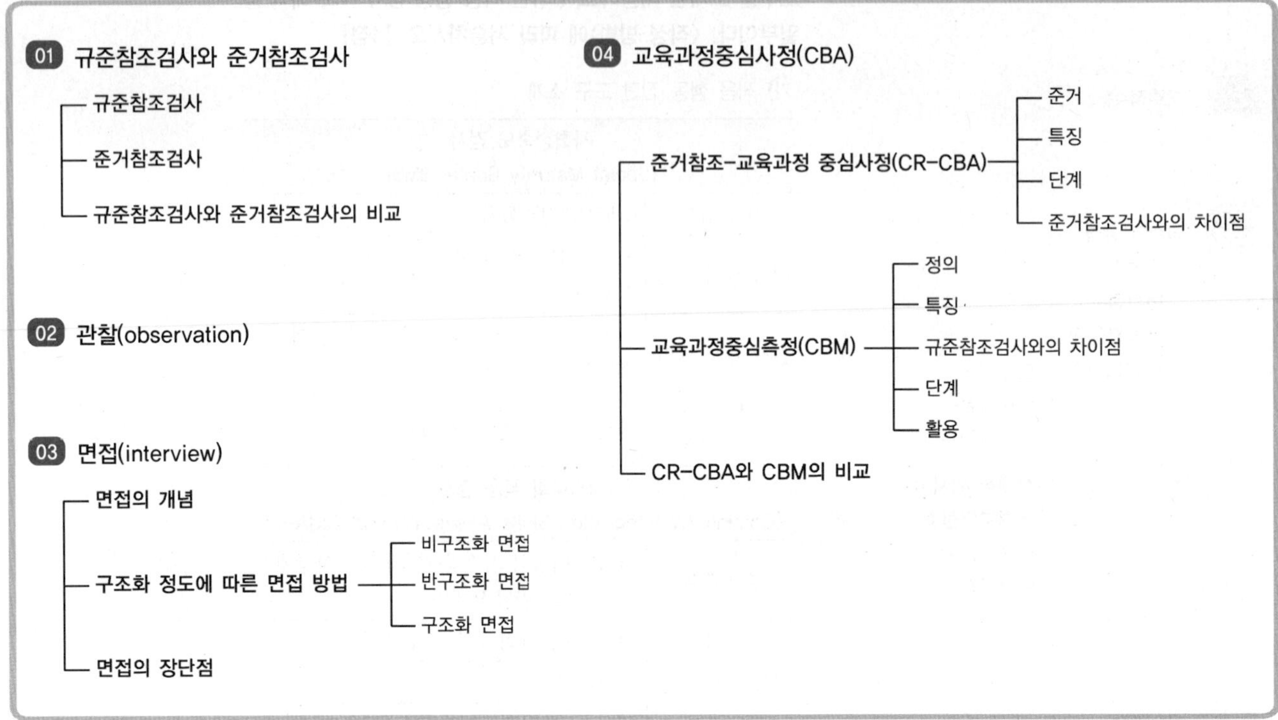
01 규준참조검사와 준거참조검사
규준참조검사
준거참조검사
규준참조검사와 준거참조검사의 비교
02 관찰(observation)
03 면접(interview)
면접의 개념
구조화 정도에 따른 면접 방법
비구조화 면접
반구조화 면접
구조화 면접
면접의 장단점
04 교육과정중심사정(CBA)
준거참조-교육과정 중심사정(CR-CBA)
준거
특징
단계
준거참조검사와의 차이점
교육과정중심측정(CBM)
정의
특징
규준참조검사와의 차이점
단계
활용
CR-CBA와 CBM의 비교

기본이론 350p

규준참조검사

규준참조검사
- 정의
- 규준집단의 양호성 평가요인

규준참조검사

- 검사를 받는 학생과 같은 또래 학생들의 점수 분포인 규준을 기준으로 대상 학생의 점수를 비교하는 검사로, 또래 집단 내에서 대상 학생의 상대적 위치에 대한 정보를 제공해줌
- 규준집단은 모집단에서 선정된 표본으로, 검사의 규준이 적절한지의 여부는 규준집단이 모집단을 얼마나 잘 대표하는가로 판단함. 규준집단의 양호성을 평가하는 요인에는 대표성·크기·적절성 등이 있음
- **대표성**: 규준집단이 검사도구 대상 집단의 특성을 얼마나 잘 대표하는지를 의미함
- **크기**: 규준집단에 포함된 아동의 수
- **적절성**: 검사를 받는 아동에 대한 규준집단의 적용 가능성

일반학생 규준과 비교한 상대적인 위치를 확인하고 −2표준편차 이하에 해당할 때 지적장애 학생 규준과 비교하기 위함이다.

2018학년도 초등 A1

01 **다음은 특수교육지원센터 홈페이지 질의·응답 게시판의 일부이다. 물음에 답하시오. [5점]**

> **Q** 국립특수교육원 적응행동검사(KISE-SAB) 결과에서 '일반학생 적응행동지수'와 '지적장애 학생 적응행동지수'를 동시에 명시하고 있는데 이해가 어렵습니다. 두 지수의 차이점이 무엇인가요?
>
> **A** 일반적으로 ㉡ <u>지적장애 학생을 진단할 때, 먼저 '일반학생 적응행동지수'를 활용하여 해석</u>한 후 '지적장애 학생 적응행동지수'를 해석합니다.

2) 밑줄 친 ㉡을 하는 이유 1가지를 규준참조검사의 특성을 고려하여 쓰시오. [1점]

참고자료

기본이론 350p

키워드

규준참조검사

구조화 틀

규준참조검사, 준거참조검사

┌ 규준참조검사
└ 준거참조검사

핵심개념

규준참조검사

- 검사를 받는 학생과 같은 또래 학생들의 점수 분포인 규준을 기준으로 대상 학생의 점수를 비교하는 검사로, 또래 집단 내에서 대상 학생의 상대적 위치에 대한 정보를 제공해줌
- 규준집단은 모집단에서 선정된 표본으로, 검사의 규준이 적절한지의 여부는 규준집단이 모집단을 얼마나 잘 대표하는가로 판단함. 규준집단의 양호성을 평가하는 요인에는 대표성·크기·적절성 등이 있음
- **대표성**: 규준집단이 검사도구 대상 집단의 특성을 얼마나 잘 대표하는지를 의미함
- **크기**: 규준집단에 포함된 아동의 수
- **적절성**: 검사를 받는 아동에 대한 규준집단의 적용 가능성

모범답안

㉠ 규준
㉡ 표준점수

2020학년도 중등 B8

02 (가)는 특수교육지원센터에서 실시한 학생 H의 한국 웩슬러 아동용 지능검사 4판(K-WISC-Ⅳ) 결과의 일부이고, (나)는 김 교사와 이 교사가 나눈 대화의 일부이다. 〈작성방법〉에 따라 서술하시오. [4점]

(나) 대화

> 김 교사: 이 검사는 학생의 지적 능력을 또래와 비교하여 학생의 상대적 위치를 알 수 있게 해주는 (㉠)참조검사이지요. 특수교육에서는 주로 장애 진단을 목적으로 많이 사용합니다.
> 이 교사: 네, 그렇군요. 이 검사에서 사용된 점수에 대해서도 설명해주세요.
> 김 교사: 이 점수는 대표성을 띠는 피검자 집단으로부터 구한 평균과 표준편차를 가지고 정규분포를 이루도록 변환한 점수입니다. 정규분포에서 특정 원점수가 평균으로부터 얼마나 떨어져 있는지를 표준편차 단위로 환산한 점수로 Z점수, T점수, 지표점수 등이 이에 해당합니다. ㉡

작성방법

(나)의 괄호 안의 ㉠과 ㉡에 해당하는 용어를 순서대로 쓸 것

기본이론 350-351p

- 규준참조검사
- 준거참조검사

규준참조검사, 준거참조검사

┌ 규준참조검사
└ 준거참조검사

준거참조검사

- 준거참조검사는 학생의 수행이 미리 정한 수행 수준에 도달했는지 여부를 측정하는 형태의 검사
- 다른 학생들의 점수와 비교하는 규준참조검사와 달리, 대상 학생의 점수를 이미 결정된 준거 또는 숙련도와 비교함
- **장점**: 대상 학생의 구체적인 수행 변화를 볼 수 있음

규준참조검사 vs 준거참조검사

규준참조검사	준거참조검사
또래 아동들의 수행인 규준에 비교	사전에 설정된 숙달 수준인 준거에 비교
또래 집단 내 아동의 상대적 위치 (유도점수 사용)	특정 지식, 기술에 있어서 아동의 수준 (백분율점수 사용)
선별, 진단, 적부성, 배치와 관련된 의사결정	교육 프로그램 계획, 형성평가, 총괄평가

㉢ 준거참조검사
㉣ 규준참조검사

2019학년도 초등 A1

03 다음은 ○○초등학교 연수자료 통합교육 실행 안내서의 일부이다. 물음에 답하시오. [4점]

(나) 교수 · 학습 과정안

> 통합교육 실행 안내서
>
> ○○초등학교
>
> 1. 학교차원의 긍정적 행동지원
>
> …(중략)…
>
> 5.3.3 검사의 종류
> - (㉢)은/는 피험자가 사전에 설정된 성취기준에 도달했는지에 대한 정보를 제공하는 검사
> - (㉣)은/는 피험자 간의 상대적인 위치를 평가하며, '상대평가' 혹은 '상대비교평가'라고 부르기도 함. 상대적 서열에 대한 변환점수의 예로 표준점수, 스테나인 점수, (㉤) 등이 있음

3) ㉢과 ㉣에 들어갈 검사 종류의 명칭을 각각 쓰시오. [1점]

PART 03

기본이론 347p, 351p, 397-399p

- 국립특수교육원 적응행동검사 (NISE-K-ABS)
- 백분위
- 준거참조검사

규준참조검사, 준거참조검사

┌ 규준참조검사
└ 준거참조검사

준거참조검사

- 학생의 수행이 미리 정한 수행 수준에 도달했는지 여부를 측정하는 형태의 검사
- 다른 학생들의 점수와 비교하는 규준참조검사와 달리, 대상 학생의 점수를 이미 결정된 준거 또는 숙련도와 비교함
- **장점**: 대상 학생의 구체적인 수행 변화를 볼 수 있음

준거참조검사

2013학년도 추가유아 A3

04 **다음은 일반 유아와 정신지체 유아 집단을 규준집단으로 하여 동희의 적응행동 수준을 작성한 적응행동 검사(KISE-SAB) 프로파일이다. 물음에 답하시오. [4점]**

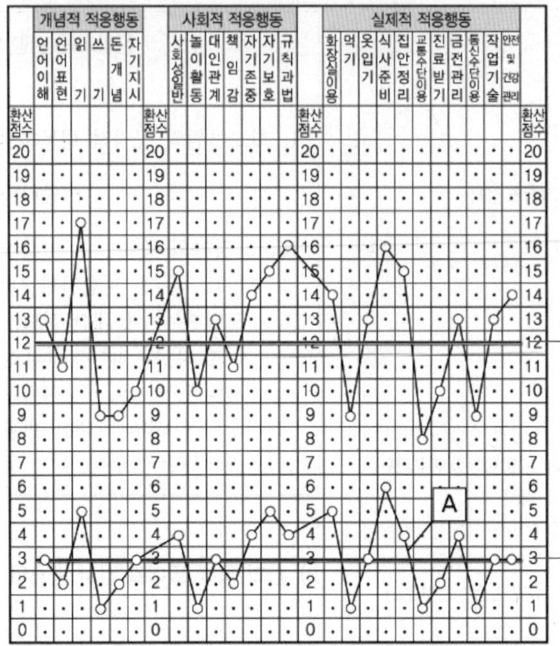

지적장애학생 규준

일반학생 규준

3) 이 적응행동 검사는 규준집단의 평균으로부터 적어도 2표준편차 이하의 수행을 나타낼 때 적응행동에 유의미한 제한성을 지닌 것으로 해석된다. 이와는 달리 개인의 수행을 규준집단의 수행수준과 비교하지 않고, 개인이 일정 숙달수준에 도달했는지의 여부를 알아볼 수 있는 검사 유형을 무엇이라고 하는지 쓰시오. [1점]

기본이론 352-353p

면접(면담)

면접
- 정의
- 구조화 정도에 따른 면접 방법
- 장단점

면접

- **구조화 면접**: 미리 준비된 질문 목록을 순서에 따라 정확하게 질문하는 방법
- **반구조화 면접**: 미리 준비된 질문 목록을 사용하되, 필요한 질문을 추가하거나 순서를 바꾸면서 질문하는 방법
- **비구조화 면접**: 특별한 지침 없이 면접자가 융통성 있게 질문하는 방법

비구조화된 면접은 특정한 지침 없이 면접자가 많은 재량을 가지고 융통성 있게 질문하는 반면, 반구조화된 면접은 미리 준비된 질문 목록에 따르되 필요한 경우 추가질문을 하거나 질문의 순서를 바꿀 수 있다.

2016학년도 초등 A3

05 **다음은 ○○특수학교의 담임교사와 교육실습생이 나눈 대화 내용이다. 물음에 답하시오.**

> 실 습 생: 선생님, 그동안 은수의 의사소통 지도를 어떻게 해오셨는지 궁금해요.
> 담임교사: 은수처럼 비상징적 언어 단계에 있는 아이들의 경우에는 먼저 부모와 ㉠ 면담을 하거나 ㉡ 의사소통 샘플을 수집하여 아이가 어떻게 의사소통을 하는지 분석하는 것이 중요하답니다.
> 실 습 생: 그렇군요.

1) **㉠과 관련하여, 비구조화된 면담과 반구조화된 면담의 차이점을 1가지 쓰시오. [1점]**

참고자료

기본이론 352-353p

키워드

면접(면담)

구조화 틀

면접
- 정의
- 구조화 정도에 따른 면접 방법
- 장단점

핵심개념

면접
- **구조화 면접**: 미리 준비된 질문 목록을 순서에 따라 정확하게 질문하는 방법
- **반구조화 면접**: 미리 준비된 질문 목록을 사용하되, 필요한 질문을 추가하거나 순서를 바꾸면서 질문하는 방법
- **비구조화 면접**: 특별한 지침 없이 면접자가 융통성 있게 질문하는 방법

모범답안

구조화 면접

2013학년도 추가유아 A5

06 **다음은 김 교사가 담당하고 있는 특수학급 유아들과 가족의 사례이다. 물음에 답하시오. [6점]**

> [진수네 가족]
> 진수의 부모는 진수가 24개월이 되었을 때 문제가 있음을 감지하고 여러 군데의 병원을 찾아다니다 2세 6개월에 자폐성 장애 진단을 받았다. 그 후 여러 클리닉을 다니며 치료하려는 노력을 기울였으나 최근 부모로서 무능함을 토로하며 크게 낙담하고 우울해한다.

2) 김 교사는 진수 어머니와 면담을 실시하려고 여러 면담 유형을 살펴보았다. 다음에서 설명한 면담의 유형을 쓰시오. [1점]

> - 면담 시 질문할 항목과 질문의 순서를 미리 정해둔다.
> - 필요한 정보를 제한된 시간에 수집할 수 있어 효율적이다.
> - 면대면 면담 외에도 질문지나 평정척도를 사용하여 정보를 획득할 수도 있다.
> - 가족이 표현하고자 하는 문제나 가족의 필요, 우선순위 등을 간과할 우려가 있다

확장하기

면접의 장단점

장점	단점
• 복잡한 문제에 대해 면접자와 피면접자의 직접적인 대화와 접촉을 통해 다양하고 심층적인 정보를 수집할 수 있다. • 평가 대상의 연령이 어릴 경우에 적합한 자료 수집 방법이다. • 면접 과정에서 질의응답이나 보충설명을 통해 피면접자에게 질문의 의미를 충분하게 이해시킬 수 있으므로 정확한 정보를 수집할 수 있다. • 경제적인 문제나 성 문제 등과 같이 개인적으로 민감한 문제에 대한 정보를 수집하고자 할 경우 적합한 방법이다.	• 면접 과정에 시간과 노력이 많이 소요된다. 그러므로 피면접자의 수가 많거나 시간이 제한되어 있을 때는 적용하기 곤란하다. • 면접자의 태도와 행동이 피면접자에게 영향을 미치기 때문에 반응이 왜곡될 가능성이 있다. • 일반적으로 면접 결과의 신뢰도와 객관도가 낮고, 통계적인 분석에도 제약이 있다.

기본이론 352-353p

면접(면담)

면접
- 정의
- 구조화 정도에 따른 면접 방법
- 장단점

면접
- **구조화 면접**: 미리 준비된 질문 목록을 순서에 따라 정확하게 질문하는 방법
- **반구조화 면접**: 미리 준비된 질문 목록을 사용하되, 필요한 질문을 추가하거나 순서를 바꾸면서 질문하는 방법
- **비구조화 면접**: 특별한 지침 없이 면접자가 융통성 있게 질문하는 방법

비구조화 면접은 구조화 면접과 달리 면담 주제를 중심으로 자유롭게 대화하면서 심층적인 정보를 수집할 수 있다.

2024학년도 유아 A8

07 **(가)와 (나)는 유아특수교사 김 교사가 쓴 반성적 저널의 일부이다. 물음에 답하시오. [5점]**

(가)

> [4월 ○○일]
>
> …(상략)…
>
> 연우의 의사소통 능력의 향상을 위하여 유치원과 가정에서 보다 체계적인 지원이 필요하다고 생각했다. 이를 위해 연우의 의사소통 장면을 주의 깊게 관찰하여 그 내용을 간결하고 객관적인 글로 기록하려 한다. 이 자료는 연우의 의사소통 발달 정도를 파악하고 중재를 계획하는 데 도움이 될 것이다. 그리고 연우가 가정에서 보이는 의사소통의 특징을 파악하기 위해 보호자와 ㉢ 비구조화된 면담을 실시하려고 한다.

2) ㉢의 장점을 정보 수집 측면에서 구조화된 면담과 비교하여 1가지 쓰시오. [1점]

참고자료 기본이론 350-353p

키워드 종합

구조화 틀

핵심개념

모범답안 ②

2013학년도 중등 12

08 장애학생의 진단평가를 위해 활용하는 방법 및 특징에 대한 설명으로 옳은 것만을 〈보기〉에서 있는 대로 고른 것은?

보기

ㄱ. '표준화 검사'의 장점 중 하나는 측정 영역에 대한 학생의 수준을 객관적으로 볼 수 있다는 점이다.

ㄴ. '준거참조평가(criterion-referenced evaluation)'는 학생의 점수를 또래 집단과 비교함으로써 집단 내 학생의 상대적 위치에 대한 정보를 제공한다.

ㄷ. '관찰'은 일상적인 상황에서 나타나는 학생의 행동을 기록함으로써 특정현상에 대한 자료를 수집하는 방법이다.

ㄹ. '관찰'에서 사용하는 '시간표집법'은 일정 관찰기간 동안 지속적으로 관찰하여 관찰 대상 행동이 발생할 때마다 기록하는 방법이다.

ㅁ. '구조화 면접'은 질문의 내용과 순서를 미리 준비하여 정해진 방식대로 질문해나가는 면접이다.

> ㄴ. 준거참조평가는 숙달수준에 비교해 얼마나 숙달했는지를 평가함

> ㄹ. 시간표집법은 관찰 시간을 일정 간격으로 나누어 각 간격이 끝나는 순간 행동 발생 여부를 기록하는 방법

① ㄱ, ㄴ, ㄹ ② ㄱ, ㄷ, ㅁ
③ ㄴ, ㄷ, ㅁ ④ ㄴ, ㄹ, ㅁ
⑤ ㄱ, ㄷ, ㄹ, ㅁ

기본이론 355-358p

교육과정중심측정(CBM)

교육과정중심측정(CBM)
- 정의
- 특징
- 비교
- 단계
- 결과 활용

효과적인 읽기유창성 교수의 특징
- 동일한 글을 소리 내어 반복해서 읽도록 함
- 글을 유창하게 읽는 사람이 먼저 시범을 보이고, 체계적인 오류 교정 절차를 적용해 오류를 교정함
- 일주일에 세 번 이상 읽기유창성 교수를 실시함
- 글에 포함된 단어의 90% 이상을 정확하게 읽을 수 있는 글을 선택함

CBM 결과 활용
- 표적선 아래로 3번 이상 연속해서 위치할 경우 → 교수전략에 대해 재검토
- 표적선 기울기보다 높게 나타날 경우 → 목표를 상향 조정
- 표적선에 한참 미달할 경우 → 목표를 하향 조정하거나, 교수방법을 변경함

2) ⑤ → ③ → ① → ② → ④

3) 표적선에 도달하고 있진 못하지만 성장세를 보이고 있으므로 전략을 교체하기보다는 수정하는 것이 바람직하다.
중재 횟수를 늘려서 제공한다.

2013학년도 초등 A4

09 다음의 (가)는 반복읽기(repeated reading) 전략에 대한 설명이고, (나)는 읽기장애 학생 소영이를 위해 반복읽기 전략과 교육과정중심측정(Curriculum-Based Measurement ; CBM)을 적용한 사례이다. 물음에 답하시오. [5점]

(가) 반복읽기 전략

> ㉠ 반복읽기 전략을 통해 글 읽기 속도를 증진시킬 수 있다.
> ㉡ 반복읽기 전략의 주목적은 단어재인 능력을 향상시키기 위한 것이다.
> ㉢ 반복읽기 전략을 통해 해독(decoding) 활동에 더욱 집중할 수 있게 된다.
> ㉣ 반복읽기를 지도할 때 잘못 읽은 단어가 있다면 교사는 피드백을 즉시 제공하여 교정한다.

(나) 소영이의 사례

> 〈반복읽기 전략의 실시 및 평가 절차〉
>
> ① 반복읽기 전략을 주 2회 10분씩 실시한다.
> ② 매주 1회 1분간 CBM 구두 읽기검사를 실시한다.
> ③ 또래의 성장 속도를 고려하여 소영이의 목표선을 설정한다.
> ④ 소영이의 점수가 3주 연속으로 목표선의 점수보다 낮을 경우 전략을 교체한다.
> ⑤ 반복읽기 전략을 적용하기 전에 소영이에게 실시한 3회의 CBM 구두 읽기검사 점수의 중앙치를 찾는다.

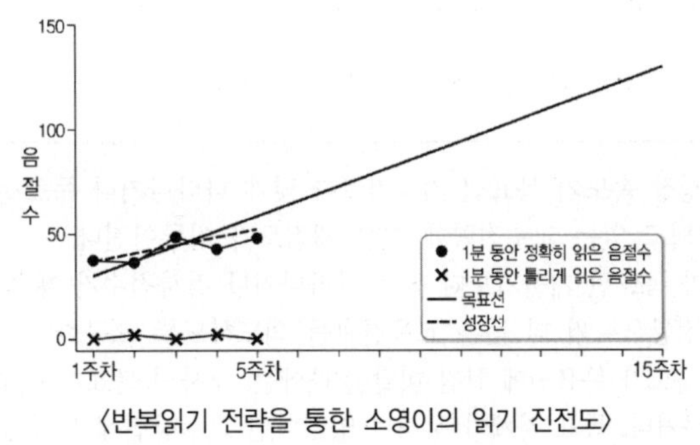

〈반복읽기 전략을 통한 소영이의 읽기 진전도〉

2) (나)에서 사용된 '반복읽기 전략의 실시 및 평가 절차' ①~⑤를 순서대로 나열하시오. [1점]

3) 김 교사는 (나)에 나타난 5주차까지의 중재 결과를 바탕으로 반복읽기 전략을 교체하지 않고 수정하기로 결정하였다. 김 교사가 반복읽기 전략을 교체하지 않은 이유와 이 전략의 효과를 높이기 위하여 취할 수 있는 수정 방법 1가지를 쓰시오. [2점]

확장하기

CBM 실시 단계

단계	내용
측정할 기술 확인하기	읽기, 철자법, 쓰기, 셈하기 등의 기초학습기술 중 측정할 기술 결정
검사지 제작하기	• 측정할 기술과 관련된 향후 1년간의 교육과정을 대표할 수 있는 검사지 제작 • 검사지는 CBM 기간에 실시할 검사의 횟수와 동일한 숫자의 동형검사 제작
검사의 실시 횟수 결정하기	• 1년간 해당 기술영역에서의 아동의 진전을 점검하는데, 일반적으로 주 2회 검사 실시를 권장함. White (1972)에 따르면 신뢰할 만한 수행경향을 추정하기 위해서는 최소한 7회의 수행점수가 필요함. 주 2회 검사를 실시하면 약 한 달 동안 최소한 7회의 수행점수를 얻을 수 있으므로 적어도 한 달에 한 번 아동의 수행경향을 점검하고, 필요한 경우 교수방법을 조절할 수 있음 • 검사의 실시 횟수를 결정할 때 주당 검사 횟수와 함께 기초선 점수를 결정하기 위한 검사의 횟수도 결정해야 함. 기초선 점수를 결정하기 위해서는 3회에 걸친 검사점수가 필요함 • 따라서 CBM에서 실시할 검사의 총 횟수는 CBM이 진행될 주일 수에 2를 곱한 후 3일을 더한 수가 됨 **예** 32주일 동안 CBM이 진행될 경우 총 검사횟수는 67회(32×2+3)
기초선 점수 결정하기	• 기초선 점수: 아동의 진전을 측정할 때 근거가 되는 시작 점수 • 기초선 점수를 결정하기 위한 3회의 검사점수 중 중앙값이 기초선 점수가 됨 • '중앙값'이란 자료를 크기 순서대로 배열했을 때 중앙에 위치하게 되는 값
목적 설정하기	• CBM이 끝날 때, 즉 해당 학년이 끝날 때 기대되는 점수인 목적 설정 • 목적은 해당 학년의 규준을 사용할 수 있으나, 이는 아동의 기초선 점수가 반영되지 못하는 단점이 있음. 이러한 한계를 보완하기 위해 CBM 관련 문헌에 포함된 기초학습기술의 주 단위 기대성장률을 활용할 수 있음
표적선 설정하기	표적선은 아동의 진전을 점검하는 근거가 되는 선으로, 기초선 점수와 목적으로 설정된 점수를 연결해 그림
자료 수집하기	• 주 2회 검사를 실시해 결과를 그래프에 표시 • 검사점수가 표적선에 미치지 못하는 경향을 보이면 교수방법을 수정하고, 교수방법이 바뀐 시점을 세로선으로 표시
자료 해석하기	CBM 실시기간이 종료되면 그래프를 근거로 아동의 진전에 대해 해석함

CBM 결과의 활용

- 읽기장애 아동의 성장 속도가 목표선 기울기보다 낮게 나타나거나 목표선 아래로 검사점수가 3번 이상 연속하여 위치할 때에는, 현재 적용되고 있는 교수전략에 대한 재검토가 이루어진다.
- 아동의 성장 속도가 목표선 기울기보다 높게 나타나거나 검사점수가 계속 목표선 위에 위치할 때에는, 목표선의 수준이나 기울기를 상향 조정함으로써 더 높은 교육결과를 의도하도록 요구한다.
- 아동의 읽기 성장 속도가 목표선에 한참 미달할 때에는, 교사의 목표가 애초에 너무 높았는지 학습자의 현재 수준을 조사하여 목표를 재조정하거나, 목표 자체가 무리가 없었다면 교수방법에 문제가 있는지 조사하여 조속히 현재 교수방법을 변경한다.

기본이론 355-358p

교육과정중심측정(CBM)

교육과정중심측정(CBM)
- 정의
- 특징
- 비교
- 단계
- 결과 활용

CBM 결과 활용
- 표적선 아래로 3번 이상 연속해서 위치할 경우 → 교수전략에 대해 재검토
- 표적선 기울기보다 높게 나타날 경우 → 목표를 상향 조정
- 표적선에 한참 미달할 경우 → 목표를 하향 조정하거나, 교수방법을 변경함

모범답안

목표선의 수준이나 기울기를 상향 조정한다.

2024학년도 초등 A4

10 (가)는 지적장애 학생 수아에 대해 담임 교사와 수석 교사가 나눈 대화의 일부이고, (나)는 수아의 읽기 평가 과정 및 결과의 일부이며, (다)는 담임 교사의 수업 성찰지의 일부이다. 물음에 답하시오. [5점]

(나)

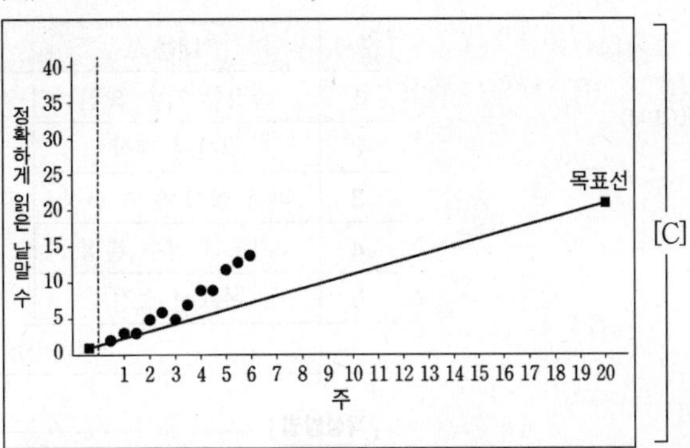

2) (나)의 [C]에 근거하여 6주차 평가가 종료된 시점에서 교사가 해야 할 교육적 의사 결정의 내용을 1가지 쓰시오. [1점]

기본이론 355-358p

교육과정중심측정(CBM)

교육과정중심측정(CBM)
- 정의
- 특징
- 비교
- 단계
- 결과 활용

교육과정중심측정(CBM)
- 표준화 검사, 공식적 사정
- 표준화된 측정 절차를 따르므로 타당도와 신뢰도를 갖추고 있음
- 규준참조검사의 대안이나, 규준참조검사와의 차이점 → CBM은 자주 실시할 수 있고, 형성적 평가로 활용될 수 있음
- CBM 단계
  ① 측정할 기술 확인
  ② 검사지 제작
  ③ 검사의 실시 횟수 결정
  ④ 기초선 점수 결정
  ⑤ 목적 설정
  ⑥ 표적선 설정
  ⑦ 자료 수집
  ⑧ 자료 해석

동형검사
검사지 제작 시 문항의 내용·유형·문항의 난이도를 유사하게 제작한 검사

동형

2021학년도 중등 B5

11 **(가)는 ○○중학교 특수학급에 재학 중인 학습장애 학생을 위한 수학과 수업 계획이고, (나)는 교육과정 중심 측정(Curriculum-Based Measurement ; CBM) 절차의 일부이다. 〈작성방법〉에 따라 서술하시오. [4점]**

(나) CBM 절차의 일부

순서	내용	유의점
1	측정할 기술 확인	검사지 제작 시 문항의 내용, 유형, 문항 난이도를 유사하게 (㉢) 검사를 제작함
2	검사지 제작	
3	검사 실시 횟수 결정	
4	기초선 점수 결정	
5	목표선 설정	
…(하략)…		

작성방법

(나)의 괄호 안의 ㉢에 해당하는 용어를 쓸 것

기본이론 355-358p

교육과정중심측정(CBM)

교육과정중심측정(CBM)
- 정의
- 특징
- 비교
- 단계
- 결과 활용

기초학습기능 수행평가체제(BASA) 읽기검사

기초평가	
읽기검사 자료 1 (읽기 정확성)	개인검사로, 학생이 제한된 시간 내에 얼마나 많은 글자를 얼마나 정확하게 읽는가를 측정하는 문항으로 구성됨
읽기검사 자료 2 (빈칸 채우기)	독해력을 측정하는 집단검사로, 문맥에 맞는 적절한 단어를 선택하는 문항으로 구성됨

형성평가	
읽기검사 자료 (읽기 유창성)	대상 학생의 읽기 진전도를 지속적으로 모니터링할 수 있도록 다양한 읽기자료를 활용한 구두 단락읽기검사로 구성됨

- **대상**: 초1~초3
- **검사구성**: 기초평가 / 형성평가
- **실시 방법**
  - 읽기검사자료 1을 이용해 '읽기검사 (1) → 읽기검사 (2) → 읽기검사 (1)'의 순서로 3회 실시한 뒤 원점수의 중앙값을 산출하고, 읽기검사자료 2를 1회 실시해 원점수를 산출한 후 관련 기관에서 제공하는 자동채점 프로그램을 이용해 기초평가 기록지를 작성함
  - 기초평가를 통해 아동의 기초선을 확인하고 나면 이후의 형성평가를 통해 아동의 지속적인 성장을 점검함
- **실시 결과**: 원점수, 백분위, T점수, 학년점수

① 66
② 매주 2회 수집한 CBM 자료를 통해 아동의 진전을 점검하고 필요한 경우 교수방법을 수정하기 위해서이다.

2017학년도 초등 A1

12 **(가)는 일반교사와 특수교사가 단순언어장애 학생 민규의 검사 결과에 대해 나눈 대화의 일부이고, (나)는 교육실습생과 지도교사가 학습장애 학생 은미의 검사 결과에 대해 나눈 대화 내용의 일부이다. [6점]**

…(상략)…

교육실습생: BASA 읽기검사 결과를 바탕으로 은미의 읽기지도 계획을 수립하려고 하는데 어떻게 해야 하는지 궁금해요.

지도교사: 이 검사는 교육과정중심측정(CBM)을 활용한 검사에요. 이 검사에서는 3회에 걸쳐 실시한 읽기검사 원점수의 중앙치로 기초선을 설정하는데 은미의 경우 (㉤)이 되겠지요. 기초선 설정 후 목표수준을 정하고 ㉥ 읽기 중재를 하면서 매주 2회 정도 읽기검사를 해요.

〈은미의 '기초학습기능 수행평가체제(BASA): 읽기검사' 결과 요약〉

읽기검사 1회	원점수: 63
읽기검사 2회	원점수: 68
읽기검사 3회	원점수: 66

중앙값
자료를 크기 순서대로 배열했을 때 중앙에 위치하게 하는 값

3) (나)의 ① ㉤에 들어갈 점수를 쓰고, ② ㉥의 이유 1가지를 쓰시오. [2점]

참고자료

기본이론 355-358p

키워드

교육과정중심측정(CBM)

구조화 틀

교육과정중심측정(CBM)
- 정의
- 특징
- 비교
- 단계
- 결과 활용

핵심개념

CBM

읽기, 철자법, 쓰기, 셈하기의 단기유창성을 표준화된 방식으로 간단하게 측정하는 일련의 방법

읽기	1분 동안 아동에게 기초독본을 소리내어 읽게 한 후, 정확하게 읽은 단어의 수를 셈
철자법	2분 동안 특정 간격(5초·7초·10초)으로 단어를 읽어주면서 아동에게 받아쓰게 한 후, 정확한 문자순서의 수와 정확하게 쓴 단어의 수를 셈
쓰기	• 어떤 이야기의 시작 부분을 아동에게 읽어준 후, 아동에게 3분 동안 이야기를 쓰게 함 • 아동이 쓴 단어의 수, 정확하게 쓴 단어의 수 그리고/또는 정확한 문자순서의 수를 셈
셈하기	2~5분 동안 아동에게 계산문제에 대한 답을 쓰게 한 후, 정확하게 쓴 숫자를 셈

※ 정확한 문자순서는 특정 단어 내 문자들의 정확한 순서를 말함

예 정확하게 쓰인 milk라는 단어의 경우 정확한 문자순서의 점수는 mi(1점), il(1점), lk(1점), m(1점), k(1점)를 합한 총 5점이 됨

모범답안

②

2011학년도 중등 31

13 김 교사는 학습장애가 의심되는 학생 A를 대상으로 계산 유창성 훈련을 실시하고 그 결과를 교육과정중심측정(Curriculum-Based Measurement ; CBM) 방식으로 평가하고 있다. 학생 A에게 실시하는 CBM 방식에 대한 설명으로 적절한 것만을 〈보기〉에서 모두 고른 것은?

〈보기〉

ㄱ. CBM 방식은 계산 유창성 문제의 원인을 밝히는 데 ~~유용하다.~~

ㄴ. CBM 방식은 준거참조검사의 대안적인 방법으로 비형식적인 사정에 속한다.

ㄷ. CBM 결과는 교수법을 변경하거나 수정하기 위한 자료로 활용될 수 있다.

ㄹ. CBM 결과로 계산 유창성의 수준뿐만 아니라 효율적인 계산 전략의 적용 여부를 파악할 수 있다.

ㅁ. CBM 결과로 계산 유창성의 진전 여부를 확인할 수 있지만, 또래의 성취 수준과 비교는 할 수 없다.

ㅂ. CBM 방식에서 계산 유창성 점수는 일정 시간 동안 계산 문제의 답을 쓰게 한 후 정확하게 쓴 숫자를 세어 산출할 수 있다.

① ㄱ, ㄴ
② ㄷ, ㅂ
③ ㄱ, ㄴ, ㅁ
④ ㄴ, ㄷ, ㅂ
⑤ ㄷ, ㄹ, ㅁ, ㅂ

ㄱ. CBM 결과는 유창성을 확인할 수 있으나 원인을 밝히지 못함

ㄴ. CBM은 규준참조검사의 대안으로, 표준화되고 공식적인 사정에 해당함

ㄷ. CBM 검사결과 표적선에 근거해 학생의 진전이 낮게 위치할 경우 교수방법을 교체하거나 수정할 수 있음

ㄹ. CBM 결과는 유창성의 수준을 확인할 수 있으나 적절한 전략 적용 여부를 알 수 없음

ㅁ. CBM은 규준참조검사의 대안으로, 그 결과를 규준에 비교해 상대적 위치에 대한 정보를 제공함

ㅂ. 유창성 점수는 시간 내에 정확한 수를 계산함

기본이론 355-358p

교육과정중심측정(CBM)

교육과정중심측정(CBM)
- 정의
- 특징
- 비교
- 단계
- 결과 활용

쓰기 유창성

단어 속에서의 글자, 문장과 문단 속에서의 글자, 산문 내에서의 단어에 관한 유창성은 제한된 시간 안에 쓰인 글에서 맞게 쓴 총 단어의 수, 정확한 단어 수, 정확한 음절 수, 정확한 철자 수, 순서에 맞는 단어 수로 보기도 함

16

2022학년도 중등 A6

14 **(가)는 학습장애 학생 B를 위해 특수교사와 일반교사가 작성한 쓰기 과정 접근법 지도 단계이고, (나)는 학생 B가 작성한 작문 노트의 일부이다. 〈작성방법〉에 따라 서술하시오. [4점]**

(나) 작문 노트

일주일에 3일을 실 수 있다면 월오일에 시면 좋겠다. ㉣ <u>왜냐하면 토오일, 일오일을 시고 오면 피곤하다.</u> 그래서 월오일에 시는 것이 좋을 것 같고, 화오일도 피곤하겠지만 화오일은 체육이 있어서 시는 것보다 학교에 오고 싶을 것 같다.

'음절 단위'로 산출
→ 19 − 3 = 16

작성방법

밑줄 친 ㉣의 쓰기 유창성 값을 음절 단위로 산출하여 쓸 것

PART 03

05 CHAPTER 대안적 사정

01 역동적 평가(dynamic assessment)

- 개념
- 특징
- 정적 평가와 역동적 평가의 차이점

02 수행평가(performance assessment)

- 개념
- 특징 및 장점
- 문제점
- 수행평가의 준비(단계)
  - 수행성과 구체화하기
  - 사정의 초점 선택하기
  - 적정 수준의 현실성 선택하기
  - 수행상황 선택하기
  - 채점방법 선택하기
    - 검목표방법
    - 평정척도방법
    - 총체적 채점방법

03 포트폴리오(portfolio) 평가

- 개념
- 특징
- 포트폴리오 평가와 수행평가의 비교
- 포트폴리오 평가의 준비
  - 포트폴리오의 구조 결정하기
  - 포트폴리오의 유형 결정하기
  - 품목의 선정과정 결정하기
  - 포트폴리오의 채점방법 결정하기
  - 포트폴리오 평가 결과의 활용방법 결정하기
- 장단점
- 타당도와 신뢰도

04 루브릭(rubrics)

참고자료

기본이론 360-361p

키워드

역동적 평가

구조화 틀

역동적 평가

- 개념
- 특징

핵심개념

역동적 평가

- 비고츠키의 근접발달영역의 개념에서 영향을 받은 역동적 평가는 평가자와 학습자와의 역동적 상호작용을 통해 학생의 잠재적 발달 수준에 대한 정보를 수집
- 근접발달영역, 비계설정, 실제적 수준, 잠재적 수준
- **특징**
  - 발달 중인 과정을 강조해 학습 결과보다는 학습 과정에 초점
  - 피드백이나 힌트를 제공해 장애학생이 주어진 문제를 해결하는 데 어떤 피드백을 얼마나 활용하는지 확인함으로써 학생의 학습 능력 평가
  - 평가자가 장애학생을 도와줌으로써 평가자와 학습자 간의 역동적 상호작용을 강조

모범답안

㉠ 역동적 평가
㉡ 과정

2019학년도 중등 A3

01 다음은 학생 A를 위한 평가 계획에 대하여 김 교사와 박 교사가 나눈 대화의 일부이다. 괄호 안의 ㉠, ㉡에 해당하는 내용을 순서대로 쓰시오. [2점]

> …(상략)…
>
> 김 교사: K-WISC-Ⅳ와 같은 규준참조검사 이외의 다른 평가 방법도 있나요?
>
> 박 교사: 예. (㉠)이/가 있어요. (㉠)은/는 정적 평가(static assessment)와는 달리 학생에게 자극이나 촉진이 주어졌을 때 학생의 반응을 통해 향상 정도를 알아보는 대안 평가 방법입니다.
>
> 김 교사: 이 평가 방법은 어떤 특징이 있나요?
>
> 박 교사: (㉠)은/는 학생의 근접발달영역(zone of proximal development)을 알아보는 평가 방법으로 학생의 가능성과 강점을 확인해볼 수 있어요. 또한 학습 과제를 하는 동안 학생에게 적절한 피드백을 주면서 문제를 어떻게 해결하는지 확인하기 때문에 학습의 결과보다는 (㉡)을/를 강조하는 특징이 있습니다.
>
> 김 교사: 학생 A의 개별화교육에 활용할 수도 있겠군요.

역동적 평가의 정의

역동적 평가의 특징

참고자료

기본이론 361–365p

키워드

수행평가

구조화 틀

수행평가
- 개념
- 특징 및 장점
- 문제점
- 준비(실행)

핵심개념

수행평가
- 학생이 보이는 수행을 평가하는 것으로, 자신의 지식이나 기능을 산출물·행동 또는 답으로 나타내고 이를 평가
- **특징 및 장점**
  - 수업과 평가를 통합해 유의미한 학습 촉진
  - 인지적·정의적·심동적 영역 총체적 평가
  - 종합력, 추리력, 문제해결능력, 메타인지능력 등 고차원적 능력을 측정
  - 일회적인 평가를 지양하고 전체적인 영역에 대한 지속적인 평가를 지향
- **문제점**: 판단과 채점의 주관성, 낮은 신뢰도

모범답안

④

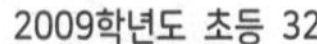
2009학년도 초등 32

02 다음은 2008년 개정 특수학교 기본교육과정 과학과 '건강한 생활' 수업에서 실시한 평가 결과이다. 이에 근거하여 바르게 설명한 것은?

평가 결과지

이름: 김수민
모둠: 구름조

주제: 이를 건강하게 관리하기 위한 방법

1. 모둠활동 평가 — 과정중심 평가

평가요소	못함	보통	잘함
자기 의견을 분명히 말한다.	O		
조사활동에서 맡은 역할을 완수한다.		O	
모둠활동 시 친구들과 적절한 상호작용을 한다.			O

2. 종합평가 — 결과중심 평가
- 수민이는 이가 썩으면 발생되는 결과에 대해 정확히 알고 있음
- 이를 건강하게 할 수 있는 방법 2가지(식후 이 닦기, 사탕 먹지 않기)를 조사하였으나 발표 시 내용을 분명하게 전달하지 못하였음
- 개인 실천계획표 검토결과, 식후 이 닦기 내용만 기록되어 있었음

① 결과중심의 평가를 실시하였다.
② 평가의 일차적 목적은 진단과 배치였다.
③ 평가과정에서 교사의 주관적인 판단이 배제되었다.
④ 학생의 수행 과정과 결과에 초점을 두어 평가하였다.
⑤ 평가의 일차적 목적이 학생의 상대적 위치를 파악하는 데 있었다.

참고자료

기본이론 361-365p

키워드

수행평가

구조화 틀

수행평가
- 개념
- 특징 및 장점
- 문제점
- 준비(실행)

핵심개념

수행평가 준비(실행)

수행성과 구체화	행위동사를 사용해 수행성과 기술
사정의 초점 선택	과정 / 결과 / 과정과 결과
적정 수준의 현실성 선택	실제성의 정도를 결정
수행상황 선택	지필수행, 확인검사, 구조화 수행검사, 모의수행, 작업표본 등
채점방법 선택	• 검목표: 채점기준표를 만들어 채점 • 평정척도: 단순히 행동이나 특성의 유무를 판단하는 대신 행동이나 특성의 정도를 판단 • 총체적 채점: 개별적인 요소를 고려하기보다는 전체적으로 판단해 단일점수를 부여

2023학년도 초등 A2

03 **(가)는 은주의 시지각발달검사(K-DTVP-3) 결과의 일부이고, (나)는 특수교사가 은주와 현우에게 적용한 수행사정(performance assessment) 절차이다. (다)는 은주의 수행 채점기준표이고, (라)는 현우의 수행 채점표이다. 물음에 답하시오. [5점]**

(나) 수행사정 절차

단계	수행사정 절차 내용
1단계	수행성과 구체화하기
2단계	㉠ 수행사정의 초점 선택하기
3단계	적정 수준의 현실성 선택하기
4단계	수행 상황 선택하기
5단계	채점 방법 선택하기

(다) 은주의 수행 채점기준표

※ 해당 점수에 ○표 하시오.

3__
- 교사가 보여주는 모양과 같은 드라이버를 매우 잘 꺼냄
- 교사가 나사못에 드라이버를 맞추어주면 매우 잘 돌림
- 건전지 교체를 매우 잘함
- 공구함 정리와 끝마무리가 전반적으로 매우 깔끔함

2__
- 교사가 보여주는 모양과 같은 드라이버를 대체로 잘 꺼냄
- 교사가 나사못에 드라이버를 맞추어주면 대체로 잘 돌림
- 건전지를 대체로 잘 교체함
- 공구함 정리와 끝마무리가 대체로 깔끔함

1__
- 교사가 보여주는 모양과 같은 드라이버를 잘 꺼내지 못함
- 교사가 나사못에 드라이버를 맞추어주어도 잘 돌리지 못함
- 건전지를 잘 교체하지 않음
- 공구함 정리와 끝마무리가 거의 깔끔하지 못함

(라) 현우의 수행 채점표

※ 다음과 같이 1 ~ 3점으로 판단하여 해당 숫자에 ○표 하시오.

	문항	못함	보통	잘함
1	사운드 북의 나사못 형태(+/−)에 맞는 드라이버를 공구함에서 찾아 꺼낸다.	1	2	③
2	사운드 북의 나사못에 드라이버를 수직으로 맞추고 드라이버를 왼쪽(시계 반대 방향)으로 돌려 나사못을 푼다.	1	②	3
3	사운드 북의 뚜껑을 열어 건전지를 꺼낸다.	1	②	3
4	새 건전지의 +/−를 확인하고 건전지를 교체한다.	1	2	③
5	사운드 북의 뚜껑을 덮고 나사못을 구멍에 맞춘다.	1	②	3
6	㉡	1	②	3
7	사운드 북 뚜껑에 나사못이 정확히 끼워져 있다.	1	②	3
8	공구함 정리와 끝마무리가 깔끔하다.	1	②	3

2) (다), (라)와 같이 채점 문항을 구성한 이유를 ㉠과 연관시켜 쓰시오. [1점]

3) ① (다)와 (라)의 수행 채점 방법의 명칭을 각각 쓰고, ② (라)의 ㉡에 알맞은 문항 예시를 작성하시오. [3점]

모범답안

2) 과정과 결과에 초점을 두고 평가하기 위함이다.

3) ① (다) 총체적 채점방법
(라) 평정척도법
② 나사못을 드라이버에 수직으로 맞추고 드라이버를 오른쪽으로 돌린다.

확장하기

수행평가의 준비

1. 수행성과 구체화하기

일반적으로 행위동사를 사용해 수행성과를 기술한 뒤, 그 수행의 결정적인 요인들을 찾아내어 수행성과를 구체화한다. 수행과제를 적합한 순서로 배열함으로써 관찰 및 기록을 더 용이하게 하고 절차상의 오류를 발견할 수 있다.

| 수행성과: 고장난 전동기를 수리한다.
- 고장난 특징을 파악한다.
- 고장을 유발한 시스템을 파악한다.
- 실시할 검사를 선택한다.
- 적합한 순서로 검사를 실시한다.
- 고장난 부분을 찾아낸다.
- 고장난 부분을 교체하거나 수리한다.
- 고장난 부분을 적합한 순서로 제거하고 대체한다.
- 적절한 연장을 정확한 방법으로 사용한다.
- 수리과정에서 안전경고를 따른다.

2. 사정의 초점 선택하기

수행사정에서는 수행의 과정 혹은 결과에 초점을 두거나, 과정과 결과 모두에 초점을 둘 수 있다.

① 결과에 초점을 두는 경우
- 결과가 명확하게 확인되고 판단 가능한 특성을 가지고 있을 경우
- 다양한 과정이 동질의 결과를 산출할 수 있을 때
- 과정단계가 숙달되었을 때

② 과정에 초점을 두는 경우
- 결과가 존재하지 않을 경우
- 과정이 순서적이고 직접 관찰 가능한 경우
- 과정단계의 분석이 결과 향상에 도움이 되는 경우

3. 적정 수준의 현실성 선택하기

수행사정을 준비할 때 최대한 실제상황에 근접한 상황을 고려하게 되는데, 이때 사정상황에 현실성을 어느 수준까지 반영할 것인가를 선택해야 한다. 즉, 실제상황에 가까울수록 더 좋겠지만 실제성의 정도를 결정해야 한다.

4. 수행상황 선택하기

실시상황에 따라 지필수행, 확인검사, 구조화 수행검사, 모의수행, 작업표본 등을 선택한다.

구분	내용
지필수행	• 지필수행은 모의상황에서의 지식과 기술의 적용을 더 강조한다는 점에서 전통적인 지필검사와 구별된다. • 지필수행은 바람직한 최종학습성과로 귀착되거나(예 그래프 작성, 시 짓기, 수필 쓰기 등) 현실성의 정도를 높인 수행으로 가는 중간 단계의 역할(예 현미경을 사용하기에 앞서 현미경의 구조와 사용방법에 대한 시험을 치거나 운전면허실기시험에 앞서 운전면허필기시험을 치는 것)을 할 수 있다.
확인검사	확인검사는 다양한 정도의 현실성을 보이는 상황에서 실시될 수 있다. 예 아동에게 어떤 연장의 명칭과 기능을 지적하도록 하거나 고장난 기계의 작동소리를 들려주고 고장의 원인을 지적하도록 할 수 있다.
구조화 수행검사	구조화 수행검사는 조건이 통제된 상황에서 실시된다. 즉, 수행상황이 구조화되어 있어서 모든 아동들이 거의 동일한 조건에서 과제를 수행하게 된다.
모의수행	모의수행은 전체 또는 부분적으로 실제상황에서의 수행에 필적하려는 시도로 실시된다. 예 모의재판, 모의인터뷰 등
작업표본	• 작업표본은 측정하고자 하는 전체 수행을 대표할 수 있는 실제의 과제를 수행하도록 요구한다. • 표본과제는 전형적으로 전체수행의 가장 필수적인 요소들을 포함하며, 통제된 조건하에서 수행된다. 예 자동차운전기술을 측정할 때 정규운전에서 발생할 수 있는 가장 일반적인 문제상황을 포함한 표준코스를 운행하도록 요구된다.

5. 채점방법 선택하기

수행평가와 포트폴리오 평가에서 사용하는 채점방법으로는 검목표방법, 평정척도방법, 총체적 채점방법의 세 가지 유형이 있다.

① 검목표방법

검목표(checklist)를 활용해 채점기준표를 만들어 채점하는 방법이다.

> 기록지시: 수행이 나타난 단계의 앞줄에 ✓로 표시하시오.
> ________ 1) 구(球)의 반대쪽 끝부분을 잡고 체온계를 케이스에서 꺼낸다.
> ________ 2) 위생수건으로 구의 반대쪽에서부터 아랫방향으로 체온계를 닦는다.
> ________ 3) 구의 반대쪽을 잡고 35℃ 이하로 떨어질 때까지 체온계를 아래로 흔든다.
> ________ 4) 체온계의 구쪽 끝부분을 환자의 혀 밑에 넣는다.
> ________ 5) 환자에게 체온계를 물지 않도록 주의하면서 입술을 다물라고 말한다.
> ________ 6) 체온계를 환자의 입속에 3분간 넣어둔다.
> ________ 7) 구의 반대쪽 끝부분을 잡고 환자의 입속에서 체온계를 꺼낸다.
> ________ 8) 0.5℃ 단위까지 체온을 읽는다.
> ________ 9) 환자의 차트에 체온을 기록한다.
> ________ 10) 체온계를 깨끗하게 한 후 케이스에 넣는다.
>
> [출처] 이승희, 특수교육평가 3판(2019), p.210

② 평정척도방법

- 평정척도(rating scale)를 활용해 채점기준표를 만들어 채점하는 방법이다.
- 평정척도방법은 검목표방법과 유사하게 수행의 과정이나 결과를 판단하는 방법이지만, 단순히 행동이나 특성의 유무를 판단하는 대신 행동이나 특성의 정도를 판단한다는 점에서 검목표와 구별된다.

> 기록지시: 아래의 구분을 적용해 적절한 숫자에 ○을 해 각 항목을 평정하시오.
> 5 – 아주 잘함　　4 – 잘함　　3 – 보통　　2 – 못함　　1 – 아주 못함
>
> A. **과정 평정척도**: 다음의 각 항목에서 아동의 수행은 얼마나 능률적이었는가?
> 5 4 3 2 1　1) 프로젝트에 대한 상세한 계획을 세운다.
> 5 4 3 2 1　2) 필요한 재료의 양을 결정한다.
> 5 4 3 2 1　3) 적절한 도구들을 선택한다.
> 5 4 3 2 1　4) 각 작업에서 정확한 절차를 따른다.
> 5 4 3 2 1　5) 도구들을 적절하게 기술적으로 사용한다.
> 5 4 3 2 1　6) 불필요한 낭비 없이 재료를 사용한다.
> 5 4 3 2 1　7) 적절한 시간 내에 작업을 마친다.
>
> [출처] 이승희, 특수교육평가 3판(2019), p.211

③ 총체적 채점방법

- 총체적 채점방법은 수행의 과정이나 결과를 채점할 때 개별적인 요소를 고려하기보다는 전체적으로 판단해 단일점수를 부여하는 방법이다.
- 총체적 채점방법은 준비와 실시에서 시간과 노력을 절약할 수 있지만, 전반적인 인상에 의한 단일점수를 부여하기 때문에 일관성이 낮아질 수 있고, 아동의 강점과 약점에 대한 구체적인 정보를 제공하지 못한다는 단점도 있다.
- 총체적 채점방법은 결과보다는 과정을 채점할 때 사용하기 어려운 경향이 있다.

수행사정에서 사용되는 총체적 채점지의 예(작문)

4 __ 시종일관 흥미로움
흐름이 유연하고 전환도 매끄러움
주제에 맞추어 조직화가 잘 됨
작문기법과 문장 구성이 우수함

3 __ 대체로 흥미로움
흐름은 유연하나 전환이 다소 매끄럽지 못함
조직화는 되었으나 다소 약함
기법상 사소한 오류들이 있음

2 __ 초점을 벗어나 흥미를 떨어뜨림
전환이 매끄럽지 못해 흐름이 단절됨
조직화가 약하고 주제를 벗어남
기법상 심각한 오류들이 다소 있음

1 __ 초점이 전혀 없음
장황하고 산만함
조직화가 되지 않음
기법상 오류가 많고 문장 구성이 빈약함

[출처] 이승희, 특수교육평가 3판(2019), p.214

❤ 수행사정에서 사용되는 세 가지 채점방법의 비교

채점방법	제작의 용이성	채점의 효율성	신뢰도	방어성	피드백의 질
검목표방법	낮음	보통	높음	높음	높음
평정척도방법	보통	보통	보통	보통	보통
총체적 채점방법	높음	높음	낮음	낮음	낮음

기본이론 367-370p

포트폴리오 평가

포트폴리오 평가

- 개념
- 특징
- 수행평가와 비교
- 준비절차
- 장단점
- 타당도와 신뢰도

포트폴리오 평가

- 학생의 능력·진보·성취를 나타내는, 의미 있는 학생 작품 모음집
- 단순한 누적 기록과는 구분되며, 모음집에 들어갈 내용 선택 시 학생의 참여 / 선택을 위한 기준 / 장점을 판단하기 위한 기준 / 학생의 자기반성의 증거를 포함해야 함
- 포트폴리오 평가의 목적은 단순히 학생 활동 결과의 수집이 아니라 학생의 결과물을 교사와 학생이 함께 순차적으로 평가하고 비교하여 수행능력을 향상시키는 것
- **수행평가 vs 포트폴리오 평가**
  - 한 학기, 한 해 등 장기간의 시간을 필요로 함
  - 교사와 아동 간 포트폴리오 협의가 요구됨
  - 아동의 자기성찰이 중요한 요소로 포함됨

포트폴리오 평가

2013학년도 추가유아 B6

04 다음은 장애 영유아들의 의사소통 발달을 촉진하는 전략을 계획하기 위해 교사가 수집한 정보이다. 물음에 답하시오. [5점]

(가) 의사소통 행동 관찰내용

- 생후 26개월의 종희는 태엽 감는 장난감을 작동시키기 위해 엄마의 손을 끌어 장난감의 태엽 부분에 갖다 댄다.
- 생후 18개월의 정미는 장난감 상자의 뚜껑을 열기 위해 노력하다가 도움을 구하기 위해 두리번거리며 엄마를 찾는다.

4) 정미의 발달적 변화를 평가하기 위해서 사용한 다음 방법이 무엇인지 쓰시오. [1점]

부모의 도움을 받아 가정 내에서 정미의 행동을 비디오로 녹화한다. 녹화 내용 중 정미의 의미 있는 의사소통 행동이 나타난 것을 시간의 순서에 따라 폴더에 저장한다. 관찰 내용을 간단히 기록하고, 마지막으로 요약 보고서를 작성한다.

기본이론 367-370p

포트폴리오 평가

포트폴리오 평가
- 개념
- 특징
- 수행평가와 비교
- 준비절차
- 장단점
- 타당도와 신뢰도

포트폴리오 평가
- 학생의 능력 · 진보 · 성취를 나타내는, 의미 있는 학생 작품 모음집
- 단순한 누적 기록과는 구분되며, 모음집에 들어갈 내용 선택 시 학생의 참여 / 선택을 위한 기준 / 장점을 판단하기 위한 기준 / 학생의 자기반성의 증거를 포함해야 함
- 포트폴리오 평가의 목적은 단순히 학생 활동 결과의 수집이 아니라 학생의 결과물을 교사와 학생이 함께 순차적으로 평가하고 비교하여 수행능력을 향상시키는 것
- **수행평가 vs 포트폴리오 평가**
  - 한 학기, 한 해 등 장기간의 시간을 필요로 함
  - 교사와 아동 간 포트폴리오 협의가 요구됨
  - 아동의 자기성찰이 중요한 요소로 포함됨

포트폴리오 평가

2014학년도 유아 A2

05 **다음은 5세 유치원 통합학급에서 유아특수교사와 유아교사가 쿡과 프렌드(L. Cook & M. Friend)의 협력교수 유형을 적용하여 작성한 활동계획안의 일부이다. 물음에 답하시오. [4점]**

○ 대집단 – 일반 유아 21명
● 소집단 – 발달지체 유아(나리) / 일반 유아(서영, 우재, 민기)

소주제	우리 동네 사람들이 하는 일	활동명	일하는 모습을 따라 해봐요.
활동 목표	• 다양한 직업에 대해 관심을 갖는다. • 직업의 특징을 몸으로 표현한다.		
활동 자료	다양한 직업(버스기사, 교통경찰, 미용사, 요리사, 화가, 발레리나, 의사, 사진기자, 택배기사, 축구선수)을 가진 사람들의 모습이 담긴 사진 10장		
㉠ 나리의 IEP 목표 (의사소통)	• 교사의 질문에 사물을 손가락으로 가리킬 수 있다. • 자신의 느낌과 생각을 손짓이나 몸짓으로 표현할 수 있다.		
교수 · 학습 활동내용			
…(중략)…			

	활동평가	평가방법
○	• 다양한 직업에 대해 관심을 갖고 있는가? • 직업의 특징을 다양하게 몸으로 표현할 수 있는가?	• 관찰 • (㉣)
●	직업의 특징을 손짓이나 몸짓으로 표현할 수 있는가?	

3) 유아특수교사는 수행평가 방법의 하나인 ㉣을 다음과 같이 실시하였다. ㉣에 들어갈 말을 쓰시오. [1점]

> 유아특수교사는 하루 일과 내 계획된 활동이 끝나면 활동에서 산출된 모든 작업샘플들(사진, 일화기록 등)을 분석한 후 나리의 발달영역과 IEP 목적 및 목표에 따라 분류하여 각각의 서류파일 안에 넣어 저장하였다. 수집한 자료는 정기적인 회의에서 유아의 진도를 점검하는 자료로 사용하였다.

기본이론 367-370p

포트폴리오 평가

포트폴리오 평가

- 개념
- 특징
- 수행평가와 비교
- 준비절차
- 장단점
- 타당도와 신뢰도

포트폴리오 평가

- 학생의 능력 · 진보 · 성취를 나타내는, 의미 있는 학생 작품 모음집
- 단순한 누적 기록과는 구분되며, 모음집에 들어갈 내용 선택 시 학생의 참여 / 선택을 위한 기준 / 장점을 판단하기 위한 기준 / 학생의 자기반성의 증거를 포함해야 함
- 포트폴리오 평가의 목적은 단순히 학생 활동 결과의 수집이 아니라 학생의 결과물을 교사와 학생이 함께 순차적으로 평가하고 비교하여 수행능력을 향상시키는 것
- **수행평가 vs 포트폴리오 평가**
  - 한 학기, 한 해 등 장기간의 시간을 필요로 함
  - 교사와 아동 간 포트폴리오 협의가 요구됨
  - 아동의 자기성찰이 중요한 요소로 포함됨

포트폴리오 평가의 목적은 학생의 결과물을 순차적으로 평가하고 비교하여 수행능력(진전도)을 향상시키는 것이다.

2024학년도 유아 B5

06 **(가)와 (나)는 5세 자폐성장애 유아 혜진이에 대한 6월 가정 통신문의 일부이다. 물음에 답하시오. [5점]**

(나)

혜진이의 성장 이야기(6월)

- 개별화교육계획 목표
  - 소근육 운동 목표: 도형 2개 이상을 결합하여 다양한 형태를 그릴 수 있다.
- 혜진이의 발달 상황
  - ⓒ <u>5월에 혜진이는 동그라미, 세모, 네모, 십자형 등 단순한 도형을 주로 그렸으나 6월 현재 도형 2개 이상이 합쳐진 그림을 그려 목표를 성취함</u>

[B]

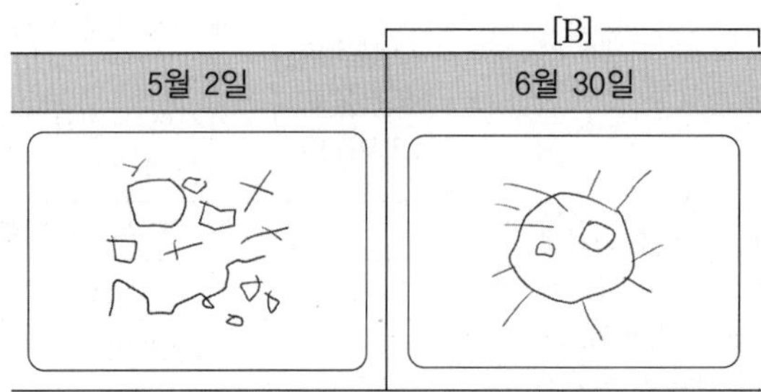

- 가정연계
  - 가정에서도 혜진이가 도형을 서로 연결한 그림을 자주 그려보도록 기회를 주세요.

…(하략)…

3) (나)에서 개별화교육계획 목표와 연계하여 실시한 ⓒ의 평가 목적을 쓰시오. [1점]

참고자료

기본이론 367-370p

키워드

포트폴리오 평가

구조화 틀

포트폴리오 평가

- 개념
- 특징
- 수행평가와 비교
- 준비절차
- 장단점
- 타당도와 신뢰도

핵심개념

포트폴리오 평가의 타당도 · 신뢰도 확보 방법

- 타당도 → 대표성과 적절성
- 신뢰도 → 외부채점자와 내부채점자 간 일치도

모범답안

③

2011학년도 중등 12

07 다음은 특수교사 연구회 모임에서 포트폴리오 사정에 대해 나눈 대화이다. ㉠~㉤에서 옳은 것만을 모두 고른 것은?

> 김 교사: 저는 학생들이 작성한 쓰기 표본, 녹음 자료, 조사 보고서 등을 수집해서 실시하는 포트폴리오 사정을 하려고 해요.
>
> 박 교사: 저도 ㉠우리 반 학생들은 장애 정도가 다양하고, 오랫동안 외국에서 생활하고 온 학생도 있어서 포트폴리오 사정이 효과적이라고 생각해서 사용하고 있어요.
>
> 이 교사: 그런데 ㉡포트폴리오에는 학생의 과제수행 표본뿐만 아니라 교사가 요약한 자료도 포함된다고 하는데 시간이 많이 걸리지 않나요?
>
> 정 교사: 그럴 수도 있어요. 그래서 저는 ㉢체크리스트와 평정척도를 포트폴리오 사정에 활용해서 시간을 효율적으로 쓰고 있어요.
>
> 양 교사: 맞아요. ㉣수행사정에는 필수적으로 포함되어 있는 자기평가가 포트폴리오 사정에는 제외되어 있어서 시간이 절약되더라고요.
>
> 최 교사: 그런데 이 평가 방법은 타당도에 문제가 있을 수 있잖아요. ㉤타당도를 높이기 위해서는 두 명 이상이 채점한 결과를 비교하는 것이 필요하다고 생각해요.

㉣ 포트폴리오는 학습자들에게 자기평가의 기회를 제공할 뿐 아니라, 교사와 학부모에게도 학생들의 학습 진도와 강 · 약점에 대한 정보를 제공하므로 성취에 대한 의사소통을 용이하게 해줌

㉤ 포트폴리오 평가의 신뢰도를 높이기 위해 외부채점자와 내부채점자 간의 신뢰도를 산출해야 함

① ㉠, ㉡　② ㉠, ㉤
③ ㉠, ㉡, ㉢　④ ㉡, ㉢, ㉣
⑤ ㉢, ㉣, ㉤

확장하기

포트폴리오 평가의 타당도 · 신뢰도 확보 방법

- 타당도
  - 특정 과제를 중심으로 아동의 성취를 평가하는 수행사정과 달리, 포트폴리오 평가에서는 한 학년 또는 한 학기 동안 수집된 아동의 작업집이나 작품집인 포트폴리오를 통해 아동의 성취를 평가함 → 포트폴리오는 평가의 목적에 부적절할 수 있는 과제를 포함해서는 안 되며, 평가의 목적과 관련된 중요한 과제를 충분히 포함하고 있어야 함
  - 적절성(relevance): 포트폴리오를 구성할 때 측정하고자 하는 바를 벗어나는 능력이나 특성을 요구해서는 안 됨
    예 문제해결력을 반영하기 위해 고안된 중학교 과학 포트폴리오는 중학교 학생의 이해력을 초과하는 과학 정기 간행물을 읽도록 요구해서는 안 됨
  - 대표성(representativeness): 대표성을 보장하기 위해서는 측정하고자 하는 능력이나 특성을 명확히 제시하고, 이러한 능력이나 특성을 반영하는 다양한 결과물을 요구해야 함
- 신뢰도
  - 포트폴리오 평가는 한 학기 또는 한 학년 동안 교사와 아동 간의 정기적인 포트폴리오 협의를 통해 진행되므로 교사와 아동이 친숙할 수 있음 → 교사가 포트폴리오를 채점할 때 객관성이 결여되거나 지나치게 비판적이 될 수 있음
  - 이러한 점을 고려해 관찰자 간 신뢰도를 추정할 때 아동과 전혀 접촉을 한 적이 없는 사람과 교사 간의 신뢰도, 즉 외부 채점자와 내부 채점자 간의 신뢰도를 산출해볼 것을 제안함

참고자료

기본이론 367-370p

키워드

포트폴리오 평가

구조화 틀

포트폴리오 평가
- 개념
- 특징
- 수행평가와 비교
- 준비절차
- 장단점
- 타당도와 신뢰도

핵심개념

포트폴리오 평가의 장단점

장점	• 시간의 경과에 따른 학습의 진전을 명확히 보여줄 수 있음 • 아동의 최상의 작업이나 작품에 초점을 둠으로써 학습에 긍정적인 영향을 줌 • 다른 아동들의 작업이나 작품과 비교하기보다는 아동 자신의 과거 작업이나 작품에 비교해 동기를 부여함 • 아동이 스스로 최상의 작업이나 작품을 선정하게 해 자기 성찰 기술을 높임 • 학습의 진전에 대한 아동, 부모, 다른 사람들과의 원활한 의사소통이 가능함 • 교수-학습-평가 과정에 있어서 교사와 아동 간의 협력을 강화함 • 아동 진전의 다양한 측면을 측정함
단점	• 포트폴리오를 유지하고 사용하는 데 많은 시간이 소요됨 • 주관적인 판단과 채점이 사용되므로 신뢰도 확보에 어려움이 있음 • 정기적으로 교사와 아동 간의 포트폴리오 협의를 실시하는 데 어려움이 따를 수 있음

모범답안

⑤

2009학년도 유아 36

08 포트폴리오에 대한 바른 설명을 〈보기〉에서 모두 고른 것은?

보기

ㄱ. 풍부한 자료수집이 가능하므로 신뢰도와 타당도 확보가 용이하다.
ㄴ. 활동사진, 비디오테이프, 활동 결과물과 같은 다양한 자료를 활용할 수 있다.
ㄷ. 활동 내용, 개별화교육계획의 목표, 활동주제에 따라 다양하게 조직될 수 있다.
ㄹ. 발달지체 유아의 발달변화를 파악하기에 적합한 방법이다.
ㅁ. 유아의 수행에 기초한 평가의 한 형태이며, 유아의 강점과 약점을 파악하는 데 필요한 근거를 제공한다.

ㄱ. 포트폴리오 평가는 타당도와 신뢰도 확보가 어려움

① ㄱ, ㄴ, ㄷ
② ㄴ, ㄷ, ㄹ
③ ㄷ, ㄹ, ㅁ
④ ㄱ, ㄴ, ㄷ, ㄹ
⑤ ㄴ, ㄷ, ㄹ, ㅁ

참고자료
기본이론 370-371p

키워드
루브릭

구조화 틀
루브릭
- 개념
- 포함되어야 할 요소
- 장점

핵심개념
루브릭
- 학생들이 이해하기 쉬운 언어로 준거와 수행 수준을 제시한 준거척도
- **장점**
  - 학습목표, 수행기준, 도달해야 할 목표를 미리 알 수 있음
  - 학습자의 수행 특성을 단계별로 여러 수준으로 세분화해 학생의 수행이 어느 수준에 해당하는가를 결정할 수 있음. 학습자의 수행에 대한 구체적인 정보를 제공해줌
  - 동기를 자극할 수 있음
  - 교수와 평가가 통합됨

영역	매우 못함	못함	잘함	아주 잘함
	1	2	3	4
글의 형식	글의 구성요소들을 전혀 갖추고 있지 않다.	글의 구성요소들을 거의 갖추고 있지 않다.	글의 구성요소들을 잘 갖추고 있다.	글의 구성요소들을 매우 잘 갖추고 있다.
	★☆☆☆	★★☆☆	★★★☆	★★★★

모범답안
- 학생의 교수·학습 전 과정을 안내해 준다.
- 학습 목표나 과제 기대 수준을 제시한다.

2017학년도 초등 B4

09 **(가)는 지적장애 학생 윤후의 특성이고, (나)는 경험학습 수업 모형을 적용하여 계획한 2011 개정 특수교육 교육과정 중 기본교육과정 과학과 3~4학년 '식물이 사는 곳' 교수·학습 과정안이다. 물음에 답하시오. [5점]**

(나)

단원		7. 식물의 생활	소단원	2) 식물이 사는 곳
제재		땅과 물에 사는 식물	차시	6~8/14
장소		학교 주변에 있는 산, 들, 강가		
교수·학습 자료		사진기, 필기도구, 돋보기, 수첩, 식물도감, 채점기준표(루브릭)		
학습 목표		• 식물의 모습을 여러 가지 방법으로 살펴볼 수 있다. • 식물의 모습을 비교하여 공통점과 차이점을 찾을 수 있다. • 식물을 사는 곳에 따라 분류할 수 있다.		
단계		교수·학습 활동 (• : 교사 활동, - : 학생 활동)	자료(㉶) 및 유의점(㊅)	
도입		• 학습 목표와 학습 활동 안내하기 • ㉡ <u>채점기준표(루브릭) 안내하기</u>	㊅(㉢)	
전개	자유 탐색	• 자유롭게 탐색하게 하기 - 식물에 대해 자유롭게 이야기 나누기 - 식물의 모습을 여러 가지 방법으로 살펴보기	㉶ 사진기, 필기도구, 돋보기, 수첩	
	탐색 결과 발표	• 탐색 경험 발표하게 하기 - 숲·들·강가에 사는 식물을 살펴본 내용 발표하기 - 친구들의 발표 내용 듣기	㊅ ㉣ <u>식물 그림카드를 제공한다.</u>	
	㉠ <u>교사 인도에 따른 탐색</u>	• 교사의 인도에 따라 탐색하게 하기 - 여러 가지 식물의 모습을 자세히 살펴보고 공통점과 차이점 찾기 - 여러 가지 식물을 사는 곳에 따라 분류하기	㉶ 식물도감, 돋보기	
정리 및 평가		• 학습 결과 정리하게 하기 - 친구들과 학습 결과를 공유하고 발표하기	㉶ 채점기준표(루브릭)	

3) (나)의 ㉡을 했을 때 학생 측면에서의 이점을 1가지 쓰시오. [1점]

CHAPTER 06

인지 · 지능검사

01 한국판 웩슬러 아동용 지능검사 4판(K-WISC-Ⅳ)

- 목적 및 대상
- 구성 체계
- 실시 방법
- 결과 및 해석

02 한국판 웩슬러 아동용 지능검사 5판(K-WISC-Ⅴ)

- 목적 및 대상
- 구성 체계
  - 전체척도 · 기본지표척도 · 추가지표척도
  - K-WISC-Ⅴ에서 변화된 점
- 실시 방법
- 검사 결과

03 한국판 웩슬러 유아용 지능검사 4판(K-WPPSI-Ⅳ)

- 목적 및 대상
- 구성 체계
- 실시 방법
- 결과 및 해석

04 카우프만 아동용 지능검사 2판(K-ABC-Ⅱ)

- 목적 및 대상
- 구성 체계
  - 순차처리
  - 동시처리
  - 계획력
  - 학습력
  - 지식
- 실시 방법
  - Luria 모델
  - CHC 모델
  - 비언어성 척도
- 결과 및 해석
- K-ABC와 K-ABC-Ⅱ의 차이점과 특징

기본이론 383-385p

한국판 웩슬러 유아지능검사 4판 (K-WPPSI-IV)

한국판 웩슬러 유아지능검사 4판

- **목적 및 대상**: 만 2세 6개월~7세 7개월
- **구성 체계**
  소검사는 핵심 소검사, 보충 소검사, 선택 소검사로 구분됨
  - 핵심 소검사는 지표점수와 규준 산출에 사용
  - 보충 소검사는 핵심 소검사가 생략되거나 유효하지 않은 경우 사용
  - 선택 소검사는 보충 소검사처럼 지적 기능에 대한 많은 정보를 제공해줄 수 있지만 지표점수 산출에 사용되지 않음
- **결과 및 해석**: 전체 IQ와 함께 지표점수, 백분위, 신뢰구간, 분류범주 제시

㉢ 백분율점수는 상대적 위치에 대한 정보를 제공하지 못한다.
㉤ 규준참조검사는 학습 효과 등으로 자주 실시될 수 없으므로 구체적인 수행변화를 보기 위해서는 준거참조검사를 실시해야 한다.

2018학년도 유아 A5

01 **(가)는 5세 유아 민지의 한국판 웩슬러 유아 지능검사 (K-WPPSI-IV) 결과의 일부이고, (나)는 특수학급 김 교사와 통합학급 최 교사가 민지의 검사 결과에 대해 나눈 대화이다. 물음에 답하시오. [5점]**

(가)

척도	환산 점수 합	지표 점수	백분위	95% 신뢰구간	분류 범주
언어이해	10	71	3.0	61~81	경계선
시공간	6	58	0.3	45~71	매우 낮음
유동추론	8	66	2.0	58~74	매우 낮음
작업기억	8	64	1.0	54~74	매우 낮음
처리속도	10	73	3.0	61~85	경계선
전체척도	26	60	0.5	47~73	매우 낮음

(나)

최 교사: 민지 어머니께서 지능검사 결과를 민지 편에 보내셨어요.
김 교사: 이 검사는 ㉠ <u>민지의 지능을 또래와 비교하여 상대적인 위치를 보여주는 검사에요.</u>
최 교사: 그럼, 비교할 수 있는 점수표가 있나요?
김 교사: 네, ㉡ <u>민지와 같은 또래들과 비교할 수 있도록 규준이 만들어져 있고, 실시 방법과 채점 방법 등이 정해져 있어요.</u>
최 교사: 그럼, ㉢ <u>각 지표마다 백분율점수를 산출하는 것이 중요하겠네요.</u>
김 교사: ㉣ <u>민지의 검사 결과 프로파일을 보니 민지는 시공간 능력이 제일 낮아요.</u>
최 교사: 그러면 민지의 시공간 능력 발달 정도를 알려면 ㉤ <u>매달 이 검사를 실시해서 시공간 능력이 향상되었는지 살펴보아야겠어요.</u>

㉠ K-WPPSI-IV는 규준참조검사로, 또래와의 비교를 통한 상대적 위치를 알 수 있음

㉡ K-WPPSI-IV는 표준화검사에 해당함

㉢ 백분율점수는 총 문항 수에 대한 정답 문항 수의 백분율임

2) (나)의 밑줄 친 ㉠~㉤ 중에서 <u>틀린</u> 내용 2가지를 찾아 기호와 그 이유를 각각 쓰시오. [2점]

확장하기

K-WPPSI-Ⅳ(송현종 외, 『특수교육평가』, 2021.)

1. 검사의 구성 및 실시

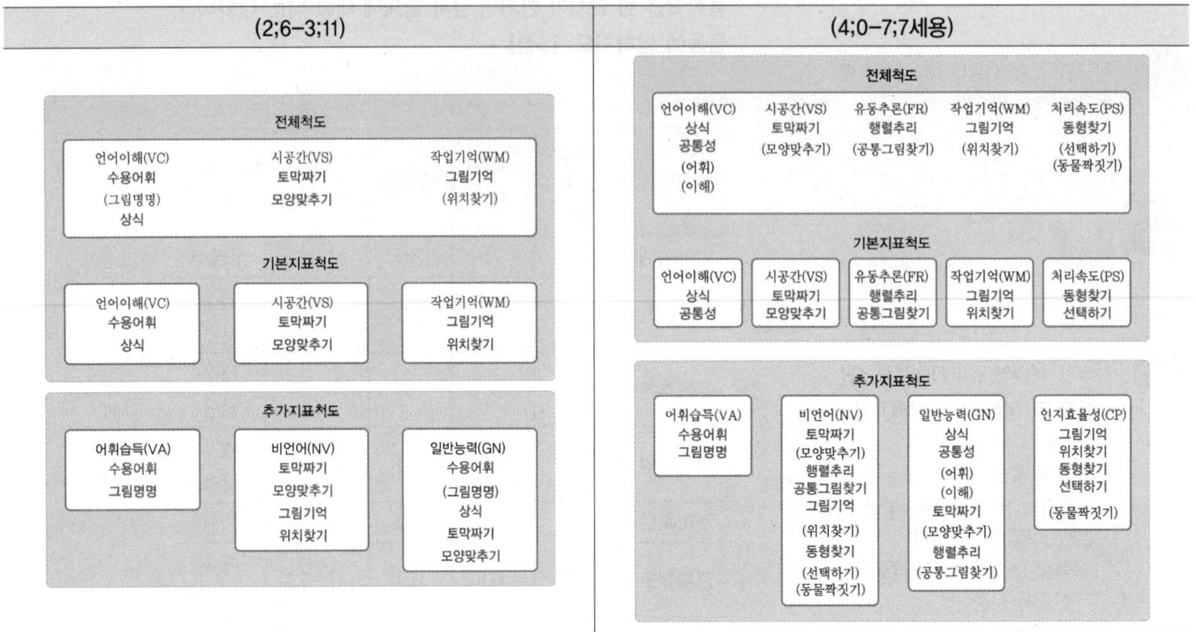

2. 검사 결과 프로파일

척도		환산 점수 합	지표점수	백분위	신뢰구간 90%(95%)	분류 범주	SEM
언어이해	VCI	5	57	0.2	50~64(49~65)	매우 낮음	3.91
시공간	VSI	11	73	4.0	62~84(60~86)	경계선	5.65
작업기억	WMI	15	86	18.0	78~94(76~96)	평균 이하	4.14
전체척도	FSIQ	26	67	1.0	60~74(58~76)	매우 낮음	5.09

참고자료

기본이론 373-378p

키워드

한국판 웩슬러 아동용 지능검사 4판 (K-WISC-Ⅳ)

구조화 틀

핵심개념

한국판 웩슬러 아동용 지능검사 4판

- **목적 및 대상**: 만 6세 0개월~16세 11개월
- **구성 체계**
  4개 지표(언어이해, 지각추론, 작업기억, 처리속도)와 15개의 소검사로 구성됨
  ① **언어이해지표**: 언어적 개념 형성, 언어적 추론과 이해, 언어적 자극에 대한 주의력의 측정치
  ② **지각추론지표**: 유동적 추론, 공간처리, 세부에 대한 주의력, 시각-운동 통합에 대한 측정치
  ③ **작업기억지표**: 입력된 정보가 일시적으로 저장되고, 계산과 변환처리가 일어나며, 계산과 변화의 산출 및 출력이 일어나는 곳에 대한 정신적 용량의 측정치
  ④ **처리속도지표**: 단순하거나 일상적인 정보를 오류 없이 신속하게 처리할 수 있는지에 대한 측정치
  ⑤ **전체검사 IQ**: 개인의 인지기능의 전반적인 수준을 추정하는 측정치
- **결과 및 해석**: 전체 IQ와 함께 지표점수, 백분위, 신뢰구간 등

모범답안

㉠ K-WISC-Ⅳ는 같은 연령의 또래와 비교해 아동의 상대적 위치를 알 수 있는 규준참조검사이다.
㉡ 은미의 전체 지능지수는 전체 문항에 대한 원점수를 규준에 비교해 표준점수로 변환한 점수이다.
(= 4개 지표 환산점수의 합에 해당하는 지수점수)

2017학년도 초등 A1

02 **(가)는 일반교사와 특수교사가 단순언어장애 학생 민규의 검사 결과에 대해 나눈 대화의 일부이고, (나)는 교육실습생과 지도교사가 학습장애 학생 은미의 검사 결과에 대해 나눈 대화 내용의 일부이다. [6점]**

(나)

교육실습생: ㉠ K-WISC-Ⅳ는 같은 연령의 또래와 비교하여 은미 지능의 상대적 위치를 알 수 있는 준거참조검사로 알고 있어요. 이 검사결과를 보면, ㉡ 은미의 전체 지능지수는 4개 지표 합산점수의 평균인 91이에요. ㉢ 4개 지표 합산점수들은 71에서 102 사이에 분포하고 있어 전체 지능지수가 은미의 전반적인 지적 능력을 반영한다고 단정짓기는 어려운 것 같습니다. 또한 ㉣ '처리속도 지표' 합산점수는 71로 −1 표준편차에서 −2표준편차 사이에 위치하는 것을 알 수 있어요.

〈은미의 'K-WISC-Ⅳ 결과 요약〉

지표	합산점수
언어이해	98
지각추론	102
작업기억	93
처리속도	71

…(하략)…

- 환산점수: 소검사의 총점을 평균 10, 표준편차 3으로 변환한 점수
- 합산점수: 소검사의 환산점수의 합계에 근거해 평균 100, 표준편차 15로 변환한 점수

2) (나)의 ㉠~㉣에서 틀린 것을 2가지 찾아 기호와 이유를 각각 쓰시오. [2점]

확장하기+

K-WISC-Ⅳ 검사 결과 예시(송현종 외, 『특수교육평가』, 2021.)

소검사점수 분석

구분	검사항목	원점수	환산점수
언어이해	공통성	24	11
	어휘	36	12
	이해	19	8
	(상식)	15	10
	(단어추리)	14	11
지각추론	토막짜기	30	7
	공통그림찾기	13	7
	행렬추리	19	7
	(빠진곳찾기)	29	13
작업기억	숫자	16	9
	순차연결	13	7
	(산수)	23	10
처리속도	기호쓰기	32	3
	동형찾기	27	9
	(선택)	77	8

지표점수 분석

지표	환산점수 합산	지표점수	백분위	95% 신뢰구간	질적분류(수준)
언어이해	31	102	55.8	94-110	평균
지각추론	21	80	9.5	74-91	평균 하
작업기억	17	92	29.1	84-101	평균
처리속도	11	74	4.0	68-87	경계선
전체IQ	80	83	12.8	77-91	평균 하

참고자료

기본이론 373-378p

키워드

한국판 웩슬러 아동용 지능검사 5판 (K-WISC-Ⅴ)

구조화 틀

핵심개념

한국판 웩슬러 아동용 지능검사 5판

- **목적 및 대상**: 만 6세 0개월~16세 11개월
- **구성 체계**
  전체척도, 기본지표척도, 추가지표척도
  - 전체 IQ 소검사들을 먼저 실시하고, 그다음에 나머지 기본 소검사들을 실시하며, 추가 소검사들은 필요시 그 이후에 실시함
- **결과 및 해석**: 전체 IQ와 함께 지표점수, 백분위, 신뢰구간 등

모범답안

- ㉡ 시공간
  ㉢ 추론하기 또는 추상적인 문제를 해결하는 능력을 측정하고자 한다.
- ㉣ 무게비교

2023학년도 중등 A12

03 다음은 특수교육대상 학생 진단을 위해 두 교사가 나눈 대화의 일부이다. 〈작성 방법〉에 따라 서술하시오. [4점]

> 교사 B: 지적 능력을 측정하는 검사도구로 최근 개정된 한국 웩슬러지능검사 5판(K-WISC-V)을 사용하려고 합니다. 기존의 한국웩슬러지능검사 4판(K-WISC-IV)과는 어떤 차이가 있나요?
>
> 교사 A: K-WISC-V는 전체척도, 기본지표척도, 추가지표척도로 구성되어 있습니다. 특히 K-WISC-IV의 지각추론지표가 (㉡)지표와 ㉢<u>유동추론지표</u>로 나뉘어져 K-WISC-V의 기본지표척도를 구성하고 있습니다. K-WISC-V에 새롭게 추가된 소검사는 (㉣), 퍼즐, 그림기억 3가지가 있습니다.
>
> …(하략)…

작성방법

- 괄호 안의 ㉡에 해당하는 명칭을 쓰고, 밑줄 친 ㉢이 측정하고자 하는 지적 능력의 내용을 서술할 것
- 괄호 안의 ㉣에 해당하는 소검사의 명칭을 쓸 것

확장하기

K-WISC-Ⅴ(송현종 외, 『특수교육평가』, 2021.)

1. 검사의 구성 및 실시

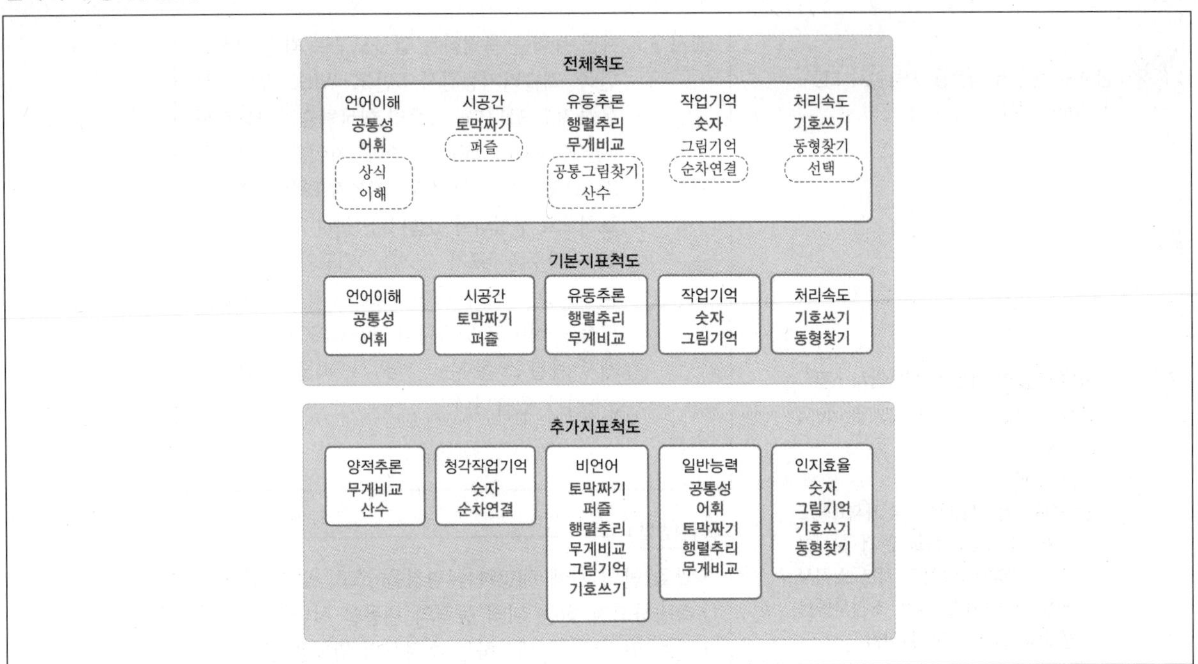

전체척도	• 전체 IQ를 측정하기 위해서는 전체척도에서 7개의 소검사를 실시한다. • 점선으로 표시된 것은 대체 검사로 사용될 수 있는 소검사를 의미한다. 소검사 대체는 전체 IQ에서만 단 1회 허용된다. 이때, 대체되는 소검사는 같은 영역의 다른 소검사를 위해 쓰여야 한다. • 전체척도를 통해 구하는 전체 IQ와 기본지표척도를 통해 구하는 기본지표점수들은 학생의 가장 일반적인 인지능력을 설명하고 평가하기 위한 것이다.
기본지표척도	• K-WISC-Ⅴ는 5개 기본지표로 구성되어 있다. – 언어이해 지표: 언어적 추론, 이해, 개념화, 단어 지식 등을 이용하는 언어능력 측정 – 시공간 지표: 시공간 조직화 능력, 전체-부분 관계성의 통합 및 종합능력, 시각적 세부사항에 대한 주의력, 시각-운동 협응 능력 등을 측정 – 유동추론 지표: 귀납적 추론과 양적 추론 능력, 전반적인 시각 지능, 동시처리, 개념적 사고, 추상적 사고 능력 등을 측정 – 작업기억 지표: 주의력, 집중력, 작업기억 등을 측정 – 처리속도 지표: 간단한 시각적 정보를 빠르고 정확하게 탐색하고 변별하는 능력, 정신 속도와 소근육 처리속도 등을 측정 • 소검사 대체는 기본지표 검사에서는 허용되지 않는다.
추가지표척도	• K-WISC-Ⅴ는 5개 추가지표로 구성되어 있다. • 추가지표점수들은 학생의 인지적 능력과 K-WISC-Ⅴ 수행에 대한 추가적인 정보를 제공한다. • 소검사 대체는 추가지표 검사에서는 허용되지 않는다.

2. 검사 결과 프로파일

♥ 소검사점수 분석

지표	소검사		원점수	환산점수	백분위	추정연령	측정표준오차(SEM)
언어이해	**공통성**	SI	25	10	50	9:10	1.12
	어휘	VC	20	11	63	9:10	0.64
	(상식)	IN	11	8	25	8:2	0.83
	(이해)	CO	13	8	25	8:2	1.19
시공간	**토막짜기**	BD	20	5	5	<6:2	1.28
	퍼즐	VP	10	4	2	<6:2	1.06
유동추론	**행렬추리**	MR	15	7	16	6:6	1.31
	무게비교	FW	17	7	16	7:2	0.70
	(공통그림 찾기)	PC	10	8	25	7:6	1.02
	(산수)	AR	13	5	5	7:2	1.14
작업기억	**숫자**	DS	25	9	37	8:6	0.83
	그림기억	PS	22	7	16	7:2	1.09
	(순차연결)	LN	10	6	9	<6:2	1.16
처리속도	**기호쓰기**	CD	40	8	25	8:6	1.06
	동형찾기	SS	28	10	50	9:6	1.35
	(선택)	CA	69	10	50	9:10	1.44

♥ 지표점수 분석

지표		환산점수 합	지표점수	백분위	신뢰구간(95%)	진단분류(수준)	측정표준오차(SEM)
언어이해	VCI	21	103	57	95–110	평균	3.55
시공간	VSI	9	70	2	65–82	낮음	4.61
유동추론	FRI	14	83	13	77–92	평균 하	4.39
작업기억	WMI	16	89	23	82–97	평균 하	3.93
처리속도	PSI	18	95	36	87–104	평균	4.89
전체IQ	FSIQ	57	87	18	81–93	평균 하	2.77

참고자료
기본이론 373-378p

키워드
한국판 웩슬러 아동용 지능검사 4판(K-WISC-Ⅳ)

구조화 틀

핵심개념

모범답안
④

2012학년도 초등 4

04 다음은 한국 웩슬러 아동지능검사(K-WISC-Ⅲ)의 검사 결과를 통해 알 수 있는 점수 유형들이다. 〈보기〉에서 이에 대한 설명으로 적절한 것을 모두 고르면?

원점수, 백분위점수, 환산점수, 지표점수, 지능지수점수

보기

ㄱ. 소검사 원점수가 0점이라면, 그 소검사에서 측정하는 수행능력이 완전히 결핍되었다고 볼 수 있다.
ㄴ. 백분위점수를 통해 동일연령대에서 학생의 지적 능력의 상대적 위치를 파악할 수 있다.
ㄷ. 소검사의 환산점수는 표준점수이므로 이를 통해 학생의 환산점수가 각 소검사에서 동일 연령대의 환산점수 평균과 얼마나 차이가 나는지 알 수 있다.
ㄹ. 지표점수 간 비교를 통해 개인 내 강점과 약점을 파악할 수 있다.
ㅁ. 전체 지능지수점수는 비율점수이므로 이를 통해 학생의 발달비율을 알 수 있다.

ㄱ. 특정 소검사에서 원점수 0점을 받았다면, 이는 해당 소검사가 측정하고자 하는 아동의 능력이 결여되었음을 의미하는 것이 아니라, 해당 소검사 문항으로는 아동의 능력을 측정할 수 없음을 의미함

ㅁ. 전체 지능지수점수는 평균이 100, 표준편차가 15인 표준점수(능력점수)에 해당함

① ㄱ, ㄴ ② ㄴ, ㄷ
③ ㄱ, ㄹ, ㅁ ④ ㄴ, ㄷ, ㄹ
⑤ ㄱ, ㄷ, ㄹ, ㅁ

확장하기

비율지능지수(비율 IQ)

나이에 기대되는 지적 성장 속도에 대한 비율로, 아동의 정신적인 성숙 속도

$$\text{비율 IQ} = \frac{\text{정신연령(MA)}}{\text{생활연령(CA)}}$$

편차지능지수(편차 IQ)

동일 연령 집단 내에서의 상대적 위치에 해당하는 지능 수준

$$\text{편차 IQ} = 15Z + 100\text{편차}$$

 기본이론 345-349p

 점수의 유형

2011학년도 유아 5

05 다음은 특수교육지원센터에서 인수에게 실시한 표준화 검사 결과의 일부이다. 이 결과에 대한 설명으로 옳은 것은?

> • 발달검사: DQ 85
> • 사회성숙도검사: SQ 95
> • 한국웩슬러유아지능검사: IQ 85
> • 아동·청소년행동평가척도(K-CBCL)
> – 위축척도: 70T
> – 주의집중문제척도: 백분위 65

① 인수는 발달연령에 비해 생활연령은 더 낮고 사회연령은 더 높다.

② 인수는 발달수준과 지능수준이 같고 발달수준에 비해 적응행동수준은 더 높다.

③ 인수보다 지능이 높은 유아의 비율과 발달이 빠른 유아의 비율은 약 84%로 같다.

④ 인수의 적응행동수준은 평균보다 조금 낮으며, 인수보다 주의집중 문제가 더 심각한 유아의 비율은 약 35%이다.

⑤ 인수보다 위축 문제가 더 심각한 유아의 비율은 약 2%이며, 주의집중 문제가 더 심각한 유아의 비율은 약 35%이다.

• 지수점수는 발달률의 추정치로, 아동의 연령등가점수를 아동의 생활연령으로 나눈 후 100을 곱해 산출함
• 지수점수는 생활연령에 대한 연령등가점수의 비율(%)이기 때문에 '비율점수'라고도 함

표준점수는 사전에 설정된 평균과 표준편차에 맞게 정규분포를 이루도록 변환한 점수로, 정규분포곡선에서는 특정 원점수가 평균으로부터 그 이상 또는 그 이하로 얼마나 떨어져 있는가를 나타냄

PART 03

참고자료

기본이론 386-391p

키워드

카우프만 아동용 지능검사 2판 (K-ABC-II)

구조화 틀

핵심개념

지능검사 유형

- **카우프만 아동용 지능검사 2판(K-ABC-II)**: K-ABC-II의 비언어성 척도는 언어를 사용하지 않고 몸짓으로 반응할 수 있는 검사들로 구성되어 있으며, 언어장애가 있거나 우리말을 유창하게 사용할 수 없는 아동들의 인지적 능력을 측정하기 위해 표준화되어 있음
- **한국판 라이터 비언어성 지능검사-개정판(K-Leiter-R)**: 이중 언어환경에서 자란 아동이나 청각장애, 의사소통장애, 주의력결핍과잉행동장애, 학습장애, 뇌손상을 가진 아동들에게도 실시할 수 있는 비언어성 지능검사임

모범답안

- 카우프만 아동용 지능검사 2판 (K-ABC-II)
- 한국판 라이터 비언어성 지능검사 (K-Leiter-R)

2018학년도 초등 A1

06 다음은 특수교육지원센터 홈페이지 질의 · 응답 게시판의 일부이다. 물음에 답하시오. [5점]

> Q 우리 아이는 오랜 외국 생활로 한국어 사용이나 한국 문화에 익숙하지 않습니다. 이런 경우 사용할 수 있는 지능검사가 있나요?
>
> A 지능검사는 여러 유형이 있습니다. 특수교육지원센터에서는 학생의 문화 · 언어적 배경에 영향을 받지 않는 ㉠ 마임과 몸짓으로 실시하는 비언어성 지능검사를 받을 수 있습니다.

1) 밑줄 친 ㉠의 예 1가지를 쓰시오. [1점]

확장하기

K-ABC-Ⅱ(송현종 외, 『특수교육평가』, 2021.)

1. 검사의 구성체계

KABC-Ⅱ 척도		Luria 용어	CHC 용어
하위척도	순차처리	순차처리	단기기억
	동시처리	동시처리	시각처리
	학습력	학습력	장기기억
	계획력	계획력	유동성추론
	지식	–	결정성능력
전체척도		인지처리지표(MPI)	유동성–결정성지표(FCI)

2. 검사 결과 프로파일 예시

검사모델	CHC	연령확대	X	시간보너스	X	보충검사	X	대체검사	X

❤ 전체척도 지수

전체척도	하위검사	표준점수(지수)	신뢰구간		백분위	서술적 범주
	환산점수의합	M=100, SD=15	90%	95%		
유동성 – 결정성지표(FCI)	39	57	54 – 60	53 – 61	0.2	매우 낮다

- SAMPLE의 전반적인 지적능력의 정도를 나타내는 유동성-결정성지수(FCI)를 추정한 결과 57인 것으로 나타났다.
- 측정의 오차를 고려해 95% 신뢰구간을 설정할 경우 SAMPLE의 실제 전체지능지수는 53–61 범위에 있을 것으로 추정된다.
- SAMPLE의 유동성–결정성지수는 SAMPLE과 같은 나이 또래들의 능력과 비교할 때 백분위 0.2%에 해당되며, SAMPLE의 전반적인 지능수준은 매우 낮다.

❤ 하위척도 지수

하위척도	하위검사	표준점수(지수)	신뢰구간		백분위	서술적 범주
	환산점수의 합	M=100, SD=15	90%	95%		
순차처리/Gsm	10	71	65~77	64~78	3.0	보통 이하이다
동시처리/Gv	12	77	72~82	71~83	6.0	보통 이하이다
계획력/Gf	7	64	60~68	59~69	1.0	매우 낮다
학습력/Glr	6	61	55~67	53~69	0.5	매우 낮다
지식/Gc	4	56	51~61	50~62	0.2	매우 낮다
합계	39					

07
CHAPTER

적응행동검사

01 국립특수교육원 적응행동검사(KNISE-SAB)
- 목적 및 대상
- 구성 체계
- 실시 방법
- 결과 및 해석

02 국립특수교육원 적응행동검사(NISE-K · ABS)
- 목적 및 대상
- 구성 체계
- 실시 방법
- 결과 및 해석

03 지역사회적응검사 2판(CISA-2)
- 목적 및 대상
- 구성 체계
- 실시 방법
- 결과 및 해석

04 사회성숙도검사(SMS)
- 목적 및 대상
- 구성 체계
- 실시 방법
- 결과 및 해석

05 한국판 적응행동검사(K-SIB-R)
- 목적 및 대상
- 구성 체계
- 실시 방법
- 결과 및 해석

06 한국판 바인랜드 적응행동척도-2판(K-Vineland-II)
- 목적 및 대상
- 구성 체계
- 실시 방법
- 결과 및 해석

참고자료

기본이론 399-401p

키워드

지역사회적응검사 2판(CISA-2)

구조화 틀

핵심개념

CISA-2
- **연령**: 만 5세 이상 지적장애 및 자폐성 장애
- **검사 구성요소**
  - 기본생활 영역
  - 사회자립 영역
  - 직업생활 영역
- **검사방법**: 검사자가 질문하면 피검사자가 답변하는 형식으로 실시됨
- **검사결과**: 전체지역사회지수(100, 15), 영역지수, 하위영역별환산점수(10, 3)
  - 임상규준과 일반규준 제공
  - CISC-2를 통해 체계적 교육 제공

모범답안

③

2010학년도 초등 13

01 다음은 정신지체 학생 예지의 지역사회적응검사(CIS-A) 결과를 기록한 검사지의 일부이다. 이 결과에 대한 해석으로 가장 적절한 것은?

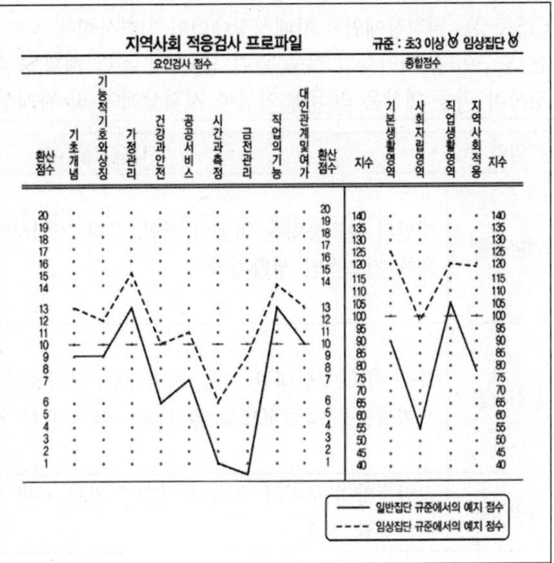

① 예지는 기본생활 영역보다 사회자립 영역에서 더 높은 수준을 보인다.

② 임상집단 규준에서의 예지 점수는 모든 장애학생을 대상으로 한 상대적 적응행동 수준을 보여준다.

③ 직업생활 영역의 경우 일반집단 규준에 기초한 예지의 지수점수는 105로 평균으로부터 1표준편차 범위 안에 있다.

④ 일반집단 규준에 근거하여 예지의 종합점수를 볼 때, 지역사회통합 훈련에서는 기본생활 영역을 우선 지도해야 한다.

⑤ 사회자립 영역의 경우 예지의 지수점수는 임상집단 규준에서는 적응행동지체 수준을 보이지만, 일반집단 규준에서는 평균의 수행수준을 보인다.

확장하기

CISA-2

<table>
<tr><td>목적 및 대상</td><td>• 지역사회적응검사 2판은 CIS-A의 개정판으로, 변화한 시대적 흐름과 요구에 따라 통신서비스 적응기술을 추가해 표준화된 비언어성 검사도구이다.
• CISA-2는 지적장애인과 자폐성장애인이 지역사회에 통합되는 데 필수적인 적응기술을 포괄적으로 검사하는 도구이다. 지역사회 적응 관련 교육 및 훈련 계획을 수립하는 데 필요한 정보도 제공한다.
• 검사의 적용 대상은 만 5세 이상의 지적장애인 및 자폐성장애인이다.</td></tr>
<tr><td>구성 체계</td><td><table>
<tr><th>영역</th><th>내용</th><th>소검사</th></tr>
<tr><td>기본생활</td><td>개인의 자조능력을 비롯한 개인, 가정, 지역사회에 적응하는 데 필요한 기초적인 생활기술</td><td>– 기초개념
– 기능적 기호와 표지
– 가정관리
– 건강과 안전</td></tr>
<tr><td>사회자립</td><td>공공 서비스에 대한 지식, 시간개념, 금전개념과 관련된 기술로서 사회생활을 독립적으로 유지하는 데 필요한 기술</td><td>– 지역사회 서비스
– 시간과 측정
– 금전관리
– 통신서비스</td></tr>
<tr><td>직업생활</td><td>직업생활의 준비와 유지에 필요한 직업 관련 지식과 대인관계 및 여가생활 기술</td><td>– 직업기능
– 대인관계와 예절</td></tr>
</table></td></tr>
<tr><td>실시 방법</td><td>• CISA-2는 검사자가 질문하면 피검사자가 답변하는 형식으로 실시되며, 요인 1에서 요인 10까지의 순서대로 진행하지만 요인의 실시 순서를 변경할 수도 있다. 총 점수가 필요하지 않으면 몇 개의 요인을 생략할 수도 있다.
• 심리 검사 채점 프로그램에 검사 결과를 입력하면 검사 환산점수, 영역지수, 적응지수 등을 자동으로 산출해 준다.</td></tr>
<tr><td>결과 및 해석</td><td>• CISA-2는 CIS-A의 형식을 유지했으며, 지역사회 적응 정도를 파악하는 데 활용할 수 있다.
• 검사의 결과는 세 영역별 영역지수, 전반적 적응지수인 지역사회적응지수를 평균 100에 표준편차 15의 표준점수로 제공한다.
• 일반집단 규준과 임상집단 규준의 두 가지 규준을 제시하고 있으므로 검사 설명서의 지침에 따라 규준을 선택해 지수를 산출한다.
• 적응지수와 환산점수를 통해 적응 수준을 파악할 수 있다.<table>
<tr><th>적응지수</th><th>적응 수준</th><th>환산점수</th><th>적응 수준</th></tr>
<tr><td>130 이상</td><td>최우수</td><td>17~19</td><td>매우 높음</td></tr>
<tr><td>120~129</td><td>우수</td><td>15~16</td><td>높음</td></tr>
<tr><td>110~119</td><td>평균 상</td><td>13~14</td><td>평균 상</td></tr>
<tr><td>90~109</td><td>평균</td><td>8~12</td><td>평균</td></tr>
<tr><td>80~89</td><td>평균 하</td><td>6~7</td><td>평균 하</td></tr>
<tr><td>70~79</td><td>경계선</td><td>4~5</td><td>낮음</td></tr>
<tr><td>69 이하</td><td>적응행동 지체</td><td>1~3</td><td>매우 낮음</td></tr>
</table></td></tr>
</table>

1. 검사 점수표

하위검사	원점수	환산점수(일반규준)
① 기초개념	10	1
② 기능적 기호와 표지	10	1
③ 가정관리	0	1
④ 건강과 안전	0	1
⑤ 지역사회 서비스	15	13
⑥ 시간과 측정	10	6
⑦ 금전관리	10	8
⑧ 통신서비스	5	1
⑨ 직업기능	5	1
⑩ 대인관계와 예절	10	5

영역	지수
기본생활	48
사회자립	83
직업생활	60
적응지수	64

2. 검사 프로파일

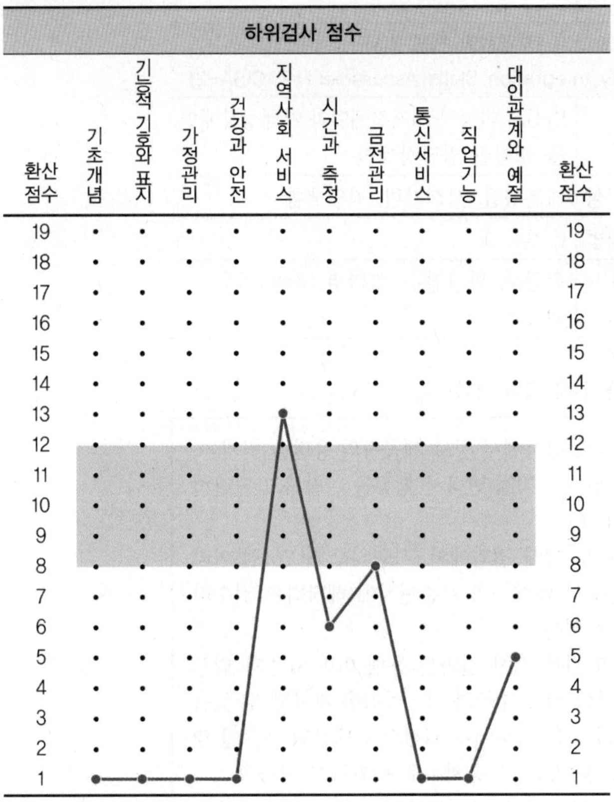

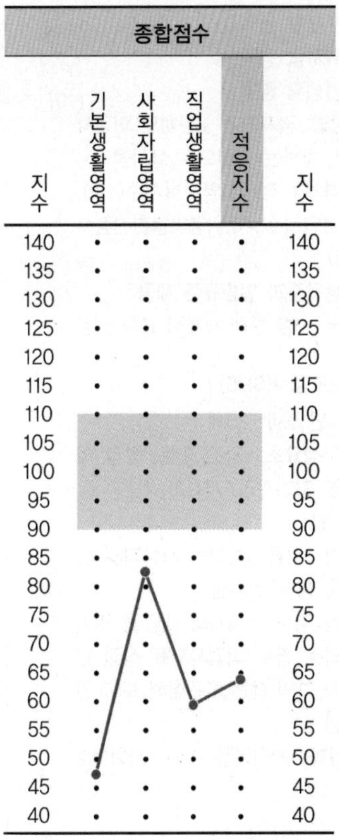

하위검사 점수

종합점수

참고자료

기본이론 399-401p

키워드

지역사회적응검사 2판(CISA-2)

구조화 틀

핵심개념

CISA-2

- **연령**: 만 5세 이상 지적장애 및 자폐성 장애
- **검사 구성요소**
  - 기본생활 영역
  - 사회자립 영역
  - 직업생활 영역
- **검사방법**: 검사자가 질문하면 피검사자가 답변하는 형식으로 실시됨
- **검사결과**: 전체지역사회지수(100, 15), 영역지수, 하위영역별환산점수(10, 3)
  - 임상규준과 일반규준 제공
  - CISC-2를 통해 체계적 교육 제공

사회성숙도검사(SMS)

- **연령**: 만 0세~30세
- **검사 구성요소**: 자조, 이동, 작업, 의사소통, 자기관리, 사회화
- 검사방법
  - 피검사자를 잘 아는 사람과의 면접을 통해 실시함
  - 만약 정보 제공자의 대답을 믿기 어려운 경우 피검사자를 직접 만나서 그의 행동을 관찰해 보고 판단함
- **검사결과**: 사회연령(SA)과 사회지수(SQ)

모범답안

- ㉠ 자기관리
- ㉡ 검사자가 질문하면 피검사자가 답변하는 형식으로 실시된다.
- ㉣ 사회지수 70은 생활연령에 비해 사회연령이 낮다는 것을 의미한다.
  ㉥ 지역사회적응검사에서는 원점수를 표준점수(평균이 100이고, 표준편차가 15)로 변환하여 영역별 영역지수와 전반적 적응지수인 지역사회적응지수를 산출한다.

2024학년도 중등 A8

02 **(가)는 지적장애 진단 시 사용할 수 있는 적응 행동 진단 도구를 소개한 내용이고, (나)는 적응 행동 검사 결과 해석 중 일부이다. 〈작성 방법〉에 따라 서술하시오. [4점]**

(가) 적응 행동 진단 도구 소개

사회성숙도 검사 (Social Maturity Scale: SMS)	
검사 대상	0세부터 만 30세
검사 영역 구성	자조, 이동, 작업, 의사소통, (㉠), 사회화
검사 실시 방법	피검자를 잘 아는 부모나 형제, 친척, 후견인과의 면담
검사 결과 제공 점수	원점수, 사회연령, 사회지수
지역사회 적응 검사 (Community Integration Skills Assessment-2: CISA-2)	
검사 대상	만 5세 이상의 지적장애인과 자폐성장애인을 포함한 발달장애인
검사 영역 구성	기본생활, 사회자립, 직업생활
검사 실시 방법	(㉡)
검사 결과 제공 점수	원점수, 환산점수, 영역별 (적응)지수, 적응지수

(나) 적응 행동 검사 결과 해석

㉢ 사회성숙도 검사에서 정보 제공자의 응답을 믿기 어려운 경우에는 직접 만나서 행동을 관찰하고 판단하는 것이 좋음
㉣ 사회성숙도 검사 결과에서 '사회지수'가 70(점)이라면 평균에서 대략 -2 표준편차에 해당하는 점수라고 볼 수 있음
㉤ 지역사회 적응 검사 결과를 통해 일반 규준과 임상 규준에서의 적응 수준과 강・약점을 파악할 수 있음
㉥ 지역사회 적응 검사에서 원점수를 백분위 점수인 영역별 (적응)지수, 적응지수로 변환하여 산출함

작성방법

- (가)에서 괄호 안의 ㉠에 해당하는 영역을 쓸 것
- (가)에서 괄호 안의 ㉡에 해당하는 내용을 서술할 것
- (나)의 ㉢~㉥ 중 틀린 내용을 2가지 찾아 기호를 쓰고, 그 이유를 각각 서술할 것

참고자료

기본이론 393-395p

키워드

- 국립특수교육원 적응행동검사 (KNISE-SAB)
- 백분위
- 준거참조검사

구조화 틀

핵심개념

NISE-SAB
- **대상**: 지적장애(만 5세~17세), 일반학생(만 21개월~17세)
- **검사구성**: 개념적 · 사회적 · 실제적 적응행동
- **검사결과 해석**
  - 원점수, 환산점수, 적응행동지수(개념적 · 사회적 · 실제적 적응행동지수 및 전체 적응행동지수로 100, 15)
  - 적응행동지수는 일반학생 적응행동지수 산출표에서 먼저 산출한 다음, 어느 한 검사나 전체 검사의 적응행동지수가 평균 2표준편차 이하에 포함되는 경우 지적장애 학생 적응행동지수 산출표로 또 하나의 적응행동지수를 산출함

모범답안

1) 일반유아 집단

2) ① 정신지체
② 84

2013학년도 추가유아 A3

03 **다음은 일반 유아와 정신지체 유아 집단을 규준집단으로 하여 동희의 적응행동 수준을 작성한 적응행동 검사(KISE-SAB) 프로파일이다. 물음에 답하시오. [4점]**

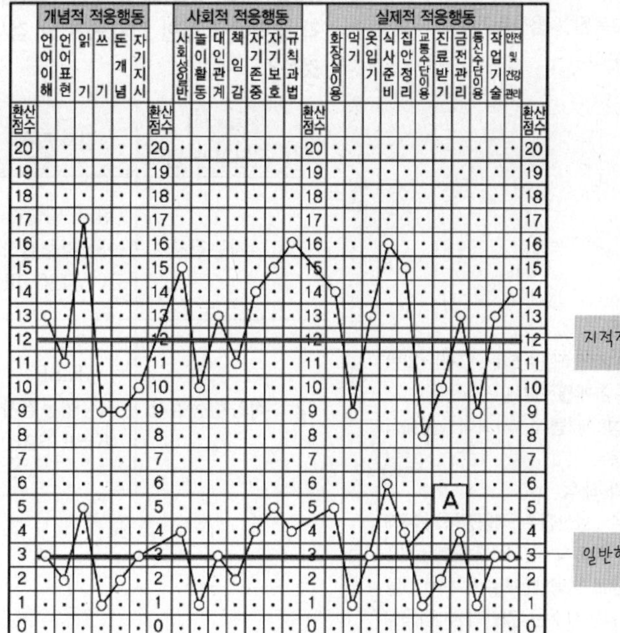

지적장애 학생 규준

일반학생 규준

1) A는 동희의 소검사 환산점수선이다. 어떤 집단을 규준집단으로 한 프로파일인지 쓰시오. [1점]

2) 동희의 적응행동지수를 해석한 다음의 문장을 완성하시오. [2점]

> 동희의 전체 적응행동지수는 115이다. 이는 (①) 유아 규준집단의 약 (②)%가 동희보다 낮은 적응행동 점수를 받았음을 의미한다.

기본이론 393-395p

국립특수교육원 적응행동검사 (KNISE-SAB)

NISE-SAB

- **대상**: 지적장애(만 5세~17세), 일반 학생(만 21개월~17세)
- **검사구성**: 개념적·사회적·실제적 적응행동
- **검사결과 해석**
  - 원점수, 환산점수, 적응행동지수(개념적·사회적·실제적 적응행동지수 및 전체 적응행동지수로 100, 15)
  - 적응행동지수는 일반학생 적응행동지수 산출표에서 먼저 산출한 다음, 어느 한 검사나 전체 검사의 적응행동지수가 평균 2표준편차 이하에 포함되는 경우 지적장애 학생 적응행동지수 산출표로 또 하나의 적응행동지수를 산출함

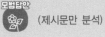

(제시문만 분석)

2011학년도 초등 3

04 **정신지체로 의심되는 학생을 특수교육대상자로 선정할 것인지의 여부를 결정하기 위하여 특수교육지원센터에서는 진단·평가를 실시하려고 한다. 장애인 등에 대한 특수교육법(시행 규칙 포함)에 제시된 선별검사 및 진단·평가 영역과, 각 영역에 적절한 검사도구 및 검사 내용이 바르게 짝지어진 것은?**

지적장애 선별검사 및 진단·평가 영역
- 지능검사
- 사회성숙도검사
- 적응행동검사
- 기초학습검사
- 운동능력검사

	선별검사 및 진단평가 영역	검사도구	검사도구의 특성
①	지능검사	한국 웩슬러 아동지능검사 (K-WISC-Ⅲ)	언어성 검사와 동작성 검사로 구성되어 있으며, 결과는 지수점수와 백분위점수로 제시된다.
②	적응행동검사	KISE 적응행동검사 (KISE-SAB)	개념적 적응행동, 사회적 적응행동, 실제적 적응행동 검사로 구성되어 있으며, 결과는 지수점수로 제시된다.

기본이론 393-395p

국립특수교육원 적응행동검사 (KNISE-SAB)

NISE-SAB

- **대상**: 지적장애(만 5세~17세), 일반학생(만 21개월~17세)
- **검사구성**: 개념적 · 사회적 · 실제적 적응행동
- **검사결과 해석**
  - 원점수, 환산점수, 적응행동지수(개념적 · 사회적 · 실제적 적응행동지수 및 전체 적응행동지수로 100, 15)
  - 적응행동지수는 일반학생 적응행동지수 산출표에서 먼저 산출한 다음, 어느 한 검사나 전체 검사의 적응행동지수가 평균 2표준편차 이하에 포함되는 경우 지적장애 학생 적응행동지수 산출표로 또 하나의 적응행동지수를 산출함

일반학생 규준과 비교해 상대적인 위치를 확인하고, -2표준편차 이하에 해당할 때 지적장애 학생 규준과 비교하기 위함이다.

2018학년도 초등 A1

05 다음은 특수교육지원센터 홈페이지 질의 · 응답 게시판의 일부이다. 물음에 답하시오. [5점]

> **Q** 국립특수교육원 적응행동검사(KISE-SAB) 결과에서 '일반학생 적응행동지수'와 '지적장애 학생 적응행동지수'를 동시에 명시하고 있는데 이해가 어렵습니다. 두 지수의 차이점이 무엇인가요?
>
> **A** 일반적으로 ㉡ 지적장애 학생을 진단할 때, 먼저 '일반학생 적응행동지수'를 활용하여 해석한 후 '지적장애 학생 적응행동지수'를 해석합니다.

2) 밑줄 친 ㉡을 하는 이유 1가지를 규준참조검사의 특성을 고려하여 쓰시오. [1점]

확장하기

NISE-K · ABS검사 결과 프로파일(국립특수교육원, 2018.)

- 국립특수교육원 적응행동검사(NISE-SAB)는 2003년 개발 · 보급되어 웹 기반 무료 간편선별검사로 현장에 자리 잡았으나, 변화된 시대적 · 문화적 맥락을 반영할 필요성이 있다는 현장의 목소리를 반영해 2017~2018년에 'NISE-K · ABS'로 개발됨
- 대상: 유아용(만 2세~6세 4개월), 초 · 중등용(만 6세~18세)

1. 적응행동검사 결과

원점수	적응지수	표준점수	백분위 점수
15	33	68	2.0

- 적응지수는 모든 소검사 척도점수의 합
- 표준점수는 적응지수를 평균이 100, 표준편차가 15인 점수로 변환

2. 적응행동검사 결과 해석

표준점수가 69 이하인 경우는 상당히 저조한 수준입니다.

* 적응행동 검사결과 표준점수가 69 이하인 경우에는 적절한 관심과 지원이 시급하다는 의미입니다.

3. 하위 영역별 결과

	소검사 원점수 합	소검사 척도점수 합	표준 점수	백분위 점수
개념적 기술	0	9	70	2
사회적 기술	13	8	70	2
실제적 기술	2	16	74	4

4. 하위 소검사 유형별 결과

구분	개념적 기술			사회적 기술			실제적 기술			
	인지	언어	수	자기표현	타인의식	대인관계	기본생활	가정생활	지역적응	IT활용
원점수	0	0	0	2	8	3	1	1	0	0
척도 점수	4	2	3	2	3	3	2	4	5	5
백분위	2.0	0.4	1.0	0.4	1.0	1.0	0.4	2.0	5.0	5.0
적응 연령	6세 0~5개월	6세 0~5개월	6세 0~5개월	6세 0~5개월	6세 0~5개월	6세 0~5개월	6세 0~5개월	6세 0~5개월	6세 0~5개월	6세 0~5개월

* 척도 점수가 4점 이하인 경우에는 적절한 관심과 지원이 시급하다는 의미입니다.

5. 검사자 종합판단

- 적응행동 검사결과 표준점수가 69 이하인 경우에는 적절한 관심과 지원이 시급하다는 의미입니다.
- 적응행동 검사결과 표준점수가 70 이상이라고 하더라도, 3가지 하위기술 가운데 어느 하나의 척도점수가 4점 이하의 경우에는 해당 영역의 적응행동에 어려움이 있을 수 있으므로 적절한 관심과 지원이 필요할 수 있습니다.

참고자료

기본이론 383-385p, 405-408p

키워드

- K-WPPSI-IV
- K-SIB-R

구조화 틀

핵심개념

K-WPPSI-II

- **연령** : 2세 6개월~7세 7개월
- **4세~7세 7개월용 검사 구성요소**
  - 5개의 기본지표(언어이해, 시공간, 유동추론, 작업기억, 처리속도)
  - 4개의 추가지표(어휘속도, 비언어, 일반능력, 인지효율성)
- **검사 결과**
  - 전체 IQ 점수, 5개의 지표점수[표준점수(100, 15), 백분위]
  - 소검사[척도점수(10, 3), 백분위]

K-SIB-R

- **연령** : 만 0~18세
- **검사 구성요소**
  - 독립적 적응행동(운동기술, 사회적 상호작용 및 의사소통 기술, 개인 생활기술, 지역사회 생활 기술)
  - 문제행동(내적 부적응, 외적 부적응, 반사회적 부적응)
- **검사 결과**
  - 독립적 적응행동[W점수, 표준점수(100, 15), 백분위]
  - 문제행동[부적응행동지수(100, 15)]
  - 적응행동과 부적응행동 점수를 조합해 지원점수 산출

※ K-WPPSI 개정 전에는 동작성 검사와 언어성 검사로 구분됨

모범답안

ⓒ 언어성, 동작성
ⓔ 독립적 적응행동, 문제행동

2015학년도 유아 A5

06 영수는 ○○ 유치원 5세 반에 다니고 있다. (가)는 담임교사인 박 교사의 관찰 메모이고, (나)는 박 교사와 특수교육지원센터 순회교사인 최 교사와의 대화 내용이다. 물음에 답하시오. [5점]

(나) 두 교사의 대화

박 교사 : 선생님, 지난번 특수교육지원센터에서 영수의 발달문제로 검사를 하셨잖아요.
최 교사 : 네. ⓒ 한국 웩슬러유아지능검사(K-WPPSI)와 ⓔ 한국판 적응행동검사(K-SIB-R)를 했어요. 그 외 여러 가지 장애진단 검사들도 실시했어요.
박 교사 : 그래요? 그럼 결과는 언제쯤 나오나요?
최 교사 : 다음 주에 나올 것 같아요.
박 교사 : ⓜ 검사 결과가 나오면 그것을 토대로 개별화교육지원팀이 영수의 개별화교육계획을 수립할 수 있겠네요.

3) ⓒ과 ⓔ의 하위 검사 영역 2가지를 각각 쓰시오.

PART 03

확장하기

한국판 적응행동검사(K-SIB-R)

목적 및 대상	0~18세

구성 체계

<table>
<tr><th>영역</th><th colspan="3">척도 내용</th></tr>
<tr><td rowspan="4">독립적 적응행동</td><td colspan="2">운동기술</td><td>대근육 운동, 소근육 운동</td></tr>
<tr><td colspan="2">사회적 상호작용 및 의사소통 기술</td><td>사회적 상호작용 및 의사소통, 언어이해, 언어표현</td></tr>
<tr><td colspan="2">개인생활 기술</td><td>식사와 음식 준비, 신변처리, 옷 입기, 개인위생, 가사 · 적응행동</td></tr>
<tr><td colspan="2">지역사회생활 기술</td><td>시간 이해 및 엄수, 경제생활, 작업기술, 이동기술</td></tr>
<tr><td rowspan="8">문제행동</td><td rowspan="8">부적응 행동</td><td rowspan="3">내적</td><td>위축된 행동이나 부주의한 행동</td></tr>
<tr><td>방해하는 행동</td></tr>
<tr><td>특이한 반복적인 습관</td></tr>
<tr><td rowspan="3">외적</td><td>자신을 해치는 행동</td></tr>
<tr><td>타인을 해치는 행동</td></tr>
<tr><td>물건을 파괴하는 행동</td></tr>
<tr><td rowspan="2">반사회적</td><td>사회적으로 공격적인 행동</td></tr>
<tr><td>비협조적인 행동</td></tr>
</table>

실시 방법

K-SIB-R은 피검자의 특성과 행동을 파악하고 있는 사람(부모나 양육자 등)이 체크리스트 형식의 검사지에 기입하거나 검사자의 질문에 응답하는 방식으로 실시한다.

적응행동 수준(판단기준)	점수
과제를 수행할 것을 요구했음에도 불구하고 전혀 또는 거의 수행하지 못함	0
수행하지만 잘하지는 못함: 전체 과제 중 약 1/4 수행함, 과제 수행을 요구할 필요가 있음	1
꽤 잘 수행함: 전체 과제 중 약 3/4 수행함, 과제 수행을 요구할 필요가 있음	2
매우 잘 수행함: 항상 또는 거의 항상 수행함, 과제 수행을 요구할 필요가 없음	3

결과 및 해석

표준점수 및 백분위에 따른 K-SIB-R 판별							
표준점수 범위	131 이상	121~130	111~120	90~110	80~89	70~79	69 이하
백분위	98~99.9	92~97	76~91	25~75	9~24	3~8	0.1~2
판별	매우 뛰어남	뛰어남	평균 이상	평균	평균 이하	낮음	매우 낮음

부적응행동지수에 따른 심각성 수준					
지수	−10 이상	−11~−20	−21~−30	−31~−40	−40 이하
심각성 수준	정상	심각성의 경계	약간 심각	심각	매우 심각

♥ 적응행동과 부적응행동을 활용한 지원점수의 예(김진호, 『최신 특수아 진단 및 평가』, 2018, p.104)

일반적 부적응 행동지수	전반적 독립 W점수																
	466~467	468~469	470~471	472~473	474~475	476~477	478~479	480~481	482~483	484~485	486~487	488~489	490~491	492~493	494~495	496~497	498~499
4	66	67	69	70	71	72	73	75	76	77	79	80	82	83	85	86	87
3	65	66	68	69	70	71	72	74	75	76	78	79	81	83	84	85	87
2	65	66	67	68	69	71	72	73	74	75	77	79	78	82	83	84	86
1	64	65	66	67	69	70	71	72	74	75	76	78	80	81	82	83	85
0	63	64	65	66	68	69	70	71	73	74	75	77	79	80	82	83	84
−1	62	65	65	66	67	68	69	71	72	73	74	76	78	79	81	82	83
−2	61	62	64	65	66	67	68	70	71	72	74	75	77	79	80	81	82
−3	60	61	63	64	65	66	67	69	70	71	73	75	76	78	79	80	82
−4	60	61	62	63	65	66	67	68	69	71	72	74	75	77	78	79	81
−5	59	60	61	62	64	65	66	67	69	70	71	73	75	76	77	78	80
−6	58	59	60	61	63	64	65	66	68	69	70	72	74	75	77	78	79
−7	57	58	60	61	62	63	64	66	67	68	69	71	73	74	76	77	78
−8	56	57	59	60	61	62	63	65	66	67	69	70	72	74	75	76	77
−9	55	57	58	59	60	61	63	64	65	66	68	70	71	73	74	75	77
−10	55	56	57	58	60	61	62	63	65	66	67	69	70	72	73	74	76
−11	54	55	56	57	59	60	61	62	64	65	66	68	70	71	72	74	75
−12	53	54	55	57	58	59	60	61	63	64	65	67	69	70	72	73	74
−13	52	53	55	56	57	58	59	61	62	63	64	66	68	69	71	72	73
−14	51	52	54	55	56	57	58	60	61	62	64	65	67	69	70	71	72
−15	51	52	53	54	55	57	58	59	60	61	(63)	65	66	68	69	70	72
−16	50	51	52	53	55	56	57	58	60	61	62	64	66	67	68	69	71
−17	49	50	51	52	54	55	56	57	59	60	61	63	65	66	68	69	70
−18	48	49	51	52	53	54	55	56	58	59	60	62	64	65	67	68	69
−19	47	48	50	51	52	53	54	56	57	58	60	61	63	64	66	67	68
−20	46	47	49	50	51	52	53	55	56	57	59	60	62	64	65	66	68
−21	46	47	48	49	50	52	53	54	55	56	58	60	61	63	64	65	67
−22	45	46	47	48	50	51	52	53	55	56	57	59	61	62	63	64	66
−23	44	45	46	47	49	50	51	52	54	55	56	58	60	61	63	64	65
−24	43	44	46	47	48	49	50	52	53	54	55	57	59	60	62	65	64

지원점수

지시사항

1. 일반적 독립 W점수를 기록하세요. 486
2. 일반적 부적응행동지수를 기록하세요. −15
3. 두 점수를 이용해 [부록 4]에서 지원점수를 찾아 기록하세요. 63
4. 오른쪽 표를 참고해 개인의 지원점수를 수준에 따라 기록하세요. 제한적인

지원점수	지원수준
1~24	전반적인
25~39	확장적인
40~54	빈번한
55~69	제한적인
70~84	간헐적인
85~100	가끔 혹은 필요하지 않음

08 CHAPTER

의사소통 관련 검사

01 취학 전 아동의 수용언어 및 표현언어 발달척도(PRES)
- 목적 및 대상
- 구성 체계
- 실시 방법
- 결과 및 해석

02 그림어휘력검사(PPVT-R)
- 목적 및 대상
- 구성 체계
- 실시 방법
- 결과 및 해석

03 구문의미 이해력 검사(KOSECT)
- 목적 및 대상
- 구성 체계
- 실시 방법
- 결과 및 해석

04 언어문제 해결력 검사
- 목적 및 대상
- 구성 체계
- 실시 방법
- 결과 및 해석

05 우리말 조음 · 음운 평가(U-TAP)
- 목적 및 대상
- 구성 체계
- 실시 방법
- 결과 및 해석

06 파라다이스-유창성 검사(P-FS)
- 목적 및 대상
- 구성 체계
- 실시 방법
- 결과 및 해석

09
CHAPTER

자폐성장애 관련 검사

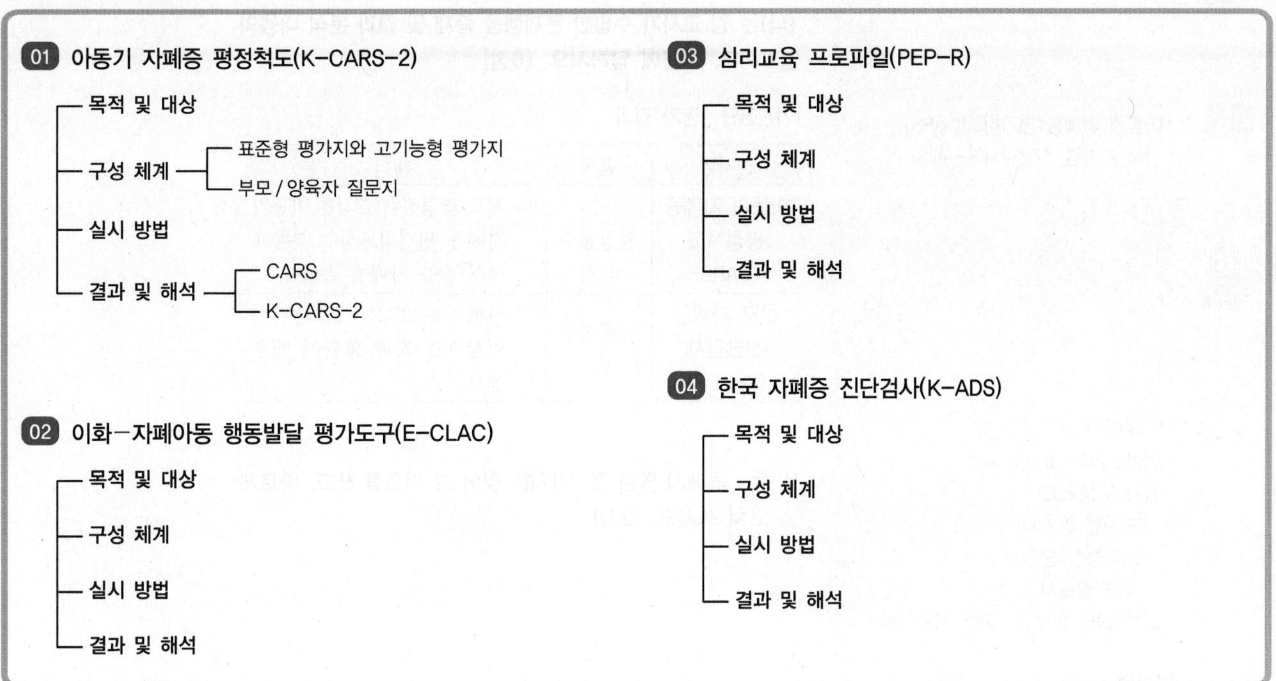

01 아동기 자폐증 평정척도(K-CARS-2)
목적 및 대상
구성 체계
표준형 평가지와 고기능형 평가지
부모/양육자 질문지
실시 방법
결과 및 해석
CARS
K-CARS-2
02 이화-자폐아동 행동발달 평가도구(E-CLAC)
목적 및 대상
구성 체계
실시 방법
결과 및 해석
03 심리교육 프로파일(PEP-R)
목적 및 대상
구성 체계
실시 방법
결과 및 해석
04 한국 자폐증 진단검사(K-ADS)
목적 및 대상
구성 체계
실시 방법
결과 및 해석

참고자료

기본이론 423-425p, 429p

키워드

• 아동기 자폐증 평가척도(CARS)
• 한국 자폐증 진단검사(K-ADS)

구조화 틀

핵심개념

K-CARS-II
• **연령**: 2세~36세
• **검사 구성요소**
  - 표준형 평가지
  - 고기능형 평가지
  - 부모 질문지
• **검사결과**: 원점수, T점수, 백분위점수

K-ADS
• **연령**: 3세~21세
• **검사 구성요소**
  - 상동행동
  - 의사소통
  - 사회적 상호작용
• **검사결과**: 자폐지수(100, 15), 백분위점수

모범답안

(제시문만 분석)

2013학년도 추가중등 B2

01 **(가)는 자폐성 장애 학생 철규의 진단 · 평가 결과이고, (나)는 김 교사가 수립한 문제행동 중재 및 결과 분석 내용의 일부이다. 물음에 답하시오. [6점]**

(가) 진단 · 평가 결과

검사명	결과	해석
아동기 자폐증 평정척도 (CARS)	척도 평정점수 42점	㉡ 척도 평정점수 42점은 아동기 자폐증 평정척도점수 분류표에서 중증 자폐에 속한다.
한국 자폐증 진단검사 (K-ADS)	자폐지수 132	㉢ 자폐지수 132는 2표준편차 이상으로 자폐 확률이 매우 높다.

1) ㉠~㉣에서 틀린 것 2가지를 찾아 그 기호를 쓰고, 바르게 고쳐 쓰시오. [2점]

기본이론 423-425p

아동기 자폐증 평가척도(CARS-2)

K-CARS-Ⅱ

- **연령**: 2세~36세
- **검사 구성요소**
  - 표준형 평가지
  - 고기능형 평가지
  - 부모 질문지
- **검사결과**: 원점수, T점수, 백분위점수

㉠ 고기능형
㉡ T점수

2024학년도 중등 A4

02 다음은 특수교육지원센터 특수교사 A와 B의 대화이다. 괄호 안의 ㉠에 해당하는 명칭을 쓰고, 괄호 안의 ㉡에 해당하는 점수의 유형을 쓰시오. [2점]

특수 교사 A: 안녕하세요? 지난번에 「한국판 아동기 자폐 평정척도 2(Korean Childhood Autism Rating Scale, 2nd Edition: K-CARS2)」에 대한 연수를 받으셨지요? 어떠셨어요?

특수 교사 B: 네, 도움이 많이 됐어요.

특수 교사 A: 기존의 「아동기 자폐 평정 척도(Childhood Autism Rating Scale : CARS)」와 비교해서 달라진 점이 있나요?

특수 교사 B: 네, K-CARS2는 표준형 평가지, (㉠) 평가지, 부모/양육자 질문지로 개발되어 있어요. (㉠) 평가지는 IQ가 80 이상이면서 구어 기술이 비교적 양호한 6세 이상의 피검자를 대상으로 합니다.

특수 교사 A: 그렇군요. 검사 결과는 어떻게 제공되나요?

특수 교사 B: 이번 도구는 표준화되었기 때문에 원점수 이외에 (㉡), 백분위 점수가 제공돼요. 예를 들어 (㉡)이/가 45~54 사이에 있다면 자폐로 진단된 사람과 비교할 때 평균 수준의 자폐 관련 증상을 보인다는 의미예요.

확장하기

CARS-2(송현종 외, 『특수교육평가』, 2021.)

평정척도의 구성과 의미

평정값	의미
1	해당 연령의 전형적인 범위에 속함
1.5	해당 연령의 전형적인 범위에서 매우 경미하게 벗어남
2	해당 연령의 전형적인 범위에서 경미한 정도로 벗어남
2.5	해당 연령의 전형적인 범위에서 경미한 정도에서 중간 정도로 벗어남
3	해당 연령의 전형적인 범위에서 중간 정도로 벗어남
3.5	해당 연령의 전형적인 범위에서 중간 정도에서 심각한 정도로 벗어남
4	해당 연령의 전형적인 범위에서 심각한 정도로 벗어남

평가유형	CARS2-ST(표준형)	CARS2-HF(고기능형)
평가대상	6세 미만의 아동 또는 6세 이상이면서 측정된 전반적 IQ가 80 미만이거나 의사소통이 눈에 띄게 손상된 아동	측정도나 전반석 IQ가 80 또는 그 이상이면서 의사소통이 유창한 6세 이상의 아동
항목 구성	① 사람과의 관계 ② 모방 ③ 정서 반응 ④ 신체 사용 ⑤ 사물 사용 ⑥ 변화에 대한 적응 ⑦ 시각 반응 ⑧ 청각 반응 ⑨ 미각, 후각, 촉각 반응 및 사용 ⑩ 두려움 또는 불안 ⑪ 구어 의사소통 ⑫ 비구어 의사소통 ⑬ 활동 수준 ⑭ 지적 반응 수준 및 일관성 ⑮ 전반적 인상	① 사회·정서 이해 ② 정서 표현 및 정서 조절 ③ 사람과의 관계 ④ 신체 사용 ⑤ 놀이에서의 사물 사용 ⑥ 변화에 대한 적응/제한된 관심 ⑦ 시각 반응 ⑧ 청각 반응 ⑨ 미각, 후각, 촉각 반응 및 사용 ⑩ 두려움 또는 불안 ⑪ 구어 의사소통 ⑫ 비구어 의사소통 ⑬ 사고·인지적 통합 기술 ⑭ 지적 반응 수준 및 일관성 ⑮ 전반적 인상

♥ 결과 프로파일 예시

1. 중재 영역과 관련된 항목 평정

사회적 상호작용 항목	
① 사람과의 관계	3
② 모방	3
③ 정서 반응	2
⑦ 시각 반응	3
⑧ 청각 반응	2
⑪ 구어 의사소통	2.5
⑫ 비구어 의사소통	3

제한된 관심 및 상동행동 항목	
④ 신체 사용	1.5
⑤ 사물 사용	3.5
⑥ 변화에 대한 적응	3
⑪ 구어 의사소통	2.5
⑬ 활동 수준	2

사고 및 인지 관련 이슈	
① 사람과의 관계	3
② 모방	3
⑦ 시각 반응	3
⑩ 두려움 또는 불안	1
⑭ 지적 반응 수준 및 일관성	3

의사소통 항목	
⑤ 사물 사용	3.5
⑥ 변화에 대한 적응	3
⑪ 구어 의사소통	2.5
⑫ 비구어 의사소통	3

감각 이슈 및 관련 요소 항목	
③ 정서 반응	2
④ 신체 사용	1.5
⑤ 사물 사용	3.5
⑦ 시각 반응	3
⑧ 청각 반응	2
⑨ 미각, 후각, 촉각 반응 및 사용	1
⑩ 두려움 또는 불안	1
⑬ 활동 수준	2

2. 전체 프로파일

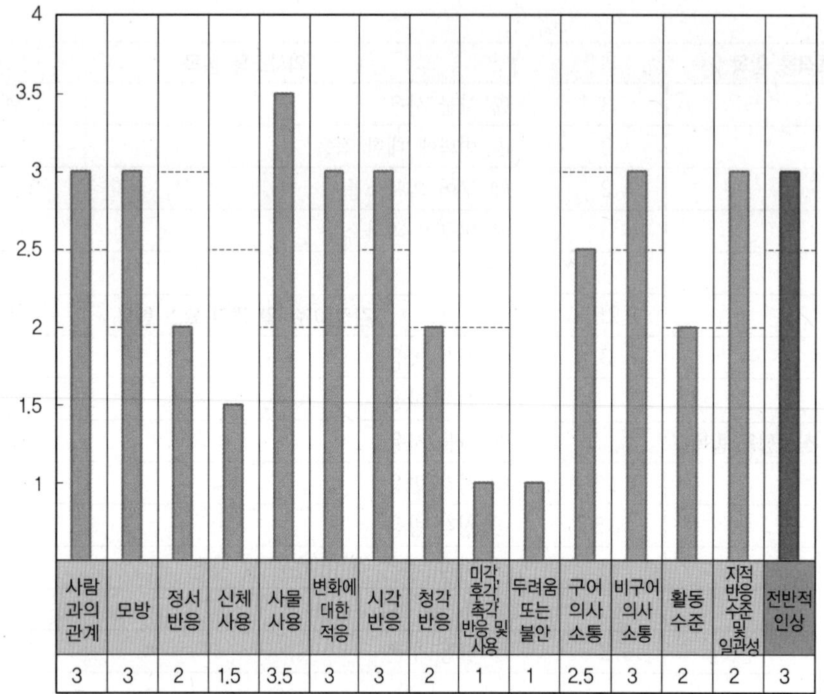

※ 그래프의 점수는 중앙값을 의미하며, 이 중앙값은 자폐범주성 장애로 진단받은 사람들의 점수를 크기순으로 나열했을 때 최고점과 최저점의 한가운데 있는 값을 의미합니다.

원점수(총점)	T점수	백분위	증상의 정도
36.5	54	65	경도에서 중등도 수준의 자폐 관련 행동

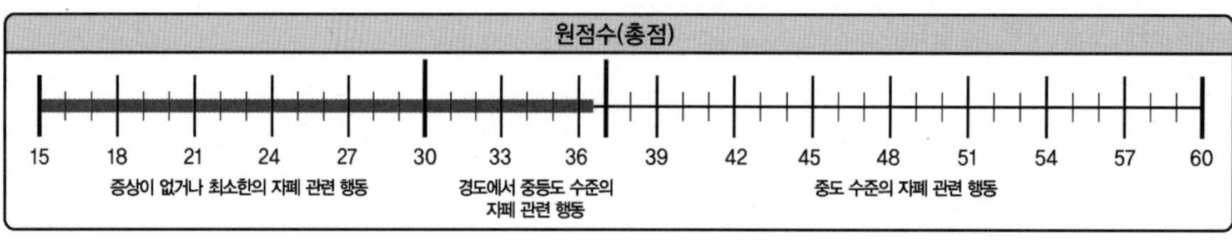

3. 수준별 기준 점수

원점수(총점)	증상의 정도
15~29.5	증상이 없거나 최소한의 자폐 관련 행동
30~36.5	경도에서 중등도 수준의 자폐 관련 행동
37~60	중도 수준의 자폐 관련 행동

※ 총점이나 각 항목의 점수만으로 임상적인 장애진단을 위한 결정을 내려서는 안 됩니다. 즉, 해당 검사의 결과는 활용 가능한 다른 정보와 함께 종합적인 판단을 위해 사용되어야 합니다.

10 CHAPTER 정서 및 행동장애 관련 검사

01 한국판 아동 · 청소년 행동 평가척도(K-CBCL 6-18)
- 목적 및 대상
- 구성 체계
- 실시 방법
- 결과 및 해석

02 한국판 정서행동문제 검사(K-SAED)
- 목적 및 대상
- 구성 체계
- 실시 방법
- 결과 및 해석

03 한국판 주의력결핍 과잉행동장애 진단검사(K-ADHDDS)
- 목적 및 대상
- 구성 체계
- 실시 방법
- 결과 및 해석

참고자료

기본이론 430–434p

키워드

아동 · 청소년 행동 평가척도 (K-CBCL)

구조화 틀

핵심개념

K-CBCL 해석

- **문제행동척도**: 8개의 증후군 척도와 한 개의 기타척도로, 내재화 문제행동(불안/우울 · 위축/우울 · 신체증상), 외현화 문제행동(규칙위반 · 공격행동), 사회성 미성숙, 사고문제, 주의집중 문제, 기타 문제 문항으로 구성
- **적응척도**: 사회성과 학업수행의 문항으로 구성

점수의 해석(정규분포곡선)

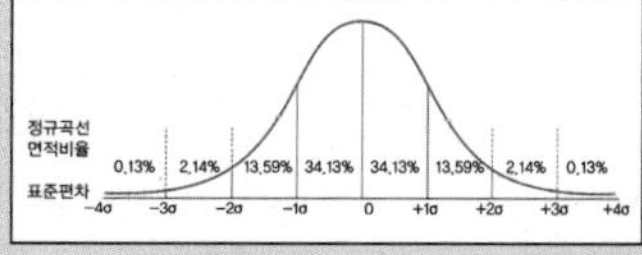

모범답안

ⓢ 93%ile은 표준편차 +1 ~ +2SD 사이에 해당한다.
ⓩ 신체증상은 의학적으로 확인된 질병이 없음에도 불구하고 다양한 신체 증상을 호소하는 것이다.

2020학년도 초등 A3

01 **(가)는 정서 · 행동장애 학생 성우의 사회과 수업 참여 방안에 대해 특수교사와 일반교사가 나눈 대화의 일부이고, (나)는 '아동 · 청소년 행동평가척도(Child Behavior Checklist ; CBCL 6–18)'의 문제행동증후군 하위 척도와 설명이다. 물음에 답하시오. [6점]**

(나) 'CBCL 6–18' 문제행동증후군 하위 척도와 설명

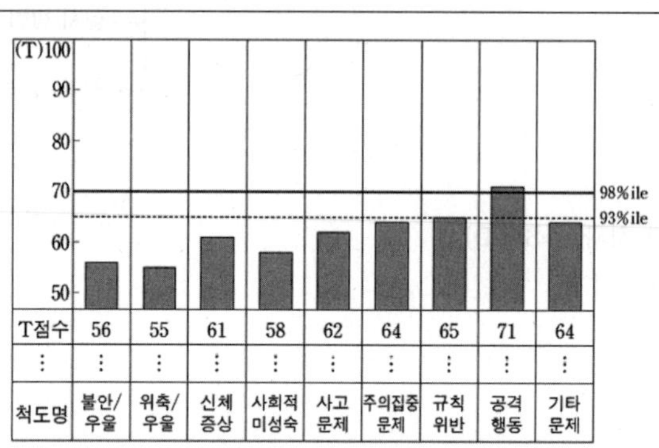

T점수	56	55	61	58	62	64	65	71	64
⋮	⋮	⋮	⋮	⋮	⋮	⋮	⋮	⋮	⋮
척도명	불안/우울	위축/우울	신체증상	사회적 미성숙	사고문제	주의집중 문제	규칙위반	공격행동	기타문제

〈설명〉

ⓑ 70은 T점수를 의미하고 98%ile에 해당됨
ⓢ 93%ile은 표준편차(SD)를 활용하면 +1SD에 해당됨
ⓞ '불안/우울', '위축/우울', '신체증상' 척도는 내재화 요인에 해당됨
ⓩ '신체증상' 척도는 특정한 의학적 원인으로 인해 두통, 복통, 구토 등과 같은 신체증상을 호소하는 정도를 반영함
ⓒ 막대그래프가 점선 위로 올라오면 '준임상' 범위이며, 실선 위로 올라오면 '임상' 범위라고 볼 수 있음

K-CBCL
- 연령: 만 6~18세
- 검사구성: 문제행동척도, 적응척도
- 결과
  - 하위척도별 백분위점수, T점수
  - T점수를 통한 임상, 준임상, 정상범위

4) (나)의 ⓑ~ⓒ 중 적절하지 않은 내용 2가지를 골라 기호를 쓰고 바르게 고쳐 쓰시오. [2점]

확장하기

아동 · 청소년 행동 평가척도(CBCL 6-18)의 구성 체계(김진호, 『최신 특수아 진단 및 평가』, 2018, p.210)

요인			문항 내용
증후군 척도	내재화	① 불안/우울	"잘 운다.", "신경이 날카롭고 곤두서 있거나 긴장되어 있다." 등 정서적으로 우울하고 지나치게 걱정이 많거나 불안해하는 것과 관련된 문항들로 구성됨
		② 위축/우울	"즐기는 것이 매우 적다.", "말을 하지 않으려 한다." 등 위축되고 소극적인 태도, 주변에 대한 흥미를 보이지 않는 것 등과 관련된 문항들로 구성됨
		③ 신체증상	"어지러워한다.", "별다른 이유 없이 지나치게 피곤해한다." 등 의학적으로 확인된 질병이 없음에도 불구하고 다양한 신체증상을 호소하는 것과 관련된 문항들로 구성됨
		⑩ 내재화 총점	① 불안/우울 + ② 위축/우울 + ③ 신체증상
	외현화	④ 규칙위반	"잘못된 행동(버릇없이 굴거나 나쁜 짓을 함)을 하고도 잘못했다고 느끼는 것 같지 않다.", "집이나 학교 또는 다른 장소에서 규율을 어긴다." 등 규칙을 잘 지키지 못하거나 사회적 규범에 어긋나는 문제행동을 충동적으로 하는 것과 관련된 문항들로 구성됨
		⑤ 공격행동	"말다툼을 많이 한다.", "자기 물건을 부순다." 등 언어적 · 신체적으로 파괴적이고 공격적인 행동이나 적대적인 태도와 관련된 문항들로 구성됨
		⑪ 외현화 총점	④ 규칙위반 + ⑤ 공격행동
	–	⑥ 사회적 미성숙	"어른들에게 붙어 있으려 하거나 너무 의존적이다.", "다른 아이들과 잘 어울려 지내지 못한다." 등 나이에 비해 어리고 미성숙한 면, 비사교적인 측면 등 사회적 발달과 관련된 문항들로 구성됨
		⑦ 사고문제	"어떤 생각들을 마음에서 떨쳐버리지 못한다(강박사고).", "비정상적인 이상한 생각을 한다." 등 어떤 특정한 행동이나 생각을 지나치게 반복하거나, 실제로는 존재하지 않는 현상을 보거나 소리를 듣는 등의 비현실적이고 기이한 사고 및 행동과 관련된 문항들로 구성됨
		⑧ 주의집중 문제	"자기가 시작한 일을 끝내지 못한다.", "집중력이 없고 어떤 일에 오래 주의를 기울이지 못한다." 등 주의력 부족이나 과다한 행동 양상, 계획을 수립하는 것에 곤란을 겪는 것 등과 관련된 문항들로 구성됨
		⑨ 기타문제	"손톱을 깨문다.", "체중이 너무 나간다." 등 앞에 제시된 여덟 개의 증후군에는 포함되지 않지만 유의미한 수준의 빈도로 나타나는 문제행동과 관련된 문항들로 구성됨
	문제행동 총점		⑩ 내재화 총점 + ⑪ 외현화 총점 + ⑥ 사회적 미성숙 + ⑦ 사고문제 + ⑧ 주의집중문제 + ⑨ 기타문제
DSM 진단척도	DSM 정서문제		"자기가 가치 없거나 남보다 못하다고 느낀다.", "지나치게 죄책감을 느낀다." 등 여러 가지 증상들로 나타나는 정서문제와 관련된 문항들로 구성됨
	DSM 불안문제		"학교에 가는 것을 겁낸다.", "걱정을 한다." 등 불안증상과 유사한 행동들을 평가하는 척도로, 전반적 · 구체적인 상황에서의 불안을 측정하는 문항들로 구성됨
	DSM 신체화 문제		"몸이 여기 저기 아프다(배나 머리가 아프다고 하는 경우는 제외).", "발진 혹은 기타 피부의 이상" 등 의학적으로 확인된 질병이 없음에도 불구하고 심리적인 불안정, 긴장들이 해소되지 않을 경우 나타날 수 있는 신체적인 불편 또는 통증을 호소하는 것과 관련된 문항들로 구성됨
	DSM ADHD		"충동적이거나 생각해 보지 않고 행동한다.", "집중을 잘 못하고 쉽게 산만해진다." 등 행동에 일관성이 없고, 부산하거나 한 가지 일에 주의집중하는 데 어려움을 겪고, 즉각적인 요구 충족을 바라는 것과 관련된 문항들로 구성됨
	DSM 반항행동문제		"말다툼을 많이 한다.", "고집이 세고 시무룩해지거나 짜증을 부린다." 등 행동적으로 나타나는 폭력성, 비협조적 행동 등과 관련된 문항들로 구성됨
	DSM 품행문제		"가족이나 다른 아이의 물건을 부순다.", "남을 신체적으로 고통 준다." 등 사회적으로 용납되지 않는 행동을 반복적으로 하는 것과 관련된 문항들로 구성됨
문제행동 특수척도	강박증상		"어떤 생각들을 마음에서 떨쳐버리지 못한다(강박사고).", "특정한 행동을 계속 되풀이한다(강박행동)." 등 특정 사고나 행동을 반복적으로 하는 것과 관련된 문항들로 구성됨
	외상후스트레스문제		"어른들에게 붙어 있으려 하거나 너무 의존적이다.", "나쁜 생각이나 나쁜 행동을 할까봐 두려워한다." 등 심각한 외상적인 사건에 직면한 후 나타날 수 있는 문제행동과 관련된 문항들로 구성됨
	인지속도부진		"혼란스러워하거나 갈피를 못 잡는다.", "공상을 하거나 멍하게 자기 생각에 빠지곤 한다." 등 정신 및 신체적으로 수동적이고 활동 저하와 관련된 문항들로 구성됨

PART 03

적응 척도	① 사회성	아동·청소년의 사회적 적응수준을 평가할 수 있는 내용들, 즉 친구의 수와 어울리는 횟수 및 각 관계(친구·형제·부모 혹은 혼자 있는 경우)별로 얼마나 잘 어울리고 시간을 잘 보내는지 평가함
	② 학업수행	아동·청소년의 학업 수행 수준을 평가할 수 있는 내용들, 즉 성적(주요 과목의 수행 평균), 특수학급에 있는지 여부, 휴학 여부, 기타 학교에서의 학업 관련 문제 여부에 대한 항목들로 구성됨
	적응척도 총점	① 사회성 + ② 학업수행

문제행동증후군 척도

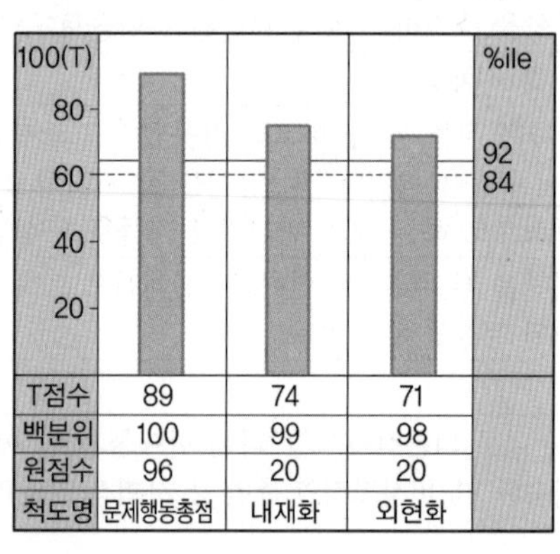

T점수	89	74	71
백분위	100	99	98
원점수	96	20	20
척도명	문제행동총점	내재화	외현화

I 결과해석

- 문제행동 총점은 T점수=89로 임상범위, 내재화 척도는 T점수=74로 임상범위, 외현화 척도는 T점수=71로 임상범위임
- 현재 임상범위에 해당하는 것으로 보이는 문제행동 증후군은 위축/우울, 사회적 미성숙, 사고문제, 주의집중문제, 규칙위반, 기타문제이며, 준임상범위에 해당하는 문제행동 증후군은 불안/우울/신체증상, 공격행동으로 나타나고 있음
  * 무응답문항 수: 0개(8개 이상이면 재검사 권고)

– 임상범위 기준: T점수 64(백분위 92) 이상
– 준임상범위 기준: T점수 60(백분위 84) 이상, T점수 64 미만

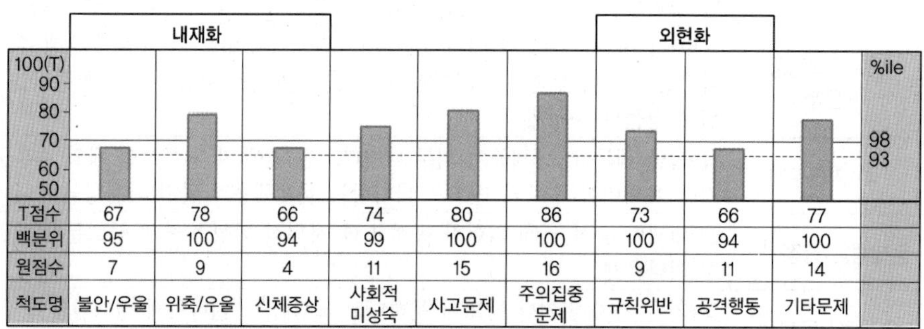

	내재화						외현화		
T점수	67	78	66	74	80	86	73	66	77
백분위	95	100	94	99	100	100	100	94	100
원점수	7	9	4	11	15	16	9	11	14
척도명	불안/우울	위축/우울	신체증상	사회적 미성숙	사고문제	주의집중 문제	규칙위반	공격행동	기타문제

– 증후군 소척도 임상범위 기준: T점수 70(백분위 98) 이상
– 준임상범위 기준: T점수 65(백분위 93) 이상, T점수 70 미만

적응척도 프로파일

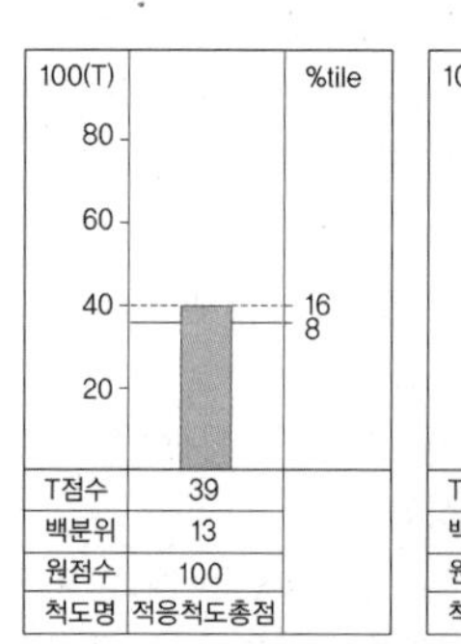

T점수	39
백분위	13
원점수	100
척도명	적응척도총점

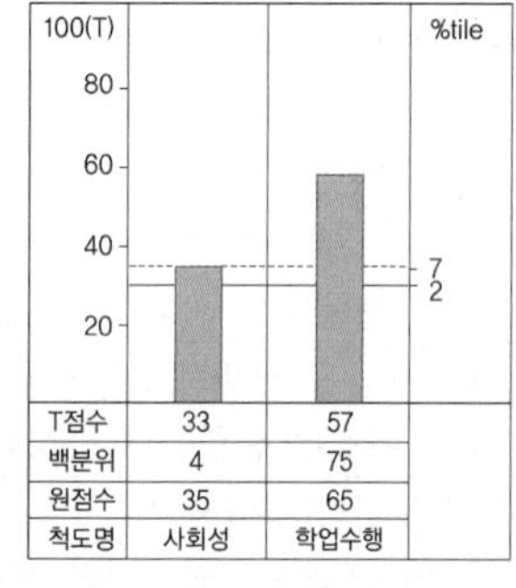

T점수	33	57
백분위	4	75
원점수	35	65
척도명	사회성	학업수행

* 결측치가 있을 경우, 해당 척도 점수가 산출되지 않음 (−1로 표기)

I 결과해석

- 적응척도 총점은 T점수=39로 준임상범위임
- 사회성 척도는 T점수=33으로 준임상범위임
- 학업수행 척도는 T점수=57로 정상범위임

- 적응척도 총점
  – 임상범위: T점수 36(백분위 8) 이하
  – 준임상범위: T점수 36 초과, T점수 40(백분위 16) 이하
- 사회성, 학업수행 척도
  – 임상범위: T점수 30(백분위 2) 이하
  – 준임상범위: T점수 30 초과, T점수 35(백분위 7) 이하
- 결측치가 있을 경우, 해당 척도 점수가 산출되지 않음(−1로 표기)

기본이론 430-434p

아동·청소년 행동 평가척도 (K-CBCL)

K-CBCL 해석

- **문제행동척도**: 8개의 증후군 척도와 한 개의 기타척도로, 내재화 문제행동(불안/우울·위축/우울·신체증상), 외현화 문제행동(규칙위반·공격행동), 사회성 미성숙, 사고문제, 주의집중 문제, 기타문제 문항으로 구성
- **적응척도**: 사회성과 학업수행의 문항으로 구성

②

2012학년도 중등 7

02 다음은 중학교 1학년 학생 A의 읽기 능력과 행동 특성을 진단한 결과의 일부이다. 옳은 것만을 〈보기〉에서 있는 대로 고른 것은?

- 읽기 검사 결과: 학년점수(2.5), T점수(35)[검사도구: BASA-Reading]
- 행동 진단 결과: [검사도구: 아동·청소년 행동평가척도(K-CBCL)]

K-CBCL 중의 문제행동척도 결과

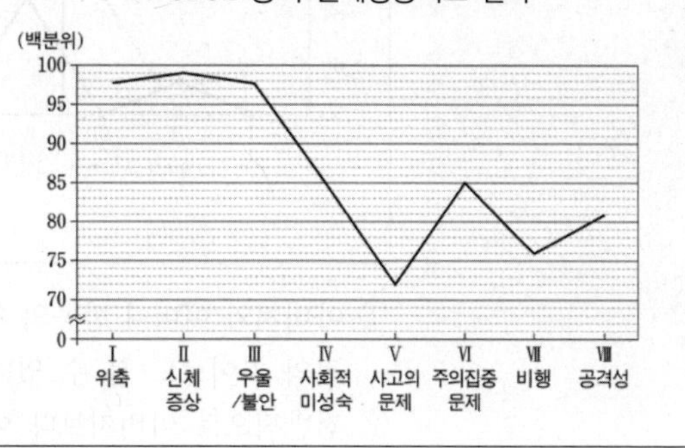

보기

ㄱ. 학생 A의 읽기 능력은 일반적인 초등학교 2학년의 여섯 번째 달에 해당하는 학생 수준이다.
ㄴ. 읽기 검사 결과의 T점수는 원점수이므로 Z점수로 환산하였을 때 집단 내에서의 학생 A의 읽기 수준을 알 수 있다.
ㄷ. 학생 A의 내재화 문제 정도는 상위 3% 안에 포함되며, 일반적으로 보았을 때 임상범위 내에 속한다.
ㄹ. 학생 A의 주의집중 문제는 ±1 표준편차 범위 안에 들어, 심각하지 않은 편이다.
ㅁ. K-CBCL은 위에 제시한 문제행동척도 이외에도 사회능력척도가 포함되어 있다.

① ㄱ, ㄴ　② ㄷ, ㅁ
③ ㄱ, ㄷ, ㅁ　④ ㄴ, ㄷ, ㄹ
⑤ ㄷ, ㄹ

등가점수
아동이 획득한 점수가 특정 연령 또는 학년의 아동들이 보이는 평균 점수와 동일한 정도
- **연령등가점수**: 하이픈(-)으로 표시(예 8-6는 8년 6개월 된 아동들의 평균 수행을 보인다는 의미)
- **학년등가점수**: 소수점(.)으로 표시(예 1.2는 1학년 둘째 달 아동들의 평균 수행 수준을 보인다는 의미)

T점수 35는 -1SD와 -2SD 사이에 위치함

ㄱ. 학년점수 2.5는 2학년 다섯 번째 달 아동들의 평균 수행 수준을 보임을 의미함

ㄴ. T점수는 변환점수에 해당함

ㄹ. 학생 A의 주의집중 문제는 +1 ~ +2SD 표준편차에 해당하고 있으므로 심각한 편임

PART 03

기본이론 430-434p

아동 · 청소년 행동 평가척도
(K-CBCL)

④

2009학년도 초등 11

03 다음은 정서 및 행동 문제를 보이는 11세 은비에 대해 부모가 작성한 아동 · 청소년 행동평가척도(K-CBCL) 검사 결과 프로파일의 일부이다. 이 프로파일에 대한 해석으로 적절하지 <u>않은</u> 것은?

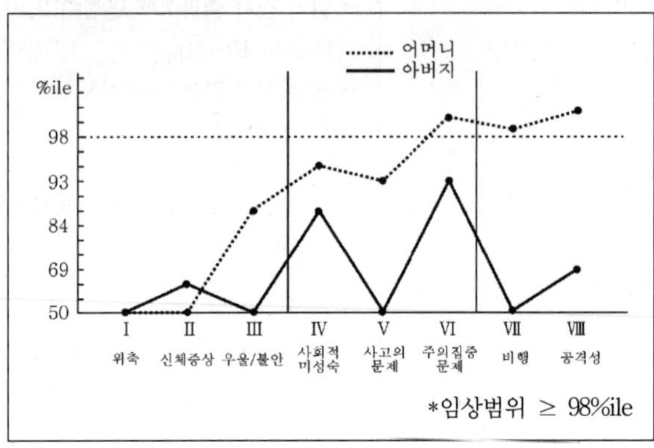

① 아버지와 어머니 반응의 차이는 두 정보 제공자의 관점의 차이로도 볼 수 있다.
② 전반적으로 아버지보다 어머니가 은비의 행동을 더 우려하고 있는 것으로 보인다.
③ 어머니가 작성한 프로파일에 의하면 은비는 3개의 척도에서 임상범위 내에 있다.
④ 어머니가 작성한 프로파일에 의하면 은비가 외현화문제보다 내재화문제를 더 많이 나타내는 것으로 보인다.
⑤ 은비의 정서 및 행동 문제에 대한 판단을 내리기 위해서는 다른 검사들을 통해 더 많은 정보를 수집할 필요가 있을 것으로 보인다.

참고자료
기본이론 430-434p

키워드

구조화 틀

핵심개념

모범답안
(제시문만 분석)

2011학년도 초등 3

04 정신지체로 의심되는 학생을 특수교육대상자로 선정할 것인지의 여부를 결정하기 위하여 특수교육지원센터에서는 진단 · 평가를 실시하려고 한다. 장애인 등에 대한 특수교육법(시행 규칙 포함)에 제시된 선별검사 및 진단 · 평가 영역과, 각 영역에 적절한 검사도구 및 검사 내용이 바르게 짝지어진 것은?

지적장애 선별검사 및 진단 · 평가 영역
- 지능검사
- 사회성숙도검사
- 적응행동검사
- 기초학습검사
- 운동능력검사

	선별검사 및 진단평가 영역	검사도구	검사도구의 특성
④	행동발달검사	아동 · 청소년 행동평가척도 (K-CBCL)	사회능력척도와 문제행동증후군척도로 구성되어 있으며, 결과는 백분위점수와 T점수로 제시된다.

PART 03

11 CHAPTER

운동 및 시지각 관련 검사

01 한국판 오세레츠키 운동능력검사
- 목적 및 대상
- 구성 체계
- 실시 방법
- 결과 및 해석

02 한국판 아동 시지각발달검사 3판(K-DTVP-3)
- 목적 및 대상
- 구성 체계
- 실시 방법
- 결과 및 해석

참고자료

기본이론 441-442p

키워드

오세레츠키 운동능력검사

구조화 틀

핵심개념

오세레츠키 운동능력검사
- **연령**: 4세~16세, 대근육 및 소근육 운동기술 측정
- **검사 구성요소**
  - 일반적 정적협응검사
  - 손동작협응검사
  - 일반동작협응검사
  - 운동속도검사
  - 동시적 자발동작검사
  - 단일동작수행능력검사
- **검사결과**: 운동연령

모범답안

(제시문만 분석)

2011학년도 초등 3

01 **정신지체로 의심되는 학생을 특수교육대상자로 선정할 것인지의 여부를 결정하기 위하여 특수교육지원센터에서는 진단 · 평가를 실시하려고 한다. 장애인 등에 대한 특수교육법(시행 규칙 포함)에 제시된 선별검사 및 진단 · 평가 영역과, 각 영역에 적절한 검사도구 및 검사 내용이 바르게 짝지어진 것은?**

지적장애 선별검사 및 진단 · 평가 영역
- 지능검사
- 사회성숙도검사
- 적응행동검사
- 기초학습검사
- 운동능력검사

	선별검사 및 진단평가 영역	검사도구	검사도구의 특성
⑤	운동능력검사	오세레츠키 운동능력검사	소근육 운동기술과 대근육 운동기술을 측정하도록 구성되어 있으며, 결과는 운동연령과 정신연령으로 제시된다.

참고자료

기본이론 443-445p

키워드

한국판 아동 시지각 발달검사

구조화 틀

핵심개념

K-DTVP-3

- **연령**: 4세~12세
- **검사 구성요소**
  - 종합척도(시각-운동 통합, 운동-축소 시지각, 일반 시지각)
  - 하위척도(눈-손 협응, 따라 그리기, 도형-배경, 시각 통합, 형태 항상성)
- **검사결과**: 연령지수, 백분위점수, 지수점수(100, 15)

모범답안

(제시문만 분석)

2013학년도 중등 7

02 A는 만 13세의 중학교 1학년 학생으로 정신지체가 의심된다. (가)~(라) 중 「장애인 등에 대한 특수교육법」의 특수교육대상자 선별검사 및 진단 · 평가 영역에 근거하여 A에게 실시할 수 있는 적절한 검사 도구명과 해당 특성이 바르게 제시된 것만을 있는 대로 고른 것은?

	검사도구	검사도구의 특성
(라)	한국판 시지각 발달검사 (K-DTVP-2)	• 일반시지각, 운동-감소시지각, 시각-속도통합으로 구성된다. • 하위검사별 연령지수, 백분위 점수를 알 수 있다.

① (가), (다) ② (나), (라)
③ (다), (라) ④ (가), (나), (다)
⑤ (가), (나), (라)

기본이론 443-445p

한국판 아동 시지각 발달검사

K-DTVP-3
- **연령**: 4세~12세
- **검사 구성요소**
  - 종합척도(시각-운동 통합, 운동-축소 시지각, 일반 시지각)
  - 하위척도(눈-손 협응, 따라 그리기, 도형-배경, 시각 통합, 형태 항상성)
- **검사결과**: 연령지수, 백분위점수, 지수점수(100, 15)

평균으로부터 2표준편차 이하에 해당한다(매우 낮음).

2023학년도 초등 A2

03 **(가)는 은주의 시지각발달검사(K-DTVP-3) 결과의 일부이고, (나)는 특수교사가 은주와 현우에게 적용한 수행사정(performance assessment) 절차이다. (다)는 은주의 수행 채점기준표이고, (라)는 현우의 수행 채점표이다. 물음에 답하시오. [5점]**

(가) 은주의 시지각발달검사 결과 일부

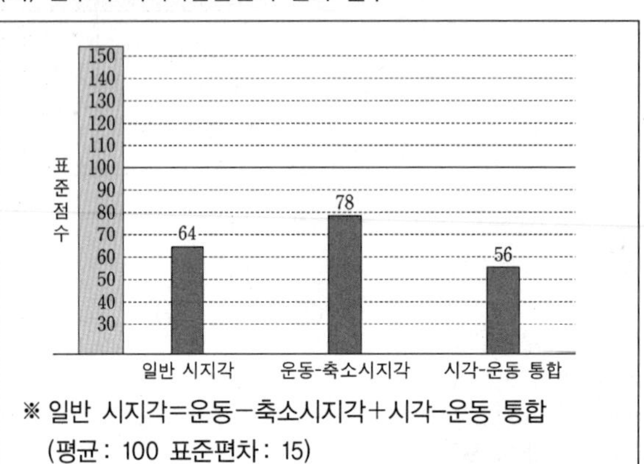

※ 일반 시지각=운동−축소시지각+시각−운동 통합
(평균: 100 표준편차: 15)

1) (가)에서 시지각발달검사 표준점수의 평균과 표준편차에 의거하여 은주의 일반 시지각 지수가 어느 정도인지 쓰시오. [1점]

확장하기

K-DTVP-3

- 일반 시지각 지수
  일반적인 시지각 능력을 가장 잘 측정하며, 운동-감소 시지각 지수와 시각-운동 통합 지수에서 얻은 시지각 능력에 대한 정보를 모두 포함한다. 이 척도에서 높은 수행 능력을 보이는 아동은 시지각이나 시각-소근육 운동이 요구되는 광범위한 활동에서 뛰어난 수행을 나타낼 가능성이 있다.

- 시각−운동 통합 지수
  시각−운동 통합 지수는 시지각 능력과 운동능력이 통합된 능력을 나타내는 지수다. 이 척도에서 높은 점수를 얻기 위해서는 복잡한 눈-손 협응 과제를 잘 해결해야 하고, 시지각 능력이 좋다 하더라도 서툰 손 움직임이나 눈−손 운동 협응에 어려움이 있으면 낮은 점수를 보일 수 있다.

- 운동축소−시지각 지수
  운동축소−시지각 지수는 운동기능이 최소한으로 배제된 조건에서 측정된 시지각 능력지수다.

  → 운동축소−시지각 지수와 시각−운동 통합 지수 사이에 유의미한 차이가 존재할 경우, 그 차이는 아동의 시지각 능력에서 중요한 의미를 가질 수 있다. 운동축소−시지각 지수 > 시각−운동 통합 지수인 경우 상대적으로 낮은 시각−운동 통합 지수가 시지각에 기인한 것이 아니라는 증거를 가지게 된다. 이런 경우 검사자는 아동의 시지각 능력을 가늠하기 위해 시각−운동 통합 지수보다는 운동−감소 시지각 지수를 선택해 해석해야 한다. 또한 아동의 운동기능을 보다 면밀하게 조사해 아동이 지니고 있는 문제의 원인을 찾아보는 게 좋다.

12 CHAPTER

학습능력검사

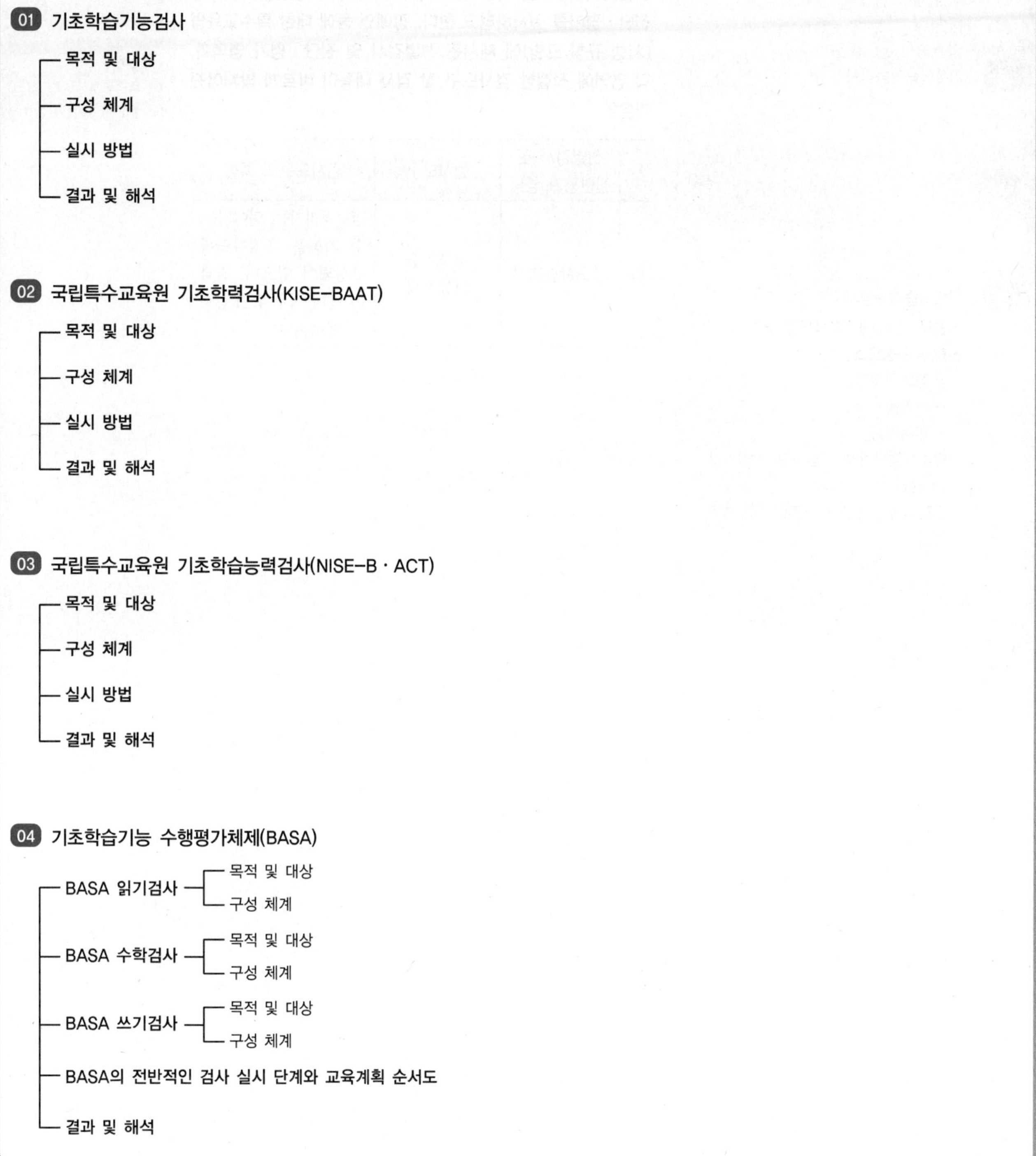
01 기초학습기능검사
목적 및 대상
구성 체계
실시 방법
결과 및 해석
02 국립특수교육원 기초학력검사(KISE-BAAT)
목적 및 대상
구성 체계
실시 방법
결과 및 해석
03 국립특수교육원 기초학습능력검사(NISE-B · ACT)
목적 및 대상
구성 체계
실시 방법
결과 및 해석
04 기초학습기능 수행평가체제(BASA)
BASA 읽기검사
목적 및 대상
구성 체계
BASA 수학검사
목적 및 대상
구성 체계
BASA 쓰기검사
목적 및 대상
구성 체계
BASA의 전반적인 검사 실시 단계와 교육계획 순서도
결과 및 해석

기본이론 447-448p

기초학습기능검사

기초학습기능검사

- **연령**: 5세~12세 11개월
- **검사 구성요소**
  - 정보처리기능
  - 수기능
  - 언어기능
- **방법**: 정보처리 → 셈하기 → 읽기 I → 읽기 II → 쓰기
- **검사결과**: 학년점수, 연령점수, 백분위점수

(제시문만 분석)

2011학년도 초등 3

01 **정신지체로 의심되는 학생을 특수교육대상자로 선정할 것인지의 여부를 결정하기 위하여 특수교육지원센터에서는 진단 · 평가를 실시하려고 한다. 장애인 등에 대한 특수교육법(시행 규칙 포함)에 제시된 선별검사 및 진단 · 평가 영역과, 각 영역에 적절한 검사도구 및 검사 내용이 바르게 짝지어진 것은?**

지적장애 선별검사 및 진단 · 평가 영역
- 지능검사
- 사회성숙도검사
- 적응행동검사
- 기초학습검사
- 운동능력검사

	선별검사 및 진단평가 영역	검사도구	검사도구의 특성
③	기초학습검사	기초학습 기능검사	정보처리기능, 언어기능, 수 기능을 측정하도록 구성되어 있으며, 결과는 연령점수와 T점수로 제시된다.

기본이론 449-450p

국립특수교육원 기초학력검사
(KISE-BATT)

KISE-BAAT
- **연령**: 5세~14세 11개월 30일
- **검사 구성요소**: 읽기, 쓰기, 수학
- **검사결과**: 백분위점수, 학력지수(100, 15), 학년규준

①

2013학년도 중등 7

02 A는 만 13세의 중학교 1학년 학생으로 정신지체가 의심된다. (가)~(라) 중 「장애인 등에 대한 특수교육법」의 특수교육대상자 선별검사 및 진단·평가 영역에 근거하여 A에게 실시할 수 있는 적절한 검사 도구명과 해당 특성이 바르게 제시된 것만을 있는 대로 고른 것은?

	검사도구	검사도구의 특성
(가)	한국웩슬러 지능검사 (K-WISC-Ⅳ)	• 언어이해지표, 지각추론지표, 작업기억지표, 처리속도지표로 구성된다. • 영역별 합산점수와 전체적인 인지능력을 나타내는 IQ를 알 수 있다.
(나)	국립특수교육원 기초학력검사 (KISE-BAAT)	• 읽기, 수, 정보처리 영역으로 구성된다. — 기초학습기능검사의 영역임 • 하위검사별 백분위점수, 학력지수, 학년규준점수를 알 수 있다.
(다)	국립특수교육원 적응행동검사 (KISE-SAB)	• 개념적 기술, 사회적 기술, 실제적 기술로 구성된다. • 하위검사별 적응행동지수와 전체 적응행동 지수를 알 수 있다.
(라)	한국판 시지각 발달검사 (K-DTVP-2)	• 일반시지각, 운동-감소시지각, 시각-속도통합으로 구성된다. • 하위검사별 연령지수, 백분위 점수를 알 수 있다.

① (가), (다)　　② (나), (라)
③ (다), (라)　　④ (가), (나), (다)
⑤ (가), (나), (라)

참고자료

기본이론 393-395p, 451-452p

키워드

- 국립특수교육원 적응행동검사 (KISE-BATT)
- 국립특수교육원 적응행동검사 (NISE-B · ACT)

구조화 틀

핵심개념

NISE-B · ACT
- **연령**: 만 5세~14세
- **검사 구성요소**: 읽기, 쓰기, 수학
- **검사결과**: 백분위점수, 학력지수(100, 15), 학년규준

모범답안

㉠ 학력지수

2023학년도 중등 A12

03 다음은 특수교육대상 학생 진단을 위해 두 교사가 나눈 대화의 일부이다. 〈작성 방법〉에 따라 서술하시오. [4점]

교사 A : 학습장애 학생 진단을 위해서 학업 성취 수준과 지능에 대한 정보를 확인할 필요가 있습니다.
교사 B : 학업 성취 수준을 파악하기 위해서 주로 국립특수교육원의 기초학력검사(KISE-BATT)나 기초학습능력검사(NISE-B · ACT)를 사용하고 있습니다. 두 검사는 어떠한 특성이 있나요?
교사 A : 두 검사 모두 규준참조검사로 구성되어 있으며, 영역별 백분위 점수, (㉠), 학년 규준을 제공합니다. 특히 학업의 수행이나 발달 정도를 나타내는 (㉠)에 대한 진단적 분류를 제공하고 있어 검사 결과를 해석하는 데 도움을 줍니다.

…(중략)…

작성방법

괄호 안의 ㉠에 공통으로 해당하는 용어를 쓸 것

확장하기

NISE-B · ACT(송현종 외, 『특수교육평가』, 2021.)

1. 읽기 검사의 구인 및 측정 내용

소검사	구인		측정 내용	문항 수	실시 학년
Ⅰ. 음운처리	음절 합성		음절을 듣고 합성하기	8	유치원 ~ 초1
	음절 탈락		음절을 듣고 탈락시키기	8	
	음절 변별		음절을 듣고 변별하기	8	
	음절 대치		음절을 듣고 다른 음절로 대치시키기	8	
	음소 변별		첫 음소 변별, 가운데 음소 변별, 끝 음소 변별	10	
	빠른 자동 이름대기		제한시간 내에 빠르고 정확하게 사물을 인지	1	유치원 ~ 초1
			제한시간 내에 빠르고 정확하게 색깔을 인지	1	
Ⅱ. 글자-단어인지	글자	자음	예사소리, 울림소리, 거센소리, 목청소리, 된소리 인지	20	유치원 ~ 초2
		모음	단모음, 이중모음 인지		
		음절	자음+모음, 자음+모음+받침으로 구성된 음절 인지		
	단어	규칙	음운변동이 없는 고빈도, 저빈도, 무의미 단어 인지	40	유치원 ~ 초2
		불규칙	음운변동이 있는 고빈도, 저빈도, 무의미 단어 인지	40	
Ⅲ. 유창성	글 읽기 유창성		비문학 지문을 빠르고 정확하게 읽기	1	초2 ~ 6
			문학 지문을 빠르고 정확하게 읽기	1	
Ⅳ. 어휘	단어가 뜻하는 그림 찾기		단어의 의미에 알맞은 그림 찾기	9	유치원 ~ 초2
	반대말		반대말 말하기	14	초2 ~ 중3
	비슷한 말		비슷한 말 말하기	13	
	유추		단어의 의미와 단어들 간의 관계 알기	10	
	빈칸 채우기		문장 안에서 단어의 의미 파악하기	13	
Ⅴ. 읽기이해	문장 이해		문장을 읽고 동작으로 표현하기	10	유치원 ~ 초2
			문장의 내용에 알맞은 그림 고르기		
			글을 읽고 그림 카드를 순서에 맞게 배열하기		
	짧은 글 이해		짧은 글의 내용에 대한 사실적 이해	7	초2 ~ 중3
	긴 글 이해		긴 글의 내용에 대한 사실 및 추론적 이해	10	초3 ~ 중3

2. 읽기검사 결과

소검사	음운처리	글자-단어인지	유창성	어휘	읽기이해	읽기능력
원점수	–	89	222	20	5	–
표준점수	–	9	4	8	4	77
백분위	–	37.00	2.00	25.00	2.00	6.00
학력지수	–	평균	학습지체	평균 하	학습지체	학습지체
학년규준	–	초 2-1학기	유치원-1학기	초 1-1학기	유치원-1학기	초 1-1학기

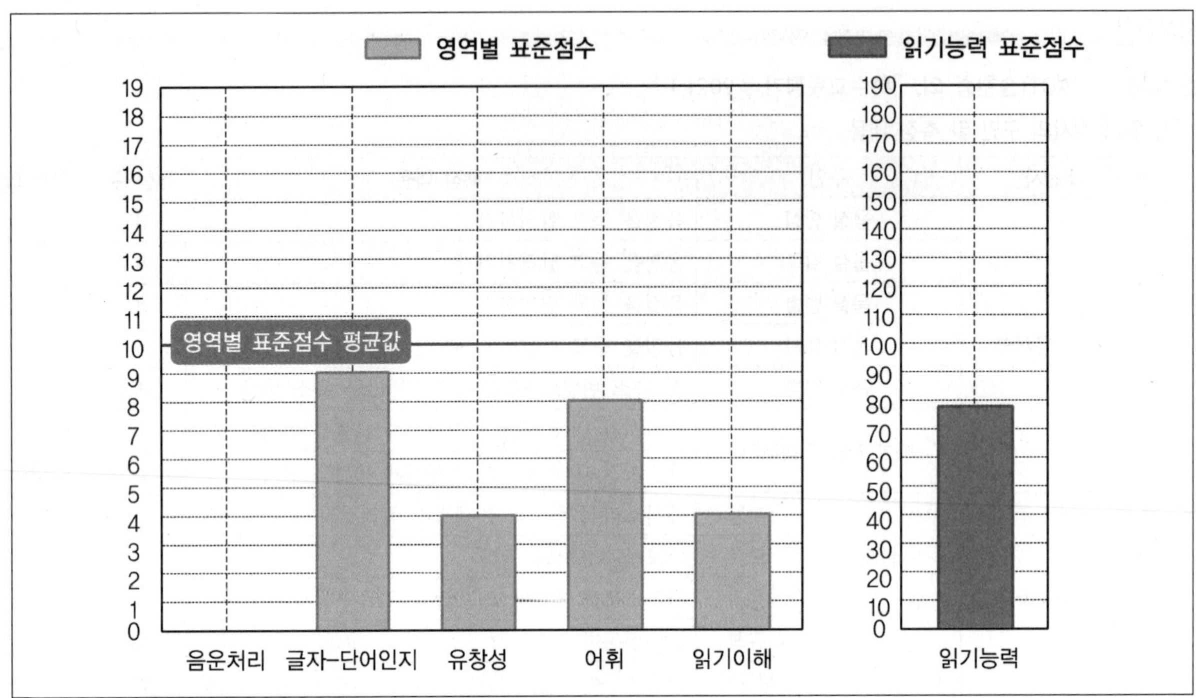

3. 읽기 소검사 영역별 해석

- 글자/단어인지 영역의 원점수는 89점이고, 표준점수는 9점, 백분위점수는 37.00점에 해당한다. 이러한 결과에 기초한 학력지수 분류는 평균 수준에 해당하며, 학년규준은 초 2-1학기에 해당한다.
- 유창성 영역의 원점수는 222점이고, 표준점수는 4점, 백분위점수는 2.00점에 해당한다. 이러한 결과에 기초한 학력지수 분류는 학습지체 수준에 해당하며, 학년규준은 유치원-1학기에 해당한다.
- 어휘 영역의 원점수는 20점이고, 표준점수는 8점, 백분위점수는 25.00점에 해당한다. 이러한 결과에 기초한 학력지수 분류는 평균 하 수준에 해당하며, 학년규준은 초 1-1학기에 해당한다.
- 읽기이해 영역의 원점수는 5점이고, 표준점수는 4점, 백분위점수는 2.00점에 해당한다. 이러한 결과에 기초한 학력지수 분류는 학습지체 수준에 해당하며, 학년규준은 유치원-1학기에 해당한다.
- 이상의 영역별 점수를 종합적으로 분석하면 피검 학생은 표준점수가 10점 미만인 글자-단어인지 영역, 유창성 영역, 어휘 영역, 읽기이해 영역에서 약점이 있음을 알 수 있다. 또한 개인 내적인 측면에서 다른 영역에 비해 글자/단어인지 영역에서 강점이 있고, 유창성 영역에서 약점이 있음을 알 수 있다.

4. 읽기 검사 총평

피검 학생에 대한 읽기 검사 결과, 소검사 영역지수별 합산점수의 학력지수는 77점이고 학력지수 분류는 학습지체 수준에 해당한다. 백분위점수는 6.00%이며, 학년규준은 초 1-1학기에 해당한다.

참고자료

기본이론 447-448p

키워드

기초학습기능 검사

구조화 틀

핵심개념

모범답안

㉠ 전체 적응행동지수 62는 -2표준편차 이하에 해당하므로 '지체'로 해석된다.
㉣ 쓰기 백분위점수 2는 -2표준편차 이하에 해당한다.

2013학년도 추가중등 B2

04 **(가)는 자폐성 장애 학생 철규의 진단 · 평가 결과이고, (나)는 김 교사가 수립한 문제행동 중재 및 결과 분석 내용의 일부이다. 물음에 답하시오. [6점]**

(가) 진단 · 평가 결과

검사명	결과	해석
적응행동검사 (KISE-SAB)	전체 적응행동 지수 62	㉠ 전체 적응행동지수 62는 1표준편차 범위로 정상 범위의 적응행동을 보인다.
아동기자폐증 평정척도 (CARS)	척도 평정점수 42점	㉡ 척도 평정점수 42점은 아동기자폐증 평정척도점수 분류표에서 중증 자폐에 속한다.
한국자폐증 진단검사 (K-ADS)	자폐지수 132	㉢ 자폐지수 132는 2표준편차 이상으로 자폐 확률이 매우 높다.
기초학습 기능검사	쓰기 백분위 점수 2	㉣ 쓰기 백분위점수 2는 3표준편차 이하로 또래들보다 쓰기 기술이 낮다.

1) ㉠~㉣에서 틀린 것 2가지를 찾아 그 기호를 쓰고, 바르게 고쳐 쓰시오. [2점]

13 CHAPTER

영유아 발달 관련 검사

01 한국판 아동발달검사(K-CDI)

- 목적 및 대상
- 구성 체계
- 실시 방법
- 결과 및 해석

02 한국판 유아 발달선별검사 3판(K-DIAL-3)

- 목적 및 대상
- 구성 체계
- 실시 방법
- 결과 및 해석

03 한국형 Denver II(K-DDST-II)

- 목적 및 대상
- 구성 체계
- 실시 방법
- 결과 및 해석

04 영유아를 위한 사정 · 평가 및 프로그램 체계(AEPs)

- 목적 및 대상
- 구성 체계
- 실시 방법
- 결과 및 해석

기본이론 468p

영유아를 위한 사정 · 평가 및 프로그램 체계(AEPS)

영유아를 위한 사정 · 평가 및 프로그램 체계(AEPS)

- **대상**: 만 3세~6세
- **구성 체계**: 6개 발달영역 → 소근육운동, 대근육운동, 인지, 적응, 사회-의사소통, 사회성
- **결과**: 원점수, 퍼센트 점수

ⓐ 교육과정 중심
ⓑ 준거참조
ⓒ 위계화

2016학년도 유아 B1

01 **(가)는 AEPS 검사 결과의 일부이고, (나)는 통합학급 활동 계획안의 일부이다. 물음에 답하시오. [5점]**

(가) AEPS 검사 결과 여부

이름: <u>○현지</u>	검사기간	3/5~3/15			
	검사일자	3/7			
	검사자	박○○			
	IFSP/IEP	S	N	S	N
A. 도달하고, 잡고, 놓기					
…(중략)…					
4. 손과 팔을 표면 위에 얹어 의지하지 않고, 양손 중 한쪽의 엄지와 검지 끝을 사용하여 콩 크기의 물건 잡기	✓	1			
4.1 양손 중 한쪽의 손과 팔을 표면 위에 얹어 의지하고, 엄지와 검지 끝으로 콩 크기의 물건 잡기		1			
4.2 양손 중 한쪽의 엄지와 검지 옆면을 사용하여 콩 크기의 물건 잡기		2			
4.3 양손 중 한쪽의 손가락을 갈퀴 모양 혹은 할퀴는 모양으로 만들어 콩 크기의 물건 잡기		2			
…(하략)…					

1) (가)와 관련하여 다음 괄호 안의 ⓐ, ⓑ, ⓒ에 해당하는 용어를 순서대로 쓰시오. [3점]

> 박 교사는 현지의 개별화교육목표를 수립하기 위한 교육진단을 실시하면서, (가)와 같이 현지의 현재 수행 수준을 파악하는 데 초점을 맞추는 (ⓐ)진단을 하였다. AEPS와 같은 (ⓐ)진단은 미리 정해놓은 기준에 의해서 특정 목표 기술을 얼마나 습득하고 있는지를 보는 (ⓑ)검사의 하나로, 발달 영역별로 기술을 (ⓒ)하였기 때문에 장 · 단기 교수목표를 수립하는 데 유용하다.

기본이론 465p

한국판 유아발달선별검사(K-DIAL-3)

한국판 유아발달선별검사

- **대상**: 만 3세~6세 11개월
- **구성 체계**: 5개의 발달영역 → 운동, 인지, 언어, 자조, 사회성(사회성 발달·심리사회적 행동)
- **결과해석**
  - 운동·인지·언어 영역별·전체 영역 → 백분위점수, 발달연령
  - 자조·사회성 영역 → 백분위점수
  - 백분위점수와 제시된 절선기준을 근거로 '잠재적 지체(아동이 수행한 것이 평균 이하의 점수를 나타내 잠재적으로 발달지체의 가능성을 지니고 있음)', '통과(아동이 수행한 것이 평균범위 내의 수준을 나타내 생활연령에 적합한 기술이 발달하고 있음)'라는 결정을 하게 됨

⑤

2012학년도 유아 11

02 **다음은 연지에게 한국판 DIAL-3(Korean Developmental Indicators for the Assessment of Learning - Third Edition)을 사용하여 선별검사를 실시한 결과이다. 이 검사 도구와 결과에 대한 설명으로 옳은 것은?**

> • 검사 일자: 2011년 9월 5일
> • 생년월일: 2007년 4월 25일
> • 측정 영역: 5개 발달 영역(운동, 인지, 언어, 자조, 사회성)
> • 검사 결과: 전반적으로 잠재적 지체

① 이 검사 도구에서는 연지의 생활 연령을 4년 5개월로 계산해야 한다.

> ① 2011년 9월 5일 - 2007년 4월 25일 = 4년 4월 10일

② 이 검사 도구는 관찰과 질문지를 통해 평가가 이루어지므로 6개월 미만인 영아에게도 사용할 수 있다.

> ② 해당 검사는 만 3세~6세 11개월까지 사용 가능함

③ 이 검사 도구에서 교사는 질문지를 통해 연지와 부모를 평가하고, 부모는 관찰을 통해 연지를 평가한다.

> ③ 교사는 질문지를 통해 부모를 평가하고, 관찰을 통해 학생을 평가함

④ 연지의 평가 결과가 '전반적으로 잠재적 지체'로 나타났기 때문에 별도의 진단·평가 없이 특수교육대상자로 선정한다.

> ④ K-DIAL-3은 선별검사이므로 특수교육대상자 선정을 위해서는 진단 평가를 실시해야 함

⑤ 5개의 발달 영역 중 교사는 운동 영역, 인지 영역, 언어 영역을 평가하고, 부모는 자조 영역과 사회성 영역을 평가한다.

참고자료 기본이론 463-468p

키워드

구조화 틀

핵심개념

모범답안 ②

2010학년도 유아 33

03 곽 교사는 장기간 입원 후 유치원에 입학한 만 6세 정우가 탐구생활 '수학적 기초 능력 기르기' 학습에서 어려움이 있다는 것을 알고, 학습 수준과 전반적인 발달 정도를 알아보기 위해 진단이 필요하다고 판단하였다. 〈보기〉에서 곽 교사가 실시할 수 있는 진단에 관한 설명으로 바른 것을 모두 고른 것은?

보기

ㄱ. 기초학습기능검사를 통해 수 기능, 언어 기능, 정보처리 기능을 알아볼 수 있다.

ㄴ. 기초학습기능검사는 준거참조검사이므로 준거를 통해 각 영역별 연령점수와 상대적인 현재수준을 알 수 있다.

ㄷ. 비형식적 검사 시 관찰 결과를 관찰자들 사이에서 얼마나 일치하는지를 알아보는 타당도 검증이 필요하다.

ㄹ. 교육과정 중심 진단을 위해 K-DIAL-3(Korean Developmental Indicators for the Assessment of Learning -3)를 활용한다.

ㅁ. 전반적인 발달 수준을 알아보기 위해 AEPS(Assessment, Evaluation, and Programming System for Infants and Children)를 활용한다.

> ㄴ. 기초학습검사는 규준참조검사에 해당함

> ㄷ. 관찰자 간 일치도를 알아보는 것은 신뢰도에 해당함

① ㄱ, ㄷ
② ㄱ, ㅁ
③ ㄱ, ㄷ, ㅁ
④ ㄴ, ㄷ, ㄹ
⑤ ㄴ, ㄹ, ㅁ

2025 특수교사임용시험 대비

김은진
스페듀 기출분석집 Vol. 4

초판인쇄 | 2024. 5. 20. **초판발행** | 2024. 5. 27. **편저자** | 김은진
발행인 | 박 용 **발행처** | (주) 박문각출판 **등록** | 2015년 4월 29일 제2019-000137호
주소 | 06654 서울특별시 서초구 효령로 283 서경 B/D **팩스** | (02) 584-2927
전화 | 교재 문의 (02) 6466-7202, 동영상 문의 (02) 6466-7201

저자와의 협의하에 인지생략

ISBN 979-11-7262-000-4 / 979-11-6987-831-9(세트)
정가 34,000원